Enciclopedia
MAGO FÉLIX
de los
SUEÑOS

FÉLIX LLAUGÉ DAUSÀ

Enciclopedia
MAGO FÉLIX
de los
SUEÑOS

EDICIONES OBELISCO

Si este libro le ha interesado y desea que le mantengamos informado de
nuestras publicaciones, escríbanos indicándonos qué temas son de su interés
(Astrología, Autoayuda, Ciencias Ocultas, Artes Marciales, Naturismo,
Espiritualidad, Tradición...) y gustosamente le complaceremos.

Puede consultar nuestro catálogo en www.edicionesobelisco.com

Colección Magia y Ocultismo
ENCICLOPEDIA MAGO FÉLIX DE LOS SUEÑOS
Félix Llaugé Dausà
1.ª edición: noviembre de 2011

Maquetación: *Marta Rovira*
Corrección: *Sara Moreno*
Diseño de cubierta: *Enrique Iborra*

Edita: Ediciones Obelisco, S. L.
Pere IV, 78 (Edif. Pedro IV) 3.ª planta, 5.ª puerta
08005 Barcelona - España
Tel. 93 309 85 25 - Fax 93 309 85 23
E-mail: info@edicionesobelisco.com

Paracas, 59 C1275AFA Buenos Aires - Argentina
Tel. (541-14) 305 06 33 - Fax: (541-14) 304 78 20

ISBN: 978-84-9777-791-9

Introducción

Clasificación de los sueños

Para su estudio y mayor comprensión de los diferentes tipos y posibilidades de sueños, los clasificamos en los cinco grupos siguientes, lo que facilitará el entendimiento de los distintos símbolos y ejemplos contenidos en esta *Enciclopedia de los Sueños*:

Sueños fisiológicos y fisiopatológicos

(orgánicos, provocados por condiciones
o estímulos nerviosos, fisiológicos y patológicos)

Son aquellos sueños provocados, originados o influidos de manera especial por condiciones o estímulos físicos internos, fisiológicos y patológicos. Este grupo comprende aquellos sueños que Freud denominó sueños de estimulo somático interno (orgánicos) y corresponden –hay que insistir en ello– a los originados o estimulados por el estado fisiológico y patológico del organismo y no tienen, por tanto, un significado telepático o clarividente.

Se incluyen en este grupo muchos sueños extraños de ansiedad, angustia, terrores y pesadillas espeluznantes, fantasías tremendas y sin explicación psicológica ni parapsicológica, y que suelen deberse a causas físicas internas y orgánicas, patológicas o no, como pueden ser cenas copiosas antes de irse a la cama, dificultades respiratorias, afecciones bronquiales, disfunciones intestinales, estados febriles o infecciosos, insuficiencia circulatoria, excitación genital, etcetera. Tambien originan este tipo de sueños (o contribuyen a ello) los excitantes y estimulantes de todas clases (desde café, alcohol, te, tabaco y bebidas refrescantes que contengan cafeína), pasando por los medicamentos, tranquilizantes, somníferos, analgésicos, etc.

Asimismo, hay que considerar que pertenecen a este grupo aquellas pesadillas de causas biológicas de las que nos habla el investigador Ernest Hartmann[1], que obedecen al relativo aumento de sustancias químicas en el cerebro, tales como la acetilcolina y la dopamina o la relativa disminución de la norepinefrina y de la serotonina desprendidas por una actividad en el cerebro anterior.[2]

Las necesidades fisiológicas nocturnas (como orinar y defecar) dan lugar a muchos sueños de este tipo, los cuales reciben la denominación particular de sueños vesicales y son originados por las sensaciones provocadas por la repleción nocturna de la vejiga urinaria. Tales sueños pueden presentar las más extrañas imágenes y simbolos[3].

Las enfermedades declaradas o incipientes, como alteraciones nerviosas, lesiones cerebrales, afecciones cardiovasculares, intoxicaciones alimentarlas, infecciones de cualquier tipo, estados febriles y gripales, etc., intensifican la producción de tales sueños o dan lugar a fantasías oníricas particulares que se mezclan con otros ensueños[4].

---

1. *Véase* todo lo dicho sobre las investigaciones de Hartmann en el término *terrores y pesadillas*
2. La acetilcolina es una sustancia química (derivada de la colina) liberada por ciertas terminaciones nerviosas autonómicas que actúa en la transmisión de impulsos nerviosos a membranas excitables. Se considera que es uno de los principales neurotransmisores, es decir, que facilita la transmisión de los impulsos de las neuronas. La carencia de acetilcolina en el organismo perjudica al cerebro y puede ser un factor contribuyente a la demencia senil y a la enfermedad de Alzheimer (pérdida de memoria e incapacidad para recordar). La dopamina y la norepinefrina son dos de las principales catecolaminas biológicas, o sea, que pertenecen al grupo de aminas simpaticomiméticas que contienen una porción catecol. La dopamina procede de una formación cerebral bajo el tálamo, el locus niger, e influye en la regulación del tono muscular y de los movimientos, en los mecanismos de vigilancia y en el despertar; su déficit en el organismo puede dar lugar hasta a la enfermedad de Parkinson. En cuanto a la norepinefrina (también llamada impropiamente noradrenalina) nace en gran cantidad en la parte lateral del tronco cerebral, en el locus ceruleus, que interviene en la producción del sueño rápido. El aumento de la producción de la norepinefrina disminuye la facilidad de vigilia. Por lo que se refiere a la serotonina es una hormona que se encuentra en abundante cantidad en el tejido cerebral; una de las fuentes se halla en la mitad del tronco cerebral y juega un papel especial en los mecanismos del sueño. Se cree que el aumento de la serotonina en el organismo prolonga el sueño lento en varias horas, mientras su disminución o carencia produce insomnio.
3. *Véase* el término *sueños vesicales*, en el que damos a conocer los símbolos más corrientes.
4. Remitimos al lector al apartado del término terrores y pesadillas en que incluimos los síntomas establecidos por el Dr. Tissié para distinguir los sueños de origen circulatorio, respiratorio, digestivo y de inervación.

Igualmente, podemos considerar integrados en este grupo todos aquellos sueños provocados por la posición del cuerpo mientras se duerme y el movimiento de los miembros y posturas que los mismos puedan adoptar a lo largo de la noche, de acuerdo con la teoría de los estímulos somáticos sustentada por Mourly Vold (1896), que condensó en las seis conclusiones siguientes:

1. La posición de un miembro en el sueño corresponde aproximadamente a la que el mismo presenta en la realidad. Soñamos, pues, con un estado estático del miembro que corresponde al real.
2. Cuando soñamos con que el movimiento de un miembro es siempre igual a dicho movimiento, es que una de las posiciones por la que el miembro pasa al ejecutarlo corresponde a aquella en que realmente se halla.
3. En nuestros sueños podemos transferir a una tercera persona la posición de uno de nuestros miembros.
4. Podemos, asimismo, soñar que una circunstancia cualquiera nos impide realizar el movimiento de que se trata.
5. Uno de nuestros miembros puede tomar en el sueño la forma de un animal o un monstruo. En este caso existirá siempre una analogía entre la forma y la posición verdaderas y las oníricas correspondientes.
6. La posición de uno de nuestros miembros puede sugerir en el sueño pensamientos que poseen con el mismo una relación cualquiera. Así, cuando se trata de los dedos, soñamos con números o cálculos.

Esta teoría de Mourly Vold explica el que, a veces, por una mala posición del dormir, no circule bien la sangre por una pierna o brazo y se sueñe, en consecuencia, que una serpiente se está enroscando en el miembro correspondiente. Uno se despierta, sobresaltado, y comprueba que tiene rampa en una pierna o brazo. De manera parecida, en invierno y lugares fríos, alguien ha soñado que el pie que le colgaba lo introducía en un río de agua helada. Al despertarse a causa de la impresión ha comprobado que le colgaba la pierna por el borde de la cama y se estaba enfriando.

También pertenecen a este tipo aquellos sueños de pantanos y lodazales que tanto angustiaban al psicólogo ruso Piotr D. Ouspensky (1878-1947) y que no eran nada más que las sensaciones que producían las sábanas, mantas y cobijas que enredaban y trababan sus piernas, impidiéndole moverse o girarse y que el sueño transformaba en pantanos y lodazales que parecían querer tragárselo por las piernas.[5]

Sobre muchos de estos sueños de estimulaciones nerviosas, Sandor Ferenczi precisa: «Pueden tratarse de estímulos dérmicos, la presión del colchón o las frazadas, el enfriamiento de la piel; estímulos ópticos o acústicos, sensaciones orgánicas: hambre, sed, un estómago sobrecargado, una excitación sexual de los genitales, etc.

---

5. Esas investigaciones de Ouspensky están detalladas en el término «pantano».

«Muchos psicólogos y fisiólogos tienden a atribuir una gran importancia a estímulos de esta índole; piensan que han explicado satisfactoriamente todos los sueños cuando dicen que el sueño no es nada más que la suma de todas las reacciones psicofísicas liberadas por estímulos nerviosos de esta clase. Por otra parte, Freud, con toda razón, observa que el sueño no admite estos estímulos corporales como tales en la conciencia, sino que los disfraza y los altera de un modo particular; los motivos y los medios de este disfraz están dados, no a través de los estímulos externos, sino de fuentes mentales de la energía. Los estímulos nerviosos durante el sueño solo brindan una oportunidad para desplegar ciertas tendencias inmanentes a la vida psíquica.

Sueños parapsicológicos, paranormales o adivinatorios

(su origen está basado en la percepción extrasensorial, en la ESP[6]).

Son los fenómenos oníricos que estudia la parapsicología[7]. Se incluyen en este grupo los siguientes subtipos o clases:

a) Proféticos o premonitorios

En este subgrupo se encuadran todos aquellos sueños que avisan de futuros accidentes colectivos, desastres o calamidades públicas, acontecimientos políticos, militares o sociales de envergadura que afectan la marcha de las naciones, pueblos, etc., o que, simplemente, son visiones oníricas de cosas que han de suceder tal como se sueñan, en que los acontecimientos no están desfigurados por símbolos o que, algunas veces, también obedecen a claves simbólicas, pero de interpretación profética o adivinatoria (en este subgrupo también suelen incluirse algunos sueños clarividentes, pero que nosotros preferimos clasificar aparte).

A este subgrupo de sueños pertenecen los famosos sueños bíblicos, como los del Faraón descifrados por José (las siete vacas flacas que se comen a siete gordas, las siete espigas de trigo muy granadas que fueron devoradas por siete espigas flacas y quemadas, sueños que advertían que después de siete años de abundancia vendrían siete años de penuria, escasez y hambre y que se olvidaría la abundancia pasada), el de Nabucodonosor, rey de Babilonia, que fue interpretado por el profeta Daniel, anunciando la muerte del tirano, el de la escala de Jacob (soñó con una escalera apoyada en tierra y que llegaba al

---

6. ESP, siglas del término inglés Extrasensory Perception (Percepción Extrasensorial), con las que designa internacionalmente la fenomenología parapsicológica.
7. *Parapsicología* es la disciplina que estudia los fenómenos paranormales, lo que el ser humano capta o recibe a través de canales sensoriales anormales o sentidos extraordinarios. El término parapsicología significa «más allá de la psicología».

Cielo y por la que subían y bajaban ángeles, lo que significaba que tendría una comunicación o relación con Dios, ya que los ángeles eran los mensajeros del Creador), el que tuvo la esposa de Julio César el día antes del asesinato de éste, en los idus de marzo (vio desplomarse el techo de la Casa mientras mataban a César en sus brazos) y el de Amílcar, hijo de Giscón, que durante el cerco a Siracusa soñó que al día siguiente cenaría en la ciudad que estaba asediando. la premonición, en efecto, se cumplió, pero no para su suerte, ya que en una salida de los sitiados fue hecho prisionero y llevado a la ciudad. Pero la cena fue seguida de su muerte por degollamiento (309 antes de nuestra Era)

Entre los sueños modernos podemos citar el del hundimiento del «Titanic» (varias personas lo soñaron, entre ellas un inglés llamado O'Connor, que vio como «naufragaba el buque y que todos los pasajeros se encontraban flotando en el mar». Anuló el viaje y él y su familia salvaron la vida) y el desprendimiento de una montaña de escoria de carbón en Gales (Reino Unido), que en octubre de 1966 sepultó una escuela y otras construcciones próximas (La noche anterior y días antes, la niña de nueve años Eryl Mai Jones soñó que «cuando se dirigía a la escuela ésta había desaparecido; una masa negra la había sepultado». El día del alud quedo ella misma sepultada en la escuela junto con sus amiguitos).

b) Clarividentes (precognición, precognitivos)[8]

Son aquellos sueños que dan a conocer acontecimientos de un inmediato futuro, por lo general de tipo personal o familiar. Cuando son hechos colectivos de desastres o calamidades se confunden con los proféticos propiamente dichos. Los sueños clarividentes o precognitivos también pueden relacionarse con personas conocidas o desconocidas en el momento del sueño y presentar los acontecimientos tal cual o por medio de símbolos, por lo que pueden ser sueños clarividentes o sueños simbólicos clarividentes.

c) Telepáticos (simultaneidad)

El soñante capta cosas que acaban de suceder o se están desarrollando en aquel instante en otro lugar distante o que son muy recientes. Por lo general, son acontecimientos familiares o que afectan a personas conocidas, por lo que el durmiente recibe pensamientos o ideas que están en la mente de los protagonistas del suceso, quienes piensan en él, a veces transmitiendo o enviando sus últimos deseos o pensamientos (en el caso de personas que mueren lejos de los seres queridos). Como hay una simultaneidad entre el hecho y el sueño –o poca diferencia de tiempo– también pueden denominarse sueños de

---

8. *Véanse* los términos sueños *clarividentes* y *sueños simbólicos clarividentes* del Diccionario de símbolos, en los que damos diversos ejemplos.

simulcognición, pese a que simulcognición se considera como sinónimo de clarividencia. No obstante, es más correcto identificar los sueños telepáticos con los de simulcognición, ya que –como hemos dicho– son los sueños que forma el sujeto a base de sucesos que se están desarrollando en aquel preciso momento en un lugar distante o que hace poco que han tenido lugar[9]. Hay que incluir en este subgrupo todas las experiencias de sueños telepáticos que se realizan en los laboratorios de investigación del sueño, en el que inducen visiones oníricas a distancia a un durmiente aislado bajo control electrónico.

d) Retrocognitivos (retrocognición, de cognición retroactiva)

Son los que captan o revelan hechos del pasado, referidos, por lo común, a personas queridas o conocidas. Pueden hacer referencia a las causas de desaparición de una persona, muerte ignorada, asesinato, robo, extravío o pérdida de objetos valiosos, etcétera.

e) De advertencia o anticipatorios (reflexivos, creativos)

Son sueños que muestran hechos futuros o situaciones de un porvenir inmediato referidos a cuestiones personales, familiares o profesionales y que, por lo común, pueden alterarse los resultados o el soñante puede eludir peligros gracias al aviso, como puede ser la suspensión de un viaje, el hallar la solución a un problema profesional, evitar un conflicto sentimental o una inversión financiera arriesgada, ejecutar un trabajo, un escrito o un invento soñado, etc. Por tanto, en este subgrupo hay que incluir los llamados sueños creativos[10] y sueños prodrómicos.[11]

f) Extracorporales (proyección astral, viaje astral)

Son los llamados sueños de viaje astral, en que el «cuerpo astral»[12] abandona su cuerpo físico y se desplaza a grandes distancias, vislumbrando hechos y situaciones que aparecen como sueños.[13]

---

9. *Véanse* los ejemplos que damos en el término sueños telepáticos.
10. *Véanse* los ejemplos que damos en el término sueños creativos.
11. *Véase* la amplia explicación que sobre esta especialidad damos en el término *sueños prodrómicos*.
12. En esoterismo se da el nombre de «cuerpo astral» a un doble invisible del cuerpo físico, al que parece envolver. Ese «cuerpo astral» o «doble etérico» es el vehículo de los sentimientos, deseos y emociones. En sueños, puede separarse del cuerpo físico y viajar a cualquier lugar distante, visitando los lugares más insospechados.
13. Ampliamos debidamente el tema en el término *Viaje astral*.

g) De supervivencia o comunicación espiritual

Son los sueños de comunicación con el más allá o con los espíritus de los difuntos, así como los de inspiración divina.

h) De reencarnación (anamnésicos)

Son sueños poco corrientes, en los que el soñante parece vivir experiencias históricas o hechos de épocas pasadas, pero de los que no se sabe nada en estado de vigilia, es decir, acontecimientos de los que no sabía nada el durmiente ni nadie se lo había explicado. Pueden ser sueños angustiosos o traumáticos o agradables y placenteros, según se reviva una tragedia o una situación feliz[14].

i) Sueño doble o de visión doble

Son aquellos sueños que son captados o tenidos al mismo tiempo por dos o más personas.

Sueños psicológicos o psicoanalíticos (de regulación psíquica)

La mayoría de sueños del ser humano pertenecen a este grupo y son las expresiones simbólicas del inconsciente. En él se encuadran aquellas imágenes oníricas del tipo que analizó el célebre neuropsiquiatra austríaco Sigmund Freud (1856-1939), creador del psicoanálisis. Freud demostró que las imágenes de muchos sueños (contenido *manifiesto*) tienen un sentido más profundo (contenido *latente*, oculto, escondido), comprensible casi siempre si es analizado profundamente por medio de asociaciones de ideas o por interpretación de sus símbolos. Los sentimientos más complejos y los conceptos más confusos o abstractos se traducen en imágenes oníricas, pero generalmente en forma condensada, *enmascarada* (disfrazada) y *simbólica* (hasta *criptográfica* podríamos decir).

En conjunto, para Freud, la mayoría de sueños vienen a ser guardianes del sueño y protegen al durmiente de las excitaciones demasiado vivas y de las tensiones insoportables de la vida cotidiana que le impedirían descansar (por ello la mayor parte de los sueños no despiertan ni se recuerdan al despertar), además de expresar una realización de deseos, o sea, que se sueña lo que en realidad quisiera uno que fuera verdad, que en conjunto es lo que le falta en la vida real. Si está necesitado de dinero sueña en loterías, que le dan algún premio, que encuentra dinero, etc. Al respecto, en castellano ya existe de antiguo el refrán que dice: «Quien tiene hambre sueña con pan».

---

14. En el término *sueños de reencarnación* damos varios ejemplos de tales visiones oníricas y de las investigaciones llevadas a cabo sobre tan intrigante cuestión.

Sobre este factor de la realización de deseos en el sueño, el psicólogo húngaro Sandor Ferenczi (1873-1933), que fue uno de los buenos colaboradores de Freud, precisó: «Los sueños son usados metafóricamente en la mayor parte de los idiomas por "los deseos". Hay un proverbio húngaro que dice: "Los cerdos sueñan con bellotas, los gansos con maíz", que tan solo debe considerarse como una alusión a que los sueños humanos siguen una dirección similar. Algunos sueños de adultos y la mayor parte de los de los niños, son puramente sueños de realización de deseos».

Pero no todos los investigadores del sueño y de los sueños están de acuerdo en que los sueños sean solamente expresiones simbólicas de conflictos de la mente inconsciente ni reguladores de las tensiones diurnas. Por ejemplo, el psicólogo austríaco Alfred Adler (1870-1937), discípulo disidente de Freud, era de la opinión que la imagen onírica era un medio por el que la mente inconsciente organizaba una conducta futura ante determinado acontecimiento, es decir, que venía a ser una especie de «ensayo general» de una respuesta a una situación planteada al sujeto en su vida cotidiana. Es por ello por lo que Alfred Adler dijo que «lo que sirve de base al sueño es la actitud frente a la vida».

Siguiendo a Freud, Davir StaffordClark («Introducción al Psicoanálisis») nos resume el problema al decir que «no solo el sueño tiene un significado sino que este significado es la causa del sueño. Lo que recordamos del sueño es su contenido manifiesto, lo que motiva el sueño es el contenido latente o reprimido. Existe una relación muy complicada entre los dos contenidos, que solo se puede poner en evidencia con el empleo de la libre asociación sobre cada elemento del contenido manifiesto, remontándose así al contenido latente».

Por su parte, Wilhelm Stekel (1868-1940), otro de los discípulos disidentes de Freud, también ha contribuido notablemente a la moderna investigación de los sueños, en especial a los relacionados con personas neuróticas y parapáticas (llegó a coleccionar más de diez mil sueños), afirmando que el «soñar significa vivir el pasado, olvidar el presente, presentir el futuro». Es muy interesante su obra «El Lenguaje de los Sueños», que contiene gran número de sueños interpretados de sus pacientes y el significado de muchos símbolos oníricos.

Pero el gigante de la investigación onírica y simbólica es, para nosotros, Carl Gustav Jung (1875-1961), psiquiatra y psicólogo suizo, fundador de la Escuela de Zurich, basada en la psicología analítica. Jung fue quien clasificó a los tipos humanos en introvertidos y extrovertidos (extravertidos). Discípulo de Freud, fue mucho más lejos que el maestro, separándose de sus ideas principales al poco tiempo. Jung desarrolló –a partir de experiencias parapsicológicas propias– la teoría del inconsciente colectivo (para separarlo del inconsciente personal) como fundamento de la imaginación, común a todos los pueblos a través de la historia, y que se manifiesta en las tradiciones, mitos, leyendas, doctrinas religiosas y esotéricas, etc.

Jung creía –y así se ha puesto de manifiesto– en la existencia de un fondo común universal, productor de «arquetipos» (imágenes y símbolos) independientes del tiempo y del espacio, es decir, que heredamos de nuestros antepasados y que son comunes a todo el mundo. Por ejemplo, el mar simboliza a la madre, al igual que la Luna y la Tierra, mientras que el Sol es el padre, etc. Además estableció las figuras arquetípicas del inconsciente humano conocidas como *sombra, ánima, ánimus, trickster...*, que aparecen continuamente en sueños de personas de la más diversa condición, raza y estado.[15]

Estas ideas de Jung quieren decir que a pesar de que muchos símbolos en los sueños pueden tener significados diferentes para distintas personas (símbolos personales de acuerdo con la cultura y personalidad de cada uno), hay otros que tienen un significado general y que son comunes a todos los pueblos, y son los que forman parte del inconsciente colectivo, creador de imágenes, creencias y principios hereditarios.

Sin embargo, de acuerdo con las tesis y demostraciones psicoanalíticas de Freud, Stekel, Ferenczi, Havelock Hellis, Federn, Meng, Erich Fromm, Calvin S. Hall y muchos otros –y los estudios propios en la práctica de la interpretación onírica– la mayoría de los símbolos y alegorías de los sueños psicoanalíticos pueden tener distintos significados y explicaciones, incluso para la misma persona.

En este grupo de sueños psicológicos podemos considerar los siguientes subtipos principales:

Sueños de compensación, de recuerdos, de realización de deseos, y de residuos diurnos

Son aquellos sueños que expresan deseos inconscientes de superioridad, recuerdos de situaciones pasadas (traumáticas o no) y, en especial, tensiones del estado de vigilia, restos o residuos de las actividades de la vida cotidiana (sueños de *residuos diurnos*).[16] Son sueños que no tienen ningún significado profético y que no han de interpretarse literalmente. Pertenecen a este subtipo aquellos sueños a los que Delboeuf se refería al decir que «los sueños no son más que la reproducción del pasado cuyos datos se encadenan y desarrollan conforme a los hábitos actuales». Hay que incluir aquí los llamados sueños *catárticos* o *purificadores*.[17]

Sueños simbólicos del desarrollo del destino y personalidad

Es el subtipo más corriente de sueños, el que esta más sujeto a arquetipos del inconsciente colectivo, así como a símbolos personales, con predominio de

---

15. Esas figuras que forman parte del inconsciente las explicamos en los términos *sombra, desconocidos* y *mujeres desconocidas, anima y animus*. La figura del «trickster» la exponemos en el término villano.
16. En el término *residuos diurnos* hacemos una amplia referencia a este tema.
17. Hacemos un amplio estudio de tales sueños en el término sueños de catarsis.

los conflictos sexuales. Muchos *sueños de angustia* y muchos *terrores y pesadillas psicológicos* pertenecen a este subtipo.[18] El contenido principal de esta obra se refiere a tales símbolos y arquetipos.

Sueños mandálicos

Son aquellos sueños en que aparecen mandalas (formas circulares y simétricas) y expresan el proceso de maduración que conduce a la individuación preconizada por Jung. Son sueños poco corrientes y representan una evolución de la personalidad a nivel muy superior, hasta Ilegar a la percepción del «Yo absoluto», del «Yo en sí mismo».[19]

Sueños que expresan complejos y neurosis

Son los que tienen personas enfermas, con problemas de personalidad y sometidas a tratamiento psicoanálitico, generalmente a causa de conflictos sexuales inconscientes. Como decía Jung, «la raíz de la neurosis es un conflicto erótico oculto» y, en muchas ocasiones, ese problema se expresa en los sueños. Los llamados sueños esquizofrénicos hay que incluirlos en este subtipo.[20]

Sueños traumáticos (reactivos)

Pertenecen a este subtipo todos aquellos sueños provocados por traumas psicológicos, sobre todo infantiles, de acuerdo con las amargas experiencias vividas. Jung dice que «un sueño reactivo o traumático es el que trae a la memoria una situación amenazadora para la vida humana, como una guerra o catástrofe natural, o refleja condiciones físicas patológicas, por ejemplo, un fuerte dolor». En este último caso también puede encuadrarse en el concepto de sueños fisiológicos. Además, algunos sueños esquizofrénicos tienen un pie en este subtipo y otro en el apartado precedente.

En este subtipo se engloban la mayoría de sueños catastróficos. En cierta ocasión preguntaron a Jung: «¿Cuál es el sentido de tener sueños exclusivamente catastróficos?». A lo que el eminente psicólogo respondió: «Ese es el misterio de los sueños: que uno no sueña, es soñado. Padecemos el sueño, no lo hacemos. Si nos aguarda un destino fatal, el elemento que a el conduce

---

18. *Véanse* los términos *sueños de angustia* y *terrores y pesadillas*.
19. *Véase* el término *mandala*, en el que detallamos los pormenores de ese concepto en los sueños.
20. En el término *sueños esquizófrenicos*, tratamos ese tema ampliamente y con ejemplos oníricos.

nos atrapa de antemano en el sueño, tal como posteriormente nos avasallará en la realidad».

Algunos *sueños proféticos* pueden englobarse también aquí, al igual que los sueños de *trauma de nacimiento*,[21] que se hallan a caballo entre este apartado y el de los sueños de recuerdos.

Sueños lúcidos

Este grupo comprende aquellos sueños que Frederik Van Eeden describió como de «soñar conscientemente», en los que el sujeto es capaz de dirigir su atención y de decidir actos de libre albedrío, o sea, que podemos manipular los acontecimientos y dirigir nuestros pensamientos y deseos como si estuviéramos despiertos.

Sueños de mezcla o mixtos (polifásicos, superpuestos, ilógicos).

Este grupo integra aquellos sueños larguísimos e incomprensibles, en que se entrelazan o suceden en cadena los sueños de diversos tipos, mezclándose lo más real con lo más fantasioso, lo más comprensible con lo más indescifrable, como si se hubiera elaborado una película con imágenes de varios filmes de temáticas distintas.

FÉLIX LLAUGÉ DAUSÁ (Mago Félix),

Ex Presidente del Primer Congreso Internacional de Ciencias Ocultas (Barcelona, 1978).

---

21. En el término *sueños de trauma de nacimiento* hacemos una amplia panorámica de esas visiones oníricas que nos hablan de la «situación intrauterina del hombre y del trauma que representa el nacer, el ser expulsado del claustro materno».

Advertencia

Para hacer más fácil la utilización, comprensión e interpretación de los diversos símbolos, en esta enciclopedia hemos separado los significados psicológicos de los que da la tradición ocultista. Así, en los principales términos de la misma, incluimos las dos acepciones siguientes:

1. Las interpretaciones desde el punto de vista psicológico, que indicamos con la abreviación *psi*.

2. Los significados que dan las Ciencias Ocultas, que señalamos con la abreviación *c. oc.*

Asimismo, hay que aclarar que no siempre es fácil interpretar si un sueño es del tipo psicológico o profético a primera vista, pero la verdad es que hay que partir de la base de que el 80 o el 90 % de los sueños son del tipo psicológico, pero no por ello son menos importantes, ya que, en cierto modo, constituyen el pasado-presente que habla del futuro inmediato del soñante.

De una forma u otra hay que tener presente que quien se preocupa de buscar la interpretación de sus sueños aprende a conocerse mejor y nunca va tan a oscuras por la vida como sus semejante, ni las cosas le salen tan mal como a los demás.

ABAJO

Psi. De acuerdo con la teoría freudiana, la expresión abajo de los sueños simboliza los genitales, sean masculinos o femeninos.

ABANDERADO

Psi. Soñar que uno es el abanderado de un regimiento, batallón, compañía o formación significa que se presentarán oportunidades para promocionarse o destacar dentro de la comunidad. Suele anunciar ofertas de trabajo o profesión y posibilidades de adquirir renombre o popularidad. Si el abanderado va delante de la formación como en un desfile militar, presagia que el proyecto o la promoción personal se realizarán en poco tiempo. En cambio, si el abanderado se halla en el frente, combatiendo, indica que tendrá que luchar y esforzarse mucho para obtener lo que desea o alcanzar el puesto que le ofrecen: habrá otros candidatos y competidores y tendrá que esforzarse mucho para destacar.

ABANDONO
(Abandonar, ser abandonado)

Psi. 1. En ocasiones, el ser abandonado en sueños puede ser la expresión de un sentimiento angustioso inconsciente de perder un cariño o apoyo que se necesita mucho. Incluso puede reflejar que uno no cuenta con el suficiente cariño o protección por parte de los padres. || 2. Abandonar alguna cosa, animal o persona puede ser una advertencia del inconsciente respecto de unos aspectos de la vida que están siendo desatendidos o abandonados peligrosamente, como en el sueño siguiente (relatado por el doctor Otaola): «Me voy, dejando abandonado a un perro que me mira lastimeramente». Aquí el *perro* representa la vida instintiva, que es rechazada o menospreciada por un sujeto de personalidad muy cerebral, que prescinde de lo sentimental-sexual todo lo que puede. || 3. El dejar abandonada, sin protección, a una paloma, simboliza que el durmiente está prescindiendo de las reglas morales y de los ideales y que adolece de falta de ternura. || *C. oc.:* **A la esposa:** Se tendrán problemas familiares y profesionales. || **Al esposo:** Pérdida de amistades o protectores. || **A parientes:** Vienen buenos tiempos, se mejorará económicamente. || **Al novio o novia:** Se contraerán deudas peligrosas. || **Un barco:** Fracaso de negocios o profesión. || **A los hijos:** Fracaso en proyectos y estudios. Pérdidas monetarias. || **El lugar de residencia:** Persecución por parte de los enemigos y de la justicia. Pérdidas financieras. || **La casa o vivienda:** Cambio de empleo, estudios o negocio. || **Ser abandonado o abandonada por la madre:** Dificultades monetarias, no se puede contar con la ayuda ajena. || **Ser abandonado o abandonada por el padre:** Se necesita fortalecer la fuerza de voluntad para superar obstáculos profesionales.

ABANICO

Psi. Indica que se disfrazan o encubren las verdaderas intenciones o proyectos, que se coquetea con los deseos o planes reales. Es un símbolo de coquetería; con él la mujer disimula sus defectos y el hombre sus vicios, malas inclinaciones y doblez en los negocios. || *C. oc.:* **Tener un abanico:** Posibilidades de obtener una distinción o noticias agradables. || **Recibir un abanico como regalo:** Habrá que estar alerta contra engaños y abusos de confianza. || **Sostener un abanico roto:** Acechan disgustos o desengaños. Se descubrirán secretos personales o de familia. || **Una mujer comprando un abanico:**

Desea un hombre distinto al que festeja o con el que está casada. || **Otras mujeres con abanicos:** Debe preservarse de la actuación de rivales y competidoras. || **Una mujer que pierde un abanico:** Se alejará una amistad; peligro de dejar al descubierto algún secreto o vicio. || **Estar uno abanicándose:** Hay que prepararse para vencer contrariedades y confabulaciones. || **Mujer soñando que la abanican:** Encontrará pronto marido o amante. || **Hacer señas con el abanico cerrado:** Prontas noticias de amistades ausentes.

ABECEDARIO (Alfabeto)

Psi. 1. Como representación de las primeras letras, de la enseñanza primaria, el soñar que uno está aprendiendo a escribir el alfabeto quiere decir que ha de pensar y actuar de otra manera a como viene haciéndolo. Necesita aprender a comportarse de otra manera, seguramente normas

básicas de urbanidad y convivencia. || 2. Si se ve poniendo las letras del abecedario correlativamente o por orden, el sueño puede indicar que ha de actuar más ordenadamente y poner orden en su vida, que actúa sin normas, a lo loco, con ignorancia de los conocimientos básicos. || *C. oc.:* **Escribir el alfabeto o abecedario:** Noticias inesperadas de tipo positivo. || **Intentar leer un alfabeto extraño o extranjero:** Un misterio o un secreto en vías de solución. || **Leer el abecedario:** Resolución favorable de un asunto o conflicto.

ABEJAS

Psi. 1. Es un símbolo relacionado con la laboriosidad y cooperación social y colectiva. Así, en el sueño siguiente: «Destruyo una colmena y las abejas me persiguen», significa que en el soñador existen fuertes tendencias antisociales, que experimenta cierta agresividad contra la comunidad, seguramente a causa de falta de adaptación a la vida social. Podría sentirse incluso marginado y perseguido por los demás. En sueños de este tipo, la *colmena* puede hasta representar al pueblo o ciudad donde uno vive. || 2. En ocasiones, las abejas que zumban en torno nuestro representan impulsos instintivos que nos están excitando, por lo común de tipo sexual. || 3. En su aspecto de trabajo en común, las abejas también simbolizan la familia y la vida hogareña. Soñar con una colmena laboriosa y bien organizada es símbolo de prosperidad, de que en la familia está funcionando todo correctamente. En cambio, debe preocupar el ver una colmena volcada o que sufre un accidente. ya que advierte de problemas en el hogar, probablemente por motivos monetarios o falta de empleo o trabajo. || 4. La abeja reina suele representar a la mujer que gobierna y domina a la familia; puede ser la madre, la suegra, etc., según las circunstancias de cada uno. El comportamiento de la abeja reina expresa la manera en cómo el inconsciente del durmiente ve a la esposa, madre, suegra, abuela, etc. || *C. oc.:* **Abejas laborando:** Anuncio de dinero y prosperidad. || **Matar una abeja:** Contratiempos y disgustos. || **Ser picado por una abeja:** Peligro de traición de una amistad. || **Abejas haciendo miel dentro de la propia casa:** Se vencerá a los enemigos. || **Abejas haciendo miel en un árbol:** Grandes ganancias financieras. || **Ver un enjambre de abejas:** Accidentes en el hogar, problemas familiares. || **Matar muchas abejas:** Grave pérdida de dinero. || **Coger abejas:** Éxito en proyectos o negocios. || **Abejas haciendo miel:** Satisfacciones familiares, prosperidad en el hogar. || **Abejas zumbando en torno de uno:** Herencia o legado. Premio inesperado. || **Recoger la miel de las abejas:** Alegrías, satisfacciones, felicidad. || **Abejas sacando el néctar de las flores:** Buenos negocios, herencia, beneficios en especulaciones financieras.

ABERTURAS

Psi. 1. Soñar que uno pasa, con muchos esfuerzos, por aberturas estrechas, suele expresar las dificultades que el soñador está pasando en la vida real para conseguir lo que desea, superar dificultades profesionales, estrecheces económicas, solucionar un problema familiar, sortear un trance personal, sacarse un complejo de encima, etc. El presagio es bueno si el soñante logra pasar al otro lado o salir de la abertura, sobre todo cuando ésta es la separación entre dos paredes o muros. Por el contrario, si queda encallado o detenido, sin poder avanzar, advierte de que no se logrará vencer las dificultades, al menos, de la manera que él espera solucionarlas. Un hombre que estaba preocupado por su futuro profesional, soñó que entraba en un edificio, recorría largos pasillos y al final se encontraba con una pared, la cual tenía una abertura a ras del suelo, como un ventanillo que daba al exterior. La abertura era demasiado pequeña para que pudiera pasar por ella. Se agachó y, a través de ella, vio a lo lejos cómo muchos operarios estaban terminando de asfaltar una carretera. Y el soñante se dijo que tendría que volver atrás, para ir a encontrar aquel camino. Seguidamente despertó. Este sueño le indicaba que quedaría encallado en la empresa en que prestaba sus servicios (*la casa que recorría*), que incluso pasaría estrecheces económicas (*le rebajaron el sueldo*), pero que no se preocupara, porque saldrían nuevas oportunidades (*la carretera que estaba terminándose de construir*), como así fue. || 2. No obstante, la mayoría de las veces, las diversas aberturas, sean naturales o artificiales, que aparecen en sueños, son de índole erótica y representan los genitales femeninos,

como *boca, puerta, ventana, hoyo, cueva, caverna...* (*Véanse* esos términos: *ala* y *túnel*). || 3. En la niñez y adolescencia, sobre todo si el parto ha sido difícil y laborioso, pueden tenerse sueños o pesadillas en que el soñante se ve intentando pasar a través de aberturas estrechas y oscuras (a veces las paredes son de color rojo). Estos sueños no son más que reminiscencias o recuerdos de los traumas y angustias inconscientes acumulados durante el nacimiento. Si el soñante se mentaliza de esto y lo asimila, dejan de aparecer tales pesadillas (*véase sueños de trauma de nacimiento*).

ABETO

Psi. Como la mayoría de árboles, es un símbolo de fuerza, de potencia, una representación fálica. Es bueno verlo alto y frondoso. Caído o seco puede señalar falta de vitalidad, enfermedad. Si es una mujer la que sueña con un abeto seco puede advertir de enfermedad grave para el marido. || *C. oc.:* **Altos y frondosos:** Acontecimientos felices e inesperados. Buenas noticias personales o profesionales. || **Caídos, desgajados o muertos:** Malas noticias, pesares. || **Cubiertos por la nieve:** Retraso en asuntos o negocios. Beneficios que se retrasan.

ABISMO

Psi. 1. Por lo general, el abismo de los sueños expresa los temores de dejarse llevar por los instintos femeninos, por el aspecto peligroso y absorbente de éstos. Al mismo tiempo, el caer al abismo puede representar un sentimiento de culpabilidad, la angustia de caer en el tan cacareado «abismo del pecado», según la educación moral recibida, como en el ejemplo siguiente: «Sueño muchas veces que voy corriendo por una gran llanura, un hermoso y verde prado, lleno de flores, sin ningún árbol. Corro y corro sin parar. Luego, de repente, se acaba el campo y me veo caer por un gran abismo, un enorme precipicio por el que caigo sin parar, sin llegar nunca al fondo, hasta que me despierto sobresaltada». Este sueño viene a indicar que la joven siente deseos de adentrarse por el prado de sus sentimientos, por la primavera de su naturaleza… Las *flores* simbolizan aquí el florecimiento psíquico, el nacimiento de su sexualidad, la fertilidad de sus sentimientos y deseos, de sus ilusiones y ensueños… Desea *correr*, es decir, hacer el amor. *Corro y corro* también puede expresar la masturbación. Desea correr, volar en pos de su destino o realización amorosa, tras los placeres de los afectos. La *caída al abismo* no es más que la expresión inconsciente de temor a pecar, de miedo a ser culpable de una mala acción, si se deja llevar por los impulsos femeninos. Viene a ser como el «miedo al infierno», tal como ha dejado señalado Wilhem Stekel. En cierta manera, este sueño también puede considerarse como un aviso para que la soñante no se deje arrastrar por la pasión sexual y para que recuerde los peligros que el sexo encierra para la mujer. Es archisabida la frase de «la mujer caída», como símbolo de la fémina que se ha dejado arrastrar por

los deseos del amor sin calibrar las consecuencias y después es apartada de la sociedad. *(Véanse los términos precipicio y caer)*. || 2. En ocasiones, encontrarse al borde de un abismo o verse caer en él es una advertencia del inconsciente al soñante para que comprenda que se halla en una situación peligrosa en la vida real y no se ha dado cuenta de ello (o no quiere verlo), generalmente de tipo profesional y económico. || 3. Verse al pie de un abismo suele indicar al sujeto que se está aproximando a una etapa peligrosa de su existencia, por lo común de tipo profesional y familiar, y que debe actuar con la máxima prudencia y diplomacia. || 4. Ver a otros en el abismo o cómo caen en él, señala que la situación de tales personas es o va a ser catastrófica (siempre que sean conocidos o familiares); el inconsciente ya ha elaborado unas consecuencias a partir de unos datos que en estado de vigilia no han sabido relacionarse. En caso de que sean desconocidos quienes caen al abismo, el inconsciente está advirtiendo al soñante de que en su personalidad están tomando mucha fuerza impulsos destructivos y aniquiladores que hay que controlar rápidamente. || 5. A veces se halla uno, después de una larga caminata, ante un profundo abismo, una pendiente aterradora que se ve obligado a descender sorteando muchos peligros. Esto es una indicación de que el soñante tiene que explorar el «fondo de sí mismo, de su inconsciente», antes de caminar con seguridad por la vida; necesita averiguar qué es lo que ha de rectificar en su manera de ser, en su comportamiento. Este sueño, en general, pese a lo angustioso que es, es favorable, ya que ayuda al sujeto a tomar contacto con las profundidades más íntimas de su ser. || 6. Otras veces, sobre el abismo, se encuentra un puente (de piedra, de madera, de lianas, etc.), lo que quiere decir que se podrá pasar al otro lado, sortear el abismo. Significa que el soñante superará los obstáculos que le preocupan, que dispone de fuerzas y conocimientos para sobrepasar las dificultades que se presenten. Es un sueño favorable, en que el inconsciente le dice al soñante: «No tengas miedo, sigue adelante». || 7. En contadas ocasiones, el hallarse en un abismo o caer en él suele advertir que el soñante se está dejando dominar por la tristeza y melancolía y puede caer en una profunda depresión emocional. || 8. En los sueños de mujer en que aparece un hombre, novio, amigo, etc., y luego aparece el abismo, el inconsciente está advirtiendo a la soñante que el individuo está actuando con falacia y que lo que busca es aprovecharse de ella. || *C. oc.*: **Caer en el abismo:** Mucho cuidado en los negocios, hay peligro inminente de fracaso o ruina. || **Escapar de un abismo escalándolo:** Se superarán las dificultades personales y profesionales. || **Estar sentado al borde de un abismo:** Inseguridad en el resultado de un negocio o empresa. || **Ver caer a otro al abismo:** Muerte o accidente grave de un familiar o amigo íntimo. || **Caer piedras o tierra por un abismo:** Pérdidas monetarias, accidente de carácter leve.

Mujer cayendo por un abismo: Infidelidad, pasiones peligrosas. || **Verse al fondo de un abismo:** Se tardará en superar las dificultades o problemas.

ABONO *(Véanse excrementos y oro)*

ABORDAJE

Psi. 1. El ver un abordaje en sueños entre navíos o embarcaciones puede advertir del peligro de que algún proyecto o negocio no salga como se había imaginado. Puede reflejar enfrentamientos o luchas, que también pueden ser de tipo personal. Hay que tener presente que el *barco (véase* este término) significa la trayectoria o el «vehículo» de nuestras grandes aspiraciones, proyectos o destino. || 2. También puede ser premonitorio, como en el caso histórico del almirante Nelson. Semanas antes de la célebre Batalla naval de Trafalgar, Horacio Nelson había soñado varias veces que «abordaba un buque desarbolado y próximo a hundirse». Muchos lo interpretaron como de victoria en el combate, pero en su fuero interno, el almirante estaba muy intranquilo por su suerte, como lo demuestra el hecho de que al despedirse del capitán Blackwood, comandante de la fragata *Eurygalus,* éste le dijera: «Confío en que a mi regreso hallaré a Su Señoría en posesión de veinte presas», el almirante Nelson le contestó: «Dios le bendiga, Blackwood, no le volveré a ver». En el fragor del combate, Nelson cayó herido gravemente y expiró aquella misma tarde, después de que se le comunicara que había ganado la batalla y que la Armada francoespañola había sido derrotada. Era el 21 de octubre de 1805. Se cumplieron, pues, los presagios del sueño y los propios presentimientos del almirante inglés: *alcanzaba la victoria sobre el enemigo, pero sucumbía en el empeño.* || 3. Un sueño parecido lo tuvo el presidente de Estados Unidos Abraham Lincoln, personaje especialmente dado a tener presentimientos y precogniciones, además de ser el centro de otros fenómenos parapsicológicos. En su último sueño se vio «flotando en una gran extensión de agua y que un buque, con todo el trapo desplegado, se precipitaba contra él». Despertó sobresaltado y explicó este sueño a sus colaboradores, comunicándoles que temía que iba a verse envuelto en una tragedia. En menos de veinticuatro horas recibía un tiro en la cabeza, mientras asistía a una función teatral en Washington. Era el 14 de abril de 1865. Lincoln moría al día siguiente sin recobrar el conocimiento.

ABORTO

Psi. Aunque puede hacer referencia a un aborto real, la mayoría de las veces refleja el temor a ver malogrado algún proyecto o empresa. Es un signo de inseguridad en el ánimo de la persona que sueña. En los sueños de mujeres, suele advertir de rompimientos sentimentales (aborto de ilusiones), y en los hombres, fracasos profesionales o comerciales. A veces, en sueños de mujeres embarazadas, señala la oposición al hijo que no esperaban, los deseos inconscientes de que no naciera. || *C. oc.:* **Hombre viendo abortar a una mujer, decidiendo un aborto o ayudando a realizarlo:** Riesgo de alguna enfermedad o accidente; máxima precaución en los viajes y trabajos peligrosos. || **Mujer soñando que aborta:** Sufrirá sinsabores y decepciones sentimentales. Riesgo de resbalones amorosos. || **Otras mujeres abortando:** Anuncio de soledad y dificultades. || **Asistir a un aborto:** Noticias desagradables. || **Marido viendo cómo su mujer aborta:** Pérdida de reputación, murmuraciones, calumnias, maledicencia.

ABRAZO (Abrazar)

Psi. La mayoría de las veces, el abrazo o acto de abrazar a alguien en sueños simboliza el acto sexual que se desea, sobre todo si se realiza con una persona del sexo opuesto. Es un acto que aparece en multitud de sueños de índole erótica. Hasta puede hablar de fecundidad, de embarazo, como en el caso de aquella mujer que soñó que su madre abrazaba a la nieta (la madre era la matriz de la soñante, y el abrazo señalaba que aceptaba ser fecundada, que quería una nueva hija). || *C. oc.:* **Abrazar a parientes:** Peligro de traición o abuso de confianza. || **A niños:** Prontas alegrías, buenas noticias, ofertas o beneficios inesperados. || **Esposo o novio abrazando a alguien:** Presagia larga vida. || **Esposa o novia abrazando a alguien:** Soledad o problemas sentimentales. || **A un desconocido:** Separación o pelea hogareña. || **A un difunto:** Enfermedad grave o fallecimiento en la familia. || **A los padres:** Problemas que serán solucionados. || **A la madre:** Se recibirá ayuda y protección. || **A un cura o a una monja:** Malas noticias, pesares, pérdidas económicas. || **Algo en el vacío:** Muerte en la familia, enfermedad propia. || **Un perro:** Fidelidad, ayuda por parte de amistades. || **Un caballo:** Buenas noticias, ofertas económicas, beneficios profesionales. || **A Un doctor o enfermera:** Enfermedad, malas noticias, se necesitará ayuda. || **El tronco de un árbol:** Salud, alegría, buenas noticias, dicha. || **A un abogado o a un juez:** Pleitos, problemas jurídicos, conflictos testamentarios.

ABRIGO

Psi. 1. El abrigo es una prenda que nos envuelve, protege, oculta y nos da calor contra las inclemencias del tiempo. En ocasiones, pues, simboliza a la madre. No en vano se dice corrientemente que uno está «bajo el amparo y abrigo de la madre». Así, si uno sueña que lleva el abrigo de su madre, puede ser indicativo de que aún sigue aferrado demasiado a ella, de que aún no ha salido a la «intemperie» de la vida para valerse por sus propios medios y tomar decisiones personales, o sea, moverse con independencia. || 2. Como en el caso del *vestido (véase* ese término), a veces nos indica cómo nos ven los demás a nivel económico o social. Si uno se mueve tras grandes proyectos y ambiciones sociales, creyendo que va a comerse al mundo, y sueña que va con un abrigo roto, raído y sucio, es una advertencia del inconsciente de que no debe fantasear tanto, que

la realidad es otra, que necesita un poco de humildad y no ir por la vida con tantos humos. || 3. Otras veces, el abrigo simboliza la protección social, política o comercial, lo que se podría denominar el «enchufe», el «padrino». En tales casos, soñar con un buen abrigo significa éxito o que se conseguirá lo que se desea. En una mujer, sobre todo si el abrigo es de piel, expresa los deseos de un protector, amante o marido adinerado. Por el contrario, soñar con un abrigo deteriorado, roto y sucio puede advertir de una próxima pérdida de dinero o fracaso comercial, por la causa que sea, por lo que el soñador deberá estar alerta en todo cuanto haga y no arriesgar capital en nada. Incluso debe estar prevenido contra robos y atracos. || 4. Sacar un pájaro muerto del bolsillo de un abrigo puede simbolizar separación o divorcio. *(Véase* el apartado número 4 del término *pájaro).* || *C. oc.:* **Usar un abrigo nuevo:** Se presentarán dificultades o problemas en los negocios o trabajo. || **Usar un abrigo viejo:** Buenas noticias o beneficios. || **Llevar un abrigo ajeno:** Se tendrá que solicitar ayuda a una amistad o familiar. || **Perder un abrigo:** Ayudas que no se recibirán, promesas que se romperán. Pérdidas en algún negocio, proyecto o especulación financiera. || **Llevar un abrigo bordado en oro o plata:** Buenas noticias comerciales o políticas. || **Quitarse el abrigo:** Riesgo de enfermedad o indisposición. || **Llevar un abrigo manchado o sucio:** Problemas monetarios pasajeros, conflictos sentimentales. Inquietudes familiares. ||

Llevar un abrigo rojo: Peligro de dejarse llevar por pasiones, infidelidad. || **Llevar un abrigo azul:** Espiritualidad, humanidad, idealismo. || **Llevar un abrigo verde:** Se realizarán algunos proyectos sentimentales. || **Llevar un abrigo negro:** Soledad, melancolía, falta de amor.

ABSCESO

Psi. 1. En algunas ocasiones, en sueños de tipo fisiológico, es un aviso de que se formará realmente un absceso en el soñante, aunque otras veces indica que aparecerá algún tipo de dolencia que no tiene nada que ver con un absceso. || 2. En sueños de tipo psicológico, soñar que uno tiene un absceso puede ser indicativo de que las fuerzas psíquicas están reaccionando contra determinadas «infecciones psíquicas». Puede estar relacionado con pensamientos y actuaciones inconvenientes. || *C. oc.:* **Tener un absceso:** Recuperación rápida de la salud. || **Operación de un absceso:** Se resolverá un misterio o secreto. || **Tener un absceso en el cuello:** Presagio de enfermedad o dolencia, curas largas. || **Otras personas con un absceso:** Conflictos con amistades o relaciones.

ABSOLUCIÓN

Psi. Soñar que uno recibe la absolución de un religioso, sacerdote, juez, jurado, tribunal, etc., significa que el durmiente necesita «limpiarse» de alguna falta cometida de tipo moral o ser absuelto de un error o equivocación; le remuerde la conciencia por algo. Su sentimiento de culpa puede estar relacionado con cuestiones sexuales o con el fracaso de proyectos o negocios; el soñante necesita tranquilizar su conciencia en el sentido de que no ha fracasado por culpa suya, de que es inocente. La absolución onírica refleja la inquietud de intranquilidad del sujeto ante sus dudas por los hechos acontecidos. Para remediar tal angustia y tortura interiores, el inconsciente elabora la «imagen de absolución», como indicándole que se tranquilice, que «no es culpable».

ABSURDO

Psi. Hacer algo absurdo en sueños es un aviso del inconsciente de que se quieren hacer cosas imposibles o absurdas en la vida real. Los absurdos pueden tomar las más variadas formas: subir un tren por unas escaleras, marchar con un autobús por la montaña, hacer navegar un barco por la ciudad, uncir un oso o un tigre a un carruaje de caballos, volar con una bicicleta, etc. Ante tales sueños, hay que reflexionar sobre los proyectos que uno quiere realizar y ver en qué se equivoca y cómo debe rectificar su trayectoria o planes.

ABUELOS (Abuelo, abuela)

Psi. l. Las figuras del abuelo y abuela (sean maternos o paternos) suelen hacer referencia a raíces, orígenes y antecedentes familiares de uno. A menudo, la figura onírica del abuelo simboliza la conciencia y los mandatos de la infancia, de la niñez y, en cierta forma, de esa etapa de la vida de uno. Los ancestros son tradicionalmente los guardianes de las buenas maneras y sanas costumbres, es decir, del buen comportamiento, de la moral familiar. En otros sueños, pueden representar a los padres en una forma distorsionada, ya que tales ensueños suelen estar relacionados con afectos y antagonismos con los progenitores, lo que podría crear desconcierto en el soñante si viera a sus padres tal cual. || 2. En sueños de hombre, la figura del abuelo simboliza el consejero, la persona con experiencia a la que se puede consultar un problema. Al mismo tiempo, es la conciencia familiar y paterna. Suele aparecer en momentos de crisis íntimas, como en el caso siguiente (chico de diecisiete años): «Soñé con mi abuelo, que estaba con mi padre y yo era pequeño. Estaba en la cama y decía que se moría; él murió hace diez años, cuando yo tenía siete. En el sueño se repetía la escena esa y yo lloraba. Quisiera saber si me va a pasar algo malo». Este tipo de sueños, frecuentes en los adolescentes, marca una etapa de crisis personal y de individualismo; se muere la fase de la niñez y el soñante se prepara para nuevas responsabilidades. La persona empieza a desear ser libre, levantar el vuelo y romper o «matar» los lazos familiares que le atan a una serie de normas y convencionalismos. En el sueño reseñado, incluso puede haber una tergiversación de la imagen, en el sentido de que es el padre el que tendría que estar agonizando, o sea, que son los lazos que tiene con él los que quiere «matar» el soñante, pero aún no está preparado o maduro para la respuesta directa. Además, el sueño refleja una parte de la conciencia: tiene alguna clase de remordimiento o teme estar actuando mal de acuerdo con lo que le hubiera gustado al abuelo que hiciera relacionado con el hogar de los padres, de la familia, por supuesto. || 3. Veamos otro sueño de abuelo fallecido pero esta vez tenido por un hombre mayor: «Al cabo de más de sesenta años de haber muerto mi abuelo he soñado con él por vez primera. Soñé que mi hermana y yo íbamos por un paseo y que dicho paseo estaba muy desolado. Las hojas de los árboles habían caído y no había nadie que paseara por él. De repente vimos a tres hombres que iban delante de nosotros. Dos eran altos, de buena presencia, de mediana edad, y el otro era viejo, de menor estatura y peor vestido. El viejo era mi abuelo, que iba en medio de los otros dos y llevaba un pequeño ataúd bajo el brazo. Los tres hombres atravesaron el río por un puente que había al final del paseo y fueron a parar a otro paseo, que también estaba muy desolado, y tras un momento de duda, emprendieron el camino del puerto. Nosotros íbamos a decirle algo a nuestro abuelo, pero no pudimos porque se terminó el sueño». La respuesta escrita que dimos a este sueño fue: «En conjunto, este sueño indica que acabas de pasar un fuerte desengaño, frustración o tristeza grave en tu existencia, que has de enterrar el pasado, sobreponerte y mirar hacia el futuro, hacia nuevos derroteros, trabajos e ilusiones. El *paseo* simboliza el camino de tu existencia, tu andadura por la vida (estás realmente solo, triste, pesimista, desconsolado, melancólico y *desolado*, como repites tú mismo). Los *árboles sin hojas* señalan tu carencia de ilusiones, las oportunidades perdidas o muertas, los desengaños, los frutos desaparecidos. Los jóvenes son las fuerzas que aún tienes y que señalan que has de seguir adelante, caminando hacia el futuro y despedirte del pasado, olvidarlo, enterrarlo… Esto último es el mensaje que simboliza la figura del abuelo (el tiempo, el consejero, la experiencia…) al que hubieras deseado consultar sobre el camino a seguir referente al problema que te embarga. Y el mensaje que te da es clarísimo: *debes despedirte de ese pasado, de esa frustración* (representada por el ataúd), que se lleva el abuelo (el tiempo, el pasado…), como una especie de entierro. El *puente* que comunica con el otro paseo indica que sortearás el obstáculo del *río* (que simboliza el río de tus sentimientos y que señala que, probablemente, el desengaño que has tenido es de tipo afectivo), que pasarás a otra etapa de tu vida. Y la *marcha hacia el puerto* también es clarísima: es el lugar del que parten los navíos hacia otros lugares y países, lo que quiere decir que nuevos propósitos, proyectos e ilusiones nacerán pronto en ti. Entierra el pasado y pon tus ojos en el futuro». || 4. Las abuelas fallecidas hace tiempo pueden aparecer en sueños de mujer como representaciones de conflictos sentimentales y emocionales, como en el caso que sigue (madre de familia): «Soñé que a una de mis abuelas iban a sacarla de su nicho, ya que mis padres no querían comprárselo. Yo me enfadé mucho con ellos –en especial con mi madre– por no querer comprarle el nicho. No tardé mucho en soñar lo mismo con la otra abuela, lo que me puso muy nerviosa, hasta tener que visitar al médico de los nervios. Nada de lo soñado puede pasar, ya que cada abuela tiene su nicho en propiedad. He soñado, ahora, que tenía en mis brazos a dos niños recién nacidos y estaban muertos, y hasta vi cómo cavaban para enterrarlos. Soy casada y tengo dos hijos, un niño y una niña. No tengo problemas con mi esposo. Pero tuve hace muchos años dos mellizos, un niño y una niña, que se murieron, pero no he podido olvidarlos». Nuestra respuesta fue: «En conjunto, estos sueños reflejan tu angustia por la muerte de tus mellizos, lo que quiere decir que los recuerdas demasiado en tu vida cotidiana, lo que no es bueno. Al no haber olvidado tan triste episodio, cada vez que te pones nerviosa por algo o se produce una frustración en tu vida cotidiana, resucita en sueños tu problema primordial. Las *dos abuelas fallecidas* están en relación con los dos hijos desaparecidos: tus temores con los nichos señalan que no dejas descansar a los muertos en paz, que estás revolviendo continuamente en tu mente la desgracia de tus mellizos, o sea, como si quisieras abrir sus nichos y recuperarlos. Por tanto, tus abuelas son simbolismos; nada pasará con ellas. El mensaje esencial de esos sueños es el siguiente: deja a los muertos en paz, no mires más atrás y procura olvidar a tus mellizos. Entiérralos de una vez para siempre y preocúpate más del presente y futuro». || 5. Otras veces, una abuela fea, vieja y agresiva representa la malignidad, el aspecto temible del «Súper-Yo» y suele aparecer en sueños de madres dominantes. || *C. oc.*: **Hablar a un abuelo o abuela:** Fallecimiento en la familia, herencia. || **Estar nietos o nietas en compañía de los abuelos:** Mejorará la salud. || **Soñar que uno es abuelo o abuela:** Premios, beneficios, buenas noticias.

ACANTILADO

Psi. 1. El acantilado, pared rocosa que separa la tierra del abismo del mar, siempre advierte de situaciones delicadas, arriesgadas y peligrosas, sea en el plano afectivo como en el familiar o profesional. Una mujer que sueñe que la persiguen por un acantilado, sea un hombre, caballo, monstruo, fiera, etc., generalmente suele indicar que los instintos sexuales están cobrando mucha intensidad, que las tentaciones sexuales se están apoderando de ella o haciendo mella en su moral. Estas pesadillas suelen estar motivadas por proposiciones amorosas que se reciben en la vida real, pero que representan algún tipo de amoralidad, adulterio, etc. || Por supuesto, el acantilado señala que la mujer corre peligro de tener una *caída carnal,* de dejarse llevar por unas relaciones no formales ni matrimoniales y que puede tener serios problemas o que hay doble intención en la propuesta del pretendiente. || En cierta forma, el acantilado es similar a *precipicio* y *abismo. (Véanse* esos términos). Pero el acantilado, al estar tocando

al mar (el océano de los grandes sentimientos inconscientes), puede tener una mayor incidencia en sueños de problemática afectiva, sentimental y erótica. || 2. En otras ocasiones, el soñar que uno se halla al borde de un acantilado, que cae por él, que está a punto de caer, etc., está relacionado con las dificultades financieras, profesionales, políticas, sociales, etc., por las que está atravesando en la vida real. Puede advertir de la pérdida de posición. || 3. Otras veces, la caída por el acantilado o los peligros relacionados con él, denuncian la existencia de sentimientos de inferioridad, neurosis, complejos, depresiones emocionales, etc., por lo que hay que estudiar muy atentamente los detalles del sueño y el estado de ánimo del propio soñante. || 4. Por el contrario, la persona que sueñe que sube por un acantilado o lo escala, quiere decir que está empezando a superar sus problemas psíquicos, como en el caso que explica Alfred Adler *(Conocimiento del hombre)* de un hombre que luchaba por superar el complejo de inferioridad que sufría a causa de sus traumas infantiles, generados por la intransigencia de sus padres (le castigaban por cualquier cosa, incluso le azotaban con un látigo, le hacían arrodillarse sobre guisantes, etc.). Creció tímido, introvertido y psicotraumatizado, por lo que necesitó la ayuda del psicólogo. Un día tuvo un larguísimo sueño que le indicaba que empezaba a superarlo todo. Iba en un barco que naufragaba, pero él lograba llegar a tierra, para encontrarse en una especie de acantilado.

Dice el soñante: «Yo trataba de salir del barranco, que por todas partes estaba rodeado de empinadas paredes, de las que colgaban cuerdas. No me atrevía a utilizarlas, porque eran demasiado delgadas. Cada vez que intentaba trepar me resbalaba al suelo. Al fin me encontré arriba (no sé ya cómo); me parece como si esta parte del sueño no la hubiese querido soñar, como si hubiera dado un salto por impaciencia. Al borde del precipicio me encuentro en una calle protegida de él por una barandilla y por la que pasa gente, que me saluda amistosamente». || *C. oc.:* **Caer por un acantilado:** Ruina, fracaso profesional, pérdida de cargo, proceso, pérdida de un pleito. || **Ver cómo un barco naufraga desde un acantilado:** Fracasarán los negocios que le han ofrecido a uno. No debe invertirse en nada durante una temporada. || **Ver a otros cayendo por un acantilado:** Se superarán dificultades y problemas. Se ganará algún pleito o se reconocerá la inocencia de uno en calumnias levantadas contra él.

ACCIDENTE

Psi. 1. En la mayoría de ocasiones, el soñar que uno sufre un accidente suele expresar el temor inconsciente a sufrir un castigo por haber hecho cosas inconvenientes desde el punto de vista de la moral y las creencias religiosas inculcadas. Por lo común, el trasfondo es sexual, como en aquel sueño que explica Ángel Garma de un hombre que soñaba con «un automóvil que se aproximaba para atropellarlo en su cama». Estos sueños eran recuerdos de situaciones infantiles que expresaban los temores inconscientes a ser castigado o tener un accidente grave por sus tendencias masturbatorias; las críticas severas de sus padres habían dado lugar al conflicto interior. || 2. Otros accidentes, sean relacionados con automóviles, camiones, aviones, barcos, etc., reflejan los temores inconscientes a fracasar en proyectos o negocios. Al mismo tiempo, pueden ser advertencias del inconsciente para que no se siga adelante con tal o cual plan o proyecto, pues de lo contrario se fracasará. || 3. En los sueños de accidentes es muy conveniente, para interpretarlo bien, el analizar tanto los vehículos que intervienen (coche, bicicleta, motocicleta, avión, barco, tren…) como los lugares (bosque, lago, mar, ciudad, carretera, montaña, desierto…) y todos los demás elementos que intervienen en él. En muchos sueños de mujer, el soñar que una es atropellada por un automóvil suele reflejar el acto sexual que se desea, el coito. (*Véanse* los términos *atropello* y *automóvil*). El caer de una bicicleta o tener un accidente con ella (en especial en sueños de hombre) expresa los temores inconscientes a sufrir algún percance a causa del onanismo. || 4. El que un hombre sueñe que sufre un accidente de montaña o que cae y se rompe una pierna, suele expresar los temores inconscientes a perder la virilidad. || 5. A veces, los sueños de accidentes y muertes son indicaciones del inconsciente para señalar la *liquidación* de una situación del pasado, para advertir al soñante que ha llegado el momento de olvidar el pasado y mirar hacia nuevas situaciones del futuro, como en el caso que sigue (chica de diecisiete años): «Una noche soñé que iba a casa de mi amiga y me enseñaba una revista en la que decía que mi exnovio y sus amigos habían muerto en un accidente de carretera. Yo lo sentí mucho, pues le quería, y sólo tenía ganas de llorar. Cuando estaba preguntándole a mi tía por la hora de la misa, llegó mi primo (que es el único de mi familia que sabe que estaba saliendo con ese chico) y de repente se me olvidó que había muerto y

Das große Unglück auf der Eisenbahn zwischen Paris und Versaille.

ya no estaba triste. Pero cuando se fue, otra vez volví a pensar en él y no podía hacerme a la idea de que había muerto, pues yo creía que podría volver a salir conmigo». Se comprende claramente que este sueño no indicaba que el exnovio de la chica y sus amigos fueran a morir pronto en un accidente automovilístico, sino que el inconsciente empleaba ese símil para indicar a la soñante que en su interior ya estaba muerto el lazo que existía entre ellos dos, que no pensara tanto en volver a salir con él y reanudar las relaciones. En realidad, inconscientemente, era la chica la que deseaba dar por liquidado ese episodio, pero conscientemente no quería reconocerlo para no tener remordimientos. En conjunto, el sueño indicaba que la soñante estaba cambiando, evolucionando interiormente y que el exnovio ya formaba parte de su pasado. Nuestro consejo fue: «Olvídate de él y pon tus ojos en el futuro. Pronto mirarás ese episodio como una experiencia más en tu existencia, no como una cosa trascendental y definitiva». ‖ 6. Otras veces, un accidente de automóvil puede reflejar las dificultades que existen entre una pareja de novios, un matrimonio, socios, etc., si uno es el conductor y la persona que le acompaña es la esposa, novia, etc. En tales casos, el inconsciente está indicando peligros cara al futuro de la pareja. ‖ 7. En ocasiones, el sueño de un accidente propio pueden ser presentimientos inconscientes de que algo va a suceder, ya que el inconsciente capta y relaciona cosas y hechos que los otros sentidos no saben coordinar, como en el caso que sigue, relatado por Evelyne Weilenmann: «Un labrador, después de un viaje en un coche de dos ruedas tirado por un caballo, soñó que el coche en que viajaba sufría un accidente a consecuencia de la rotura del eje. Junto al accidentado coche, un cuerpo yacía exánime. No pudo reconocer si la víctima era él mismo o algún conocido. Habló sobre el particular con el criado, que los domingos hacía de cochero. El criado se echó a reír. Había repasado el vehículo concienzudamente antes de barnizarlo de nuevo; todo estaba en orden. Pero el labrador ya no montó en el coche. El criado lo utilizó para trasportar pequeñas cargas, por ejemplo, un saco de harina. El coche no llevó, pues, tanto peso como si hubiera conducido al amo. Sin embargo, catorce días más tarde, es decir, dos semanas después del sueño, se produjo el accidente de la rotura del eje». Este sueño es muy probable que no tenga nada que ver con la clarividencia onírica propiamente dicha ni con espíritus que le advierten a uno de un peligro, sino que, lo más probable, fue que durante los viajes con el amo, el inconsciente de éste captó algunos crujidos o ruiditos que pasaron inadvertidos a los sentidos normales, los relacionó y creó el sueño como advertencia. De una forma u otra, el amo se salvó de un accidente gracias a haber hecho caso de un sueño. ‖ 8. A veces, en sueños de clarividencia, pueden vislumbrarse accidentes de vehículos tal como sucederán más tarde, de manera parecida a como la sueca Eva Hellstrom vio el choque entre un tranvía azul y un tren verde. *(Véase el término* choque*).* ‖ 9. En el capítulo de accidentes y catástrofes es donde se generan mayor número de sueños premonitorios o proféticos. Recordemos, por ejemplo, el que tuvo la esposa de Julio César, en que vio cómo se desplomaba el techo de la casa mientras mataban a César en sus brazos. Y en efecto, al día siguiente, en los idus de marzo, Julio César era asesinado en el Senado y se derrumbaba todo el imperio que él había levantado. Otro caso es el del almirante Nelson. Tres o cuatro semanas antes del combate de Trafalgar, se le repetía un sueño en que abordaba un buque desarbolado y próximo a sumergirse. Este abordaje era un mal presagio, que se cumplió. La armada inglesa alcanzó un brillante éxito en el combate de Trafalgar, pero Nelson fue herido y perdió la vida. *(Véase* el término *abordaje).* Como ejemplo más reciente podemos citar el caso de aquel inglés llamado O'Connor que tenía reservado pasaje para él y toda su familia en el trasatlántico *Titanic*. Unos días antes de embarcar, soñó por dos veces que «naufragaba el buque y que todos los pasajeros se encontraban flotando en el mar». Tomó la determinación de anular el viaje y explicó a su familia y amigos la causa de tal decisión. En la noche del 14 al 15 de abril de 1912, el *Titanic* se iba a pique al chocar con un iceberg y se ahogaban 1513 de sus 2224 pasajeros y tripulantes. Gracias a esta enigmática precognición onírica, seguramente la familia O'Connor salvó la vida. ‖ 10. Un caso extraordinario de accidente relacionado con sueños premonitorios fue el terrible corrimiento de una montaña de escoria de carbón que causó la muerte de 144 personas en el pueblo galés de Aberfan (Reino Unido), el viernes 21 de octubre de 1966, que sepultó una escuela y otras construcciones cercanas. Este mortal alud de carbón había sido visto en sueños (con diversas variantes) por varias personas días antes, pero nadie se lo tomó en serio.

La niña de nueve años Eryl Mai Jones, alumna de la escuela siniestrada, incluso tuvo pesadillas premonitorias dos semanas antes del desastre. La noche anterior soñó que «cuando se dirigía a la escuela ésta había desaparecido; una masa negra la había sepultado». El día del alud quedó ella misma sepultada en la escuela junto con sus amiguitos. Sobre este hecho, una mujer vio en sueños (dos días antes de la catástrofe) cómo «cientos de caballos negros bajaban precipitadamente por una colina arrastrando carrozas fúnebres». Otra mujer vio a un niño chillando en una cabina telefónica, junto a «una enorme masa negra que se levantaba como una ola gigantesca». El psiquiatra londinense doctor J. C. Barker hizo una encuesta sobre premoniciones referidas a este accidente colectivo y seleccionó treinta y seis premoniciones de sueños dignas de todo crédito. || 11. Entre los sueños de accidente existentes en nuestro archivo que podemos considerar premonitorios (entran de lleno en el campo de lo parapsicológico) figuran los siguientes (los tuvo una chica valenciana de Paterna): «Hace cosa de un año (1978) soñé que un gran amigo tenía un accidente y vi en el sueño quién era y se lo conté. A las pocas semanas lo tuvo y después de cuatro meses en cama y casi inconsciente salió a la calle. A los tres meses de eso volví a soñar que tenía otro accidente y se moría. A los tres o cuatro meses de contárselo, tuvo otro accidente y murió». || **C. oc.: Verse uno mismo en un accidente:** Máxima precaución en los desplazamientos: hay peligro de accidente grave o muerte. || **Ver un accidente marítimo:** Habrá una desilusión amorosa. Fracaso en un negocio o comercio. Riesgo de accidente marítimo si uno ha de navegar. || **Avión que se estrella:** Proyecto o plan que no llegará a buen fin. Dificultades en los negocios. Evitad los vuelos aéreos por una temporada. || **Accidente de automóvil:** Obstáculos o dificultades financieras o profesionales. Si hay detalles del propio vehículo y carretera conocida, evitad los desplazamientos por aquella zona durante unas semanas. || **Sufrir un accidente con maquinaria:** Proyectos o propósitos que sufren retrasos, dificultades profesionales. || **Accidente con un tren:** Fracaso en estudios o proyectos profesionales.

ACEITE

Psi. En los casos en que el chorro de aceite cae de una aceitera o vinagrera, es un símbolo de la eyaculación, sobre todo si la aceitera es de pitorro y se está aliñando una ensalada a base de lechuga, tomate, aceitunas y espárragos. || *C. oc.:* **Verter aceite:** Pérdidas monetarias o fracaso en negocio. || **Recoger aceite:** Ventajas, beneficios, ayudas. || **Verter aceite sobre uno mismo:** Ganancias. || **Otra persona vertiendo aceite sobre uno:** Se sufrirá una traición o perfidia. || **Beber aceite:** Peligro de caer enfermo si no se actúa con cuidado con la alimentación y el trabajo. || **Romper una vasija llena de aceite:** Probable muerte o enfermedad grave en la familia. || **Regalar aceite:** Pérdidas monetarias, préstamos que se harán y no serán devueltos. || **Beber aceite de bacalao:** Enfermedad pasajera, problemas que serán solucionados. || **Embotellar aceite:** Habrá que ahorrar y evitar despilfarros. || **Mujer echando aceite sobre un hombre:** Rencillas sentimentales, separación, divorcio. || **Hombre echando aceite sobre una mujer:** Rompimiento sentimental, problemas hogareños y familiares.

ACEITUNAS (Olivas)

Psi. Soñar que se comen aceitunas negras de un plato es un símbolo erótico, siempre y cuando ese fruto sea del agrado del soñante en estado de vigilia. En caso contrario, si no le gustan las aceitunas, lo más probable es que sea un anuncio de próximos disgustos sentimentales o monetarios. || *C. oc.:* **Coger o comer aceitunas:** Penas, tormentos, disgustos familiares y monetarios. || **Prensar aceitunas:** Beneficios, ventajas, provecho. || **Ofrecer aceitunas en una rama:** Se evitará un conflicto, se buscará un arreglo amistoso, prosperidad. || **Ver aceitunas en los olivares:** Presagio de paz y dicha. || **Una mujer soñando que come aceitunas de un plato o de un olivo:** Amor, fertilidad, hijos sanos. || **Ver una rama de olivo llena de aceitunas:** Beneficios, negocios, hijos, amistades.

ACEQUIA

Psi. Como todo lo relacionado con agua, en ocasiones simboliza los aspectos fecundos del instinto femenino, como en el sueño que sigue, narrado por el doctor Otaola: «… pasaba por allí una acequia de agua clara. Parecía un espejo. Empecé a sacar cubos de agua para regar plantas y flores: clavellinas y rosas». Aquí el agua cristalina de la acequia representa la fuente o el manantial psíquico de la soñante, el agua de los afectos y sentimientos, con los que desea regar y hacer crecer las flores de sus deseos, de sus ilusiones, que al mismo tiempo pueden simbolizar al sexo opuesto y a los hijos, a los frutos de su amor. Es un sueño que habla de las energías positivas de la durmiente. || *C. oc.:* **Caerse a una acequia:** Disgustos en el hogar o matrimonio. || **Estar junto a una acequia:** Preocupaciones y dudas, probablemente de tipo afectivo. || **Niño cayendo a una acequia:** Proyectos fallidos.

ACOMODADOR

Psi. En muchas ocasiones representa al acomodador interior de nuestra personalidad, el empleado del inconsciente que nos coloca en el asiento, en el «lugar» que nos corresponde en la función de la vida, en el teatro de la existencia. Otras veces, el acomodador onírico simboliza a superiores o jefes, que intentan colocarnos en puestos que no deseamos o que consideramos que no están acorde con nuestros conocimientos o méritos. En tales casos, no es raro discutir o pelearse con el acomodador como expresión de rebeldía o inconformismo. De todas maneras, cuando aparece un acomodador en los sueños de uno, debe preguntarse si está actuando correctamente en su existencia con referencia a la vida social, profesional y creativa; es muy probable que se esté dejando llevar por fantasías de grandeza si el acomodador quiere sacarlo de un palco o de preferencia y llevarlo a un lugar de menos precio o más modesto. Por el contrario, si uno ve que el acomodador examina su entrada y lo hace levantar de su asiento para llevarlo a un palco o lugar de preferencia, el inconsciente le está señalando que debe dejar de lado su timidez y complejo de inferioridad y ocupar el lugar que le corresponde por méritos propios, que su categoría es superior a la que él se imagina.

ACOSTARSE
(Recostarse, retirarse a descansar)
Psi. 1. Acostarse en una cama, sobre todo en compañía, suele expresar una situación sexual, conflictiva o no, de acuerdo con los detalles del sueño. *(Véase* el término *cama).* || 2. En algunos sueños, acostarse o estar acostado sólo puede indicar los deseos o la necesidad de ir a una sesión de tratamiento psicoanalítico, es decir, de psicoanalizarse, a fin de librarse de algún conflicto interior o de alguna angustia. Es un sueño corriente en personas que tienen experiencia en acudir a sesiones de psicoanálisis. || 3. Acostarse con la madre, padre, familiares, conocidos, desconocidos, etc. *(Véase* el término *acto sexual).* || *C. oc.:* **Verse acostado:** Indica que viene un período de incertidumbre y espera, en que uno no debe precipitarse en sus proyectos o empresas y que debe reflexionar sobre los pasos a dar. || **Acostarse uno con personas del mismo sexo:** Contrariedades, obstáculos. || **Con personas del sexo** contrario: Disgustos, pesares de tipo sentimental. || **Con la propia madre:** Suerte, se solucionarán problemas, se obtendrán ayudas. || **Con los hijos:** Escándalos, calumnias, abusos de confianza.

ACRÓBATA (Acrobacia)
Psi. 1. Soñar uno que está haciendo acrobacias en un espectáculo o lugar público, suele reflejar la falta de seguridad en sus asuntos personales o profesionales y los esfuerzos que está haciendo –o tendrá que hacer– para mantener el equilibrio, la estabilidad. Este tipo de sueños indica inestabilidad, inseguridad y situaciones embarazosas. Su significado es parecido al de *equilibrista.* || 2. Otras veces, el acróbata onírico representa la potencia o capacidad de afirmación viril puesta a prueba, como en el sueño siguiente publicado por el doctor Otaola: «Me encuentro en un circo del que soy artista acróbata. Estoy haciendo unos ejercicios, cabeza abajo, en el trapecio. El jefe de la pista, con un látigo en la mano, me acucia para que haga los ejercicios. En el público, mujeres jóvenes me miran y se ríen». En este sueño, el jefe de pista simbolizaba al abuelo del soñante, que le incitaba a comportarse varonilmente en la vida, representada por el circo. El látigo es un símbolo fálico, representación del miembro viril. Los ejercicios cabeza abajo indican que al sujeto todos sus propósitos le salían al revés de lo que deseaba. Las risas del público femenino simbolizan sus sentimientos de inferioridad. || *C. oc.:* **Un acróbata teniendo un accidente:** Se

saldrá bien de los peligros, probablemente en el curso de un viaje. || **Muerte de un acróbata:** Fracaso en planes y negocios. || **Verse uno mismo como acróbata:** Se vencerá a los enemigos. || **Un pariente haciendo de acróbata:** El durmiente corre peligro de ser engañado o estafado. Se tendrá que ayudar a un familiar. || **Ver la actuación de acróbatas:** Peligro en los desplazamientos. No se debe viajar en un período de dos o tres semanas, como mínimo.

ACTO SEXUAL
(Actos sexuales, coito)

Psi. 1. El soñar a menudo con el coito o actos sexuales, consumándolos o no, suele reflejar los deseos eróticos o necesidades sexuales del soñante, las ansias de amar y ser amado. Es un sueño corriente en jóvenes de ambos sexos cuando la naturaleza exige ser satisfecha. En los mayores, a menudo es un símbolo de frustración en dicho terreno: *sueñan con lo que desearían que fuera realidad*, es decir, *sueñan con lo que no tienen*. De una forma u otra, cuando el acto sexual normal o sus variantes se ven tal cual en los sueños, sin simbolismos ni tapujos, significa que en el soñante están siendo arrinconadas las inhibiciones o represiones de la censura interior y empiezan a predominar los instintos sexuales y carnales en la personalidad. De todas maneras, siempre hay un trasfondo de simbolismo en los sueños en que se consuma el acto sexual. Incluso un sueño de acto sexual puede indicar todo lo contrario de lo que se ve o ejecuta. Cualquier aberración

sexual es posible, pero no siempre las cosas son tan claras y contundentes como indican las imágenes, sino que hay que saber interpretar el significado de lo que hay detrás de lo aparentemente real, ya que puede ser hasta un espejismo. Por ejemplo, puede soñarse con un *incesto (véase ese término)*, pero eso no significa que uno tenga deseos inconscientes de acostarse con la madre, el padre, las hermanas o hermanos, etc. Recordemos el caso histórico de Julio César (contado por Suetonio en *Los Doce Césares),* cuando ansiaba llegar a realizar grandes conquistas: «Los augures dieron mayor pábulo a sus esperanzas, interpretando un sueño que tuvo la noche precedente y que perturbaba su espíritu (pues había soñado que violaba a su madre), prometiéndole el imperio del mundo, porque aquella madre que había visto sometida a él, no era otra que la tierra, nuestra madre común». || 2. Un joven que empezaba a estar muy necesitado del acto sexual, cuyos pensamientos giraban hacia el amor y las chicas de una manera total, nos envió el siguiente sueño: «He soñado varias veces que estaba dando besos y haciendo el amor con chicas que yo conozco, y una vez soñé que una de ellas estaba con unas amigas de ella y sus amigas estaban en bragas y ella bajándose las bragas y mentándome por mi mismo nombre me enseñaba sus partes delante de sus amigas y me decía "Oye, mira", es decir, que me quería indicar que lo tenía muy hermoso, y yo veía que lo tenía gordo y con buena vulva». Es un sueño que se comprende por sí mismo: *el despertar de la sexualidad en la adolescencia.* Se sueña y se ve lo que se ansía. || 3. Veamos ahora un sueño de acto sexual tenido por una chica. Nos envió el siguiente relato: «Hace cuatro o cinco meses que vengo soñando la misma cosa todas las noches. Sueño que salgo de la oficina, está oscureciendo y paso por una especie de teatro en el cual sobresale en grandes letras un nombre que no consigo descifrar y que dice "Paco Hoyo". Inconscientemente entro y en el escenario veo a un muchacho muy guapo, desnudo, me acerco a él y me introduce su enorme órgano por la boca. Estoy muy preocupada. ¿Puede ser grave? ¿Debo encontrar ese nombre tan intrigante para mí?». Por supuesto que estos sueños reflejan las necesidades sexuales de la joven, las satisfacciones que la naturaleza demanda. En la imposibilidad de hablar con ella para intentar descifrar el significado del nombre que le intriga, nos hemos de contentar con el término *Hoyo,* es decir, la abertura sexual, la vagina. *Paco* es un nombre corriente y vulgar, que puede hasta encubrir una llamada imperiosa de la carne, o sea, que está dispuesta a tener contacto sexual con cualquiera, hasta con un desconocido. Viene a decir: «Paco, ven a mi hoyo». El *teatro* es el lugar en que trascurre parte de nuestra vida, es el teatro de nuestra existencia, en el que podemos acudir como espectadores, como empleados, como actores, etc. En esté sueño se comprende que la soñante quiere el papel de intérprete, por ello sube al *escenario* y *actúa.* Se pone en su papel: actividad

sexual sumisa al hombre. El acto de felación, en este sueño, simboliza el acto sexual normal, toda vez que la *boca (véase* ese término) simboliza la vagina. Incluso puede ser una adoración exagerada al hombre, al sexo masculino. || 4. Soñar que se está haciendo el amor con un cadáver suele indicar, por lo común, que ya no se siente amor por el marido, amante, novio, etc. Expresa la muerte del cariño que sentía el soñante. *(Véase* el término *cadáver).*

ACTOR (Actriz) *(Véase artista)*

ACUARIO

Psi. Como recipiente de cristal (frágil) que contiene agua y peces, tiene un claro simbolismo sentimental y afectivo de tipo particular. El agua y los peces de un acuario ya no forman parte del mar, de la vida generalizada, sino de la vida particular, privada y familiar. Por ello, los sueños de acuario suelen reflejar vivencias muy personales, como en el caso siguiente (mujer joven, veintitrés años): «Estaba llevando comida a un acuario de peces pequeños, de pronto tropecé y la pecera se cayó al suelo. Los peces salieron con el agua y angustiada conseguí levantarla e introducirlos de nuevo en ella; apenas si acertaba a ir metiendo los peces que había por el suelo lleno de rocas de granito para que no se asfixiaran; cuando iba a recoger el último, de color calabaza, y no sé por qué…, pero mi preferido en esos momentos, lo vi inmóvil, con la boca abierta. Rápidamente lo cogí y lo puse en el agua; quedó en la superficie, flotando, y muy tristemente pensé que había muerto. Sentí enormes deseos de llorar. De pronto, empezó a nadar muy lentamente hasta reunirse con los demás y entonces me sentí feliz». Nuestra respuesta escrita fue: «Dentro del campo de la magia, el que una mujer sueñe con peces de colores es anuncio de enfermedad, contratiempos y desengaños. Lo que también indica el análisis psicológico de su sueño. El *acuario* (o pecera) representa su inconsciente y los *pececitos* sus deseos, tendencias o ilusiones que viven en él, sobre todo de tipo afectivo o sentimental, que pueden ser familiares o relacionadas con la vida sexual. El *tropezón, caída del acuario* y *salida de los peces* me indica que has sufrido algún desengaño grave (¿ruptura sentimental?, ¿problema familiar?...) y que todas tus ilusiones han *ido por el suelo*. El *pez de color calabaza* (aquí puede haber un juego de palabras a nivel inconsciente que indique que te sientes fracasada o que no has conseguido lo que ansiabas, como en un examen final) representa tu tribulación central, y el hecho de que lo vuelvas a colocar en la pecera y reviva es que tú, pese al contratiempo, te aferras a tus ilusiones y alimentas la esperanza de recuperar lo que creías perdido. Tu inconsciente no quiere aceptar esa "derrota" o "tropezón", y esto puede ser peligroso, ya que puede dar lugar a una pequeña neurosis si te aferras demasiado al pasado. Se ha de seguir adelante, siguiendo el curso de la vida, con golpes y cicatrices, y olvidar el pasado como un lastre inútil y engorroso». La chica

nos contestó y confirmó el pronóstico: se había entregado con amor a un hombre y éste la había dejado de lado: Estaba muy obsesionada con él. Queda claro, pues, en este sueño, el simbolismo de los principales elementos: *tropezón amoroso o moral* (caída del acuario o pecera), *calabazas por parte del chico* (pez color calabaza) y *obsesión por la persona amada* (insistencia en querer salvar al pez que simboliza al hombre).

ADELANTAR (Adelantarse)
Psi. El adelantarse a alguien, el pasar por delante de otro, sea a pie o con vehículo, puede ser la expresión de las fuertes ambiciones que hay en el soñador, la necesidad que tiene de destacar. Incluso puede reflejar un complejo de superioridad.

ADOQUÍN
Psi. Símbolo fálico. Como elemento de la calle aparece en sueños de índole sexual.

ADUANA
Psi. 1. Cuando en sueños sale una oficina de aduanas quiere decir que el soñante se encuentra en una especie de encrucijada o cambio de situación, o sea, que necesita pasar una frontera, un límite, una línea de separación entre dos situaciones o tendencias distintas (no hay nunca dos países iguales), generalmente de tipo anímico. Entonces, en la aduana se le examina o registra el equipaje con el que intenta pasar al otro lado. El soñante casi nunca tiene nada por declarar, pero los aduaneros siempre encuentran algo que intenta

escamotear o pasar de contrabando (generalmente son complejos, frustraciones, manías, secretos del pasado, etcétera). Por tanto, en tales ocasiones el inconsciente señala cuál es el problema a solucionar antes de poder pasar al otro lado. *(Véanse* los términos *aduanero* y *frontera).* ‖ 2. Freud explica el caso de un paciente que tuvo un sueño singular referido a la aduana. Es así: «Uno de sus compañeros de viaje abre su baúl y dice, mientras fuma negligentemente un cigarrillo: "Ahí dentro no hay nada". El aduanero parece creerle, pero comienza a registrar y encuentra algo cuya importación se halla totalmente prohibida. El viajero dice entonces con resignación: "¡Qué le vamos a hacer!"». Freud interpretó el sueño en el sentido de que el viajero era el sujeto mismo del ensueño, y el aduanero, el propio Freud. El paciente había querido ocultar al psiquiatra las relaciones sentimentales que acababa de iniciar con una mujer, pero el contenido del sueño lo pone en evidencia. El baúl, aparte de su sentido de equipaje, habla de sexo *(véase* el término *baúl).* En su ensueño, el sujeto ha trasferido a un tercero «la penosa situación de aquel que es cogido en una mentira, y ésta es la razón de que no figure personalmente en él». ‖ *C. oc.:* **Pasar por una aduana:** Peligro de que se descubra un secreto. ‖ **Ser detenido en una aduana:** Actuación solapada de enemigos. Traición, perfidia.

ADUANERO

Psi. 1. Suele representar al psicoanalista, al médico u otra autoridad interior que intenta ayudarnos para que nos conozcamos mejor interiormente. *(Véase* el término *frontera).* ‖ 2. Si se sueña que uno es perseguido por los aduaneros por la montaña suele reflejar la tendencia a no querer ver la realidad de las cosas y no querer enfrentarse con los propios conflictos interiores. Puede significar que hasta se rehúye la ayuda que prestan los demás para curarse (psicólogo, médico, neurólogo, etc.).

AEROPLANO *(Véase avión)*

AFEITAR (Afeitarse)

Psi. 1. El acto de ser afeitado por el barbero o el afeitarse uno mismo, puede simbolizar el deseo de eliminar de la vida de uno cosas que le molestan, que le crean inquietud, que le generan preocupaciones. En general, son tensiones, problemas o conflictos relacionados con la vida afectiva o sexual o la convivencia conyugal o humana. Detrás del acto de afeitarse incluso puede haber un deseo inconsciente de romper unas relaciones sentimentales o matrimoniales, por las causas que sean. ‖ 2. En ocasiones, el ser afeitado simboliza los deseos inconscientes de ser castrado, como expresión de impulsos interiores homosexuales, es decir, que se desearía perder la virilidad y convertirse en mujer. El doctor Otaola narra el sueño de un paciente en que el médico era el barbero: «Soñaba que usted me visitaba, pero de un modo raro. Me enjabonaba la cara, a mí y a otro paciente, para afeitarnos después con una navaja. Primero era el otro y yo debía esperar, pero yo insistía en que me afeitase a mí antes, a lo que la navaja me cortó. Entonces usted dijo que esto sería mejor hacerlo de noche, que es la hora de dormir y cuando vienen los sueños, y el tratamiento se haría más rápido. Luego una artista de cine me preguntó cómo me encontraba y me cuidó la herida». El ser afeitado representa el perder la virilidad, el ser castrado, obedeciendo a los impulsos homosexuales. Pero al final del sueño aparece una artista cinematográfica, prototipo de la mujer sexual, de la mujer objeto, y acepta que cuide de él. Esta fémina representa los deseos de protegerse de los impulsos homosexuales, de frenarlos y de desarrollar la heterosexualidad. || 3. La mujer que sueña que su marido se afeita o le afeitan expresa los deseos inconscientes de que el marido pierda su virilidad y, por tanto, ella no tenga que satisfacerle sexualmente. Es un sueño que tienen mujeres que no han desarrollado su femineidad y que experimentan (por las causas que sean) repelencia por el intercambio sexual.

AGRESIÓN (Agresividad)

Psi. 1. Agredir a alguien en sueños o ser agredido por otras personas (sobre todo desconocidas) es una expresión simbólica de la existencia de impulsos agresivos inconscientes en el durmiente. Es bastante frecuente el que ciertas personas tengan sueños en los que aparezcan desconocidos que los atacan y con los que se ha de luchar violentamente, en ocasiones hasta matarlos. Estas personas desconocidas adoptan las figuras más diversas y exóticas, de acuerdo con la cultura, carácter y medio ambiente de cada soñador, pero siempre como representación simbólica de lo antisocial y peligroso: asesinos, terroristas, bandidos, piratas, atracadores, indios, negros, moros, gitanos, «quinquis», etc. Lo que sorprende –y asusta sobre todo a los soñadores– es que cuando creen que ya se han librado de ese enemigo en sueños, al que terminan estrangulando, despedazando, matando a pedradas, a golpes de garrote, a tiros, a puñaladas o de cualquier otra manera (incluso decapitando), aparece otro (o el mismo sujeto que ha resucitado), al que eliminan después de otra feroz lucha y persecución, para más tarde volver a aparecer, en otro día, en un nuevo ensueño y escenario, otro enemigo más, con la consiguiente angustia y terror para el soñante. En general, a excepción de aquellos contados casos en que este tipo de imagen onírica es esporádica y profética, del tipo parapsicológico, es decir, que anuncia un peligro real inminente, este tipo de sueños denuncian la existencia de un conflicto psicológico (pasajero o no) en el inconsciente o subconsciente del soñador. Este conflicto se origina a causa del enfrentamiento de fuerzas, inclinaciones o tendencias psicológicas contradictorias en el sujeto, las cuales tienen lugar al margen del conocimiento consciente del soñador. Por ejemplo, en el individuo pueden existir impulsos instintivos de tipo sexual que son frenados por las autoexigencias morales que le han inculcado. Estos impulsos o deseos adoptan en los sueños la susodicha figura de maleante, delincuente, chino, negro, malayo, etc. (según la cultura del sujeto), que representa, por tanto, aspectos inconscientes de la propia personalidad que se rechazan, creando una conflictividad interior. La solución, en tales casos –aparte la obligada consulta al psicólogo si los sueños se repiten mucho–, es reducir la propia agresividad, abandonar las ideas demasiado férreas y fanáticas, adoptar la confraternización y la flexibilidad entre las diversas doctrinas y postulados morales, religiosos y políticos. Pensar que hay que conocer lo bueno y lo «malo» que llevamos dentro, evitar los extremismos, dejar que los deseos inconscientes afloren a la superficie, analizar nuestro comportamiento de una manera imparcial, etc. Entonces desaparece el conflicto inconsciente y la agresividad propia y el ataque de desconocidos facinerosos se esfuma y no molestan más al durmiente. Veamos dos sueños típicos tenidos por el mismo sujeto: «Soñé que un japonés me iba a dar una patada en la cara, pero lo cogí de un pie y una mano y le di un golpe en la pared, y como no se moría le di unas cuantas pinchadas en el pecho, y viendo que seguía con vida, le di un corte en la garganta y ya se murió». El otro sueño era así: «Resulta que estoy persiguiendo a algunos terroristas o maleantes, y después de un intenso tiroteo mueren todos, que suelen ser menos de cinco». En general, estos sueños señalan una pugna inconsciente para impedir que afloren determinados deseos sexuales, pero éstos siguen pugnando y batallando por sobresalir o imponerse, hasta que son vencidos por la rígida moral, que no deja que sean satisfechos. Pero inútilmente, porque volverán a salir en otros sueños, hasta que el sujeto satisfaga sus deseos sexuales naturales. || 2. Muchas veces, los sueños de agresión y agresividad en el hombre son un reflejo de la naciente virilidad y su correspondiente satisfacción sexual, que suele ser reprimida por la moral inculcada por los padres, probablemente por temor a dejarse dominar por la pasión, como en el caso siguiente: «A veces sueño que me persiguen para matarme, y cuando van a hacerlo, yo saco una pistola y disparo, matándolos. Sueño muchas veces cosas parecidas, y que estoy en peleas y jaleos». || 3. A veces, los personajes de los sueños toman figura de animal para representar los instintos, por ello se hace necesario estudiar detenidamente todos los elementos y detalles del sueño. Ejemplo narrado por el doctor Otaola: «Un perro despedaza ante el público a una oveja que se queja lastimeramente mientras vierte gran cantidad de sangre». Este ensueño de una mujer (que está simbolizada por la oveja) señala que tiene un temor enfermizo por la agresividad del varón, del macho. Por las causas que sean, siente pánico ante la idea de someterse al «feroz» hombre. Se considera una víctima de los desmanes del sexo opuesto. || 4. En otras ocasiones, la agresividad va dirigida contra las propias fuerzas superiores interiores, contra los propios principios de disciplina. (*Véase* el término *uniforme).* || 5. Para comprender mejor el simbolismo de las agresiones hay que consultar los conceptos generales *Lucha, Guerra, Combate* y *Batalla.*

AGUA

Psi. 1. El agua de los sueños es el principal símbolo que representa el inconsciente, la vida interior de la persona, su personalidad íntima, con sus aguas claras o sus turbulencias, sus alegrías o sus penas. De manera parecida a como el agua vivifica la tierra en sus diversos aspectos y formas, dando lugar a la lluvia, ríos, fuentes, lagos, estanques, pantanos, mares, océanos, etc., que tienen la misión de alimentar unas peculiares y específicas formas de vida, el agua de nuestra psiquis también adquiere las formas homónimas de lagos, torrentes, cascadas, mares, ríos, etc. del inconsciente, las cuales tienen la principal misión de alimentar y regar nuestros deseos, emociones, sentimientos, ilusiones, ensueños e, incluso, pasiones. Todo ello quiere decir que el agua de la psiquis, del inconsciente, también puede tener diversas misiones y objetivos, que se traducen en amplios y variadísimos significados. Por todo ello, aunque salga el elemento agua en un sueño, para interpretar plenamente lo que significa, siempre es indispensable conocer todos los detalles que intervienen en él, por insignificantes que parezcan. Y, sobre todo, como ocurre con el agua de la tierra, siempre hay que tener presente que el agua del inconsciente también anuncia o advierte de peligros y adversidades, que adoptan la forma de diluvios, inundaciones, riadas, torrentes impetuosos, pantanos o presas que revientan, tempestades en la mar, aguas sucias y corrompidas, etc. Según sea clara o turbia, cristalina o sucia, el agua refleja el estado de ánimo del soñador: *optimista* y *equilibrado* si es clara o cristalina, *pesimista, alterado* o *intranquilo* si está sucia, turbulenta o encenegada. || 2. En ocasiones, el soñar que el agua turbia lo inunda todo puede simbolizar los aspectos negativos de la femineidad, que están creando algún conflicto a nivel inconsciente, probablemente a causa de problemas conyugales o familiares. || 3. Ser sacado del agua o sacar a otra persona del líquido elemento, es una imagen simbólica primitiva de la situación intrauterina, del nacimiento. Puede significar, por tanto, nacer a una nueva manera de ser o de ver las cosas, experimentar un renacimiento espiritual o ideal, etc. Siempre significa cambios, trasformaciones y renovaciones. || 4. El descender a las profundidades marinas puede simbolizar el que uno esté explorando su inconsciente, su propio mar interior, buscando respuestas a problemas trascendentales o metafísicos. Es más corriente de lo que la gente se imagina el que el soñante se vea en el fondo del mar dialogando con alguien o consigo mismo. || 5. El soñar que uno está preparándose para pescar o está pescando en algún lago, río, mar, etc., es otra representación de la exploración del inconsciente, pero buscando respuesta a proyectos o facultades propias. || 6. Hay sueños en que el durmiente se ve adentrándose en un lago, estanque, fuente, riachuelo, etc., para lavarse o quitarse manchas, es decir, que quiere librarse de malas acciones cometidas. || En tales ocasiones, el agua tiene el simbolismo de elemento *purificador* y significa que uno dispone de energía psíquica para mejorar su manera de ser, para renacer, para pasar a una nueva etapa de su existencia, más moral y pura, superior a la anterior. Esta agua de los sueños no lava el cuerpo, sino el alma, el espíritu, la personalidad interior. || 7. Por supuesto, el agua purificadora es un símbolo tan antiguo que raya en lo mitológico (o está inmerso en ello), que no pertenece únicamente al *inconsciente individual* del sujeto y del momento, sino al *inconsciente colectivo;* y es que este símbolo (y sus ramificaciones) es universal, es una herencia común de la humanidad y existe en todas las razas y continentes. Es un *símbolo arquetípico*. Como indica Jung, «el arquetipo es una tendencia heredada de la mente humana que le lleva a formar representaciones de temas mitológicos». Recordemos que en las propias religiones, y desde muy antiguo, el agua juega un papel importantísimo como elemento purificador, ya en forma de bautismo, de abluciones, de aspersiones, de baños, etc. El Ganges, río sagrado de la India, sigue hoy en día tan venerado como siempre: cada año millones de hindúes se lanzan a sus aguas para puri-

ficarse y renovarse espiritualmente. Y la propia Biblia, en el Eclesiastés, dice: «Te lavaré con agua pura, y quedarás purificado». Mucha gente que se arrepiente de sus malas acciones y hace propósito de enmienda sueña en tales purificaciones. ‖ 8. En algunas ocasiones, el agua representa el lado puro o límpido que hay en uno, como en el sueño que relata el doctor Otaola de una mujer «que duda entre un vaso de agua y una copa de licor», es decir, que titubea entre dejarse arrastrar por su naturaleza *espiritual* (agua) o por la *animal* (licor o alcohol). ‖ 9. Otras veces, el agua puede tener el símil del semen, del «líquido fecundante», como en el siguiente sueño (explicado por Ángel Garma): «Mi novio, en el piso de arriba, me está echando agua gota a gota. Yo estoy en el piso de abajo. Llevo una salida de baño rara. Ello ocurría en una casa sucia. No sabía cómo me encontraba allí, pero me hallaba a gusto». Este sueño representa el acto sexual que solicitaba o deseaba el inconsciente de la joven. La posición (él en el piso de arriba, ella en el de abajo), representa el estar uno encima de otro. El agua gota a gota es la *eyaculación*. Y la «salida de baño rara» puede simbolizar el *hallarse desnuda* y el *tener poca experiencia en el acto sexual*. La «casa sucia» refleja cómo ve su conciencia tal acto; tiene la sensación de estar haciendo algo sucio, pecaminoso. La casa también simboliza, aquí, su personalidad. Y la expresión final, «pero me hallaba a gusto», señala que, pese a todo, aceptaba la situación porque encontraba placer en ella. ‖ 10. El ducharse también puede estar relacionado con el acto sexual fecundante, como en el sueño que sigue (también relatado por Ángel Garma), tenido por una mujer: «Estaba en la ducha y de pronto me daba cuenta de que no me había puesto la gorra. Me decía que hacía dos días que me había lavado la cabeza y que era un fastidio tener que secármela de nuevo. Repetía que era un fastidio y veía el agua cayéndome y mojándome la cabeza». Este sueño reflejaba las preocupaciones inconscientes de la mujer ante un posible embarazo, después de un *segundo coito* (dos días en el sueño), sin tomar precauciones, es decir, *no poniéndose el diafragma anticonceptivo* (simbolizado por la gorra, el gorro de baño). La cabeza, la cabellera, representa aquí el *pubis*. La sensación de fastidio por mojarse expresa el *desagrado de quedar embarazada*. El agua es el *semen* y, por supuesto, el rociador de la ducha es un *símbolo fálico*, el pene, la eyaculación. ‖ 11. En un sueño dado a conocer por Elsie Sechrist (sacado de los archivos de Edgar Cayce), el agua tiene, asimismo, el simbolismo de los deseos sexuales: «Un hombre soñó por cinco noches consecutivas que se inundaba su jardín y las aguas penetraban en la casa, donde alcanzaban una altura de treinta centímetros en su dormitorio, despertando sobresaltado a causa de esto». En conjunto, este sueño advertía al sujeto de que se estaba dejando arrastrar por los instintos sexuales y que corría peligro de que éstos se desbordaran e inundaran su personalidad, ahogándola. El jardín y el dormitorio hacen clara referencia al sexo. La casa, una vez más, representa la personalidad. Es sospechosa la expresión «cinco noches consecutivas», ya que parece indicar un exceso de masturbación. *(Véase* el término *cinco).* || 12. En muchos sueños, el agua representa la femineidad, el amor, el afecto femenino que se ansía, teme, rechaza, del que se carece, etc. Al respecto, es significativo el sueño que trascribimos, junto con la respuesta que dimos en su día, que por proceder de nuestro consultorio por carta –y por tanto, no poder interrogar a la persona que lo tuvo– puede adolecer de alguna laguna o falta de certidumbre en algunos puntos (caso de un joven): «Soñé que estaba nadando en un inmenso mar, pero de pronto ese mar se convirtió en un desierto. Yo me encontraba pidiendo agua, y entonces apareció un vaso, el cual cogí y bebí de él; casi al momento me desperté sobresaltado porque una voz me dijo que estaba envenenada y me sentía morir poco a poco, con grandes sudores». Podemos considerar que el mar representa aquí a la madre, el cariño maternal y hogareño. La conversión del mar en un desierto hemos de interpretarlo en el sentido de que al enfrentarse con la vida cotidiana, al desarrollarse la personalidad, han surgido obstáculos o problemas que no permiten su integración afectiva con los demás, es decir, que *le falta una verdadera participación amorosa con otros,* que está solo y que echa de menos el amor de la madre. El vaso de agua, del que bebe, para no

perecer de sed, para no morir en el desierto sin amor, no es nada más que la *representación de la mujer,* de la femineidad, del *sexo femenino que desea,* del cariño que echa en falta. En cierta forma, vaso y líquido simbolizan los deseos sexuales nacientes en la naturaleza del durmiente, y que aspira a satisfacer (de ahí el acto de beber, de ingerir el agua de los sentimientos, el líquido vivificador del amor). La voz que le dice que el agua está envenenada, no es nada más que la *expresión de la moral o censura* que anida en su interior, que no es sino la acción ejercida por las tendencias psíquicas que se oponen a la satisfacción consciente de los impulsos instintivos por existir con ellos una total incompatibilidad. En otras palabras, la censura interior le viene a decir: «No hagas eso, que el sexo es pecado», «Cuidado, es impuro ir con mujeres», «No cometas actos impuros con mujeres», etcétera. En su aspecto más amplio, el significado del mar en este sueño puede ser el de la madre, e incluso podemos preguntarnos si el sujeto del ensueño tuvo falta de cariño materno, dificultades filiales o que su madre haya muerto, ya que entonces el desierto habría de interpretarse en su concepción más amplia y profunda: «La ausencia de la cuna de la vida». No olvidemos aquel concepto de que el mar es «la cuna de la vida»; en su simbolismo psíquico es el seno materno, con sus riquezas espirituales, pero también con sus frustraciones y dolores. || 13. Como en la vida real, el soñar con aguas sucias o contaminadas significa que algo no funciona bien en nuestro medio ambiente interior y que el inconsciente nos avisa de ello, ya que esa contaminación puede perjudicar a la propia personalidad. De manera parecida a como los vertidos industriales, químicos, petroleros, etc., van alterando la ecología del medio ambiente terrestre, echando a perder ríos, lagos y mares, convirtiéndolos en verdaderas cloacas en que la vida queda exterminada, los vertidos «industriales» de nuestro interior (pensamientos demasiado pesimistas, depresiones, instintos incontrolados, frustraciones, bajas pasiones, vicios, mala alimentación, drogas, tabaco, alcohol, falta de resistencia y defensas ante los ataques psíquicos de los demás, carencia de alta espiritualidad, materialismo excesivo, agotamiento por el trabajo, etc.) también van contaminando los ríos, lagos, fuentes, acequias y mares de nuestro espíritu. En tales casos, es muy conveniente averiguar en dónde radica la perturbación del inconsciente para ponerle remedio. Entonces no es extraño que en los sueños aparezcan seres extraños purificando el agua de alguna manera, como en el caso siguiente: «Me encontré en una playa (donde no llegaba el mar) que estaba contaminada, con el agua muy sucia. El agua sucia estaba aislada por unos barrotes, y dentro de ésta había dos hombres con trajes especiales que la purificaban...». Por el resto del sueño se puede deducir que en la persona en cuestión (una mujer) había un exceso de materialismo, de «contaminación psíquica» (incluso podía tener salud delicada o una disfunción orgánica), pero que las partes positivas de su personalidad, las fuerzas espirituales interiores, estaban trabajando para evitar la polución total. Era un buen augurio, pues indicaba que se mantenía una lucha interior para reducir la contaminación y purificar la ecología psíquica. ‖ 14. Por supuesto que, en ocasiones, los sueños de accidentes con agua son *proféticos* o *premonitorios,* como en el caso del psiquiatra alemán Bernhard von Gudden, que tuvo un sueño en el que se «veía arrastrado al fondo de un lago unido a un hombre que le estrangulaba o ahogaba al querer salvarlo». Días más tarde, el 13 de junio de 1886, mientras paseaba con Luis II de Baviera por las cercanías del lago Starnberg (Alta Baviera), en un rapto de locura, Luis II se precipitó al lago, el doctor Gudden se lanzó tras él para salvarlo y perecieron ambos. Luis II arrastró al fondo a su médico, forcejeando para que no le sacara a la superficie, para que no le salvara. ‖ 15. Otro caso *premonitorio* o parapsicológico relacionado con agua, y concretamente con un lago, tiene por protagonista a un escocés que había soñado repetidas veces (a lo largo de su vida) que «su cuerpo era extraído ahogado de un lago cercano». Le impresionaron tanto esos sueños, que por miedo ni se acercaba al lago. Sólo al cabo de los años se acercó al lago en una excursión colectiva. Accedió –por los ruegos de sus amigos– a hacer parte de la travesía en barco, pero con la condición de cruzar el lago por la ruta más corta. El resto del trayecto lo hizo a pie bordeando la orilla, mientras sus amigos continuaban el viaje en barco. El vaporcito cruzó el lago, y después de un viaje sin problemas ancló en el embarcadero en que estaba aguardando el escocés. Y cuando los de a bordo se estaban riendo de las supersticiones de su amigo, la madera carcomida del embarcadero cedió bajo los pies del escocés y éste se hundió en el agua y pereciendo ahogado. Su cuerpo fue extraído de aquellas aguas, tal como había soñado a lo largo del tiempo. || *C. oc.:* **Agua caliente:** Anuncia fiebre y ataques nerviosos. || **Bogar por aguas apacibles:** Indicio de que se está navegando sin grandes problemas por el río de la vida, que los asuntos marchan bien y sin grandes contratiempos. || **Tomar agua de una fuente:** Se encontrará una compañera o compañero, esposo o esposa, que traerá la felicidad deseada. || **Tomar agua sucia de una corriente:** Anuncio de enfermedad, infección o indisposición. Contratiempos o querellas conyugales o familiares. || **Sacar agua de un pozo:** Próximas dificultades con la esposa. Éxitos profesionales, beneficios comerciales. || **Bañarse en agua clara:** Señal de buena salud. || **Bañarse en agua sucia:** Señal de próxima enfermedad o indisposición. || **Sacar agua de un río, estanque o balsa:** Pronostica bienestar, negocios beneficiosos. || **Sacar agua del mar:** Buenos negocios, beneficios profesionales, relaciones con extranjeros. || **Sacar agua fangosa de un río o balsa:** Problemas, querellas, discordias, sobre todo de tipo hogareño y familiar. || **Beber agua de un vaso:** Anuncio de próxima boda o unión sentimental. || **Beber agua templada:** Molestia, indisposición pasajera. || **Pedir un vaso de agua:** Señal de alegría y bienestar; se solucionarán conflictos sentimentales. || **Ofrecerle a uno vaso de agua:** Señal de que nacerá un niño. || **Caer al agua y despertarse sobresaltado:** Conflictos conyugales, pérdidas monetarias por culpa de la esposa o los parientes. || **Beber agua muy fría:** Prosperidad y triunfo sobre enemigos, pero debe preocupar la salud. || **Romper un vaso lleno de agua:** Fallecimiento o enfermedad grave de la madre. Rompimiento amoroso o conyugal. Enfermedad grave o accidente de la esposa. || **Derramar un vaso de agua:** Enfermedad grave o fallecimiento de un hijo. || **Caer en agua clara y cristalina:** Señal de reconciliación y alegría. Satisfacciones sentimentales. || **Caer en agua sucia:** Indica desunión, desavenencias, tristezas, problemas comerciales y profesionales. || **Caer en agua muy fría:** Señal de reconciliación y felicidad. || **Ver agua fluyendo por un río:** Buenas noticias sobre una persona que está de viaje. || **Ofrecer agua a otro para beber:** Herencia, favores, protecciones, trabajo, seguridad. || **Ver un río desbordándose:** Señal de buenas noticias sobre pleitos pendientes. Deben preocupar los asuntos sentimentales. || **Llenar un recipiente de agua:** Trabajo seguro, negocio que funciona, buen estado de salud. || **Persona rica que sueña con agua sucia y cenagosa:** Advierte de un peligro o desgracia; problemas financieros. || **Persona pobre que**

sueña con agua sucia y cenagosa: Problemas con los jefes o superiores en el trabajo o profesión. Dificultades en las relaciones sociales y familiares. || **Navegar en barca por el agua** (sea río, estanque, mar…): Dinero inesperado, triunfo en amores o en un proyecto profesional.

AGUACATE

Psi. Como la mayoría de frutas, simboliza los placeres sexuales. Coger o comer aguacates es la expresión del amor que se desea.

AGUACERO

Psi. 1. Los aguaceros de los sueños señalan que los sentimientos e impulsos instintivos están cobrando demasiada fuerza, que empiezan a descontrolarse o a generar inestabilidad. Hay riesgo de caer en apasionamientos. Presagia desequilibrio amoroso o emocional, de tipo pasajero. || 2. Cuando los aguaceros de los sueños son intensos, persistentes y repetitivos, expresan la alteración o inestabilidad de los sentimientos del soñante y el peligro de que se desborden las emociones. Reflejan fuerte inestabilidad sentimental o conyugal y la alteración de la vitalidad. || 3. En ocasiones, los aguaceros figuran en sueños fisiológicos, de estímulo vesical, en que la persona despierta con la necesidad imperiosa de ir al mingitorio. (*Véase sueños vesicales*). || *C. oc.:* **Estar bajo un aguacero:** Desengaño amoroso o ruptura de promesa sentimental. || **Otros bajo un aguacero:** Peligro de accidente o contratiempo en viajes. || **Aguacero destruyendo una cosecha:** Desastre financiero, ruina de un negocio. || **Ver un aguacero desde una casa o refugio:** Se superarán problemas económicos y trampas de los enemigos. || **Aguacero de corta duración seguido de un sol brillante:** Buenas noticias, ingresos, beneficios, éxitos comerciales o profesionales.

ÁGUILA

Psi. 1. En algunos sueños suele representar las fuerzas espirituales del soñador, sus pensamientos elevados, sus miras ambiciosas, la autoafirmación de la personalidad. Recordemos que el águila fue el símbolo de Juan el Evangelista, el más místico de los apóstoles de Jesús, por lo que puede simbolizar el más alto vuelo o elevación del espíritu. (*Véanse los términos pájaro, aves* y *cuatro*). || 2. En otros sueños expresa la fuerza viril, el poder, la potencia agresiva, las ambiciones de alto vuelo, la fuerza dominante del soñador. En el Antiguo Egipto, el águila representaba la realeza y lo divino. Y en su representación del poderío, del dominio, de la independencia y de la conquista ha sido adoptada como emblema por diversos países y ejércitos, desde la Antigua Roma a Estados Unidos (donde el águila calva es símbolo de libertad con responsabilidad), pasando por los Habsburgo, Napoleón y Hitler. En general, pues, el águila de los sueños representa los deseos de conquista, de poder, de dominio del durmiente, o todo lo contrario, según su estado de ánimo o debilitamiento de su potencia anímica (en este aspecto, un águila enferma, herida o muerta puede señalar falta de coraje o virilidad). || 3. Asimismo, el águila de los sueños puede representar proyectos atrevidos o empresas peligrosas del soñante. No olvidemos la frase «es un águila para los negocios», que se aplica a menudo a empresarios y financieros audaces. Por supuesto, en el caso de que al águila le ocurra algún percance hay que temer por el éxito del negocio o del proyecto. || 4. El soñar con un águila que está volando majestuosamente (sobre todo si está por encima del durmiente) puede indicar que en uno se están poniendo en movimiento los deseos y la potencia psíquica de ambición y conquista. Y un águila lanzándose contra uno puede señalar que han de soltarse las ataduras inconscientes que impiden que la verdadera personalidad del soñador se suelte y pueda remontar el vuelo, subir a lo alto, cumpliendo su destino de elevación. || 5. El experimentar angustia o miedo por un águila puede simbolizar la parte que se teme de la propia personalidad y que puede perjudicar o destruir sus proyectos o ansias de dominio y poder. Incluso puede expresar temores de no estar preparado para alcanzar lo que se ambiciona. || 6. En otros sueños, el águila puede representar la potencia sexual que está naciendo o formándose en el soñante. Como explica Edgar Cayce, muchos adolescentes, en una etapa crítica de su vida, sueñan que un águila les está picoteando el corazón, o sea, la zona en donde está el timo, glándula situada detrás del esternón y que se atrofia en la época de la pubertad, cuando despiertan en la naturaleza humana impulsos fuer-

tes de tipo sexual, ansias de amar y de ser amado. || 7. Según Arnau de Vilanova, el águila simboliza la realeza, a las personas reales, por lo que en caso de ver que un águila sufre un percance, debe temerse cualquier circunstancia nefasta para soberanos o monarcas. || 8. Las águilas también aparecen en los sueños mandálicos (*véase* el término *mandala),* como en el caso que sigue (explicado por Jung en su obra *Psicología y alquimia* y que forma parte de una serie de ensueños del mismo individuo): «El anillo oscuro. Un huevo en el centro. Un águila negra brota del huevo y coge con el pico el anillo, convertido en oro. El sujeto que sueña se encuentra en un barco, y el ave vuela delante». Aquí, el águila significa altura, pensamientos, fantasía. Coge todo el mandala (anillo) y con ello la dirección del soñante, que va detrás, en un barco. Recordemos que es el navío más idóneo para viajar por el mar del inconsciente. El huevo es la materia prima, el principio de todo. El águila va delante, abriendo camino, ya que significa que el vuelo de la fantasía precede a toda acción. Detrás marcha el barco, que simboliza el trabajo metódico, el sistema constructivo, el cálculo, el estudio. En conjunto, es un sueño mandálico que marca la evolución ideal del soñante. || 9. En su aspecto de elevación espiritual, las águilas pueden adoptar el *color azul* (el del cielo, del idealismo, de lo religioso…) como en el caso que explica Pierre Real, de un hombre que se esforzaba por su superación personal y moral. Es un largo sueño cuya parte final la refiere así Real: «… Había infinidad de escaleras que se elevaban hacia el cielo. Vi gran cantidad de personas que, desde el extremo de estas escaleras, se arrojaban en paracaídas, volvían a subir, volvían a tirarse… Me dirigí hacia la escalera más alta; era tan elevada que se perdía en el infinito. Dije para mí: "No necesito paracaídas". Comencé a subir; me deslizaba rápidamente por la escalera, hasta que me sentí alto, muy alto, solo y en plena luz. Enormes águilas azules se abalanzaban sobre mí, pero conseguía vencerlas y continuaba hacia el infinito». Como se comprende por el conjunto del sueño, es una evolución espiritual hacia lo alto. Las diferentes escaleras son los distintos modos de elevarse en la vida, las diversas maneras de alcanzar una meta espiritual, elevada… Los que se lanzan en paracaídas representan a los que no pueden escapar de sus ataduras materiales, de su atracción por el materialismo de la tierra. Suben hacia lo ideal y moral pero, al alcanzar cierta altura, se dejan caer hacia las tentaciones de los placeres. El soñante dice: «No necesito paracaídas», es decir, él no piensa volver a bajar, a caer en lo material; él sí que piensa llegar a lo alto, hablando espiritualmente. Y alcanza la luz, el conocimiento pleno, la sabiduría, la limpieza de espíritu. Las águilas azules que se abalanzan sobre él son los pensamientos elevados espirituales que le asaltan, que intentan picotearle, es decir, que quieren penetrar en él, inculcarle los ideales, los altos vuelos del espíritu, aunque aquí puede existir la duda de si esas águilas azules también le

estaban diciendo que no subiera tan deprisa, que era peligroso, que había de madurar más, que le faltaban sacrificios y meditación antes de subir más arriba. Es por ello que Real dice: «Si se dirigen hacia el sujeto es con la intención de arrancar de él sus últimas imperfecciones e impedirle llegar a las alturas en tanto que su perfeccionamiento espiritual no esté concluido. El sujeto las combate y las sobrepasa. Podemos estar seguros de que la situación física y mental de este hombre está en vías de mejorarse, y que está destinado a altas empresas y elevados éxitos morales». || *C. oc.:* **Ser atacado por un águila:** Contratiempos, dificultades, problemas personales. || **Mujer soñando con un águila:** Tendrá un hijo varón que cobrará fama y renombre. || **Águila sobre un edificio, estatua, montaña o columna:** Presagio de éxito, dinero, fama, poder. || **Águila herida:** Pérdidas, contratiempos, proyectos fallidos, tristezas de amor. || **Águila matando gansos:** Victoria sobre los enemigos; superación de pruebas y obstáculos. Homero cuenta en la *Odisea* cómo Penélope vio en sueños cómo un águila mataba a picotazos unos gansos. El águila representaba a Ulises, y los gansos a los pretendientes que acosaban a Penélope. Recordemos que Ulises regresó a su hogar, después de muchos años de ausencia, y dio muerte a todos los pretendientes de su esposa en una feroz lucha. || **Desnidar aguiluchos:** Peligro inminente. La historia nos cuenta que el rey Francisco I de Francia soñó que desnidaba un nido de águilas y que criaba los aguiluchos en palacio.

Tres meses después perdía la Batalla de Pavía y era llevado prisionero a Madrid por Carlos V. || **Ser arrebatado por un águila:** Caída muy peligrosa, enfermedad, heridas, aborto. || **Águila volando por encima de la cabeza de uno:** Premios, honores, dignidades. || **Ver un águila pariendo:** El niño que nacerá alcanzará fama y prosperidad. || **Ver un águila muerta:** Ruina de negocio, pérdida de posición o cargo. || **Águila cayendo en picado:** Proyectos temerarios que se derrumbarán. || **Matar un águila:** Cambios de planes, superación de obstáculos. || **Disparar contra águilas:** Rompimiento con falsas amistades. || **Águila posada en la rama de un árbol:** Proyectos o negocios que se detienen o retrasan. Hay que estar alerta contra adversarios y falsos amigos.

AGUJA (Alfiler)

Psi. 1. Por lo general, las agujas y alfileres tienen un significado eróticosexual. En muchos sueños representa el órgano sexual masculino, es un claro simbolismo fálico. Así, el que una mujer sueñe que le clavan agujas puede significar el acto sexual que desea a nivel inconsciente. La aguja viene a ser similar a cuchillo, navaja, puñal, etc. || 2. En otros sueños, las agujas tienen una vertiente indicadora de las pequeñas molestias, tensiones nerviosas y torturas de la vida cotidiana. Señalan falta de armonía, sinsabores y quisquillosidad en relación con la situación general o ambiente del sueño. Soñar con muchas agujas o alfileres puede expresar el agobio de las labores domésticas y obligaciones laborales. || 3. El tragar agujas o clavárselas en la boca puede ser la expresión de la sexualidad oral. || 4. En algunos casos especiales, en sueños de hombres, las agujas que se le clavan a uno puede ser una indicación de la existencia latente de tendencias homosexuales. || *C. oc.:* **Varias agujas sin hilo:** Anuncio de pequeños disgustos sentimentales. || **Pinchazos de aguja:** Peligro de embarazo no deseado. || **Agujas de hacer calceta:** Disgustos con mujeres o discusiones provocadas por murmuraciones. || **Tragarse uno una aguja:** Cuando no es simbólico del acto sexual, hay que interpretarlo como murmuraciones o calumnias que perjudicarán al soñante. || **Verse enhebrando una aguja:** Asunto sentimental o matrimonial que llegará a buen término. || **Varias agujas enhebradas:** Se solucionarán asuntos pendientes o se reconocerán los derechos propios. Serán reparadas las injusticias hechas contra uno. || **Muchos alfileres:** Preocupaciones, dificultades, discusiones, fricciones, pero pequeñas. || **Hombre soñando con alfileres negros:** Problemas con la justicia o la administración. || **Alfileres torcidos:** Malversación de fondos ajenos. || **Mujer soñando con alfileres torcidos:** Riña con el enamorado o el marido. || **Agujas cruzadas:** Querellas, pleitos, envidias. || **Aguja rota:** Problemas sentimentales o conyugales. Separación, divorcio.

AGUJERO

Psi. 1. Según el tamaño y contexto general del sueño, suele hacer referencia al órgano sexual femenino o al orificio anal. || 2. El ver un agujero en una pared o practicar uno en ella puede expresar los deseos inconscientes de atravesar las barreras impuestas por la moral y la religión y conocer lo que hay al otro lado, generalmente referido al sexo. || 3. Practicar un agujero en una puerta puede expresar el acto sexual, si el soñante es un hombre. || 4. Cavar varios agujeros en tierra también suele expresar el acto sexual que se desea. || *C. oc.:* **Agujeros hechos en puertas o paredes:** Peligros o enemigos que están al acecho. || **Agujeros en el traje o vestido:** Problemas económicos, sorpresas o noticias inesperadas de tipo desagradable. || **Caer por un agujero:** Fracaso de negocio, ruina, pérdida de bienes o propiedades.

AHOGADO (Ahogarse)

Psi. 1. Ver a un niño ahogado o que se ahoga (sea en el mar, bañera, río, etc.) puede ser indicativo de que en el soñador hay impulsos inconscientes agresivos hacia ese niño, si es conocido, al que le gustaría ver desaparecer de su entorno. Puede ser un hijo, un hermano, un amigo, etc. || 2. Soñar con uno o más niños ahogados puede señalar que algún proyecto o proyectos se «han ido al agua» o corren peligro de «naufragar», es decir, que son ilusiones y planes que se derrumban o desaparecen. En muy pocos casos, puede ser un sueño parapsicológico que anuncie una tragedia, siempre y cuando sean conocidos los niños y se concrete el lugar de la tragedia sin lugar a dudas. || 3. Según Wilhelm Stekel, la mujer que sueña con un niño ahogado teme el fruto de unas relaciones sexuales ilícitas. || 4. En algunos casos, puede ser un acto de remordimiento, un sueño recordatorio de pasados abortos o de temores sobre futuros abortos, voluntarios o no. Para interpretarlo hay que estudiar detenidamente el conjunto del ensueño. || 5. Soñar que uno se ahoga suele ser indicativo de los temores a los fracasos personales, sea en el ámbito sentimental o en el profesional. En ocasiones, puede ser un sueño premonitorio, como en el caso del famoso profeta, místico y clarividente norteamericano Edgar Cayce que veinte años antes de su muerte (acaecida en 1945) soñó que se ahogaba en una tina de baño llena de agua hirviente, sueño que parecía estar relacionado con el estado de su salud por el tiempo del ensueño. No obstante, murió de edema pulmonar, o sea, de agua en los pulmones veinte años más tarde. Algunos intérpretes lo califican de casualidad, no de premonición. || *C. oc.:* **Ver a uno o varios ahogados:** Posibilidad de algún tipo de herencia por fallecimiento de un familiar. Subida de escalafón o cargo por muerte del que ocupaba el puesto. || **Ver parientes ahogándose:** Pérdida de bienes familiares o fracaso en negocios. || **Niños salvados cuando se estaban ahogando:** Mejora de los asuntos propios o negocios. Se saldrá del bache económico y se mejorará. || **Verse uno ahogado por otros:** Peligro de pérdida de dinero por intrigas o traiciones. || **Ahogar a alguien:** Se tendrá que luchar duramente con enemigos y opositores. || **Ahogar a** un gatito: Disgustos, pesares, sacrificios. || **Soñar que uno se ahoga:** Riesgo de fracaso comercial o profesional si no se actúa mejor. Lágrimas en la familia. || **Salvar a alguien que se está ahogando:** Se superarán escollos y problemas. || **Ser salvado de ahogarse:** Superación de problemas gracias a la ayuda y apoyo de amistades. || **Ver que se ahoga el cónyuge:** Rompimiento matrimonial, pleito familiar, divorcio. || **Ver mucha gente ahogándose:** Peligro en los viajes proyectados, sean por mar o no.

AHORCADO

Psi. 1. Suele denunciar la existencia de impulsos agresivos inconscientes hacia la persona que se ve ahorcada, generalmente es el padre, la madre, el jefe, el superior, el marido, la mujer…, es decir, la persona que coarta la libertad del durmiente. (*Véanse* los términos *padre ahorcado, madre colgada, madre;* sueño en que el novio cuelga a la madre de la novia…) || 2. Temores inconscientes de que a la persona que se ve ahorcada le ocurra algún percance. || 3. Otras veces, es el anuncio de que uno –cuando es el soñante el que se ve ahorcado– se halla en una situación de colgado, en un período de estancamiento, en que no avanza ni retrocede en sus asuntos. || *C. oc.:* **Ver a uno o más ahorcados:** Pérdida de bienes a causa de un pleito, traición de amigos o malversación de fondos. || **Estar uno ahorcado, pero vivo:** Signo de elevación, de que se subirá en el escalafón o en la sociedad. || **Verse comiendo carne de un ahorcado:** Se obtendrá lo que se ambiciona, pero por medios y procedimientos reprobables y vergonzosos. || **Verse colgado en la tapia de una viña:** Según Thylbus, es presagio de que pronto habrá un cambio feliz y venturoso en la situación conflictiva que se está viviendo. || **Ahorcando a un desconocido:** Superación de problemas, suerte en lotería y juegos de azar. Victoria sobre enemigos.

AHORRO (Ahorrar)

Psi. Desde el punto de vista psicológico, los sueños de ahorro hacen referencia a las reservas psíquicas del soñante. Está relacionado con el término banco. Aunque puede hacer referencia a cuestiones monetarias, por lo general, los sueños de ahorro indican cómo están las fuerzas, la energía del durmiente y, en ocasiones, sus valores morales o espirituales, según sea la índole del sueño. Debe preocupar el soñar que se pierden los ahorros o que son robados, ya que el inconsciente puede estar alertando al soñante de que se está quedando sin reservas morales o psíquicas, que está malgastando sus cualidades y energías. || *C. oc.:* **Verse uno ahorrando dinero o grano:** La perseverancia y la prudencia te salvarán de los peligros que vengan. || **Pérdida de ahorros:** Enfermedad en la familia. || **Extravío de la cartilla de ahorros:** Enemigos al acecho, traiciones familiares.

AHUYENTAR

Psi. El ahuyentar, por cualquier procedimiento, a personas desconocidas o animales es indicativo de que se rechazan impulsos instintivos, generalmente de tipo sexual, sea por miedo a dejarse dominar por éstos o por temor a pecar de acuerdo con la moral inculcada.

AIRE (Atmósfera)

Psi. 1. El aire es uno de los cuatro principales elementos de la vida y, por tanto, de los sueños (los otros tres son agua, tierra y fuego). Principalmente simboliza el espíritu, los pensamientos, el intelecto, la parte etérea y elevada del hombre, el elemento que oxigena la personalidad interior. El aire de los sueños es tan vital para la vida psíquica como el de la vida real lo es para seguir viviendo a través de la respiración. El estado del aire o de la atmósfera refleja, pues, el estado psíquico del soñante y, en consecuencia, por reflejo, su equilibrio o desequilibrio mental o intelectual en el estado de vigilia, su optimismo o su pesimismo, su alegría o su melancolía, etc. || 2. Sentirse privado del aire en sueños (cuando no se trata de un sueño de estímulos físicos o fisiológicos) quiere decir que algo está contaminando el aire psíquico, que los malos pensamientos y las ideas descabelladas están asfixiando la personalidad. Hay que examinar el comportamiento de uno y se encontrarán en seguida las cosas con las que se está alterando la ecología psíquica. || 3. Soñar que se está rodeado por una atmósfera límpida, trasparente, luminosa y beatífica indica que el espíritu está en paz, tranquilo y que la parte idealista y mental de la persona se encuentra satisfecha, armónica y equilibrada. || 4. En cambio, soñar que se está rodeado o inmerso en aire neblinoso, viciado o contaminado puede señalar que el medio ambiente cotidiano que le rodea a uno no es el conveniente para el desarrollo de su personalidad, que uno no sabe demasiado a dónde va y que está tropezando con dificultades anímicas en su camino por la vida. Advierte de titubeos y confusión de orden moral. No se acierta a ver el camino que conduce a la luz y a un lugar tranquilo para vivir y respirar adecuadamente. || 5. Soñar que uno es llevado por el aire, que apenas toca el suelo, que casi levita, que es etéreo, puede ser la expresión del predominio de lo espiritual sobre lo material, del desprendimiento de lo egoísta y del influjo de los pensamientos elevados. Incluso puede considerarse como el «soplo divino». || 6. En los sueños en que se ve cómo el aire se condensa o materializa como un gas, suele simbolizar el espíritu, la energía espiritual del soñante, que adquiere entidad propia y visible. Procesos parecidos pueden figurar en sueños de tipo mandálico. || 7. Otras veces, el aire y el moverse en él pueden tener un carácter erótico-sexual, como en el sueño que sigue (explicado por Havelock Ellis en su obra *Sueños eróticos* sobre una paciente suya): «Estaba volando o saltando en el aire con un pie. Era tan ligera como una pelota que bota. Me elevaba por el aire y flotaba por encima de las cabezas; luego volvía a caer, para subir de nuevo. Es delicioso. Un hombre me mira, me desea, y trata de poseerme; pero siempre me escapo, subiendo al aire y burlándome de sus cuitas». Como se ve fácilmente es un sueño que refleja la excitación sexual de la soñante, el orgasmo (fueran deseos reprimidos o recuerdos de un acto sexual), el placer genital... El pie refleja el falo del hombre, pero aquí nos inclinaríamos por el sustituto, por la masturbación. || 8. Para aspectos alterados del aire, *véase* el término *viento*. || 9. El aire, la falta de éste y los problemas respiratorios son la causa de muchos sueños y pesadillas de tipo fisiológico. Tissié ha recogido muchos ejemplos en su obra *Los sueños*, donde nos dice: «Las personas atacadas de una afección de los órganos respiratorios tienen, generalmente, pesadillas de sofocación, de opresión del pecho, de sentir el cuerpo apretado entre dos muros, de persecución, de cansancio, etc. Aquí, la relación entre la función del órgano y la celebración es bien manifiesta». Max Simon explica un caso muy interesante en su *Tratado de fisiología* que Tissié resumió así: «Una persona de bastante buena salud, pero sujeta a frecuentes bronquitis, nunca era atacada de su afección habitual sin tener sueños de esta clase. Después de algunas horas de sueño se veía trasportada a algún sitio salvaje, lejos de todo socorro. Un sentimiento penoso la invadía, sentía cerca de ella la presencia de un horrible peligro. De repente, aparecía un caballo de cara feroz que se lanzaba en persecución suya. La huida era casi imposible y la durmiente iba a ser alcanzada por su enemigo cuando se despertaba, pudiendo apenas respirar. Durante el sueño se habían acumulado mucosidades en los bronquios de la enferma y una molestia de la respiración causada por un obstáculo puramente físico había dado origen a representaciones de escenas terroríficas que habían, precisamente, producido la ansiedad respiratoria. Separado el obstáculo, el sueño se vuelve a calmar y los sueños terroríficos desaparecen». Es curioso ver en este sueño cómo el caballo, símbolo de la vitalidad y del vigor, se «rebela» contra el soñante, alarmado, al ver que la personalidad está perdiendo energía (seguramente de manera muy perjudicial). La durmiente reacciona, despertándose, y después de solucionar su problema bronquial y de las mucosidades, vuelve a conciliar el sueño y sus fuerzas vitales recobran parte de sus funciones energéticas. Puede considerarse que estos sueños fisiológicos son del tipo «alarma» para que el soñante reaccione ante condiciones físicas adversas que pueden ser solucionadas con prontitud. El mismo Max Simon explica que una noche que sufría una bronquitis bastante aguda despertó con una viva opresión, faltándole el aire. Acababa de soñar con una fábrica en que trabajaban numerosos obreros, en medio de un vapor espeso; parecían sofocados por las nubes de vapor que los envolvían. En este sueño, en vez del caballo, las dificultades respiratorias habían generado la figura de los obreros, probablemente porque el problema no era tan intenso como en el caso de la enferma anterior. Además, podemos considerar que los obreros que están laborando en la fábrica simbolizan las defensas del soñante que están luchando para que los órganos respiratorios vuelvan a trabajar con normalidad, sin tanto agobio. Aquí, el sueño, aunque sea de tipo fisiológico, también es un aviso del inconsciente para que el soñante comprenda que sus defensas están trabajando duramente para arreglar la «avería» bronquial. || *C. oc.*: Artemidoro de Daldis (s. II) indica que cuando el aire de los sueños es opaco y brumoso es señal de dificultades, problemas y discordias. || **Aire suave, perfumado y agradable:** Anuncia buena salud, alegrías sentimentales, fortuna o premios en los negocios o profesión. || **Frío:** Presagia desdichas o discusiones familiares. || **Tempestuoso o violento:** Se aproximan dificultades o una enfermedad. || **Rojizo:** Dificultades sociales o públicas en el lugar donde uno reside. || **Neblinoso:** Anuncio de perfidias y traiciones. || **Maloliente:** Se acercan pesares. || **Caliente o cálido:** No se está actuando con moralidad en los negocios o asuntos personales. || **Oscuro:** Discusiones, peleas, malas noticias. || **Ligeramente azulado:** Espiritualidad, solución de problemas, mejoramiento de los asuntos familiares. || **Puro y campestre:** Viajes, reconciliación con enemistades, ingresos inesperados.

AJEDREZ

Psi. 1. Soñar que uno juega una partida de ajedrez suele expresar el planteamiento de una competición o enfrentamiento por la afirmación o predominio de determinadas tendencias inconscientes, la lucha contra inclinaciones neuróticas (o la afirmación de éstas), por la reafirmación de la virilidad, etc. Este enfrentamiento interior expresa situaciones mentales y cerebrales por encima de todo. Para comprender el sueño hay que estudiar el conjunto general del sueño: contrincante, color de las piezas del contrario, piezas que mueve, etc. Por ejemplo, el rey simboliza al padre; la reina, a la madre; las piezas blancas, al consciente, lo correcto, la salud, el equilibrio, la pureza; las piezas negras, el inconsciente, lo incorrecto, la enfermedad, lo oscuro, lo pesimista, etc. || 2. La partida de ajedrez también puede reflejar un conflicto sexual. El tablero, con sus cuadros blancos y negros, refleja la pareja, la unión de la mujer y hombre (incluso puede representar el matrimonio). Las *piezas blancas* representan el sexo femenino y las *piezas negras*, el sexo masculino. || *C. oc.*: **Jugar al ajedrez:** Hay dificultades en marcha o asuntos muy delicados. Hay que tomar decisiones importantes. || **Ganar una partida de ajedrez:** Se superarán las dificultades; obtención de beneficios. Dudas que se disipan. || **Perder una partida de ajedrez:** Se acercan disgustos y contratiempos. Ha de preocupar la salud. || **Se ve muy claramente al contrincante:** Disputas próximas, enfrentamientos profesionales o familiares. || **Otros jugando al ajedrez:** La suerte de un asunto o problema depende de lo que hagan los demás. El caso ya se ha escapado de las manos de uno. Hay que actuar con suma cautela. || **El tablero cae con las piezas al suelo:** Graves problemas profesionales y familiares.

AJO

Psi. 1. El ajo tierno es un símbolo fálico. Soñar que una compra un manojo de ajos tiernos expresa los deseos sexuales reprimidos. || 2. La mujer que sueña que coloca ajos en puertas y ventanas como protección contra malos espíritus y vampiros suele expresar los temores a perder el control de sus propios instintos o impulsos sexuales. || *C. oc.:* Según Nostradamus, percibir el olor de ajos durante el sueño es presagio de que se descubrirán secretos, de que uno se enterará de cosas ocultas o sorprendentes. || **Cultivar ajos:** Peligro de querellas o disputas. || **Arrancar ajos:** Amoríos, proposiciones sentimentales. || **Comer ajos:** Acecha la enfermedad, indisposición pasajera. || **Dar ajos a los niños:** Se alcanzará lo que se desea. || **Comprar ajos:** Disgustos o conflictos a causa de los demás, conocidos o familiares. || **Cocinar con ajos:** Excitación sexual, fantasías eróticas, deseos amorosos.

ALA (Alas)

Psi. 1. El soñar que se vuela con unas alas pegadas al cuerpo suele reflejar los deseos de querer escaparse de alguna situación desagradable de la vida cotidiana, de sortear los obstáculos que se presentan ante uno. Pero, al mismo tiempo, significa que se quieren solucionar los problemas de una manera irreal o milagrosa, sin ver la realidad de las cosas. Estos tipos de sueños advierten que la fantasía domina en el intelecto del sujeto. || 2. En algunos sueños las alas pueden simbolizar la excitación sexual (al igual que muchas veces el *vuelo*),

la erección sexual, como en el caso explicado por Ángel Garma. en que una joven soñó con *hombrecitos* (pene) *alados* (en erección) que querían entrar por su *ventana* (vagina). Era un simple sueño de deseos eróticos. || *C. oc.:* Según Nostradamus, soñar con alas de animales domésticos es señal de calma y de posibles noticias, mientras que soñar con alas de aves carnívoras es indicativo de que hay fuerzas que le preservan a uno de peligros. || **Volar con alas:** Presagio de próxima elevación personal y que se alcanzará lo que se desea. || **Aves con las alas desplegadas:** Se sortearán los peligros. || **Alas de aves clavadas en una pared:** Malas noticias profesionales o comerciales.

ALABANZA

Psi. 1. En muchos sueños, las alabanzas que se reciben suelen reflejar los deseos de éxito o de reconocimiento de méritos que se desean. En realidad, son sueños de realización de deseos, es decir, que expresa cómo al soñante le gustaría que fueran las cosas. || 2. En sueños de tipo premonitorio, las alabanzas pueden reflejar cómo será la realidad dentro de poco tiempo, o sea, que el soñante recibe un premio o tiene éxito en sus proyectos. || *C. oc.:* **Recibir alabanzas:** Indica que no se confíe, que alguien le traicionará a uno. Es cuestión de estar alerta y cauteloso. || **Alabanzas a una mujer:** Esperanzas que no se realizarán; hay que estar prevenida contra las adulaciones. || **Recibir alabanzas de mujeres:** Complicaciones familiares. || **Recibir alabanzas de niños:** Proyectos o negocios poco seguros.

ALAMBIQUE

Psi. 1. Recordemos que un alambique es un aparato para destilar el espíritu o esencia de cualquier sustancia líquida, por lo que soñar con uno en funcionamiento puede señalar que el soñante tiene que aprender a destilar los impulsos e instintos de su personalidad, a fin de extraer de ellos la esencia, la parte utilizable y valiosa, desprendiéndose de lo que no interesa. En cierta forma, cuando aparece un alambique en sueños, funcionando en un laboratorio, hay que pensar en un proceso de purificación en el soñante, en que hay fuerzas interiores manipulando los instintos del sujeto para extraer de éstos su parte esencial, elevada y espiritual. || 2. En otros sueños, la presencia de un alambique puede señalar que el sujeto ha de volverse más observador y actuar con un criterio más inteligente y racionalista, separando lo útil de lo inútil, lo provechoso de lo inconveniente. || *C. oc.:* **Soñar con un alambique:** Proyecto que se realizará, plan que llegará a buen puerto. || **Alambique estallando o incendiándose:** Fracaso de un proyecto o negocio.

ÁLAMO

Psi. Como la mayoría de árboles, símbolo fálico, representación de la virilidad. || *C. oc.:* **Plantar uno o más álamos:** Se subirá rápidamente, pero sin consistencia, sin cimientos duraderos. || **Podar o mandar podar uno o más álamos:** Aumento de fortuna o de beneficios. || **Derribar álamos o álamos que se caen:** Peligro de pérdida de bienes y de ruina.

Negocios que se derrumban. Pérdida de empleo. || **Álamos calcinados por el fuego:** Problemas hogareños y familiares. Pérdidas económicas a causa del cónyuge.

ALARMA

Psi. Cuando se ven alarmas luminosas o se escuchan alarmas sonoras en sueños, o personas nos gritan un aviso (puede darse el caso hasta de que uno se despierte sobresaltado al creer que suena la alarma o el grito de advertencia en el dormitorio) es indicativo de que el inconsciente ha captado algún peligro o situación muy arriesgada para el sujeto, sea de tipo de seguridad personal o de próximo accidente o que señale que uno va por mal camino o que se está labrando la ruina por la manera de llevar sus negocios. Las alarmas en sueños pueden adaptar las mil y una formas que existen en la vida cotidiana: luces rojas, sirenas, silbatos, avisos por radio y televisión, gritos de advertencia, personas haciendo señas, etc. A veces, las alarmas se presentan en pasajes determinados de los sueños, para que el durmiente les preste especial atención ; incluso puede despertarse de repente, para que las últimas imágenes le queden muy grabadas y pueda reflexionar sobre ellas. En sueños de este tipo hay que analizar muy detenidamente el comportamiento de uno en sus negocios, profesión, empleo, etc. || *C. oc.:* **Verse uno dando la alarma:** Hay que acelerar la finalización de los asuntos que uno lleva entre manos. || **Alarma de incendio sonando en sueños:** Advierte de malas noticias, contratiempos o pérdidas. || **Sonar alarma sonora:** Discordias, peleas con socios o colegas. || **Sonar la alarma de una puerta o ventana:** Riesgo de estafa o abuso de confianza. Hay que estar alerta contra traiciones de familiares.

ALBA (Amanecer, aurora)

Psi. 1. Ver amanecer en sueños es un signo positivo. Por lo general suele indicar el nacimiento de una nueva etapa o período en la vida de uno, el inicio de nuevos proyectos e ilusiones, el renacer a nuevas alegrías y que se deja atrás un período poco favorable u oscuro. || 2. El alba o aurora de los sueños es un amanecer psíquico, un despertar de lo consciente, dejando atrás los peligros, neurosis y temores de la noche (del inconsciente). Suele ser un renacer de la vitalidad y de lo psicológico, sobre todo cuando este sueño se tiene después de una larga enfermedad o un período personal o profesional muy conflictivo. || *C. oc.:* **Ver amanecer, asistir a la salida del sol:** Fin de los problemas, tribulaciones o penas. Se acerca un período feliz. || **Amanecer brillante y despejado:** Se obtendrán ayudas y favores. || **Amanecer nublado o con mucha niebla:** Deben preocupar los enemigos y opositores.

ALBACEA

Psi. 1. Soñar que se está en tratos con un albacea suele ser indicativo de que el soñador ha de poner en orden sus asuntos familiares y profesionales, que ha de ser más previsor y pensar en los demás, || 2. Los sueños de albaceas suelen advertir de cambios y trasformaciones a nivel hogareño y familiar, con posibilidades de cambio de domicilio, residencia, fuente de ingresos, etc. || *C. oc.:* **Nombrar un albacea:** Se acercan acontecimientos importantes. Se recibirán beneficios o alegrías monetarias. || **Verse a uno nombrado albacea:** Se tendrá vida larga: serán los demás familiares los que irán falleciendo. Pero también suele advertir del peligro de pérdida de reputación. || **Estar bajo la tutela de un albacea:** Riesgo de ser víctima de un robo o estafa. || **Otros siendo nombrados albaceas:** Hay que estar alerta contra la actuación de falsos amigos y parientes ambiciosos.

ALBAÑIL

Psi. El albañil onírico es uno de los obreros del inconsciente, el que se cuida de construir y edificar, por lo que cuando se le ve en sueños cumpliendo su tarea quiere decir que algo nuevo está en marcha en el interior del soñador, que se están «edificando» nuevos proyectos, planes e ilusiones. Muchas veces, el albañil aparece para construir un nuevo apartamento de la personalidad o reparar uno existente. Ver un paleta trabajando siempre es positivo, ya que indica que hay fuerzas laborando en el inconsciente y que algo nuevo está en marcha en la vida del soñante. *(Véase* el término *edificar).* || *C. oc.:* **Trabajar uno de albañil:** Anuncio de que se emprenderá una obra y de que el éxito se deberá a los propios esfuerzos. || **Albañil trabajando:** Advierte de trabajos, fatigas, disgustos o gastos excesivos. || **Albañil cayendo de**

un andamio: Fracaso en proyectos y planes. Quiebra de negocio.

ALBARICOQUE

Psi. Como la mayoría de frutos jugosos, tiene un simbolismo sensual. Según el contexto del sueño puede representar las delicias del amor. Un albaricoque acostumbra a referirse a los genitales femeninos, mientras que si son dos albaricoques pueden simbolizar los pechos. || *C. oc.:* **Albaricoques en el árbol:** Se acercan placeres y alegrías. || **Comer albaricoques maduros y gustosos:** Se degustarán los placeres del amor. Buenas relaciones sentimentales. || **Comer albaricoques verdes:** Disgustos y tristezas. || **Albaricoques podridos o un albaricoquero sin hojas ni frutos:** Presagio de sinsabores, tribulaciones y miseria. || **Recoger albaricoques:** Mejorarán los asuntos profesionales y los amorosos. Se recogerán los frutos y placeres de la vida. || **Albaricoques en conserva:** Beneficios o proyectos que se retrasan. Hay que ser precavido en el amor y los negocios, ya que se corre peligro de engaño o traición. || **Albaricoquero seco:** Probable muerte de un familiar o pariente. || **Recibir una partida de albaricoques:** Pronto llegarán beneficios y buenas noticias profesionales.

ALBERGUE (Posada, refugio)

Psi. Refleja la necesidad de paz, reposo y meditación. Suele advertir que hay mucho individualismo en uno y que necesita de contactos bucólicos o con la naturaleza. || *C. oc.:* **Ver un albergue:** Se tendrá que hacer repo-so o un período de recogimiento. || **Descansar en un albergue:** Hay que cuidar más la salud; hay peligro de enfermedad y de pérdidas monetarias ocasionadas por ésta. || **Incendio de un albergue:** Ruina de negocio o enfermedad grave. || **Albergue aislado por la nieve:** Conflictos sentimentales, separación o viudez.

ALBÓNDIGAS

Psi. 1. Las albóndigas suelen simbolizar los placeres sexuales o carnales. *(Véase* el término *restaurante).* || 2. Una mujer que sueñe con dos albóndigas en un plato hace referencia a los testículos, al acto sexual con el sexo opuesto.

ÁLBUM

Psi. El ver un álbum familiar en sueños puede ser indicativo de que hay que hacer balance del pasado, de que algunas cosas vividas y familiares pueden cobrar cierta actualidad. En algunos casos puede señalar que se está prescindiendo demasiado de los ancestros y de que hay que hacer un examen de conciencia en el comportamiento de uno con respecto a la familia y al pasado. Puede advertir que no hay que olvidarse tanto de los demás. || *C. oc.:* **Hojear un álbum familiar:** Noticias sobre parientes; encuentros con antiguos amigos o conocidos. || **Sacar una foto de un álbum:** Malas noticias. || **Escribir en un álbum:** Pleitos o querellas inesperadas, probablemente por herencias o bienes familiares.

ALCACHOFA

Psi. En muchos sueños simboliza los genitales femeninos. No es raro que en la vida cotidiana, en plan coloquial, más de una mujer haga referencia a «mi alcachofa» al hablar de su sexo. Que un hombre sueñe que está comiendo alcachofas suele ser la expresión de sus necesidades sexuales. || *C. oc.:* **Muchas alcachofas:** Presagio de malas noticias o dificultades. || **Comer alcachofas:** Disgustos próximos, dificultades a la vuelta de la esquina. Hay que estar alerta en el trabajo y con los vecinos. || **Recoger alcachofas:** Dificultades o enfermedades pasajeras. || **Rechazar alcachofas:** Buenas noticias, alegrías comerciales o profesionales.

ALCALDE

Psi. Suele simbolizar la autoridad interior, el poder que gobierna nuestras fuerzas interiores y sus relaciones con la comunidad, es decir, la ciudad o el municipio de nuestra personalidad. Hay que estudiar detenidamente el contexto general del sueño para ver qué quiere indicarnos, pero se comprende que si soñamos con una ciudad que es un caos a nivel de circulación o calles, o que está mal administrada por su alcalde, el inconsciente nos está advirtiendo de que estamos llevando muy mal el desarrollo de nuestra personalidad y de que terminaremos en un caos espantoso por nuestra propia culpa; es un sueño que puede indicar el mal uso que hacemos de nuestros bienes y energías. En ocasiones, representa al padre. *(Véanse* los términos *autoridad* y *ciudad).* || *C. oc.:* **Ver un alcalde en funciones:** Peligro de verse uno desautorizado de un cargo. || **Alcaldía en funciones:** Presagio de

que se obtendrán beneficios por la buena manera de llevar los asuntos o negocios. || **Pelearse o discutir con un alcalde:** Conflictos con los jefes o dificultades con el padre.

ALCANCÍA (Hucha)

Psi. 1. Suele estar relacionada con nuestros ahorros y previsiones a nivel de energía psíquica y prudencia. Verse guardando monedas en una alcancía puede señalar que se está ahorrando la energía que sobra, para otras ocasiones; indica que el soñante no es un despilfarrador y que es previsor. || 2. En otros sueños, la alcancía o hucha tiene un claro sentido erótico, simboliza la vagina. El introducir monedas por la ranura de la alcancía es la expresión del acto sexual que se desea. || *O. oc.:* **Alcancía o hucha con dinero:** Buenas noticias económicas. || **Romperse una alcancía o hucha:** Pérdida de dinero, de negocio o de empleo. Presagio de tiempo de penuria. Rompimiento con una amistad. || **Introducir monedas en una hucha:** Vienen tiempos de penuria o dificultades económicas.

ALCANFOR

Psi. Una rama del árbol del alcanfor con sus bayas rojas suele simbolizar los genitales masculinos. El soñar con el perfume o esencia de alcanfor puede estar indicando al soñante que necesita algún tipo de purificación o sublimación en sus ideas, sentimientos o actuaciones; puede considerarse como una especie de disimulo o necesidad de limpieza o desinfección de ideas. || *C. oc.:* **Comprar alcanfor:** Riesgo de indisposición o de engaño de amistades. || **Tomar alcanfor:** Mejoramiento de la salud y de la situación económica. Entrada inesperada de dinero o herencia de un pariente lejano. || **Tomar aguardiente alcanforado:** Relaciones o boda por intereses. || **Colocar alcanfor en la casa o vivienda:** Cambio de planes o proyectos, acompañados de disgustos o dificultades. || **Destilar alcanfor:** Pesares o dificultades que serán superados. || **Vender alcanfor:** Superación de problemas familiares, pero acompañada de dolor o tristezas.

ALCANTARILLA

Psi. 1. Suele hacer referencia a los intestinos y al ano, se trate de sueños fisiológicos o eróticos. Hace referencia a la sexualidad anal y tiene cierta similitud con el concepto *cloaca*. (*Véase* ese término). || 2. En sueños de tipo fisiológico puede advertir de disfunciones o afecciones en los intestinos. Hay que analizar muy cuidadosamente todos los detalles del sueño. || 3. En otros sueños puede referirse a la necesidad de evacuar problemas y conflictos que tiene el soñante y que le angustian. Incluso puede indicar que hay que evacuar los miasmas, detritus, vicios, neurosis, complejos, etc., que están contaminando la personalidad. Es decir, hay que evacuar hacia la alcantarilla y que no se queden dentro las angustias y los problemas. || 4. La persona que sueñe de manera repetida con alcantarillas significa que sufre una neurosis y que necesita la ayuda del psicólogo o del psiquiatra para eliminarla. En psiquiatría, la alcantarilla es la neurosis, ya que a ella van a parar los residuos psíquicos que causan «malos olores» y «molestias». 5. En sueños fisiológicos, la obstrucción de una alcantarilla puede estar advirtiendo de algún pólipo o tumor en los intestinos, probablemente en el intestino grueso. En su aspecto más leve, puede indicar estreñimiento por una mala alimentación o indisposición pasajera. || *C. oc.:* **Limpiar una alcantarilla:** Rompimiento con amistades o familiares que le perjudicaban a uno. || **Reventar una alcantarilla:** Asuntos sucios que pondrán a uno al descubierto. Pérdida de reputación. || **Construir una alcantarilla:** Se superarán problemas. Mejora en el trabajo o profesión.

ALCANZAR

Psi. Como indica el doctor Oliver Brachfeld, el soñar que se alcanza un vehículo (tren, autobús, tranvía, diligencia…) indica que el soñador está dispuesto a alcanzar aquello que se propone o ambiciona, que está dispuesto a acometer un proyecto o empresa, que en su vida hay algo nuevo en marcha, que se están superando la timidez o la cobardía, etc., como en el caso que sigue (sueño de un joven): «Soñé que corría en pos de un tren que se me escapaba, y al final lograba subirme a él». En ocasiones, el correr y alcanzar un vehículo es un símbolo de superación de sentimientos de inferioridad, que suelen manifestarse con la pérdida frecuente del *tren*, *autobús*, *avión*, *barco*, *tranvía*, *diligencia*, etc. (*Véanse* esos términos).

ALCOBA (Dormitorio)

Psi. 1. Simbolismo de la vida sexual e íntima. Freud indica que representa la femineidad y, en particular, la *matriz*. Los detalles de los ensueños que tienen lugar en una alcoba representan ilusiones o frustraciones de tipo erótico. La alcoba suele ir unida a otro simbolismo muy corriente: la *cama*. *(Véase* ese término). Una mujer que se vea en sueños dejando entrar a un hombre en su alcoba suele ser indicativo de que, inconscientemente, está deseando tener un trato sexual con un hombre (no necesariamente con el hombre con el que sueña, que acostumbra a ser un simbolismo del sexo masculino). Por el contrario, una mujer que impide la entrada de un hombre, es que rechaza el acto sexual. Y si son animales los que quieren entrar en la alcoba y ella lo impide, nos quiere decir que no acepta a sus propios instintos sexuales, que lucha contra ellos y los reprime. || 2. Cuando una mujer sueña que entran ladrones en su alcoba es que desea el acto sexual, pero teme las consecuencias morales de su decisión. El sueño señala que desea que «la asalten y roben su amor». *(Véase* el término *ladrón).* Una mujer sexualmente satisfecha no suele soñar que entran ladrones en su alcoba, a menos que se trate de un sueño parapsicológico o profético. Los sueños de «ladrón de alcoba» son clásicos en jovencitas. *(Véase* el apartado número 3 del término *ladrón).* || 3. La alcoba también es un lugar en el que suelen aparecer cadáveres, que simbolizan el fin o el término de relaciones sexuales, la muerte de los sentimientos hacia la persona que se ve en los sueños. *(Véase* el término *cadáver).* || *C. oc.:* **Alcoba cerrada:** Secreto o misterio en que es peligroso profundizar. || **Estar solo en una alcoba:** Paz, sosiego, soledad, meditación. || **Estar en una alcoba en compañía de una persona del mismo sexo:** Avenencia, acuerdo, arreglo. || **Estar en una alcoba en compañía de una persona del sexo contrario:** Dificultades, conflictos, falta de armonía o de entendimiento. || **Ver una alcoba lujosa de otra persona:** Se demorarán asuntos o negocios. || **Dormir en una alcoba desconocida:** Dificultades hogareñas o familiares. Riesgo de que se descubran secretos de familia.

ALCOHOL

Psi. 1. En algunos sueños suele simbolizar la parte animal de los instintos. *(Véase* el término *agua).* || 2. Soñar que se bebe en compañía de persona de sexo opuesto expresa el acto sexual que se desea, por lo que es un sueño de índole erótica.

ALDEA (Pueblo)

Psi. 1. Ver una aldea o un pueblo en sueños puede indicar deseos o tendencias relacionadas con el pasado o el presente, según sea si se vive en ella o se ha vivido. Puede ser un símbolo de añoranza por la vida pasada (si realmente fue un período feliz), un triste recuerdo traumatizante del pasado (si fue una época triste y pesarosa) o es una expresión de nostalgia por la naturaleza, la paz y la quietud si se vive agobiado por el ajetreo de la capital y lejos del campo. Si se vive en una aldea, todo lo que sucede en el sueño tiene que ver con el presente y el más inmediato futuro del soñante. || 2. La mayoría de las veces, sin embargo, la aldea o pueblecito del sueño refleja la personalidad del soñador, que puede considerarse estructurada como una aldea. Cuando el pueblo de los sueños está formado por casitas muy juntas, señala que el individuo tiene un fuerte sentido social y de comunicación, que le atrae estar junto a los demás. En cambio, si las casas están muy separadas es indicativo de que la persona es muy individualista, introvertida, egoísta, que mira mucho para sí y que rehúye el contacto con el prójimo. Si la aldea está limpia, con casas encaladas y cuidadas, las calles empedradas, etc., quiere decir que la personalidad del soñante se halla equilibrada, armónica y en paz. Por el contrario, si el pueblo está oscuro, sucio, abandonado, con montones de basura, calles con baches y embarradas, perros callejeros, pandillas de golfos, etc., significa que el inconsciente está advirtiendo al sujeto que está abandonando su personalidad a los instintos antisociales y destructores. || 3. El soñar que se marcha a una aldea, sea a pie, en automóvil o autocar, acostumbra a señalar que uno está explorando su personalidad, se está examinando a sí mismo y que busca respuestas y soluciones a su proceder y problemas. || 4. Según el tiempo que haga en la aldea, sea soleado, nublado, tormentoso, neblinoso, etc., así se encuentra el estado de ánimo del durmiente, su situación interior a nivel anímico. El sol y la claridad indican optimismo y pensamientos creadores; y lo oscuro, tempestuoso y neblinoso el estado melancólico, sombrío y alterado. *C. oc.:* **Atravesar una aldea en sueños:** Herencia, legados. || **Habitar en una aldea:** Buenas noticias, armonía, paz, calma. || **Ver una aldea delante de uno:** Malas noticias profesionales si se ostenta un cargo o dignidad. || **Aldea en ruinas:** Complicaciones judiciales y financieras. Enfermedad o accidente. || **Aldea incendiada:** Problemas a causa de pasiones sexuales y vicios. || **Recorrer una aldea de día:** Cambio de trabajo o negocio.

ALEGRÍA

Psi. 1. Estar alegre en sueños suele estar relacionado con los deseos de querer pasarlo bien y de gozar de las alegrías de la vida, en particular de los placeres del amor. La alegría puede considerarse como una excitación de la libido. Para comprender el conjunto del sueño hay que estudiar las personas y lugares en que el soñador se muestre alegre: fiesta, discoteca, baile, excursión campestre, etc. || 2. Soñar con situaciones alegres y agradables cuando uno lo está pasando mal en la realidad, suele ser un sueño de realización de deseos, la expresión de cómo le gustaría que fuera su existencia. En cierta forma, es un sueño de compensación. || *C. oc.:* **Estar alegre en sueños cuando uno tiene problemas o penas en la vida cotidiana:** Mejorarán las dificultades y conflictos. || **Estar alegre en sueños cuando se lo pasa uno bien en estado de vigilia:** Advierte de malas noticias o conflictos por exceso de diversiones y de haber abandonado las responsabilidades. || **Mujer que se ve alegre en sueños:** Compromiso sentimental o boda a la vista. || **Muchas personas alegres y sonrientes:** Beneficios pasajeros, negocios de corta duración.

ALEJARSE

Psi. 1. Alejarse uno en sueños hacia una carretera, prado o montaña lejanos es signo de que algo nuevo está en marcha en su interior, de que desea cambios en su vida, alejarse de su situación personal o profesional. || 2. Ver a otra persona que se aleja puede expresar los temores de perder a esa persona, de separarse de ella, de dejar de ser amado. || 3. Otras veces, soñar que un pariente o amigo se aleja de uno puede expresar los deseos inconscientes de que se marche de su lado; en realidad, es el soñante el que desearía que esa persona se alejara, se marchara lejos.

ALFABETO *(Véase abecedario)*

ALFARERO (Ceramista)

Psi. 1. El alfarero de los sueños es un símbolo arquetípico, ancestral, que está relacionado con la tradición de que el hombre fue formado a base de barro por el Creador, el «divino alfarero». Verse en sueños haciendo de alfarero significa que uno se está formando a sí mismo, que está en un período importante de su evolución psíquica, del crecimiento de su personalidad. Si además se ve poniendo alguna pieza al fuego o endureciéndola al horno, quiere decir que él mismo se está exponiendo al fuego

purificador, endureciéndose, para forjar su verdadera personalidad. || 2. En otros sueños, refleja la evolución y marcha de los proyectos, negocios o estudios del soñante. Ver que el proceso de elaborar piezas con barro y endurecerlas al horno sale bien, quiere decir que creativa y profesionalmente se va por el buen camino y que uno se está perfeccionando.

ALFILER *(Véase aguja)*

ALFOMBRA

Psi. 1. Como elemento de abrigo y adorno suele estar relacionada con la vida hogareña, familiar y matrimonial de la persona. Puede hablar del confort o de la falta de éste, según el estado de la alfombra. Tener o caminar por alfombras mullidas, agradables y bonitas suele reflejar bienestar, comodidad, fortuna y dicha. || 2. Como elemento femenino también tiene una vertiente claramente erótica y llega a ser el símil de cama. Son muchas las adolescentes y chicas jóvenes que sueñan que vuelan montadas en una *alfombra voladora o mágica.* Estos sueños son el reflejo de sus fantasías eróticas, el vuelo de su imaginación en busca del amor o de la pareja. Aunque los sueños con alfombras suelen expresar siempre un trasfondo de excitación erótica, advierten que una se está dejando llevar por fantasías eróticas irrealizables o que es poco realista a la hora de pensar en el amor. || *C. oc.:* **Cambiar una alfombra vieja por una nueva:** Insatisfacción amorosa, ruptura sentimental, divorcio. || **Sacudir una alfombra:** Cambio en la suerte, nuevos negocios, hay que prescindir de lo que ya no sirve. Nuevos trabajos. || **Alfombra doblada:** Problemas imprevistos o retraso en los planes. Dificultades conyugales. || **Alfombras propias dobladas sin saber quién lo ha hecho:** Se acercan inconvenientes y molestias. Problemas o enfermedades en la familia. || **Tener una alfombra plegada sobre los hombros:** Cambio de domicilio, trabajo, estudios o negocio. || **Comprar una alfombra:** Solución a un problema, mejoramiento familiar. || **Alfombra propia quemada o robada:** Problemas a causa de enemigos y opositores. Contratiempos en un próximo viaje (es preferible cancelarlo). || **Verse extendiendo una alfombra larga, ancha y gruesa:** Prosperidad, alegrías, vida larga y matrimonio afortunado. || **Limpiar alfombras:** Nuevas decisiones personales y profesionales. || **Extender una alfombra en un lugar público y desconocido:** Viaje al extranjero. || **Alfombra corta y gruesa:** Según Halil-El-Masri significa abundancia, ya que la alfombra simboliza la vida, la existencia y la personalidad del soñador. En cambio, si es ancha y delgada, gran prosperidad y longevidad. Una alfombra pequeña y ligera es un mal presagio. Para este oniromántico la longitud de la alfombra es la medida de la prosperidad y de la suerte, y su espesor y solidez, la longitud de la vida.

ALFORJA

Psi. Según lo pesada que sea la alforja que hemos de llevar, refleja los obstáculos, problemas o conflictos psicológicos que nos impiden ir ligeros por la vida. Cuanto más pesada es la alforja más grandes son nuestros complejos y neurosis. Encontrar cosas desagradables o feas en las bolsas de la alforja son la expresión de nuestros conflictos psíquicos: *pájaros muertos, animales extraños, piedras, excrementos,* etc. Si la alforja es ligera o liviana y contiene cosas preciosas o de valor, quiere decir que no tenemos impedimentos para marchar de prisa por la vida y que nuestros conocimientos y pensamientos son de tipo elevado y preciso, que llevamos con nosotros cosas de valor, que somos valiosos. || *C. oc.:* **Alforja llena de piedras:** Impedimentos en los proyectos en marcha. No actuamos correctamente. || **Alforja vacía:** Pérdidas, ruina, desahucio, problemas económicos, despilfarro. || **Alforja llena de objetos:** Posibilidad de arreglo o de negociación. || **Encontrar una alforja:** Ingresos, ofertas, colaboraciones, oportunidades.

ALGAS

Psi. Si en el mar, lago o estanque de los sueños proliferan las algas, quiere decir que algo está creciendo e invadiendo las aguas de nuestro inconsciente, lo que puede llegar a causar molestias, dificultades o problemas, ya que el agua dejará de ser pura y cristalina y no podremos bañarnos con tranquilidad. Por lo general, las algas pueden advertir de conflictos o disputas en el plano sentimental o familiar, sea por culpa del soñante o por la incomprensión de los demás. Si uno se ve recogiendo algas para emplearlas, puede indicar que en el soñante se está iniciando un proceso de renovación o trasformación, ya que las algas pueden utilizarse como abono, alimento, y se extraen de ellas yodo, potasio, sosa, etc. || *C. oc.:* **Algas en el agua:** Viaje por mar o noticias del extranjero. Hay que evitar a los prestamistas por una temporada y no firmar ninguna hipoteca. || **Cargar algas en un camión o barcaza:** Beneficios, buenas noticias económicas, mejoramiento de las relaciones familiares.

ALGODÓN

Psi. Soñar que se compra algodón hidrófilo o que se utiliza el que hay en un botiquín suele expresar la necesidad de curar alguna herida interior, anímica, psíquica. Algún disgusto o pena íntima está dejando su huella. || *C. oc.:* **Ver algodón en rama o bolsas de algodón:** Hay que vigilar la salud; riesgo de enfermedad o indisposición. || **Cultivar algodón:** El trabajo no será fácil y los beneficios costarán muchos sudores. || **Expedir balas de algodón:** Aumento de los recursos monetarios. || **Arder un almacén de balas de algodón:** Quiebra financiera, conflictos graves con enemigos y opositores.

ALGUACIL

Psi. 1. Otro símbolo de la autoridad interior, del padre, del consejero, del agente judicial que nos reprende, avisa, persigue, detiene y castiga (si es necesario) cuando no actuamos correctamente o nos apartamos del camino honrado que marcan las leyes de nuestro inconsciente. Es símil de *policía* y *guardia*. *(Véanse esos términos).* || 2. Cuando el alguacil de los sueños saluda y se está en buenas relaciones con él, quiere decir que hay armonía en el interior y se está en paz con uno mismo. || *C. oc.:* **Un alguacil se presenta ante uno:** Los enemigos acechan, hay que estar alerta contra conspiraciones y falacias. || **Un alguacil deteniendo al soñador:** Acusaciones de los enemigos en marcha; hay que extremar precauciones en todos los terrenos. || **Alguacil deteniendo a otros:** Superación de problemas.

ALHAJA

Psi. Por lo común suele simbolizar la sexualidad femenina. *(Véase* el término *joyas).* || *C. oc.:* **Ver alhajas finas:** Disgustos y problemas sentimentales. || **Ver alhajas falsas:** Cuidado con los consejos engañosos; alguien aconsejará mal o con doble intención. || **Perder alhajas:** Fracasos, pérdidas monetarias. || **Vender alhajas:** Han de preocupar las operaciones financieras. Problemas hogareños o conyugales.

ALIENTO (Hálito, respiración)

Psi. 1. La falta de aliento, la fatiga, el no poder respirar, el ahogo, son situaciones típicas en sueños de personas enfermas de las vías respiratorias. Por tanto, son sueños de tipo fisiológico. Al respecto, el profesor Tissié nos cuenta el siguiente caso: «M..., de cincuenta y nueve años, empleado de comercio, me dice que, desde 1880, padece la misma pesadilla casi todas las semanas. Corresponde ésta casi siempre a un estado de preocupación de espíritu (mujer loca, hijos e hija muertos, pérdida de dinero). Desde este año no tiene tantas; atribuye esto a la calma relativa de su existencia; dice también que no sufre tanto de sus crisis de asma (M… es enfisematoso). Se ve perseguido en su sueño, no puede sustraerse a sus enemigos; se ahoga, se levanta jadeante, se sienta en su cama, ve pasar nubes ante su vista, permanece aturdido durante tres o cuatro minutos, quiere hablar y no puede. Poco a poco vuelve la respiración». (Para sueños patológicos *véase* el término *terrores y pesadillas*). || 2. Otras veces, el soñar que uno tiene «mal aliento» puede expresar algún tipo de complejo de inferioridad o el temor ante lo que puedan pensar los demás del soñante. || 3. Otro sueño de falta de aliento también pertenece a un paciente de Tissié: «G… Jean, de cuarenta y cinco años, igualmente enfisematoso, tiene siempre el mismo sueño. Le persiguen los guardias, quiere huir pero no puede; siente un gran peso sobre el pecho, nota opresión. Se despierta entonces jadeante». || *C. oc.:* **Sentir el aliento suave de otra persona:** Buenas noticias o encuentro agradable. || **Sentir el aliento jadeante, fuerte y desagradable de otra persona:** Malas noticias, enfermedad en la familia. || **Niños que despiden mal aliento:** Muerte de una amistad, accidente grave de un vecino o conocido. || **Perder el aliento durante un esfuerzo o corriendo:** Se acercan inquietudes, preocupaciones y angustias. || **Despedir mal aliento:** Debe preocupar la salud propia.

ALIGÁTOR

Psi. Al igual que el caimán y el cocodrilo suele simbolizar aspectos destructores de la profundidad del inconsciente. (*Véase* el término *cocodrilo*).

ALIMENTAR

Psi. 1. Suele expresar la capacidad para amar, dar amor, alimentar los deseos y las ilusiones de los demás. Una mujer que sueñe que está preparando comida para los demás, significa que está preparada para el amor y que desea hacerse notar. || 2. Una persona que sueñe que está alimentando animales, significa que está alimentando sus instintos, neurosis, complejos, etc. Hay que estudiar, entonces, a qué clase de animales está manteniendo en su inconsciente (*véanse* las diversas voces o términos de animales), ya que pueden ser instintos positivos o negativos. || *C. oc.:* **Alimentar a niños:** Buena suerte en los negocios o profesión; ganancias y beneficios. || **Alimentar animales:** Mejorarán los asuntos personales y familiares. || **Otras personas alimentando a niños:** Hay que estar alerta contra engaños, estafas y traiciones. || **Otras personas alimentando animales:** Alguien tratará de perjudicar; conspiraciones en marcha. Calumnias, murmuraciones. || **Alimentar ganado:** Prosperidad, trabajo, aumento de bienes. || **Animales en el zoológico:** Buenas noticias. || **A un anciano:** Prosperidad familiar. Se tendrá que ayudar a algún pariente. || **Animales en una granja:** Prosperidad profesional y hogareña.

ALIMENTO

Psi. Los alimentos que aparecen en sueños representan placeres, satisfacciones, deseos eróticos, etc., según se trate de carne, embutidos, vegetales, pasteles, etc. (*Véanse* los diversos alimentos en sus correspondientes voces o términos). || *C. oc.:* **Sazonar alimentos:** Hay que intentar ser más sobrio y frugal. || **Ofrecer alimentos:** Beneficios, buenas noticias. || **Comprar alimentos:** Llegada de buenas noticias económicas. || **Rechazar alimentos:** Conflictos en el trabajo o negocio por falta de atención o dedicación. || **Alimentos echados a perder:** Pérdidas de dinero o enfermedad. || **Catar alimentos:** Pérdida de alguna amistad. || **Tomar alimentos amargos:** Se acercan disgustos, amarguras y pesares. || **Tomar alimentos de sabor muy fuerte:** Riesgo de indisposición por pasarse con la comida o bebida; se requerirá una dieta frugal. || **Preparar alimentos:** Buenas noticias sentimentales. Pretendientes inesperados. || **Alimentos que no se pueden tomar o no dejan que se tomen:** Se necesita ser muy frugal. Peligro de enfermedad por no hacer una alimentación adecuada. || **Enfermo soñando que está alimentándose:** Curación y restablecimiento de la salud. || **Alimentos muy calientes:** Nerviosismos, fricciones, tensiones, problemas. || **Tomar alimentos como un glotón:** Precaución con el negocio o profesión, las cosas no marchan como debieran por falta de cálculo. || **Escupir alimentos desagradables:** Disgustos, pesares y dificultades que serán superados. || **Encontrarse sin alimentos:** Indisposición o enfermedad pasajera. Retraso en cobros o beneficios. Dificultades económicas pasajeras.

ALJIBE

Psi. El aljibe o cisterna, como la mayoría de recipientes, representa los genitales femeninos.

ALMACÉN

Psi. 1. El almacén de los sueños representa el almacén interior y la manera que en él tenemos guardados, distribuidos y clasificados nuestros valores, conocimientos, virtudes y energía. Un almacén lleno y bien organizado es índice de que el soñador cuenta con cualidades y fuerzas para enfrentarse con el futuro y desarrollar sus proyectos y ambiciones, a la vez que señala que es ordenado, meticuloso, previsor, calculador y organizado. En cambio, un almacén destartalado, desorganizado, vacío o medio vacío, en que las mercancías y productos están mezclados sin ton ni son, etc., advierte que el soñador está descuidando la adquisición de conocimientos, que no se preocupa de la distribución de sus fuerzas interiores, que no educa ni canaliza sus energías, que está actuando anárquicamente en todos los sentidos y que, en consecuencia, tendrá problemas en un futuro cercano, ya que cuando necesite disponer de sus energías se encontrará que no «le responden», «que no sabe ni dónde las tiene o las guarda». Estos sueños y actuaciones pueden compararse con la fábula de la cigarra y la hormiga. || 2. En algunos sueños, un almacén deteriorado, sucio, con estanterías semiderruidas, con ratas, etc., puede estar hasta advirtiendo de alguna enfermedad por descuido de las propias energías o por agotamiento. || *C. oc.:* **Un almacén lleno y bien organizado:** Prosperidad, riqueza, beneficios, suerte profesional. || **Vacío:** Pérdidas económicas, pobreza, escasez, salud delicada, problemas familiares. || **Oscuro y con ratas:** Tristeza, melancolía, pesadumbre, depresión emocional. || **Rayos de sol entrando en un almacén por ventanas o claraboyas:** Mejoramiento personal y profesional. Oportunidades, se acercan buenas noticias. Cambio de suerte para mejorar. || **Incendio en un almacén:** Cambio de planes o negocio. || **Estar en un almacén de telas y ropas:** Conflictos con mujeres. || **Almacén de trasportista o ferroviario:** Viajes, nuevos contactos comerciales.

ALMACENES (Galerías, grandes almacenes)

Psi. 1. Los grandes almacenes comerciales representan el ajetreo de la existencia y de la vida cotidiana, por lo que son un mundo en pequeño, el simbolismo de la actividad social y el lugar en el que puede obtenerse todo lo que uno necesita. Generalmente se entra a comprar, por lo que hay que analizar lo que se compra o lo que se rechaza, el departamento en que uno tiene una discusión, etc., a fin de interpretar el conjunto del sueño. Como en los grandes almacenes hay tiendas de todo tipo, puede decirse que en ellos pueden expresarse todos los problemas de la existencia y de la personalidad, se trate de conflictos sentimentales, familiares, profesionales, etc. Una joven hasta soñó que huía aterrada de la carnicería de unos grandes almacenes al ver que el carnicero quería que tomara unos sanguinolentos pedazos de carne, es decir, que la chica rechazaba, asustada, sus propios impulsos sexuales. Para comprender el simbolismo de los departamentos de galerías y almacenes, *véanse* los diversos términos por separado, como *tienda, carnicería, tocinería, charcutería, joyería, pastelería, zapatería,* etc. || 2. Los grandes almacenes también pueden figurar en sueños de personas angustiadas que se sienten incomprendidas y aisladas, en sujetos que son muy introvertidos y a los que no les van las multitudes. El perderse o perder algo en tal lugar puede expresar su falta de integración en la sociedad o el aislamiento en que viven. || *C. oc.:* **Incendio en unos grandes almacenes:** Peligro de caer en pasiones y vicios perjudiciales. || **Caída por las escaleras de unos almacenes:** Conflicto amoroso, desengaño sentimental. || **Robar joyas en unos almacenes:** Hay que desconfiar de las proposiciones sentimentales.

ALMADÍA

Psi. 1. Soñar que se navega o cruza un río a bordo de una almadía o armadía indica que uno sigue adelante con sus proyectos y su destino, que superará los obstáculos que se presenten. Este tipo de ensueño suele aparecer en momentos de conflictos sentimentales o de tener que tomar decisiones familiares, es decir, en un momento crítico de nuevas realiza-

ciones; si lo que se hace es cruzar hacia la otra orilla, significa que se seguirá adelante y se dejará atrás toda la problemática emocional y sentimental. Si la almadía es la clásica canoa hindú entonces puede tener un simbolismo sexual femenino, como todas las canoas. || 2. Los sueños en que se vuelca o naufraga la almadía son avisos de que vienen problemas sentimentales y que hay riesgo de caer en depresiones emocionales. || *C. oc.:* **Almadía cargada de carbón:** Noticias sobre herencia, bienes o propiedades. || **Almadía cargada de leña:** Fallecimiento de una amistad, vecino o conocido. || **Viajar en una almadía con un desconocido:** Nueva etapa de evolución personal y psicológica. Hay que estudiarse mejor uno mismo. || **Almadía trasportando piedras:** Esfuerzos que no rinden muchos beneficios. Período de penuria. || **Viajar en una almadía llena de gente:** Desplazamientos comerciales o profesionales. Visita inesperada de parientes.

ALMANAQUE (Calendario)

Psi. 1. Como en la vida cotidiana, el almanaque o calendario que aparece en los sueños es para recordarnos alguna fecha o hecho pasado, presente o futuro. Hay que estudiar las fechas, números, marcas, etc. que aparecen en el almanaque y el conjunto del sueño. En casos de conflictos neuróticos, traumas infantiles o sentimentales, etc., las fechas que aparecen en el almanaque o calendario son para recordarnos tales hechos o poner de manifiesto que aún no ha sido superado el problema. La mayoría de las veces, los sueños de almanaques o calendarios nos recuerdan hechos pasados más que acontecimientos futuros. Haciendo un examen de la vida del soñante se halla la explicación y significado de tal o cual fecha que aparece en un calendario. || 2. Cuando en la vida cotidiana se vive preocupado por fechas, plazos, entregas de pedidos, viajes, marcha al servicio militar o licencia de éste, etc., es corriente soñar con fechas, calendarios, almanaques, etc., como expresión de los *residuos diurnos*. Son sueños que no tienen ningún significado profético. || *C. oc.:* **Comprar un almanaque:** Rencillas o disputas. || **Ver el almanaque del año corriente:** Hay que cambiar de conducta. || **Almanaque del año venidero:** Advierte que hay que hacer economías para las dificultades que vienen. || **Almanaques de los años anteriores:** Hay que procurar no caer en los mismos errores del pasado. Volverán a reactivarse conflictos no solucionados del pasado. || **Consultar un almanaque:** Deudas difíciles de cobrar; preocupaciones monetarias. || **Comprar un almanaque:** Pleitos o conflictos comerciales o profesionales. || **Arrancar hojas de un almanaque o calendario:** Rompimiento con el pasado; nuevas situaciones familiares o profesionales. **Alguien enseñando un almanaque:** Se descubrirán asuntos del pasado que perjudicarán al soñador. || **Caer un calendario de la pared:** Asuntos y trámites que se retrasan; colaboraciones que no se concretan.

ALMENDRA (Almendrada, almendrado) || *Psi.* 1. El comer almendras en sueños o deleitarse catando cualquier bebida hecha con ellas, como leche de almendras o almendrada, suele simbolizar los placeres sexuales que se desean. || 2. Comer un pastel de almendras o turrón de almendras también expresa los placeres eróticos que se quieren catar. || *C. oc.:* **Verse comprando almendras:** Buenas noticias, se vencerá a los enemigos. || **Comer almendras:** Placeres, alegrías, beneficios, ganancias, goces amorosos. || **Dar almendras a otra persona:** Problemas u obstáculos que serán superados. || **Almendras amargas o de mal sabor:** Penas, amarguras, dificultades, peleas sentimentales. || **Almendras difíciles de cascar:** Las dificultades o problemas (sean conyugales o profesionales) tardarán en ser solucionados; hay que seguir luchando contra ellos. || **Intentar comer almendras o huesos de albaricoque o melocotón:** Amores imposibles, proyectos que no se realizarán.

ALMENDRO

Psi. 1. Soñar con almendros en flor suele significar que se acerca o está principiando una nueva etapa de florecimiento personal y que se dejará atrás otra de incertidumbre o de problemas. En este aspecto, los almendros pueden representar el inicio de la «primavera» del soñante. Incluso puede, en el caso de un enfermo, señalar un renacimiento de la vitalidad y de la salud. || 2. Si uno sueña con un campo de almendros quemados por el frío, deben preocuparle su salud y asuntos personales y profesionales. Tendrá que enfrentarse con problemas y, muy probablemente, con su propia tristeza y desmoralización interior. || *C. oc.:* **Almendro cubierto de hojas:** Bienestar modesto, beneficios moderados. || **Almendros cargados de flores y frutos:** Éxito, riqueza, fortuna, beneficios cuantiosos. || **Cam-**

po de almendros quemados por el frío: Quiebra de un proyecto o negocio. Pérdidas monetarias. || **Mujer soñando con un vistoso almendro en flor:** Nuevo amor o proposición matrimonial. || **Almendros con los frutos maduros:** Alegrías, satisfacciones, buenas noticias. || **Almendros con los frutos verdes:** Asuntos o proyectos que se retrasarán. Se habrán de sortear dificultades para alcanzar lo que se desea.

ALMIRANTE

Psi. 1. Ser o ver un almirante a bordo de un buque, dando órdenes o dirigiendo una flota está relacionado con nuestra disciplina interior y la manera de enfrentarse con los problemas de la vida cotidiana o dirigir una empresa o proyecto. Es una figura representativa de la autoridad interior que rige las fuerzas del inconsciente. Hay que analizar detenidamente todos los pormenores del sueño, para ver si éste nos advierte que tenemos que cambiar la manera de actuar o si, por el contrario, hemos de perseverar en el rumbo emprendido. Cuando la flota navega coordinada y el almirante está satisfecho de sus fuerzas, quiere decir que se puede confiar en uno mismo y en sus colaboradores. En caso de ganar una batalla naval, advierte que se saldrá adelante después de luchas, esfuerzos y sacrificios. || 2. No obedecer las órdenes de un almirante, rebelarse contra él o enfrentarse a él, expresa la falta de disciplina y coordinación en el soñante, la anarquía entre los distintos impulsos o tendencias de personalidad. Es un

mal presagio, ya que advierte que las fuerzas del inconsciente no están preparadas para navegar y enfrentarse con las flotas enemigas. Tiene uno que aprender a disciplinarse y adquirir mayor concepto del deber hacia sí mismo y hacia los demás. || *C. oc.:* **Ver un almirante:** Se alcanzará un cargo o premio gracias al propio valor y fuerza de decisión. || **Ser uno un almirante:** Se alcanzará el empleo que se desea. Disputas sentimentales o conyugales por exceso de autoridad. || **Mujer soñando que es la esposa de un almirante:** Dificultades u obstáculos para ver cumplidas sus ambiciones. || **Acompañar a un almirante:** Se acercan grandes acontecimientos. Hay que estar alerta para aprovechar las oportunidades. || **Ser presentado a un almirante:** Éxito comercial o social. || **Mujer joven soñando con un almirante:** Aparecerá un pretendiente de edad o viudo.

ALMOHADA

Psi. Simbolismo de índole sexual, que suele estar conectado con alcoba, dormitorio, cama, amor, matrimonio, etcétera. El conjunto del sueño indica el problema o los deseos sentimentales del soñador. En ocasiones, una almohada puede expresar el hijo o el embarazo que se desea, la relación sexual que le falta a uno, etc. Un hombre o una mujer que sueñan que duermen abrazados a una almohada puede reflejar su soledad o la falta de amor por compartir o las malas relaciones con el marido, en el caso de que este sueño lo tenga una mujer casada (entonces quiere decir que las relaciones con el compañero no son todo lo placenteras que deberían ser). Cuando hay una cierta excitación erótica, la almohada puede representar la compañera que pronto se tendrá. (Véase el sueño número 6 del término *sombra*). || *C. oc.:* **Almohada en la cama:** Trabajos y cansancio; no hay que descuidar la salud ni el reposo. || **Almohadón de terciopelo:** Cuidado con dejarse dominar por las ambiciones y sueños de grandeza.

ALMOHADÓN

Psi. Recordemos que un almohadón es una especie de almohada para sentarse o recostarse, es decir, para reposar las posaderas con comodidad, por lo que no debe sorprender que los almohadones figuren en sueños de sexualidad anal, sobre todo cuando son de color marrón. (*Véase* el sueño explicado en el término *colores*). En tales casos, los almohadones pueden representar los muslos y hasta los testículos. Los almohadones de color *marrón* son un simbolismo de los instintos excrementicios anales.

ALMUERZO

Psi. 1. El almorzar en sueños suele hacer referencia a los placeres de la vida y del amor, así como a las necesidades de actividades públicas y sociales. Si uno se ve deleitándose con un buen almuerzo es un indicio del placer sexual que desea. Y si además está en compañía de hombres y mujeres, es claro el simbolismo de querer pasarlo bien con el sexo contrario. Por supuesto, los almuerzos en restaurantes, merenderos, hoteles, etc., hablan, además, de los deseos de actividades sociales y de ser tenido en cuenta por la sociedad. (*Véanse* los términos *alimento, alimentación, fiesta, frutas, hortalizas, restaurante, postres, pasteles* y *pastelería*). || 2. El almorzar solo, sea en casa o en un establecimiento público, siempre habla de soledad, de falta de amor o de pareja adecuada. En caso de almorzar en un establecimiento de autoservicio o de prepararse la comida en casa, solo, expresa la masturbación. (*Véase* el término *autoservicio*). || 3. Que una persona que sueñe demasiado con almuerzos copiosos (sobre todo si está casada), puede ser la expresión de una fijación excesiva a la fase sexual oral, o sea, que aún conserva mucho de infantilismo en sus relaciones con los demás, sobre todo a nivel afectivo. || 4. Por supuesto, cuando el almuerzo trascurre con incidentes, problemas y a uno no le sirven lo que desea o los alimentos están en malas condiciones, expresa las dificultades sentimentales y afectivas del soñante. || *C. oc.:* **Almorzar en un sitio público:** Aviso de que se está gastando más de lo que se debiera, de que las amistades están robando el tiempo y la energía. || **Volcarse encima un plato de comida en un almuerzo colectivo:** Rompimiento con amistades, promesas sociales o políticas que no se cumplirán. || **Almorzar en casa:** Se recobrará la posición y el bienestar. Objetos robados que serán recobrados o devueltos. || **Almorzar solo o sola:** El egoísmo causará sinsabores. || **Almorzar con parientes:** Se llegará a un acuerdo en los problemas planteados (familiares o no). || **Mujer que sueña que almuerza con hombres:** Pasiones engañosas de los sentidos, espejismos que nunca darán los beneficios esperados. || **Hombre que sueña que almuerza con mujeres:** Pactos y acuerdos que traerán beneficios. || **Almorzar en el campo con gente joven:** Ganancias, alegrías, nuevas relaciones sentimentales. || **Almorzar a bordo de un buque:** Estabilidad personal, período de bienestar y alegría. Cambios que favorecerán al soñante.

ALONDRA

Psi. 1. Suele simbolizar ideas, pensamientos, ilusiones y proyectos. || 2. En muchos sueños tiene un simbolismo fálico o amoroso. *(Véase* el término *animales).* || *C. oc.:* **Alondras volando:** Buenas noticias; se cumplirán las ambiciones o ilusiones. || **Arrullándose:** Proposiciones sentimentales. || **Solitaria volando:** Noticias desagradables para la familia. || **Herida:** Esperanzas fallidas, rompimiento sentimental. || **Nido de alondras:** Buenas noticias familiares.

ALPARGATA

Psi. 1. Muchas veces, las alpargatas suelen expresar recuerdos reprimidos o frustrantes de la niñez. Las alpargatas blancas simbolizan la virginidad, la inocencia, la sencillez…; verlas manchadas de barro, alquitrán, tinta, etc., indica la perdida de las ilusiones, de la virginidad, el temor a haber realizado una acción pecaminosa, etc. || 2. En otros sueños, las alpargatas pueden hacer referencia a la penuria monetaria o a una etapa de escasez, de pobreza, por lo general, del pasado. || *C. oc.:* **Soñar que se anda en alpargatas cuando no se usan en realidad:** Facilidades para solucionar problemas pendientes, pero no habrá abundancia de recursos monetarios. || **No encontrar las alpargatas:** Pérdidas monetarias, pensión o indemnización que se retrasará. || **Llevar una alpargata y un zapato:** Dudas sentimentales, infidelidad.

ALPINISTA (Alpinismo)

Psi. 1. Verse uno haciendo de alpinista, montañero, escalador, etc., esté solo o acompañado, suele referirse a las dificultades y obstáculos que uno encuentra en su camino en la vida cotidiana y, por tanto, su capacidad para superar tales problemas. Si la escalada o subida a la montaña se lleva con éxito es indicativo de que se poseen fuerzas, facultades y capacidad para superar los conflictos y las trabas planteados, sean del tipo que sean. En caso de que la escalada no tenga éxito, que se interrumpa, etc., suele expresar que se corre el peligro de fracasar en tal o cual proyecto o negocio. || 2. Muchos de los sueños de alpinismo y montañismo están relacionados con las ansias e ilusiones de encumbramiento, de destacar, de sobresalir en la sociedad, de triunfar en la profesión, etcétera. || 3. No faltan ocasiones en que el escalar una cumbre, el ascender hasta el pico más alto y encontrarse en éxtasis y la felicidad suprema, represente la muerte, como en el caso que explica Jung. *(Véase* el término *ascender).* ||

4. En sueños de índole erótica, el alpinismo expresa los deseos sexuales, y las angustias o el miedo durante la escalada simboliza los temores a la impotencia, a no conseguir una completa erección y eyaculación. En estos sueños la montaña se ha de considerar el objeto sexual. || *C. oc.:* **Alpinista subiendo una montaña:** Anuncio de salud, alegría y satisfacciones profesionales. || **Alpinista descendiendo una montaña:** Serán superados los problemas, mejoramiento comercial, desaparición de obstáculos o impedimentos. || **Alpinista despeñándose:** Tribulaciones, fracasos, enfermedad, quiebra de negocio o proyecto. || **Hablar con un alpinista:** Se acercan buenas noticias. || **Escalar una montaña con ayuda de otros alpinistas:** Se conseguirán ayudas y préstamos. || **Alpinista sufriendo un percance e hiriéndose:** Hay que evitar las inversiones y operaciones financieras.

ALQUITRÁN (Asfalto)

Psi. 1. Las manchas de alquitrán suelen estar relacionadas con hechos o faltas desagradables desde el punto de vista moral. Estén las manchas en ropas, suelo, muebles, manos, etc., hay que analizar el conjunto del sueño para sacar las consecuencias pertinentes, pero por lo general hablan de masturbación, escarceos amorosos, infidelidad conyugal, etc. || 2. Ver en sueños cómo los obreros están alquitranando o asfaltando una calle o carretera, significa que hay nuevos proyectos en marcha en el soñante y que pronto empezarán a moverse. Es indicio de nuevas realizaciones. || *C. oc.:* **Estar cubierto de alquitrán:** Advierte que el soñador no está actuando como debiera y que sufrirá contratiempos y pérdida de reputación. || **Enfermo que sueña que se está alquitranando un camino:** Curará de su enfermedad, recuperará su capacidad de movimiento. || **Alquitrán ardiendo:** Vicios o pasiones que causarán la ruina moral de uno.

ALTAR

Psi. 1. Según circunstancias, el altar de los sueños se relaciona con la santificación del acto sexual, del matrimonio, de los ideales, tendencias espirituales o místicas del soñante, etc. || 2. Es uno de los símbolos de la femineidad y de lo amoroso. Una mujer que sueñe que está ante un altar, contrayendo matrimonio con alguien que no conoce, es indicativo de los deseos amorosos que están naciendo en ella y que tienen necesidad de expresarse. La mujer joven desea, inconscientemente, que la «lleven ante el altar», es decir, que la desposen. En el aspecto sexual, una mujer soltera, viuda, separada, etcétera, que sueñe que no puede encender las velas de un altar, expresa su soledad, la falta de compañero. || 3. Símbolo de lo místico y religioso. Una persona, hombre o mujer, que ve cómo las velas del altar se apagan o que él mismo las apaga o que el altar está sucio y abandonado, significa que sus creencias religiosas están pasando por un período de crisis, que está perdiendo la fe o le está dominando el agnosticismo. || *C. oc.:* **Altar con velas encendidas:**

Buenas noticias, alegrías y arreglos positivos. || **Engalanado de negro y con velas negras:** Pesares, enfermedades graves o muerte en la familia. || **Derribado:** Unión que se rompe, divorcio, pesares sentimentales. Muerte de un infante. || **Levantar un altar:** Acontecimientos felices, compromiso sentimental. Algún familiar puede hacerse religioso. Triunfo sobre los enemigos. Curación de algún enfermo en la familia. || **Estar recostado o sentado en el ara del altar:** Si es un hombre, anuncia éxito en su carrera pública o actividades sociales; si es una mujer, apasionamiento amoroso. || **Arrodillarse ante un altar:** Deseos que se convertirán en realidad. || **Altar engalanado:** Anuncio de un próximo viaje. || **Alguien rezando ante un altar:** Una persona se arrepentirá de sus malas acciones. || **Ver a una pareja casándose ante un altar:** Se obtendrá un buen contrato o colaboración comercial. || **Verse derribando un altar:** Ruina, pérdidas y pesares por culpa de uno mismo.

ALTERCADO (Disputa)

Psi. Un altercado en sueños es indicativo de que hay falta de armonía en las fuerzas interiores, de que existe un conflicto a nivel inconsciente. Generalmente simboliza la lucha entre dos inclinaciones dispares: entre las tendencias naturales e instintivas del ser humano y los frenos y prohibiciones de la moral y educación recibidas o inculcadas. Por tanto, hay que estudiar detenidamente el conjunto del ensueño para ver en qué parcela de la personalidad hay falta de armonía y domina el enfrentamiento. Por lo común, el altercado o disputa tiene un trasfondo sexual. Las personas con las que uno mantiene el altercado, suelen ser simbolismos, se trate de personas conocidas o desconocidas. El altercado ha de considerarse un enfrentamiento suave o débil, un grado menor que la *lucha,* el *combate,* la *agresión* o la *guerra. (Véanse* esos términos). || *C. oc.:* **Altercado con una amistad:** El orgullo personal quedará mal parado. Hay falta de humildad en la personalidad. || **Con parientes:** No hay que confiar en los vecinos ni colegas. || **Entre desconocidos:** Alguien nos está calumniando. || **Con un desconocido:** Se superarán problemas. || **Con una persona del sexo opuesto:** Proposiciones sentimentales inesperadas.

ALUBIAS (Judías)

Psi. Como muchos alimentos, tiene una relación con el gusto y los placeres sexuales, sobre todo cuando al soñante le gustan esas leguminosas. || *C. oc.:* **Coger alubias:** Buenos momentos sentimentales. || **Comer alubias:** Hay personas criticando y murmurando en contra de uno. || **Comer alubias crudas:** Penas, pleitos, querellas, altercados.

ALUD

Psi. 1. Soñar con un alud de nieve o tierra y rocas suele reflejar los temores inconscientes de que se derrumben los proyectos o negocios que uno tiene en marcha. Si este sueño se repite, hay que hacer un autoanálisis del comportamiento de uno con respecto a su trabajo o negocio,

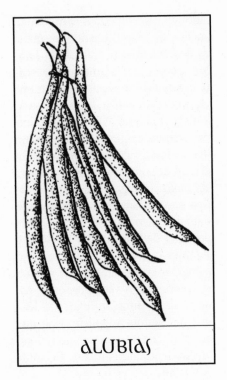

ALUBIAS

ya que es indicativo de que algo no marcha bien y de que hay que cambiar de manera de actuar. Y, por supuesto, hay que tomar decisiones claras y precisas. Siempre que aparece el alud en sueños significa dudas, titubeos y miedo a no saber resolver un problema, al tiempo que denuncia la falta de previsión del soñante, ya que el alud se produce al haber dejado que se acumulara demasiada nieve, por ejemplo. || 2. En sueños de tipo parapsicológico, un alud de nieve puede advertir del peligro de que se produzca uno, por lo que si el soñante es montañero, alpinista, esquiador, etc., hará bien en suspender el viaje o la práctica deportiva que tuviera proyectados. || 3. Otras veces, un alud de nieve en sueños –sobre todo si se repiten– puede ad-

vertir de un «alud psíquico», de una depresión emocional profunda, por lo que queda recomendada la consulta al psicólogo. Hay que empezar a limpiar la nieve y evitar que llegue a producirse el alud emocional. || *C. oc.:* **Un alud sepultando a uno:** Se acercan nuevas circunstancias y situaciones. Cambios rápidos e inesperados. || **Un alud sepultando a otros:** Se superarán problemas. Cambio de trabajo o negoció. || **Salvarse de un alud:** Se superarán problemas o conflictos monetarios o comerciales.

AMANECER *(Véase alba)*

AMAPOLA

Psi. Símbolo fálico. Rojo de excitación o pasión. En castellano, el nombre ya es en sí muy expresivo, puesto que añadiendo una sola letra puede trasformarse en «ama polla», broma que gastan los jóvenes estudiantes. Pero que, inconscientemente, expresa el significado de esta flor en sueños. *(Véase* el término *cigarrillo).*

AMARILLO

Psi. Al igual que el color crema es un símbolo de la orina y, por tanto, de lo genital, tanto en el hombre como en la mujer. Puede considerarse que hace referencia a la sexualidad vaginal. Cualquier objeto que aparezca de ese color en el sueño, aunque sea un vestido o traje, ha de considerarse que está hablando de una faceta sexual. *(Véase* el término *colores).*

AMETRALLADORA

Psi. Por lo común, simboliza el órgano sexual masculino, el miembro viril, y sus disparos, la eyaculación. (*Véase* el término *baúl*).

AMIGO (Amistades)

Psi. 1. Frecuentemente los amigos que aparecen en sueños son proyecciones y tendencias de uno mismo, inclinaciones que acompañan (se las haya desarrollado o no), sean positivas o negativas, de acuerdo con la índole del comportamiento del amigo o amiga en la vida real. Por ejemplo, soñar con un amigo que es un conquistador, un mujeriego, un juerguista, un jugador, etc., puede indicar que en el fondo al soñante le gustaría ser como él y no se atreve, que tiene cierta envidia por la vida que lleva. Igual puede suceder en caso de tratarse de un amigo espiritual, sacrificado, humanitario, desprendido, místico, etc.; aquí señala aquellas cualidades místicas que se querrían desarrollar y que no se hace por falta de preparación o porque no se quiere perder la situación de comodidad y alegría, porque no se está dispuesto a hacer muchos sacrificios por los demás. Por supuesto, los amigos de los sueños pueden ser los mismos de la vida real, pero también pueden ser personas desconocidas. En este último caso deben preocupar cuando son personas antisociales, delincuentes, pendencieros, etc., ya que entonces simbolizan los elementos malignos de la propia personalidad. || 2. Como ayudas o amigos interiores, que indican el camino a seguir o acompañan en una misión difícil. En este caso, muchas veces representan al propio soñador, en el sentido de hermano, doble, co-laborador, socio, etc. A menudo, en sueños de mujer, cuando la amiga es desconocida, se trata de la *sombra*, pero si es un amigo, representa el *ánimus*. En sueños de hombre, el amigo simboliza la *sombra* y la amiga, el *ánima*. (*Véanse* los términos *sombra*, *mujer de negro*, *mujeres desconocidas* y d*esconocidos*). || 3. En el caso de soñar que se lucha contra el amigo o amiga puede ser indicativo de que hay un enfrentamiento o un conflicto interior en el soñante por falta de inadaptación social, no significa que uno vaya a pelearse o a romper con el amigo que sale en el sueño. || 4. A veces, el soñar que un amigo o amiga sufre un accidente o que se muere, quiere decir que en el soñante hay cierta agresividad inconsciente hacia dicha persona, que la amistad ya ha muerto y uno no se atreve a decirlo. Si uno ve al amigo en un estado deplorable, mal vestido, arruinado, etc., ése es el que refleja el estado real de dicha amistad, pero sobre todo desde el punto de vista del soñante, es decir, que la amistad está muy estropeada y pronto se terminará (o está deseando uno, inconscientemente, que se termine). || 5. Soñar con amistades o conocidos del sexo opuesto es frecuente en los adolescentes y tiene un significado sexual. No se está enamorado del amigo o de la amiga del sueño, sino que ésta o aquél son la representación, del sexo opuesto, del contacto sentimental que se desea, o sea, que se trata de un hombre o una mujer simplemente. Son sueños normales durante el despertar de la sexualidad, como en el caso siguiente (chico joven): «Soñé que estaba en el colegio y que al salir de la clase una chica (que sólo conozco de vista) me hizo unas señas. Entonces yo salí detrás de ella y al cogerla entre tres chicos quisimos aprovecharnos de ella, pero sin pasarnos mucho. Después tuve otro sueño, pero estaba yo solo con ella». Se comprende en seguida que esa chica representa el sexo femenino, el amor y la atracción que experimenta el soñante por conocer los placeres sexuales. No está enamorado de ella, sino que le gusta y le atrae el principio femenino que ella representa. Los *tres chicos* que la cogen simbolizan los genitales del soñante *(véase* el término *tres)* y, al mismo tiempo, al ser tres los chicos, el soñante se descarga del complejo de culpabilidad de querer aprovecharse de ella, es decir, queda repartida la culpa y está haciendo lo que los demás. || 6. En otras ocasiones, los enemigos de la vida real se trasforman en amigos en los sueños. En tales casos, suelen representar facetas o inclinaciones de la propia personalidad que, a su vez, están contenidas en el amigo o amiga, como en el caso siguiente (chica de trece años): «He soñado que me casaba con un chico de la pandilla, que a mí no me gusta. Y antes de la boda paseaba con una de mis peores amigas. Y a pesar de todo yo estaba contenta. ¿Seré feliz? ¿Quiere decir esto que no me casaré con el chico que a mí me gusta?». Nuestra respuesta fue: «Este sueño no habla de matrimonio ni de felicidad, sino que marca tendencias psicológicas de tu personalidad. El chico de la pandilla que a ti

no te gusta representa, seguramente, actitudes morales que tú –por un lado– rechazas, pero que –por otro– te atraen. Significado parecido tiene lo que llamas tu peor amiga. Esto quiere decir que está empezando a formarse tu personalidad de mujer, que vas a ver el mundo con otros ojos y que, sobre todo, están naciendo en ti sentimientos y atracción por cosas o creencias que antes rechazabas. De ahí la boda de tus sueños: *la unión o aceptación* de tendencias y actitudes que antes rechazabas. »Si analizas lo que en la vida real te disgustaba o temías de los amigos y amigas que salen en tus sueños, empezarás a comprender qué es lo que te atrae inconscientemente de lo que rechazas o te da miedo aceptar, seguramente a causa de la educación recibida. Lo más probable es que todo ello tenga un trasfondo sentimental-erótico y la forma de ver la existencia desde un punto de vista afectivo-sexual. Por lo tanto, este sueño no indica que vayas a casarte con el chico de la pandilla que no te gusta, sino que empiezas a sentir atracción por la manera en como él se comporta. No es, por tanto, un sueño profético o premonitorio, sino psicológico». || C. oc.: **Hablar con amigos:** Riesgo de rencillas, peleas o rompimientos. || **Discutir con un amigo o amiga:** Pérdidas monetarias, negocio que no funciona bien. || **Ver a una amistad en dificultades:** Se pasará alguna enfermedad. || **Abrazar a una amistad:** Se sufrirá una traición. || **Amistades reunidas sin el soñante:** Conspiración, calumnias, traiciones. Hay que desconfiar de socios y colaboradores. || **Despedirse de un amigo o amiga:** Noticias amargas, decepciones. || **Abrazar a amigos:** Muerte de un pariente o amistad lejana. || **Estar riendo y pasándolo bien con los amigos:** Peligro de ruptura, separación o rompimiento con socios.

AMPUTACIÓN
(Amputar, desmembrar)

Psi. 1. El soñar que uno sufre –por accidente u operación– la amputación de un miembro de su cuerpo, sean manos, brazos, piernas, pies, falo, etc., expresa que algo está funcionando mal en el soñante, que su personalidad interior ha sufrido algún trauma psíquico y, por lo tanto, al estar incompleto no puede actuar con normalidad. Estas amputaciones psíquicas son provocadas por frustraciones, complejos o angustias. Hay que estudiar el conjunto del sueño para averiguar el estricto significado de la amputación, aunque por lo general el trauma es sentimental o sexual, aunque también puede ser familiar o profesional. Por ejemplo, el soñar con la amputación del pene nos habla de problemas sexuales, de un complejo de castración. Otras veces, que los hombres y mujeres sueñen que sufren amputaciones en los dedos y manos son expresiones de culpabilidad por la masturbación, de acuerdo con los fanatismos religiosos que les han inculcado. || 2. Muchas veces, en los jovencitos, los sueños de amputación están relacionados con la evolución de su personalidad sexual, en el despertar de la llamada de la carne. Cada amputa-

ción significa la muerte de una parte del ser, que se renueva en la nueva personalidad, es decir, que van siendo amputadas (o mueren) las partes infantiles y nacen los nuevos miembros de hombre o de mujer. El sueño se comprende por el conjunto de sus detalles, como en el caso siguiente: «Sueño que llego a mi casa muy cansado. Me duermo y sueño que no despertaré jamás. En este sueño salen personas a las que no conozco. Me llevan de un lugar a otro. Cada vez que llego me falta un miembro. Me llevan a una casa, donde hago el amor con una mujer rubia y me despierto». || 3. En las mujeres, el soñar que se les ha amputado un miembro (generalmente brazo o mano) suele representar la separación del objeto de su amor, de la persona querida *(véase* el término *descuartizamiento),* como en el caso de una chica que rompió definitivamente con su amante y a los dos días soñó que le habían cortado un brazo y lo habían tirado al fondo del patio del edificio en que vivía. || 4. Las personas que sufren de inseguridad, angustias, temores, fobias, neurosis, etc., es normal que sueñen que son mancas, cojas, ciegas, etc., ya que en la vida nada les sale derecho o normal y ellas mismas acaban por pensar que no son como los demás. || *C. oc.:* Siguiendo las tradiciones hindúes, Arnau de Vilanova nos da una serie de normas para comprender el significado ocultista de la parte mutilada, enferma u operada del cuerpo: «Se refieren a la persona del soñador *la cabeza, los riñones* y *el miembro viril,* por causa de que los oficios de estos miembros tienen notable preponderancia en la persona: la cabeza en cuanto al conocimiento; los riñones y el cuello en cuanto a la fortaleza corporal; el pene en cuanto a la reproducción y a la forma de la salvación. Las *espaldas* y las *axilas* hacen referencia a las mujeres; las espaldas a las esposas y hermanas; las axilas, a las nietas e hijas. Pues soportamos muchas cosas a causa de las esposas, y este peso es indicado por la espalda. Pero a las nietas e hijas las tenemos bajo nuestra protección; por esto son simbolizadas por las axilas. Los *brazos* hacen referencia a amigos, hermanos y familiares, pues tenemos a éstos como brazos auxiliadores. *Manos pendientes* significa siervos, ya que explicamos nuestras operaciones inmediatamente por éstos como por nuestras manos. Los *muslos* significan los consanguíneos; los *testículos,* los hijos; los *pies* y *piernas,* todo el fundamento de la vida o bien los siervos». || **Ver realizar una amputación:** Pérdidas monetarias, quiebra, pérdida de cargo, graves problemas familiares. || **Sufrir una amputación uno mismo:** Accidente o muerte de un pariente. || **Realizar una amputación uno mismo:** Cambio de situación personal o profesional para mejorar o prosperar. || **Quererle amputar un miembro a uno:** Conspiración, calumnias y disgustos promovidos por los enemigos y envidiosos. || **Amputación de una pierna:** Pérdida de un amigo, socio o colaborador. || **De un pie:** Rompimiento sentimental. Pérdida de bienes y de negocio. || **De una mano:** Graves problemas con los emplea-

dos, colaboradores y socios. || **De un brazo:** Pérdida de una amistad íntima, de un hermano o de un allegado. || **De una oreja:** Desengaño con una amistad o pariente. || **De dedos de la mano:** Disgustos sentimentales. || **De dedos de los pies:** Peleas con amistades.

ANCIANO *(Véase viejo)*

ÁNGEL

Psi. Tiene siempre un simbolismo extraordinario o sobrenatural. Suele ser una expresión de los ideales, espiritualidad, pureza y fuerzas protectoras de la personalidad. Puede representar el dominio de los instintos materiales por la fuerza espiritual. Según Jung, en el llamado «proceso de individuación», por medio del cual se hacen conscientes en la personalidad los contenidos del inconsciente colectivo, el ángel es la imagen arquetípica del «mediador», del equilibrador o conciliador entre la materia y el espíritu. Se suele soñar con ángeles cuando la persona está buscando soluciones a sus problemas, cuando está luchando contra tendencias demasiado materialistas, cuando ansía un «milagro» o «protección» que le saque de las dificultades y le indique el camino a seguir. Por tanto, el soñar con ángeles es un buen presagio, ya que señala que se poseen energías, ideales y espiritualidad para salir adelante.

ANILLO

Psi. 1. Suele representar la unión sentimental, la alianza, el matrimonio, el acto sexual. *(Véanse los tér-*

minos *brazalete* y *joyas*). Soñar que se encuentra un anillo de oro refleja los deseos de amor o matrimonio. Perder un anillo o soñar que se rompe puede advertir del peligro de separación o ruptura sentimental o conyugal. || 2. Como objeto circular, el anillo también aparece en sueños mandálicos. *(Véase* el término *águila).* En estos casos suele significar un centro psíquico de la personalidad no idéntico al «Yo».

ÁNIMA

Psi. Parte femenina inconsciente del hombre, que suele adoptar en los sueños la figura de una mujer desconocida. La parte negativa del ánima es la irritabilidad y la parte positiva la creatividad. *(Véase* el término *mujeres desconocidas).*

ANIMALES

Psi. 1. Suelen representar o simbolizar los diversos instintos o rasgos de los sentimientos, las emociones y el estado de ánimo que nos embargan en distintos momentos de la vida cotidiana y en la relación con las personas que nos rodean. Estas tendencias instintivas pueden ser salvajes o civilizadas, indomadas o domesticadas. Por ello, para descifrar los sueños en que aparecen animales hay que estudiar todo el sueño en su conjunto y el comportamiento y aspecto del animal o animales que salgan en él. Los animales de los sueños pueden ser reales o fantásticos y mitológicos, normales o monstruosos. *(Véanse* los diversos términos del diccionario y la guía que damos seguidamente).* || 2. Los animales que

acostumbran a simbolizar el *principio masculino* y la *imagen paterna* son: fieras (como león, tigre…), caballo, reptil, toro, serpiente, pez… || 3. Los animales que acostumbran a simbolizar el *principio femenino* y la *imagen materna* son: vaca, cabra, y otros animales domésticos, gacela, caballo blanco, cisne, cigüeña, ballena, liebre, conchas de moluscos, caracol, araña, animales carniceros, como el buitre, chacal, algunos monstruos marinos (en algún caso la serpiente de mar)… || 4. Los animales que acostumbran a simbolizar los instintos incontrolados y pasiones avasalladoras son: animales salvajes y fieras, animales monstruosos, lobo, tigre, buitre, águila… || 5. Los animales que acostumbran a simbolizar los instintos sexuales y eróticos son: animales asquerosos o repugnantes, animales monstruosos, serpiente, pez, reptil, toro, caballo, fieras, dragón, sapo, cerdo… || 6. Los animales que acostumbran a simbolizar los instintos espirituales son: cordero, liebre, ave, pez, perro pastor, perro san bernardo… || 7. Los animales que acostumbran a simbolizar la energía psíquica son: animales que viven en el agua, mares, pantanos, lagos, etc., sobre todo el delfín. || 8. Los animales que acostumbran a tener un simbolismo fálico son: toro, pata de caballo, macho cabrío, serpiente, lagarto, cocodrilo, trompa de elefante, gallo, rana, pez, rata, ratón, pichón y paloma, cisne, escarabajo, alondra, golondrina y otros pájaros *(véanse* los términos *aves* y *pájaro),* pico de cigüeña, pico de grulla, pico de ibis, pico de marabú... || 9. El animal que simboliza la inteligencia instintiva, la parte animal amaestrable, es el perro. *(Véase ese término).* || 10. Para el simbolismo de las principales aves, *véase ese término.* || 11. Muchas veces, los animales salvajes que aparecen en sueños de mujer simbolizan hombres sexualmente excitados que, por supuesto, van detrás de la soñante o que a ésta le gustaría que fueran. || 12. Los animales y fieras aparecen en los sueños de muchos pacientes sometidos a tratamientos psicoanalíticos y suelen representar al marido, padre, madre, hijos, hijas, etc., según el tipo de trauma o complejo que padecen. *(Véanse los correspondientes términos de los distintos animales y fieras).* || *C. oc.:* 1. Arnau de Vilanova, en su *Interpretación de los sueños,* opina que los sueños de «las bestias han de juzgarse generalmente según las propiedades que tienen y proporcionalmente a nuestros actos, según esto: como el buey, que sirve para el cultivo; los caballos para el trasporte; los animales rapaces y los perros para las diversas cazas. De otra manera, según las circunstancias de las visiones, ha de juzgarse según el dominio que el animal tenga entre otros y la potestad que aparezca dando al hombre sobre los hombres en las visiones; así, el águila simboliza persona real; el halcón, jefe; el león, emperador y rey...». Referente a los animales que representan a nuestros enemigos, nos dice que se aparecen «ahora bajo la forma de un dragón, luego de un lobo, o de un león, una serpiente, un zorro, un perro, y así según la calidad de la persona que tiene enemistad hacia el que sueña». || 2. Artemidoro de Efeso (del siglo II), en su *Oneirocrítica,* da algunos significados ocultistas: || **Pescar grandes peces:** Se obtendrán ganancias. || **Pescar peces pequeños:** Pérdidas. || **Soñar con un elefante:** Peligro. || **Con un lobo:** Los que te odian. || **Con gatos:** Adulterio o bajas pasiones. || **Con un zorro o monos:** Te acechan malhechores. || **Con peces muertos:** Pérdida de esperanzas o ilusiones muertas. || **Con pájaros grandes y bellos:** Buenas noticias. Otras tradiciones ocultistas relacionadas con animales son: || **Animales domésticos:** Relaciones amistosas, actividades sociales positivas. || **Animales salvajes:** Enemigos ocultos, situaciones peligrosas, pérdida de ayudas o de créditos. || **Animales feroces:** Injusticia por parte de los organismos oficiales y personajes influyentes. || **Golpear animales hasta vencerlos o matarlos:** Beneficios, buenos resultados en los negocios. || **Animales en una montaña:** Pérdidas económicas, negocios que traen pérdidas monetarias. || **Hablar con los animales:** Éxitos y beneficios gracias a la diplomacia, pactos y asociaciones.

ÁNIMUS

Psi. Parte masculina inconsciente de la mujer. Suele adoptar en los sueños la figura de un hombre desconocido (y hasta de un grupo de hombres). La función natural del «ánimus» (al igual que la del «ánima») consiste en procurar un vínculo entre la consciencia individual y el inconsciente colectivo. *(Véanse los términos des-*

conocidos, *boda, taxista, conductor, guardia civil, escalera, hombre de negro, iglesia, rey*). La parte negativa del «ánimus» es la irritabilidad, la obstinación, la agresividad… Y la parte positiva, la creatividad, el ingenio, la laboriosidad.

ANTEOJOS *(Véase gafas)*

ANTORCHA

Psi. 1. Suele tener una representación fálica, simboliza el miembro viril y la masculinidad. Una mujer que sueñe que enciende una antorcha es la expresión del amor que desea. Un hombre que no logre encender una antorcha, puede ser la representación de sus problemas sexuales o de impotencia. Una mujer que no atine a encender antorchas o que se le apaguen, anuncia soledad o falta de marido o amor. || 2. En otros sueños, la antorcha representa la necesidad de luz y claridad sobre el camino a seguir. Un hombre que sueñe que está explorando unos sótanos con una antorcha puede expresar la necesidad de conocerse mejor, de explorar su personalidad. Puede hallarse en un momento de evolución de su carácter ante la necesidad de tener que tomar decisiones importantes o elegir entre dos opciones o caminos a seguir. || 3. Una mujer que sueñe que da a luz una antorcha, suele indicar que será madre de un varón. Según los otros elementos del sueño, el hijo traerá felicidad o desgracia. Por ejemplo, es tradición que Hécuba, segunda esposa de Príamo, rey de Troya, cuando estaba encinta de Paris, soñó que llevaba en el vientre una antorcha o daba a luz una antorcha que abrasaba o consumía a la ciudad de Troya. Al confirmar los adivinos que era un peligro real, al nacer el niño, Príamo entregó el niño a un criado para que se deshiciera de él, pero el sirviente y la madre lo entregaron a unos pastores. Con el tiempo, Paris fue reconocido por su padre y raptó a Helena, lo que motivó la guerra, la destrucción de Troya y la muerte de casi toda la familia de Príamo en trágicas circunstancias. || *C. oc.:* **Antorcha encendida:** Recompensa, premios, buenas noticias. || **Antorcha apagada:** Penuria, enfermedad, retraso en proyectos. || **Esconder una antorcha:** Amor secreto, citas clandestinas. || **Ver una antorcha en manos de otro:** Dificultades, secretos que se divulgarán.

APARCAMIENTO *(Véase garaje y automóvil)*

APETITO

Psi. El apetito de los sueños suele hacer referencia al apetito sexual, al apetito carnal. *(Véase* el termino *restaurante).* Y no tener apetito quiere decir que se rechazan los deleites sexuales, por la causa que sea.

APUÑALAMIENTO

Psi. Símbolo del coito. *(Véanse los* términos *puñal* y *cuchillo).*

ARADO

Psi. Es un claro símbolo fálico. Soñar que se está arando un campo representa el acto sexual. El *arado* es el miembro viril y el *campo* la mujer.

ARAÑA

Psi. 1. En algunos sueños suele ser un aviso de fuertes excitaciones nerviosas o cerebrales. || 2. Al igual que en el estado de vigilia, las arañas de los sueños causan miedo y pavor, pero no siempre simbolizan cosas malas o percances. Por ejemplo, cuando se ve en sueños cómo una araña envuelve a su presa entre los hilos de su tela, acostumbra a representar todo aquello que «ahoga», «atrapa», «aprisiona», «ata», «inmoviliza» o «domina» a la personalidad del soñador (por lo común, un padre tiránico, una madre absorbente, una suegra rígida, una esposa celosa y exigente…). || 3. En otros sueños, el ver cómo una araña está elaborando pacientemente su tela, simboliza que las energías psíquicas del soñante se están organizando de manera inteligente, astuta y paciente para enfrentarse con tal o cual problema o situación. || 4. En otras ocasiones, la araña representa los genitales femeninos y los propios temores inconscientes a la femineidad, como en el caso que sigue (chica de catorce años): «Sueño con frecuencia con el agua y siempre corre peligro mi vida y la de los demás, pero yo siempre me salvo. En el último sueño yo estaba en una casa de campo que ni siquiera conocía y mi madre me mandó que fuera a un recado. Era muy de noche y yo tenía miedo, pero ella me obligó a ir y fui. Tenía que pasar por un río y vi cómo un monstruo en forma de araña cogía a un niño y se lo comía. Luego el monstruo se volvió un hombre y yo corría asustada y él me cogió. Yo creí que me iba a matar, pero en vez de eso se volvió amigo mío». En este sueño asistimos a todo un proceso de metamorfosis de símbolos y sentimientos para que la fase de la naciente femineidad de la soñadora elabore sus contactos con el sexo contrario. La explicación que dimos fue: «El agua de tus sueños simboliza la femineidad, el amor, la sexualidad que está cobrando forma en tu ser. No debes preocuparte por ello, ya que no va a sucederte nada, no te vas a ahogar. La casa de campo representa tu personalidad y el hecho de que tu madre te envíe a un recado quiere decir "que debes prepararte para independizarte", en el sentido de que pronto tendrás que tomar y pensar decisiones por tu cuenta. La noche simboliza los temores inconscientes ante lo "que puedes encontrar en ese camino en que habrás de valerte de tus propios conocimientos y fuerzas (además de ser claro símbolo de la actividad sexual)". El río que encuentras es el de tus sentimientos y tu femineidad, y el monstruo en forma de araña simboliza el temor inconsciente por el complejo aspecto sexual de la propia femineidad. La persecución y el encuentro con el monstruo-persona es la representación del acto sexual que inconscientemente deseas. En resumen, que te estás haciendo mujer y el inconsciente te lo refleja por medio de mensajes oníricos».

ÁRBOL

Psi. 1. Por lo común es un símbolo fálico, la expresión de la virilidad. Tanto en sueños de hombres como de mujeres tiene un claro simbolismo sexual. Una mujer abrazándose a un árbol puede representar el amor que desea, el hombre que ansía encontrar. En un joven, el subirse a un árbol puede ser la expresión de la afirmación de su virilidad, como en el caso siguiente (chico de dieciséis años): «Soñé que estaba intentando subir un árbol muy alto. Logré poner las piernas en lo alto de la rama adonde tenía que llegar, y me esperaban allí unas personas, que no recuerdo bien quiénes eran, pero que creo que son las dos o tres a las que me une la amistad y el amor. Sin embargo, ellas no querían o no podían ayudarme». Nuestra respuesta fue: «En este sueño el árbol simboliza la potencia, no sólo la virilidad, la sexualidad creciente, sino también la de la personalidad. A tu edad no es raro tener este tipo de sueños, pues son indicativos de que tu personalidad está cobrando fuerza, de que pronto tendrás que valerte de tus propias energías para desarrollarte mental y corporalmente, y que nadie te ayudará, puesto que tu crecimiento corporal y psicológico depende más de ti que de los demás. Debes aprender a confiar en ti mismo. Es un sueño que revela el crecimiento de tu virilidad, que te estás haciendo un hombre». De una manera parecida, el que un hombre sueñe que arranca ramas u hojas de un árbol suele ser la expresión de la masturbación. Y plantar un árbol (falo) en la tierra (mujer) es la representación del acto sexual que se desea o que se recuerda. || 2. Otras veces, los árboles de sabrosos frutos simbolizan a la madre que protege y alimenta, al principio femenino. Un hombre que sueñe demasiado que sube a árboles frutales o que alguien le recrimine el que suba a ellos, suele expresar la fijación neurótica a la madre, que no sabe independizarse y valerse por sí mismo. || 3. Un árbol sin ramas ni hojas puede indicar falta de virilidad o complejo de castración. || 4. Un árbol fuerte, frondoso y verde representa «el árbol de la vida», la vitalidad, salud, fuerza, vigor, etc. Si un enfermo sueña con tales árboles el inconsciente le está anunciando su curación y recuperación de la vitalidad. || 5. En los sueños de tipo fisiológico, el árbol suele simbolizar la columna vertebral, con la médula espinal, vértebras, costillas y conjunto del sistema nervioso; es el esqueleto del hombre. Cuando se sueñe que un árbol sufre una enfermedad o accidente, hay que estar alerta para atajar a tiempo cualquier afección que pueda detectarse en uno mismo. No hay que retrasar la consulta al médico. || 6. Los árboles exóticos también aparecen en sueños mandálicos y hablan del desarrollo espiritual del soñante. En algunos de tales sueños, puede representar «el árbol de la ciencia del bien y del mal», «el árbol del Paraíso», «el árbol de los conocimientos secretos y cabalísticos», «el árbol filosófico de los alquimistas», etc. || 7. Es curioso el sueño que explica Freud de una mujer que «ve en la viña una fosa profunda que sabe que proviene de haber arrancado un árbol». En conjunto, Freud aclara que este sueño no refleja nada más que que la mujer es consciente de que es distinta del hombre, que le falta el árbol (pene). Ella está representada por la *fosa* (genitales femeninos) y el sueño parece referirse a una teoría sexual infantil, según la cual las niñas poseen al principio los mismos órganos sexuales que los niños, y que después los pierden por castración (arrancamiento de un árbol). De todas maneras, en sueños semejantes hay que pensar que expresan la soledad sentimental, que a la mujer le falta el árbol que se complementa, que se planta en la fosa, es decir, el miembro viril que se adapta a la vagina. || *C. oc.:* **Trepar a un árbol:** Éxito, beneficios, buenas noticias. || **Árboles secos:** Fracasos, ruina, pérdidas, accidentes, enfermedad. Es tradición que el cónsul Cayo Emilio Paulo, en vísperas de la famosa Batalla de Cannas, soñó que veía un bosque de árboles secos. Aníbal derrotó completamente a los romanos y Cayo Emilio Paulo encontró la muerte en el combate. || **Árbol en flor:** Amor, dicha, boda. || **Árboles frutales:** Beneficios, éxito en los negocios. || **Ver cómo cortan un árbol:** Riesgo de accidente o enfermedad. Malas noticias profesionales o comerciales. Desdicha en amor. || **Árbol quemándose:** Tristeza de amor, desdicha conyugal. || **Árbol marchitándose:** Enfermedad. || **Árbol con hojas enfermas por los parásitos:** Enfermedad, probablemente de la piel; dermatosis. || **Leñadores cortando un árbol verde:** Muerte o accidente de persona joven. || **Leñadores cortando un ár-**

bol viejo y sin hojas: Muerte de una persona mayor. || **Caer de un árbol:** Pérdida del empleo o cargo. || **Coger el fruto de un árbol viejo:** Herencia. || **Una avenida de árboles verdes y frondosos:** Larga vida, dicha, satisfacciones. || **Descansar a la sombra de un árbol frondoso:** Prosperidad familiar, suerte en los negocios. || **Árbol cayendo sobre una casa:** Muerte en la familia. || **Regar y cuidar árboles:** Prosperidad personal y familiar. Arnau de Vilanova nos dice sobre los árboles: «Hacen referencia a muchas cosas, según cuál sea su especie o naturaleza, según todas o algunas partes de ellos, o según las raíces, troncos, ramas, hojas y frutos. Pues la *vid* y la *palmera* hacen referencia a las mujeres, porque fructifican con cuidados y cultivo; pero la palmera simboliza mujer noble. El *manzano* portador de frutos dulces señala al hombre bueno y rico. Si los lleva agrios significa hombre duro y austero. La *nuez* mala y dura se refiere al hombre de trato malo y fraudulento».

ARCA

Psi. Suele simbolizar el órgano sexual femenino, al igual que baúl, cajón y caja. || *C. oc.:* **Arca cerrada:** Esperanzas, ilusiones, ensueños. || **Abierta:** Desilusiones, esperanzas desvanecidas, frustraciones. || **Vacía:** Pérdidas inesperadas, rompimiento con socios, ruina comercial. || **Llena de monedas de oro o dinero:** Suerte profesional, encumbramiento social, matrimonio ventajoso, amante influyente. || **Llena de objetos y mercancías diversas:** Prosperidad profesional, mejoramien-

to del negocio. Deseos que se logran convertir en realidad.

ARCILLA *(Véase barro)*

ARMARIO

Psi. 1. Suele ser el símbolo uterino, una representación del principio femenino. *(Véase* el término *objetos* y el sueño número 9 del término *perro).* || 2. En otros sueños simboliza el aspecto protector de la imagen materna, de la madre. || 3. El armario del dormitorio o alcoba aun tiene un más claro símbolo de lo genital, como en el sueño explicado en el término *piojos.*

ARRIBA

Psi. 1. En muchos sueños el término o concepto de *arriba* simboliza el rostro, la boca o el pecho. || 2. En los sueños en que la mujer se mueve, anda o *corre hacia arriba, cuesta arriba,* es una representación erótica, es una expresión de orgasmo, del éxtasis sexual. *(Véase* el término *gorra).*

ARROJARSE

Psi. Arrojarse desde un edificio o por la ventana suele significar, muchas veces, el querer escapar de una situación agobiante, de unas ataduras que están asfixiando al sujeto. *(Véase* el apartado 4 del término *ventana).*

ARROYO

Psi. 1. Acostumbra a tener el sentido del obstáculo, por lo común de tipo emocional o sentimental. *(Véase cangrejo* en un sueño explicado por Jung). || 2. Para comprender su relación con el mundo afectivo y sentimental, *véase* el término *agua.*

ARTISTA (De cine o teatro, actor, actriz)

Psi. 1. En muchos sueños, los artistas, los actores y actrices, sean de cine o teatro, simbolizan el ideal erótico o romántico del o de la soñante. || 2. Otras veces, el actor o artista masculino representa el *ánimus* en los sueños de mujer, mientras que la artista o actriz adopta el papel de *ánima* en los sueños de hombre. || 3. Hay sueños en que el durmiente es el que tiene que hacer el papel de actor o de actriz, sea en un teatro o plató cinematográfico, es decir, que el inconsciente le está indicando que tiene que asumir su papel en el entorno de la vida, que tiene que tomar sus responsabilidades dentro de la función de la colectividad y que deje de refugiarse en los demás (sean padres, esposo, etc.). Según se actúe con éxito o no, así marchan los asuntos del soñante en la vida real. *(Véase el término teatro).*

ASCENDER (Ascensión, subir)

Psi. 1. A veces, el soñar que uno asciende por una montaña expresa el desarrollo psicológico del durmiente. || 2. Por lo común, la sensación de ascender, de subir, de elevarse en sueños, casi siempre está asociada o relacionada con la grandeza o el poder que se desea o admira. El hecho de ascender o subir –por ejemplo una montaña– simboliza que en el soñante hay cierta energía psíquica y espiritualidad para superarse a sí mismo o superar los obstáculos que se le presenten. *(Véase el término alpinista).* Estos sueños suelen presentarse acompañados de mucha luz y claridad. || 3. En el plano espiritual, la idea y sueños de ascender o subir están conectados con los instintos más primitivos del ser humano. Recordemos que desde siempre el hombre ha colocado *en lo alto* a todo lo grande, sublime, luminoso y resplandeciente. *En lo más alto* ha situado a Dios (el Altísimo) y al cielo. Si en los sueños se siente subir uno en un ambiente de oscuridad o penumbra, significa que existe en sí mismo una fuerza moral y espiritual lo bastante intensa como para superarse, disipar la oscuridad interior y encontrar la luz y la verdad, es decir, para escapar de las situaciones de «baja» moralidad y «ascender» a lugares más dignos. Si en sueños (sean de tipo mandálico o no) sube uno rodeado de una brillante luz, significa que ha conseguido llegar al desprendimiento materialista de sí mismo y que se halla inmerso en una gran fuerza interior de tipo espiritual. || 4. En algunas ocasiones, el sueño de ascender y experimentar una gran satisfacción espiritual o éxtasis puede advertir del peligro de muerte, como en el caso de un alpinista amigo de Jung, que tuvo un sueño en el cual «experimentaba una sensación de éxtasis al ascender la montaña a alturas cada vez mayores, hasta pisar en el vacío». Jung recomendó a su amigo que durante algún tiempo abandonara la práctica del alpinismo, pero éste se lo tomó a broma. Poco tiempo después hallaba la muerte al despeñarse junto con su compañero. Aquí, pues, el sueño de ascensión podríamos interpretarlo como de «liberación del espíritu, ascensión del alma hacia el cielo, hacia el más allá». En otras palabras, que el *espíritu se desprendería de su envoltura carnal y alcanzaría el éxtasis del contacto con el mundo superior,* o sea, que *el cuerpo moriría.* || 5. Otras veces, soñar que se sube o asciende (sea montaña, pendiente, etc.) simboliza que el sujeto tiene afán de dominio y de sobresalir, que quiere dominar su medio ambiente, a las personas que le rodean, que sus ambiciones son muy intensas o fuertes. Este tipo de sueños suele darse con mucha frecuencia en personas tímidas, inseguras, que tienen sentimientos de inferioridad, que han sufrido grandes humillaciones o desprecios, etc. Entonces, como contrapartida, para equilibrar el estado anímico del soñante, el inconsciente genera esos *sueños de compensación;* como la persona se cree *inferior* o tiene un complejo de inferioridad, intenta a nivel inconsciente convertirse en *superior...;* como intentando «vengarse» de algún modo. A estos sueños, Freud los llama de *realización de deseos,* es decir, que *representan tal como quisiera el soñante que fuera la realidad.* Un ejemplo de un sueño de esta clase es el que relata el psicólogo Pierre Real de un paciente suyo: «Me encontraba en la cumbre de una alta montaña, desde la cual mi mirada dominaba un valle en el que se hacinaban infinita cantidad de esclavos. Me decía a mí mismo: "Todo esto será para mí, si consigo subir un poco más alto, más arriba". Noté cómo me iba elevando en el aire. Llevaba en mi mano una espada con la que cortaba todo lo que se ponía a mi alcance...».

ASCENSOR

Psi. 1. En sueños, el ascensor representa los elementos externos o sociales que ayudan a subir en el escalafón social o profesional (amigos, influencias, protectores, ayudas, créditos bancarios, apoyos financieros, familiares encumbrados, etc.). Pero también puede tener otros significados, de acuerdo con el contexto general de las imágenes oníricas. Así, como se trata de un vehículo que sirve para «subir» o «elevarse» o para «bajar», puede simbolizar un sentido de espiritualización, el «ascenso» hacia algo más elevado (a nivel de ideales) o el «descenso» hacia las profundidades del inconsciente, para explorarse a sí mismo. Por otro lado, puede ser indicativo de las altas ambiciones de encumbramiento y mando que duermen en el interior del sujeto, su nivel de participación en la actividad de los demás, sus relaciones sociales y públicas y los esfuerzos que realiza para entenderse con los demás, con el medio ambiente que le rodea. Por supuesto, es un sueño típico de las personas nacidas en las grandes ciudades. || 2. Veamos el caso de una persona que soñó *caer por el hueco de un ascensor:* «Soñé que abría la puerta de la caja del ascensor, que éste no se hallaba en su lugar, y que caía al vacío. Me desperté sobresaltado. ¿Señala algún peligro o enfermedad este sueño?». Le indicamos que no tuviera miedo, que no era un presagio de accidente, que no se trataba de un sueño premonitorio, sino que *estaba relacionado con los temores de caer de un determinado puesto de responsabilidad en el trabajo, de dar un salto en el vacío en los cambios de proyectos que tenía pensados. Fue la descarga de la inquietud o temor a caerse del nivel profesional alcanzado, al estar pasando un momento delicado por falta de ayuda o apoyo a sus ideas y estar a punto de lanzarse a nuevas empresas.* Por supuesto, este tipo de sueño es muy común a las personas que ocupan cargos de poder y responsabilidad; el ensueño canaliza la descarga de la inquietud por indicación del inconsciente. ‖ 3. Otras veces, el ascensor (como vehículo que asciende y desciende), tiene un claro significado sexual, que se relaciona con la euforia que suele acompañar las relaciones sexuales. Como ejemplo nos sirve el sueño que explica el médico y psicólogo Ángel Garma (tenido por una de sus pacientes): «Subía con mi marido en un ascensor. Había un cartel que decía: "Cuidado con la pintura" y por eso no nos apoyábamos en las paredes. Pero mi marido, haciéndome una broma, me empujó contra la pared. Yo me enojé porque me había ensuciado el vestido». Esta subida de ascensor representa el acto sexual y el *cuidado con la pintura* es una clara advertencia de que se desean tomar precauciones para evitar el posible embarazo (la pintura simboliza el semen). La *mancha del vestido* señala que el marido no ha tomado esas precauciones necesarias (es decir, que no se ha puesto preservativo) y se produce la fecundación. En este sueño, el vestido representa a la fémina y, por tanto, *sus órganos genitales.* ‖ 4. Otro sueño que a nuestro entender (en la imposibilidad de dialogar con la interesada) tiene un matiz erótico es el siguiente: «He soñado varias veces que me encuentro delante de un gran edificio y que entro en un ascensor. Cuando estoy dentro, éste comienza a retorcerse, sube y baja a gran velocidad. Se caen las paredes y yo veo un gran vacío; cuando veo una posibilidad, salgo del ascensor, pero en seguida vuelvo a entrar, como si éste fuera un gran imán, que me atrae, venciendo mi voluntad y mi terror. Esto ocurre muchas veces en el mismo sueño, hasta que me despierto con un gran miedo. Lo raro es que siempre salgo bien de ese percance y que nunca me ha sucedido nada con ascensores en la vida real». Nuestra respuesta escrita fue: «Estos sueños no indican que hayas tenido o vayas a tener un accidente con ascensores, sino que simbolizan –clara y simplemente– deseos sexuales que hay en tu inconsciente. No cabe duda de que hay en tu naturaleza fuertes deseos sexuales que reprimes (o que no tienen adecuada satisfacción), aunque estés casada y seas madre de familia. En estos sueños tuyos el ascensor es una metáfora del acto sexual, un enmascaramiento de éste… Como vehículo que asciende y desciende se relaciona con la euforia que acompaña a las relaciones amorosas. Y el hecho de que entres en él a pesar del miedo que te inspira, señala la fuerte atracción del placer sexual. ¿Son todo lo placenteras que deberían ser las relaciones sexuales con tu marido? ¿Hay compenetración y armonía en el momento del acto amoroso? Por ahí debes buscar la explicación a tus sueños». || 5. En su aspecto de símbolo de entendimiento con los demás, de relacionarse socialmente, el sueño de ascensor es típico en personas angustiadas por la soledad o que no cuentan con ayudas o apoyos de los demás para solucionar sus problemas, como en el caso siguiente (mujer de sesenta y dos años, soltera): «Sueño que me encuentro en un ascensor grande, de esos de carga, con mucha gente, y que voy de abajo arriba o de arriba abajo, como si buscara una salida. A veces la encuentro y en ocasiones me despierto antes de encontrarla». En un caso parecido, una mujer mayor nos contó (por radio) que soñaba muchísimas veces que iba en ascensor, y que éste nunca la dejaba en el piso que quería. Había soñado todas las variantes: que el ascensor se estropeaba, que quedaba entre piso y piso, que se salía por lo alto del edificio, que bajaba cuando quería subir, etc. Lo interpretamos como falta de seguridad en sí misma, que vivía llena de dudas a causa de no haber desarrollado su personalidad y no haber estudiado. Y, por supuesto, que no podía contar con la ayuda de nadie para solucionar sus problemas y que las circunstancias dominaban su vida, que ella no controlaba sus circunstancias, que no tenía proyectos definidos y que iba un poco a lo loco por la vida. Le aconsejamos que leyera más libros, asistiera a conferencias, adquiera mayor cultura y conocimientos y que se enfrentara con los acontecimientos con mayor fuerza de energía y decisión. Aceptó de lleno nuestra interpretación. || 6. En un programa de radio en que interpretábamos sueños, nos llamó una mujer para explicarnos que había soñado varias veces, con ligeras variantes, que ella y su marido subían en un ascensor, en una especie de plataforma, y que su hijo estaba más arriba, elevado, y casi todo vendado. Cuando casi llegaban al punto en que se hallaba el hijo, la plataforma volvía a descender, y aunque alargaban las manos no podían alcanzarlo. Al cabo de un tiempo de esos sueños, el hijo se *suicidó*. La madre quería saber si había una relación entre el sueño (o sueños) y la muerte del hijo. Le contestamos que sí, que probablemente el inconsciente le había indicado por medio de simbolismos lo que iba a suceder, a pesar de que carecemos de muchos detalles de esos sueños. Pero en su conjunto, tales sueños parecen indicar una falta de comunicación o de compenetración entre el hijo y los padres. Además, cuando hay *muchos vendajes* en una persona (en un sueño) suele significar la mortaja (que puede ser material, como en este caso, o simbólica, como en otros, en que el inconsciente advierte de relaciones o afectos que ya están muertos o a punto de perecer). Y cuando uno está en un lugar elevado, como en este caso el hijo, puede representar la *liberación del espíritu*, la *elevación del alma hacia lo alto*, hacia el cielo, es decir, la muerte carnal o material.

ASESINADA (Ser muerta) (*Véase asesinato*)

ASESINATO (Asesinar)

Psi. 1. Asesinar a una persona en sueños refleja, por lo común, los deseos inconscientes de querer «liquidar» o «terminar» con una etapa de la propia existencia, de «acabar» con algo que no se desea que continúe. A veces se sueña que uno se mata a sí mismo. *(Véase* el término *suicidio).* Cuando uno cambia de rumbo en su vida, cuando rompe con algo y se decide a iniciar una nueva existencia, es normal que sueñe que asesina a alguien o que un desconocido le asesina a él. Son sueños que reflejan dicho cambio, no que pronostiquen desgracias o tragedias. *(Véase* el término *muerte).* || 2. Otras veces, cuando algún conocido o familiar es asesinado, puede reflejar las tendencias agresivas inconscientes del soñante hacia dicha persona. || 3. Asimismo, matar o asesinar a desconocidos suele expresar el rechazo de nuestras propias tendencias sexuales, inclinaciones que reprimimos, que no queremos y que quisiéramos ver muertas, de acuerdo con la moral que nos han inculcado. Y el soñar que alguien nos mata o asesina suele reflejar el fracaso de un proyecto o ilusión, que ha sido «asesinado» por los demás, por las circunstancias o por uno mismo. *(Véase* el término *muerte).* || 4. Ser asesinada, ser muerta por otra persona o personas en los sueños, suele simbolizar el hecho de que ha quedado liquidada o muerta una actitud de la soñante con un deseo o proyecto que ansiaba ardientemente llevar a cabo. Por lo común, es un plan profesional: desear ser pintora, artista de cine, cantante, escritora, etc. Cuando ya no quedan esperanzas de llegar a convertir en realidad esa ilusión u otros proyectos eclipsan el anterior, el inconsciente elabora el sueño de que una es asesinada o ha sido asesinada.

ASNO *(Véase burro)*

ATAÚD

Psi. 1. Es una figura muy corriente en los sueños de personas que interiormente se despiden de algo que han superado en su vida, que consideran que ya no tiene valor para ellas, que ya ha terminado, que ya ha muerto para ellas. En tales casos, el inconsciente suele indicar: «Entiérralo y a otra cosa». Por supuesto, en la mayoría de los casos, esos ensueños están relacionados con ilusiones sentimentales y románticas, y el ataúd es una especie de despedida íntima y, en cierta forma, dolorosa. Se entierra una cosa vieja y muerta (o enferma) y se prepara uno para nuevos aconteceres, proyectos y propósitos. No hay que olvidar que a la muerte, en sueños, sigue una resurrección, el enfrentarse con una vida y situaciones nuevas. El ataúd onírico permite «enterrar», es decir, desprenderse o deshacerse de las cosas que estorban a nivel inconsciente. || 2. El ataúd blanco está relacionado con la pureza y los niños. Soñar que se entierra algo en un ataúd blanco es indicativo de que se ha perdido o enterrado alguna ilusión relacionada con la pureza, la virginidad, la justicia…, que puede obedecer a un hecho real sufrido o a pensamientos, o sea, que puede deberse a ideas o fantasías «inmorales» o de haber sucumbido a placeres prohibidos, en especial sexuales. Son sueños comunes en jovencitas que despiertan a la vida sexual activa y cuya moral inculcada recrimina sus actuaciones por medio del simbolismo del ataúd blanco. ‖ 3. En otras ocasiones, en el caso de sueños fisiológicos y parapsicológicos, el ataúd puede advertir un peligro inmediato. Hace unos años, un compañero en las tareas radiofónicas de Radio Nacional de España en Barcelona, soñó que entraba en un establecimiento y *compraba un ataúd* con el que salía bajo el brazo. Intrigado por el sueño, esperaba que nosotros se lo interpretáramos (no volvíamos a la radio hasta al cabo de tres días). Falleció, repentinamente, un día después, sin podernos ver. El inconsciente le señalaba que su salud no era buena y que corría peligro de muerte. Quedó la duda de si había comprado medicamentos que no le iban. ‖ 4. Como una expresión de melancolía, tristeza, frustraciones y, al mismo tiempo, anuncio de muerte, *véase* el extraño sueño del *lago tenebroso* en el término *lago*. ‖ 5. Es corriente que a medida que nos hagamos mayores veamos a nuestros allegados bajo otro prisma y que cambien nuestros sentimientos con respecto a ellos, es decir, que se les pierda estima y respeto y uno empiece a independizarse de ellos, empiece a volar por su cuenta. Este proceso suele reflejarse en sueños de *cementerios, sepulturas* y *ataúdes,* como en el caso siguiente (tenido por una joven con respecto a su madre): «He soñado muchas veces que

mi madre y yo vamos a un edificio muy grande, como un hospital, pero en las habitaciones hay muertos en vez de enfermos, cada uno en una habitación, y la gente va a arreglarlas, limpiarlas y poner flores. Nosotras vamos al final del pasillo y entramos en una habitación; allí está mi hermano en un ataúd, muerto. Mi madre limpia la habitación, arregla a mi hermano, pone flores, y yo, mientras tanto, lloro en un rincón, y repito continuamente que es por mi culpa. Mi madre, en vez de consolarme, me trata como si yo no estuviera y sigue con sus quehaceres. Vienen unos hombres y se llevan el ataúd de mi hermano a una habitación donde los muertos están todos amontonados. Y me despierto. ¿Quiere decir todo esto que va a pasarle algo malo a mi hermano? Estoy muy angustiada, pues aunque me llevo mal con mi hermano no quiero que muera». Y nuestra respuesta a dicho sueño fue: «Yo no creo que estos sueños estén relacionados con lo que pueda pasarle a tu hermano. Reflejan, ni más ni menos, que el estado de ánimo interior tuyo y las frustraciones o desengaños que has recibido emocionalmente pese a tu temprana edad. Además, la repetición de tales sueños indica que te estás obsesionando demasiado con los problemas que tienes con tu hermano y con la posible inclinación de tu madre por él más que por ti. Ese edificio representa tu vida y tu familia, y los ataúdes las diferentes frustraciones, desengaños y sufrimientos, lo que señala que no has tenido una vida fácil ni de color de rosa. La muerte del hermano en sueños simboliza que tus sentimientos por él han muerto, que se ha producido en tu vida afectiva una frustración más. Al mismo tiempo, estos sueños te están indicando repetidamente el camino a seguir: olvídate de tu hermano y de los conflictos que tengas con él, déjalos a un lado, en el rincón donde se hallan otros recuerdos tristes, entiérralo y mira hacia el futuro. Porque todo ello quiere decir que estás pensando demasiado en él y en los problemas que os embargan, y el inconsciente, entonces, se ve obligado a darte el mismo mensaje: entierra tus dolores, olvídate de ellos, déjalos en el cementerio de tu corazón y mira hacia delante sin la carga del pasado». || 6. Un caso de parecida índole es el sueño que sigue, tenido por una joven de diecinueve años: «Soñé que mi padre se había muerto y que estaba desconsolada. En una habitación había dos cajas fúnebres; en una estaba mi padre y en la otra me metí yo; estaba muy cómoda en ella y no me apetecía salir, hasta que de pronto vi unos gusanillos. Me horroricé y salí. ¿Morirá mi padre?». La respuesta que dimos fue: «No creo que este sueño indique que tu padre vaya a morir ni que tú también estés a punto de hacerlo. Los objetos de tu sueño hay que analizarlos como símbolos. En primer lugar, esos ataúdes indican que, evidentemente, algo va a morir: tu dependencia de la autoridad paterna, tus relaciones actuales con el padre y la autoridad familiar. Por supuesto, inconscientemente deseas mayor libertad e independencia, por lo que ha de fenecer

la etapa de tu vida de adolescente. Este sueño –probablemente tendrás otros parecidos– te empieza a señalar que te estás haciendo mujer y que comenzará una nueva fase en tu existencia. Lógicamente, morirán los actuales vínculos con la autoridad paterna. El que desees quedarte en el ataúd de tu pasado es índice de que experimentas temor por las nuevas responsabilidades que vienen y que te atrae más el que tu padre decida por ti. De ahí la presencia de los gusanillos, que te impulsan a moverte, a salir de tu comodidad del pasado, y a decirte que debes mirar hacia el futuro y vivir tus responsabilidades, no las de los demás. Ello también me indica que aún titubeas sobre tu capacidad para enfrentarte con el porvenir. Es cuestión, pues, de estudiar, adquirir nuevos conocimientos continuamente y prepararte para enfrentarte con lo que sea. Nadie te ayudará en los momentos decisivos. Según la experiencia y los conocimientos que adquieras, así será tu destino». || 7. Un ataúd también puede marcar el fin de una etapa biológica en la persona y el inicio de otra de mayor madurez, como en el caso siguiente (sueño de jovencita): «Soñé que en una casa metían un ataúd blanco. Me afectó mucho el verlo. Pregunté para quién era y me dijeron que para una niña que había muerto y que quería hacer la comunión ese mismo año. A las dos semanas falleció un joven en accidente de trabajo, al cual tenía muy visto, pero no tratado. Y otro joven, al que no conocía, creo, también murió, pero en un accidente depor-

tivo. ¿Es un sueño premonitorio?».
Nuestra respuesta escrita fue: «No
creo que tu sueño sea premonitorio,
aunque se den las circunstancias de
las muertes de dichos jóvenes, que
pueden ser (con toda probabilidad)
casualidades cogidas un poco por
los pelos. Es evidente que la casa de
tus sueños es la mansión de tu inconsciente, de tu vida interior, de tu
personalidad. El ataúd blanco, significa muerte, sí, pero no exterior, sino
interior, de ti misma, es decir, que
has perdido alguna ilusión o manera
de ser, seguramente relacionada con
la inocencia, la pureza o la moral
convencional. Ello quiere decir que
has enterrado muchos pensamientos de niña, que has eliminado algunas cosas que te estorbaban inconscientemente, y que te vas a enfrentar
con una nueva vida, con una nueva
manera de ver las cosas y la existencia. Este ataúd simboliza la muerte y
la resurrección al mismo tiempo, el
eterno dilema del ser humano. Nada, pues, de buscar hechos exteriores para eludir la explicación a una
situación nueva en tu interior. Vas a
empezar una nueva fase en tu existencia: la de mujer, la niña ha quedado enterrada en ese blanco ataúd
que no tiene nada de terrorífico».
|| 8. Para otros tipos de sueños de
ataúd, *véase* el término *vela*.

ATMÓSFERA *(Véase aire)*

**ATROPELLO (Atropellar, ser atro-
pellado)**
Psi. 1. Muchas mujeres sueñan, ate-
rradas, cómo son atropelladas por
un vehículo y se despiertan atemo-

rizadas, convencidas de que van a
tener un accidente de automóvil o
tráfico. Multitud de veces hemos
tenido que disipar tales temores en
nuestro consultorio. Por lo común,
soñar que una es atropellada por un
automóvil o camión es la representación del acto sexual que se desea sea
o reprime. *(Véase* el término *baúl).*
Recordemos que en la vida cotidiana
suele decirse que una mujer ha sufrido un «atropello sexual» cuando
es violada. La mayoría de accidentes
y atropellos reflejan una problemáti-
ca sexual. || 2. En ocasiones, queda
la duda de si en un sueño de atropello se mezcla lo premonitorio con
lo genital, como en el caso siguiente
(chica de veinticinco años): «Soñé
que estaba en un coche parado en
un stop y yo le dije al chico que lo
conducía que bajara y avisase a los
coches que venían por la derecha.
Al bajarse él es normal que yo que-
dase sola en el coche, pero no era sí,
ya que me parecía como si hubiera
alguna otra persona dentro. No sé
por qué el chico no se acordó de
avisar a los coches que venían. Y de
pronto, el automóvil en el cual iba
yo comenzó a moverse solo; yo estaba sentada en el asiento de al lado
del conductor, por lo tanto yo no lo
podía estar conduciendo; entonces
se me ocurrió mirar a mi derecha y
observé que se acercaba un tráiler; le
grité que lo parase, pero ya era inútil: me vi debajo de las ruedas del
tráiler, que constaba de dos partes.
Lo único que recuerdo es que veía
las ruedas gigantescas casi encima.
Desperté sobresaltada. Un par de
días más tarde unos amigos tuvieron

un accidente y la amiga salió disparada y atropellada por el mismo coche en el que iba». Nuestra respuesta fue: «Los únicos sueños que pueden considerarse *premonitorios* o *proféticos* son aquellos que indican claramente lo que va a suceder en un momento determinado a personas identificadas y en una situación notoriamente especificada en el sueño. Es decir, en el caso de tu amiga, el accidente soñado habría sido tal como le sucedió a ella. Entonces no habría ninguna duda. ¿Quiere ello decir que tú vas a tener un accidente de automóvil? Yo, personalmente, no lo creo. Tengo la impresión de que es un sueño psicológico, un sueño que indica que no estás actuando conscientemente, y probablemente con el chico que sales. Prepárate para algún disgusto personal o sentimental, porque creo que tienes proyectos peligrosos o corres peligro de abusos de confianza. De ahí ese tipo de sueño. Simboliza el coito o el acto sexual que inconscientemente deseas. ¿Que puedes llegar a tener un accidente de automóvil algún día? Probablemente, como cualquiera. Todos estamos sujetos a ello, pero ese sueño no lo indica así. Faltan otros datos más concretos. Ahora bien, es *probable* que algo intuyera tu inconsciente referente a que se iba a producir un accidente de automóvil en torno tuyo, aprovechando el simbolismo para recordarte que tus propios planes personales no están bien elaborados y que sentimentalmente son peligrosos. Siempre cabe la posibilidad de que tu sueño sea del tipo mixto, o sea, que contiene una mezcla de elementos personales eróticos con otros premonitorios del accidente de tu amiga».

AURORA (*Véase alba*)

AUTOBÚS (Autocar)
Psi. 1. El autobús, como todo trasporte público, suele simbolizar el destino colectivo, la comunidad y la situación del soñador dentro de ésta. El autobús y el autocar representan, por lo común, a la sociedad, a la opinión pública, a cómo los demás nos ven a nosotros y, al mismo tiempo, nuestro comportamiento social. Una persona que sueñe que conduce un autobús, es indicativo de que posee una fuerte personalidad y grandes ambiciones y que quiere dirigir a los demás y ocupar un cargo de responsabilidad. Es un sueño típico de jefes, líderes, empresarios, etc. Pero si alguno sueña que el autobús tiene una avería, que se le estropean los frenos, etc., es una advertencia de que sus asuntos profesionales y sociales no marchan como debieran. Un empresario o político que sueñe que el autobús en el que viaja va dando tumbos, señala que su empresa o cargo funcionan de la misma manera; hay que rectificar rápidamente la manera de actuar. Los sueños de autobús son muy comunes en los adolescentes, ya que marcan su integración dentro de la sociedad y sus incipientes proyectos y fantasías en relación con su destino. Así, por ejemplo, no debe sorprender si un jovencito que quiere hacerse el hombre y no está preparado para ello, sueñe que sube a un autobús

lleno de monas. *(Véase* el término *mono).* || 2. Que una persona sueñe a menudo que pierde el autobús, significa que no acaba de encontrar su puesto en la sociedad y que no puede realizar los proyectos que le gustaría, como en el caso siguiente (hombre de cincuenta años, casado y padre de dos hijos): «Tengo sueños en que paso muy malos ratos por no poder alcanzar el tren o el autobús, que se me escapan cuando prácticamente los estoy tocando con los dedos». Aparte la inseguridad propia o falta de confianza en sí mismo, tales sueños señalan las oportunidades perdidas, los planes que no se han llevado a cabo por muy poco. || 3. Asimismo, el autobús figura en sueños de jovencitas durante el despertar a la vida sexual y, por supuesto, su integración en la vida de la colectividad, como en el caso siguiente: «Voy a subir a un autobús. Conmigo van mi novio y mi hermana pequeña. Me da la impresión que hay mucha gente que quiere salir a la vez, pero al estar montada me doy cuenta que sólo estamos nosotros tres y el conductor. Éste deja las puertas abiertas y entra una fuerte bocanada de viento y la falda que llevaba puesta me la arrebata el aire y me quedo con la ropa interior y un jersey. Le pido a mi novio que me la coja, pues se ha quedado dentro del autobús; siento vergüenza y me siento rápidamente en uno de los asientos. Y aquí me desperté». El *perder la falda* en el autobús es una indicación de la aparición de los instintos sexuales que hay en la soñante, la manifestación de los deseos naturales de

exhibirse y mostrarse tal cual a los demás. El autobús representa la opinión pública, lo que dirán los demás si ella se deja llevar por lo erótico. Se sienta por vergüenza, es decir, se reprime por temor a las consecuencias. En conjunto, el sueño es una manifestación de su libido y deseos del acto sexual, enmascarados en la *hermana pequeña* (símbolo de los genitales femeninos) y nosotros *tres* (representación de los genitales masculinos). El autobús va vacío porque ella empieza a estar dominada por el sexo y para ella no existe nada más; sólo piensa en el novio y en lo que sus relaciones representan. || 4. En otras ocasiones, el autobús juega un papel en proyectos fantasiosos e irrealizables, como en el caso siguiente (chica de dieciséis años): «En muchas ocasiones he soñado que iba en un autobús y que, de pronto, éste comenzaba a aumentar la velocidad, ascendiendo al mismo tiempo hacia el infinito. Al llegar a una altura determinada, el autobús comenzaba a descender rápidamente o, por el contrario, se estrellaba contra otro objeto volante. Esto producía en mí un gran impacto, hasta el punto de que el susto me despertaba». La explicación que dimos fue: «El autobús simboliza aquí el destino del grupo a que perteneces, en otras palabras, la vida es sociedad, es colectividad. El hecho de que en tus sueños vuele significa que en tu inconsciente y en ti misma existen vivos deseos de subir, de destacar, de remontar pronto el vuelo hacia el destino que te aguarda dentro de la comunidad en que te mueves. Esto indica que eres muy optimista, que está elevándose tu desarrollo psíquico y que aspiras a conseguir muchas cosas de las que ahora no dispones, pero cuidado, en la vida real los autobuses no vuelan, lo que indica que te estás dejando llevar por la fantasía, por los deseos irreales y, probablemente, irrealizables (el autobús termina estrellándose). Tienes que aprender a tocar con los pies en el suelo y a estudiar y planificar tus proyectos, de lo contrario terminarás como el autobús de tus sueños, sean de tipo profesional, sentimental o familiar. Te recomiendo que controles tu imaginación y reduzcas tus impulsividades, sobre todo en el plano sentimental, de lo contrario sufrirás muchos desengaños».

AUTOMÓVIL (Auto, coche)

Psi. 1. La mayoría de las veces, el automóvil que aparece en los sueños está ligado al curso de la propia existencia, simboliza el *destino individual* o compartido con una o varias personas (sean familiares, socios, cónyuge…), de manera parecida a como el tren, autobús, autocar, trolebús, tranvía, etc., representan nuestro destino dentro de la sociedad, de la colectividad, de la ciudad en que vivimos. Como todo vehículo, cuando se sueña con un viaje en automóvil indica un cambio psíquico en el soñador, un viaje hacia otros horizontes interiores, hacia nuevas relaciones sociales o proyectos nuevos…, tal vez aún inconscientes en el sujeto. Representa un cambio de situación o una evolución interior. Las averías del vehículo, el equivocarse de carretera, el tener que volver atrás, etc., siempre reflejan los conflictos de tipo profesional o dificultades en los proyectos que uno tiene en marcha. Y las discusiones que el conductor pueda tener con sus acompañantes expresan las dificultades de entendimiento con ellos. Que los hijos que sueñen que su padre no sabe conducir bien el coche quiere decir que empieza a cobrar fuerza el sentido de independencia y que quieren andar por su cuenta, es decir, ser el chófer de su propio destino y dejar de depender de los padres. Los sueños de automóvil son muy numerosos a lo largo de la vida y suelen reflejar las preocupaciones y necesidades de cada etapa o momento más o menos crucial. || 2. En términos generales, el automóvil de los sueños representa el «Yo» del soñador, sus aspectos profundos, sus éxitos y sus dificultades, sus necesidades y sus conflictos emocionales. Por ello es tan importante analizar detenidamente las particularidades de todo el sueño. Por ejemplo, el sueño mostrará si el sujeto conduce bien o mal su coche (indicativo del modo que tiene de hacerse cargo de sus responsabilidades y de cómo respeta los derechos de los demás); las incidencias puramente técnicas, como el encontrarse sin gasolina a medio camino, señalan que carece de los medios adecuados, de las fuerzas interiores necesarias para continuar el camino proyectado, para alcanzar sus objetivos; el equivocarse de carretera o autopista simboliza que no está en el «buen camino», que no lleva la ruta adecuada para alcanzar lo que desea; reparar uno la avería del coche y poder seguir adelante, significa que se poseen conocimientos y coraje para sortear el problema que le preocupa en aquellos momentos; si se conduce el propio automóvil es una reafirmación de la propia valía, de la virilidad, etc.; en cambio, si el automóvil es de alquiler o prestado, quiere decir que aún se va a depender de los demás para seguir adelante en proyectos y ambiciones... La categoría y lujo del automóvil también refleja el optimismo y pesimismo del soñante, sus ideas de grandeza o sus complejos de inferioridad, según sea la categoría social del sujeto en la vida real. Soñar que uno conduce un coche y tiene un accidente, pero que sale ileso y mueren los demás familiares o el cónyuge, denuncia la existencia de una agresividad inconsciente hacia tales personas, los deseos de romper con ellas, de divorciarse, de prescindir de ellas... (*Véase* el término *accidente*). || 3. Por supuesto, el automóvil también puede tener un significado erótico-sexual, sobre todo en sueños de mujer. Simboliza el logro personal y la agresividad sexual. En términos freudianos, el coche es el falo por su aspecto externo, alargado, pero interiormente es parecido al útero, al órgano femenino. Los sueños eróticos en los que intervienen automóviles pueden tener diversos significados. Por ejemplo, una mujer que sueñe que es atropellada por un automóvil es un símil del acto sexual que desea inconscientemente. (*Véase* el término *atropello*). Soñar con el acto sexual o relaciones de pareja en el asiento trasero del coche puede indi-

car que el soñador está reviviendo situaciones del pasado, el temblor y la inseguridad de adolescente que experimentó cuando realizó el acto amoroso por vez primera. Ello puede indicar, también, una inseguridad en su capacidad para la conquista amorosa y para el acto sexual, así como el temor de que su actuación llegue a conocimiento de los demás, padres o educadores. La tendencia a soñar demasiado con el asiento trasero del coche en relación al amor puede, en algunos casos, reflejar impericia amorosa, falta de iniciativa, indicando que el sujeto es más bien pasivo y no se atreve a llevar el sexo en la parte delantera, que es desde donde se conduce la vida afectiva. Esa ansiedad o angustia puede estar originada por timidez, falta de experiencia, miedo al sexo, eyaculación precoz, impotencia... || 4. A veces, el simbolismo sexual de un sueño puede adoptar la imagen de un accidente de automóvil y cuerpos descuartizados, como en el caso que sigue (sueño de una mujer valenciana): «Soñé con un accidente de coche bastante grave. Los cadáveres de los accidentados colgaban de los árboles, desnudos y descuartizados, y uno después de otro los iban cargando en un camión como animales. Querían cargarme uno (un hombre) sobre las espaldas, pero me escapé perseguida por un taxista, n.º 140, que no era de Valencia e ignoro de qué ciudad era». La interpretación que dimos fue: «El automóvil simboliza aquí el curso de la propia vida personal, la suerte del destino individual y, por supuesto, la sexualidad de uno. En términos freudianos, interiormente, el coche puede compararse con el útero femenino; las personas entran, salen y son trasportadas por este vehículo como si fuera un vientre materno metálico. El accidente que sufres en sueños parece indicar que posees o te han inculcado una moral estricta y que temes el castigo por impulsos eróticos naturales que están cobrando vida en ti. O sea, que te sientes culpable por aceptar esos deseos sexuales. Los cadáveres que cuelgan de los árboles no son nada más que esos deseos que rechazas, que desearías ver muertos y descuartizados como animales dañinos, como personas malignas. Los árboles representan la propia personalidad. Como frutos de ésta penden los cadáveres de los accidentados, que no son –repito– nada más que aspectos instintivos, deseos e impulsos que rechazas inconscientemente de manera muy violenta. En parte, vienen a representar tus sentimientos de culpabilidad por esos instintos "pecaminosos" o tentaciones de la carne. El hecho de huir cuando quieren cargarte el cadáver de un hombre, quiere decir que a ti te da miedo cargar con la responsabilidad de la vida sexual, el someterte a los deseos del hombre. Y la persecución del taxista es una expresión de las exigencias de los impulsos instintivos naturales que rechazas. No, no es de Valencia este taxista, ya que todo ocurre en tu interior, en tu inconsciente. El taxista cumple aquí la función del psicólogo interno, la misión del consejero o persona que quiere "conducirte"

por el camino adecuado. Todo ello me indica que eres muy joven y que estás naciendo a la vida sexual, que rechazas por temor. Consejo: intenta compaginar la moral con la natural satisfacción de la vida amorosa y desaparecerán esa clase de sueños. Nada de perjudiciales intransigencias». || 5. En algunos sueños, el automóvil refleja claras preocupaciones de tipo sexual relacionadas con la potencia, con la virilidad, como en el caso del individuo que soñó con un automóvil que tenía las piezas encima del banco de trabajo y su techo convertible a medio elevar. Tenía problemas de erección. || 6. El que el coche no pare donde uno quiere suele expresar la falta de seguridad en sí mismo en la vida cotidiana para alcanzar exactamente aquello que uno desea o ambiciona. Esta inseguridad puede aumentar si la persona ha sufrido un accidente de automóvil en su vida (e incluso puede servir de «disparador» del problema), como en el caso siguiente: «Sueño muchas veces que voy en coche y quiero parar; piso el freno a fondo, con muchísima fuerza, pero el auto no para sino dos o tres metros más allá del lugar donde yo quiero. Nunca ocurre nada: no atropello a nadie ni choco contra nada, pero el hecho de que el automóvil no se pare cuando quiero produce un gran malestar en mi sueño y, a veces, incluso despierto excitado, hace varios años me ocurrió un accidente con un coche prestado, lo que me produjo gran pesar por no ser mío el automóvil. A partir de entonces empezó a manifestarse este sueño».

Nuestra respuesta fue: «Mi opinión es que el pequeño accidente de coche que tuviste acentuó una inseguridad interior que ya existía en ti. No hay que atribuir a la abolladura del vehículo esos sueños, ya que con ello estás intentando trasferir tu inseguridad propia al automóvil o al accidente. El hecho de que no te obedezca indica la falta de seguridad, las dudas y titubeos que aún tienes en relación con aspectos de la vida cotidiana. Casi me atrevo a pensar que te preocupa demasiado lo que los demás puedan pensar o decir de ti. Debes aprender a conducir con mayor seguridad, desde luego, pero el "automóvil de tu vida", el "vehículo de tu destino", y para ello has de prescindir de todos aquellos prejuicios de tipo social y moral que coartan e inhiben el que te muestres a los demás tal como realmente eres y sientes. También necesitas adquirir mayor confianza en tu valía por medio de estudios, charlas, lectura, etc. Verás como entonces, en sueños, el automóvil se detiene en el sitio exacto que deseas. Mientras no lo hagas así, habrá cierto desfase entre lo que deseas y lo que consigues, simbolizado en sueños por el hecho de que el coche no para exactamente donde tú quieres». || 7. Si el que conduce un automóvil a gran velocidad por una autopista experimenta gran placer, sobre todo al entrar en una ciudad, sea conocida o desconocida, lo más probable es que se trate de un sueño erótico, de la representación del coito que se desea. Aquí el coche es el *falo* y la ciudad, la *vagina*. || 8. El automóvil también suele figurar en sueños de masturbación, se trate de un pequeño accidente con él, un golpe, etc. Si el soñante encuentra placentero el sueño, éste no hace nada más que recordar un acto masturbatorio. || 9. Hay sueños en que el auto representa a la mujer que se ama y el calor del coito o del acto sexual. En tales casos, no disponer de coche, no haber coches en el garaje o en el estacionamiento, etc., significa que están interrumpidas las relaciones sexuales. Y todo lo contrario cuando hay coches. Al respecto, Ángel Garma explica un curioso caso de un hombre que tenía dificultades en su matrimonio y que reflejaba los momentos buenos y malos en sueños de automóviles. Así, en uno de los momentos placenteros, soñó: «El lugar de estacionamiento de automóviles en el cine x estaba iluminado. Yo subía en el ascensor con una mujer vestida con traje de fiesta». Queda claro el significado del sueño: El *lugar de estacionamiento* es la vagina; el *automóvil*, el falo; la *iluminación*, el deseo sexual; *subir en ascensor*, el coito; *una mujer vestida de traje de fiesta*, una compañera excitada genitalmente. || 10. En sueños de tipo erótico-sentimental también tiene su importancia el color del automóvil, así como el del tapizado de los asientos y de los trajes o vestidos de sus ocupantes. Para tener una idea de los diferentes colores debe consultarse el término *colores*. Aquí recordamos que un automóvil *rojo* expresa excitación sexual, fogosidad, ardor, apasionamiento; uno *rosado*, romanticismo, enamoramiento, amor juvenil, placer amoroso; uno *blanco*, virginidad;

uno *azul*, fidelidad, pureza de sentimientos, amor ideal; uno *marrón*, sexualidad anal; uno *amarillo*, genitalidad, masturbación; uno *verde*, esperanza, fertilidad; y uno *blanco y negro*, coito. || 11. Los accidentes de automóviles figuran, asimismo, en sueños de tipo parapsicológico, sean proféticos, telepáticos, clarividentes, etc. Hans Holzer, en su obra *Interpretación práctica de los sueños*, cuenta el extraordinario caso de una ama de casa de Nueva Jersey, llamada Susannah, que cuando vivía en Lake Worth (Florida), y en la noche antes de dejar este lugar para trasladarse a Nueva Jersey, tuvo un extraño sueño. Vio a una mujer de luto, vestida totalmente de negro, al lado de un automóvil volcado. La mujer tenía un pañuelo en la mano y con él se enjugaba las lágrimas. En el sueño, la mujer le decía a Susannah: «Por favor, busque a mi hija, dígale a mi hija lo que ha sucedido». Susannah se despertó sorprendida por ese extraño sueño, diciéndose que no podía avisar a nadie porque ignoraba los nombres. Le contó a su esposo el sueño y le dijo que aplazaran el viaje, pues tenía la impresión de que iba a suceder algo. El marido se negó en redondo, alegando que los sueños no tenían importancia, y partieron hacia su nuevo lugar de residencia. «No habían abandonado aún el estado de Florida –cuenta Hans Holzer– cuando, al llegar a una curva, encontraron una larga cola de coches y varios vehículos de la policía. Se detuvieron y trataron de averiguar qué ocurría. En el fondo de un barranco había un coche despeñado y volcado. Al lado del auto, una mujer de luto lloraba. Susannah bajó de su vehículo y preguntó qué había ocurrido. Le informaron que la hija de la mujer había muerto en el accidente y que todavía se hallaba atrapada dentro del coche». Aunque la totalidad del sueño no se ajuste con la realidad, no deja de resultar curioso y sorprendente cómo la mente de Susannah captó lo que iba a suceder y elaboró el sueño correspondiente. || 12. Otro sueño que podríamos calificar de clarividente (sin descartar la posibilidad de *clarividencia viajera*) lo cuenta William Oliver Stevens en su libro *El misterio de los sueños* y se refiere al accidente automovilístico que le costó la vida al conde de Covadonga. El hijo del autor del libro, el joven Stevens, tuvo un sueño en el que se vio en el aire, como volando, a varios metros de altura, sobre un auto que corría por una carretera embarrada. En el vehículo viajaba una pareja joven. De pronto, el coche se salió de la calzada, hacia la izquierda, y se estrelló contra un poste. El hombre salió despedido del vehículo y recibió un fuerte golpe en el estómago. Era alto, delgado y parecía un «extranjero». El herido se tendió en la hierba e intentó fumar un cigarrillo, pero el pitillo se le caía de los labios a causa del dolor que sentía. La muchacha que le acompañaba estaba cerca de él y no había sufrido daños. El joven Stevens, desde lo alto, vio cómo el herido exhalaba una extraña bocanada de humo y pensó en aquellas historietas en que se representaba con humo el momento en que el alma abandonaba el cuerpo. Y quedó convencido de que aquel hombre iba a morir. Al día siguiente por la tarde, los periódicos traían un reportaje sobre dicho accidente. El joven Stevens reconoció al hombre del sueño, y, en efecto, se trataba de un extranjero. La víctima –que había fallecido de una hemorragia de carácter hemofílico– era el conde de Covadonga, don Alfonso de Borbón y Battemberg, heredero de la corona de España hasta que por su matrimonio tuvo que renunciar a sus derechos dinásticos. Este hecho tuvo lugar en 1938 en Florida. || 13. Capítulo aparte son aquellos sueños del tipo *advertencia* o *pseudopremonitorios*, que reflejan hechos futuros que pueden alterarse o modificarse de acuerdo con la actuación del sujeto. Trascribimos uno de tales casos del libro del Julio Roca Muntañola *Introducción a la parapsicología*, que dice así: «En 1964 el joven estudiante de Medicina Juan Pedro A. de S., de Barcelona, relata a un grupo de amigos de la facultad el siguiente sueño: Viajando en un coche utilitario por la carretera de Barcelona a Malgrat, al pasar el puente de la carretera vieja, en la curva muy pronunciada que hay allí, de pronto se produce un gran choque con un camión cargado de cajas de cervezas, refrescos y bebidas varias. En el sueño ve que en el momento del choque, su reloj de pulsera marca las 11:05 horas. Su coche, un utilitario, lo ve destrozado y supone lo peor, aunque no siente dolor alguno. Y un detalle importante: el dietario del reloj le indica *sábado, cuatro*. Considerando que dicho sueño puede ser *un*

aviso, y frecuentando precisamente cada sábado dicha ruta, ya que veranea en Lloret de Mar, decide, al conocer el futuro (el accidente), modificarlo, por lo cual adelanta la hora en que cada sábado hace el viaje, y, al llegar al puente y en la cerrada curva, deja aparcado el coche en lugar seguro y en compañía de dos amigos, espera tranquilamente a que den las 11:05 horas en su reloj de pulsera. Y se quedan a la espera durante un buen rato. Pues bien, por *casualidad* o lo que fuere, a las 11:05 precisamente un camión de una conocida marca de cerveza, al coger la curva, por despiste, o porque la carretera está mojada, u otra causa que no se investiga, dicho camión invade la parte contraria. Suerte que en aquellos instantes no pasa por allí ningún coche, ya que de haber pasado uno cualquiera, se habría producido seguramente una catástrofe. Repuesto de la emoción que el hecho le causa al comprobar la exactitud de la hora, y el tipo de camión, marca y carga, los tres amigos estudiantes de Medicina, afirman a partir de entonces y totalmente convencidos, que el futuro percibido precognitivamente puede ser cambiado; sólo es cuestión de interpretar el aviso. Para el joven estudiante la cuestión de los sueños precognitivos fue una auténtica alucinación, ya que a partir de entonces estaba totalmente convencido que en dichos casos se podía modificar el futuro. Craso error... Un año después, en verano, el joven Juan Pedro, de veintitrés años, sufría un aparatoso accidente *en el mismo lugar,* al chocar contra el pretil del puente, por evitar hacerlo de frente, precisamente contra un camión de bebidas carbónicas, y el cual, al volcar por culpa de una falsa y peligrosa maniobra, dejó esparcidas por la carretera infinidad de cajas de cerveza de una conocida marca de la provincia de Lérida. Al ser atendido minutos después del accidente, y por el mismo chófer del camión, el reloj de pulsera, roto, marcaba precisamente las 11:05. Ahora bien, hubo pequeñas *deformaciones* en los hechos en relación a la totalidad del sueño que un año antes había tenido. Primero: no chocó contra el camión, pero sí lo hizo contra el pretil del puente, *por culpa* de éste. Segundo: no fue en la dirección Barcelona-Lloret de Mar, sino al contrario, pues deseaba pasar aquel fin de semana en Barcelona, ya que hacía días que estaba en Lloret de Mar con su familia. Pero lo realmente extraordinario es que el hecho sucedió a la hora prevista en el sueño de un año antes y en un sábado, precisamente, aunque en diferente mes del soñado; el accidente ocurrió el 4 de septiembre de 1965». || 14. En sueños psicológicos, cuando una chica sueña que la invitan a subir a un coche o se ve haciendo «autostop» para que la lleven a algún sitio, quiere decir que la soñante está deseando dejarse llevar por los instintos eróticos o sexuales. || *C. oc.*: **Entrar con el automóvil en un callejón sin salida:** Proyectos equivocados, planes que se estancan. || **Conducir un coche con pericia y seguridad:** Éxito, ganancias, beneficios. Nuevos planes u ofertas beneficiosas. || **Au-tomóvil volcando:** Deben preocupar las calumnias y los enemigos. || **Conducir por una calle ancha:** Prosperidad. || **Conducir por una calle muy estrecha:** Dificultades económicas, facturas que no se cobrarán, cobros que se retrasarán. Hay que ser austero y evitar los gastos innecesarios. || **Salir ileso de un accidente:** Se superarán conspiraciones y traiciones. || **Viajar en coche con la amante o una desconocida:** Disgustos conyugales o familiares a causa de chismes y malas lenguas. || **Viajar con la familia sin incidentes:** Se acercan cambios y nuevas situaciones sociales. Posibilidad de cambio de residencia o domicilio.

AUTORIDAD

Psi. 1. Cualquier autoridad que aparece en sueños, sea civil o militar, puede simbolizar el «Súper-Yo». || 2. Otras veces, la autoridad, sea militar o civil, como comandante, capitán, alcalde, policía, guardia, juez, etc., suele representar al padre.

AUTOSERVICIO (*Selfservice*)

Psi. El concepto de autoservicio, el «sírvase usted mismo», sobre todo en los establecimientos de alimentación, hace una clara referencia a la «autosatisfacción», es decir, a la masturbación. (*Véase* el término *restaurante*).

AVES (Pájaros)

Psi. 1. De la misma manera que en la vida cotidiana existen –según las tradiciones populares– *aves de buen y mal agüero*, de buena y mala suerte, en los sueños también se da esta dualidad con un sinfín de matices (sean sueños psicológicos, fisiológicos o premonitorios), según la clase y especie de ave y el contexto general del sueño. De acuerdo con su color, plumaje, pico, belleza, rapidez, fiereza, tamaño, etc., tienen el correspondiente significado. En general, las aves reflejan ideas, pensamientos, deseos, esperanzas, ilusiones y, por supuesto, también conflictos y frustraciones inconscientes o no del soñador, salvo en aquellos casos que forman parte de ensueños premonitorios o proféticos, es decir, que anuncian algún suceso que se va a producir. Para comprender mejor el significado de cualquier ave *véase* la voz correspondiente, como *águila, buitre, cuervo, alondra, paloma, loro, petirrojo, cotorra, halcón, cóndor*, etc. || 2. Soñar que un pájaro está revoloteando desesperadamente en una habitación (personalidad) buscando una salida, simboliza los deseos inconscientes reprimidos, que no encuentran vía de satisfacción o realización, como si estuvieran encerrados en una cárcel invisible. El pájaro vuela y vuela buscando una abertura para escapar. Este tipo de ensueños indica que el soñador está sometido a un conflicto profundo, del que intenta escapar por el medio que sea. Lo sueñan personas que no pueden ver realizados sus deseos sentimentales, que viven en soledad o en un ambiente familiar que coarta totalmente su creatividad y libertad. || 3. Ver en sueños un pájaro enjaulado, muerto de frío y con las alas rotas, expresa el máximo de falta de libertad y de frustración personal. Representa que el espíritu, el alma, se halla aprisionada, helada y mutilada por los aconteceres adversos. Incluso puede reflejar melancolía y depresión, falta de amor y comprensión hasta límites desoladores. || 4. Las aves delicadas y pequeñas suelen representar las ternuras amorosas, los arrullos sentimentales, los ensueños románticos, las caricias, los besos y toda la gama de ilusiones y pensamientos relacionados con la sexualidad general y los deseos personales de protagonismo. Recordemos la conocida frase «tienes la cabeza llena de pájaros», para indicar las fantasías y deseos irrealizables; ello indica una falta de contacto con la realidad, con lo práctico y utilitario, una tendencia a vivir más con la imaginación que tocando con los pies en el suelo. No olvidemos que los pájaros se mueven en el aire, aunque pongan los pies en el suelo de cuando en cuando. Que la mujer sueñe demasiado a menudo con pájaros puede ser la expresión de que no vive en el mundo de lo real y de que es demasiado confiada. || 5. Las diversas aves tienen especiales significados psicológicos, representan al mismo soñante o a un familiar o amistad íntima. En general, las *aves blancas* simbolizan las buenas intenciones, los pensamientos claros, mientras que las *aves negras*, las malas intenciones y los pensamientos oscuros. Las aves domésticas, como *canarios* y *periquitos*, son la expresión de ideas hogareñas, vida doméstica y falta de libertad. La *paloma* simboliza la paz, la espiritualidad, el candor y la ternura. La *cotorra*, el *loro* y el *guacamayo* representan la excentricidad, el atolondramiento y la charlatanería. El *chorlito* es la imagen de la estupidez; recordemos la expresión popular «cabeza de chorlito» para designar a la persona poco inteligente. Igual puede decirse del *pájaro bobo*, que se deja coger muy tontamente. El *petirrojo* puede significar un nuevo principio, una oportunidad nueva, un renacer espiritual. El *gorrión,* en cierta forma, representa la vida de ciudad o el contacto con la civilización. El *azulejo* es la felicidad, la alegría y las buenas noticias. Otro simbolismo tienen las grandes aves voladoras y rapaces, como el *águila* (libertad, elevación de miras y pensamientos, deseos de encumbramiento), el *buitre,* el *zopilote,* el *cóndor* (tendencias neuróticas y destructoras, propias o de la gente que nos rodea), el *buitre negro* (ideas destructoras malignas, pensamientos negros y pesimistas), el *cuervo* (mezcla de sabiduría y pensamientos oscuros y de infortunio e impulsos reprimidos)... Las aves grandes y siniestras, nocturnas o no, simbolizan las tendencias psíquicas destructoras o muy agresivas o inclinaciones neuróticas del inconsciente, se trate de *harpías, azores, gavilanes, halcones, lechuzas, búhos, mochuelos...* || 6. Aunque en ciertos sueños, las aves pueden representar los deseos reprimidos de libertad y de elevación espiritual o las neurosis e inclinaciones destructoras o depredadoras de la personalidad, en otros ensueños suelen tener un claro simbolismo fálico. El pájaro negro, por ejemplo, es el miembro viril. *(Véase* el término *pájaro). || C. oc.:*

Capturar un ave viva: Relaciones amistosas, unión sentimental. || **Matar un ave dañina:** Victoria sobre enemigos o adversarios. || **Desanidar pájaros** (si están vivos y se dejan coger fácilmente): Nacimiento feliz. || **Aves revoloteando por encima de la cabeza de uno:** Satisfacciones en negocios y amor. || **Aves peleándose:** Conflictos familiares, dificultades con el empleo o negocio.

AVESTRUZ

Psi. El avestruz de los sueños suele advertir de actuaciones poco inteligentes o estúpidas. Algunas veces tiene un claro simbolismo fálico, sobre todo cuando es una mujer la que sueña que es atacada por un avestruz. || *C. oc.:* **Muchos avestruces corriendo:** Proyectos poco prácticos que no se realizarán. || **Avestruz solo corriendo:** Viaje peligroso o que no traerá beneficios. || **Avestruz muerto:** Cambio de planes o proyectos. **Avestruces peleándose:** Malas noticias familiares.

AVIÓN (Aeroplano)

Psi. 1. El avión es un vehículo aéreo que se mueve a gran velocidad, pasa por encima de las montañas y de los grandes obstáculos terrestres y puede llegar a gran altitud, por lo que en los sueños suele simbolizar la altura de miras y pensamientos y las grandes ilusiones y proyectos. Por lo tanto, muchos sueños de aviones son indicativos de que el soñador es ambicioso y posee ideas elevadas, proyectos de envergadura, deseos de elevación espiritual... Incluso puede aparecer en sueños de tipo mandálico. || 2. Otras veces, por la forma de su fuselaje y su comparación con un ave o pájaro, tiene un carácter fálico y puede representar el acto sexual, como en los casos en que el avión entre por una puerta, ventana, túnel, cueva, etc. Incluso puede tener un carácter bisexual o andrógino, ya que el avión es hueco, lleva pasajeros en su «vientre», por lo que hay en él un componente femenino y uterino. Hay que estudiar atentamente los detalles del vuelo y los pasajeros que trasporta para comprender el sueño. || 3. En muchos sueños el avión representa el destino propio y los proyectos profesionales, por lo que su comportamiento en vuelo o en el momento de despegar o aterrizar es indicativo del éxito o fracaso de lo que uno tiene proyectado o en marcha. En este caso, el avión ha de considerarse como un símil de avión, tren, autocar, autobús, barco, etc. Por ejemplo, si se sueña que el avión en que viaja uno se estrella o tiene que hacer un aterrizaje forzoso o de emergencia, suele advertir que en el sujeto existen temores inconscientes de no alcanzar aquello que se propone. Incluso puede que el inconsciente le esté diciendo que aún no está preparado para volar o que se está arriesgando demasiado en sus asuntos. En estos últimos casos (sobre todo si el avión se estrella) hay que analizar el estado de ánimo con que uno se despierta. Si realmente no está angustiado por el accidente, es un sueño psicológico. En cambio, si despierta muy angustiado y aterrorizado, hay que sospechar que pueda ser un sueño parapsicológico o pre-

monitorio. || 4. Como cualquier otro vehículo, el avión también puede figurar en sueños premonitorios de accidentes, como en el caso de David Booth, de Cincinnati, que el 15 de mayo de 1979 tuvo un terrorífico sueño en que veía un gran avión que volaba y que poco después se inclinaba, se precipitaba a tierra y estallaba. Sólo diez días más tarde, el viernes 25 de mayo, se estrelló un avión de pasajeros DC10 que había despegado del aeropuerto internacional O'Hare de Chicago. Estalló, se incendió y murieron los 271 pasajeros y tripulantes, además de 2 personas que se hallaban en tierra. Es un claro caso de premonición onírica. || **C. oc.: Estrellarse el avión en que uno viaja:** Fracaso en un proyecto o negocio. Precaución con el dinero y finanzas. || **Otros que mueren en un accidente de aviación:** Superación de problemas u obstáculos. || **Salir ileso de un accidente de aviación:** Cambio de planes, nuevos negocios. **Viajar en avión sin contratiempos:** Beneficios, buenas noticias profesionales, promoción personal o social. || **Viajar en avión en compañía del cónyuge:** Nuevas situaciones familiares, adquisición de bienes. Desplazamientos provechosos. || **Avería en un avión en que uno viaja en compañía de la esposa, socio o familiares:** Riesgo de separación, rompimientos familiares o liquidación de la sociedad comercial. || **Viajar en un avión con personas desconocidas:** Cambios personales y profesionales. Cambio de domicilio. Noticias lejanas de tipo positivo. || **Aviones bombardeando:**

Malas noticias, enfrentamientos comerciales, pérdidas monetarias. Ha de preocupar la salud y el sistema nervioso. || **Aviones de combate aterrizando en formación:** Éxitos comerciales y profesionales, victoria sobre enemigos y opositores. || **Ver un combate aéreo:** Prudencia en los desplazamientos (aunque no sean en avión), hay que evitar el avión. No deben realizarse negocios arriesgados ni operaciones financieras audaces. No empezar nada hasta que se aclare el panorama. || **Avión atravesando una tormenta:** Retraso en los negocios, dificultades comerciales inesperadas por culpa de los demás. Cuidado con los abusos de confianza y las estafas.

AVISPA

Psi. Insecto malicioso, molesto y pernicioso. Como indica el doctor Aeppli, «especialmente simbólica es la combinación del cuerpo de la avispa con sus claros y bien diferenciados anillos amarillos y negros. El *negro* y el *amarillo* son los colores del *demonio*, representan el brusco cambio del color del sol al negro de la noche». No debe sorprender, pues, que las avispas oníricas denuncien la existencia de alteraciones nerviosas, manías, fobias, complejos, angustias y neurosis. Matar, por tanto, avispas en los sueños es un símbolo positivo, ya que indica la superación de conflictos interiores o que se dominan manías o neurosis. El tener avispas zumbando continuamente en torno a uno y no lograr matarlas refleja la angustia, la amenaza y las molestias interiores que no se logran contro-

lar. Cuando los sueños de avispas se repiten muy a menudo se hace necesaria la consulta con el neurólogo y psicólogo. || *C. oc.:* **Avispas zumbando en torno de uno de manera molesta:** Enfermedad en los oídos o sistema nervioso. || **Ser picado por una avispa:** Alerta contra enemigos y delincuentes. || **Ver un avispero lleno:** Molestias, querellas, vecinos malintencionados. || **Avispero vacío o quemándose:** Superación de problemas, victoria sobre enemigos y competidores. || **Matar avispas:** Superación de problemas.

AZOTEA

Psi. Suele representar la cabeza, la mente y su capacidad de visión. Según lo que ocurra en la azotea será la expresión del problema del soñante respecto a sus proyectos, manera de pensar y ver las cosas. Recordemos que cuando alguien muestra un cierto desequilibrio mental o expresa ideas raras o descabelladas suele decirse que «está mal de la azotea». *(Véase* el término *casa).*

AZUL

Psi. 1. La mayoría de las veces los objetos azules y las tonalidades de azul de los sueños se refieren a los sentimientos y emociones del durmiente. El azul claro o celeste hace referencia a la calma, serenidad, sosegamiento, reflexión, paz, quietud, pensamientos y sentimientos elevados, espiritualidad y buena disposición. *(Véase* el término *colores).* || 2. En el aspecto más elevado, el azul de los sueños hace referencia a la religión, teología, psicología, intelectualidad, espiritualismo, parapsicología, magia religiosa y artes adivinatorias. *(Véase el apartado 11 del término habitación).* || 3. El azul grisáceo como fondo de todo el sueño puede estar relacionado con la materia gris del cerebro y advertir de un desgaste o agotamiento intelectual o de un período de excesiva actividad mental. *(Véase el término red eléctrica).* || 4. En lo geométrico, el azul evoca la circunferencia, por lo que una mancha difusa de color azul puede tener dicho significado o el de una cosa circular. || 5. Es corriente que cuando una persona (sobre todo mujer) está desarrollando sus dotes psíquicas, espiritualidad, clarividencia, intuición, facultades adivinatorias, estudiando tarot, quiromancia, runas, astrología, etc., llegue un momento en que sueñe que entra en una habitación azul, con cortinas azules, tapete azul, tapizados azules, etc. El inconsciente le hace saber así que ya está preparada para su labor, que acaba de entrar en la habitación mágica de su personalidad, que ya puede practicar la *magia azul*. || *C. oc.:* **Comprar ropa azul:** Proyectos o ilusiones espirituales que se pondrán en marcha. Predominio de lo sentimental sobre lo material. || **Mujer embarazada que compra ropa azul:** Tendrá un niño.

B

BACALAO

Psi. 1. Simbolismo de los genitales femeninos, cuando se sueña que se come bacalao, que se compra o vende, etcétera. || 2. Representación fálica, cuando el bacalao está vivo y coleando. || *C. oc.:* **Cortar bacalao:** Engaño sentimental o conyugal. || **Pescar un bacalao:** Proposición sentimental o sexual, pero no matrimonial. || **Comer bacalao:** Amores, excitación sexual. || **Vender bacalao:** Especulación erótica, nuevas amistades.

BAILARÍN (Danzarín)

Psi. El bailarín o danzarín, la bailarina o danzarina que aparece en algunos sueños suele simbolizar la «danza de la vida», el círculo vital que gira en torno del soñante o de un centro invisible que rodea a éste. Nos habla, pues, del equilibrio y belleza del círculo vital que gira en torno nuestro o, por el contrario, del desequilibrio o fealdad de nuestro entorno.

BAILE

Psi. 1. Los bailes de los sueños suelen simbolizar la expresión de la vida instintiva y de los placeres amorosos. Son representativos, muchísimas veces, de la excitación genital, del acto sexual que se desea. El baile aparece, de una forma u otra, en los sueños de muchos adolescentes y jóvenes; representa el movimiento del acto sexual, del «baile en la cama». || 2. Soñar que uno acepta ir a un baile puede indicar que se aceptan los impulsos instintivos; lo contrario, negarse a ir a un baile, puede reflejar la negación de la vida instintiva, indicando hasta una represión neurótica a nivel sexual. Y el que surjan impedimentos para bailar simboliza, asimismo, la represión de la vida instintiva, generalmente por condicionamientos morales o religiosos inculcados con fanatismo. || 3. El participar en bailes colectivos populares puede indicar que en el sujeto hay algún conflicto que obstaculiza su adaptación a la vida social, que algo falla en sus relaciones sociales. Entonces, el inconsciente puede estar señalando la dirección a seguir: *necesita ser más extravertido y hablar y relacionarse con su entorno.* || 4. Tener dificultades en un baile puede expresar problemas de adaptación a la vida amorosa o en la aceptación de los propios instintos. || 5. Bailar con una persona del propio sexo puede reflejar, a veces, tendencias homosexuales inconscientes. En otros sueños, puede expresar la masturbación o el consuelo con la propia *sombra. (Véase* ese término). || 6. Soñar que todos están bailando y que uno lo contempla suele expresar la soledad, la falta de pareja y, por supuesto, que lleva tiempo sin hacer el amor. || 7. Bailar mejor de lo que se había imaginado, puede señalar que se superan inhibiciones o dificultades de tipo sexual. Al respecto, el doctor Otaola explica el siguiente sueño de un hombre: «En una fiesta en la que estaba reunido con todos los compañeros de la universidad, yo estaba bailando. Para mí decía que bailaba bastante mal, pero los otros compañeros pararon de bailar para contemplar lo bien que bailaba. Quedé algo sorprendido». Es un sueño de reafirmación viril, de recobración de la confianza en sí mismo y en su propia potencia sexual o capacidad amorosa. *(Véase* el término *fiesta* como sinónimo de baile). || 8. Otras veces, el sueño de baile puede reflejar los temores de que el novio o el marido sea infiel. Y, por supuesto, refleja el sentido celoso de la soñante, como en el caso siguiente (chica joven): «Soñé que estaba en una dis-

coteca bailando. En ella también se encontraba mi novio. Lo vi bailando con otra y a ella le di una patada». || **C. oc.: Mujer bailando con su esposo:** Éxito, satisfacciones, buenas noticias. || **Estar en un baile de gala:** Herencia, legado. || **Estar en un baile de máscaras:** Hay que estar alerta contra estafas, engaños y traiciones. **Invitación a un baile:** Proposición sentimental. || **Baile campestre o de pueblo:** Pasiones que traerán problemas. || **Soltera bailando con soltero:** Peleas con rivales. || **Mujer casada bailando con alguien que no es su marido:** Disgustos a causa de chismes o calumnias. || **Bailar en un bar:** Graves disgustos por imprudencia o falsa amistad. || **Viuda bailando con hombre casado:** Mejoramiento de posición, superación de problemas económicos.

BAJAR (Descender)

Psi. 1. El bajar o descender en sueños suele indicar que el sujeto baja hacia el lugar en que radican sus instintos primitivos o su parte más animal o negativa, hacia los rincones más recónditos o escondidos del inconsciente. En tales sueños, se puede llegar a descender hasta al propio «infierno» interior, a las partes más peligrosas de la personalidad, donde se hallan confinados los malos sentimientos, los instintos más perversos o las pasiones más abyectas. Hay que analizar el conjunto del ensueño para interpretar si uno baja al infierno cual Dante para conocerse mejor o si desciende a éste para dejarse llevar por vicios, placeres o pasiones que terminarán por destruir su integridad. || 2. En otros sueños puede simbolizar el descenso, bajada o penetración del «Yo» en lo inconsciente. || 3. A veces, el bajar o descender al interior de la tierra puede expresar la muerte, la vuelta al barro del que salió la vida.

BALCÓN

Psi. 1. Los balcones oníricos, la mayoría de las veces tienen un claro sentido sexual: representan los senos femeninos. *(Véase* el término *casa).* Hasta pueden simbolizar los genitales femeninos y su excitación. Un hombre que sueñe mucho con balcones simboliza que está siendo muy atraído por los pechos femeninos. || 2. En casos singulares y especiales, cuando una persona sueña con balcones o situaciones referidas a un balcón, que se repiten a lo largo de los años, esos sueños pueden estar reflejando falta de madurez e independencia con respecto a la madre o una fijación neurótica infantil con respecto a ella. Aquí, el balcón representa el seno materno, cuando el sujeto era alimentado por la madre con sus senos. || 3. El psicólogo argentino Ángel Garma explica el siguiente sueño con referencia a la sexualidad de una mujer: «Mi hija había salido al balcón y se había electrizado con el anuncio luminoso». Por las explicaciones de la sujeto, el anuncio eléctrico era vertical y luminoso y lo había visto en el balcón de la casa de un hermano suyo. Por supuesto, este anuncio es un claro simbolismo fálico (representa el miembro viril), y el balcón del hermano eran las vivencias genitales

infantiles que había tenido con él. El sentirse electrizada quería decir que en aquellos momentos volvía a sentirse excitada genitalmente y recordaba otros momentos de placer. || 4. En otros sueños, el balcón puede simbolizar la salida al exterior, el abandonar la introversión o cerrazón interior y asomarse al contacto con el mundo, con los demás, con los vecinos y, por supuesto, a la luz y placeres de la vida. Es un sueño positivo para aquellas personas exageradamente introvertidas o tímidas que adolecen de falta de comunicación social. Quiere decir que están superando sus complejos. || 5. Como elemento erótico en sueños de hombres adopta las formas más sorprendentes, como en el caso siguiente (hombre adulto, soltero): «Sueño que escalo o subo por la fachada de una casa con balcones de hierro. Coloco una especie de balcón movible entre otro fijo, como si fuera una especie de silla metálica. Al parecer, aquel piso es una pastelería y sale una señora mayor y me dice que qué quiero. Y ante mi demanda me dice que me preparará una bandeja de pastas, que tiene unas rellenas muy buenas. Me quedo colgado del balcón mientras entra en el piso a preparar la bandeja. Entonces despierto». Como se comprende claramente, es un sueño que expresa las necesidades sexuales del soñante. La *pastelería (véase* ese término) siempre está relacionada con los placeres eróticos, al igual que los pasteles, requisitos alimentarios, etc. Y la fachada que escala simboliza la mujer y los balcones los pechos femeninos. ||

C. oc.: **Estar en un balcón soleado:** Premios, honores, ganancias financieras. || **Bajo la lluvia:** Conflictos sentimentales, luchas para conservar la posición alcanzada, traición de amigos. || **Con una persona del sexo opuesto:** Sorpresas agradables, ofertas profesionales, proposiciones sentimentales o de matrimonio. || **Discutiendo con alguien:** Deben preocupar los negocios, el empleo o el cargo. || **Pareja despidiéndose en un balcón:** Separación por una temporada, ausencia prolongada. || **Descolgarse por un balcón:** Conflictos conyugales o familiares. Pérdida de posición o cargo.

BALDE *(Véase cubo)*

BALÓN (Pelota)
Psi. 1. Soñar con un balón o unos balones que ruedan puede indicar inestabilidad en cuestiones personales o profesionales. Verse uno marchando tras un balón o jugando con él puede significar que se persigue un propósito, que hay algo en juego, que un proyecto está en marcha o movimiento, pero con resultados inciertos. Si el balón interviene en un partido o campo de fútbol hay que analizar el conjunto del sueño para obtener su significado. || 2. En sueños de mujer, jugar con balones o pelotas es un enmascaramiento de las diversiones sexuales, en especial si aparecen dos pelotas (testículos). En cambio, en sueños de hombre, dos balones suelen simbolizar los pechos femeninos. || 3. En sueños de tipo fisiológico, un balón de gran tamaño suele anunciar embarazo.

BALSA (de madera)
Psi. Recordemos que es una porción de maderos que unidos unos con otros forman una especie de embarcación plana y rasa. Sirve para la navegación fluvial y pasar de una orilla a otra. La balsa que aparece en los sueños suele representar el soporte de sustentación y navegación más primitivo de nuestro propio inconsciente, a fin de no ahogarnos o destruirnos en nuestros propios conflictos interiores y neurosis. Puede considerarse como un núcleo de sustentación o apoyo del psiquismo. *(Véanse* los términos *violación* y *hombre de negro).*

BALLENA
Psi. 1. Representación de la madre y de la suegra. Puede representar alegrías o pesares, de acuerdo con los detalles respectivos del sueño. Por ejemplo, el soñar con la muerte de una ballena siempre señala enfermedad, rompimientos afectivos, etc. Soñar con este cetáceo nadando por un gran mar es anuncio del desarrollo psíquico del soñante; la personalidad puede despertar a nuevos horizontes y maneras de ver el mundo y las cosas. || 2. En ocasiones, la cabeza de la ballena puede formar parte de otro monstruo marino de tipo irreal o mitológico. *(Véase* el término *monstruo).* || *C. oc.:* **Ballena nadando en mar abierto:** Suerte, se contará con protecciones y ayudas. || **Ballena muerta:** Quiebra de negocio, pérdida de empleo, enfermedad grave o muerte en la familia (probablemente mujer de edad). || **Matar una ballena:** Beneficios materiales acompa-

ñados de disgustos sentimentales. ||
Varias ballenas en alta mar: Viajes,
contactos con el extranjero.

BANANA *(Véase plátano)*

BANCO (de carpintero)
Psi. Soñar con un banco de carpintero abandonado, con herramientas sucias o rotas, etc., señala que el soñante ha abandonado muchas de sus cualidades creativas y su capacidad para elaborar proyectos. Si el banco está bien conservado o el mismo soñante se ve trabajando en él, significa que mantiene muchas ilusiones y proyectos y que está luchando para sacarlos adelante.

BANCO (Caja de ahorros, entidad financiera)
Psi. 1. El banco de los sueños, como establecimiento comercial o financiero, tiene un simbolismo parejo al de la vida cotidiana. Se acude a él para depositar ahorros, valores, documentos, sacar dinero, solicitar un préstamo, un aval, una hipoteca, etc., es decir, que está relacionado con aquello que nos da un cierto poder para comprar o adquirir determinadas cosas y propiedades. El banco de los sueños representa, pues, la concentración de nuestra energía interior, de nuestros valores psíquicos y morales, así como de la vitalidad, de la capacidad de realizaciones. Simboliza el capital moral que tenemos de reserva. En general, el soñar que ingresamos en un banco es un sueño positivo, pues indica que estamos acumulando vitalidad, energía y valores espirituales. En caso contrario, hemos de preocuparnos. Si soñamos que queremos sacar dinero de un banco, solicitar un préstamo o hipoteca y, sobre todo, si vemos que atracan o roban en el banco, es necesario analizar qué es lo que está atacando nuestra energía, nuestros valores interiores, disminuyendo la vitalidad… El banco, por tanto, representa casi siempre nuestro capital emocional, psíquico y espiritual, es decir, nuestra seguridad personal. Si uno sueña que el banco está cerrado, por ejemplo, puede significar que de momento no puede disponer de sus energías interiores. Y hay que preguntarse el porqué. ¿Está agotada nuestra energía o vitalidad? ¿Estamos al descubierto por derrochadores o malos administradores? ¿Estamos en bancarrota, o sea, al borde de una dolencia o enfermedad? En tales casos, el inconsciente indica que algo no funciona correctamente en la conducta y proceder del soñante. Son sueños de alerta personal, en que hay que vigilar la vitalidad y salud. || 2. En muchas ocasiones, el banco comercial de los sueños simboliza que hay que liquidar el pasado, que hay que finalizar alguna operación personal e iniciar otra actividad. *Es anuncio de algo nuevo.* || 3. En los sueños en que se ve alguien atracando o robando en el banco, señala que algo está atacando y robando nuestras principales energías. Y en caso de que se produzcan disparos entre los vigilantes y los delincuentes y muera un hijo que nos acompaña, significa que peligra uno de nuestros proyectos o negocios, que hay riesgo de que fracasemos

en algo. || *C. oc.:* **Solicitar dinero o préstamos a un banco o banquero:** Pérdidas monetarias o comerciales. || **Recibir dinero de un banco:** Fracaso en un proyecto o negocio. || **Estar en un banco:** Promesas que nunca se cumplirán, disgustos comerciales. || **Realizar operaciones en un banco:** Se arreglarán asuntos difíciles, pero con pérdidas. || **Asistir a un robo bancario:** Pérdida de ayudas financieras.

BANCO (Asiento)

Psi. En algunos sueños, tiene el simbolismo de cama, lecho.

BANDIDO (Bandolero)

Psi. 1. A veces, el bandido o bandidos de los sueños suelen simbolizar el aspecto agresivo de los impulsos instintivos masculinos. Un bandido solo también puede representar la propia *sombra (véase* ese término) en algunos sueños de hombre. || 2. En sueños de mujer, el bandido o bandidos, sobre todo a caballo, suelen expresar el miedo a los propios instintos sexuales, además de reflejar las necesidades o deseos sexuales. En tales casos, el bandido es sinónimo de ladrón. (*Véase* ese término). || 3. En otras ocasiones, en sueños de mujer, un bandido puede llegar a ser hasta la expresión temporal del «ánimus», de la parte masculina de su personalidad. || *C. oc.:* **Varios bandidos cabalgando:** Hay que desconfiar de las proposiciones comerciales y financieras. || **Ser atacado por un bandido:** Peligro de accidente. || **Diligencia atacada por bandidos:** Facturas que no se cobrarán, se sufrirán trampas bancarias o financieras. Peligros en el viaje proyectado. || **Matar a varios bandidos:** Superación de problemas. || **Ser herido por bandidos:** Enfermedad. || **Encontrarse de sopetón con bandidos:** Noticias bastante tristes, percances en la familia. || **Ver ahorcar a un bandido:** Se ganará un pleito o querella.

BANQUETE

Psi. 1. Soñar que se está en un banquete siempre hace referencia a la vida sexual y relaciones sociales, sea para expresar placeres y satisfacciones o frustraciones y complejos, según lo que ocurra en él. Suele estar conectado con *restaurante. (Véase* ese término). || 2. Mostrarse cuerdo y frugal en un banquete suele expresar el dominio sobre las pasiones eróticas y la capacidad de reflexión y autocontrol. || *C. oc.:* **Estar en un banquete:** Hay que estar prevenido contra engaños y negocios que no son lo que aparentan. || **Estar en un banquete político:** Desengaños, cambios inesperados. || **Estar en un banquete de bodas:** Nuevas oportunidades y pactos. || **Gente mayor soñando con un banquete:** Buenas noticias monetarias, obtención de pensión o mejoramiento de ésta. || **Dar un banquete a los amigos:** Satisfacciones profesionales, pero que no durarán mucho. || **Recibir la invitación para un banquete:** Oportunidad de colaboración profesional o artística.

BAÑERA

Psi. 1. Muchos de los sueños de bañera tienen un inequívoco cariz erótico-sexual, probablemente por su semejanza con la cama y su asociación con el desnudo, la higiene de las partes íntimas, el agua (sentimientos) y su calor (excitación, estado placentero de los sentidos). En tales sueños, es fácil comprender el significado sexual por el conjunto de éstos. Ejemplo (sueño de mujer casada): «Soñé que me bañaba en la bañera con mi antiguo novio, desnuda y haciendo el amor. Su esposa nos miraba. Él me hacía sentir un amor maravilloso y le decía a su esposa que era a mí a quien amaba. Al poco rato desperté en los brazos de mi marido e hicimos el amor. Estos sueños los tengo a menudo, sólo que con otros novios o algún hombre que no conozco». Nuestra respuesta fue: «Sus sueños son clarísimos, además de normales en una mujer apasionada del signo de fuego de Aries. El del baño muestra tus tendencias y apetencias sexuales sin censura. En realidad no quieren decir que ames a tus antiguos novios, sino que los utilizas a ellos como símbolos del hombre, del macho. Está claro que no sólo deseas hacer el amor, sino que ansías ser admirada. En el fondo de la cuestión está que estos sueños son, en parte, compensatorios, es decir, que si uno sueña con algo de esa manera es porque no lo tiene a su alcance. En resumen, que no tienes mucho apego al marido y que deseas una vida más activa y con mayor protagonismo social. Pero mucho cuidado en caer en el espejismo de lo erótico o de dejarse arrastrar únicamente por lo carnal». || 2. Por supuesto, la bañera también juega su papel cuando se despierta la libido en las jovencitas, como en el caso siguiente: «No tengo novio, y soñé que estaba en un cuarto de baño. De pronto entró un hombre, me cogió y me tiró a la bañera, cerró la puerta y se desnudó. Yo me quedé atónita, nerviosa y tímida. Mi emoción era tanta que no sé ni lo que pasó. Pero me preocupaba que otro hombre se enterara. Desperté toda nerviosa y sofocada. Tengo quince años. ¿Me va a pasar algo malo?». La respuesta que dimos fue: «No, no te va a pasar nada malo. Este sueño no es profético, sino psicológico. Indica que empiezas a convertirte en una mujer y que están naciendo en ti deseos eróticos, pero que son reprimidos por la moral. En conjunto, tu sueño es un enmascaramiento de los deseos inconscientes, es decir, que tu naturaleza ansía conocer el amor, pero tu conciencia lo trasforma en un ataque de un desconocido; de esta manera tú no eres responsable de lo que ocurre, ya que es una acción impuesta. Estos tipos de sueños son corrientes en las jovencitas, por lo que no debes temer nada. Los tendrás parecidos, pero simbolizarán los instintos que están cobrando fuerza en tu ser. El hecho de que te preocupara que otro hombre se enterara, lo identifico con tu ánimus (*véase* término *desconocidos*), con tu guía interior que, incluso, podría representar tu conciencia».

BAÑO (Bañarse)

Psi. 1. Por lo común, el baño de los sueños suele expresar la necesidad inconsciente de purificación interior o anímica (*véase* el término *agua*), de renovación psíquica, y su significado es casi siempre positivo, ya que indica que en el interior de uno hay fuerzas que desean la elevación espiritual, el *limpiarse de miasmas psíquicas e instintos poco convenientes,* el desprenderse de lo que ensucia la espiritualidad de uno. En tales casos, como indica Evelyne Weilenmann, hay deseos inconscientes de desprenderse de algo sucio, viejo o molesto. En los sueños de baño casi siempre hay algo de remordimiento por malas acciones cometidas, generalmente de tipo sexual. A veces, incluso, el bañarse está relacionado con el acto de psicoanalizarse. || «En los diversos sueños de baños –precisa el doctor Aeppli– se purifica el hombre antes de proseguir el viaje de su vida. De semejante purificación hablan los sueños muy detenidamente. A menudo, se sueña con la mera instalación de una bañera, o se encuentra uno inesperadamente con un establecimiento balneario». || Cuando el cuarto de baño se halla en el sótano de la casa, significa que uno debe bañarse en el propio inconsciente, que debe purificar su personalidad e ideas, que debe refrenar su materialismo y dejar que aflore su espiritualidad. *No es su cuerpo lo que debe purificar.* || 2. Como el agua está relacionada con los sentimientos, el bañarse en piscinas y playas es una expresión de los deseos sexuales o eróticos. *(Véanse los términos piscina y playa).* || 3. En algunas ocasiones, los baños de piscina también están relacionados con los deseos de purificación espiritual y de saneamiento del cuerpo, en especial cuando son enfermos los soñantes. Recordemos

la importancia que en la vida común de los católicos tienen los hechos milagrosos de la piscina de Lourdes y todo su simbolismo y tradición religiosa, que se entroncan en el pasado con los baños purificadores de la antigua Roma y, modernamente, con los baños colectivos del río Ganges, en la India. || *C. oc.:* El famoso Artemidoro, en su *Oneirocrítica* (Libro de los sueños), ya indicaba prosperidad en los negocios y vigor corporal a todos aquellos –aun a los enfermos– que soñaran que estaban sumergiéndose en piscinas de agua límpida y fresca. || **Novia soñando que prepara el baño para el novio:** Las relaciones terminarán mal, peligro de rompimiento. || **Bañarse en agua sucia:** Vienen contratiempos y enfermedades. || **Bañarse en agua limpia y cristalina:** Éxito en proyectos y negocios, mejoramiento familiar. || **Bañarse en el mar con el cónyuge:** Esperanzas que se convertirán en realidad. || **Salir del baño:** Se superarán conflictos y problemas: || **Baño con agua fría:** Frustración, desengaño. || **Baño con agua templada:** Dicha, alegría, buenas noticias. || **Bañarse con niños:** Alegrías, satisfacciones. || **Baño con agua muy caliente:** Peleas sentimentales. || **Prepararse el baño para uno mismo:** Pesares, disgustos, enfermedad. || **Bañarse por la noche o al anochecer:** Conflictos o problemas creados por falsas amistades. || **Bañarse con agua salada:** Beneficios, ganancias, superación de dificultades económicas.

BAR

Psi. 1. El bar de los sueños suele estar relacionado con la necesidad de contactos y relaciones y, por supuesto, de placeres. Según lo que se bebe o come en él, queda indicado el problema o deseos del durmiente. Muchas veces, el bar tiene el mismo significado que *restaurante. (Véase* ese término). || 2. Para comprender el significado de la bebida que se pide al camarero, *véase* el término *bebidas.*

BARAJA *(Véase naipes)*

BARBA (Perilla)
Psi. 1. Símbolo de la autoridad y respetabilidad paternal y patriarcal, sobre todo si la barba es blanca. Un hombre de barba blanca puede ser la expresión del abuelo y de la autoridad paterna. || 2. Las barbas pequeñas negras y las perillas de ese color simbolizan la sexualidad masculina, los genitales masculinos en los sueños de mujer. En algunos sueños puede representar hasta la malignidad del sexo masculino. || *C. oc.:* **Hombre soñando que se afeita la barba:** Tribulaciones, pesares, fracaso de negocio. || **Hombre tirándose de la propia barba:** Pérdidas económicas, cierre de negocio, penuria. || **Éxito con barba espesa y negra:** Éxito en proyectos o negocios. || **Perder pelos de la barba:** Fallecimiento de un familiar o pariente. || **Rojiza:** Dudas, críticas, indecisiones, escrúpulos. || **Gris:** Pérdida de dinero o proyecto que no se realiza. || **Blanca:** Prosperidad, protección, ayuda. || **Rubia:** Engaño, abuso de confianza por parte de amistad. || **Castaña:** Rencillas, dificultades. || **Amarilla:** Gastos que no se esperaban, averías, retraso en cobros. || **Mujer viéndose con bar-** **ba:** Está actuando malignamente en sus relaciones conyugales y familiares. || **Embarazada soñando con un hombre con barba:** Tendrá un hijo varón. || **Casada soñando con un hombre con barba:** Desavenencias conyugales, separación, divorcio, amor secreto. || **Casada viéndose con una pequeña barba:** Conflictos hogareños y familiares, peleas con el marido, separación. || **Embarazada soñando que tiene una pequeña barba:** Peligro de aborto, dificultades con el embarazo. || **Viuda soñando que le sale barba:** Tendrá que luchar mucho para no perder bienes o propiedades. || **Chica soñando con un joven con barba:** Proposición amorosa o matrimonial.

BARCO (Barca, embarcación, bote, buque)
Psi. 1. Por lo general, el barco o embarcación representa a nuestro «Yo», nuestras aspiraciones y objetivos, nuestros propósitos y la problemática del destino, a semejanza de lo que ocurre con el *tren, avión, automóvil, autobús, tranvía…* *(Véanse* esos términos). La aparición del barco o navío en nuestros sueños siempre es una señal –buena o mala– de que hay algún cambio en el rumbo de la existencia, nuevos horizontes, nuevos proyectos…, o de que nuestro «navío personal» navega con inseguridad o peligro (cuando se lo ve en la mar agitada o en plena tormenta, acercándose demasiado a los arrecifes…). Incluso puede advertir de peligros personales, de riesgo de perder la vida, si el sueño es de tipo parapsicológico. *(Véase* el término

abordaje). || 2. El periodista, escritor, metapsíquico y médium de escritura automática William T. Stead, en sus escritos y dibujos parapsicológicos reproducía (por inspiración) tragedias navales y el hundimiento de un gran navío. Incluso soñó muchas veces con una gran catástrofe marítima. El 5 de abril de 1912, él mismo moría en el hundimiento del trasatlántico *Titanic.* || 3. Como en la vida, las embarcaciones de los sueños sirven para navegar por el mar, los pantanos, lagos y ríos de nuestro inconsciente o personalidad interior. Estas embarcaciones sirven para permitirnos «pasar a la otra orilla en el río del sueño» (indicativo de que se sorteará algún obstáculo o dificultad), «dirigirnos hacia nuevos horizontes» (soñar que se sube a un barco o que se navega en él es que vienen o se están introduciendo cambios de trayectoria en la vida del soñador), «explorar nuestro inconsciente» (estar navegando por un lago, río o mar, pescando o intentando ver el fondo, es señal de que el soñador está intentando profundizar en sí mismo para comprenderse mejor, conocer otras cualidades de su personalidad, etc.). En ocasiones, la embarcación incluso nos conduce e ilustra sobre algunas características selváticas de nuestra personalidad *(véase* el apartado 1 del término *león),* e incluso nos relaciona con nuestra vitalidad y sexualidad. *(Véase* el apartado 5 del término *león).* || 4. Un hombre mayor que se había embarcado en un nuevo negocio algo complicado y dificultoso, soñó que estaba de capitán en un barco que se iba hacia

los arrecifes. Se pasaba todo el sueño ante el timón, para que el buque sorteasse los peligrosos escollos, mientras él decía en voz alta: «¿Quién es el imbécil que nos ha puesto en este aprieto?». Este sueño reflejaba sus

temores de que el negocio fracasara ante los problemas con que tenía que enfrentarse. Pero el sueño era positivo, ya que indicaba al soñador que poseía cualidades y fuerza para «capear el temporal económico» y evitar el «naufragio del negocio», pero que había que cambiar de rumbo, como así hizo. El inconsciente le llamaba a sí mismo imbécil, por no haber planificado mejor la empresa, en la que se había embarcado demasiado confiadamente. || 5. Soñar que se tiene miedo a embarcar, a subir a un buque o embarcación, suele expresar problemas de adaptación social y falta de iniciativas profesionales y creativas. Hay, en la personalidad, inhibiciones neuróticas o temores para abrirse camino en la vida. || 6. Se cuenta que cuando Cristóbal Colón planificaba su empresa de encontrar un nuevo camino a las Indias, «veía muchas veces en sueños una barca nueva en la que se figuraba que navegaba por las aguas del golfo de Génova, su país natal».

Él lo interpretaba como que tendría éxito en su empresa, como así fue. || 7. En otros sueños, el barco o la embarcación simboliza el sexo femenino y lo que ocurre a bordo está relacionado con los deseos o problemas sentimentales del durmiente. (*Véase* el término *embarcar*). || 8. El barco interviene en muchos sueños premonitorios de naufragios y accidentes, como en el caso del inglés O'Connor que salvó la vida al cancelar su periplo con el *Titanic*. (*Véase* el término *accidente*). || *C. oc.*: **Barco en aguas agitadas:** Problemas o dificultades en los negocios o la profesión. || **Caerse de un barco al mar:** Riesgo de percances personales, quiebra de un negocio, pérdida de un cargo. || **Barco hundiéndose:** Quiebra de un negocio, divorcio, separación. || **Barco navegando por aguas tranquilas y con luz del día:** Éxitos profesionales, buena marcha de los negocios, estabilidad conyugal y familiar. || **Barco llegando a un puerto:** Buenas noticias, beneficios. || **Ver cómo parte un barco:** Pérdida de oportunidades, asuntos que se retrasan o se escapan de las manos. || **Barca pescando:** Beneficios, amores, relaciones. || **Barca a vela en mar agitada:** Herencia que se retrasará o pleitos por ésta. || **Barca varada:** Negocios o proyectos que no se ponen en marcha o que se estancan. || **Barco navegando por aguas fangosas:** Enfermedades, conflictos sentimentales o familiares.

BARRA (Barrote)

Psi. 1. Símbolo fálico, representación del miembro viril. || 2. Como indica Garma, tres barras también simbolizan el pene, ya que éste está constituido anatómicamente por los dos cuerpos cavernosos y el esponjoso. (*Véase* el término *tres*).

BARRANCO

Psi. 1. Simboliza aspectos peligrosos y desconocidos del propio inconsciente. En ciertos sueños puede considerarse parecido al *abismo*. (*Véase* ese término). || 2. Otras veces representa el obstáculo o problema que tiene que sortear el soñante, sea personal o profesional.

BARRER

Psi. 1. El acto de barrer en sueños tiene el simbolismo de limpiar de nuestras vidas aquellos desperdicios y desechos que molestan, aquella basura y detritus que incluso podrían fermentar, pudrirse y perjudicar a la personalidad con la aparición de complejos, neurosis, infantilismos, falta de madurez, cobardías, conflictos interiores…, sobre todo si uno se ve barriendo en una casa, piso, habitación, apartamento. En consecuencia, es un acto y sueño positivos. Cuando uno se ve barriendo quiere decir que ha tomado la decisión de prescindir de algo y de iniciar una nueva etapa en su vida familiar o íntima. Y quiere, por supuesto, prescindir de todo aquello del pasado que no interesa, sea su manera de actuar o las relaciones que mantenía. Cuando se ve uno barriendo en la calle, vías de tren, carretera, camino, etc., entonces los cambios y nuevas situaciones suelen estar en relación con el trabajo, comercio, profesión y relaciones sociales, como en el caso siguiente: «Estoy casado, con familia numerosa y sexagenario. En uno de mis sueños vi que estaba barriendo con una escoba lo que es la vía férrea, por cierto, que había bastante basura. Mientras hacía esa limpieza, a mi izquierda estaba un hombre tendido, en el suelo, fuera de la vía. En ese momento levantó la cabeza y quedé muy sorprendido al ver que era la *cabeza de un asno con cuerpo humano.* ¿Tiene esto algún significado con los problemas que estoy pasando en la fábrica?». Y la respuesta que dimos fue: «No le quepa duda de que este sueño está relacionado con sus dificultades actuales y con su pasado. El mensaje no es muy optimista, ya que indica que usted ha descuidado bastante el mantener "limpias y expeditas las vías de su destino", lo que quiere decir que no ha tenido fuertes ambiciones y que se ha dejado llevar más bien por la comodidad y la rutina, para no tener que pensar demasiado y tomar decisiones, decisiones que ahora seguramente tendrá que tomar, ya que el hecho de que ahora sueñe que está limpiando las vías indica que en usted hay energía y fortaleza –a pesar de su edad– para luchar por la vida. *El asno del sueño representa las ocasiones perdidas.* Seguramente es un reflejo de sus pensamientos en estado de vigilia, es decir, que ante las dificultades y traiciones actuales que usted está sufriendo, seguramente ha llegado a pensar "soy un asno por no haber hecho esto o aquello", "soy un asno por haberme dejado explotar tanto", etc. Entonces apa-rece ese simbolismo en sus sueños, mientras limpia las vías, recordándole que no debe cometer los mismos errores. Debe intentar ser más práctico y realista y saber adaptarse a los cambios y situaciones nuevas. Le vienen cambios en su vida, en su destino, para los que hay que tener la "vía férrea del destino en condiciones para que los vagones (ilusiones, proyectos...) caminen por ella sin dificultades ni descarrilamientos". Por supuesto, ese hombre con cabeza de asno señala que usted en el pasado se durmió demasiado y dejó pasar oportunidades por falta de dinamismo y por no haber estudiado para salir adelante». || 2. El soñar que se barre en casa o el negocio casi siempre significa nuevas situaciones familiares o profesionales y el abandono de antiguas ideas o proyectos ya caducos. || *C. oc.:* **Barrer una calle:** Se aclarará el horizonte personal, mejoramiento profesional de la salud. Cambios positivos. || **Barrer la vivienda o entrada de la casa:** Mejoramiento familiar, nuevas oportunidades, rompimiento con el pasado. || **Mujer barriendo el dormitorio o despacho del marido:** Separación, divorcio, nuevo matrimonio. || **Barrer estiércol, basura o excrementos humanos:** Nuevos negocios u oportunidades monetarias.

BARRERA (Empalizada, valla)

Psi. 1. Las barreras, vallas o empalizadas que detienen al soñante en su camino, suelen ser advertencias del inconsciente para que el durmiente recapacite sobre el camino que lleva, pues *no está en la ruta adecuada o correcta*, generalmente en su vida sexual. Otras veces, esas barreras simbolizan las propias inhibiciones, temores a seguir más adelante, remordimientos, impedimentos o frenos morales, etcétera, que, en cierta forma, evitan que nos lancemos alocadamente en una dirección que pueda perjudicarnos mucho. (*Véase* el apartado 2 del término *barro*). || 2. En otros sueños, las barreras, vallas y empalizadas simbolizan los obstáculos y problemas que uno tiene que sortear o que le salen al paso en la vida real. Por lo general se refieren a la vida profesional y social. || *C. oc.*: **Encontrarse ante una barrera:** Se sufrirán tentaciones peligrosas; hay que meditar mucho los pasos a dar. || **Barrera de un paso a nivel:** Máxima prudencia y cautela en los proyectos y negocios. || **Barrera protegida por un guardia:** Alerta contra la actuación de enemigos o imprevistos.

BARRIL (Tonel)

Psi. 1. De acuerdo con la teoría freudiana, suele simbolizar a la mujer y al seno materno, al vientre, si bien Eduard Weiss lo identifica plenamente con la casa. || 2. En sueños de tipo fisiológico puede simbolizar el vientre del soñante o problemas relacionados con él. (*Véase* el término *vientre*). || *C. oc.*: **Soñar con barriles vacíos:** Penuria, pérdidas monetarias, escasez. || **Soñar con barriles llenos:** Abundancia, beneficios, riqueza, buenos negocios. || **Barriles rodando:** Problemas, dificultades, conflictos. || **Bodega llena de barriles llenos y bien colocados:** Fortuna, éxito, finanzas en alza.

BARRO
(Arcilla, cieno, fango, lodo)

Psi. 1. El barro o fango de los sueños puede tener diversos significados, por lo que hay que analizar todos los detalles del ensueño y, si es posible, la personalidad y actuación del soñador en estado de vigilia. Según Freud, los sueños de barro corresponden a una fijación anal y a una regresión hacia las materias sucias que la caracterizan. Aunque hay cierta conexión –en determinados sueños– entre el barro y los excrementos (*véase* ese término), no deben identificarse ambos, aunque sean materias sucias, ya que el barro no procede del cuerpo humano y los excrementos sí. El barro es una materia independiente del hombre, un producto que surge de la mezcla de la tierra y el agua. En este caso simboliza, pues, la esencia de la creación, ya que puede modelarse y dársele cierta forma y vida. El barro puede representar, pues, el *comienzo*, el *principio*, la *creación*..., por lo que puede intervenir en sueños que signifiquen o reflejen el inicio de nuevos proyectos. Recordemos que ya la Biblia dice que el Sumo Hacedor hizo al hombre a su imagen y semejanza gracias a una imagen de barro a la que insufló vida. Adán, el primer ser humano, que representa el comienzo, salió del *barro creador*. Asimismo, el barro se ha utilizado a través de la historia como material de construcción y sigue utilizándose para fabricar ladrillos y alfarería, por ejemplo. O sea, que puede tener un sentido positivo en muchos sueños. || 2. El barro de los sueños también puede tener –como principio de vida– un claro sentido sentimental-erótico o exageradamente sexual. Como el fango es una mezcla de agua y tierra, puede tener el simbolismo de lo masculino fecundante (agua) y de lo femenino (tierra). En tales casos, el barro puede advertir que lo sexual y genital está cobrando demasiada fuerza; incluso puede estar indicando caos de sentimientos. Veamos un sueño de barro de índole sexual (chica de veinte años): «Soñé que me casaba, y cuando iba a comprar flores para el pelo no encontraba ninguna y tenía que poner en el cabello cucharillas de café. Luego yo iba vestida de novia para casarme, pero cuando iba por la calle me encontré con una valla metálica muy alta que no me permitía llegar al otro lado, donde estaba la persona que yo amaba. La calle estaba llena de fango y pensé que la única forma de pasarla sería hacerme yo una bola con el fango y que alguien me lanzara hacia el otro lado donde estaba él. Me lanzaron, y yo que iba en la bola de fango llegué al otro extremo, donde, con alegría al ver que estábamos juntos, nos besamos, y allí mismo con todo el fango hicimos el amor». No hay equivocación en cuanto a la índole sexual de este sueño y del significado del barro que sale en él. Las *cucharillas de café,* el *vestido de novia,* el *fango,* la *bola,* nos hablan de acto sexual que desea; la barrera, la valla, son los impedimentos o frenos morales que impiden que haga el amor de una manera fácil o abierta, pero está dispuesta a ello, su naturaleza empieza a dominar a sus instintos.

‖ 3. El verse caminar por una calle o camino fangoso, puede simbolizar que uno o una se está deleitando demasiado con pensamientos eróticos y que lo genital empieza a cubrir demasiado espacio de su inconsciente. *Revolcarse por el lodo,* como en el sueño anterior, es símbolo del placer sexual y de lo pecaminoso, desde el punto de vista de la moral inculcada. En este aspecto, el barro o cieno representan la parte sucia y caótica de los instintos. Cuando uno sueña que se hunde a menudo en el barro, es aviso de advertencia del inconsciente, que le alerta de que se está hundiendo en sus vicios, pasiones o delitos, con riesgo de volver al principio de la vida, es decir, de desintegrar su personalidad y retornar al caos. En tales casos se impone un examen de conciencia y un autocontrol de los instintos. ‖ 4. En otras ocasiones, los caminos fangosos o el barro que entorpece la marcha de uno, es un simbolismo de las dificultades que encuentra o va a encontrar en su trabajo, profesión o negocio. Incluso cuando hay discusiones familiares, conyugales o con los hijos, es normal soñar con fango o aguas llenas de barro, que representan las dificultades que uno tiene con los demás. ‖ 5. El barro, el cieno, como cosa sucia que es, también simboliza lo negativo, pecaminoso…, aquello que ensucia nuestra conciencia y mancha nuestra personalidad. Jung cuenta el caso de un avispado hombre de negocios que no estaba actuando con honestidad, que estaba pensando demasiado en el fraude, en aprovecharse de los demás, cuando en sueños vio que «sus manos y antebrazos estaban cubiertos de cieno negro». La conciencia le recordaba su mal proceder. || 6. En contadas ocasiones, el barro de los sueños puede tener el simbolismo de arcilla terapéutica, el barro que cura, cómo debe actuar el soñante para solucionar un problema de salud o de otra índole. || 7. A veces, el objeto más insospechado puede convertirse en barro (lo que denuncia que no se está actuando correctamente), como en el caso de las teclas de un piano, que reflejaba una exagerada práctica onanista. *(Véase* el término *piano).* || 8. En otras ocasiones, qué duda cabe que el barro pueda tener el significado místico de «polvo eres y polvo serás», en el sentido de que guarde relación con alguna muerte, como en el caso de una mujer que nos explicó que soñó que un misionero de la familia venía a su casa y que tomaba un cubo de agua y se lo tiraba por la cabeza. Seguidamente, ella cogía otro cubo y se lo tiraba a él, y el agua, al caer por la persona, se iba trasformando en barro. Una mujer interpretó el sueño en el sentido de que iba a producirse una enfermedad grave en la familia, como así fue. Al poco tiempo fallecía un allegado. || *C. oc.:* **Caerse en el barro:** Pérdidas, fracaso, estafa. || **Mancharse de barro:** Enfermedad, dolencia. || **Sacarse el barro, limpiar de barro algún sitio:** Se superarán problemas o dificultades. || **Modelar algo con barro:** Golpes de suerte, dinero, alegrías en juegos de azar.

BASÍLICA *(Véase catedral)*

BASTÓN (Palo, vara...)
Psi. 1. Corrientemente es un simbolismo sexual de tipo fálico, es decir, representa el órgano sexual masculino. Un hombre que sueñe que ha perdido o que no encuentra su bastón, refleja sus temores de perder la virilidad. Una mujer que sueñe que encuentra un bastón señala que ansía el acto sexual, aunque sea a nivel inconsciente. || 2. Soñar que se rompe un bastón puede reflejar, en el sueño de un hombre, el complejo de castración. Una mujer que sueñe que el bastón del marido está roto, expresa la impotencia de éste. || *C. oc.:.* **Apoyarse en un bastón:** Accidente o enfermedad cercana. || **Recibir unos bastones:** Se recibirán ayudas personales o monetarias. || **Intentar arreglar un bastón roto:** Ayudas o préstamos que difícilmente llegarán; no se puede confiar en los demás. || **Bastón con puño de oro:** Suerte, éxito, negocio que rinde. || **Con puño de plata:** Éxito o beneficios gracias a las mujeres. || **Torcido o que se tuerce al andar:** Hay que desconfiar de una falsa amistad. || **Con puño de hueso o cuerno:** Se saldrá adelante gracias a los propios esfuerzos. || **Golpear a alguien con un bastón:** Victoria sobre enemigos y competidores. || **Ser golpeado con un bastón:** Pérdidas económicas, proyecto que fracasa. || **Mujer soñando con un bastón:** Aventura amorosa, proposición inesperada de amor.

BASURA (Inmundicia)
Psi. 1. Por su analogía con excrementos y estiércol suele figurar en muchos sueños de contenido sexual

anal. *(Véanse* los términos *excrementos* y *oro).* || 2. Como símbolo de desvalorización de personas, cosas y situaciones. Soñar, por ejemplo, una mujer, que echa sus prendas íntimas a la basura quiere decir que desvaloriza las relaciones genitales, que las considera cochinas y sucias.

BATALLA
(Combate, lucha, pelea...)
Psi. Las batallas de los sueños suelen ser la expresión del enfrentamiento o lucha entre tendencias psíquicas opuestas en el interior del sujeto, en el inconsciente. Hay que analizar el contenido del sueño o sueños para ver qué es lo que motiva el conflicto y buscar el firmar la paz consigo mismo. Casi siempre hay sentimientos y sexualidad de por medio. La batalla onírica puede ser terrestre, naval, aérea, submarina, etc. *(Véase* el término *guerra).*

BAÚL
Psi. 1. Por lo general, suele simbolizar los genitales femeninos y, por tanto, estar relacionado con sueños de índole erótica, como en el caso que sigue (chica de dieciséis años): «Soñé que tenía un baúl de monedas, es decir, dinero en monedas. Había muchas. Luego iba por una calle, como una especie de callejón. Vi más monedas; pasé de largo y pensé, ¿por qué no las cojo? Claro es que estoy acostumbrada a ver muchas monedas en el baúl. Entonces volví a buscarlas, y fue cuando vi un hombre muy mal vestido. Me las quería quitar y yo eché a correr. Había un cuartel de la Policía Armada y fui a avisarles porque yo sabía que ese hombre no sólo quería quitármelas, sino que quería algo más, y yo tenía miedo. Los guardias estaban hablando entre ellos y no me hacían mucho caso. Después sí. Nada más apuntar a aquel hombre salieron tras él. Luego ese hombre estaba detrás de un coche y me disparó varias ráfagas con una ametralladora; caí al suelo y ya no supe más de ese hombre. Más tarde, por la carretera pasaba un camión muy grande que no paraba y yo tenía que retirarme, si no me iba a atropellar. Los guardias no hacían nada por evitarlo. Y la ambulancia no venía nunca, y yo sangraba mucho. Pero al ver que el camión se me echaba encima me levanté con mucho sufrimiento y una vez levantada no sentía dolor. Tengo otros sueños que me angustian mucho. Por favor, dígame qué me pasa». La respuesta escrita que dimos a este sueño fue la siguiente: «No debes temer nada de esos sueños. No reflejan nada más –como ya hemos dicho otras veces– que deseos amorosos inconscientes, o sea, que tu naturaleza está despertando a la vida sexual, y esos deseos se trasforman en símbolos a causa de nuestra censura interior. El *baúl,* en este sueño, significa el órgano sexual femenino, mientras que las *monedas* son los deseos, los sentimientos y el amor que tiene almacenado el alma femenina, el tesoro de tus sentimientos que aguarda a que alguien se haga con él (o lo descubra). El *hombre mal vestido* quiere arrebatarte las monedas, el amor, simboliza la tendencia natural que quiere inducirte a que entregues

tu amor (aquí faltan datos sobre tus relaciones y pensamientos al respecto); el que sea un hombre mal vestido o miserable debe de estar relacionado con la manera negativa de ver el acto sexual de acuerdo con la educación recibida. Los *policías* son la autoridad de nuestra personalidad interior; acudes a ellos en busca de ayuda porque rechazas esas insinuaciones de tu propia naturaleza. Sin embargo, los *disparos* que hace el sujeto con la ametralladora indican que en el fondo de tu inconsciente sigues deseando el acto sexual; la *ametralladora* representa el órgano sexual masculino (y hasta el automóvil desde el que dispara). *Tu sangre* es el símbolo del acto sexual (y de la menstruación) y de que estás preparada –biológicamente– para el matrimonio. La *carretera* simboliza el camino de tu vida (y la vagina) y el *camión,* el destino (y el falo). El mismo término que tu empleas, *atropellar,* clarifica aún más la índole sexual de tu sueño, ya que es un eufemismo del acto amoroso; cuando una mujer es forzada a hacer el amor o violada suele decirse que "ha sido atropellada". En conjunto, pues, este sueño no es presagio de ninguna tragedia. Dada tu juventud, tendrás sueños parecidos en los próximos años, y la mayoría pueden interpretarse de manera semejante. La naturaleza, lo único que hace, es recordarte unas necesidades biológicas, que se cumplen, por lo común, cuando se contrae matrimonio». ǁ 2. En otros tipos de sueños, el baúl tiene un significado diferente. Por ejemplo, verse uno cargado con un baúl puede reflejar la gran carga que uno lleva consigo a nivel de responsabilidades personales, familiares, domésticas, etc. ǁ 3. En el aspecto sexual, cuando es una mujer la que sueña con un *baúl muy pequeño,* suele significar que es virgen o que está intacta, es decir, que su vagina no está ensanchada por el comercio carnal y el ser madre.

BAYONETA

Psi. Como la mayoría de armas blancas, simbolismo fálico, representación del miembro viril.

BEBÉ

Psi. Viene a tener el simbolismo de volver a nacer, de iniciar nuevos proyectos, empezar nuevas situaciones personales o profesionales, etc. Por ejemplo, cuando una mujer experimenta un cambio inesperado de rumbo en su vida: queda viuda, se separa, tiene que volver a trabajar por problemas familiares, etc., es normal soñar con un bebé, o sea, que tiene que volver a empezar, volver a nacer, comenzar una nueva andadura por la vida. *(Véase* el término *niño).*

BEBER

Psi. 1. Suele reflejar los deseos de aplacar los instintos afectivos o eróticos. Una mujer que sueñe que bebe un vaso de agua es la expresión de que acepta sus impulsos instintivos, su femineidad. En un hombre, beber un vaso de agua simboliza la necesidad del afecto de la mujer. *(Véase* el término *agua).* ǁ 2. Una mujer que no quiere beber un vaso de agua en sueños significa que se niega o rechaza la aceptación de su propia feminidad, lo que puede crear un conflicto a nivel inconsciente. || 3. En el despertar de la heterosexualidad, es corriente que los jóvenes sueñen que tienen sed y necesitan un vaso de agua. *(Véase* el apartado 12 del término *agua).* || 4. El dudar entre beber un vaso de agua o una copa de licor o alcohol, refleja la aceptación de lo *espiritual* (agua) o de lo animal-pasional (licor, alcohol), como explicamos en el apartado 8 del término *agua.* || 5. Otras veces, en personas jóvenes, si el sueño se repite a menudo, el beber puede expresar fantasías relativas a la sexualidad oral. *(Véase* el término *oro).* || 6. Si una mujer sueña que bebe agua caliente de un grifo (símbolo fálico), indica la excitación sexual o la pasión erótica que la domina en aquellos momentos, sobre todo a nivel inconsciente. || *C. oc.:* **No encontrar agua para beber:** Problemas, conflictos, disgustos, infortunio. || **Beber agua salada:** Enfermedad propia o en la familia. || **Amarga:** Pesares por una larga temporada. || **Leche:** Beneficios, abundancia de recursos. || **De un manantial:** Alegrías, satisfacciones, amores. || **Sangre:** Luchas y enfrentamientos que traerán beneficios, triunfo sobre los enemigos. || **De un vaso:** Ayuda femenina, proposición sentimental. || **Una taza de caldo:** Cuidado con las calumnias. || **Un caldo muy salado:** Enfermedad, infortunio, malas noticias. || **Café con leche:** Amoríos, nuevos pretendientes. || **Agua mineral:** Retrasos, impedimentos. (Para alcoholes y licores *véase* el término *bebidas).*

BEBIDAS

Psi. 1. En general, el agua y las bebidas refrescantes o a base de frutas representan la femineidad, el sexo femenino. *(Véanse* los términos *agua* y *beber).* || 2. Las bebidas alcohólicas, el vino y los licores fuertes simbolizan el sexo masculino, las pasiones y vicios sexuales y la parte animal de la naturaleza. || *C. oc.:* **Beber champaña o vino de cava:** Duelo, malas noticias, cosas que se malogran. || **Limonada:** Alegrías y penas, beneficios y gastos. || **Aguardiente:** Enfermedad, traición, pérdida comercial. **Cerveza:** Peligro de pérdidas a causa de especulaciones. || **Ver botellas de cerveza:** Negocio que no rinde lo suficiente. || **Vino tinto:** Enfermedad, disgustos, maldad, traición. || **Vino blanco:** Ofertas o asuntos inesperados, pero hay que actuar con mucho tiento. || **Licores:** Enfermedades, tensiones nerviosas, querellas. || **Naranjada:** Pequeños problemas que se solucionan. || **Jarabe:** Disgusto o pena que pasará pronto. || **Vino de higos**: Conflicto con los vecinos o condueños. || **Coñac o brandy:** Apasionamientos, arrebatos que traerán conflictos o malos entendimientos. || **Whisky:** Buenas noticias sobre proyectos comerciales.

BESAR (Besos)

Psi. 1. En muchos sueños, el besar a alguien o besarse mutuamente en la boca simboliza el acto sexual que se desea, la unión de los dos cuerpos. Recordemos que la boca representa muy a menudo la vagina. || 2. Otras veces, los besos de los sueños pueden significar una despedida o un rompimiento. Si una chica o un joven comprometidos o casados, sueña que besa en las mejillas, frente o sienes a su pareja, indica el enfrentamiento de relaciones y los deseos inconscientes de despedirse, de romper, de acabar las relaciones por falta de atracción sexual. || *C. oc.:* **Besar a un muerto, sea en las manos o mejillas o frente:** Se tendrá larga vida. Al parecer, la tradición está basada en la historia que cuenta Quinto Curcio en su *Historia de Alejandro,* de que tres griegos que pudieron besar la mano de Alejandro Magno después de muerto, fueron longevos: dos vivieron más de 105 años y el tercero fue muerto a los 97 años de edad. || **Besar a un hombre en el rostro:** Se sufrirá traición, cuidado con los judas. || **A los padres:** Se recibirá ayuda o protección. || **Un retrato:** Fallecimiento de familiar o amistad íntima. || **A un fraile, cura o monja:** Penas, sinsabores, lágrimas. || **A un soldado:** Se recibirán consejos y protección. || **Recibir un beso de persona del sexo contrario:** Sorpresas agradables. || **Besar la mano de una mujer:** Golpe de suerte, buenas noticias personales o profesionales.

BESTIAS (*Véase animales*)

BIBLIOTECA
Psi. 1. La biblioteca que aparece en los sueños suele simbolizar la mente, el intelecto, la memoria y los recuerdos del durmiente. Si la biblioteca está bien ordenada y cuidada, quiere decir que el sujeto está empleando sus facultades mentales de una manera correcta e inteligente. En cambio, una biblioteca desordenada, sucia, oscura, polvorienta, con telarañas, ratones, escarabajos, insectos, etc., señala que el soñante

tiene muy abandonadas sus facultades mentales, que apenas utiliza su cerebro, que pertenece a los bajos estratos de la cultura y que, intelectualmente, no está preparado para enfrentarse con los problemas que puedan presentársele. || 2. El propio Jung tuvo un sueño muy interesante referido a una biblioteca, que explica Mary Ann Mattoon en *El análisis junguiano de los sueños:* «Yo mismo soñé con un tema muchas veces en el curso de varios años. Consistía en mi descubrimiento de parte de un ala de mi casa que ignoraba existiese... Contenía interesantes muebles antiguos, y hacia el fin de esa serie de sueños descubrí una antigua biblioteca cuyos libros me eran desconocidos. Finalmente, en el último sueño, abrí uno de los viejos volúmenes y descubrí en él gran profusión de los más maravillosos grabados simbólicos. Algún tiempo antes de tener ese sueño, le había escrito a un amigo librero del extranjero solicitándole uno de los clásicos alquimistas latinos, porque había dado con una cita que a mi entender podría estar conectada con la primitiva alquimia bizantina y deseaba verificarla. Varias semanas después de mi sueño llegó un paquete que contenía un volumen en pergamino del siglo XVI, con muchos grabados simbólicos fascinantes. De inmediato me hicieron acordarme de la biblioteca del sueño. Como el redescubrimiento de la alquimia forma parte importante de mi vida como pionero de la psicología, el tema del ala desconocida de mi casa fácilmente puede interpretarse como algo que anticipaba un nuevo campo de interés e investigación...».

BICICLETA (Pedalear)

Psi. 1. La bicicleta simboliza al vehículo que exige el empleo de la energía y esfuerzos personales para correr, trasladarse y, por supuesto, mantenerse en equilibrio. Significa que el soñante sólo puede valerse de sus propios medios, ya que la bicicleta carece de motor para su movimiento. Como todo vehículo, la bicicleta está relacionada con el destino, el camino y los proyectos del soñante, pero de una manera solitaria e individualista. Con ella, puede ir uno montado a donde quiera y por caminos estrechos, sinuosos y difíciles. Puede marchar por senderos por los que el automóvil es incapaz, y lo hace de manera silenciosa. Montado en ella, el soñador puede recorrer los caminos más empinados o la carretera más amplia y llana; en el primer caso, es *indicativo de que hay problemas u obstáculos que deberán salvarse con esfuerzos penosos y personales;* y, en el segundo, de que los asuntos personales marcharán bien y sin conflictos, pero también a base de esfuerzos y sudores personales. Como todo vehículo, la bicicleta de los sueños suele indicar deseos de cambio o viajes, así como un remarcado individualismo o independencia a nivel de proyectos. En este aspecto, la bicicleta tiene un simbolismo contrario al *autobús, tranvía, tren...* (*Véanse* esos términos). || 2. La bicicleta también tiene, en algunos sueños, un simbolismo sexual. A veces se refiere a los deseos sexuales latentes y a las prácticas masturbatorias, sobre todo cuando el soñante se ve pedaleando en solitario y se experimenta un cierto placer en el viaje. La bicicleta aparece, en este aspecto, en los sueños de muchos adolescentes y jóvenes. || 3. La chica que sueña que cae mientras va en bicicleta, expresa el miedo al pecado, al castigo por sus prácticas masturbatorias, según la moral religiosa que le han inculcado. || 4. En ocasiones, la bicicleta puede expresar los problemas sexuales con la pareja. Cuando uno se ve pedaleando al lado de la compañera y se produce una avería en su bicicleta, acostumbra a indicar que hay un problema de armonía o de compenetración sexual o sentimental con la compañera, y viceversa. || 5. En su representación de los esfuerzos personales, es curioso el sueño que tuvo un joven y que reflejaba su pasividad y que no estaba dispuesto a hacer grandes esfuerzos para alcanzar objetivos o ambiciones. Su carácter era bastante conformista y comodón. Soñó, varias veces, que iba en bicicleta por una carretera, detrás de otro ciclista que marchaba muy adelantado. Detrás del soñante, a lo lejos, se veía un tercer ciclista; pero no le preocupaba esa especie de carrera, procuraba no esforzarse mucho ni quería alcanzar al primero. Así que podía, se paraba y descansaba, y así que veía que el tercer ciclista se aproximaba, entonces reemprendía la marcha para mantenerse segundo. Este sueño, que se repitió muchas veces, marcaba el carácter del sujeto: no quería hacer esfuerzos para estudiar ni para destacar en nada. Pre-

fería la vida del segundón, del empleado sin preocupaciones. Su lema era ir tirando con lo que el destino le diera. Sólo hacía esfuerzos cuando las necesidades apremiaban (simbolizadas por el *tercer ciclista*). || 6. Un adulto que se vea comprando una bicicleta para niños puede expresar una falta de madurez, sobre todo sexual. Hasta puede reflejar que no sabe desprenderse del onanismo infantil. || 7. En sueños de tipo fisiológico, los sueños de bicicleta pueden advertir de mala circulación sanguínea en las extremidades inferiores, sobre todo si el ciclista tiene problemas con su vehículo, se estropean los pedales o las ruedas, etc. Entonces se hace imprescindible el observarse las piernas. En ocasiones, una mala posición al dormir puede reflejarse en ciclistas que tienen problemas con su vehículo, es decir, con sus piernas. || 8. Un hombre de cincuenta años, casado, padre de dos hijos, que tenía dificultades personales para alcanzar aquello que se había propuesto y, al mismo tiempo, dudaba de sus posibilidades de éxito, soñaba: «Cuando voy a la fábrica con el tiempo justo para entrar a trabajar, se me pinchan las dos ruedas de la bicicleta y a pesar de todo intento llegar pedaleando con toda mi alma, si hace falta cogiendo dicha bicicleta al hombro». Pese a sus problemas (y falta de preparación), el soñante tenía mucha fuerza de voluntad y deseos de superarse en el trabajo y los esfuerzos personales. || C. oc.: **Montar en bicicleta:** Habrá que tomar decisiones sobre proyectos o estudios.

Otros montando en bicicleta: Hay que desconfiar de amistades o colaboradores. || **Comprar una bicicleta:** Mejoramiento de los asuntos personales, cambios para mejorar.

BILLAR

Psi. 1. Las bolas y el taco del juego del billar suelen referirse al juego erótico, a la sexualidad. El taco es el miembro viril y las bolas los testículos. || 2. Como es un juego masculino, el competir con otro hombre, puede hacer referencia a contenidos homosexuales inconscientes. || *C. oc.:* **Jugar al billar:** Se está malgastando el dinero o patrimonio. || **Solteros jugando al billar:** Excitación sexual, necesidad de pareja. || **Casados jugando al billar:** Cuidado con las infidelidades; tentaciones que conducirán al adulterio.

BILLETE (De trasporte)

Psi. 1. El billete de los sueños representa lo que uno «paga por el viaje que está realizando.» Generalmente aparece en sueños de *autobús, tren* y *tranvía (véanse* esos términos). Sobre la importancia del billete en el vehículo de trasporte que se presenta en los ensueños, el famoso doctor Aeppli precisa: «Tenemos que sacar también nuestro billete, o sea, psicológicamente expresado, tenemos que pagar con energía lo que en la vida diurna se paga con dinero, pues nadie vive gratis, nadie progresa sin sacrificarse; sólo las gentes de mente infantil pretenden obtenerlo todo gratis, todo regalado, pretenden que se les releve de toda aportación propia». En parte, pues, ese *billete de trasporte* significa nuestra responsabilidad y aportación a la comunidad. || 2. En ocasiones se sueña que uno ha sacado un billete de segunda o tercera clase pero que está viajando cómodamente en primera. Esto quiere decir que, interiormente, uno *no se encuentra en su sitio en la vida,* que se está empeñando en hacer cosas para las cuales no está aún capacitado, que está dándose una importancia o categoría que no merece. Puede que le falte energía, conocimientos, capacidad, espíritu de sacrificio, experiencia, etc. O sea, que ocupa un asiento, en el vehículo del destino colectivo, en la sociedad, que no le corresponde por merecimientos propios. Esto se agrava si aparece el *revisor* onírico y se lo recuerda. En tales casos, se impone el análisis de la actuación de uno en la vida cotidiana y los proyectos que tiene en marcha y ver en qué se está pasando, en qué se *está dando una importancia excesiva.* || 3. Por el contrario, no es raro que otras personas sueñen que toman asiento en un vagón de segunda o tercera clase cuando llevan consigo billete de primera. Esto indica que poseen energía, capacidad y conocimientos para subir en la escala social y acometer empresas de mayor envergadura de las que realizan, pero que son demasiado prudentes, precavidas y, en cierto aspecto, tímidas, apocadas, miedosas... En tales casos, el *revisor,* «la autoridad interior en el trasporte», se encarga de colocar a uno en el lugar que le corresponde; este sueño es una advertencia de que el durmiente debe darse mayor importancia en la vida cotidiana y dejar de lado su timidez y complejo de inferioridad, que tiene conocimientos y méritos para subir de categoría. (*Véase* el término *revisor*). || 4. Estar en un vehículo de trasporte público sin billete suele ser indicativo de que uno no está preparado para ocupar un lugar en la sociedad, en la comunidad, que le faltan estudios, conocimientos, experiencia, etc., por mucho que en la vida cotidiana elabore planos y proyectos. Si los sueños se repiten mucho, incluso pueden expresar una actitud antisocial y de falta de adaptación a las exigencias de la comunidad. En tales casos, el soñante necesita del consejo de psicólogo.

BILLETES (Dinero)

Psi. 1. Por su identificación con dinero, monedas, oro y poder suele figurar en sueños de erotismo anal, sobre todo cuando aparecen mezclados con excrementos. (*Véase* el término *oro*). Los billetes representan el principio masculino, la genitalidad entre hombre y mujer. Que una mujer sueñe que encuentra muchos billetes quiere decir que está ansiosa de hallar un amor, un compañero, que tiene necesidad del acto sexual. || 2. Para otras valoraciones de los sueños de billetes, *véanse* los términos *dinero, monedas* y *oro*. || 3. En algunos sueños de índole erótica, los billetes simbolizan el semen. (*Véase* el término *cajón*).

BLANCO (Color)

Psi. 1. La mayoría de las veces, el color blanco que aparece en los sueños simboliza la pureza, la inocencia, la virginidad, lo femenino, el pudor, la espiritualidad, el semen, el conocimiento de sí mismo, la paz, el candor, la buena fe, etc. (*Véanse* los términos *colores, rapto, habitación, caballo* y *delantal*). || 2. El color blanco sucio o manchado significa la pérdida de la pureza o de la virginidad, la desfloración, la entrega carnal a un hombre, etc. || 3. En sueños especiales y mandálicos, el *color blanco* (de acuerdo con Jung) simboliza el «Yo». || 4. En lo negativo, el blanco se relaciona con la mortaja y, por tanto, con la muerte, con la palidez de los difuntos. Scherner, en su obra *El mundo de los sueños,* ya explicaba que las personas que aparecían de blanco en éstos, muchas veces hacían de «heraldo de la muerte». Y como curiosidad, hemos de recordar que en la antigüedad el blanco era el color del luto. || 5. A veces, en sueños de mujer, el color blanco simboliza el matrimonio o la unión sexual que ansían. No olvidemos que en Occidente es costumbre que la novia vista de blanco. (*Véase* el término *boda*). || *C. oc.:* **Comprar ropa blanca de cama:** Beneficios, buenas noticias económicas y familiares. Proposiciones sentimentales o de matrimonio. || **Soñar con una casita blanca:** Virginidad, pureza, buena fe, espíritu familiar, buenas costumbres. || **Aparecer un difunto vestido de blanco:** Accidente, enfermedad grave o muerte en la familia. **Verse vestida de novia en blanco:** Cambio de situación, nuevos negocios, cambio de domicilio o de empresa.

BOCA

Psi. 1. Muchas veces la menstruación aparece en sueños como una boca que sangra, y suele ir acompañada de caída de dientes, que representan, en este caso, los óvulos no fecundados, los hijos que se pierden. No hay que olvidar que, en la realidad, la menstruación, además de indicar la no existencia de embarazo, es el aborto de un óvulo no fecundado. La mayoría de las veces, pues, la boca de los sueños tiene el simbolismo de genitales femeninos, de vagina. Cuando en sueños aparece la boca, hay que sospechar que el conjunto del sueño sea sexual. *(Véanse* los términos *diente* y *lápiz).* || 2. La boca, incluso en aparentes actos de felación, puede tener un simbolismo vaginal. *(Véase* el apartado. || 3. del término *acto sexual).*

BODA (Casarse, casamiento)

Psi. 1. Acostumbra a tener el significado de alianza, pacto, unión, acuerdo, aceptación, etc., generalmente entre dos tendencias, instintos o impulsos opuestos de la propia personalidad, inclinaciones que anteriormente se rechazaban, probablemente de tipo sexual. En tales casos, la boda simboliza el matrimonio, la unión entre el soñante y las inclinaciones, ideas o doctrinas que antes no se aceptaban. *(Véase* el término *amigo).* || 2. Por supuesto, las personas que están a punto de casarse tienen sueños que reflejan ese momento crucial de sus vidas. En tales circunstancias, los detalles del sueño advierten de problemas o de alegrías con respecto a la propia boda, aunque en el sueño sean otros los que se casen. Por ejemplo, si una chica o un chico sueñan con una boda que se suspende o se interrumpe por cualquier circunstancia, refleja la angustia ante la inseguridad de los propios sentimientos hacia el futuro cónyuge; el inconsciente está aconsejando la anulación del compromiso o boda, ya que uno no está lo suficientemente enamorado y está arrepintiéndose de haber dado ese paso. || 3. A veces, en sueños de mujer, la boda acostumbra a expresar los deseos sexuales, la realización del coito, la unión con el sexo contrario, como en el caso que sigue (mujer joven, edad desconocida): «He soñado ya cuatro veces que me casaba. Los colores del vestido en cada boda fueron distintos, y por este orden: negro, blanco, rojo, morado. El vestido negro llevaba una gran peineta. El vestido blanco, una banda cruzada y adornada con joyas, muy valiosas; las arranqué y las di todas a los gitanos y amigas. El vestido rojo iba acompañado de una mantilla de flecos muy largos. El vestido morado, era muy sencillo. El traje del que se casaba conmigo fue en todas las bodas igual, color crema; llevaba puesto un chaleco del que colgaba una cadena de un lado a otro, como si llevara un reloj de cadena. La cara nunca se la vi. No sé con quién me casaba». || Pero, al mismo tiempo, estos sueños indican la necesidad de conciliar los diversos impulsos inconscientes con la voluntad, de aunar tendencias contrarias que existen en la psiquis. En otras palabras, la soñante se encuentra en un momento clave de su evolución personal y sexual y ha de pactar con los variados deseos y tendencias que hay en ella, a fin de conservar el equilibrio interior entre el principio masculino y el femenino; es la boda interior, el matrimonio que se realiza en el fuero íntimo y que hace que las tendencias dispares y anárquicas sintonicen y colaboren en la construcción de su edificio humano. El marido sin rostro (aparte la especulación erótica del sexo contrario que se desea) es lo que representa ciertas facetas de su propio inconsciente (el «ánimus»; *véase* el término *desconocidos),* con el que debe pactar, asociarse, firmar un contrato para toda la vida. Al mismo tiempo, es muy probable que existiera en la soñante un fuerte deseo de ser protegida amorosamente por un hombre, ya sea padre, esposo, compañero, etc. Los distintos impulsos sexuales y eróticos, así como los diferentes estados de ánimo, están expresados por los diferentes colores de los vestidos *(véase* el término *colores): negro* (genitalidad masculina, soledad, falta de amor, tristeza, dolor…), *blanco* (genitalidad femenina, virginidad, pureza, pudor…), *rojo* (excitación sexual, fogosidad, ardor, apasionamiento erótico…), *morado* (sobriedad, remordimiento, penitencia, penas…). El *color crema* del traje del novio simboliza la sexualidad, genitalidad masculina, orina… || 4. Otro caso de boda pero que refleja claramente la necesidad sexual de la soñante es el que explicamos en el término *barro (véase);* en estos sueños aparece la idea de boda como justificante, para que no remuerda la conciencia. || 5. Otras veces, los sueños de boda significan todo lo contrario, es decir, que no atrae la idea de una unión permanente y que se piensa más en ser libre y en tener relaciones sentimentales esporádicas, como en el caso siguiente (chica de dieciocho años): «Soñé que iba a casarme, pero no me acordé y se me hizo tarde. Vino mi padre a llamarme y me dijo que tendría que ser otro día la boda. Y me fui. Otro día soñé que también me casaba. Me probé el vestido, salí a la calle y tuve que lavarlo. En ningún sueño me caso ni veo con el hombre que tengo que hacerlo». || *C. oc.:* **Casarse:** Tristeza, soledad, melancolía, esperanzas de que mejore la suerte. || **Boda de una hermana:** Malas noticias. || **Asistir a una boda:** Buenas noticias, oportunidades profesionales, ingresos inesperados. || **Boda de una hija:** Mejoramiento de negocios y trabajo. || **Boda con un viejo o vieja:** Pérdidas monetarias, tristezas, pesares profesionales. || **Viudo o viuda que sueña que se casa por segunda vez:** Buenas noticias, relaciones agradables, diversiones placenteras, cambios, nuevas situaciones. || **Soltero que sueña que se casa:** Cambios, trasformaciones, nuevas situaciones personales o familiares. || **Boda que se interrumpe o anula:** No deben firmarse contratos ni hacer las sociedades que se pensaban.

BODEGA

Psi. 1. Suele simbolizar el vientre propio, así como el vientre materno, la matriz, la vagina. *(Véase* el término *casa).* || 2. Según lo que se halle u ocurra en la bodega expresa los bajos instintos que reprimimos.

BOLAS (Canicas)

Psi. 1. Eufemismo con el que se designan los testículos, la parte principal de los genitales masculinos. Sean bolas de billar, canicas, bolas de cojinete, etc., suelen simbolizar la reproducción sexual. Si una mujer sueña varias veces con bolas de algún tipo, que la persiguen, puede ser la expresión inconsciente de querer quedarse embarazada. || 2. Los sueños de canicas pueden expresar la existencia de un trauma de la edad infantil que no ha sido superado. || 3. Una bola también puede simbolizar el desarrollo de la personalidad y, por tanto, de la sexualidad, como en el sueño siguiente (chica joven): «Suelo ver a menudo una bola negra que comienza siendo muy pequeña y que gira, y a medida que va girando, cada vez más deprisa, se va haciendo mayor de tamaño». || 4. Dos bolas negras u oscuras simbolizan siempre los testículos. || 5. En su aspecto más simple, una bola, una esfera, simboliza la personalidad femenina. || *C. oc.:* **Jugar con bolas:** Nuevas amistades, contactos sociales. || **Jugar con bolas de billar:** Buenas noticias. || **Jugar en una bolera:** Asuntos que se retrasan, contrato que aún no está seguro. || **Ver jugar a bolos:** Los negocios no están seguros. || **Jugar a bolos y ganar:** Éxito en un proyecto o negocio.

BOLSA
(De papel, plástico, tela, cuero...)

Psi. 1. Cualquier bolsa tiene el significado de recipiente, de que puede contener o guardar cosas, por lo que suele simbolizar el principio femenino, a la mujer. No obstante, una bolsa llena de oro o dinero representa al hombre, su poder, posición social y bienes. || 2. En algunos sueños de mujer, una bolsa llena de monedas, oro, billetes, etc., representa el acto sexual que desea, la unión que ansía *(bolsa* = mujer; *monedas* = hombre). || 3. En otros sueños, cuando la bolsa es de tela, ropa, plástico opaco o cuero, y está cerrada y atada, puede simbolizar los deseos de conservar un secreto o los temores de que éste sea divulgado. Pero en sueños de tipo sexual puede señalar la decisión de no tener relaciones sexuales, de cerrar o romper el contacto con determinada persona, etcétera. || 4. Una bolsa de plástico trasparente puede simbolizar la envoltura de la personalidad, el alma que rodea el espíritu. Entonces tiene mucha importancia lo que hay dentro de la bolsa, como en el caso siguiente: «Soñé que estaba en un andén y que se paraba un tren ante mí; como único equipaje llevaba una bolsa de plástico, trasparente, dentro de la cual había dos o tres libros». Este sueño indica que se iban a producir cambios psicológicos, un viaje al interior de la personalidad, en el que sólo se llevaría todo lo aprendido en los libros, toda la experiencia adquirida. En definitiva: *un viaje mental, un periplo espiritual*... Como así fue. El soñante, que era escritor, aquel mismo día recibía una carta de una amiga lejana en que le comunicaba que al recibo de la misiva ya se habría suicidado y por correo aparte le enviaba unos libros y objetos a los que tenía mucho cariño para que los guardara. En cierta forma, este sueño fue del tipo psicológico-telepático-premonitorio. || 5. En otros sueños, la bolsa de mano que uno lleva consigo suele simbolizar la propia personalidad. Entonces, los objetos que se llevan dentro de la bolsa indican el problema o las facultades del soñante. (*Véase* el término *frontera*).

BOLSILLO

Psi. 1. Dos bolsillos suelen simbolizar los pechos femeninos. || 2. Un bolsillo de abrigo o de americana puede representar el sexo femenino. || 3. Dos bolsillos de pantalón son, a menudo, los testículos. || 4. El bolsillo *izquierdo* suele expresar lo pecaminoso, lo perverso, lo sádico, lo inconveniente; el bolsillo *derecho,* lo correcto, lo sensato, lo bien visto, lo normal, etc. (*Véase* el apartado 5 del término *guerra*).

BOLSO

Psi. 1. La mayoría de las veces simboliza a la mujer, a la sexualidad femenina, a los genitales femeninos. || 2. Rasgarse o agujerearse un bolso suele expresar la desfloración, la pérdida de la virginidad. Un bolso manchado puede reflejar el miedo a estar pecando en la utilización del sexo. || 3. Cuando una chica sueña que lleva un bolso de color blanco suele ser la expresión de su virginidad. (*Véase* el término *blanco*). El perder un bolso blanco acostumbra a indicar que se ha perdido la virginidad. || 4. Como expresión de la personalidad femenina, el contenido del bolso es muy significativo. Un bolso muy grande puede indicar fuertes ambiciones, carácter pasional, deseos

de destacar. Un bolso con el contenido limpio y bien ordenado habla del sentido meticuloso, comedido, estricto, crítico e intransigente de su poseedora. En cambio, un bolso desordenado, en que no se encuentra lo que se busca y en que todo está revuelto, habla de vida desordenada, amores alocados, vida sentimental inestable. Un bolso que contiene joyas u objetos desconocidos o que no le pertenecen a una, señala las facultades, aptitudes y cualidades que la soñante ignora de su propia personalidad y que, por tanto, no utiliza. || 5. Si un hombre sueña que se pasea con un bolso de mujer, puede ser la expresión de tendencias homosexuales a nivel inconsciente. || *C. oc.*: **Llevar el bolso en la mano u hombro izquierdo:** Malos pensamientos, especulaciones eróticas, explotación del sexo, amores secretos. || **Llevar el bolso en la mano u hombro derecho:** Buenos pensamientos, matrimonio o compromiso sentimental, contratos serios. || **Bolso de piel:** Negocios, viajes de placer. || **De tela:** Beneficios considerables por el trabajo. || **Desgarrado:** Malas noticias económicas, querellas conyugales o sentimentales. || **De piel de cocodrilo:** Ganancias, beneficios, dinero.

BOMBA (Bombardeo)

Psi. Como en la realidad, la bomba o bombas que aparecen en sueños simbolizan los peligros y las situaciones destructoras, las acciones bélicas o agresivas que pueden terminar con uno y con su mundo. Cuando las bombas caen del aire, lanzadas por un avión, representan los peligros que provienen de las áreas incontroladas del espíritu, de la mente; representan, a veces, las ideas obsesivas, los pensamientos dañinos, los complejos, los temores, los vicios y pasiones destructores que se están adueñando del intelecto, etc. Esas bombas amenazan nuestra vida interior, nuestra integridad moral e, incluso, nuestra integridad física y salud. Reflejan el conflicto bélico que ha estallado en nuestro inconsciente como reflejo de nuestras dificultades en la vida cotidiana. Si el sueño es ocasional, es decir, que no se repite, el bombardeo o la caída de bombas puede ser la expresión de graves tensiones sufridas en el plano familiar, social o profesional. Pero si los sueños se repiten, hay que acudir al psicólogo para que ayude a encontrar la paz interior, para que cese el conflicto agresivo en nuestra personalidad. || *C. oc.:* **Caída de bombas:** Noticias desagradables, pesares, disgustos. || **Ser herido en un bombardeo:** Peligro de accidente, enfermedad o percance económico. Deben preocupar los enemigos. || **Hallarse en un lugar que es bombardeado:** Conflictos amorosos o conyugales. || **Ver de lejos cómo una ciudad es bombardeada:** Desengaño sentimental. || **Oír el estruendo de un bombardeo lejano:** Conflictos que tendrán solución pero que al primer momento asustarán mucho.

BOMBA (Hidráulica)

Psi. 1. Esta bomba que sirve, en especial, para elevar agua de las profundidades, puede tener un simbolismo positivo si se ve en sueños cómo saca agua, pues indica que el soñante está utilizando parte de su energía interior para solucionar un problema de riego, es decir, para que crezcan sus proyectos profesionales o sentimentales. Lo que debe preocupar es soñar con una bomba hidráulica que no dé agua, que esté seca, ya que puede indicar que la persona tiene agotadas sus reservas de tan precioso líquido para la vida; *puede estar seco interiormente de sentimientos o espiritualidad.* En caso de que la bomba sólo saque agua muy sucia y barro, puede ser indicativo hasta de alteraciones fisiológicas y enfermedades. || 2. En su aspecto sentimental-erótico, una bomba que dé agua es un símbolo fálico que suele estar relacionado con el acto sexual. En el caso de que esté seca, señala falta de amor o carencia de capacidad para amar. Y en el caso de que sólo salga agua sucia o barro, advierte de conflictos conyugales. || *C. oc.:* **Sacar agua con la bomba hidráulica:** Buenas noticias, ingresos o beneficios inesperados. || **Bomba que no da agua:** Dificultades monetarias, penuria, pobreza.

BOMBO

Psi. Suele referirse a la mujer gruesa o embarazada, incluso a la matrona.

BOMBÓN

Psi. 1. Los bombones que aparecen en sueños suelen simbolizar la dulzura del amor, los placeres del coito. En sueños de mujer expresan el orgasmo genital que se desea o que no se puede obtener (cuando no hay o no se consiguen bombones). La falta de bombones puede expresar la frigidez. En sueños de hombre, el bombón o los bombones significan las mujeres. || 2. Otras veces, el comer o recibir bombones de regalo expresa acontecimientos gratos o agradables en la vida del soñante. || *C. oc.:* **Comer bombones regalados:** Cuidado con las falsas amistades. || **Comprar bombones para la familia:** Buenas noticias personales o profesionales. || **Regalar bombones a una mujer:** Conflictos conyugales, relaciones que perjudicarán el hogar. || **Mujer regalando bombones a un hombre:** Infidelidad, malos pensamientos, adulterio.

BOMBONAS (De gas)

Psi. Las bombonas de gas suelen representar los testículos, a la genitalidad masculina. (*Véase* el término *camión*).

BOSQUE

Psi. 1. En la mayoría de ocasiones simboliza la totalidad del inconsciente con sus complejas fuerzas y tendencias desconocidas, enigmáticas y primitivas, positivas y negativas, espirituales y materialistas. El bosque de los sueños representa nuestra enmarañada vida inconsciente, y las esperanzas y alegrías (flores, pájaros, estanques con peces...) y los peligros (animales salvajes y carniceros, fosos, serpientes, bandidos, monstruos, plantas venenosas o carnívoras, arenas movedizas, etc.) que se encuentran en él hemos de buscarlos en nosotros mismos, en nuestra propia personalidad. Para ello es conveniente interpretar cada uno de los elementos que aparecen en el bosque onírico, sean positivos o negativos, agradables o desagradables. La luz solar que se filtra por el ramaje de los árboles, las flores, las fuentes de agua cristalina, un campo cultivado, un huerto con frutos, una cabaña bien cuidada, etc., son símbolos positivos, mientras que salteadores, dragones, tigres, leones, caimanes, serpientes, plantas carnívoras, oscuridad, riachuelos de agua sucia y contaminada, cocodrilos, etc., son símbolos negativos y nos advierten de que hay peligros que acechan en nuestro inconsciente, que hay fuerzas *primitivas* en el soñador que empiezan a tomar demasiada preponderancia y a campar por sus anchas, que *hay instintos* que comienzan a escapar del control del durmiente. Se hace necesario, pues, un examen de conciencia y actuaciones y tomar las medidas personales correctoras. || 2. El bosque también puede tener, por supuesto, un trasfondo erótico-sexual, por lo que los elementos que aparecen en un sueño de bosque apuntan hacia la problemática de los afectos. Así, por ejemplo, un *espeso bosque* puede simbolizar los pelos del pubis de la mujer, como en el sueño número 5 del término *iglesia*. || 3. A veces, cuando existe algún peligro para la vida inconsciente, cuando hay instintos demasiado primitivos, introversión exagerada o falta de sociabilidad, no es raro soñar que uno penetra en un bosque selvático y oscuro y que se pierde en él. Esos bosques tenebrosos de los sueños indican que algo no marcha bien en el interior del soñante, que el alma se está apagando a causa de problemas psíquicos. En estos casos la advertencia del inconsciente es clara: *hay que buscar y encontrar el camino que conduce a campo abierto, a las llanuras fértiles besadas por los vitalizantes rayos solares, a las carreteras y autopistas que conducen a la civilización.* || 4. El bosque onírico no tiene el mismo significado para los jóvenes que para las personas de edad avanzada. «El joven –precisa el doctor Aeppli– tiene que abrirse, a través de la espesura de su naturaleza, un camino hacia la luz de una existencia consciente y civilizada. De ahí el sueño de aquel estudiante que como explorador se abrió camino a través de un imponente bosque lleno de aullantes fieras y de ruidosos hombres primitivos que se sentaban en torno a su fuego, y que con un gran respiro de satisfacción alcanzó finalmente la cumbre soleada de un monte». || 5. En el bosque de la vida inconsciente viven las más diversas tendencias e instintos, los cuales pueden adoptar los más extraordinarios y extraños símbolos. La literatura popular y costumbrista, a través de admirables cuentistas, que han trasladado a la palabra escrita los sueños de unos y otros, ha dado vida a tales problemas inconscientes. Así, no debe sorprender el éxito que han alcanzado muchas de tales historias, en las cuales se han identificado pequeños y mayores, como las narraciones sobre enanos, gnomos, hadas, brujas, fieras salvajes, ogros…, y otras más concretas, como Caperucita Roja, Blanca Nieves, Genoveva de Brabante… Que las jóvenes bellas y hermosas, cual Blanca Nieves o Genoveva, sean perseguidas por el bosque de los sueños o abandonadas en él, significa que están en malas relaciones con sus propios instintos, que están en conflicto con ciertas tendencias ideales de su personalidad. || 6. El soñar que se abandona un niño en el bosque suele significar que algún proyecto con el que se esperaba tener éxito, es abandonado a su suerte y que uno no se preocupa de él o que inconscientemente empieza a querer desprenderse de él. Este simbolismo también tiene especial representación en leyendas y mitos, en que el niño o niños abandonados son alimentados y protegidos por fieras salvajes, que demuestran tener más ternura que los duros corazones de los altivos y orgullosos que los han abandonado a su suerte sin el menor remordimiento.

BOTELLA

Psi. 1. Es un símbolo fálico, una representación del atributo sexual masculino, sobre todo si es de alguna bebida fuerte, como coñac, brandy, whisky, ginebra, etc., y el sueño lo tiene una mujer. *(Véase* el sueño explicado en el término *mesa).* || 2. A veces, si la botella es especial, ancha en su parte baja, tipo garrafa, representa a la mujer. || 3. En otras ocasiones puede simbolizar una especie de prisión o encierro. || *C. oc.:* **Botella vacía:** Sobriedad, infortunio, escasez, malas noticias económicas, obstáculos profesionales. || **Llena:** Prosperidad, abundancia, borrachera. || **Rota:** Malas noticias, tristeza, proyectos fallidos. || **Comprar una botella:** Abundancia, alegría. || **Vender una botella:** Negocio o fortuna en peligro. Disipación de bienes o esfuerzos. Gastos excesivos. || **Derramar una botella:** Preocupaciones en el hogar, fricciones familiares o conyugales. || **Botella llena de un líquido trasparente:** Alegría y buenas noticias de tipo hogareño, amoroso y profesional. Se solucionan los problemas que preocupaban.

BOTÓN

Psi. 1. Los botones, a manera de monedas, acostumbran a simbolizar la sexualidad masculina, la virilidad. || 2. En algunos sueños, dos botones suelen referirse a los pechos femeninos, a los pezones. || 3. Otras veces, los botones representan a los hijos. || *C. oc.:* **Soltero cosiéndose botones:** Asuntos sentimentales que se retrasarán. || **Soltera cosiendo botones:** Beneficios inesperados, entrada sorpresiva de dinero. || **Perder botones:** Enemistades, divulgación de secretos.

BÓVEDA

Psi. 1. Sinónimo de *cueva.* (*Véase* ese término). || 2. En ocasiones, una bóveda negra y sombría puede representar el propio vientre. (*Véase* el término *vientre*).

BRAZALETE

Psi. 1. Uno de los símbolos de la sexualidad femenina; el soñar que una se coloca un brazalete (o se lo ponen) en un brazo representa la unión sexual que se desea o la naturaleza demanda. || 2. En otros sueños, suele estar relacionado con alegrías o dichas de tipo conyugal y matrimonial, y hasta puede señalar una próxima maternidad, como en el caso que sigue (sueño de una mujer casada, analizado por Edgar Cayce): «Soñé que llevaba anillos en los dedos, los cuales se convertían en flexibles brazaletes de diamantes, y además los brazos cubiertos de esa misma clase de alhajas, hasta el codo. En ese instante me encontraba en mi casa aprestándome a marchar al colegio; pero me sentía tan emocionada que decidía quedarme. De todos modos perdí el día. Vestía suéter y falda roja. Mi madre me recomendó que me quedará en casa a disfrutar de tan espléndidos adornos». || Los anillos simbolizan la vida matrimonial, la pareja, la unión sentimental. Para Cayce, en este sueño, los *anillos que se convierten en brazaletes de diamantes* indicaban que la mujer iba a tener un niño extraordinario entre sus brazos, que sería madre. Ir al colegio, era un aviso del inconsciente de que había de aprender nuevas cosas y prepararse física, mental y espiritualmente para un nuevo estado: gestar y criar convenientemente al hijo que venía. La *falda roja* es un simbolismo, aquí, del nacimiento, de la maternidad, de la nueva vida que iba a dar, en parte de manera dolorosa. El *rojo* es el color de la sangre que mantiene la vida. En este sueño hasta puede interpretarse «como sangre de mi sangre». || *C. oc.:* **Tener un brazalete de oro:** Buenas noticias monetarias, satisfacciones sentimentales. ||

Encontrar un brazalete en la calle: Satisfacciones interiores, especulaciones eróticas. || **Perder un brazalete:** Rompimiento sentimental, no satisface la pareja que se tiene.

BRAZO

Psi. 1. Suele simbolizar el miembro viril, el sexo masculino, incluso en una mujer. Si ésta sueña que le amputan un brazo o ve un brazo cortado suele significar que se ha roto con el marido, el amante o el novio. *(Véase* el término *amputación). ||* 2. El brazo caído de un hombre expresa la impotencia masculina. || 3. Los brazos, como miembros móviles del cuerpo, también hacen referencia al dinamismo y actividad del soñante. Tener los brazos atados puede advertir de falta de empleo o de trabajo. || *C. oc.:* **Verse con los brazos caídos:** Falta de vitalidad, problemas de salud. || **Verse con el brazo roto y escayolado:** Penas y conflictos que serán superados. || **Verse con brazos bellos:** Amistades que traerán alegrías. || **Romperse un brazo:** Fallecimiento de un familiar. || **Verse un brazo muy hinchado:** Riqueza inesperada de un familiar o pariente. || **Brazos con mucho vello:** Mejoramiento comercial, buenas noticias monetarias. || **Amputación del brazo derecho:** Fallecimiento masculino en la familia. || **Amputación del brazo izquierdo:** Fallecimiento femenino en la familia. || **Tener los brazos cortos:** Frustraciones, fracasos, malas noticias económicas o profesionales. || **Verse con los brazos sucios:** Querellas, dificultades, frustraciones pasajeras.

BRUJA

Psi. 1. Suele representar a la madre en su aspecto temible, dominante, tiránico, absorbente... En muchos sueños de adolescentes, la bruja es la imagen inconsciente que se forman de su madre y refleja la agresividad inconsciente hacia ella. || 2. En algunos sueños de mujer, la bruja es el aspecto maligno de la *sombra. (Véase* ese término). || 3. Jung explica el caso de una «joven mujer aferrada a su madre de manera extremadamente sentimental, que siempre tenía sueños muy siniestros con ella. Se le aparecía en sueños como una bruja, un fantasma, un demonio que la perseguía. La madre la había malcriado fuera de toda medida, y la había cegado hasta tal punto con su ternura que la hija no tenía idea consciente de la nociva influencia materna». Y para que la joven reaccionara y asumiera las responsabilidades de su individualidad y madurez, el inconsciente le presentaba la verdadera imagen de su madre: una bruja maligna, un demonio que se estaba apoderando de su alma. || *C. oc.:* **Bruja hablando al soñador:** Hay que estar alerta contra insidias y traiciones. || **Brujas peinando al soñador:** Se sortearán peligros y dificultades. ||

Brujas volando: Peligros que se alejan. || **Brujas rodeando al soñador:** Se acercan problemas y conflictos, promesas o ayudas que no llegarán.

BUEY

Psi. 1. Suele simbolizar la paciencia, la rutina laboral y, en cierta medida, el sacrificio cotidiano. A veces, en sueños de mujer, aparece un buey, el cual representa al marido, que pese a ser trabajador y bonachón está falto de vitalidad instintiva, le falta sexualidad y arranque. Recordemos que el buey es un toro castrado que se emplea para las labores del campo. || 2. Que un hombre sueñe demasiado con bueyes puede ser la expresión de su falta de hombría o de su esterilidad. || *C. oc.:* **Buey corriendo:** Hay que evitar las imprudencias. || **Con cuernos:** Beneficios, cobros, premios. || **Sin cuernos:** Gastos, pérdidas monetarias, penuria. || **Gordo:** Abundancia de recursos, fortuna, dinero. || **Flaco:** Penuria, falta de dinero, hambre, estrecheces. || **Dos bueyes uncidos:** Unión próspera, asociación que dará beneficios. || **Bueyes blancos:** Buenas noticias, satisfacciones, beneficios. || **Negros:** Percances, robos, pérdidas, malas noticias. || **Peleándose:** Desavenencias conyugales o familiares. || **Ser mordido por un buey:** Enfermedad, achaque, herida. || **Degollar un buey:** Victoria sobre enemigos, solución de un grave problema.

BÚFALO

Psi. 1. Expresa la fuerza de procreación masculina, la energía instintiva, por lo que tiene un simbolismo parecido al *toro*. (*Véase* ese término). || 2. Una manada de búfalos corriendo por las verdes praderas del inconsciente advierte de que el durmiente se está dejando llevar demasiado por sus instintos, que hay que controlarlos, amaestrarlos. Hay que analizar el comportamiento de uno en la realidad y actuar en consecuencia. || 3. A veces, un búfalo puede simbolizar al padre de una manera peyorativa. (*Véase* el apartado 5 del término *guerra*).

BUHARDILLA

Psi. 1. Simboliza parte del cerebro, de la mente consciente, de la memoria. En cierta forma, es muy parecida al *desván*. (*Véase* ese término). || 2. En sueños de tipo fisiológico, los desperfectos de la techumbre, goteras, inundaciones, reventón de tuberías o desagües, desconchaduras, etc., advierten del peligro de enfermedades en la cabeza, neurosis, complejos, etc.

BÚHO (*Véase aves*)

BUITRE

Psi. 1. Suele simbolizar la imagen materna en su aspecto más agresivo o fálico. || 2. En otros sueños puede simbolizar los propios instintos incontrolados y carniceros, sobre todo a nivel sexual. (*Véase* el término *animales*). || *C. oc.:* **Ver buitres al acecho:** Riesgo de percances, accidentes, robos, atentados, estafas. || **Buitres volando:** Enfermedad, malas noticias. || **Matar uno o varios buitres:** Se saldrá victorioso de trampas y emboscadas. || **Buitres**

peleándose: Conflictos con colegas o socios.

BUÑUELO

Psi. 1. Esta fruta de sartén suele expresar las delicias de los placeres sexuales. Dos buñuelos simbolizan los pechos femeninos. || 2. A veces, un buñuelo expresa un error, equivocación o cosa mal hecha, como ocurre en la realidad. || *O. oc.:* **Hacer buñuelos:** Satisfacciones, alegrías, buenas noticias sentimentales. || **Comer buñuelos:** Placeres, invitaciones, fiestas, excitación sexual. || **Ver hacer buñuelos:** Contrariedades, salidas o fiestas que no se llevarán a cabo.

BUQUE *(Véase barco)*

BURRO (Burra)

Psi. 1. Simbolismo despectivo de la actuación de uno mismo o de los familiares. Los varones suelen ser representados por burros y las hembras, por burras, estén los animales en una casa, campo, establo, cerca, etc. || 2. Como proyección peyorativa de sí misma es significativo el sueño de una *burra despeñada,* explicado por una mujer de sesenta y un años: «Soñé que era de día y había una burra blanca amarrada en un vallado rectangular. Y sin más ni más, empezó a dar botes y cayó a un precipicio. Luego estaba cerca de mi huerta, tumbada». Este sueño reflejaba la actuación poco sensata de la mujer, tanto en amor como en las relaciones familiares. Ella misma se buscaba problemas y conflictos por ser «tan burra» de dejarse explotar por los demás, en un sacrificio constante. Aquí, puede considerarse una «burra de carga». El que la pobre bestia fuera blanca quiere decir que, pese a su edad y experiencia, seguía siendo «una inocentona», «una buena fe». || 3. El doctor Otaola explica otro caso de proyección peyorativa de sí mismo (sueño de hombre): «Veo a un burro que se revuelca por el barro y se pone perdido». Aquí, como se comprende, el inconsciente le está indicando al durmiente lo «burro que es al comportarse como lo hace». El *barro,* que puede considerarse como excremento, expresa las tendencias instintivas infantiles que el sujeto se resiste a abandonar, que ensucian su personalidad. || 4. Es un símbolo peyorativo de uno mismo. *(Véase* el término *barrer).* || *C. oc.:* **Oír el rebuzno de un burro o asno:** Peligro de afrentas, estafas, abusos de confianza o percance en la familia. || **Montar un burro:** Conflictos profesionales o comerciales; hay que extremar la prudencia y no ser confiado. || **Ver un asno corriendo:** Malas noticias económicas, pérdida de oportunidad por no haber actuado convenientemente. || **Sacar un borrico del establo o pesebre:** Rompimiento con socios o cola-

boradores; disolución de empresa. || **Ver muchos burros:** Conflictos o querellas con empleados, subordinados o colaboradores; cuidado con dejarse llevar por terquedades. || **Caerse de un asno:** Fracaso profesional o comercial. || **Comprar un asno:** Mejoramiento profesional; oportunidades comerciales o financieras. || **Ver matar o muerto un asno de la familia:** Accidente o percance grave en la familia. || **Ver una pollina pariendo:** Golpe de suerte, abundancia, prosperidad, mejoramiento familiar y profesional.

BUSCAR (Búsqueda)

Psi. **1.** Por lo común los sueños en que el durmiente se ve en busca de algo o de alguien reflejan la insatisfacción amorosa, afectiva o sexual; se ve en pos de lo que uno no tiene, le falta o ha perdido. El principal objetivo de la búsqueda onírica es hallar el ideal afectivo o romántico. Siempre que soñamos que buscamos algo, a alguien, una dirección, etc., hay que analizar el simbolismo de cada detalle para comprender lo que se ansía encontrar a nivel inconsciente, si bien muchas veces queda claro lo que le falta a uno en el estado de vigilia, como en el caso de la chica que sueña a menudo «que estoy buscando a mi madre por las ciudades...». (*Véase* el apartado 9 del término *muerte*). Este tipo de búsqueda, como el ir en pos de una persona o personas conocidas (vivas o muertas) suele expresar la *necesidad de afecto, protección, consejos,* etc., a causa de la soledad o inseguridad propia, de la necesidad de amor y se-

guridad. De todas maneras, el hecho de la búsqueda en sí ya es positivo, pues significa que se está intentando hallar la solución al conflicto, que se desea superar el problema, sea éste cual fuere. Representa que la esperanza vive en el inconsciente del soñante. || **2.** Buscar a una persona conocida –familiar o amiga– y no encontrarla puede enmascarar o disfrazar los deseos inconscientes de romper con ella o la pérdida del afecto hacia esa persona. De una manera diplomática o disimulada, el inconsciente advierte al soñante de que ya no siente verdadero cariño por esa persona que no halla en sueños (se trate del padre, madre, hijo, hermano, novio, marido, etc.), *ya que se va en pos de lo que inconscientemente se considera perdido.* || **3.** Otras veces, el buscar algo, un objeto, expresa las inquietudes o la angustia por hallar la solución a un conflicto o problema íntimo o profesional, que se resolverá o no según se encuentre lo que se persigue o no. Por ejemplo, un hombre que sueñe que va tras un objeto de simbolismo fálico (*espada, llave, bastón, pistola,* etc.) y lo halle, expresa la superación de problemas de potencia sexual; pero en caso de que sea una mujer la soñante, el mismo objeto señala que encontrará pareja o que acepta la problemática de la sexualidad masculina. En caso de no dar con el objeto, significa el rechazo de lo que éste simboliza. Igual puede decirse de los objetos que representan al sexo femenino. (*Véase* el término *objetos*). || **4.** En ocasiones, el buscar calles, casas, pisos, direcciones, etc., hace referencia a situaciones del pasado, a recuerdos (traumáticos o no) conectados con padres, familiares, amigos, conocidos, condiscípulos, etc. Entonces se intenta dar con una explicación a situaciones o conflictos que no han quedado liquidados y que aún colean a nivel inconsciente. Incluso puede expresar que se intenta identificar un trauma infantil o de la adolescencia para asumirlo y superarlo. || 5. Buscar un camino o carretera, hasta un pueblo, caserío, etc., puede reflejar la angustia o inquietud por hallar el camino o rumbo adecuado para un proyecto, estudios, trabajo, negocio, etcétera, o *a la propia existencia*. Incluso puede ser la expresión del miedo a equivocarse en la vida o a *la inseguridad en las propias decisiones* o *valores*. || 6. A veces, los sueños muy elaborados de búsqueda, sea en el mar, playa, castillo, bosque o lugares mágicos o fantásticos pueden indicar que uno espera encontrarse a sí mismo, el comprenderse mejor, el conocer la propia personalidad interior. En otras palabras: se busca la propia identidad psicológica. || 7. Algunos sueños de búsqueda por un pueblo, ciudad o capital, como indica Stekel, expresan la búsqueda (por parte del durmiente) de su «objetivo sexual». (*Véase* el término *nueve*).

BUTIFARRA

Psi. Como todo embutido, símbolo fálico, representación del miembro viril, tanto si se come como si se compra.

BUZÓN

Psi. 1. En el plano erótico, el buzón de correos suele representar el sexo femenino. Ver introducir un sobre en él por la ranura puede simbolizar la unión sexual que se desea. || 2. El buzón onírico guarda relación con la correspondencia, con las *cartas* (*véase* ese término); simboliza la necesidad de noticias, cambios y nuevas situaciones, sean de tipo sentimental, familiar o profesional. Si se sueña a menudo con buzones significa que se está ansioso por que el destino o la vida envíe o traiga algo nuevo. || *C. oc.:* **Buzón negro:** Malas noticias familiares o de amistades íntimas; duelo o grave accidente. || **Rojo:** Cuidado con las pasiones sexuales; riesgo de enamoramientos peligrosos o inconvenientes. || **Rojinegro:** Hay que estar alerta contra la actuación de enemigos y contra las propias pasiones y vicios. || **Blanco:** Buenas noticias personales o sentimentales. || **Rosa:** Noticias o encuentros románticos. || **Verde:** Mejora personal, familiar o profesional. || **Amarillo:** Buenas noticias sobre dinero o trabajos intelectuales; cuidado con la infidelidad amorosa. || **Azul:** Contactos o relaciones espirituales, religiosas o mágicas. || **Mujer embarazada que sueña con un buzón azul:** Tendrá un niño. || **Mujer embarazada que sueña con un buzón rosa:** Tendrá una niña. || **Mujer embarazada que sueña con un buzón negro:** Peligro de aborto.

C

CABALGAR

Psi. Representación del coito, del acto sexual que se desea o que se recuerda. (*Véase montar a caballo*).

CABALLEROS

Psi. En sueños de tipo parapsicológico y de agonizantes, los caballeros de los sueños y de las visiones pueden representar las fuerzas espirituales que acuden a protegernos durante el gran trance, a fin de acompañar al alma hacia los caminos de la luz, como en el caso del escritor y poeta suizo Gottfried Keller, que veía cómo «dos caballeros vestidos de pies a cabeza con corazas forjadas de oro puro, se habían pasado la anterior noche entera mirándole inmóviles e indiferentes desde junto al pequeño armario que se hallaba entre las dos ventanas…». Su agonía duró poco. Keller fallecía el 16 de julio de 1890, tres días antes de su cumpleaños.

CABALLO (Cabalgadura, corcel)

Psi. 1. El caballo de los sueños simboliza, ante todo, la potencia elemental de los instintos, la energía de la personalidad instintiva, la potencia viril. Cuando el caballo se ve dócil y obediente, indica que los instintos están ordenados y dispuestos para conducir al soñador hacia sus objetivos y ambiciones. Cuando todo funciona correctamente entre el corcel y el soñador, indica que hay armonía y entendimiento entre los instintos y el «Yo». || 2. Toda cabalgadura o montura representa las energías movidas por la voluntad, de manera que la calidad del corcel y la forma –segura o vacilante– con que uno la conduce indican los presagios a sacar del sueño. Por ejemplo, si el sujeto ha decidido emplear tales o cuales medios para llegar a un fin u objetivo, la montura de sus sueños representa esos medios. En consecuencia, la caída del caballo o cualquier accidente que sufra la montura, advierte del peligro o fracaso. || 3. En el plano sexual, el *montar un caballo* representa muchas veces el coito que se desea, la excitación genital. Puede identificarse con el pene en determinados sueños, sea hombre o mujer quien monte el corcel.

4. El soñar con *caballos amaestrados* (que, por ejemplo, realicen cabriolas en un espectáculo, circo, etc.) es indicativo de que hay orden en la vida anímica y casi siempre en lo erótico-sexual del soñante, es decir, que los instintos están controlados y domados. || 5. El *caballo blanco* que aparece en los sueños puede tener varios significados: *a*) En ocasiones es el símbolo arquetípico del principio femenino; *b*) Otras veces suele representar el ideal masculino que se desea, el príncipe con el que se sueña, el hombre que se desearía como compañero... Es corriente que las mujeres sueñen con que las persigue un caballo blanco, representación del hombre que va detrás de ellas y, al mismo tiempo, de sus propios instintos sexuales; *c*) En ocasiones, el caballo blanco representa al amante, protector, favorecedor, etc.; *d*) Asimismo, hay sueños en que simboliza una energía ideal y creadora, si bien desligada, de lo terreno y material, próxima a las imágenes primigenias, como las de Pegaso, el caballo volador, el corcel con alas que convivía con las Musas y los dioses de la antigüedad; *e*) En casos extraordinarios, el montar un caballo blanco puede ser –en su aspecto más amplio y trascendental– un presagio de muerte, de subir o cabalgar hacia el más allá, a manera de moderno Elías, que subió al cielo en un carro de fuego. Es un sueño que debe preocupar a personas que se hallen muy enfermas; *f*) En el aspecto más corriente,

cabalgar en un corcel blanco es indicativo de que se está produciendo un cambio espiritual en la vida del soñador, que está muriendo una etapa material y hay un renacimiento, una elevación espiritual en la personalidad del durmiente. || 6. El soñar con *caballos salvajes* o indómitos es indicativo de instintos salvajes, de pasiones, de desórdenes eróticos, de pasiones amorosas descontroladas, o sea, que los instintos están escapando al control de la voluntad del soñante. || 7. Como simbolismo de la vitalidad, los caballos pueden aparecer en sueños de índole fisiológica, es decir, que hablen de la salud del soñante, como el caso que explica Max Simón (en su obra *El mundo de los sueños)* de un paciente que sufría de asma y tenía un sueño angustioso, en el que se veía subir por una escarpada pendiente en compañía de un carruaje cargado. El calor era sofocante y los caballos, casi sin respiración, hacían grandes esfuerzos para tirar adelante, hasta que uno de ellos caía agotado, jadeante y cubierto de sudor. El cochero hacía todos los esfuerzos posibles, ayudado por el soñante, para que el caballo se levantara. Seguidamente el durmiente se despertaba sudando copiosamente, nervioso y con una opresión angustiosa. Como se comprende, estos sueños reflejaban la poca salud y vitalidad del sujeto y los esfuerzos que hacía para curarse o mejorar su salud. En todos los sueños de personas enfermas y que se medican, hay un trasfondo fisiológico que debe tenerse en cuenta en el momento de interpretar sus visiones nocturnas, incluso en aquellos ensueños que sean psicológicos y premonitorios. || 8. Soñar que un caballo se desboca o vuelve loco y se mata es un mal presagio y suele advertir de enfermedades graves y muerte; significa que la vida animal se destruye a sí misma, se autodestruye. *(Véase* sueño patológico explicado por Jung en el término *terrores y pesadillas).* || 9. Los caballos negros, los caballos nocturnos, los caballos que se ven en sueños en que la acción pasa de noche, suelen ser heraldos de malas noticias, enfermedades, muerte. || 10. Por lo común, de acuerdo con Jung, los caballos de los sueños simbolizan la psique no humana, lo subhumano, parte animal o instintiva que hay en nosotros y, por tanto, el psiquismo inconsciente, la parte mágica de nuestro ser y los instintos que nos hablan de cosas y hechos que viven más allá de los instintos racionales. Por ello hay que analizar detenidamente todos los detalles que acompañan a los sueños de caballos y ver en qué dirección deben interpretarse tales ensueños, ya que un caballo incluso puede simbolizar a la *madre,* al *origen de la vida* (es decir, el vientre materno, la matriz). || 11. Soñar con garañones o caballos sementales tiene un claro simbolismo sexual. || 12. Los caballos negros arrastrando ataúdes o carrozas fúnebres presagian accidentes y muertes, como en el caso del corrimiento de una montaña de escoria en Gales, *(véase* el apartado 10 del término *accidente)* que sepultó a una escuela de niños. Antes de la catástrofe, una mujer soñó que «cientos de caballos

negros bajaban precipitadamente por una colina arrastrando carrozas fúnebres». En este sueño, los caballos negros (además de heraldos de la muerte) representan claramente a los montones de escoria negra que se precipitaron colinas abajo sepultando casas, enseres y personas. || 13. Un caballo de aspecto feroz que persigue al soñante puede advertir de disfunciones orgánicas y que está en peligro la vitalidad del sujeto. Suele aparecer en sueños de tipo fisiológico y dificultades respiratorias. *(Véase* el apartado 9 del término *aire).* || 14. El *vestido y caballo blancos* figuran en sueños de ilusiones amorosas de muchas jóvenes, como en el caso que sigue (chica de veinte años, huérfana de madre desde los nueve y con un padre mentalizado a la antigua): «Soñé que yo tenía un vestido blanco, muy largo, y que andaba descalza, muy lentamente. Todo ocurría a cámara lenta. A mi alrededor había mucha gente que no conocía; entre ella pude reconocer al chico que sale conmigo. De repente, sin darme cuenta, me encontré subida en un caballo blanco, el cual tenía un ojo ensangrentado. A mi paso los árboles eran enormes. El caballo desapareció y yo quedé flotando en el aire. Un momento después vi al chico que sale conmigo. Yo quise darle un beso, pero no podía. Algo me lo impedía y me subía hacia arriba. Yo estaba en el campo y a mi lado había una casa muy grande. Y me desperté». Nuestra interpretación escrita fue: «Este sueño indica que ya eres una mujer y que, como tal, tienes deseos sexuales que son reprimidos por las circunstancias socio-morales. El vestido blanco representa la pureza, la virginidad, pero al mismo tiempo la boda, el acto sexual legalizado. El caballo blanco simboliza los instintos sexuales, los deseos que le arrastran a uno, pero los deseos domesticados. Montar a caballo es una clara expresión del acto sexual que deseas. Además, el ojo ensangrentado del caballo representa tus genitales. Lo que te separa del chico que te gusta es, con toda probabilidad, la educación recibida, la conciencia y, por otro lado, el temor paterno, La expresión *a cámara lenta* quiere decir que todo marcha muy lentamente para tu gusto, que ya te gustaría estar casada. El *flotar en el aire* puede estar indicando falta de realismo, exceso de fantasía; en otras palabras, que no tocas de pies en el suelo. Si *andas descalza* quiere decir, aquí, que aún no tienes un compañero definitivo, que no estás casada, que te falta la pareja, «el zapato que se ajuste a tus necesidades». En conjunto, pues, este sueño muestra que te gustaría ver satisfechos tus deseos de amor y, seguramente, de una manera legal, es decir, a través del matrimonio, aunque tú te pienses que eres muy liberal». || 15. Como expresión del propio soñante, su vitalidad y su problemática personal, es muy representativo el sueño que sigue (una paciente de Stekel): «Veo un caballo atado a un carro. La carga es demasiado pesada y el caballo no puede arrastrarla. De pronto se encabrita. Pero está atado con cadenas al carro. Después de algunas tentativas estériles de liberarse, cae

al suelo. Queda en posición anti-natural. Pienso cómo puede yacer en esa posición. El cochero es muy bondadoso con el caballo, lo acaricia y lo desata. El sueño se interrumpe». Aquí el *caballo* simboliza a la soñante; con razón o sin ella, a causa de su complejo, se considera un animal de carga atado al carro de las obligaciones conyugales y familiares. Trata en vano de liberarse, pero las cadenas matrimoniales son muy fuertes. El *cochero* representa al psicoanalista, al doctor Stekel, quien es bondadoso con ella y quiere ayudarla a liberarla de las cadenas morales y matrimoniales y hacer que la vida no sea una carga tan pesada para ella. || *C. oc.:* **Caballo tirando de un arado:** Éxito en proyectos y empresas. Beneficios como resultado de los esfuerzos. || **En el establo:** Peligro de pérdidas monetarias o de oportunidades por negligencia o vagancia. || **Tirando de una carreta o carruaje:** Se acercan beneficios. || **Que cae, tropieza, se rompe una pata o sufre un accidente:** Peligro de enfermedad, ataque, agotamiento. Fracaso en proyectos o planes. || **Mujer montando un caballo blanco:** Amores, placeres, protección. || **Montar el caballo del amo:** Se alcanzará la fortuna y la posición del amo. Es tradición que Septimio Severo soñó que el emperador Pertinaz, al que Septimio servía, moría de una caída de caballo y que él montaba el corcel imperial. Poco tiempo después moría asesinado Pertinaz y Septimio Severo, al cabo de cruentas luchas, se hacía con las riendas del poder de Roma. || **Cabalgar por un campo o**

camino: Seguirán adelante proyectos y planes, sean sentimentales o profesionales. || **Colocar herraduras a un caballo:** Felicidad y suerte en los negocios. || **Caballo inquieto e indomable:** Malas noticias, asuntos que no marchan, enemigos que conspiran. || **Acierto en una apuesta de carreras de caballos:** Subida de escalafón, traslado profesional beneficioso, promoción personal. || **Ser aplastado por un caballo en una caída:** Peligro de enfermedad o accidentes graves; deben evitarse los viajes una temporada larga. || **Ver una carrera de caballos:** Noticias, encuentros, ofertas, oportunidades. **Caballo cojeando:** Frenos, obstáculos o tropiezos en el trabajo o negocio. Querellas hogareñas o sentimentales. || **Ver que otro monta el caballo de uno:** Perfidia, infidelidad, separación, divorcio, engaño, felonía. || **Caballo revolviéndose contra uno o persiguiéndole:** Peligra la salud, alteraciones orgánicas.

CABAÑA (*Véase choza*)

CABELLERA (Cabellos, pelos)

Psi. 1. La cabellera suele simbolizar el lado instintivo de la persona, sus energías primitivas, su fuerza erótica. El arreglarse los cabellos en sueños quiere decir que la energía primitiva, los impulsos eróticos y los sentimientos instintivos no pueden presentarse ante los demás tal cual, tal como son en la realidad, sino que necesitan ser pulidos, «refrenados», «recortados» o «domados», a fin de presentarse civilizadamente ante la sociedad. (*Véase* el término *peluquero*). || 2. En algunos casos, el cabello de la nuca simboliza el vello del pubis. || 3. El color de los cabellos también tiene en sueños su significado especial. Los *cabellos rojos* simbolizan la pasión amorosa. Los *cabellos negros* representan lo tenebroso, lo pecaminoso, lo genital, lo salvaje, lo que aún no ha recibido el barniz de lo civilizado y de las buenas formas. || 4. Llevar una mujer una rosa u otras flores entre los cabellos suele simbolizar el coito que se desea o se recuerda. Incluso el ponerse cucharillas entre los cabellos representa el acto sexual que se desea. (*Véase* el número 2 del término *barro*). || 5. A veces la cabellera y sus adornos representan las ansias de convertirse en mujer, de poder así dar salida a los sentimientos amorosos y ser fértil. || 6. En su aspecto de apéndice piloso de la cabeza (mente) los cabellos también reflejan pormenores de la actividad mental, es decir, simbolizan las ideas, pensamientos, proyectos, inquietudes, excitaciones cerebrales, nervosidad, etc. Así, soñar con la cabeza llena de piojos puede ser la expresión de la excitación genital. (*Véase* el término *piojos*). *Lavarse la cabeza* puede representar la necesidad de cambiar de ideas y proyectos, de borrar de la mente pensamientos perniciosos o inconvenientes, de desintoxicarse mentalmente de ideas perjudiciales, etc. *Soñar que se pierde la cabellera* o se queda uno calvo, puede indicar, desde el punto de vista psicológico, que el soñante se está dejando influir de una manera fanática por las ideas y doctrinas de los demás y está perdiendo su propia identidad (aquí puede hablarse hasta de lavado de cerebro). || 7. En su aspecto de excitación mental y erótica es curioso el sueño que sigue (tenido por una mujer separada y preocupada por encontrar un nuevo amor): «Soñé que tenía la cabeza llena de cucarachas y no podía arrancármelas». Es decir, que no lograba sacarse sus obsesiones mentales por encontrar un hombre, un compañero. Aquí, las cucarachas reflejan claramente la excitación sexual que no encuentra salida, que no recibe satisfacción, pero, al mismo tiempo, reflejan el macho que desea la mujer tener entre sus cabellos (pubis). Pueden considerarse hasta como un símbolo fálico. || *C. oc.:* **Que le cortan a uno o a una la cabellera:** Desdichas y traiciones. Recordemos que a Sansón le cortó su espléndida cabellera Dalila, mientras aquél dormía, a resultas de lo cual perdió su fuerza y fue hecho prisionero. || **Cabello cayéndose:** Pérdida de una amistad, abuso de confianza. || **Teñirse el cabello de blanco:** Mejorarán los asuntos y proyectos. || **Verse con los** pelos cortos y crespos: Infortunio, pesares, malas noticias. || **Verse con cabellos rubios:** Coquetería, mariposeo, amistades peligrosas. || **Teñirse el cabello de negro:** Disputas conyugales, penas de amor. || **Tener el cabello enredado:** Se alargarán pleitos o asuntos legales. || **Cortarse el cabello muy corto:** Riesgo de sufrir un engaño o estafa. || **Cabello que se quema o chamusca:** Muerte o accidente grave de amistades. || **Cepillarse la cabellera:** Problemas monetarios, escasez de dinero. || **Cabellera que crece:** Ayudas, beneficios, ofertas, cobros inesperados. || **Verse con cabellos canosos:** Disputas, disgustos conyugales o familiares. || **Ver a otra persona con cabellos blancos:** Mejorarán los asuntos personales y profesionales. || **Dejarse cortar los cabellos:** Pequeñas pérdidas, gastos inesperados. || **Teñirse el cabello de rojo:** Rompimiento con una amistad, relaciones peligrosas. || **Verse con el cabello castaño:** Relaciones eróticas, excitación sexual. || **Verse con el cabello gris:** Ideas anticuadas, proyectos que no darán beneficios.

CABEZA

Psi. 1. Suele simbolizar el falo y la potencia viril, ya que como parte más elevada del cuerpo se relaciona con la cumbre, el pico, la cima. Y la cabeza baja y estar cabeza abajo simboliza la falta de erección, la carencia de virilidad, la impotencia. Ser decapitado o temer serlo acostumbra a estar conectado con el complejo de castración. || 2. En algunos sueños femeninos, la cabeza simboliza sus propios genitales, el pubis. *(Véase el apartado 10 del término agua).* || 3. En su faceta de parte pensante y regidora del organismo, si uno llega a verse en sueños con cabeza de lobo, chacal, perro, oso, etc., el inconsciente le está advirtiendo que sus pensamientos y actuaciones ya no son de ser humano y que los instintos feroces se están adueñando de él, que lo antisocial y destructor está invadiendo su mente. Si se ve con cabeza de avestruz significa que está actuando muy estúpidamente en su vida cotidiana. Y si la cabeza es de diablo, puede advertir que los vicios y pasiones lo están trasformando en otra persona: en un ser maligno. || 4. En sueños de hombre, verse cabeza abajo puede expresar la impotencia sexual o el miedo a quedar impotente. || *C. oc.:* **Lavarse la cabeza:** Se alejarán peligros y conflictos. || **Cortar la cabeza a otro:** Seguirán adelante empresas o negocios, victoria sobre enemigos. || **Ver cabezas cortadas:** Prosperidad, promoción profesional, nuevos cargos o responsabilidades. || **Ver muchas cabezas:** Conflictos sentimentales, deshonor, chismes, calumnias. || **Cortar la cabeza a un pollo:** Buenas noticias, alegrías. || **Ser decapitado:** Peligro de enfermedad. || **Recibir una cabeza de jabalí:** Éxito, triunfo sobre enemigos y opositores. || **Ofrecer una cabeza de jabalí a otros:** Pesares, contrariedades, penuria, humillación.

CABINA TELEFÓNICA

Psi. 1. La cabina telefónica, al igual que el teléfono *(véase* ese término), representa primordialmente el medio de comunicación más corriente hoy en día. Además, simboliza la comunicación colectiva, el bullicio de la vida, la existencia ciudadana, las vivencias en grupo, los contactos cívicos, el solicitar ayuda al prójimo, etc. Lo mismo que el teléfono, simboliza los deseos de relacionarse con los demás, de establecer citas, tener tratos amorosos, etc. Así, si uno entra en sueños en una cabina telefónica y no consigue establecer comunicación, sea porque se interrumpa la línea, que la otra persona no le oiga a uno, que se produzcan interferencias en la línea, etc., quiere decir falta de comunicación, de entendimiento, que hay entre los dos en la vida real, etcétera. || 2. Aunque es discutible el que una cabina telefónica sea masculina o femenina, no es disparatado opinar que en los sueños de una mujer simbolice al hombre y en los de éste lo contrario, como vemos en un sueño femenino de esta clase: «Soñé que estaba en una cabina telefónica, y por donde cae el dinero que sobra, empecé a meter los dedos, y cada vez sacaba más dinero». Es indudable que aquí encontramos el simbolismo masculino de la cabina y, al mismo tiempo, lo femenino, representado por la ranura de la caja del aparato telefónico. Las monedas simbolizan lo masculino, también, así como los valores amorosos, los placeres eróticos que se desean (comprendida la masturbación), incluso, según el resto del sueño, las ansias de fertilidad, los frutos del amor (los hijos), etc. || 3. En los sueños en que uno se ve pidiendo ayuda desde una cabina telefónica y no consigue conectar con nadie, el teléfono no funciona, etc., quiere decir que sólo puede confiar en sus propias fuerzas para salir adelante, que nadie le ayudará a solucionar el problema que le preocupa. Por el contrario, si logra conectar con personas y éstas le prometen su ayuda, quiere decir que uno podrá contar con ayudas del prójimo para salir adelante.

CABRA

Psi. 1. Simbolizan a la madre y la maternidad. || 2. En sueños de hombre representa a la mujer, y beber leche de cabra la unión sexual, los placeres del coito. || *C. oc.:* **Muchas cabras:** Abundancia y alegrías hogareñas. || **Criar cabras:** Suerte en el comercio o fianzas. || **Cabra gorda:** Contactos o relaciones con mujer rica. || **Delgada o flaca:** Contactos o relaciones con mujer de condición humilde. || **Blanca:** Éxito en amor, ganancia en los negocios. || **Negra:** Dificultades, enfermedad, pleitos que no se ganan. || **Roja:** Desgracia, accidente, operación, enfermedad grave, hospitalización.

CACAO CON LECHE

Psi. Al igual que el café con leche, símbolo de la unión sexual (*véase tazón*).

CACATÚA

Psi. Suele simbolizar, de manera despectiva, a la mujer. A veces aparece en sueños como representación de una vecina, colega o mujer de la familia que destaca por su palabrería y extravagancia. || *C. oc.:* **Ver una cacatúa:** Alguien divulgará un secreto que nos perjudicará. || **Comprar una cacatúa:** Desavenencias con amistades, vecinos o colegas. || **Ver una cacatúa enjaulada:** Se superarán calumnias o mentiras que se volverán contra los enemigos.

CACEROLA

Psi. Simboliza a la mujer, al sexo femenino, a la madre.

CACTO

Psi. Símbolo de los órganos genitales masculinos.

CADÁVER

Psi. 1. El cadáver que aparece en sueños no quiere decir que nadie vaya a morir. Suele simbolizar que algo que está más que muerto en nuestro interior y que se desea olvidarlo, sean sentimientos, amores, proyectos, maneras de pensar, asociaciones comerciales. Representa una fase o etapa de nuestra existencia que está tocando a su fin y que hay que prepararse para otra. || 2. El cadáver de los sueños puede aparecer en los sitios más insospechados y recónditos: alcoba, armario, baúl, cama, bodega, sótano, altillo, buhardilla, biblioteca, debajo de la cama, etc. El doctor Aeppli da el siguiente ejemplo: «Un hombre se despierta en sus sueños y ve que entre él y su esposa hay dos mujeres muertas. Se trataba, visiblemente, de unas relaciones de antiguo liquidadas con otras mujeres, que como cadáveres, seguían separándolo todavía de su esposa». Quería decir que aún no las había olvidado y que no se entregaba por completo a su mujer. || 3. Carl Jung explica un sueño curioso referido a una mujer que mantenía relaciones sexuales con un hombre. Al parecer, iba demorando el momento de romper, hasta que soñó lo siguiente: «Un hombre desconocido para la paciente comenzó a hacerle el amor, murió repentinamente y fue puesto en una alcoba. Una mujer que parecía ser parte de la soñante siguió al muerto a la alcoba. La soñante se quedó afuera, horrorizada porque sabía que la otra mujer estaba teniendo relaciones sexuales con el cadáver». La explicación de este sueño es bien simple: el *hombre desconocido* representa al amante (es desconocido porque ya no siente amor por él), y el *hacer el amor con el desconocido* quiere decir que lo mismo podría ser cualquier otro hombre, que ya no lo reconoce como su amor. La muerte repentina simboliza que ha llegado el momento de romper, de manera súbita, sin darle más vueltas al asunto. Pero aún hay sentimientos y atracción por él, expresados por *una mujer que parecía ser parte de ella misma,* que entra en la alcoba, que no está dispuesta a olvidar al muerto y hace el amor con él. En casos de sexualidad, esta especie de doble representa a la *sombra, (véase* ese término), que precisamente se «alimenta y crece» de ese tipo de relaciones que rechaza la conciencia. Lo curioso es que la soñante quedó tan impresionada por este ensueño que rompió definitivamente con su amante. || 4. En ocasiones, un cadáver también representa aquellas tendencias sexuales instintivas que se rechazan, que se quisiera «ver muertas», que la rígida moral o religiosidad del soñante no acepta. *(Véase* el sueño de accidente de coche en el término *automóvil).* || *C. oc.:* **Cadáver en un ataúd:** Malas noticias, pesares, dificultades. || **Ver enterrar un cadáver:** Se superarán problemas. || **Besar un cadáver:** Larga vida. || **Cadáver que habla:** Querellas o pleitos. || **Cadáver que dicta números:** Suerte en loterías y juegos de azar. || **Incinerar un cadáver:** Riesgo de enfermedad. || **Cadáver de un familiar o pariente:** Peleas o rompimientos sentimentales. || **Cadáver de un desconocido:** Pérdida de dinero, malas operaciones comerciales.

CADENA

Psi. 1. Simboliza las obligaciones y cargas matrimoniales y familiares con los que uno ha de cargar y que atan al sujeto y limitan su libertad. *(Véase* el apartado 15 del término *caballo).* || 2. Por antonomasia, alusión al matrimonio o unión sexual que se desea. || 3. A veces, las cadenas morales que nos atan o retienen a unos principios morales y doctrinas, a unos deberes y obligaciones que no podemos eludir y que representan una carga o un sacrificio voluntarios. || *C. oc.:* **Cadenas de hierro:** Peligro de persecución por parte de la justicia, problemas en que tendrán que intervenir abogados y procuradores. Han de preocupar los enemigos. || **Verse encadenado a la pared o llevar grilletes:** Dificultades económicas, problemas financieros, negocio que quiebra. || **Romper o cortar cadenas:** Superación de problemas, victoria sobre los enemigos. || **Ver o llevar una cadena de oro:** Compromiso sentimental, amor, matrimonio, buena suerte. || **Ver o llevar una cadena de plata:** Nueva oferta profesional o de empleo, cargo que traerá beneficios. || **Grandes cadenas como adorno en un edificio:** Negocio seguro y estable.

CAER (Caerse, caída)

Psi. 1. Durante el proceso de formación de la personalidad, en los chiquillos y jovencitas es corriente soñar que se cae al vacío, o dentro de un pozo, o de un edificio, etc. Estos sueños reflejan la inseguridad en sí mismo, el miedo al mundo exterior, los temores a no saber estar a la altura de las circunstancias, etc. Y todo ello no debe sorprender a nadie, ya que esos mismos temores son alimentados por los padres con sus broncas y amenazas cuando sus retoños no se portan como debieran, suspenden exámenes, no estudian lo suficiente, etc. En la niñez son muy frecuentes los sueños de caída, en especial porque inconscientemente se recuerda el grave momento del nacimiento. Estamos de acuerdo con Nandor Fodor cuando dice que el caer puede rememorar la «caída del cielo uterino al abismo terrestre», porque, efectivamente, el nacer es ser expulsado del vientre materno a través de una trayectoria de caída, normalmente. Como ejemplo de caída, *véase* el término *pozo.* || 2. En ocasiones, en la edad adulta, cuando uno teme perder la seguridad alcanzada dentro de su profesión, política, sociedad, etc., es normal soñar que se cae desde un edificio muy alto, una gran montaña o por el hueco del ascensor. Esas caídas no reflejan nada más que sus temores a caer desde la posición alcanzada o el fracaso de un proyecto. Por lo general, el inconsciente está advirtiendo que uno está pisando terreno falso y que habrá cambios en su ámbito laboral o profesional. *(Véase* el termino *ascensor).* || 3. En su aspecto sexual, la caída representa el coito. Puede indicar que se desea, que la naturaleza lo demanda, y al mismo tiempo, temerlo, como expresión al miedo de pecar, a la ansiedad a hacer una cosa punible. Recordemos que la misma Biblia habla de la caída cuando se refiere a los pecados: la caída de Adán y Eva, los ángeles caídos, etc. Los sentimientos de culpabilidad por acciones eróticas están muy relacionados con *abismo, precipicio, piscina... (Véanse* estos términos). || 4. Otras veces, cuando los sueños de caída no encuentran explicación según los apartados anteriores, suelen reflejar problemas físicos o fisiológicos y estar relacionados con la salud del soñante. Por ejemplo, en casos de epilépticos, en sus sueños aparece el peligro de caída, por lo general relacionado con escaleras deterioradas o mal construidas. En otras ocasiones, contribuyen a los sueños de caída las sobreexcitaciones nerviosas, los trastornos circulatorios, la bajada súbita de tensión, la anemia, etc., por lo que son sueños de tipo fisiológico. || 5. No faltan ocasiones en que se da el caso de que debido a una mala posición en el dormir, el sujeto sueñe que se cae de la montaña o lugar alto y en realidad se caiga de la cama y despierte tan sobresaltado como sorprendido. En este caso, el sueño de caída es causado por una situación física del soñante. || *C. oc.:* **Caer desde un edificio:** Problemas familiares y financieros. || **Desde una alta montaña:** Pesares, infortunios, desgracias. || **Desde poca altura:** Calumnias, deshonor. || **Caer y no hacerse daño:** Obstáculos y. conflictos que serán superados. || **Caer y quedar herido:** Se perderán apoyos y amistades. || **Caer al agua:** Conflictos sentimentales, adulterio, enfermedad. || **Caer y levantarse en seguida:** Recuperación de honores y posición después de superar adversidades. || **Caer y no levantarse:** Durarán las adversidades y pesares. || **Caer desde un puente:** Peligro de crisis nerviosas o depresiones emocionales. Enfermedad de larga duración. || **Caer al mar:** Enfermedad, accidente. || **Ser lanzado al mar:** Peligros a causa de enemigos, competidores y opositores. || **Caer a una sepultura abierta en tierra:** Cambios en la familia; desgracias o enfermedades familiares. Pérdidas financieras. || **Al suelo por un resbalón:** Proyectos que fracasan, ilusiones que no se realizan. || **En el barro:** Conflictos sentimentales o conyugales. Negocios poco limpios en que uno se verá in-

volucrado. Deshonor. || **A un pozo:** Traiciones, fracasos, ruina, graves problemas familiares.

CAFÉ CON LECHE

Psi. Símbolo del acto sexual que se desea, representado por la mezcla de los dos elementos. Además, el vaso, tazón o taza simboliza a la mujer y la cucharita al miembro viril. Tiene el mismo significado que el *cacao con leche.* (*Véase* ese término y el de *tazón*).

CAFÉ IRLANDÉS

Psi. Símbolo del acto sexual, del coito.

CAGAR (*Véase defecar*)

CAIMÁN

Psi. Al igual que el *cocodrilo* (*véase* ese término) suele representar los aspectos temibles y destructores de la profundidad del inconsciente.

CAJA (Caja de caudales)

Psi. 1. Por lo común, como todo recipiente o contenedor, simboliza el sexo femenino, en especial las cajas que contienen frutas y verduras (*véase* el término *nabo*). || 2. Para el caso de soñar con *cajas fúnebres, véase* el término *ataúd.* || 3. La caja de caudales también suele representar los genitales femeninos y la llave que la abre, el miembro viril. || 4. El ver serpientes o lagartos en una caja simboliza las tentaciones sexuales que se presentan a la soñante en su vida cotidiana. || *C. oc.:* **Atar una caja:** Pérdidas monetarias, cambio de empleo o negocio. || **Abrir una caja vacía:** Problemas monetarios, proyectos que no se realizan, soledad, falta de apoyos. || **Abrir una caja llena:** Proposición amorosa, mejoramiento de empleo o traslado provechoso. || **Mujer soñando que abre una caja de caudales:** Debe estar prevenida contra falacias, raptos, violaciones o engaños sentimentales. || **Hombre soñando que abre una caja de caudales:** Conflictos conyugales u hogareños. || **Ver una caja de caudales en casa cuando no existe:** Hay que proteger los bienes y propiedades, pues los enemigos acechan. || **Caja llena de alimentos:** Buenas noticias profesionales o monetarias. || **De dinero o de oro:** Herencia, legado, premio. || **De serpientes:** Los familiares y parientes crearán graves problemas. || **Con un cuervo:** Enfermedad grave o fallecimiento en la familia.

CAJITA

Psi. Muchas veces, símbolo del órgano genital femenino. Una cajita que contenga líquido, hasta puede representar la vejiga urinaria femenina.

CAJÓN

Psi. 1. Determinados cajones de muebles de tocador, cocina y comedor suelen representar los genitales femeninos (han de considerarse sinónimos de *caja),* pero muchísimas veces, cuando son dos, simbolizan los testículos, es decir, los genitales masculinos. El término «cajones» ha de considerarse un eufemismo de la palabra vulgar «cojones» con la que se designan los testículos. los cajones de muebles típicamente masculinos, como escritorios y mesas de despacho, simbolizan el sexo masculino, como en el caso que

explica Ángel Garma de una mujer casada: «Abro el cajón del escritorio de mi marido y encuentro una billetera con billetes de esos rosados. Le pregunto a mi marido qué hace con ese dinero ahí guardado». || Se comprende que es un sueño que refleja la insatisfacción sexual de la mujer con respecto a su marido. El *escritorio* y el lugar o habitación en que se halla es la personalidad del hombre; el *cajón,* su aparato genital; la *billetera* y los *billetes rosados,* el valioso contenido de los genitales, es decir, los momentos de placer y gozo. Ni que decir tiene que el *color rosado* simboliza el amor, lo erótico, la carne, la secreción seminal… La mujer critica el dinero guardado y se pregunta qué hace el marido con él, el porqué no lo gasta y no lo emplea… ¿Qué hace con él?…, puede expresar, incluso, las sospechas femeninas de que lo gastará con otras mujeres, en otro lugar. En conjunto, viene a decir que el esposo tiene un buen aparato genital pero no lo emplea con ella lo suficiente. || 2. Sobre un cajón de escritorio, Freud nos explica el sueño siguiente de una muchacha preocupada por los efectos de los tocamientos sexuales: «Se halla ante el cajón de su escritorio, cuyo contenido es tan familiar que nota en seguida la menor intervención de una mano ajena». El mismo Freud da la interpretación: «El cajón del escritorio es, como todo cajón, caja o arca, la representación simbólica del órgano sexual femenino. La sujeto sabe que las huellas de las relaciones sexuales (según su creencia, también en los tocamientos) son fácilmente reconocibles, creencia que le ha procurado grandes preocupaciones».

CALABOZO (Mazmorra)

Psi. 1. Suele expresar el sentimiento de aislamiento y soledad, lo prisionero que uno puede hallarse por los propios deseos, vicios, pasiones, etc. Es un símil de *cárcel* y *prisión*. *(Véanse* esos términos). Aparece en sueños de índole sexual, como en el caso del joven que nos envió la siguiente carta: «He tenido un sueño realmente tonto e incomprensible. Me encontraba encerrado en una especie de calabozo o mazmorra, pero al final lograba escaparme por una ventana y me deslizaba por una pendiente formada por una montaña de harina. Experimentaba un cierto placer mientras me escapaba. ¿Puede ser debido todo esto a una mala digestión?». Nuestra respuesta fue: «Tu sueño ni es tonto ni es incomprensible. Desde mi punto de vista tiene un significado enteramente sexual, si bien necesitaría hacerte unas cuantas preguntas y que me las contestaras con sinceridad para llegar al fondo de la cuestión. La primera impresión es que vives una existencia sexual amorosa algo frustrada; de ahí el simbolismo del calabozo, de la mazmorra. Puedes estar como encerrado en ti mismo a causa de algún fracaso sentimental, de una desilusión amorosa o por falta de relaciones sentimentales. Puede que seas algo tímido y con cierto idealismo demasiado desarrollado, lo que te hace ver o creer que estás cercado por fuerzas adversas, que estás rodeado por personas que no te comprenden. Esta soledad y falta de comunicación afectiva la ha representado tu inconsciente en forma del calabozo en que te mantienen encerrado los demás, las mujeres. Por supuesto, todo esto también señala que tus sentimientos, deseos eróticos y ansias amorosas están encerradas dentro de ti, prisioneras, lo que crea tensiones psicológicas. La *evasión* indica una salida compensatoria del «onanismo», del placer solitario, a falta del verdadero acto sexual. El *deslizarte por la pendiente* te ha producido cierto placer porque es una manifestación y recuerdo de la masturbación. La *ventana* por la que te escapas representa la vagina de la mujer y, por tanto, el acto sexual que te gustaría. Y el término *escapaba* significa aquí la eyaculación; al respecto son significativas tus propias palabras "experimentaba un cierto placer mientras me escapaba" (es decir, experimentaba un cierto placer mientras me corría.)». (Para comprender mejor esa pendiente, por la que se deslizaba el soñante, *véase* el término *tobogán).* || 2. El calabozo también puede figurar en sueños de complejos de culpabilidad por malas acciones realizadas, en que uno comprende que se ha portado mal. El inconsciente le recuerda que debería ser castigado y encerrado como escarmiento. || 3. Asimismo, es una figura que aparece en sueños de casos de personas encerradas en sí mismas, dominadas por la introversión y que son, realmente, «prisioneras» de sus fobias, temores, depresiones, tendencias neuróticas, etc. En tales casos, cuando en el sueño se logra hacer saltar la cerradura de la puerta y salir al exterior, es indicio de que el soñante se halla en el camino de su curación, de abandonar sus complejos y neurosis. || 4. En su aspecto primordial, el calabozo y la mazmorra representan la vida frustradora. || *C. oc.*: **Salir de un calabozo:** Peligro que será conjurado o evitado. || **Escapar de un calabozo:** Satisfacciones, amistades leales. || **Entrar en un calabozo:** Asuntos que se retrasarán, impedimentos, situaciones que requerirán tacto y diplomacia. || **Permanecer en un calabozo:** Preocupaciones familiares, estancamientos de proyectos. || **No poder escapar de un calabozo:** Pérdidas financieras, amistades desleales, quiebra de un negocio o comercio.

CALCETÍN

Psi. 1. En sueños de mujer suele simbolizar lo masculino, el hombre que se desea o el marido que se tiene. || 2. Asimismo, puede estar relacionado con la situación monetaria personal y familiar. Está muy difundida la idea de guardar monedas o dinero en un calcetín. El zurcir o remendar calcetines presagia que se atenuarán los conflictos, las dificultades, la penuria. Si es la soñante la que zurce, incluso puede señalar que se superaran problemas sentimentales o conyugales.

CALDERO

Psi. Símbolo de mujer, de la madre, de la maternidad.

CALENDARIO *(Véase almanaque)*

CALENTADOR (De caucho)

Psi. El calentador de caucho, la clásica bolsa de agua caliente para calentar la cama o a los enfermos, simboliza la pareja que se desearía tener en la cama, por lo común del sexo femenino. En cierta forma, representa a la mujer.

CALZADO *(Véase alpargata y zapatos)*

CALZADOR

Psi. Símbolo fálico.

CALLE

Psi. 1. Muchas veces representa el curso de la propia existencia, nuestro caminar por las calles de la vida. Hay que estudiar los otros elementos del sueño para ver qué nos indica con respecto a nuestro proceder y vida. Otras veces, los sueños de calles nos advierten de tendencias positivas o negativas (de nuestra personalidad y de nuestro comportamiento en relación con la vida social y pública). || 2. Cruzar la calle por un lugar prohibido, puede representar las tendencias instintivas a saltarse algunas normas morales, ir en contra de lo que marcan las buenas costumbres. || 3. En otras ocasiones, la calle de los sueños es un símbolo claramente sexual, ya que es el lugar en que se produce el tráfico amoroso. Recordemos que suele decirse que una prostituta es una «mujer de la calle». Cuando despiertan los deseos sexuales y el soñante desea inconscientemente el acto sexual, no es raro tener sueños en que la calle juegue un papel primordial. *(Véase* el término *mercadillo).* || 4. En los sueños de tipo fisiológico, la calle o calles pueden representar los intestinos, de acuerdo con las teorías de

Albert Scherner, quien afirmaba que «la longitud de las vísceras se simbolizaba por medio de anchas y largas calles». Este simbolismo puede extenderse, en ocasiones, a la *carretera*. (*Véase* ese término). || 5. A veces, según otras teorías psicofisiológicas, las calles de los sueños pueden simbolizar la «circulación sanguínea», las venas, las arterias, etc. Debe sospecharse tal posibilidad cuando las calles del sueño tienen una tonalidad roja o abunda ese color en las imágenes. || *C. oc.:* **Calle ancha:** Seguridad, fortuna, éxito social, negocios prósperos. || **Estrecha:** Penuria. **Bulliciosa, llena de gente, vehículos y luces:** Actividades sociales y comerciales que traerán tensiones; fiebre, infección, calentura, tensión nerviosa. || **Oscura:** Melancolía, pesares, penas, malas acciones, pensamientos y relaciones pecaminosas. **En obras:** Cambios, trasformaciones, nuevo empleo, cambio o remodelación de proyectos. || **Con un socavón:** Hundimiento de un proyecto o negocio. Pérdida de empleo o cargo. || **Llena de pastelerías, restaurantes y lugares de recreo:** El sexo y los placeres empiezan a dominar la personalidad del durmiente.

CALLEJÓN

Psi. 1. Soñar que uno entra en un callejón oscuro, sucio y con basura suele expresar la tristeza, soledad, melancolía, estrechez de miras, retraimiento, pensamientos oscuros, etc., del durmiente. Puede advertir de que el sujeto está pasando por un mal momento personal de soledad, falta de calor humano y ayuda, de carencia de amistades o de actividad social. || 2. En sueños de tipo fisiológico, ese callejón puede representar el intestino delgado. || *C. oc.:* **Entrar en un callejón sin salida:** Estancamiento en proyectos o negocios, agobios monetarios o financieros. Hay que meditar mucho para encontrar una salida a los problemas pendientes. || **Un callejón con arbolado y algunas luces:** Se superarán estrecheces y problemas. || **Callejón oscuro, sin luces y con animales callejeros:** Imprevistos, penuria, peligros; cuidado con enemigos y opositores. Debe preocupar la salud.

CAMA (Lecho)

Psi. 1. La cama de los sueños –como la de la vida real– es un elemento importantísimo de nuestra existencia, por no decir el más importante. Está relacionada con los aconteceres más diversos y complejos de nuestra existencia, por lo que para comprender un sueño de cama hay que analizar muy detenidamente los demás elementos y aspectos de éste. Recordemos que nacemos en la cama, crecemos, descansamos, amamos, yacemos en ella cuando estamos enfermos, vemos morir en el lecho a los seres queridos y también nosotros terminamos nuestros días en ella. Pero quizá lo más importante sea que es en la cama donde dormimos y *soñamos,* donde vivimos nuestro *mundo onírico.* Podemos considerarla, con toda propiedad, como el diván del psicoanalista por excelencia; éste no hace nada más que copiar de la propia naturaleza del individuo. Es claro, que cuando la cama aparece en nuestros sueños hay que analizar a qué hace referencia: puede tratarse de una cuestión sexual (lo más corriente), o puede referirse a nuestra salud y a nuestros complejos en relación al amor o pareja, o hablarnos de nuestros padres o familiares, así como de nuestros ensueños íntimos, de nuestra personalidad, etc. La cama siempre está en relación estrecha con otros elementos, como *habitación*, *alcoba*, *dormitorio*... || 2. El doctor Aeppli cuenta el caso de una mujer que soñó que su cama comenzaba a ocupar la mayor parte del dormitorio, al mismo tiempo que el cubrecama adquiría un encendido color rojo. Como se comprende, este sueño advertía a la soñadora que el sexo y las pasiones amorosas estaban cobrando una importancia exagerada en su existencia, ocupando peligrosamente el espacio que estaba destinado a otras cosas. Para comprender el símbolo de la cama en su aspecto sexual, *véanse* los sueños explicados en los términos *sombra*, *perro*... || 3. Soñar que una cama está estropeada o rota suele hacer referencia a las dificultades sentimentales. Por ejemplo, si la cama es de matrimonio y el soñante es casado, puede advertir de dificultades conyugales o separación. Si es una persona soltera, puede reflejar algún tipo de frustración amorosa o fracaso de proyecto sentimental, como en el caso siguiente (chica de quince años): «Soñé que estaba con la pandilla en algún sitio. Fui a abrir mi cama plegable, que no sé por qué estaba allí, y se rompió. Toda la gente empezó a reírse, pero dos chicos de la pandilla, justamente los que nos

gustaban antes a mi amiga y a mí, se ofrecieron a arreglármela. Volví a intentar abrir la cama y pasó lo mismo, y a la tercera vez, me dijeron que ya no me la arreglaban, que ya estaban hartos». || En parte, este sueño estaba relacionado con las ensoñaciones amorosas de la chica y su actitud con respecto a la vida sexual. Le advertía que las relaciones con las personas que salían en el sueño estaban rotas, por mucho que se intentara arreglarlas. Las *tres veces* simbolizan al sexo masculino, el que deseaba hacer el amor, pero el sueño encerraba un claro mensaje: pese a tus ansias amorosas aún no estás preparada psicológicamente para la vida sexual y de pareja. En otras palabras, le señalaba que estaba jugando a ser persona mayor. || 4. La cama también puede ser la de un hospital, hotel, residencia, etc., y muchas veces señalar el proceso de nuestras enfermedades que, infinidad de veces, son de origen sentimental, como el caso de un joven enamorado desde hacía tiempo de una chica que no le correspondía. Después de mucho tiempo de inútiles esfuerzos, de ir tras ella, un día soñó que estaba enfermo en la cama de un hospital y que su tía vino a verle (por cierto, estaba muerta en realidad) y entre otras cosas le decía: «Sabes que ha muerto». El joven despertó sobresaltado y comprendió que lo que había muerto era el amor que había sentido por aquella chica; se había curado, había salido de una enfermedad sentimental, quizá hasta de una obsesión fantasiosa. || 5. En otros sueños, la cama suele simbolizar el, diván del psicoanalista, en el sentido de que el soñante se ve tumbado en ella para estudiar sus problemas, para autoanalizarse, para tomar decisiones sobre sus dudas o conflictos interiores, la mayoría de las veces de tipo sentimental o afectivo. Es curioso el caso de un hombre que no se atrevía, por recuerdos familiares y traumas pasados, a dejarse arrastrar a unas relaciones con una chica joven que, a su vez, arrastraba problemas personales y estaba muy preocupada por la salud de su madre. *El hombre soñó que estaba tumbado en la cama, vestido, mientras que al otro extremo del lecho se hallaba la joven en cuestión, también vestida. La madre del hombre, también vestida* (fallecida hacía años) *se hallaba entre la pareja, separándola.* Es un sueño que reflejaba las dudas e inhibiciones del soñante y los prejuicios y traumas que llevaba consigo (por eso estaba vestido en la cama). La madre simbolizaba aquí los problemas de ambas familias que hacían imposible unas relaciones serias y estables.

CÁMARA CELESTE

Psi. Símbolo sublimado o espiritualizado del útero materno.

CÁMARA FOTOGRÁFICA

Psi. 1. La mayoría de las veces, la cámara fotográfica simboliza el miembro viril. Tratar de sacar una foto expresa el intento de querer realizar el acto sexual. El que la cámara no funcione quiere decir que uno no funciona en el acto sexual (o que tiene miedo de quedar mal). Las cámaras antiguas de fuelle son mayor símbolo fálico que las modernas. || 2. En otros sueños, la cámara fotográfica indica la necesidad de fijarse mejor, de poner mayor atención en diversos aspectos de nuestra personalidad, comportamiento, relaciones, etc. Puede considerarse como un toque de atención del inconsciente para que el soñante se fije mejor en lo que ocurre a su alrededor, que está dejando de «observar» y de «registrar» cosas importantes que le conciernen. ¡Ha de prestar mayor atención a su entorno!

CAMARÓN

Psi. Crustáceo marino que suele tener un simbolismo fálico.

CAMINO (Senda, sendero)

Psi. 1. En la mayoría de los sueños, el camino o senda representa la trayectoria de nuestra vida, tal como la ve nuestro inconsciente. No es un sueño difícil de descifrar. El camino o sendero de los sueños muestra la auténtica situación interior del soñante, de acuerdo con su caminar y proceder en la vida cotidiana. Así, soñar que se va por un camino estrecho y pedregoso o con mucha subida, refleja las dificultades que tiene uno en su existencia y que sus asuntos no marchan muy bien, que tiene que hacer esfuerzos y que avanza poco a poco. Un cruce de caminos, por ejemplo, puede reflejar las dudas sobre qué dirección tomar en un proyecto o asunto personal. || 2. Si el camino que uno sigue en sueños es tortuoso y desemboca en una carretera ancha o autopista, suele indicar que pronto se vencerán las dificultades y que se entrará en una etapa más fácil y cómoda. (*Véase* el término *carretera*). || 3. Cuando el camino se adentra o pierde en terrenos selváticos, pantanosos, barrizales, con abismos, etc., el inconsciente está advirtiendo que la ruta que está siguiendo el soñante en la vida es muy peligrosa y que se ha apartado del camino claro y seguro, metiéndose en terrenos peligrosos (igual pueden ser negocios o trabajos sucios, fraudulentos o arriesgados, que su manera de comportarse a nivel personal y sentimental, es decir, que sus propios instintos están marchando por un camino selvático o primitivo muy peligroso). || 4. Encontrarse en un camino intransitable con un automóvil, furgoneta, camión, etc., es indicativo de que uno ha equivocado su camino, su senda en la vida (sea en el plano profesional o familiar), y que se impone marcha atrás y buscar otro camino, es decir, cambiar su rumbo y manera de pensar en la existencia. *El camino seguido hasta el momento del sueño o sueños no conduce a ninguna parte.* || 5. Si un camino, por difícil que sea, llega a desembocar en un puente, con el que puede salvarse un torrente, río, abismo, barranco, etc., y pasar al otro lado, significa que el soñante superará sus problemas u obstáculos y seguirá adelante en su camino por la vida. (*Véase* el término *puente*). || 6. El camino de los sueños también suele estar relacionado con nuestros afectos y vida sentimental. Así, un jovencito que estaba enamorado de una condiscípula, tuvo un sueño que reflejaba ese problema suyo: «Soñé que bajaba por unos caminos muy peligrosos en moto y era de noche.

Yo no conducía la moto...». El sueño le indicaba que era difícil que consiguiera aquel amor y que incluso podía ser un espejismo, una fantasía, una chiquillada. || 7. En otros sueños, el camino de los sueños puede señalar la senda espiritual o religiosa del soñante, sobre todo cuando es un camino que va ascendiendo gradualmente, sea hacia altas montañas, santuarios, templos, ermitas, etc. Puede, incluso, tener un símil con la escala de Jacob. Puede reflejar la búsqueda de la luz interior y el desarrollo de los valores espirituales, además de desear la solución al problema que se tenga planteado a nivel inconsciente.

CAMIÓN

Psi. 1. Vehículo de nuestro destino, de nuestra existencia, en el que trasportamos nuestros deseos, ambiciones, proyectos y bienes de nuestra personalidad. Al igual que en la vida cotidiana, el trasporte puede tener un final feliz o un accidente en carretera. Por lo general, los sueños de camión se presentan cuando uno está necesitado de cambios, traslados o nuevo enfoque de sus proyectos o negocios. Un empresario de sesenta y cinco años, que se encontraba entre la disyuntiva de optar por jubilarse o emprender un nuevo negocio (descabellado o muy fantasioso, por cierto) soñó que se hallaba en un cruce de caminos (encrucijada de la vida) y que se presentaba un camión conducido por un hombre y una mujer. Le preguntaban por el camino que debían tomar para llegar a donde se proponían. Él se lo indicaba y quedaba más que sorprendido al encontrarse más adelante el camión volcado, al borde de un barranco. Es decir, que el inconsciente le señalaba de una manera clarísima lo disparatado de su proyecto: no sabía utilizar ni aconsejar a sus propias energías interiores. *Abandonó sus fantasías, se jubiló y acertó de lleno.* || 2. El camión también puede tener, en determinados sueños, un simbolismo sexual, una representación fálica. *(Véase* el término *baúl).* || 3. El camión suele aparecer en sueños de jovencitas cuando menos lo esperan y de la manera más sorprendente, como en el caso siguiente: «Soñé que al lado de mi casa había un camión con bombonas de gas y que caían por un precipicio. Una explotaba y deshacía un montón de terreno. Después nos iban persiguiendo las bombonas y nosotras luchábamos contra ellas. Tengo dieciocho años, no estoy casada ni tengo novio ni problemas». Nuestra respuesta escrita fue: «Ese *camión* es uno de los vehículos que representan nuestro destino, el que trasporta nuestras ilusiones, deseos, sentimientos, proyectos, etc. Las *bombonas* simbolizan el sexo masculino (el gas es el semen) y la *tierra* el principio femenino. *Al lado de tu casa* significa al lado de tu personalidad, junto a ti. Esto quiere decir que están naciendo en ti deseos amorosos, que quieres tener novio o sentirte amada… Esa *persecución de las bombonas* señala que los instintos empiezan a perseguirte y la censura moral que tienes dentro ha trasformado tus deseos y a los hombres en simbolismos para que no te escandalices. Indudablemente, los deseos

son fuertes y apasionados, de lo contrario no estallarían las bombonas. El *precipicio* alude al miedo a "pecar", a caer en la tentación del acto sexual. No te preocupes, que no va a estallar ningún camión de bombonas de gas cerca de ti ni de tu casa».

CAMPO (Pradera, campiña)

Psi. 1. Suele simbolizar el campo de nuestros sentimientos, ilusiones, proyectos y, en su aspecto más amplio, el de nuestra vida. Así, puede ser el campo de nuestra primavera o de nuestro otoño, el campo de nuestra cosecha buena o mala, etc. Por supuesto, los sueños de campos verdes y con flores, las verdes campiñas cultivadas, son de tipo positivo, ya que indican que aún hay vitalidad, vida e ilusiones en el alma del soñante. En cambio, es de mal presagio soñar con campos yermos, secos y estériles, ya que el inconsciente está advirtiendo que la vitalidad y la creatividad se están agotando; hasta puede estar señalando que uno va camino de enfermar. || 2. En otros sueños, simboliza a la madre tierra, la madre naturaleza y la madre física. Lo que ocurre en el campo, en tales sueños, puede referirse a la madre propia. || 3. Otras veces, representa al sexo femenino y su capacidad de fertilidad o de ser madre. Una chica que desee ser madre y sueñe con campos estériles, difícilmente lo será. Artemidoro ya decía que «el campo representa a la mujer y que las semillas y los árboles son los hijos». *(Véase* el término *cigarrillo).* || 4. El campo aparece también en sueños de rompimiento sentimental. *(Véase* el apartado 3 del término *corazón*). || 5. El salir al campo a coger fruta simboliza que en la mujer hay aún sentimientos y deseos de amor y fertilidad. *(Véase* el término *manzana).* || 6. La casa que aparece en un campo suele expresar la relación de la personalidad del soñante con sus sentimientos, madre y familia, es decir, de uno mismo frente al mundo afectivo que le rodea. *(Véase* el apartado 4 del término *araña* y el 14 de *caballo).* || 7. El campo (en su simbolismo de lo sentimental y sexual) figura en muchos sueños de chicas jóvenes, cuando en su interior empieza a crecer el «campo de los deseos», «la pradera del amor», como en el caso siguiente: «Soñé que estaba en un campo, que venían grupos de cantantes. Yo no conocía a nadie de los que estaban allí. Cuando se iban, dos muchachos de cada uno de los grupos empezaron a pelear. Entonces toda la gente se puso alrededor de ellos. Entonces vino el presidente Suárez y vi en el sueño a un practicante que yo conozco y venía en una ambulancia. Yo me subí a ella y en ese momento me desperté». Nuestra respuesta escrita fue: «En conjunto, este sueño indica que en tu inconsciente hay una pugna entre dos tendencias, la que quiere llevarte hacia el placer y el sexo (campo y grupos de cantantes) y la que pugna por conservarte dentro de una moral y recordarte que en la vida hay algo más que pasarlo bien. Tú eres la única que puede analizar tu actuación y considerar si te estás decantando demasiado hacia el goce de los sentidos (la *pelea* es un enmascaramiento del acto sexual que se de-

sea). El presidente Suárez representa la autoridad y, en cierto modo, lo paternal; además de acudir a poner paz, tu inconsciente parece indicarte que debes pedir consejo a alguien mayor, de experiencia, sobre lo que te propones o piensas. Y el hecho de que *huyas* y de que te *subas a la ambulancia del practicante,* quiere decir que te asustas de tus propios sentimientos o deseos y que en lo más hondo de tu ser hay ciertas ansias de acudir a alguien que pueda hacer un diagnóstico de tus deseos e inclinaciones y prescribirte la medicina adecuada. Hay muchas dudas en ti, y temores, por supuesto, relacionados todos con tus deseos y sentimientos y despertar de la vida sexual». || C. oc.: **Campiñas verdes y florecidas:** Amor, éxito, satisfacciones, buenas noticias, suerte. || **Estar con la familia en el campo:** Unión familiar, alegría en el hogar, negocios que traerán bienestar. || **Recoger frutos del campo:** Beneficios, prosperidad. || **Campo enorme, verde, cultivado:** Éxito en proyectos y negocios, matrimonio feliz, fortuna. || **Visita al camposanto:** Malas noticias, cambio de planes, hay que volver a empezar. || **Campo yermo, lleno de hierbajos secos:** Ruina, malas noticias, enfermedad. || **Soltera viendo un campo con árboles frutales:** Compromiso sentimental o boda. || **Campo devastado por un incendio forestal:** Hay que estar prevenido contra enemigos, criminales y accidentes. || **Mansión en medio de un campo fértil y florecido:** Éxito, fortuna, matrimonio provechoso, negocios que traerán abundancia.

|| **Casa en ruinas en un campo desértico:** Separación, divorcio, graves problemas familiares, enfermedad grave. || **Estar en el campo en día de sol:** Vitalidad, salud estable. || **Estar en el campo en noche oscura:** Tristeza, soledad, engaños, penas causadas por abusos de confianza, enemigos que acechan. Peligro de perder bienes. Enfermedad. || **Campo de batalla:** Desgracia irreparable, accidente que marcará para siempre.

CAMPOSANTO *(Véase cementerio)*

CAMUESA

Psi. El mismo significado que *manzana. (Véase* ese término).

CANAL

Psi. Suele representar los órganos sexuales femeninos.

CANARIO

Psi. Expresa la idea doméstica, la vida hogareña, el sentido alegre de la convivencia familiar. *(Véase* el término *aves).*

CANDELA *(Véase velas)*

CANDELERO (Candelabro)

Psi. 1. Recordemos que un candelero es un utensilio que sirve para mantener derecha la vela o candela, por lo que simboliza a la mujer (que sirve para mantener erguido el miembro viril o candela). Al respecto, Freud cuenta el sueño de una mujer cuyo marido adolecía de impotencia: «Mete una vela en el candelero. Pero la vela está rota y no se tiene derecha». Queda claro, por tanto, el significado femenino del candelero (en realidad representa a los genitales de la mujer). || 2. El candelabro, que es un candelero de dos o más brazos, puede, en consecuencia, representar a la mujer que tiene o ha tenido relaciones sexuales con varios hombres, según el número de brazos y candelas de éste. || *C. oc.:* **Candelero sin candela:** No hay verdadero amor, pesadumbre, tristeza, soledad. || **Candelero con una candela encendida:** Proposición sentimental, compromiso matrimonial, buenas relaciones sexuales. || **Varios candelabros encendidos:** Fallecimiento de un familiar o pariente. || **Mujer que sueña con un candelabro de dos brazos:** Dilema entre dos hombres o (los amores. || **Candelero que se apaga:** Rompimiento sentimental o conyugal, necesidad de un nuevo amor. || **Candelero cae al suelo y se rompe:** Accidente, enfermedad grave, peligro de muerte.

CANGREJO

Psi. 1. Simboliza una de las partes inferiores de nuestro psiquismo. Representa un movimiento retrógrado del espíritu, una actitud de retroceso, de no querer avanzar, así como de indecisiones en la voluntad, de vacilaciones, de dudas, de cobardías, de apegos, sentimientos y neurosis que nos impiden avanzar hacia la luz o el desarrollo de la personalidad. La mayoría de las veces, el cangrejo de los sueños está en relación directa con las emociones y sentimientos, no sólo de tipo romántico, sino que incluso puede hacer referencia a un exagerado apego a la madre, indicando la renuncia de ir hacia delante en la evolución de la personalidad, es decir, rechazando la individuación, la independencia y la toma de responsabilidades personales (rasgos profundos de infantilismo). En una mujer puede, incluso, marcar o denunciar que su femineidad no está bastante desarrollada. Por lo común, como animal de agua que es, el cangrejo aparece acompañado del líquido elemento, sea en forma de *arroyo, río, lago, mar,* etc., que también tienen su significado especial. *(Véanse* dichos términos). || 2. Para comprender esa marcha hacia atrás y hacia el fondo del cangrejo psíquico, es muy didáctico el sueño que nos cuenta Jung en su obra *Lo inconsciente,* de una enferma. Dice así la soñadora: «Estoy a punto de pasar un ancho arroyo. No hay allí ningún puente. Encuentro un sitio por donde lo puedo vadear. Pero cuando estoy a punto de hacerlo, me muerde en un pie un enorme cangrejo, que estaba oculto en el agua, y no me quiere soltar. Despierto con angustia». El *arroyo sin puente* constituye el símbolo de un obstáculo que es difícil de salvar (de tipo sentimental-emocional, puesto que es lo que representa el agua); el *vado* es la ocasión o posibilidad que se le presenta de pasar al otro lado, de salvar el obstáculo, de avanzar psíquicamente o psicológicamente; *cangrejo que la muerde en el pie,* los instintos ocultos en el agua, en la psiquis, en el inconsciente, afectos poco claros o inconfesables –pues significan un retroceso– que la agarran y no la dejan avanzar en su evolución y curación neurótica; el *pie,* símbolo sexual de tipo fálico o masculino, lo que apunta hacia unos sentimientos de carácter lésbico. En conjunto, según los estudios de Jung, el sueño ponía de manifiesto una extraña amistad con otra mujer ya fallecida (muerta, además, de cáncer, el nombre latín del *cangrejo),* mujer que al parecer se parecía a la madre de la paciente, también fallecida. La paciente había estado muy apegada emocionalmente a su madre, y a la muerte de ésta trasladó esos sentimientos a la amiga, con la que mantuvo una amistad algo neurótico-temperamental. El sueño viene a indicar, por tanto, «aprovecha para pasar al otro lado, para avanzar en tu desarrollo psíquico, ahora que tienes un vado (muerte de la amiga), pero el cangrejo (los sentimientos y tendencias homosexuales inconscientes) la muerden en el pie, impidiéndola pasar al otro lado, hacia el desarrollo normal de su femineidad. Al parecer, los pies de la soñadora eran grandes y masculinos y ella desempeñaba de manera inconsciente, respecto de la amiga, el papel de hombre, y tenía las correspondientes fantasías sexuales. || *C. oc.:* **Cangrejo mordiendo al durmiente:** Enfermedad, disgustos, penas, separación sentimental. || **Ver cangrejos en la playa:** Proyectos y asuntos que se retrasarán. || **Coger cangrejos:** Superación de problemas, asuntos que vuelven a ponerse en marcha, esperanzas amorosas. || **Cocinar cangrejos:** Desengaños sentimentales, querellas hogareñas. || **Comer cangrejos:** Tentaciones amorosas, proposiciones sentimentales secretas. || **Ver cangrejos en el mercado:** Riesgo de caer en adulterio, insatisfacciones conyugales.

CANOA

Psi. 1. Embarcación que está relacionada con el rumbo de la existencia propia, con el navegar por el río de la vida, pero que indica mucho individualismo e independencia. Según las circunstancias favorables o desfavorables que aparecen en el curso del viaje, así son los pormenores de la vida cotidiana del soñante. Hay que estar alerta si la canoa de los sueños se hunde o sufre un percance, pues es un aviso de que algo parecido ocurrirá con los proyectos o negocios del soñante si no cambia de rumbo, es decir, de manera de proceder. || 2. A veces, los sueños de viajes solitarios en canoa, cuando trascurren por ríos, lagunas y parajes insospechados y exóticos, son símbolo de que el soñante está explorando los ríos de su inconsciente o personalidad, aprendiendo a conocerse mejor, sobre todo a nivel emocional y psíquico. Puede ser indicativo de que hay en marcha un proceso de maduración psicológica.

CANTO (Canción, cantar)

Psi. 1. El cantar o el oír canciones, o ver gente cantando, etc., suele simbolizar las alegrías y satisfacciones que hay en la vida del soñante, sobre todo de tipo romántico y amoroso (cuando las canciones o coplas son de amor). Si el canto es triste o trágico expresa las penas del soñante. No obstante, hay que tener en cuenta que si se oyen las canciones con toda claridad o fragmentos de alguna, quizá no deban tenerse en cuenta a la hora de interpretar las imágenes del sueño, ya que pueden ser *residuos diurnos* de canciones o melodías escuchadas durante los días anteriores al sueño y no están directamente relacionadas con él. Los *sueños son mudos,* son símbolos de *imágenes,* aunque nos parezca que nos hablan, por lo que las letras de las canciones y las palabras aparecen en sueños por un canal distinto (auditivo) y son reminiscencias o residuos de cosas oídas anteriormente y que se acoplan a las imágenes de los sueños. Lo importante es recordar que el *cantar en sueños expresa la alegría del amor que se desea o que se experimenta.* || 2. Otras veces, los cantos, canciones, melodías, letras, coplas que se cree oír en sueños, están relacionadas con alegrías o con frustraciones de la infancia o adolescencia. || 3. Como expresión de la alegría y satisfacción amorosa, una mujer que sueñe que no puede cantar puede indicar su frigidez o que no alcanza el orgasmo. || 4. Un hombre o mujer que se vea que tiene que cantar ante un auditorio y que no puede hacerlo, no se acuerda de la letra o no sabe cantar, expresa las dificultades que tiene para ocupar un lugar en su medio ambiente social o destacar en su profesión. || 5. Para comprender mejor las dificultades que encierran las palabras cantadas que se «oyen» en sueños, *véase* el término *palabras.*

CAPA (Capote)

Psi. Símbolo fálico, representación del sexo masculino. (*Véase* el sueño número 5 del término *iglesia*). || *C. oc.:* **Ser cubierto por una mujer con su capa:** Presagio de muerte violenta. Es tradición que Alcibíades, el famoso general griego del siglo v antes de nuestra Era, se vio en sueños cubierto con la capa de su querida. Días después era asesinado por Farnabazo y la capa de su amante servía para amortajar su cuerpo insepulto. **Soñar con una capa o capote de torero:** Se tendrán que sortear peligros. || **Recibir una capa:** Se recibirán honores o dignidades.

CAPILLA

Psi. En muchos sueños representa la vagina. *(Véase* el sueño número 5 del término *iglesia).*

CAPITÁN DE BARCO

Psi. En sueños de mujer, el capitán de barco, comandante, jefe de a bordo, almirante, etc., suele simbolizar el «ánimus». *(Véase* el término *desconocidos).*

CÁRCEL

Psi. Como expresión de lo prisionero que uno puede encontrarse por los propios deseos, pasiones o situaciones sociales. *(Véase* el término *prisión).*

CARDIOGRAMA

Psi. Por lo común, el soñar que a uno o a otra persona necesitan hacerle un cardiograma, no tiene nada que ver con enfermedades del corazón desde el punto de vista físico, sino que advierte que hay que analizar y estudiar nuestro comportamiento a nivel sentimental, emocional y pasional. Esto quiere decir que algo no funciona bien, sea a causa de pasiones, alteraciones sentimentales, amores perjudiciales, etc. Puede, incluso, ser un aviso de que las relaciones conyugales o familiares pasarán por una crisis o disgusto, por una alteración que afectará al estado «afectivo» del soñante, a sus sentimientos, a su «corazón», pero desde el punto de vista anímico.

CARDIÓLOGO

Psi. El cardiólogo que aparece en sueños simboliza al especialista psíquico en «dolencias amorosas», «crisis sentimentales», «penas de amor», etc. *(Véase* el término *corazón).*

CARETA *(Véase máscara)*

CARNE

Psi. 1. La carne en los sueños tiene un claro contenido erótico-sexual y suele estar relacionada con la *carnicería. (Véase* este término). Es determinante el caso siguiente (sueño de mujer): «Sueño casi todas las noches con carne, y veo cómo la cortan. Estoy muy preocupada, pues no sé a qué obedecen estos sueños». Una mujer que sueña con *carne* es indicativo de que está experimentando fuertes deseos de hacer el amor. Y si lo sueña repetidamente, significa que no satisface sus ansias, lo que hace pensar en soltería o en viudez, es decir, que le falta el compañero que la satisfaga. || 2. En ocasiones la carne acompaña otros detalles de la problemática sentimental, como en el caso siguiente (sueño de mujer de la que desconocemos la edad): «Soñé que estaba en unos grandes almacenes donde sólo se vendían piezas de tela y comida; las telas no me gustaron, pero comí la carne mejor que he catado en mi vida. Luego que salí de los grandes almacenes me encontré con unas calles que eran de escaleras y rampas muy cuesta arriba, donde casi no se podía subir, por lo que rodeé una calle para seguir por lo llano. Me encontré una playa (donde no llega el mar) que estaba contaminada, con el agua muy sucia. Estaba el agua sucia aislada por unos barrotes, y dentro de ésta había dos hombres con trajes especiales que la purificaban. Seguí caminando y alguien me dijo que mi abuela (que murió hacía año y medio) estaba muy enferma. Luego, para salir de aquella ciudad tuve que hacerlo por una ventana, que se me cerró cuando intentaba salir. Al final pude salir». La respuesta que dimos (en la imposibilidad de hablar personalmente con ella y clarificar detalles): «Desde mi punto de vista, el sueño hay que empezar a interpretarlo por el final, en el sentido de que la *ventana*, como símbolo de la femineidad, indica que estás a punto de entrar en la vida con todos sus placeres, alegrías y sinsabores. El *agua contaminada* significa que ya conoces que en la vida hay mucho de malo y negativo; los *hombres con trajes especiales* que purifican el agua pueden significar las partes buenas de tu personalidad que luchan por mejorarla y evitar que se manche con lo malo que te rodea. Lo de las *escaleras y rampas cuesta arriba* tiene varios simbolismos, pero es probable que aquí signifique que a ti –por las causas que sean– la vida afectiva normal (el matrimonio con todas sus cargas, sinsabores y responsabilidades) te da miedo o no te atrae demasiado, y que te gustaría "tirar por lo llano", es decir, recoger los frutos de los placeres de la vida sin soportar las dificultades familiares. Y la entrada final en los *grandes almacenes* de la existencia afectiva y de placeres, quiere decir que en tu inconsciente hay mucha tendencia a satisfacer tus impulsos amorosos; prefieres el amor (representado por la *carne*) a otras pompas de la vida (simbolizadas por las *telas*). En resumen, que tienes –en tu inconsciente– pocos deseos de seguir el camino amoroso matrimonial a menos que éste te resulte muy ventajoso, sobre todo desde el punto de vista amoroso-sentimental. Estos deseos pueden estar, en parte, motivados por la vida matrimonial poco alegre que llevan algunas parejas de tu entorno. Quieres disfrutar de la vida sexual y eludir la parte "negra" y negativa que parece ser el factor común a la mayoría de existencias. ¡Mucha precaución en el camino a elegir!». || 3. También es el símbolo del componente femenino pasivo. (*Véase* el término *Drácula*). || 4. A veces, junto con el trasfondo sexual, los sueños de carne pueden intentar indicar otras cuestiones, como en el caso siguiente (sueño también de mujer): «He soñado varias veces con carne y siempre se ha muerto algún conocido. Os voy a contar uno para que veáis cómo es. Yo estaba mala y mi madre me llevó al médico y éste dijo que me tenía que comer un filete de medio metro de una vaca que no hubiera tenido ninguna enfermedad, y si no me lo comía me moriría. Entonces, mi madre me lo compró y me lo hizo, pero tenía que ser poco pasado, casi crudo, y yo le dije que así no me lo comía, que me daba asco con la sangre, y en ese momento me desperté. Y arriba de mi casa, en ese momento se murió una anciana». Nuestra respuesta fue: «No creo que este sueño sea del tipo profético o premonitorio. Puede ser una casualidad lo de la muerte de la anciana, ya que las características de este sueño son de índole sexual. En conjunto, indica que no estás dispuesta a aceptar los condicionamientos que impone la vida sexual tal como la has visto a tu alrededor, sea por tu índole espiritual o de moral elevada o por tu idealismo o romanticismo. Parece que no debes hacer demasiado caso de los consejos que te ha dado tu madre y que el sacrificio que impone la vida en común con el hombre te atrae poco. Rechazas los placeres puramente sexuales de la vida, cosa que refleja ese sueño». || 5. Un hombre de treinta y tres años, casado, que llevaba una vida normal pero al que le gustaban mucho las mujeres tuvo el siguiente sueño: «Estaba en una habitación grande trabajando con carne cruda y por el suelo corría agua; para no mojarnos los pies teníamos unas maderas. Había dos o tres mujeres». El sujeto quedó sorprendido por el sueño porque su trabajo no tenía nada que ver con carnicería ni carne. Queda claro que el inconsciente refleja en ese sueño la tendencia erótico-sexual del sujeto, quizá diciéndole que estaba pensando demasiado en lo carnal, en el sexo. || **C. oc.: Comprar carne:** Superación de disgustos y penas. || **Comer carne cruda:** Enfermedad grave o fallecimiento en la familia. || **Carne congelada:** Dis-

gustos sentimentales, amores falsos. || **No querer comer carne:** Querellas o peligros para la familia. || **Comer carne guisada de res:** Felicidad, satisfacciones, entrada inesperada de dinero. || **De cabra:** Proyectos o asuntos que se dan por finalizados. || **De jabalí:** Querellas, disgustos, conflictos, pero superables. || **De caballo:** Necesidad de cuidar la salud y vitalidad, se está agotando el organismo por exceso de trabajo. || **Comer carne medio cruda:** Obtención de beneficios por medios poco honrados. || **Comer carne de asno:** Enfermedad, alteración nerviosa, se está actuando alocadamente en los asuntos personales. || **De pavo:** Riesgo de caer en infidelidades sentimentales. || **Comer carne violácea o negra:** Adulterio, enfermedad, el riesgo de infección, fiebre, gripe.

CARNICERÍA

Psi. 1. Es un claro simbolismo sexual. Representa los placeres de la carne, los genitales femeninos. Es el comercio de la carne y, por lo tanto, de las relaciones sexuales. Soñar que se compra carne en una carnicería es indicativo de que hay deseos amorosos en el sujeto, deseos de comercio carnal. Por el contrario, rechazar la carne que ofrece el carnicero o la carnicería indica que hay algún tipo de rechazo por lo sexual o carnal. || 2. Ángel Garma explica un curioso sueño de un hombre preocupado por las responsabilidades que iba a contraer al casarse, en el que vio (entre otras cosas) «como una carnicería. Tiene esas dos puertas que se abren por medio. La parte de arriba es de reja». Es una clara representación de los genitales femeninos. El enrejado superior simboliza el vello pubiano. Las dos puertas incluso podrían reflejar que la mujer ya tenía roto el himen por el acto sexual, de lo contrario hubiera sido más normal una puerta (la pareja ya había tenido comercio carnal), aunque también es corriente considerar que los labios de la vulva son dos puertas o una puerta de dos hojas. || 3. Freud cuenta el caso de una paciente que tuvo el siguiente sueño: «Llegaba tarde a la plaza y no encontraba ya nada en la carnicería ni en la verdulería». En estas pocas palabras se condensaba el problema de la fémina: su marido era impotente, no le servía para el trato carnal, Por ello soñaba que *no encontraba nada en dichos comercios*, que expresaban la sexualidad. El *llegar tarde* puede, incluso, señalar que no ha tenido suerte en la elección del marido (algo mayor) y que tenía que haberse casado antes con un hombre más joven y viril, había llegado tarde al comercio del sexo.

CARNICERO

Psi. Suele simbolizar al marido, al novio, al amante en un sentido recriminatorio o despectivo, siempre que las relaciones sexuales con éste hayan sido brutales, salvajes o faltas de cariño y ternura. En muchos sueños de mujer, el carnicero expresa el trauma de la noche de bodas o del primer acto sexual. || *C. oc.:* **Carnicero entregando carne cortada y roja:** Larga vida, salud. || **Matando un buey:** Mala noticia, que puede estar relacionada con un familiar o una amistad íntima. || **Matando un caballo:** Cuidado con la salud y el trabajo. || **Matando una ternera:** Beneficios, negocio que prosperará. || **Matando un cerdo:** Querella o pleito por herencia. || **Que se corta un dedo:** Pérdidas o disgustos a causa de enemigos y opositores. || **Que corta la mano a alguien:** Victoria sobre un enemigo, muerte o caída en desgracia de una persona influyente que causa daño al soñador. || **Discutir con un carnicero:** Conflictos monetarios, peligra el empleo.

CARRETERA

Psi. 1. Por lo común, simboliza el camino individual o destino, la carretera de la vida, la cual conduce o está conectada con la realización de nuestros objetivos, deseos y aspiraciones. Por esa carretera de los sueños suelen circular los vehículos que nos conducen hacia nuestros logros (o frustraciones, en caso contrario): *automóvil, camión, carruaje, autobús, autocar, motocicleta, bicicleta,* etc. *(Véanse* esos términos). || 2. En lo sexual, la carretera puede simbolizar la fase inicial de la vida amorosa, el desarrollo de la vida erótica. Ya se está preparando para emprender el camino de la vida sentimental. Incluso puede simbolizar la vagina. *(Véase* el término *baúl).* || 3. En sueños de tipo fisiológico, la carretera también puede simbolizar nuestros intestinos y las dolencias que puedan aquejarlos, como en el caso que explica Alex Nagib Rath *(Cómo interpretar los sueños)* de un hombre que soñó tres días seguidos que iba con su automóvil por una carretera en pendiente llena de curvas y que no le funcionaban los frenos. Sorteaba todas las curvas con grandes esfuerzos y pericia, pero al final se estrellaba contra un repecho de la carretera. Se despertaba con un fuerte dolor en el vientre. Después del tercer sueño tuvo que ser hospitalizado para ser operado de apendicitis aguda, que era lo que le estaban advirtiendo los sueños.

CARRUAJE (De caballos)

Psi. Expresa la fuerza vital y mental natural, intuitiva. Simboliza la capacidad no sofisticada ni artificial del soñante para abrirse camino en la vida. El sueño es muy positivo si los caballos van de acuerdo, al unísono o son del mismo color (equilibrio en los instintos). En caso de dos caballos distintos, uno blanco y otro negro, el primero expresa lo racional y sensato y el segundo, lo conflictivo, lo negativo, lo peligroso y lo inconveniente. El carruaje de caballos puede compararse con el automóvil, si bien éste simboliza lo artificial. *(Véanse los términos automóvil y diligencia).* || *C. oc.:* **Tirado por bueyes:** Estabilidad hogareña, matrimonio fértil. || **Arrastrado por personas:** Conflictos, contrariedades, problemas financieros. || **Tirado por caballos:** Éxito, salud, prosperidad, vitalidad; los asuntos seguirán adelante. || **Volcado:** Peligro de enfermedad, fracaso en negocio, proyecto que no se realiza o planes peligrosos.

CARTA (Correspondencia)

Psi. 1. La mayoría de las veces, el soñar que llega una carta representa un aviso del inconsciente. Simboliza la necesidad que tiene el soñante de que se produzcan cambios en su vida, de que «lleguen» nuevas situaciones, ansiedad que el inconsciente trasforma en carta, en misiva. En este caso, la carta es el símbolo de la fuente externa al individuo que puede traer las noticias capaces de producir ese cambio que tanto anhela. Es decir, que el soñante «está esperando que la vida le traiga algo». En tales casos, es importante leer o comprender el contenido de la misiva, que suele reflejar parte del problema del soñante, sea sentimental, profesional o familiar. También es muy significativo el hecho de no poder leer la carta, como en el caso siguiente (chica joven): «A veces sueño que recibo una carta y que es imposible leer su contenido, puesto que está muy borroso o muy mal escrito. El caso es que nunca puedo, enterarme de lo que pone». Este sueño indica que sus anhelos, lo que desearía que llegara, aún no puede convertirse en realidad. Pero además señala que hay una especie de incomunicación o mal entendimiento entre su consciente y su inconsciente. Según los anhelos particulares, estos tipos de ensueños señalan que el sujeto aún no está preparado para los cambios que ansía y que tiene que desarrollar más su personalidad, a fin de comprender mejor su problemática y la vida en general. || 2. En su aspecto sentimental-sexual, abrir una carta, un sobre de color blanco, significa el acto de la desfloración. Y una carta que no se abre puede expresar la virginidad. || 3. En ocasiones, el soñar que se recibe una carta es un sueño premonitorio o pseudo-premonitorio, pues lo cierto es que hay canales poco conocidos de nuestra percepción paranormal. Hay muchísimas personas que sueñan que van a recibir una carta y el cartero la trae el mismo día o al siguiente. A veces puede hablarse de una influencia telepática, en el sentido de que el remitente ha pensado mucho en el destinatario y éste lo capta y refleja en sus sueños: incluso puede adivinar parte del contenido. Pero otras veces incluso se sueña que van a llegar cartas retornadas y así es, y ahí no hay telepatía, pues se habría de admitir que los carteros y empleados de correos son unos telépatas extraordinarios. || *C. oc.:* **Llegar cartas comerciales:** Beneficios o buenas noticias profesionales. || **Carta que es echada por debajo de la puerta:** Ascenso o traslado que se esperaba. || **Enviada por una amistad:** Malas noticias o fallecimiento de conocidos. || **Enviada por un desconocido:** Conflictos o problemas a causa de los enemigos y opositores. || **Que se esperaba desde hacía mucho tiempo:** Se superarán los problemas que preocupaban. || **Anónima:** Pérdidas o conflictos inesperados. Perfidia de la persona que menos se esperaba. || **Devuelta:** Advierte de conflictos con los demás a causa de los propios errores y el proceder. || **Que nos entregan en propia mano:** Aviso de que estamos actuando egoístamente con los compañeros, cónyuge, novio, novia o íntimos y que se avecinan conflictos con ellos.

CARTAS (*Véase naipes*)

CARTERO (Cartera)
Psi. 1.Representa el mensajero del inconsciente, del «Yo» (en ocasiones del «Súper-Yo»), del encargado de hacer llegar misivas o telegramas de las capas profundas o alejadas de la personalidad inconsciente. || 2. A veces, el cartero figura en sueños simbólicos, clarividentes, como en el caso relatado en el apartado 4 de *orina.* (*Véase* ese término).

CASA
Psi. 1. Uno de los símbolos más complejos y difíciles de interpretar por lo que hay que analizar todos los detalles del sueño para encontrar su verdadero significado, por cuanto puede tener una vertiente psíquica, espiritual, fisiológica (física) o erótica. La casa suele representar la totalidad de la personalidad humana, el «Yo», el conjunto del cuerpo. Las casas de paredes lisas acostumbran a representar al hombre y las que muestran salientes, balcones y adornos arquitectónicos en que uno puede agarrarse, simbolizan a la mujer. En algunos sueños, la casa representa al padre, a la madre, a los abuelos, a los suegros, etc., según la problemática de cada ocasión. || 2. Representa al mismo ser humano y su estado interno, con sus angustias, alegrías o neurosis. Según estén las habitaciones, pasillos, escaleras, sótanos, muebles, objetos de adorno, etc., así se encuentra el estado anímico del soñador, como en el sueño siguiente de una mujer (contado por el psicólogo Ángel Garma, procedente de una paciente): «Usted venía a mi casa. Había una

mesa grande. Pero no habían traído las cosas para darle o yo no las podía encontrar». Este sueño refleja la frigidez sexual de la mujer, que aún persiste. En él, el *psicoanalista* es el representante del sexo masculino, del hombre. La *mesa grande* simboliza la cama y los deseos que tiene la mujer de querer hacer el amor como una mujer normal, pero no supera sus inhibiciones y conflicto genital, representados por la expresión *cosas para darle,* es decir, el placer o caricias que una mujer normal entrega al sexo opuesto. El sueño, en conjunto, advierte a la soñadora que a pesar de las sesiones del psicoanálisis aún no está preparada para el acto sexual. Por supuesto, la expresión *usted venía a mi casa,* quiere decir, «usted venía a buscarme», «usted venía a buscar mi cuerpo»…, si bien literalmente quiere decir (al invertir los deseos intercambiados por la censura interior), «yo quería entregarle mi cuerpo». || 3. Muchas veces la casa tiene el simbolismo de la mujer, de la madre, de la suegra, sea hombre o mujer el soñador, como en el caso siguiente (también del archivo de Ángel Garma): «Usted viene a mi casa. Le estoy preparando una taza de té, pero cuando se la llevo, usted ya se ha marchado». Este sueño reflejaba el acto sexual tenido por la soñadora en la vida real, que le preocupaba por tener dificultades de compenetración amorosa. Así, la casa simboliza la vagina, por lo que el sueño ha de interpretarse literalmente de esta manera: «Usted entra en mí, pero cuando yo ya me estoy excitando usted ya ha

eyaculado». El *preparar una taza de té* simboliza la excitación vaginal (o incluso el humedecimiento) y el *marcharse,* el fin de la eyaculación o de la erección). || 4. Otras veces, la casa de los sueños simboliza el cuerpo humano y cada parte de ésta tiene un significado específico que hay que tener en cuenta, ya que puede ser un sueño erótico o uno que refleje un problema determinado de salud y las imágenes oníricas pueden estar intentando indicar la parte afectada o enferma. Incluso puede señalar conflictos de personalidad, etc. Así, por lo común, las partes principales de la casa o edificio tienen esas representaciones: *a)* **Azotea, techo…,** la cabeza, el cerebro (símbolo que muchas veces se le da en la vida cotidiana en sentido metafórico: «está mal de la azotea», «tiene goteras en el techo», etc., al hablar de alguien que no coordina correctamente). También puede representar los pensamientos, los ideales, los proyectos… *b)* **Buhardilla,** la mente consciente. *c)* **Torre o torreón,** el superconsciente, lo que se encuentra por encima de todo. *d)* **Torrecillas,** los oídos. *e)* **Sótano,** el subconsciente, las partes más misteriosas de nuestro ser y personalidad.

f) **Escaleras,** nuestros medios de conexión y comunicación con los demás y con las distintas estructuras de nuestra personalidad. Según la forma y estado de éstas nos señalan tal o cual conflicto o problema. *(Véanse* los ejemplos del término *escalera). g)* **Sala de estar,** actividades diarias, diálogo o contactos con los demás, capacidad para la convivencia social y familiar. *h*) **Comedor,** estancia que puede representar lo que se acepta como provecho propio o satisfacción. También puede representar los placeres de la mesa, los placeres sexuales, nuestra actitud afectiva hacia los otros (sea positiva o negativa) e, incluso, nuestros temores/complejos sexuales. Desde el punto de vista fisiológico, algunos sueños en que aparece el comedor y la comida pueden encerrar un mensaje sobre el aparato digestivo del soñador. *i*) **Cocina,** estancia que puede representar la buena o mala marcha del psiquismo (sobre todo en la mujer, si es una fémina la soñadora, ya que la cocina es el sanctasanctórum de la mujer, allí donde se siente más segura y en donde encierra más horas de su vida. La cocina es, en realidad, el laboratorio de la familia, la manera como el soñador selecciona y prepara su alimentación de orden emocional, conyugal, maternal y familiar. El estado de la cocina de los sueños puede revelar hasta complejos y neurosis. Así, por ejemplo, una mujer que se ve en una cocina sin alimentos o descuidada puede indicar una existencia falta de calor humano o familiar. En sueños de tipo fisiológico, suele representar el aparato digestivo y el metabolismo. *j*) **Dormitorio,** alcoba (con su cama y muebles), suele representar la matriz, la vida sexual, la procreación, la vida íntima, la problemática de las relaciones emocionales. *(Véanse* los términos *alcoba, dormitorio...). En algunos sueños pueden representar los genitales y su funcionamiento, y no únicamente femeninos. La matriz. *k*) **Puertas,** representan los órganos sexuales femeninos. Soñar un hombre que atraviesa una puerta, abre una puerta, rompe una puerta, etc., suele representar el acto sexual. La puerta delantera simboliza la vagina y la puerta trasera, el ano, lo escondido, lo que se oculta a los demás. En lo espiritual, las puertas representan nuestras conexiones con los distintos estratos de nuestra personalidad. En algunos sueños fisiológicos, la puerta puede significar el píloro, la abertura inferior del estómago, por la cual entran los alimentos digeridos en los intestinos. *l*) **Ventanas,** los genitales femeninos, los órganos sexuales secundarios. *(Véase* el término *ventana).* Las ventanas superiores suelen simbolizar los ojos, la vista, la visión. En lo elevado, representan la percepción, la iluminación espiritual, el conocimiento, la necesidad de estar sobre aviso. *ll*) **Balcones,** senos femeninos. *m*) **Pasillos, corredores o túneles oscuros y abovedados,** conductos que comunican las distintas partes del cuerpo, intestinos. *n*) **Cuarto de la caldera, caldera,** el estómago. *ñ*) ***Water closet,*** conducto anal. Como indica Edgar Cayce, soñar con un *water closet* obturado o lleno de agua puede estar indicando que los intestinos están obturados. Es un aviso de alerta para la salud del soñador. *o*) **Muebles,** valores morales y espirituales. Según su estado, así está nuestra personalidad. Muebles bellos y bien cuidados son símbolo de buenos valores espirituales. Muebles rotos, sucios y deteriorados son indicativos de que tenemos muy abandonados nuestros valores morales y facultades espirituales; es un aviso de que el soñador lleva un camino equivocado, probablemente demasiado materialista. *p)* **Los pisos** simbolizan los distintos estratos de la personalidad y el carácter. El piso superior, la mente y el espíritu; el piso inferior, los trabajos manuales y nuestra actitud ante las actividades cotidianas. El piso puede considerarse el fundamento del ser, de la casa. *q)* **Habitaciones subterráneas y sus corredores,** representan los niveles más profundos de la mente y del subconsciente. *r)* **Bodega,** el vientre (sobre todo el vientre materno), la matriz, la vagina. *s)* **Cuarto de baño,** los órganos excretores y los conductos de evacuación de los residuos biológicos. Puede advertir de una necesidad de limpieza moral o psíquica, de purificarse, de cambiar de conducta. Según los detalles del sueño, puede señalar alguna afección en las vías urinarias. Asimismo, está relacionado, muy a menudo, con sueños de tipo sexual. *t)* **Hogar, chimenea, horno,** el estómago, la digestión, el esófago. También tiene una clara relación con sueños de índole sexual, al representar los genitales femeninos. Y hasta puede identificarse con el seno materno. *u)* **Salón,** genitales femeninos. *v)* **Desván,** parte de la mente, del cerebro, del «Yo». || 5. Otras veces, la casa está relacionada con el matrimonio, con la pareja, con la vida en común sentimental. Recordemos que la propia palabra *casamiento* contiene ese término, «casa». Así, una joven que sueñe que va buscando una casa para habitar, en realidad está deseando un compañero o marido con quien compartir la vida. || 6. La casa y el agua suelen ir juntos en muchos sueños de afectos, emociones y sexo. *(Véase el término agua).* || 7. Soñar mucho con la casa natal, con la casa de la infancia, con la casa de los padres, suele expresar el deseo inconsciente de regresar a la infancia, a la niñez, a la época en que uno se lo pasaba mejor. Estos sueños suelen tenerlos las personas que pasan muchas vicisitudes en la época actual y quisieran «estar como estaban en la época de la infancia». Por supuesto, quienes pasaron una infancia terrible en el hogar de los padres, también pueden soñar con la casa natal, pero como expresión de sus traumas psicológicos y de las frustraciones que no pueden olvidar. || 8. Las casas viejas y destartaladas de los sueños simbolizan las partes ya caducas del pasado, los problemas y tensiones psicológicas antiguas. Incluso pueden expresar apegos neuróticos al pasado o a las tradiciones. *(Véase el término manzana).* || 9. Una mujer casada, mayor, delicada de salud y con problemas nos escribió: «Sueño mucho que vivo en la casa en la que me casé y en donde viví durante diecisiete años». Nuestra respuesta fue: «Es un sueño de añoranza por la vida pasada. Esto quiere decir que la vida presente no es tan agradable ni feliz como cuando vivías en el lugar con el que sueñas. Significa, por tanto, que te encuentras sola y que no tienes una compañía que te llene. En consecuencia, piensas en el pasado y sueñas con él en el sentido de "quién pudiera volver a aquellos tiempos"». || 10. En sueños de tipo fisiológico, el ver cómo una tormenta o los rayos causan daños en la azotea, techumbre, tejas, buhardilla desván, etc., puede estar advirtiendo de fuertes tensiones mentales y nerviosas que pueden degenerar en trastornos graves de la personalidad. || *C. oc.*: **Casa vieja y que corre peligro de derrumbarse:** Inseguridad en trabajo y dinero. Hay que pensar en nuevos negocios. || **Bonita y bañada por el sol:** Suerte, prosperidad, salud, negocios que darán buenos frutos. || **Llena de gente:** Lágrimas, desgracias, fallecimiento en la familia. || **En ruinas:** Negocio que fracasa, enfermedad grave o larga, pobreza, falta de dinero. || **Que hace esquina:** Se superarán los conflictos y problemas, nuevas oportunidades. || **Edificar una casa:** Nuevos proyectos, trasformaciones o cambios profesionales. || **Casa grande:** Beneficios, fuertes ambiciones, oportunidades financieras. || **Casa pequeña:** Conformismo, espíritu familiar, mantenimiento del empleo o de la fuente de ingresos. Resignación. || **Temblor o terremoto en la casa:** Fallecimiento en la familia. || **Casa ardiendo:** Pérdida de bienes, negocios fallidos, enemigos que perjudican, pleitos que se pierden. || **Mudarse de casa:** Malas noticias, dificultades económicas. || **Mujer joven viendo edificar una casa:** Terminarán en boda sus relaciones sentimentales.

CASAMIENTO *(Véase boda)*

CASARSE *(Véase boda)*

CASTAÑA

Psi. Suele simbolizar los testículos, sobre todo cuando son dos las castañas que aparecen en el sueño.

CASTILLO

Psi. 1. Simboliza el «centro», la «plaza fuerte» de la personalidad, el «lugar fortificado» del inconsciente. Incluso puede considerarse el «recinto sagrado» de nuestro mundo interior. Por ejemplo, soñar que uno se refugia en un castillo puede ser un aviso de que uno se está encerrando demasiado en sí mismo, que se está aislando del mundo, que se está dejando dominar por la introversión. || 2. En algunos sueños, el castillo tiene un simbolismo parecido a la *torre*, que sirve para subir hacia lo alto, para tener acceso a un mayor campo de visión, es decir, hacia la sabiduría y la espiritualidad. En tales casos, el sueño del castillo suele contener una cámara secreta o del tesoro, con los consiguientes peligros para llegar hasta él. || 3. El castillo también suele representar la familia, el hogar, la «imago interna», el lugar en que los padres nos mantienen seguros, pero sin libertad (y, a veces, prisioneros o castigados), como en el sueño siguiente: «Tengo dieciséis años y hace poco soñé que estábamos en tiempos de guerra y que mi hermano (catorce años) y yo estábamos prisioneros en un viejo castillo. La gente del interior nos trataba bien, pero no nos dejaban escapar. A veces lo intentábamos, pero era en vano. El castillo tenía un gran patio y allí pasábamos la mayor parte del tiempo. Por fin terminó la guerra, pero los del castillo no querían dejarnos en libertad. Una noche, mi hermano me contó un plan para fugarse él y después volver con ayuda y liberarme a mí. Yo no estaba de acuerdo por si lo volvían a pillar, pero al fin se escapó. Al día siguiente, el dueño del castillo me dijo que se había escapado y yo le contesté que era para liberarme a mí después. La hermana del dueño era mi amiga y cuando yo estaba apenada me consolaba y yo encontraba alivio. No estoy segura, pero creo que al final llegó mi hermano con la ayuda y me liberaron. ¿Tiene algún significado este sueño tan tonto?». La interpretación que dimos fue: «No hay sueños tontos. Todos tienen un significado, aunque no siempre sabemos interpretarlos. Para descifrar completamente el tuyo necesitaría datos sobre tu vida familiar, pero es evidente que ese *castillo* simboliza a tu familia, la cual te mantiene encerrada dentro de una "fortaleza" de férreas doctrinas y normas morales para que no tengas ningún percance. Como no puedes hacer lo que deseas, más de una vez deben de haberse producido discusiones o querellas (que el sueño ha trasformado en *tiempo de guerra*). Consideras que no gozas de libertad, pero que te tratan bien, lo que también se ha reflejado en sueños. El *señor del castillo* representa la autoridad paterna y *su hermana* a tu madre, la autoridad materna, que es la que te consuela, como debe de suceder en la vida real. *Tu hermano* sale en el sueño porque inconscientemente –y seguramente conscientemente– sabes que los hombres gozan de mayor libertad en la familia. Esperas que sea él quien rompa con ciertas normas y restricciones, para reclamar luego tus derechos a la libertad. En resumen, el *castillo* de tus sueños refleja los muros morales y represivos de la libertad que hay en toda familia, sobre todo por parte del padre. Y *tus ansias de escapar* simbolizan el eterno canto a la libertad que hay en toda persona joven». ∥ 4. Otro curioso sueño de castillo es el que sigue (enviado por una joven valenciana): «Cuando contaba siete u ocho años soñé que en un castillo había una mesa larga donde había gente del siglo XIII y una chica, creo que era una criada; ésa era yo, lo sabía de cierto. Por supuesto, tenía un rostro diferente al mío y era mayor que yo, pero yo en realidad estaba mirando desde el techo. ¿Puede que fuese una imagen de mi anterior encarnación?». Nuestra respuesta fue: «Mi opinión es que este sueño no es una imagen de tu vida anterior, aunque estos simbolismos psicológicos suelen estar relacionados con nuestras vivencias acumuladas en anteriores encarnaciones. Por lo demás, este sueño debe interpretarse como un aviso de cambios en tu interior y entorno familiar. (¿Hubo algún cambio en la familia a aquel tiempo?). El *castillo* representa tu personalidad interior, normal en tal edad, en que la mentalidad es muy soñadora, infantil y romántica. Los niños siempre juegan con castillos y fortalezas, incluso en la playa, Es un simbolismo ancestral dentro del inconsciente humano. Incluso representa la fortaleza del hogar y de la familia. Y la *mesa* –que es el elemento principal a nivel familiar– también gira en torno a las evoluciones interiores de la persona y a su problemática hogareña. Por supuesto, la criada eres tú, y simboliza la sumisión a los demás (incluso podría ser un mensaje del inconsciente diciéndote que habías de ser más obediente, además de ver a tus padres y tu hogar como anticuados o fuera de la realidad del tiempo). En conjunto, este sueño quiere decir que a la edad de siete u ocho años se inició un cambio psicológico en ti (normal en todos) y empezaste a ver a los demás desde otro punto de vista, empezaste a examinarlos y valorarlos desde otro prisma (desde el *techo*, es decir, desde arriba, desde la cabeza, desde la mente. (*Véase* el término *casa*). Y quién sabe, quizá incluso con cierta dosis de rebeldía porque no te dejaban hacer lo que querías». ‖ 5. El *castillo de oro* y el *tesoro de un castillo* que puedan aparecer en sueños son representaciones simbólicas del «Yo absoluto», del «sí mismo». ‖ *C. oc.:* **Pasear por un castillo:** Herencia, legado, premio, buen golpe financiero, proyectos importantes. ‖ **Castillo fortificado:** Los enemigos y opositores serán derrotados. ‖ **Vivir en un castillo:** Mejoramiento de posición social y financiera. ‖ **Incendio en un castillo:** Pérdida de posición o cargo. ‖ **Entrar en un castillo acompañado de una mujer:** Cuidado con las traiciones y abusos de confianza.

‖ **Entrar en un castillo acompañado de mucha gente:** Éxito político, grandes beneficios, prosperidad familiar.

CATEDRAL (Basílica)

Psi. 1. Simboliza el centro espiritual y místico de la personalidad, las tendencias religiosas del soñante. Entre los católicos y cristianos suele representar, incluso, a la madre física, como recuerdo de la «madre Iglesia», de la «madre espiritual». ‖ 2. En algunos sueños, puede considerarse similar a *iglesia*. (*Véase* ese término.) ‖ 3. Jung explica (en *Lo inconsciente*) el siguiente sueño de un joven paciente suyo: «Me encuentro en una amplia catedral envuelto en un crepúsculo misterioso. Parece ser la basílica de Lourdes. En el centro se encuentra un pozo profundo y sombrío, al que yo he de bajar». El soñante es un joven de veinte años, inteligente, culto, educado, con gustos estéticos, muy sensible, pero con tendencias homosexuales. El sueño viene a indicar que se busca a sí mismo y que acude al centro espiritual para encontrar respuesta y consuelo a su problema biológico. Acude a Jung para que le cure de su homosexualidad. *Lourdes* tiene el simbolismo de la fuente mística de la salud; a ella acuden enfermos y tullidos para curarse y volver, por tanto, a su estado normal, en este caso la heterosexualidad, si es que se puede sanar. Esta *basílica* hasta puede representar a la madre, la persona que nos protege y ayuda cuando estamos enfermos y, por proyección, al propio Jung, al que el enfermo acude como si fuera su madre o su padre. Este sueño no hace nada más que reflejar la angustia del sujeto por su problema. El *crepúsculo misterioso* hace referencia al mundo del inconsciente y, en cierta forma, al estado melancólico y triste del durmiente, ya que su conflicto no puede airearlo a la luz del día.

CAVERNA *(Véase cueva)*

CEBOLLA

Psi. 1. Por lo general, símbolo fálico, representación del miembro masculino, como en el caso que sigue. Un largo sueño de violación, de índole sexual, tenido por una chica de dieciséis años, termina, como colofón, con el siguiente detalle: «...después salió a la calle mi perrita y me di cuenta que en su vagina tenía una cebolla». || 2. En otros sueños, sobre todo en los de personas enfermas, la cebolla simboliza la salud, la vida, en especial si se ve uno cortándola o preparando una ensalada. Se trate de una afección física o de una depresión, la cebolla tiene el significado de revivir, de renacer. || *C. oc.:* **Ver cebollas:** Dolor, próximas lágrimas, penas. || **Comer cebollas:** Se superará una dolencia o enfermedad, pero con sacrificios y dolor. || **Comprar cebollas:** Angustias, preocupaciones o inquietudes a causa de la familia. || **Olor a cebollas:** Se revelarán secretos que causarán penas o querellas domésticas.

CEMENTERIO (Camposanto)

Psi. 1. Todos tenemos un «cementerio psíquico» en nuestro interior, en nuestro inconsciente, y en él hay tumbas, sepulturas y cadáveres de nuestras esperanzas perdidas, de tristes despedidas, de ilusiones rotas, de dolorosas pérdidas, de frustraciones, de fracasos de toda índole, de sentimientos rotos, de oportunidades fallidas... En tales casos, el sueño de cementerios o de tumbas no representa una premonición de muerte o de desgracia, como mucha gente cree (y por lo que se tortura interiormente), sino que algo nuevo ha hecho –generalmente una nueva frustración o desengaño– que el inconsciente recuerde las otras pérdidas que yacen en el cementerio interior. *(Véanse los términos muerte, cadáver, entierro, tumba, sepultura...).* || 2. Otras veces, el sueño de cementerio expresa la inquietud por nuevos problemas o situaciones personales o familiares, especialmente cuando se tiene que tomar una decisión importante en la vida cotidiana. Así, cuando el soñante acude a un cementerio, significa que se está buscando la explicación a un problema o secreto, a una respuesta a preguntas trascendentales, cual Hamlet onírico. Al respecto, el doctor Aeppli precisa: «El que en sueños se acerca a una tumba, a un cementerio, busca un mundo que para él encierra todavía una vida secreta. Hacia el cementerio suele uno dirigirse en sueños cuando de los conflictos de la vida real no sabe uno salir adelante. Entonces, puesto que la vida no le da una respuesta adecuada, la busca uno en la tumba de aquellos que llevaron consigo mucha vida a la profundidad oscura de la tierra».

Algunos soñantes se sienten al borde de la tumba o se arrodillan ante ella, otros descienden a lo hondo de la cripta, es decir, al seno de la muerte misma para pasar allí algún tiempo y recibir la revelación del gran misterio de la vida. Y Raymond de Becker (*Las maquinaciones de la noche*) nos señala: «En todos los tiempos el hombre se ha llegado a las tumbas de sus antepasados para afirmarse en un sentido de continuidad que la vida diaria destruye fácilmente. Tales retornos sólo se realizan en épocas de dudas, de incertidumbre, de desasosiego, durante las cuales se buscan razones para afirmarse. El cementerio del sueño es siempre un símbolo de confusión que retrotrae hacia el pasado y hacia los muertos, para encontrar en ellos nuevas enseñanzas de vida; pero el riesgo está en la fijación de lo que nunca ha de volver». || 3. Según los detalles del sueño, indica el renacer a una nueva vida, la muerte definitiva del pasado, una resurrección sentimental, familiar, profesional, social, política, etc., que, como mínimo, se desea, como en el caso que sigue (mujer casada, cuarenta años, con una hija): «Soñé que mi hija y yo íbamos al cementerio, a rezar a mi propia tumba. Yo estaba allí enterrada y sobre la tumba crecían unas hierbas muy altas, verdes y muy tupidas, con las puntas vueltas hacia abajo». Este tipo de sueños suele inspirar preocupación y terror, ya que la soñante cree que es un sueño premonitorio, o sea, que le indica que va a morir pronto. Nada tan lejos de la realidad. Es un clásico sueño de frustración, en este caso, sentimental. Señala –al estar casada– que ha muerto lo que sentía por el marido, que las relaciones andan muy mal entre la pareja y que ella, en realidad, lo que desea es que se rompan, que se mueran, quedar libre. El *marido* está simbolizado *por las altas hierbas con las puntas hacia abajo*. || 4. En otras ocasiones, los sueños de cementerio en que salen las tumbas de familiares y allegados, indican que alguna relación con uno de los enterrados no ha sido zanjada tal como era debido y que puede existir una fijación con respecto a ella, incluso puede haber un remordimiento por pasadas actuaciones y una necesidad de ir al camposanto a pedir una especie de perdón. Cuando la tumba es del padre o de la madre, puede significar que el soñante no logra desprenderse de los progenitores, que aún no ha alcanzado una independencia suficiente y que le gustaría que estuvieran vivos para que lo ayudaran o protegieran. || 5. A veces, según los detalles que aparecen en el sueño, éste puede ser del tipo premonitorio, y el cementerio tiene entonces una representación real de lo que ha de llevar a la muerte a la persona que aparece en él. Pero este tipo de sueño se da muy pocas veces. || 6. Una mujer casada, de treinta y seis años, separada, con siete hijos y una vida poco feliz a sus espaldas tuvo el sueño siguiente: «Soñé que estaba en el más allá, que entraba en un cementerio donde había un cura diciendo misa por los difuntos. Toda la gente que allí estábamos, teníamos que sentarnos encima de las tumbas, pero en la misa olía a muerto y no se podía estar. Y de repente, oímos gritos y lamentos de las personas muertas que estaban en el purgatorio. El cura nos decía que estaban sufriendo hasta que a cada uno le saliera el juicio. También salían de las tumbas algunas personas pidiendo auxilio. Horrorizada me desperté y recé un padrenuestro para no seguir soñando aquello, pero seguí con lo mismo toda la noche. Tengo miedo de que me ocurra algo malo». Nuestra respuesta a la atribulada mujer fue: «Serénate, que no vas a morirte ni te van a juzgar ni se te acerca el juicio final. Ese sueño refleja única y exclusivamente la tristeza de tu vida presente y pasada. En conjunto, indica que te hallas en unos momentos muy difíciles, en que has de tomar determinaciones y decisiones importantes, que estás muy inquieta por nuevos problemas. Como tienes muchas dudas y titubeos, como temes volver a equivocarte y fracasar en tus proyectos y sentimientos, tu inconsciente te ha retrotraído al *cementerio* de todos tus actos pasados, de tus tribulaciones y pesares, de "tus muertos interiores", a fin de que busques sus enseñanzas y experiencias y veas cuál es el camino a seguir. Es tradición antiquísima el que los espíritus de los difuntos pueden advertirnos sobre el futuro, de ahí la costumbre de ir a rezar a los muertos a los cementerios y pedirles su iluminación y la razón del propio espiritismo y de muchas artes adivinatorias. De una manera similar, tu inconsciente lo ha realizado en sueños por medio de símbolos. Todos esos *ataúdes con*

gente que grita y se lamenta indican que sobre tus pasadas frustraciones y pesares no ha quedado todo resuelto y liquidado, que hay conflictos que todavía te torturan, que no terminas de desprenderte del pasado, que te lamentas demasiado de las tristezas del ayer». La interesada volvió a escribirnos para decir que estaba de acuerdo con la interpretación que le habíamos dado. || *C. oc.:* **Pasear por un cementerio:** Vida larga, buena salud. || **Ver un cementerio desde fuera:** Beneficios, buenas noticias. || **Estar en un cementerio acompañando a un duelo:** Negocio frustrado, pérdida de empleo, beneficios que se esfuman, problemas familiares. || **Niños recogiendo flores de un cementerio:** Herencia, beneficios, ganancias.

CENIZAS

Psi. Las cenizas que aparecen en sueños simbolizan las cosas muertas del pasado. No hay que esperar que resuciten, sean amores, proyectos profesionales o creativos, negocios, asuntos familiares, etc. Otros detalles del sueño indicarán lo que hay que considerar definitivamente muerto y finiquitado.

CEPILLAR

Psi. El verse en sueños cepillando cualquier prenda de ropa, cabellera, etcétera, es indicio de nerviosismo, inquietud, preocupación, a menudo de tipo sexual. Cepillarse los dientes es la expresión del coito que se desea. (*Véase* el término *cepillo de dientes*). || *C. oc.:* **Cepillar prendas de ropa o alfombras:** Querellas, riñas, molestias provocadas por vecinas o compañeras.

CEPILLO DE DIENTES

Psi. Es un símbolo fálico, en especial por su acción de frotar y estar relacionado con la *boca* (símil de la vagina). Que un hombre sueñe que se le ha roto el cepillo de dientes quiere decir que tiene problemas de virilidad, que sufre de impotencia. Por el contrario, que sueñe que se está limpiando correctamente la boca con un cepillo, sin dificultades, es un reflejo de su potencia y del acto sexual que desea. En tales ensueños, la *pasta dentífrica* representa el semen.

CERDO (Cerda)

Psi. 1. En muchos sueños de mujeres los cerdos simbolizan la parte repugnante, asquerosa y pecaminosa de los instintos sexuales, de acuerdo con la moral religiosa inculcada. En tales casos, los cerdos son la expresión de los instintos sexuales que se reprimen o rechazan por pecaminosos. Y cuanto más se reprimen, más a menudo aparecen los cerdos en sueños para recordar que hay que satisfacer el sexo. || 2. También pueden aparecer en sueños después de haber tenido relaciones sexuales, como recriminándose o juzgándose a sí mismo por haberse dejado llevar por la lujuria, como diciéndose «soy un cochino, soy un cerdo». || 3. En otras ocasiones, el cerdo o la cerda del sueño representan a personas, por lo general al padre, a la madre, a los suegros, etc., cuando hay animosidad hacia ellos a causa de una frustración o porque son demasiado materialis-

tas en comparación con el soñante. || 4. Como símbolo de la fecundidad, la cerda también puede simbolizar la maternidad y, por supuesto, a la madre. || *C. oc.:* **Alimentar cerdos:** Disgustos, desengaños. || **Vender un cerdo:** Relaciones o boda por interés. || **Cerdo gordo y bien cebado:** Alguien se está aprovechando de uno o se aprovechará. || **Cerdos de la India:** Golpe de suerte, beneficios en juegos de azar. || **Cerdos de China:** Proyectos que no se realizarán, pérdida de tiempo y dinero. || **Comprar cerdos:** Peligro de traición por parte de amigos o colaboradores. || **Cerdos en el mercado:** Disputas por dinero. || **Cerdo muerto:** Superación de problemas, victoria sobre enemigos. || **Cerda:** Relaciones poco recomendables. || **Matar a un cerdo:** Beneficios monetarios, mejoramiento en el trabajo o negocio.

CEREZA (Cerezo)

Psi. 1. Las cerezas y el cerezo lleno de éstas suelen simbolizar los placeres sexuales, los deseos eróticos y los sentimientos apasionados. || 2. El blanco de la flor del cerezo y el rojo intenso u oscuro de las cerezas, forman el conjunto de la pureza y virginidad (*flor blanca*) y de la oscura pasión sexual, de los deleites escondidos del amor (*fruto rojo oscuro*). || *C. oc.:* **Cerezas muy encarnadas o rojas:** Buenas noticias, situaciones favorables. || **Comer cerezas ácidas o amargas:** Lágrimas, pesares, disgustos amorosos. || **Cerezo en flor:** Esperanzas que se realizarán. || **Cerezo seco y marchito:** Separación, divorcio, rompimiento familiar, enfermedad grave. || **Cerezas verdes:** Asuntos personales o profesionales que se retrasarán más de lo debido. || **Muchas cerezas en casa:** Salud y alegría en el hogar, buenas relaciones con los hijos. || **Cerezas agusanadas:** Desengaño sentimental, pérdidas monetarias, proyectos que se mueren. || **Hombre comiendo muchas cerezas:** Disipación, pérdida de oportunidades por culpa de las mujeres. Mariposeo, versatilidad.

CERILLA (Fósforo)

Psi. Símbolo fálico, representación del miembro viril.

CERRADURA

Psi. 1. Símbolo de los genitales femeninos. Soñar que una *llave* (representación del falo) entra en una cerradura es el símil del acto sexual. Un hombre que no atine a introducir una llave en la cerradura o no sepa abrir la puerta, expresa conflictos sexuales, miedo a la impotencia, dificultades para relacionarse con el sexo femenino, etc. || 2. Otras veces, la cerradura (sobre todo de la puerta de entrada) representa la seguridad del hogar, por lo que soñar que los ladrones revientan la puerta y la cerradura suele advertir de problemas monetarios o pérdida de trabajo, es decir, que se pierde la seguridad y el confort que da el dinero. || 3. Una persona preocupada por problemas, si sueña que introduce una llave en la cerradura y abre una puerta, quiere decir que encontrará la manera, la clave de solucionar el conflicto. *(Véase* el término *llave).* || *C. oc.:* **Abrir una cerradura:** Viene

una nueva posibilidad u oportunidad, cambio de situación personal o profesional, entrada en una nueva etapa. || **Cerrar una cerradura:** Ayudas que no se concretan, proyectos que no se realizan. || **Cerradura que no funciona:** Estancamiento en negocios o dinero. || **Mirar por una cerradura:** Desconfianza, cobardía, inseguridad.

CERRAJERO

Psi. Como experto operario en llaves, cerraduras, cerrojos, candados, etc., en algunos sueños puede simbolizar al psicólogo que está intentando ayudar al durmiente a solucionar sus problemas o conflictos interiores.

CERRAR

Psi. El acto de cerrar una puerta, mueble, vehículo, tienda, etc., suele significar el fin de unas relaciones sexuales o comerciales. Cerrar una puerta de servicio puede indicar que el soñador desea olvidar asuntos tristes o desagradables, probablemente de tipo sexual o afectivo. Cerrar una caja simboliza el fin de unas relaciones sentimentales.

CESTO (Cesta)

Psi. El cesto y la cesta de mimbre, junco, caña, paja, etc., suele simbolizar a la mujer, al sexo femenino. Una cesta llena de frutas, verduras y pescado puede expresar el acto sexual o las relaciones de pareja. || *C. oc.:* Halil-el-Masri ha dejado escrito que el cesto también puede simbolizar la casa, hasta el punto de que soñar que se compra un cesto y se meten gallinas en él indica que se comprará una casa en la que se alojará toda la familia. || **Cesto o cesta llena:** Beneficios, buenos negocios. || **Cesta vacía:** Penuria, dificultades con el empleo o negocio, robo, pérdida de dinero. || **Cesta pequeña con ropa:** Nacimiento en la familia, nuevos proyectos profesionales o cambio de trabajo. || **Rechazar un cesto por feo o deteriorado:** Hay que frenar lo que se tenía pensado hacer.

CIELO

Psi. 1. Uno de los símbolos más difíciles de interpretar, ya que muchas veces –quizá la mayoría– tiene un claro simbolismo maternal, pero en otros, hay que interpretarlo como principio masculino, como en el caso que sigue (ensueño de chica joven): «Soñé que estaba con mi novio entre un grupo de personas, como en una excursión, por una ciudad desconocida, y en un momento dado mi novio me dijo: "Ven, vamos a ver una cosa antes de irnos a nuestra ciudad". Empezamos a correr cogidos de la mano, recorriendo varias calles. Y al final de una de ellas surgió el mar con el sol perdiéndose, como en un atardecer. El mar estaba en calma, casi sin línea divisoria entre el mar y el cielo, que eran de un azul muy intenso. Extasiados, lo miramos con las manos unidas. ¿Tendrá algo que ver con mi deseo de ver el mar?». Nuestra respuesta escrita fue: «Este sueño simboliza tus deseos de amor y felicidad, la unión de los sexos de una manera muy poética. El *ir de excursión y cogidos de las manos* representa los deseos de pasarlo bien con

el novio, con el éxtasis final del amor. El *mar* es la representación de tus sentimientos, del océano amoroso de tu inconsciente, que está en calma y apacible, mientras que el *sol* (que representa la masculinidad, lo fecundante, y en este caso el novio) va descendiendo, para fundirse con el *mar* (que te simboliza a ti). Y el *color azul* de este sueño representa la pureza de sentimientos, la fidelidad, la serenidad. El agua está relacionada con los sentimientos de la persona. La ciudad desconocida representa la vida sexual en común, la vida de pareja, que aún no conocéis». En la imposibilidad de hablar con la joven, queda la duda de si *correr cogidos de la mano* reflejaba las caricias que podían hacerse como novios. || 2. El cielo, en su representación de lo más alto, lo más elevado, está estrechamente relacionado con lo mental lo emocional. Así, soñar con un *cielo azul* y despejado (sin nubes) refleja un estado mental sereno, beatífico y poético; un *cielo oscuro* y nublado que presagia tormenta, simboliza alteraciones emocionales, inclinaciones o pensamientos agresivos, conflictos interiores, melancolías, depresiones…: un *cielo con nubes rosa* o *tonalidades rojas,* puede advertir del predominio de pasiones sexuales, etc.

CIÉNAGA

Psi. Cuando un hombre o una mujer se dejan dominar por el sexo, las pasiones eróticas, los instintos primitivos, no es raro que en sueños vean cómo se hunden en una ciénaga, en el cieno de su propia descomposición espiritual.

CIENO (*Véase barro*)

CIGARRILLO (Pitillo)

Psi. 1. Es un simbolismo fálico, la representación del miembro viril, como en el caso del *cigarro*. (*Véase* ese término). En las jovencitas, al despertar la vida sexual, es corriente soñar con chicos fumando y hasta con cigarrillos solos, como en el caso siguiente (chica de trece años): «Sueño que voy por el campo, sola, de noche, sin más luz que la de un cigarrillo que nunca se apaga. De repente, en el cielo, aparece el chico con quien quiero salir; me habla, corro hacia él y nunca lo alcanzo. Después de la carrera, se hace de día y me veo en un hermoso jardín. Cojo amapolas y se vuelve a hacer de noche. No tengo las flores en la mano y vuelve a aparecer él». || Nuestra respuesta escrita fue: «Este sueño enmascara los deseos amorosos que están naciendo en ti. El *campo* es la primavera de la vida, el campo de los deseos, la femineidad y fertilidad, mientras que la *noche* reafirma lo femenino y lo erótico y el cielo lo masculino. El *cigarrillo encendido* y las *amapolas* simbolizan el sexo contrario, son símbolos fálicos: *encendido* y *color rojo de las amapolas* significan la excitación, el que estás sexualmente encendida. Además, el nombre de amapola es muy expresivo, ya que añadiendo una sola letra representa el meollo del sueño: "ama polla". El *jardín* es el jardín de los placeres amorosos, muy ligado al sexo femenino. Y *correr* es la expresión del acto sexual, en este caso, que se desea. En conjunto, pues, este sueño refleja tus deseos de encontrar el amor. El hecho de que aparezca el chico con el que desearías salir no quiere decir que sea a él a quien amas, puesto que aquí puede tener el simbolismo genérico del sexo masculino, del hombre. Este sueño no es profético, sino sólo psicológico; el hecho de que no lo alcances no quiere decir que no vayas a salir con él. Sólo indica que vas detrás del amor; ese joven es sólo un acto representativo». (*Véanse* los términos *campo, noche, correr, jardín, amapola…*).

CIGARRO (Puro, faria…)

Psi. Acostumbra a ser un símbolo fálico, es decir, representación del miembro viril. Un joven que se vea fumando ante los demás es un acto de reafirmación de su virilidad. En cambio, un nombre que aplaste un cigarro o lo rechace o no quiera encenderlo representa la represión de la virilidad o sexualidad. Una mujer fumando un cigarro es símbolo del acto sexual que desea. Igual puede decirse si va detrás de un cigarro o de alguien que fuma. (*Véase* el término *cigarrillo*).

CIGÜEÑA

Psi. 1. Símbolo del principio femenino, representación de la imagen materna. Recordemos que, en la vida real, sigue divulgándose la creencia de que «los niños los trae la cigüeña». En muchos sueños, pues, representa la maternidad y a la madre, si bien el *pico de la cigüeña* es un símbolo fálico. Esta ave reúne en sí, por tanto, los conceptos de maternidad-paternidad. || 2. Cuando uno sueña que mata o golpea a una cigüeña hay que sospechar que a nivel inconsciente experimenta una fuerte agresividad contra su madre, por la causa que sea. || *C. oc.:* **Cigüeña blanca:** Buenas noticias, satisfacciones, alegrías. || **Negra:** Malas noticias, desengaños familiares que traerán problemas y disgustos. || **Rosada:** Relaciones sentimentales inesperadas. || **Herida o muerta:** Desgracias o conflictos en la familia. || **Negra gritando:** Desgracia, accidente en la familia o en el hogar. || **Nido de cigüeñas:** Maternidad, nuevos negocios, proyectos familiares que tendrán éxito.

CINCO

Psi. 1. El número cinco suele simbolizar la mano, que contiene cinco dedos. Y en los sueños de índole erótica, por el hecho de ser efectuada la masturbación con los dedos o mano, ésta se representa por el número cinco, que suele estar, a su vez, expresado en cinco cosas, como pueden ser *cinco monedas de plata (véase* el término *plata), cinco errores* (es una equivocación masturbarse), etc. No está de más el recordar que son cinco los sentidos del hombre (vista, oído, olfato, gusto y tacto) y que para los antiguos pitagóricos el *cinco* era el número del matrimonio, por estar compuesto del *dos* y del *tres,* el primer número par y el primer impar, si se consideraba al *uno* fuera de serie, como el padre de los demás, la divinidad. Y entre los romanos, durante la ceremonia nupcial era costumbre encender *cinco* cirios y hacer entrar a los invitados de *cinco en cinco.* || 2. La expresión «cinco noches consecutivas» también puede expresar un exceso de masturbación. *(Véase* el apartado 11 del término *agua).*

CÍRCULO (Circunferencia)

Psi. 1. Figura mandálica *(véase* el término *mandala)* que simboliza lo eterno absoluto, lo que no empieza ni acaba jamás. Puede representar hasta el principio eterno de la vida o del universo. Las formas circulares dominan en el cosmos: la Tierra gira alrededor del Sol junto con otros planetas, describiendo órbitas más o menos circulares; las estrellas, las nebulosas, las galaxias, etc., giran también en torno a centros o alrededor de otras galaxias. Todo parece indicar que en el cosmos, lo circular es fuente de todo movimiento, organización y vida. Incluso la Tierra y los planetas y las estrellas son esféricos y se representan por una circunferencia. Podemos decir que lo circular abarca todo el universo, por lo que no debe sorprender que las mismas tradiciones señalen que el alma humana es redonda. Y no podemos olvidar los famosos círculos mágicos y brujescos, que representan el movimiento de los astros y las fuerzas misteriosas del ego y del mundo invisible. Por tanto, el círculo, la circunferencia o la forma circular extraordinaria que aparezca en un sueño, debe considerarse –la mayoría de las veces– un mandala que representa el «sí mismo». Son sueños que acostumbran a tener personas de elevadas cualidades místicas, espirituales o esotéricas en momentos clave de su evolución. Para Jung, la aparición de círculos y sus variantes (incluso el moverse o correr en círculo) en los sueños marca el ascenso en el camino de la individuación, hacia el encuentro e identificación del «sí mismo». El círculo o la forma circular puede considerarse, por tanto, como el conjunto de la personalidad, con todas sus variantes y facetas. Según los detalles del sueño, marcará una subida a la perfección o un estancamiento o retroceso en el desarrollo de la personalidad y, por consiguiente, en el destino de la persona. Jung cuenta el sueño siguiente de uno de sus pacientes: «Le persigue una mujer desconocida. El sujeto que sueña corre siempre en círculo». Es un sueño que explica una faceta o episodio en el desarrollo de la personalidad del soñante (que era un investigador y persona de mucha cultura). La mujer desconocida es el «ánima» *(véase* el término *mujeres desconocidas)* y representa el inconsciente, la creatividad, los altos ideales, que empujan al soñante para que se mueva, lo que indica que en el inconsciente algo se ha puesto en marcha como movimiento circular, que hay un punto potencial, un centro de fuerza (siempre que aparece un círculo se comprende que tiene que haber un centro) que marcha hacia el consciente. En otras palabras: las energías del inconsciente están indicando al soñante que se mueva, que no se pare, y que siga adelante en su proceso de conocerse mejor y en sus investigaciones (probablemente ese sueño lo tuvo en momentos cruciales en que dudaba si pararse o seguir adelante o conformarse con lo que ya sabía o tenía). || 2. En sueños de tipo sexual, un círculo con un ojo o un punto negro en el centro suele simbolizar a la mujer, a los genitales femeninos. || 3. En su concepto más simple, un círculo representa a la mujer por su parecido al vientre.

CIRIO

Psi. 1. Símbolo fálico. *(Véase* el término *velas).* || 2. Otras veces, la luz de la vida, el brillo de lo espiritual, la llama de la vitalidad.

CISNE

Psi. 1. Suele simbolizar el ideal masculino. Los sueños de mujeres con cisnes tienen un claro trasfondo sexual. || 2. Es, asimismo, una imagen arquetípica del «Yo absoluto», del «Yo en sí mismo», es decir, el sujeto considerado en su esencia pura, trascendente o absoluta. || 3. En ocasiones, suele simbolizar a personas de pensamientos elevados, como en el caso de Sócrates, que explica Arnau de Vilanova en su obra *De la interpretación de los sueños* (siglos XIII-XIV). Dice así: «Sócrates, la noche que inmediatamente precedió al día en que Platón fue llevado ante él, había visto en sueños que un cisne

se le detenía en el pecho y despúes volaba de su pecho hacia la puerta ateniense que se llama Académica, y cuando estaba allí le parecía a Sócrates que aquel cisne tenía el cuello tan largo que con su extremo tocaba el cielo e incluso lo penetraba. Al llegar el día, cuando Sócrates estaba narrando esta visión en la escuela, he aquí que el padre de Platón le ofreció a su hijo para que le recibiera en su doctrina. Sócrates viendo esto dijo: "He aquí el cisne que trasciende los secretos celestes para manifestar las cosas ocultas". Y ha de saberse –sigue Arnau de Vilanova– que el cisne tiene propiedades que mucho se asemejan a las propiedades de los que en esta vida filosofan, pues es elegante y blanco, busca su sustento en las profundidades de las aguas, no roba nada ajeno, es longevo y exhala dulces voces en los últimos días de su vida. Así, el filósofo, llevando honestísima vida, vive blanco y sin mancha y, buscando su sustento en lo profundo, discierne las diferencias de las ciencias y las opiniones…, y después de su vida sólo deja a los que le siguen sentencias y acciones contemplativas». || *C. oc.*: **Cisne blanco:** Éxito, popularidad, fama, inteligencia, sabiduría. || **Cisne negro:** Conflictos, pesares, inquietudes, enfermedades en la familia. || **Cisnes blancos nadando en un lago o estanque:** Satisfacciones, alegrías. || **Oír el canto de un cisne:** Enfermedades, accidentes o muerte en la familia. || **Domesticar cisnes:** Disciplina, trabajo, satisfacciones profesionales. Maternidad, hijos (si la soñante es una mujer).

CIUDAD

Psi. 1. Es uno de los símbolos arquetípicos de la madre, del hogar protector de la niñez y de la adolescencia. En muchos sueños una ciudad representa a la madre. (*Véase* el sueño de guerra civil del término *guerra*). || 2. En otras ocasiones, la ciudad de los sueños hace alusión a la propia personalidad y a sus aspiraciones, realizaciones o frustraciones, de acuerdo con los acontecimientos que tienen lugar en ella. Una ciudad desconocida o extranjera puede representar aquella parte extensa que se desconoce de la propia personalidad, que aún el soñante no ha explorado. (*Véase* el término *hotel*). || 3. En algunos sueños de mujer, «mi pueblo, mi ciudad» significa los genitales propios, y la entrada de un automóvil en una ciudad puede ser la expresión del acto sexual que se desea o que se recuerda… || 4. Otras veces, marcharse de una ciudad es querer romper los lazos familiares que unen a la madre y emanciparse. || 5. En ocasiones, una ciudad amurallada que se quiere conquistar simboliza a la mujer virgen que el soñante desea. || 6. En otros sueños masculinos, una ciudad portuaria puede simbolizar el ánima del soñante, como en el caso que explica Joseph L. Henderson de un paciente (hombre ya maduro): «…el soñante siente un nuevo vigor y halla que es capaz de volver a incorporarse a la excursión. Entonces escalan el monte siguiente. Desde allí, bajo ellos, ve su punto de destino: es una encantadora ciudad portuaria. Se siente animado y rejuvenecido con el descubrimiento». Era un sueño que expresaba la superación de problemas anímicos y el fortalecimiento de las fuerzas interiores del soñante así como el mejor conocimiento de sí mismo. La ciudad es aquí la propia personalidad y, al disponer de puerto y ser marítima, la parte que está en comunicación directa con el inconsciente (el mar, el océano). || 7. Las ciudades históricas y exóticas, cuyos nombres o imágenes forman parte de la herencia cultural de la infancia o adolescencia del soñante, representan vivencias o pensamientos del pasado y deseos de obtener aquello que determinada ciudad simbolice para el soñante, de acuerdo con los conocimientos que se tengan sobre ella. De todos modos, no debe descartarse que, la mayoría de las veces, la ciudad soñada se refiera a algunos aspectos específicos de la propia madre.

CLARINETE

Psi. 1. Simbolismo fálico, representación del miembro viril. *(Véase* el término *trompa).* || 2. Tocar el clarinete, en muchos sueños de hombre, es una expresión de la masturbación.

CLAUSTRO

Psi. Puede referirse al claustro materno. *(Véase* el término *cueva).*

CLOACA

Psi. 1. En algunos sueños simboliza el útero materno. || 2. En otros sueños representa, al igual que el *excusado* y los *excrementos,* el erotismo anal. *(Véanse* dichos términos y *oro).*

COCODRILO

Psi. 1. Suele representar los aspectos más temibles de las profundidades del inconsciente, los ciegos instintos de destrucción que anidan en las capas más profundas del ser y que son capaces de adueñarse de la conciencia y razón y destruir o aniquilar la personalidad de uno. El cocodrilo significa los instintos más negativos, destructores y ocultos de la personalidad; es uno de los monstruos oníricos que nos advierten de mayores peligros para nosotros mismos. Cuando uno ve aparecer a los cocodrilos en sus sueños se hace necesario un rápido examen de su comportamiento social y familiar y rectificar rápidamente su conducta, a fin de que los cocodrilos vuelvan a las profundidades de los ríos y los lagos del inconsciente y no puedan hacer daño. De lo contrario, se puede caer en ciegos apasionamientos, agresividades, reacciones muy temperamentales, irritabilidad peligrosa y dejarse arrastrar por actos violentos y delitos. «El cocodrilo –indica el doctor Aeppli– tiene el mismo sentido que el dragón, sólo que aún más primitivo, más perezoso y despiadado con el hombre cuya vida agoniza, y es, por tanto, un símbolo negativo de nuestra energía interior, de una apática y pérfida actitud de vida en la profundidad del inconsciente colectivo». || 2. En muchos sueños de mujer, el cocodrilo –al igual que el dragón– representa el aspecto temible de la sexualidad masculina, el miedo a la agresividad o brutalidad del hombre. || *C. oc.:* **Varios cocodrilos:** Peligro para los negocios o profesión. Riesgo de perder dinero en especulaciones. Acechan personas sin escrúpulos. || **Cocodrilo quieto o adormilado:** Perfidia o traición en amor. Hay que estar alerta contra los falsos amigos. || **Matar un cocodrilo:** Superación de pruebas o vicisitudes. Victoria sobre enemigos.

COCHERO

Psi. A veces, como conductor del carruaje y de los caballos y, por consiguiente, del destino de la persona, el cochero simboliza al médico o al psicoanalista que intenta ayudar al sujeto. *(Véase* el apartado 15 del término *caballo).*

COITO *(Véase acto sexual)*

COLCHÓN

Psi. 1. Simbolismo semejante al de la cama. Suele hacer referencia a la vida sexual. Dos colchones representan a la pareja, al matrimonio o al hombre y a la mujer, como en el caso neurótico que explicamos en el término *frontera.* || 2. Aparte de la vida sexual en común, en ocasiones, el soñar con un colchón, pero de paja, puede expresar la masturbación.

COLEGIO *(Véase escuela)*

COLISIÓN *(Véase choque)*

COLMENA

Psi. Suele representar la vida en comunidad y cooperación y, por tanto, el hogar, la casa, la vivienda, la fábrica, la empresa, el pueblo, la ciudad e, incluso, la nación o el país. Una colmena nueva suele anunciar tra-

bajo y prosperidad, así como unión y concordia. Por el contrario, soñar que una colmena se incendia o es derribada, advierte de próximos problemas en las relaciones de uno con los demás, sea con los familiares, colegas o conciudadanos. *(Véase* el término *abejas).* || *C. oc.:* **Colmena nueva:** Empleo, trabajo, beneficios, nobleza de ideas y propósitos. || **Colmena que sufre un accidente:** Hay que estar alerta contra enemigos y calumniadores. || **Colmena vacía:** Falta de trabajo, peligro de perder el empleo, ruina de empresa, dificultades monetarias en la familia, problemas con la vivienda.

COLORES

Psi. 1. Aún no se ha hallado una explicación convincente del porqué la mayoría de las veces se sueña en blanco y negro y en otras ocasiones en colores. Existen diversas teorías que intentan explicar ese fenómeno, pero ninguna concluyente, si bien por nuestra propia experiencia en la interpretación de sueños estamos más acordes con la del psicólogo argentino Ángel Garma (su primer trabajo publicado al respecto data de 1962), quien es de la opinión de que «los sueños en colores suelen tener un origen preciso en contenidos excrementicios preferentemente anales. En los sueños en colores se descubre con más facilidad dicho significado si su color es *marrón,* o sea, el de las heces, y si además antes del sueño los individuos soñantes han tenido comportamientos angustiantes en relación con su analidad». Para Louis Linn, cuando aparecen colores en sueños, son una repetición de los colores de una situación anterior real. Para él son una evidencia del funcionamiento del «Súper-Yo» en la esfera visual, distinta de la auditiva de las palabras (es de la opinión, siguiendo los pasos de Freud, de que la mayoría de frases y palabras que a veces aparecen en sueños, no son nada más que restos diurnos hablados o leídos y que se superponen a las imágenes de los sueños). Otros psicólogos son del parecer de que los colores de los sueños (al menos en la mayoría de las ocasiones) representan deseos, excitaciones o situaciones sexuales, sean genitales o anales, pero que la censura onírica borra o hace desaparecer la mayoría de las veces, dejando el sueño en blanco y negro. La verdad es que los sueños de colores muy vivos (demostrado por la experiencia) tienen un significado claramente sexual o están relacionados con los genitales, y si los colores son marrones y las tonalidades oscuras, se refieren a lo anal de una manera concluyente. Así no debe sorprender que Garma afirme *(Nuevas aportaciones al psicoanálisis de los sueños)* que «la experiencia de que los sueños en colores tienen su origen en contenidos excrementicios anales reprimidos, recibe cierto apoyo en la hipótesis psicoanalítica de que algo en color, como es la pintura, proviene de sublimaciones de instintos anales. El origen de pintar en el embadurnar con excremento se hace sobre todo ostensible en los tratamientos psicoanalíticos de niños». Esos estudios y tesis de Garma han tenido confirmación en experiencias clínicas, entre las que destacan las de Richard V. Yazmajian, Harold P. Blum y Stuard C. Miller. El primero, de acuerdo con las investigaciones de Calef y Knapp, relaciona de una manera contundente los sueños de color con tendencias escoptofílicas y exhibicionistas asociadas con problemas del «Yo» corporal. Yazmajian sostiene que los sueños de color son representaciones enmascaradas de órganos y de partes del cuerpo que no podemos visualizar por nosotros mismos, por ejemplo, la parte más profunda de la vagina, el ano, el recto o las vísceras. De acuerdo con tales experiencias, queda demostrado que el color *amarillo* representa la orina y, por tanto, lo genital. Como sinónimo tenemos el color *crema* (la mayoría de mujeres citan este color, no el amarillo). El color *marrón* simboliza los excrementos anales y, por tanto, la sexualidad anal. Como ejemplo curioso de esa naturaleza insertamos un sueño que contiene (aparte de los colores) diversos elementos que denuncian la sexualidad anal de éste. El sueño (tenido por una mujer, que nos lo envió por carta) dice así: «Veo una tienda de lejos; hay ropa arrugada colgada en el techo de vivos colores *(amarillo, blanco, crema)*. Detrás hay ropa suave y preciosa. Es la misma ropa, la diferencia estaba en el detergente que utilizaron para su lavado. Era un suavizante. Entré en la tienda y estaba llena de almohadones de color marrón; encima de ellos había muñecos del mismo color; tanto los almohadones como los muñecos eran suaves; los toco, y éstos se mueven, se vuelven blandos, carnosos, casi niños, pero siguen siendo de trapo. El contacto era maravilloso. Deseaba quedarme, pero una fuerza desconocida me sacó de la tienda». Ante la imposibilidad de hablar con la interesada, nos quedamos con la duda de si el sueño hace referencia a deseos reprimidos o tendencias sexuales anales o si la soñante había tenido experiencias de ese tipo. Veamos el significado general: la *tienda* representa el comercio sexual que la vida ofrece; la *ropa colgada del techo,* los pensamientos y excitaciones mentales de tipo sexual con que se recubre la personalidad; los colores *amarillo, blanco y crema* hablan de lo genital, de la vaginal e incluso el *blanco* puede estar señalando virginidad; pero le gusta más la *ropa que hay detrás* (analidad), es decir, la sexualidad anal. En la tienda vuelve a encontrar cosas que hablan de su atracción por los placeres anales: *almohadones de color marrón* (que se utilizan para sentarse, para poner las posaderas, y el color de los excrementos). *Encima* de éstos *había muñecos del mismo color, y todos eran suaves...* Por los detalles que la soñante da se comprende que esos *almohadones* representan los muslos y el medio vientre humano, masculino, por supuesto, ya que encima hay los *muñecos* (los falos, los penes), es decir, el conjunto en que se apoya el trasero de la mujer para el acto carnal anal. Y la *fuerza desconocida* que la saca de la tienda simboliza la conciencia, la represión moral, que la recrimina tales tendencias o placeres. En el caso que sigue (aunque desconocemos los detalles) es clara la relación entre colores y partes sexuales. Una mujer nos escribió la siguiente carta: «Acostumbro a tener sueños en que veo colores muy diferenciados. Tengo reparos en contarle esos sueños, pero me gustaría que me indicara, si es posible, el significado de los principales colores. Con esa guía y un libro que tengo creo que encontraré lo que significan esos sueños». Si tenía reparos en contar detalles significa que eran de índole sexual. De todas maneras, esa carta sirve de confirmación de lo expuesto sobre la teoría de soñar en color. En este tipo de sueños, los colores vivos y brillantes simbolizan la excitación sexual del soñante. ‖ 2. Desde la antigüedad se ha intentado establecer una clave o norma para interpretar los colores que aparecen en los sueños, pero sin mucho éxito, pues muchas de las indicaciones son tan sorprendentes y dispares como exóticas e increíbles. De todas maneras, para que sirva de guía al soñador, hemos recopilado lo más creíble y lo que la experiencia ha demostrado más verosímil o más acertado. Sin embargo, no debe creerse como verdad absoluta las claves que damos a continuación, ya que la interpretación de los colores de los sueños es una de las asignaturas pendientes y más complejas del mundo onírico. Sri Aurobindo indicó en el siglo XIX que los sueños de personas de mentalidad muy primitiva eran en colores que recordaban la *oscuridad* (colores *grises y marrones*), mientras que a un nivel superior, las personas de mentalidad creativa e inventiva soñaban con colores *brillantes*, pero suaves, metálicos. Otras normas y teorías indican que los tonos *oscuros* o *negros* son malos presagios, mientras que los tonos *claros* significan alegría, jovialidad y buenas noticias. Cualquier *color fuerte* indica pasión exagerada en la dirección que sea; y cualquier mezcla de color con *negro* tiene un sentido contrario que el que tiene estando solo. Recordemos que el espectro está compuesto de *siete* colores (que en conjunto forman la luz blanca), a saber: rojo, anaranjado, amarillo, verde, azul, añil y violeta, y que los tres colores primarios son el rojo, el azul y el verde. El significado individual de los colores y tonalidades principales es el siguiente: || **Blanco:** El bien, lo femenino, el «Yo», pureza, candor, buena fe, iluminación, virginidad, inocencia, justicia, pudor, espiritualidad, alegrías familiares, caridad, semen, el conocimiento de sí mismo, reposo, tranquilidad, paz, éxito. *En lo negativo:* ausencia de vitalidad, debilidad, falta de coraje, indecisión, el fin, la muerte. || **Blanco sucio o manchado:** Desfloración, pérdida de la pureza o de la virginidad. || **Negro:** Sobriedad, seriedad, austeridad, constancia, perseverancia, oscuridad, tinieblas, nocturno, noche, lo masculino, la madre, la matrona, la viuda. *En lo negativo:* desgracia, muerte, tenebrosidad, diabolismo, duelo, luto, viudedad, llanto, fracaso, melancolía, pesimismo, depresión emocional, inquietud, inconsistencia, infierno, drama oculto, idea ne-

fasta, desesperación, indecisión, falta de claridad en el camino a seguir. || **Rojo:** La madre, la menstruación, la sangre, el hurgo, el vino. Excitación sexual, fogosidad, actividad, combatividad, Iberia vital, coraje, ardor, valentía, sexo, emociones intensas, impulsividad, erotismo, apasionamiento. Señal o aviso de alto, de detenerse. *En lo negativo:* Odio, cólera, furor, crueldad, pasión violenta, crimen, muerte, ruina, sangre, rompimiento sentimental, querella, pelea, ira, drama pasional. || **Rojo encendido** (Carmín): Amor intenso, pasión encendida, ardor muy apasionado, sexualidad irreflexiva. *En lo negativo:* Vicios eróticos, problemas sentimentales por apasionamiento, venganza. || **Rojo claro:** Afecto, cariño, cordialidad, afabilidad. || **Rojo oscuro** (Granate): Menstruación, intransigencia, ofuscación, acciones peligrosas, venganza, pasión violenta («lo vi todo rojo», suelen decir algunos criminales pasionales). || **Escarlata** (Carmesí fino): Igual a rojo. || **Rosa:** Vida sentimental y romántica, delicadeza extrema, placeres amorosos, alegría, felicidad, enamoramiento, juventud, ilusiones amorosas. || **Magenta:** Igual que rosa. || **Anaranjado** (Naranja): Afortunado en amor, dicha sentimental, iniciativa, fuerza oculta, equilibrio, vitalidad, intelectualidad. || **Amarillo:** Intelectualidad, tranquilidad material, dinero, orina, intuición, extraversión, generosidad, sabiduría, inspiración feliz, luz, presentimiento, luminosidad, estímulo, vitalidad, el otoño, esplendor, gloria. *En lo negativo:* Soberbia, envidia, traición, cobardía, irritabilidad, frialdad, infidelidad, alteraciones nerviosas. || **Amarillo paja** (Color paja): Orina, masturbación. || **Amarillo oscuro:** Bajos deseos, orina. || **Amarillo empañado o sucio:** Excrementos, sexualidad anal, muerte. || **Crema:** Sexualidad, orina, genitalidad. || **Dorado** (Color oro): El principio masculino, oro, genitales masculinos, dinero, especulación. *En lo negativo:* Ambición, orgullo, avaricia. || **Verde, verde claro:** Serenidad, esperanza, alegría, jovialidad, prosperidad, vida vegetativa, crecimiento, ideas en desarrollo, vida natural, renacimiento, sensibilidad, naturaleza, curación, la primavera, la fertilidad, los verdes pastos del inconsciente, alimento natural, equilibrio (es el color que se halla en medio del espectro). *En lo negativo:* Celos, infertilidad. || **Verde oscuro:** Vigor, vitalidad. *En lo negativo:* Maldad, amenaza, degradación moral, desesperación, desesperanza, fracaso, disgustos, insidias, calumnias, celos intensos. || **Azul, azul celeste:** Pureza de sentimientos, piedad, felicidad espiritual, teología, psicología, parapsicología, espiritualidad, religiosidad, magia religiosa, intuición, adivinación, serenidad, paz, verdad, fidelidad, suavidad, psiquismo, reflexión, protección celestial, pensamientos elevados, elevación espiritual. *En lo negativo:* Frío, frialdad, desánimo, lentitud. || **Azul oscuro:** Introversión, dominación, intuición, frialdad de sentimientos. || **Añil o índigo:** Beneficencia, naturaleza, ascetismo. || **Violeta, violado:** Recogimiento, resignación, peniten-

cia, renuncia, dudas, tranquilidad. || **Púrpura:** Poder, dignidad, soberanía. *En lo negativo:* Despotismo, tiranía. || **Morado claro** (Lila): Sabiduría, gentileza, el verano. *En lo negativo*: Destrucción, muerte. || **Morado cálido:** Fuerza vital. || **Morado fuerte, morado oscuro:** Pesares, penas, amargura, recuerdos, preocupaciones. *En lo negativo:* Lujuria, odio, intrigas. || **Castaño, marrón:** Materialismo, excrementos, sexualidad anal, melancolía, salud deficiente. || **Plateado** (Color plata): El principio femenino, la mujer (cualidades iguales o semejantes al blanco). || **Pardo** (Color tierra): Tierra, vida natural, naturaleza, maternidad, vida sencilla o campestre, obligaciones cotidianas. *En lo negativo:* Tristeza, melancolía. || **Gris:** Materia gris (cerebro), buena o mala salud, pensamientos, ideas, el invierno. || **Café:** Lo práctico y terrenal. *En lo negativo:* Depresión. || 3. De acuerdo con G. L. Hipkiss, también existe una geometría del color que ha de tenerse en cuenta para interpretar algunos sueños, es decir, que los colores pueden relacionarse, de una forma abstracta, con las figuras geométricas, de acuerdo con la lista siguiente: || **Rojo:** Sugiere un cuadrado o un cubo. Se presenta en planos estructurales y ángulos agudos porque el ojo lo enfoca bien recortado. || **Anaranjado:** Sugiere la forma de un rectángulo. Ópticamente produce una imagen clara y se presta a los ángulos finos y a los detalles. || **Amarillo:** Evoca la figura de un triángulo invertido o pirámide. Es de alta visibilidad en el espectro y, por consiguiente, puntiagudo y agudo. || **Verde:** Sugiere un hexágono o un icosaedro (figura de seis y de veinte lados, respectivamente), pues no se presta a mucha angularidad. || **Azul:** Evoca una circunferencia, ya que vistos de lejos, los objetos de ese color no presentan contornos claros. || **Morado:** Sugiere la forma ovalada.

COLUMNA (De construcción)

Psi. 1. Una columna simboliza apoyo, sostén, ayuda, firmeza, poder y, en cierta manera, a uno mismo. Por ello es bueno soñar con columnas fuertes, resistentes, altas y bellas. En cambio, es de mal augurio soñar que una columna se derrumba, ya que suele advertir de accidentes, ruina, contratiempos graves y, a veces, de la propia muerte, como en el caso de María Antonieta. La tradición cuenta que cuando esta exreina de Francia estaba encarcelada esperando que el tribunal revolucionario

dictara su suerte, soñó que «un sol rojo se elevaba por encima de una columna que no tardaba en derrumbarse». Poco después, a las 4:30 de la madrugada del 16 de octubre de 1793, era condenada a muerte. A las 11 de la mañana del mismo día era conducida en una carreta al lugar del suplicio y guillotinada. El sol rojo de este sueño es un sol de sangre, y recordemos que este astro tiene el sobrenombre de astro rey y simboliza la realeza. La *columna* era ella misma, su mundo de realeza, y expresaba las ayudas y apoyos en los que aún confiaba la soberana. Al derrumbarse, el inconsciente le indicaba que era el fin, que ya no podía confiar en la ayuda de nadie. El *sol rojo* señalaba que la luz, la realeza se teñiría de sangre, que correría la sangre de los reyes, como así fue. En un plano puramente especulativo, pero curioso, podríamos considerar que el *sol rojo y brillante* que se eleva por encima de la *columna* es la brillante hoja de la guillotina teñida de sangre y que la *columna* es la reina tendida en el patíbulo. || 2. En sueños de tipo sexual, la columna es un símbolo fálico. Por lo tanto, en los sueños de mujer, representa el principio masculino, el novio, el marido, el amante, etc., o sea, los deseos de encontrar un sostén, un compañero en quien confiar y apoyarse. || 3. En sueños de tipo fisiológico, suele representar la columna vertebral. En caso de que un deportista, obrero, minero, etc., sueñe que una columna se desplome, rompa o quede averiada, puede estar anunciando una lesión grave por accidente. En tales casos se debe ser muy precavido y evitar los viajes y los trabajos arriesgados. || 4. En otros sueños, la columna también suele simbolizar al rey, al gobernador, al jefe del Estado, al alcalde y autoridades principales. Y en el plano familiar, representa al sostén de la familia, sea el padre o no. *C. oc.:* || **Columna muy elevada:** Éxito, fama, honores. || **Poco elevada:** Éxitos mediocres o pasajeros. || **Que se desploma o derrumba:** Accidente grave, muerte. || **Sirviente que sueña que se desploma una columna en la casa en la que sirve:** Cambio de trabajo, peleas con el dueño de la casa, tragedia en la familia a quien sirve. || **Mujer que sueña con el derrumbe de una columna cualquiera:** Rompimiento sentimental, separación, divorcio, soledad. || **Estar en lo alto de una columna:** Éxito, fama, popularidad. || **Caer de una columna:** Fracaso, pérdida de cargo u ocupación. || **Columna de agua:** Buenas noticias, dicha, prosperidad. || **De fuego:** Peligros, malas noticias, situaciones difíciles, percances. || **Formada por cajas:** Pleitos, reclamaciones, deudas, problemas comerciales. || **Operarios construyendo una columna:** Mejoramiento profesional, comercial y sentimental. Proyectos en buen camino. || **Operarios rehaciendo o modificando una columna:** Cambio de planes. || **Columna de soldados:** Dificultades, negociaciones, enfrentamientos.

COLUMPIO (Columpiarse)

Psi. 1. Representación de la excitación genital y del coito, que se

recuerda o que se desea. El querer subir a un columpio es la expresión del acto sexual que la naturaleza demanda. Caerse de un columpio o que éste se rompa puede anunciar dificultades conyugales o rompimiento sentimental. Si una mujer sueña mucho que se columpia o con columpios, quiere decir que lo sexual está invadiendo demasiado espacio de su personalidad y que corre riesgo de caer en acciones irreflexivas, atolondradas e imprudentes. || 2. Havelock Ellis, en su obra *Sueños eróticos,* explica el siguiente sueño de una paciente suya: «Estoy en un columpio al aire libre y con las faldas levantadas. Un hombre me mira, y le digo, indignada: "Usted no tiene nada que hacer aquí". La sensación del columpio era muy agradable. El hombre permanecía ahí. Luego mis hijos me despertaron; sentí ganas de orinar. Estoy segura de que si el sueño hubiera continuado hubiera sido erótico». Se comprende fácilmente que la soñante estaba excitada. Parece ser que el día anterior había visto una reproducción del cuadro *El columpio* de Fragonard, lo que había servido de disparador. Las palabras que dirige al hombre también son muy significativas: le indica que *él no tiene nada que hacer allí*, es decir, que ella ya se lo pasa bien masturbándose. No obstante, como en muchos sueños sexuales, también hay mezclados estímulos vesicales: de ahí la necesidad de ir al mingitorio. || *C. oc.:* **Columpiar a alguien:** Hijos, familia numerosa. || **Columpio vacío:** Soledad, insatisfacción. || **Caída de un columpio:** Penas de amor riesgo de accidente, diversos conflictos familiares.

COMBATE

Psi. Simboliza la lucha interior entre dos tendencias morales o psíquicas diferentes. *(Véanse* los términos *batalla, guerra* y *lucha).*

COMETA

Psi. Como artilugio que se eleva en el aire para que todos lo puedan ver, tiene cierta similitud con la bandera. Soñar que uno lleva una cometa suele significar (como en el caso del *abanderado)* que vienen oportunidades para destacar y tener protagonismo, como en el caso siguiente: «Soñé que estaba en la acera de una gran avenida por la que desfilaba un batallón de chinos uniformados y disciplinados. Delante de la formación iba el chino que parecía el jefe; sostenía en su mano el hilo de una cometa que evolucionaba a gran altura, por encima del batallón. En esto, el jefe me hizo una seña para que me acercara a él, y permitió que yo ayudara a llevar la cometa al frente de sus hombres. En seguida me desperté muy sorprendido». El soñante era un escritor y al día siguiente recibía la oferta para colaborar en un programa de radio que se hizo muy popular. Le cogió de sorpresa, como el sueño, ya que él no había solicitado nada. El batallón de chinos indicaba que tendría que disciplinar sus fuerzas y creatividad para alcanzar sus objetivos y, en cierta forma, que tendría que trabajar como un chino, como así fue. La cometa marcaba la popularidad y el destacar en la sociedad, es decir, una distinción.

COMPRAR

Psi. El comprar es hacer una especie de trato o pacto, se adquiere algo a cambio de un pago, es un trueque de intereses, por lo que suele simbolizar el trato sexual, el coito, la unión sentimental, el matrimonio, sobre todo cuando es la mujer la compradora y, en especial, cuando compra fruta, carne, pasteles, pescado o verdura. || *C. oc.:* **Comprar líquidos y bebidas alcohólicas:** Cuidado con las deudas, préstamos, hipotecas. || **Legumbres y verduras:** Han de preocupar las relaciones sentimentales y conyugales. || **Pan:** Proyectos, empleo o negocio que no darán muchos beneficios. || **Los artículos más diversos y variados:** Pérdidas financieras por negocios o trabajos poco meditados. || **Zapatos:** Han de preocupar las falsas amistades. || **Ropa:** Éxitos profesionales. || **Dulces:** Dificultades amorosas y pecuniarias. || **Sombra para los ojos:** Lágrimas o penas por motivos sentimentales o familiares.

CONCIERTO MUSICAL

Psi. 1. Los conciertos musicales que aparecen en los sueños suelen ser indicativos de nuestra capacidad para dirigir y armonizar el conjunto de nuestra vida, proyectos, actuaciones e incluso sentimientos. Un concierto que presente problemas o no tenga éxito nos advierte que no estamos actuando bien, que no estamos dirigiendo bien nuestras energías, que no sabemos armonizar las diferentes tendencias o cualidades de nuestra personalidad. Por encima de todo, un concierto musical, la actuación de una orquesta, significa sincronización, disciplina, armonías, estudios, prácticas, ensayos durísimos y sacrificados, a fin de que el día señalado del concierto todo funcione perfectamente. En su aspecto de música agradable y armónica, el concierto musical en que uno tiene un papel en sueños, suele estar relacionado con la esfera de los sentimientos, de la sexualidad. En determinadas situaciones, el espíritu, el alma compone su música, su sinfonía. Incluso soñar que uno mismo da un concierto puede reflejar el onanismo. «El soñador –precisa el doctor Aeppli– recibe en ocasiones la orden de formar personalmente parte de la orquesta. Tiene que dirigirla o que participar como un músico más. El "Yo", evidentemente, no debe quedar relegado en esta armonía de sentimientos. En estos sueños se ha de observar quién toca y en dónde. A veces es en un lugar al que estamos fatalmente ligados». || 2. Por supuesto, muchos de los sueños de concierto musical señalan nuestra capacidad para dirigir, mandar, autodisciplinarnos o, simplemente, indican si sabemos o no a dónde vamos. Por consiguiente, pueden reflejar nuestras cobardías, nuestros complejos y nuestras neurosis. Veamos ahora un sueño de esta naturaleza como ejemplo, el cual ha sido analizado y estudiado muy meticulosamente por el magistral psiquiatra Wilhelm Stekel: «Me encuentro en una gran sala de conciertos; ocupo el lugar del director de orquesta. Delante de mí, una orquesta aguarda a que yo la dirija.

Detrás de mí, un auditorio nutrido y bien iluminado. Mi tarima de director es alta y angosta; debo mantenerme erguido para no caer. No tengo partitura, no sé qué sinfonía debe ser ejecutada, pero todos están prontos y aguardándome. No me atrevo a mirar hacia el público, aun cuando siento sus miradas fijas en mí. Debo comenzar, puesto que toda la orquesta espera de mí que mantenga la armonía y el ritmo de las diversas partes. Miro ansiosamente a mi alrededor para hallar el instrumento más importante y con el cual, si alcanzo a ser comprendido enteramente, estaré en condiciones de controlar las otras partes e instrumentos sin mayores dificultades. Lo terrible es que no sé dónde está ese importantísimo instrumento; si llego a cobrar el valor suficiente como para marcar el primer compás, percibiré ese instrumento principal y llegaré a captar el tiempo de la sinfonía, a entender su significado y a interpretarla comprensivamente. Comienzo con miedo y ansiedad y todo va bien; sin embargo, no dejo de sentir temor de que mi interpretación sea defectuosa, y el concierto termine en un caos y humillación para mí. Aquí concluye el sueño; despierto con la sensación de haber escapado a una gran responsabilidad». Stekel hizo la siguiente interpretación del sueño, conociendo –por supuesto– los problemas personales del soñador a través del psicoanálisis: «La orquesta es una imagen del alma. Debe dirigir la sinfonía de su vida y de su alma. Comprobamos primeramente una inseguridad de sí mismo, y luego inseguridad frente a los deberes que impone la vida. No sabe cómo ha de conducirse. El director simboliza al "Yo consciente". Frente a la totalidad de voces, se encuentra desconcertado y sin recursos. Debiendo dirigir él, no es más que el dirigido. Se aferra a una sola voz y no sabe si está a la izquierda o a la derecha. Tal como lo he explicado en mi obra *El lenguaje de los sueños,* el lado derecho significa lo normal y recto, y el izquierdo lo prohibido y el pecado. A la derecha está la heterosexualidad, a la izquierda la homosexualidad. Una voz, la todopoderosa tiple, lo ayuda a guardar la apariencia de director seguro de sí. Pero siente que todo puede cambiar en poco tiempo. Teme el caos, la catástrofe, la ruina insoportable. Su tarima es angosta, no puede permitirse ninguna comodidad. No debe descuidarse, debe mantener firmes las riendas de sus impulsos. El sueño revela la importancia que tiene para el paciente la opinión pública. Se siente observado, todas las miradas están puestas en él. Notamos que hay un abismo entre su *querer* y su *poder.* No es director. Ni siquiera tiene partitura, carece de un verdadero plan de vida. Su vanidad lo impulsa a desempeñar un papel conductor, mientras que su complejo de inferioridad le advierte que no debe inmiscuirse en situaciones que puedan concluir mal para él». (*Véanse* los términos *música, orquesta, partitura, público...*). || 3. El sueño que sigue refleja la autodisciplina, capacidad de organización y coordinación de las energías para el trabajo del soñante, en un momento dado de su existencia.

Por aquel entonces había tomado un nuevo derrotero profesional y estaba trabajando de una manera más firme y metódica y el inconsciente se lo recordó en el sueño, como diciéndole: *ahora sí que estás actuando correctamente y con responsabilidad.* Las imágenes oníricas fueron las siguientes: «Sueño en colores que estoy en un gran teatro en el que se va a dar un gran concierto coral en homenaje a un gran músico y profesor recién fallecido. No hay público ni orquesta (no veo músicos ni instrumentos). Parece el primer piso del teatro. Todos los asientos destinados al público están llenos, pero de una manera ordenada y disciplinada y por diferentes grupos de personas. Cada grupo va vestido de manera diferente e intuyo que es un concierto coral y que cada grupo hará un canto diferente. Yo estoy en el lugar de preferencia, presto a dirigir, junto con otros directores que están a mi lado. Me despierto justo en el momento en que va a empezar el concierto». Quizá sea necesario aclarar que la *muerte de un gran músico y profesor* hace referencia a la parte de la personalidad del soñante que quedaba fenecida con las nuevas actividades que emprendía y que el inconsciente rendía homenaje a la labor del pasado, como queriendo decir: *puedes estar orgulloso de la labor que dejas tras de ti.* Es un sueño psicológico de tipo muy positivo desde el punto de vista de la creatividad.

CÓNDOR

Psi. Simbolismo semejante al buitre. Suele expresar ideas o inclinaciones neuróticas y destructoras, propias o de la gente que nos rodea. *(Véase* el término *aves).*

CONDUCIR

Psi. 1. El conducir un vehículo suele expresar la capacidad del soñante para dirigir sus pasos dentro de la sociedad, cómo «conducirse» en la vida para alcanzar aquello que desea o se propone. Por consiguiente, soñar que uno no sabe conducir un vehículo indica que no sabe cómo «conducirse», cómo comportarse en la existencia. Si el vehículo es privado (automóvil, bicicleta, moto…) se refiere a la vida íntima, sentimental, personal, pero si es público (autobús, taxi, trolebús, tranvía, etc.) hace referencia a lo social, profesional, negocios, política y relaciones colectivas. || 2. En los sueños de índole sexual, el conducir mal un automóvil o el no saberlo conducir, acostumbra a expresar la incapacidad para la vida sexual o el miedo a no ser capaz de mantener unas satisfactorias relaciones heterosexuales. Suele reflejar el temor a hacer el ridículo con la pareja.

CONDUCTOR (Chófer)

Psi. 1. El conductor de un vehículo público, sea taxi, autobús, tranvía, etc., suele simbolizar al psicoanalista, al médico, a la persona que intenta llevar por el camino más conveniente y adecuado al soñante. || 2. Otras veces, representa a nuestro conductor interior, incluso a nuestro psicoanalista interno, el cual intenta aconsejarnos adecuadamente. En algunos sueños de mujer, el taxista o conductor puede simbolizar el «ánimus» *(véase* ese término). En ocasiones, el taxista o conductor hasta nos persigue para que asumamos nuestras inclinaciones u obligaciones, como en el sueño que explicamos en el apartado 4 del término *automóvil*.

CONEJO *(Véase liebre)*

COPA

Psi, 1. Como el vaso, suele simbolizar los genitales femeninos, a la mujer, a la madre. || 2. En otros sueños, es el recipiente interior, la gran copa o cáliz espiritual del inconsciente. *(Véase* el término *cueva).* || 3. A veces, como representación de la mujer, puede anunciar un percance o enfermedad si la copa de cristal se desparrama y el vino se extiende como si fuera sangre. *(Véase* el término *mancha).* || 4. Una copa de licor o alcohol puede expresar las apetencias sexuales, los instintos animales. *(Véase* el término *agua).* || *C. oc.:* **Beber de una copa:** Deseos que se cumplirán. || **Romperse una copa de cristal:** Mala noticia, enfermedad o percance en la familia. || **Copa vacía:** Tristeza de amor. || **Beber una copa de vino:** Conflicto en el hogar por culpa de los falsos amigos. || **Beber una copa de coñac o brandy:** Apasionamientos que traerán perjuicios profesionales y sociales.

CORAZÓN

Psi. 1. El corazón de los sueños no hace referencia a dolencias cardiovasculares como alguien pueda pensar, sino que simboliza al amor que se desea o que se rechaza, según las circunstancias. Clavar flechas o cuchillos en el corazón de los demás expresa la unión, la necesidad de enamorarse, de que el corazón propio sea atravesado por la flecha o saeta del amor. *(Véase* el término *indios).* || 2. El que uno sueñe que padece del corazón acostumbra a señalar una dolencia psíquica, no una afección física, o sea, que se sufre de amor, que se padece sentimentalmente, que se está enfermo de amor, necesitado de cariño. Son sueños comunes a las personas enamoradas de alguien que no las corresponde. En casos de amores imposibles, conflictivos o que no convengan, no es raro ver que aparece en sueños un médico o un cardiólogo que aconseja al durmiente que «se opere del corazón», es decir, que extirpe el «mal de amores», y se ofrece para intervenirle. Hay que insistir que ante tales sueños nadie debe asustarse: *no se trata de una operación cardiovascular,* sino de olvidar lo imposible, curarse del enamoramiento y empezar una nueva vida. || 3. En casos de rupturas sentimentales no es raro soñar que a uno le abren el pecho y le arrancan el corazón, ya que hay en el sujeto enamorado una verdadera herida en el «corazón de la psiquis», como en el sueño siguiente (chico de diecinueve años): «Hace unos meses me dejó la novia que tenía. Desde entonces he soñado varias veces que voy caminando con ella por el campo y que de repente me caigo a un pozo. Yo veo el fondo, pero tardo mucho en llegar. Allí caigo en una mesa de operaciones y ella aparece con un cuchillo y me abre el pecho, me agarra el corazón y me tira de él, pero no consigue arrancármelo. Se llena de sangre por la cara y se ríe. De pronto me despierto y veo sangre por la cama; voy a limpiarla y ya no la veo». Este sueño, como se comprende fácilmente, es una mezcla de dolor y amor, de pena por haberla perdido y de deseos de guiarla. La *caída al pozo* expresa la depresión emocional, el hundimiento anímico del muchacho. Abajo del pozo se encuentra la causa de su caída: *es como si le hubieran arrancado el corazón*, mejor dicho, *como si hubieran intentado arrancárselo*, lo que quiere decir que lo superará. No obstante, hay que admitir que en el acto de clavarle el cuchillo también existen unos deseos de amor y sexo, un simbolismo del acto sexual que se considera imposible.

CORBATA

Psi. Por lo general, símbolo de la virilidad y de los genitales masculinos, de acuerdo con la teoría freudiana. A manera de falo, la corbata cuelga de la parte delantera del hombre.

CORDÓN

Psi. En muchos sueños de mujer simboliza el miembro viril, se trate de comprar un cordón, pedir un cordón, buscar un cordón, etc.

CORREDOR (Atleta)

Psi. Cuando uno hace de corredor en los sueños e interviene en una carrera o competición simboliza su capacidad para competir por el éxito, proyectos u objetivos que se ha propuesto en la vida real. Al respecto, es positivo ganar la carrera o quedar en-tre los primeros. Si uno abandona la competición puede reflejar su falta de preparación para llegar a la meta que se ha propuesto. Necesita un «mayor entrenamiento», o sea, estudiar y prepararse mejor en todos los sentidos.

CORREDOR (Pasillo)

Psi. 1. En muchos sueños simboliza la vagina. Cuando son de tipo fisiológico, es normal que la mujer, cuando se halla con el período catamenial, sueñe con corredores, pasillos o túneles de color rojo, que reflejan la menstruación. || 2. En algunos sueños eróticos, el hombre suele ver la vagina como un conducto alargado o corredor. || 3. En su representación de la vagina, *véase* el sueño que explica Garma en el término *mosca*.

CORRER

Psi. 1. El correr en sueños acostumbra a simbolizar el coito que se desea o que se recuerda, por muy vestido que vaya uno. Una mujer que sueñe que corre porque la persiguen es la expresión del acto sexual que ansía. Cuando se corre al lado o tras de un vehículo, y la mujer despierta con cierta sensación de bienestar o placer, queda claro el significado genital del sueño. No olvidemos que el vocablo «correr» tiene mucha similitud con el de «correrse», representación del orgasmo genital y de la eyaculación. Aunque se vea a otras personas correr en el sueño, hay que sospechar siempre de los deseos eróticos del propio soñante. (Para comprender mejor este tipo de sueños, *véanse* los términos *persecución* y *paloma*). || 2. Echar a correr cuesta arriba suele simbolizar el acto sexual, el orgasmo femenino. *(Véase* el término *gorra).* || 3. El correr, como símbolo erótico, figura en numerosos sueños. *(Véanse* los términos *olas* y *cigarrillo).* Al respecto, es curioso el sueño que tuvo un hombre: «Corría por las calles, en una especie de carrera pedestre, junto con chicas y chicos. En un momento dado, él se separó del grupo y tiró por otra calle, solo, mientras los demás le llamaban, diciéndole que se equivocaba, pero él siguió su camino, creyendo que era un atajo para llegar a la meta. Quedó detenido en una calle estrecha, a causa de que estaban realizando obras en ella (arreglaban el pavimento)». Este sueño expresa la heterosexualidad, el intercambio afectivo entre parejas (chicas y chicos corriendo juntos, es decir, el acto sexual en pareja). Pero el durmiente se separaba del grupo (de la normalidad) y marchaba por su cuenta (soledad, falta de pareja, masturbación) y se equivocaba (lo normal no es el erotismo en solitario, sino la sexualidad de pareja). || *C. oc.:* **Correr en sueños:** Éxito, beneficios, obtención de cargos o empleos. Mejoramiento económico. || **Correr desnudo:** Perfidias, calumnias, traiciones, pérdidas monetarias. || **Querer correr y no poder:** Inseguridad, dudas, falta de iniciativas. Ha de preocupar la salud. || **Correr detrás de alguien:** Se perderá una oportunidad, ayuda que no llegará, promesa que no se cumplirá. || **Correr perseguido por otros:** Se necesitará diplomacia e hipocresía para salir de un asunto difícil. || **Mujer soñando que corre:** Cuidado con los apasionamientos amorosos. || **Correr hacia familiares o parientes:** Noticias, encuentros o visitas inesperadas. || **Correr para alcanzar el tren:** Mejoramiento profesional, buenas noticias comerciales. || **Correr tras de enemigos:** Serán superadas las dificultades; éxito después de un período de obstáculos o imprevistos. || **Hombre corriendo tras una mujer:** Situación personal o comercial conflictiva. || **Correr tras un niño:** Oportunidad que se escapa, proyecto que difícilmente se llevará a cabo.

CORRIDA DE TOROS (Corrida)

Psi. 1. Soñar con una corrida de toros, sobre todo haciendo uno de torero, simboliza la lucha que hay a nivel inconsciente para controlar las fuerzas primitivas instintivas de tipo sexual que hay en la persona (representadas por el *toro).* Este tipo de sueños suelen señalar que el soñante está intentando vencer sus pasiones eróticas y civilizar su fuerza salvaje vital. Si mata al toro, significa que vencerá, pero si el astado lo hiere gravemente, quiere decir que las pasiones sexuales harán mella en él. De ahí el mito de los héroes de la antigüedad luchando con toros salvajes, que es el símbolo del sacrificio interior y de la lucha para superar el estado salvaje inicial por medio de la cultura, la moral y la disciplina por medio de la fuerza de voluntad. *(Véase* el término *toro).* || 2. En ocasiones, en algunos sueños ambiguos en que se habla de corrida o ésta es representada de una manera difusa, es símbolo del acto sexual y el orgasmo que se desean. *(Véase* el término *correr).*

CORRIENTE ELÉCTRICA

Psi. La corriente eléctrica que a uno le aplican en sueños o la descarga eléctrica que sufre, acostumbra a expresar la excitación genital del durmiente. *No quiere decir que vaya a morir electrocutado.*

COTORRA

Psi. 1. Simboliza la excentricidad, charlatanería y atolondramiento del sexo femenino. *(Véase* el término *aves).* || 2. En algunos sueños representa, en su aspecto despectivo, a alguna mujer molesta o con poco sentido común que está en contacto con el durmiente. Por lo general, simboliza a una mujer de la familia: tía, suegra, hermana, cuñada, etcétera.

CRÁTER

Psi. 1. Que un cráter o cráteres aparezcan en sueños, sean parecidos a los volcánicos o a los de la luna, no presagian nada bueno para el soñante. Si admitimos que el *campo (véase* ese término) simboliza la personalidad fértil y creativa a nivel psíquico, sea femenina o masculina, los cráteres (sean en una verde llanura o en un desierto) pueden presagiar «socavones» o «hundimientos» psíquicos, expresar graves alteraciones de la personalidad. De una forma u otra, siempre representan problemas, obstáculos, angustias, etc. Jung cita el caso de una niña de seis años que tuvo el siguiente sueño: «Estaba parada en un lugar desolado donde sólo se veían cráteres. A gran distancia, mi padre estaba parado en uno de los cráteres y pedía ayuda». Jung interpretó ese sueño diciendo que

anunciaba una catástrofe inminente, como así fue: al poco tiempo la niña cayó en un estado de esquizofrenia manifiesta que le duró toda su vida. En este sueño, los papeles enmascarados estaban invertidos: era la niña la que estaba o iba a estar realmente en la profundidad de un cráter psíquico y la que iba a necesitar la ayuda del padre. Éste, a su vez, iba a sumirse en un cráter de dolor y amargura al ver que su hija caía enferma por largo tiempo. || 2. El doctor Fritz Künkel *(Del yo al nosotros)* explica un sueño muy curioso de uno de sus pacientes, que había tenido graves problemas de personalidad y en las relaciones con su padre y los demás: «El soñador se encontraba en un paisaje desierto, el cual era algo monstruoso, de un gris amarillento y sin ninguna vegetación. Ante él se extendía una cañada y en ella había varios círculos de grandes piedras o montones de piedra, ordenados concéntricamente. Todo estaba inmóvil y yerto. Sólo algunos conocidos del soñador iban de acá para allá, tras él, y lejos, comentando la significación astrológica de estas piedras. Él mismo descendía con dirección al centro, cuando de súbito descubrió asombrado en la hondura del valle la abertura de un cráter, cuyo fondo

no podía ver. Quedó espantado y en un silencio estremecido, como en presencia de un santuario. Antes de que saliera de su asombro, alguien corrió junto a él, derribándole casi –era quizá uno de los montones de piedras, que se habría levantado de repente–. Más quizá procediera el empellón de que el corredor saliese de él mismo –del soñador–. En todo caso, este hombre corría lateralmente, con suma rapidez y viveza, a lo largo del cráter. Sus miembros eran rígidos y de nudosos tendones, como viejos sarmientos o un zarzo de raíces. El soñador se asustó mucho y medio despertó. Antes de que estuviese enteramente despierto, sonó una voz, clamorosa y formidable: "¡Reacciona, reacciona!"». El *paisaje* de este sueño hace referencia al paisaje interno, al panorama interior del soñante, a la vista que ofrece su espíritu. En conjunto, expresa su soledad, su falta de comunicación, su carencia de compenetración o comunión de afectos con los demás. Se comprende, a primera vista, que el trauma principal es sexual, ya que la experiencia nos demuestra que el color *gris amarillento* se relaciona con lo mental-anal, es decir, que sus preocupaciones son amorosas. El *descender por el paisaje* significa la exploración de sí mismo. Las *piedras colocadas en círculo* (tienen hasta un carácter mandálico; *véase* el término *círculo),* son los acontecimientos o mojones de su existencia, los traumas, frustraciones y conflictos que han quedado petrificados, cual fósiles, alrededor de su personalidad (probablemente adoptan la forma de

piedra para indicar que son fuertes y duraderos, que difícilmente desaparecerán nunca). La *interpretación astrológica* que quiere darse en el sueño viene a decir que son las circunstancias, el destino, los hados, etc., los causantes de sus problemas, o sea, que no es culpa suya. El *valle, la abertura del cráter,* es de un claro simbolismo sexual (son los genitales femeninos); el soñante acaba de descubrir la causa principal de todo: la sexualidad, la mujer, la femineidad, el amor. Él mismo confesaría luego que le hacía acordarse de su primera relación amorosa. Incluso el cráter parecía el sombrero, visto al revés, que llevaba ese primer amor. Ni que decir tiene que *el extraño ser que corre en torno al cráter,* alrededor de su propio trauma obsesivo, le representa a sí mismo, pero su doble neurótico, al que hay que echar fuera y no dejar que le atropelle. Los *viejos sarmientos* son las viejas neurosis, las raíces de sus problemas, que no arranca de su personalidad. Y la voz «*¡Reacciona, reacciona!*» la clarifica muy acertadamente Kunkel al decir que «le trae a las mientes las experiencias de las últimas semanas, en las cuales había intentado con éxito responder simplemente y sin control mental (por decirlo así, impremeditadamente) a los impulsos que en la convivencia de su mujer sentía». || *C. oc.:* **Campo lleno de cráteres:** Problemas financieros, profesionales o familiares. || **Caer dentro de un cráter:** Enfermedad, lesión, accidente; se necesita ser muy prudente. || **Otros cayendo dentro de un cráter:** Se tendrá que ayudar a parientes o amistades íntimas. || **Automóvil cayendo dentro de un cráter:** Pérdida de empleo o posición, quiebra de negocio, proyecto que fracasa.

CREMA (Color)

Psi. Tiene el mismo simbolismo que el color amarillo en los sueños de tipo sexual. *(Véase* el término *amarillo).*

CREPÚSCULO

Psi. 1. Cuando aparece el crepúsculo, el preámbulo de la noche, es el anuncio de que todo lo inconsciente vuelve a dominar en la personalidad. Figura siempre en sueños que hablan de problemas afectivos, sexuales, emocionales, etc., adoptando las formas más diversas, como crepúsculo tenebroso, crepúsculo misterioso, etc. *(Véase* el término *catedral).* El crepúsculo vespertino suele indicar angustia, melancolía, depresión, pesimismo, etc. || 2. El crepúsculo matutino, el que precede a la salida del sol, suele advertir que se están superando problemas, depresiones, conflictos y que la claridad del consciente pronto clarificará las tensiones que se había acumulado en el inconsciente.

CRUSTÁCEOS

Psi. Por lo común, la mayoría de crustáceos comestibles suelen simbolizar el miembro viril o genitales masculinos, como los cangrejos, langostas, langostinos, bogavantes, camarones, cigalas, galeras, quisquillas, percebes… *(Véase* el término *restaurante).*

CRUZ (Crucifijo, cruces)

Psi. 1. La cruz es uno de los símbolos más extendidos en Occidente de manos del cristianismo, por lo que también aparece en sueños. Por un lado representa el sufrimiento, las penas, las tribulaciones y, por supuesto, la muerte. De ahí que figure tan profusamente en los cementerios, la religión del difunto. Al respecto, recordemos la popular frase «llevar la cruz a cuestas», en recuerdo de la pasión y martirio de Jesús, para significar que uno está llevando una pesada carga, sean enfermedades en la familia, accidentes, percances sociales o económicos, etc. Pero, por otro lado, al mismo tiempo, es el símbolo de la resurrección, de la vida sobrenatural, de las esperanzas en la otra vida, de la promesa cristiana de salvación, de la victoria sobre la muerte, etc., por lo que el hallar un crucifijo, por ejemplo, puede indicar que el soñante no debe desesperar si está pasando una mala racha, porque pronto mejorarán sus asuntos. *(Véase* el término *ropas).* || 2. En otros sueños, una cruz bien destacada puede señalar que el durmiente se halla en una encrucijada, en un cruce de caminos, que necesita tomar decisiones sobre el camino a seguir, que tiene que elegir entre dos posibilidades y no sabe por cuál hacerlo. En este aspecto, la cruz representa los cuatro puntos cardinales. Recordemos que desde antiguo una cruz en el camino señalaba al caminante o viajero una bifurcación. De una forma u otra, la cruz en los sueños indica que se acerca un cambio, una trasformación o una nueva dirección en el caminar del soñante por la vida. || 3. En su forma más simple, una cruz simboliza los cuatro puntos cardinales y, por consiguiente, la cuaternidad psíquica, o sea, los cuatro aspectos funcionales de la conciencia, a saber: sensibilidad, pensamiento, sentimiento e intuición. *(Véase* el término *cuatro).* En tales casos, si son sueños que expresan una evolución psíquica, un desarrollo de la personalidad o la asimilación consciente de unas tendencias o fuerzas inconscientes. En el caso de muchas cruces, puede ser un síntoma de una función centralizadora o integradora, como en el sueño propio siguiente:

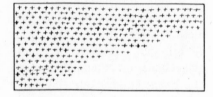

«Estaba dibujando en lo que parecía un papel gigante o un lienzo colocado verticalmente, a modo de pizarra, pero de color amarillento. Estaba trazando gran cantidad de cruces, como si tuviera que hacer el máximo que cupiese. Despierto». El dibujo que representa ese sueño es el siguiente (fondo amarillo y cruces en negro): Interpreté el sueño como representación de una función integradora (fuera un mensaje del inconsciente o una expresión de los esfuerzos que estaba haciendo en estado de vigilia). O sea, que yo intentaba o debía tratar de integrar mis esfuerzos y acciones en una dirección integradora o hacia un conjunto más armónico (papel o lienzo rectangular, representativo

de la mencionada cuaternidad psíquica; y al mismo tiempo, de color amarillo, el del pensamiento, el de la función intelectual). La multitud de cruces significaba una multiplicidad *(véase* el parecido de la crucecita con el signo de multiplicar y, cómo no, con el de sumar), pero de una multiplicidad agobiante u obsesionante, representativa de mis actividades y esfuerzos profesionales. Las crucecitas, al ser tan diminutas, expresaban exceso de detallismo, meticulosidad y sentido crítico, pero, asimismo, eran símbolo de una dispersión fatigosa de pensamientos, proyectos, esfuerzos y tareas. Había, pues, que buscar un centro integrador, una función catalizadora, a fin de evitar un efecto dispersador o desintegrador excesivo que malograra los esfuerzos totales. El sueño, en su conjunto era, pues, la escenificación de un intento personal (por eso sólo salía yo en el sueño) de integrar esfuerzos en un conjunto común, que era lo que estaba intentando en la realidad. Incluso podría haber, como trasfondo, una neurótica obsesión por el detallismo (exceso de cruces y de centros). Al mismo tiempo, era una cosa que yo debía aprender a realizar o asimilar, ya que el lienzo tenía los visos de una pizarra de escuela, aunque amarilla. Por otro lado, simultáneamente, era un simbolismo de mi febril actividad de archivo y consulta con mi biblioteca, ficheros, revistas, recortes de prensa, etc., en la que los libros pasaban de quince mil ejemplares. El estar yo frente al lienzo, dibujando apretadas crucecitas, guarda cierto parecido con los paneles de libros de mi vivienda.

CUADERNO

Psi. Cuando uno encuentra en sus sueños cuadernos escolares, escritos o dibujados, hay que sospechar que alguno de los males del soñante radican en un trauma que se produjo en la infancia o adolescencia, cuando estudiaba, sobre todo si hay algún manchón, tachadura o página rota en el cuaderno.

CUADRA (Establo)

Psi. 1. Suele simbolizar el lugar del inconsciente en que se hallan o residen nuestros instintos domésticos o más amaestrados. Es muy conveniente estudiar lo que pasa en ella para comprender el sueño. Cuando en la cuadra se derrumba la techumbre, se produce una inundación, se incendia la paja o el pesebre, etc., suele advertir que el mundo de los instintos del soñante se ve amenazado en su orden natural y que hay que tomar medidas para corregirlo. || 2. A veces, en la cuadra de nuestros sueños colocamos animales que representan a los padres, a los hermanos, a las amistades íntimas, etc., como expresión de la poca estima y respeto que sentimos por ellos a causa de su proceder. || 3. En la cuadra también aparecen nuestros instintos vitales en la forma de caballos, de la cabalgadura que empleamos para marchar por la vida. En tal caso, los caballos jóvenes y esbeltos hablan de la energía positiva del soñante; los caballos flacos, feos, enfermos, tumbados, sucios, etc., indican la pobreza de los instintos del durmiente, su carencia de vitalidad.

CUADRADO

Psi. 1. En su concepción más simple, un cuadrado simboliza al hombre, en contraposición al círculo, que representa a la mujer. || 2. El cuadrado que se presenta en ocasiones en sueños es una figura positiva, ya que simboliza a la *tétrada* o *tetractis*: a la trinidad de *ser, conciencia* y *amor* se le añade un cuarto elemento: *la materia* (la fuerza interior llega a hacerse material, corpórea, real en tiempo y espacio). El cuadrado (al igual que cualquier otro cuadrilátero) está conectado con las cuatro funciones citadas, pero también con los cuatro elementos principales de la vida: *fuego, tierra, aire* y *agua,* por lo que significa *totalidad* y *equilibrio.* Este símbolo de la *totalidad* puede ser representado también por el número *cuatro. (Véanse* los términos *mandala* y *cuatro).* || 3. Como representación de la energía inconsciente en el ser humano, sobre todo en el hombre, el cuadrado aparece en sueños mandálicos, en los procesos de individuación. A veces es simbolizado por una ciudad cuadrangular, por una casa de planta cuadrangular, una habitación cuadrada, un espacio cuadrangular, un jardín cuadrangular, etc., como en el sueño que explica Jung en *Psicología y alquimia:* «Un espacio cuadrangular. Se celebran en él complicadas ceremonias que tienen por objeto la trasformación de animales en seres humanos...». Este sueño, tenido por un hombre, formaba parte de una serie de sueños mandálicos del mismo sujeto. Si admitimos que el *espacio cuadrangular* del sueño simboliza la energía inconsciente del soñante en su aspecto positivo, hemos de llegar a la conclusión de que la *trasformación de animales en seres humanos* quiere decir que partes de esa energía, de esos instintos vitales, pasan a un estadio superior, es decir, son «canalizadas», «trasformadas», «iluminadas»…, para convertirse en energías superiores, en pensamientos más elevados, etc. Incluso hay que pensar que parte de la energía consciente se vuelve más consciente y racional. || 4. El *cuadrado*, el *cubo* y el *cuatro* en sueños suelen indicar, pues, que la personalidad está bien cimentada o equilibrada. Expresan la idea de estabilidad.

CUARTO DE BAÑO

Psi. 1. El cuarto de baño de los sueños suele estar relacionado con las intimidades eróticas o sexuales de la persona. Figura en muchos ensueños de índole genital. *(Véanse* los términos *mercadillo* y *casa).* || 2. Soñar que el cuarto de baño propio es utilizado por otra persona hace referencia al acto sexual que se desea. Aquí el cuarto de baño simboliza los genitales femeninos. || 3. Una chica que suspiraba por un compañero o marido estable y responsable soñó con una «casa que tenía siete cuartos de baño pintados la mitad de rosa y la mitad de blanco». La *casa* es la personalidad y el *cuarto de baño* las necesidades sexuales. El número siete simboliza en este sueño el matrimonio, la unión, ya que corresponde al séptimo sacramento, el del matrimonio. El sueño, por tanto, expresaba sus necesidades genitales y, al mismo tiempo, de estabilidad sentimental. El color rosa y blanco habla del amor y de la pareja. En la interpretación nos quedó la duda de si la chica ya había tenido relaciones íntimas con siete personas o no. || 4. En algunos sueños, de acuerdo con Jung, el cuarto de baño indica la necesidad de purificación interna, de limpieza espiritual.

CUATRO (Cuarto, cuarteto)

Psi. 1. En muchos sueños, el cuatro tiene el mismo simbolismo que el cuadrado y acostumbra a representar la totalidad de la existencia, el conjunto de la personalidad y de sus instintos, que pueden quedar expresados hasta por cuatro animales o fieras distintas; como en el sueño femenino siguiente (mujer madura en quien los deseos eróticos empezaron a cobrar mucha intensidad): «En un caserón de pueblo grande en donde yo estaba con tres o cuatro de mis nietos, veía yo que venía un león por la ventana y cerraba la puerta con tablones, con mucho esfuerzo, y al fin conseguía que el león quedara fuera. Más tarde era un toro y ¡qué trabajo me costaba cerrar la puerta!, pero lo conseguía también. El tercer animal que intentó entrar fue una pantera o leopardo; no lo logró. El último fue un perro bull dog de colosales dimensiones que forzaba la puerta…, pero no llegó a entrar gracias al derroche de energía y esfuerzos míos con los cuatro animales». Quedan claros los instintos primitivos de la soñante en la forma de tales animales, así como sus esfuerzos y sacrificios para contrarrestar el empuje de éstos. En este sueño, los *cuatro animales* no sólo representan los diversos instintos sexuales, sino que incluso simbolizan la totalidad de su personalidad o de la existencia, es decir, toda ella entera le pedía mayores satisfacciones eróticas y que cambiara de proceder, que no había finalizado su vida sexual. Hasta *su duda entre tres o cuatro nietos* juega entre el sexo masculino (tres) y su existencia (cuatro). La *ventana* es una alegoría de la vagina. Y no descartamos que los *cuatro animales* representaran a cuatro hombres determinados. El sueño expresa, por consiguiente, los esfuerzos que hace la soñante para reprimir sus pasiones naturales. Y, al mismo tiempo, esos cuatro animales hablan de la cuaternidad, de la que luego hablaremos extensamente. ‖ 2. Por otro lado, el cuatro (4) en los sueños es un número positivo que simboliza la estabilidad, el equilibrio, lo duradero, la fuerza, el poder, la certidumbre, lo arraigado. Para Pitágoras y sus discípulos, el cuatro era la fuente de la naturaleza; en él estaban encerradas todas las sinfonías y las fuerzas de ésta, el origen y raíz de la naturaleza eterna. Por ello, en la propia Biblia, el cuatro es a veces un símbolo de totalidad, se habla de cuatro ríos del paraíso terrenal y de un cuádruple juicio de Yahvé. Los antiguos esotéricos consideraban el cuatro como cifra muy positiva, ya que simbolizaba la *tétrada* o *tetractis*: a la trinidad de *ser, conciencia* y *amor* se le añadía un cuarto elemento: la *materia* (la fuerza interior llegaba a hacerse material, corpórea, real en tiempo y espacio). Era, por consiguiente, la cuaternidad, el cuaternario, que según los pitagóricos expresaba el nombre inefable del Creador, ya que simbolizaba la idea de causa y origen de todo lo que existe. En el cuaternario se condensaba la idea de la inmortalidad y la base primordial de pirámide. De ahí que los gnósticos dijeran «que su ciencia tenía por base la escuadra, cuyos ángulos eran: silencio, profundidad, inteligencia y verdad». La importancia de la cuaternidad en la vida cotidiana se pone de manifiesto por la existencia de cuatro puntos cardinales (norte, sur, este y oeste), por el hecho de que el año que rige nuestra existencia está formado por cuatro estaciones (primavera, verano, otoño e invierno), que los elementos fundamentales del mundo visible son cuatro (fuego, tierra, aire y agua), que hay cuatro propiedades principales del ambiente (seco, húmedo, cálido, frío), cuatro cualidades gustativas (acre, amargo, dulce, ácido), que las cuatro virtudes cardinales son prudencia, justicia, fortaleza y templanza, etc. Y, por supuesto, como señala Jung, la tétrada o cuaternidad representa una estructura arquetípica que tiene un papel significativo en el simbolismo general y una especial y particular importancia en la investigación de los sueños, toda vez que representa los cuatro aspectos funcionales de la conciencia: sensibilidad, pensamiento, sentimiento e intuición, más allá de las cuales ya no se puede decir nada más, y que son simbolizadas en los sueños por cuatro figuras, mandalas de cuatro partes o cuatro divisiones, objetos cuadrados y rectangulares, cuatro animales, tres animales y una persona, etc. Gustav Jung ha señalado la importancia de esas cuatro funciones que se representan muchas veces en sueños, con las siguientes palabras: «… la cuaternidad es un arquetipo que constituye la premisa lógica de todo juicio de totalidad … Si se quiere llegar a un juicio de este tipo, éste debe tener un aspecto cuádruple. Hay cuatro aspectos psicológicos de la orientación psíquica más allá de lo cual no puede ya decirse nada más fundamentalmente… Debemos tener, como orientación, una función que compruebe que hay algo (sensibilidad), una segunda que verifique qué es esto (pensamiento), una tercera función que diga si esto se adecúa o no, si se quiere admitir o no (sentimiento) y una cuarta que indique de dónde viene y a dónde va (intuición)». Veamos un sueño que presenta tales características, tenido por una joven casada, sin hijos, pintora: «Estoy en la habitación de matrimonio de mi casa. Estoy de pie y encima de mí está girando algo como una corona floral de casada, esas flores que se colocan en la cabeza, que yo incluso llevé en el día de mi boda. Esa corona es bastante grande y va girando todo el rato en el aire. Yo me la miro levantando la cabeza y sonrío, porque es preciosa. Está como dividida en cuatro partes distintas pero unidas. Una cuarta parte de ella está compuesta de papeles de serpentinas de colores (rojo, amarillo, verde, azul) que cuando la corona gira se mueven en el aire y se entremezclan. Otro cuarto está formado como si fueran flores, pero parecen como ramas tiernas y en ellas hay como unas bolitas que parecen frutos de estas ramas. Mientras la corona gira sin parar, veo de pronto, entre las ramas, en otro cuarto tal vez, muchos pájaros distintos entre sí. Me parecen conocidos o vistos alguna otra vez en algún sitio. Todos tienen distintos colores (rojos, amarillos, verdes, azules…). Yo me siento feliz. También hay otros más grandes y, alargando mi mano, cojo uno y me lo quedo mirando de cara. Le acaricio la cabeza y le digo cosas bonitas. El pájaro, no muy amigo, me picotea la nariz, como si le molestara el que yo lo hubiera cogido. Le digo que le quiero y que es tonto, que no le haré daño. Él sigue queriéndome picar y sin pensarlo más me acerco a la ventana abierta y lo dejo en libertad». En conjunto, este sueño (dibujado, además por su autora) expresaba una fase evolutiva de la personalidad de la soñante, sobre todo desde el punto de vista creativo-profesional o inspiracional o de concreción de futuras realizaciones. No cabe duda de que la corona floral era un mandala (la forma circular, que se considera la figura perfecta; *véase* el término *mandala* en nuestro *Diccionario de sueños sobre personas conocidas y desconocidas),* que al mismo tiempo estaba girando sobre sí mismo, lo que indicaba que algo se estaba moviendo, que una cosa estaba en marcha en el inconsciente, en la mente de la sujeto. Si la *corona o mandala* estaba elevado, en el aire, quería decir que hacía alusión, por añadidura, a una cosa elevada, a altas aspiraciones, a deseos de subir, a pensamientos elevados, etc. Ese mandala, pues, como corona que se podía llevar en la cabeza, representaba el rodar de su mente, el girar de sus pensamientos, el circular de sus elucubraciones y proyectos y, por consiguiente, el crecimiento de algo (puesto que siempre algo en marcha tiende a crecer, a evolucionar), que identificamos con deseos pertenecientes al plano creativo-pictórico de la interesada. Los pensamientos, deseos, proyectos, ambiciones artísticas y profesionales, la creatividad, estaban simbolizados por los *pajaritos que anidaban en la corona,* en las ramas de ésta (su mente, su cerebro, su inconsciente, etc.), pero que todavía no estaban crecidos o maduros como para levantar el vuelo, o sea, para ponerse en marcha. Y el pájaro más crecido que soltaba, que dejaba libre por la ventana, expresaba el lanzamiento de un proyecto, la puesta en marcha de una ambición inmediata, la proyección de un pensamiento para que cobrara vida propia (lo identificamos con una exposición de pinturas que la sujeto iba a presentar pocas semanas más tarde y sobre la que estaba trabajando intensamente en el momento del sueño). Desde el punto de vista puramente psicológico cabe recordar aquí aquellas palabras del doctor David Foulkes: «La mente durante el sueño es un vasto depósito de muchos deseos y temores conflictivos y los sueños emergen no sólo a partir de un deseo sino de una complicada matriz de deseo-realidad», frases que parecen particularmente aplicadas para sueños del tipo descrito. Pero, además, el mandala de ese sueño tenía otras connotaciones psicológicas. Por un lado era circular (la figura perfecta femenina) y por otro estaba en movimiento, girando sobre sí mismo, evolucionando sobre su eje, por lo que expresaba no sólo una síntesis de la personalidad de la soñante sino que también manifestaba que ésta se hallaba en una nueva fase evolutiva. Si consideramos que el mandala tenía en ese sueño el rango de símbolo de conjunción, de representación de la síntesis, es debido a que la corona vegetal estaba compuesta por cuatro segmentos (4), por cuatro sectores o divisiones distintas, pero en los que predominaba un mismo elemento: ramas, vegetales, pequeños frutos, es decir, la vida psíquica, mientras que en un solo sector (una cuarta parte de la corona) había vida animal, pequeños pajaritos, o sea, vida instintiva. Esa unión del girar conjuntamente, del movimiento unísono y uniforme, símbolo del crecimiento de la vida psíquica con la vida instintiva, expresaba el desarrollo armónico de la personalidad inconsciente de la soñante, una toma de conciencia, el perfeccionamiento interior de la sujeto hacia la comprensión del «sí-mismo», o sea, de la totalidad de su persona. Por otro lado, esa corona o mandala integrado por cuatro sectores distintos pero unidos o entrelazados, que giraban armónicamente en torno a un centro o eje común, simbolizaba la cuaternidad, el cuaternario, la tétrada, lo cuádruple, el cuatro…, es decir, los cuatro aspectos funcionales de la conciencia, tal como explicaba Jung más arriba. Los cuatro colores distintos que aparecían en el sueño también hacían referencia al cuatro, a dicha cuaternidad. Y la ventana abierta, rectangular (otra figura de cuatro lados, según el dibujo de la soñante), simbolizaba su femineidad y, al mismo tiempo, su conexión con el exterior, con lo consciente, con la realidad. En otras palabras, los contenidos inconscientes del mandala se concretaban en una unidad móvil, el pájaro que lanzaba y dejaba libre, el cual pasaba al mundo de la realidad, se hacía consciente a través del rectángulo de la ventana, o sea, la evolución psicológica y creativa de la soñante se concretaba en un proyecto inmediato: la exposición que preparaba de sus obras pictóricas (salidas de su inspiración, de su inconsciente, de sus impulsos creativos). La frase referida a los pájaros, *me parecen conocidos o vistos alguna vez en algún sitio*, quería decir que eran pensamientos y deseos concebidos hacia tiempo y que ahora volvía a revivir, ya que a algunos los convertía en realidades. La mujer se representaba a sí misma en el sueño, es decir, que se fundían el «Yo» y el «Yo» onírico en una misma figura. Y éste era, a grandes rasgos, el significado de tan singular sueño referido al cuatro, a la cuaternidad. Aquí hemos de añadir, como información general, que esa cuaternidad (pen-

sar, sentir, percibir e intuir), símbolo de la totalidad psíquica del hombre, queda reflejada constantemente en las obras del propio ser humano. Así, lo cuadrado y rectangular domina en su existencia, toda vez que, físicamente, el hombre puede encerrarse en un rectángulo. De ahí que las puertas, las ventanas, las habitaciones, las camas, las mesas, los ataúdes, etc., tengan cuatro lados y que para asentar bien una mesa, un banco, un mueble, etc., sean cuatro las patas necesarias. Y también hay que recordar que, coloquialmente, se acostumbra a decir «yo sólo necesito cuatro paredes para vivir», cuando en realidad son seis, pues hay un techo y un suelo. Pero lo que inconscientemente se intenta decir, es que se necesita un lugar en que puedan vivir y desarrollarse las cuatro funciones principales de su personalidad. El dibujo del sueño precedente es el siguiente:

A continuación damos una representación gráfica convencional de las cuatro funciones o cuaternidad de la orientación psíquica, a fin de comprender mejor el sueño que hemos analizado, partiendo de la base idealizada de que el alma es un círculo.

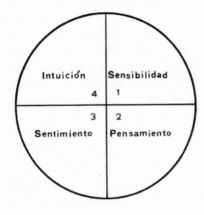

|| 3. Siempre que en un sueño aparecen cuatro personas, animales o cosas u objetos cuadrados o cuadrangulares (como una mesa, un vallado, una piscina…) hay que estudiar el trasfondo de éste teniendo en cuenta el significado del cuatro en relación a los otros elementos del sueño. || 4. En sueños de tipo premonitorio, el cuatro puede figurar como indicativo de un número de la suerte o de un acontecimiento que tendrá lugar en un próximo día cuatro. Sin embargo, muy pocas veces se da tal circunstancia. || 5. Otras veces, el cuatro que se presenta en los sueños de manera enigmática es para recordar algo acontecido cuando se tenían cuatro años o un período traumático de cuatro años. Asimismo, puede referirse a cuatro veces o a un día cuatro que fue importante o decisivo en la vida del soñante (hay que analizar entonces el pasado de uno mismo). || 6. En su aspecto curioso de recordatorio, explicamos el caso de una mujer que soñó varias veces, en pocos días, con un número cuatro (4) que veía muy claro y marcado. Por supuesto, como es normal en tales circunstancias, se apresuró a comprar números de loterías y sorteos que terminaran con cuatro, pero no le tocó nada. Hablando con ella comprobamos que estaba pasando una crisis emocional y matrimonial muy fuerte a causa de dificultades de toda índole. Empezamos a buscar el significado de dicha cifra para ella y encontramos que lo más sobresaliente era que tanto ella como el marido estaban a punto de cumplir los cuarenta años, lo que le preocupaba mucho, pues consideraba que empezaba para ellos una especie de declive. Al mismo tiempo, los dos habían nacido en el año 49 (donde aparece otro 4) Y hacía cuatro años que habían muerto sus mellizos al poco de nacer. Asimismo tenía problemas con su madre y con el comportamiento de su esposo, por lo que no debe descartarse, a causa de la educación católica recibida, que ese 4 también reflejara su estado de agresividad contra todo lo que la rodeaba, que hiciera referencia al 4.º pecado capital, la ira, y a la correspondiente virtud capital, la paciencia, que necesitaba para aguantar todo lo que la agobiaba. Y ese 4 también podía recordarle las cuatro personas que formaban su mundo: ella, su marido, su hijo y su madre. || 7. El número 4 también puede figurar en sueños, temores o fantasías de

muerte, toda vez que, por lo general, son cuatro (4) las personas que llevan un ataúd; una por cada esquina *(Véase el apartado 7 del término veinticuatro)*. || 8. Asimismo, el número 4 puede referirse a dos parejas, a dos matrimonios (2 + 2 = 4). || 9. Al interpretar los sueños en que aparecen figuras cuádruples o números múltiplos de cuatro, no está de más el tener presente las palabras que siguen, de Marie-Louise von Franz: «… que las estructuras simbólicas que parecen referirse al proceso de individuación tienden a basarse el motivo del número cuatro, al igual que las cuatro funciones de la consciencia o las cuatro etapas del «ánima» o del «ánimus»… Las manifestaciones naturalmente sin estorbos del centro psíquico se caracterizan por su cuadruplicidad, es decir, por tener cuatro divisiones o alguna otra estructura que deriva de series numéricas de 4, 8, 16, y así sucesivamente. El 16 desempeña un papel de particular importancia, puesto que se compone de cuatro cuatros». Asimismo, el cuatro y la cuaternidad pueden hacer referencia, en sueños, a las cuatro etapas de desarrollo del «ánima» o del «ánimus», que la misma autora nos resume así: «La primera parece como una personificación de mero poder físico, por ejemplo, como campeón atlético u "hombre musculoso". En la segunda etapa, posee iniciativa y capacidad para planear la acción. En la tercera, el "ánimus" se trasforma en la "palabra", apareciendo con frecuencia como profesor o sacerdote. Finalmente, en su cuarta manifestación, el "ánimus" es la encarnación del signi-

ficado. En este elevado nivel, se convierte (como el "ánima") en mediador de la experiencia religiosa por la cual la vida adquiere nuevo significado» || 10. Como representación de la energía psíquica, el cuadrado o polígono de cuatro lados aparece en sueños mandálicos, en los procesos de individuación. A veces es simbolizado por una ciudad cuadrangular, por una casa de planta rectangular, por una habitación cuadrada, un espacio o un jardín cuadrangular, etc., como en el sueño que explica Jung en *Psicología y alquimia*: «Un espacio cuadrangular. Se celebran en él complicadas ceremonias que tienen por objeto la trasformación de animales en seres humanos…». Este sueño, perteneciente a un hombre, formaba parte de una serie de sueños mandálicos del mismo sujeto. Si admitimos que el espacio cuadrangular del sueño simboliza la energía inconsciente del soñante en su aspecto positivo, hemos de llegar a la conclusión de que la «trasformación de animales en seres humanos» quiere decir que parte de esa energía, de esos instintos vitales, pasan a un estadio superior, es decir, son canalizados, trasformados, iluminados…, para convertirse en energías superiores, en pensamientos más elevados, en instintos sublimados, etc. Incluso hay que pensar que parte de la energía psíquica del inconsciente se vuelve más consciente y racional. || 11. Subir en ascensor hasta un cuarto piso o planta también puede ser la expresión de la cuarta función psíquica o cuaternidad. En muchos sueños el ascensor sube cuando se hace preciso que algo del inconsciente ascienda al consciente, como en el caso que sigue, explicado por Jung *(Psicología y alquimia)* y perteneciente a una serie de sueños mandálicos del mismo sujeto: «En un hotel americano. Se sube en el ascensor hasta el tercer o cuarto piso, donde se ha de esperar en unión de otras muchas personas. Hay allí un amigo (una persona determinada), quien dice que él (el soñante) no tendría que haber hecho esperar tanto tiempo a la mujer de oscuro y desconocida que se encuentra abajo, la cual, al fin y al cabo, había dejado a su cargo. Ahora le entrega una nota abierta, dirigida a la mujer de oscuro, en la que se dice: "La salvación no se logra huyendo o no acompañando, pero tampoco por un dejarse arrastrar sin voluntad. La salvación llega por la vía de una entrega total, en la que la mirada debe estar dirigida a un ruego". Había un dibujo en el margen de la nota: una rueda o corona con ocho radios. Llega ahora un ascensorista y dice que su habitación (la del sujeto que sueña) está en el octavo piso. Entonces sube en el ascensor hasta el séptimo o el octavo piso, donde se encuentra con un hombre pelirrojo desconocido que le saluda amistosamente...». Este sueño era mandálico y expresaba una evolución psicológica del soñante hacia el «sí-mismo». Tal como indica Jung en la obra ya citada, «el ascensor sube, como es debido cuando del "subconsciente asciende" algo al consciente. Lo que asciende en este caso es el contenido inconsciente: concretamente, el mandala caracterizado por la cuaternidad. De ahí que el as-

censor tuviese que subir hasta el cuarto piso. Pero como la cuarta función es tabú, sube sólo aproximadamente hasta el tercero o el cuarto. Esto no le ocurre sólo al sujeto que sueña, sino también a otras muchas personas que, como él, han de esperar hasta que pueda ser recogida la cuarta función. Un buen amigo le llama la atención en el sentido de que no debería haber hecho esperar "abajo", es decir, en el inconsciente, a la mujer de oscuro, concretamente el ánima, que representa la función hecha tabú. Ésta era la razón de que él, concretamente, hubiese de esperar arriba con los otros». A estas palabras de Jung hemos de añadir que ese amigo que acompaña al durmiente es su propio «Yo» onírico y, por consiguiente, un buen amigo, puesto que está unido íntimamente y de manera inseparable con el propio interesado. Las otras personas que esperan son las múltiples facetas de su personalidad. Y las cuatro funciones, la cuaternidad (como ya hemos visto), tienen casi siempre una representación del «ánima» y, por tanto, de lo femenino, de la mujer. No cabe duda de que el soñante tenía algún problema o dificultad en comprender y aceptar el alma femenina como compañera y que este sueño expresaba una evolución o acercamiento a ella. De ahí que el «Yo» onírico (que está más cerca y más unido al inconsciente que el «Yo» despierto o consciente) le reproche el que se marche por su cuenta, sin pensar en las necesidades de los demás, y haga «esperar tanto tiempo a la mujer de oscuro y desconocida que se encuentra abajo, la cual, al fin y al cabo, había dejado a su cargo». En otras palabras, el «Yo» onírico le está reprochando que desarrolle tanto su ego y se olvide de otras partes de su propia personalidad, como es el «ánima», su lado femenino, al que menosprecia. La fémina va de oscuro, como viuda, porque expresa la tristeza, dolor y oscuridad en que vive en el fondo del inconsciente, ya que es como una viuda privada del amor y comprensión del soñante, que la tiene arrinconada a causa de su egotismo masculino. Pero él, por mucho que desee, no puede subir más arriba, no puede evolucionar más, si no va unido a las otras parcelas de su personalidad, como es la de su «ánima», principalmente; suben y se desarrollan conjuntamente (la cuaternidad, como indica tan genialmente Jung, siempre es un juicio de totalidad) o no hay desarrollo total ni completo de la personalidad y, en consecuencia, ésta queda coja o desequilibrada. Todo ello queda remarcado por la trascendencia del mensaje escrito que le da su «Yo» onírico, el buen amigo y consejero, el cual viene a decir que se ha de sacrificar el egoísmo personal en aras de pensar más en los demás y sus necesidades, que el egotismo no es el camino de la salvación interior. En otras palabras: que hay que amar más a los demás que a uno mismo. Además, en el mensaje, había un dibujo parecido al que sigue:

el que remarcaba que había que potenciar la cuaternidad, el conjunto de la psiquis. Es por ello que el propio Jung dijo al respecto: «El consejo dado en la nota es tan profundo como acertado por lo cual no se le puede añadir absolutamente nada. Después de dado el consejo y aceptado de algún modo por el sujeto soñante, podía continuar la subida en el ascensor. Posiblemente, se haya de admitir que fue aceptado el problema de la cuarta función, al menos en general, pues el durmiente sube hasta el séptimo o el octavo piso, con lo que la cuarta función no está representada ya por un cuarto, sino por un octavo; por tanto, aparece disminuida en la mitad». || 12. Moverse en sueños en torno a un rectángulo (una mesa rectangular, por ejemplo) puede, asimismo, ser la expresión de la toma de conciencia de la cuaternidad psíquica, como en otro sueño mandálico que explica Jung en *Psicología y alquimia* y que el soñante explica así: «Hay una gran tensión. Muchas personas circulan entorno a un gran rectángulo que hay en el centro y cuatro pequeños rectángulos adosados a los lados del grande. La circulación es en sentido izquierdo en el rectángulo grande y en sentido derecho en los pequeños. Se halla en el centro la estrella de ocho radios. En el centro de los cuatro rectángulos pequeños hay una copa en cada uno de ellos, con agua roja, amarilla, verde e incolora. El agua gira en sentido izquierdo. Surge la angustiada pregunta de si quizá alcanzaré o no el agua». El dibujo correspondiente a ese sueño es el siguiente:

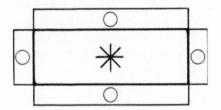

Éste es otro sueño que expresa una etapa evolutiva de la personalidad del durmiente. Las personas que giran son diferentes partículas de su personalidad que buscan el integrarse en una dirección o directriz única y como indica Jung, la circulación hacia la izquierda, en el rectángulo central, es indicativo de «un movimiento de lo consciente a lo inconsciente», mientras que la marcha hacia la derecha en los rectángulos menores, «parece apuntar a la toma de conciencia por las cuatro funciones». O sea, que aún no hay una integración completa en la personalidad del sujeto, pero que éste está en camino de conseguirlo, si bien le «angustia» el no poder alcanzarlo. De ahí que Jung diga que «la cuestión angustiosa» es si se cuenta con suficiente agua (*aqua nostra*, energía, libido) para llegar a la estrella, o sea, para completar la evolución o alcanzar el objetivo propuesto. Es un sueño que explica de diversas maneras la importancia que están adquiriendo en el soñante las cuatro funciones o *cuaternidad* (sensibilidad, pensamiento, sentimiento e intuición), las cuales están representadas de manera repetida por los distintos elementos (si bien todos en contacto entre sí o unidos; *véase* el dibujo), como son: 1 rectángulo central o núcleo de cuatro lados;

4 rectángulos menores adosados al central; 4 copas colocadas en los rectángulos menores. Así, los 4 lados del núcleo central + los 4 rectángulos menores + las 4 copas = 12, número que completa un ciclo o representa un círculo o mandala, ya que el 12 es el equivalente a 12 meses o a un año, o sea, al recorrido que hace la Tierra cada año en torno al Sol. Dicho de otra manera: *los 12 signos que forman el círculo zodiacal en torno al cual completa la Tierra un recorrido anualmente, como si fuera un gigantesco mandala, y cada vuelta de la Tierra significa un año más, una nueva experiencia, una etapa evolutiva más.* El que la estrella central tenga 8 rayas en vez de 4 expresa que las cuatro funciones están disminuidas en la mitad, o dicho de otra manera, que el durmiente aún se encuentra a la mitad de su recorrido hasta llegar a una plena evolución, madurez o asimilación de la cuaternidad. Las copas con el agua de distintos colores girando en sentido izquierdo (es decir, hacia el inconsciente), representan los grados previos para alcanzar el pleno conocimiento. Y, como señala Jung al hablar de los rectángulos, «la preponderancia de las horizontales sobre las verticales indica un predominio de la conciencia del Yo, con lo que se pierde en altura y profundidad». En otras palabras, aún hay mucha «superficialidad» en la personalidad del sujeto. Y aprovechando las singulares características de este sueño mandálico, ofrecemos seguidamente otra representación gráfica convencional de las cuatro funciones o cuaternidad de la conciencia:

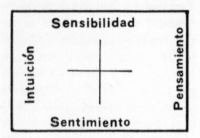

Y este concepto incluso puede explicar el hecho de que la mayoría de las mesas sean rectangulares, pues son un símbolo de *juicio de totalidad,* de la *cuaternidad,* y cada lado de ésta representa uno de los citados cuatro aspectos funcionales de la conciencia. Sentarse a la mesa para alimentarse es algo más que un acto físico, es hallarse ante uno mismo, frente a la sustentación psíquica de la propia personalidad. ‖ 13. A veces, en sueños, el atravesar el umbral de una puerta, corredor o pasillo puede simbolizar el cruzar el umbral de la *cuaternidad,* el prepararse para asimilar las cuatro funciones psíquicas, ya que casi todos los bastidores y puertas suelen ser rectangulares, es decir, tienen cuatro lados. Tales sueños aparecen en momentos especiales de evolución física y psicológica, como puede ser el paso de la puericia a la adolescencia (entre catorce y quince años), de la adolescencia a la juventud (entre veintiuno y veintidós años), etc. ‖ 14. La importancia de la *cuaternidad* o *tétrada* no sólo se pone de manifiesto en los sueños y en los procesos psicológicos, sino también en los simbolismos mágicos y religiosos y en los ritos de iniciación de sociedades esotéricas. Así, Papus, el

gran esotérico, representó las cuatro partes de la constitución psicológica del hombre y su correspondencia con las cuatro partes de la Esfinge con la imagen siguiente:

en la que el *toro* simboliza los impulsos sensuales e instintos; el *león,* los impulsos pasionales; el *águila* (o ave fénix), los impulsos intelectuales; y el *ángel,* la voluntad coordinando y dirigiendo las tres esferas impulsivas. Esas figuras y conceptos los podemos correlacionar de la siguiente manera con las cuatro funciones psíquicas:

Animal	Esfera humana	Animal
Toro	Impulsos sensuales e institnos	Sensibilidad
León	Impulsos pasionales	Sentimiento
Águila	Impulsos inlelectuales	Pensamiento
Ángel	Voluntad coordinando y dirigiendo los distintos impulsos	Intuición

Y el mismo simbolismo adoptaron los antiguos Rosacruces, sustituyendo la figura del ángel por la del hombre y formando la cruz siguiente:

Por supuesto, la cruz de Cristo tiene el mismo simbolismo, por lo que, a veces, soñar con la cruz también puede estar hablando de la cuaternidad y de la evolución psicológica del soñante hacia el «sí mismo». En ocultismo, si las cuatro figuras mencionadas son tan importantes es porque cada una representa a un rey del reino animal, a saber: el *toro* es el rey del ganado; el *león,* el rey de la selva; el *águila,* el rey de los aires; y el *hombre-ángel,* el rey de la creación. Esas cuatro figuras también parecen identificarse con los cuatro seres vivientes de las visiones de Ezequiel y con los cuatro vivientes de la visión del Apocalipsis de san Juan y representan, en conjunto, los principios universales más importantes, algunos de los cuales ya han sido citados anteriormente. Así, tenemos que simbolizan los cuatro puntos cardinales, las cuatro direcciones principales de los vientos, los cuatro elementos fundamentales (fuego, tierra, aire y fuego), las cuatro clases de espíritus elementales (gnomos, salamandras, silfos y ondinas), los cuatro grupos principales de signos zodiacales (signos de fuego, tierra, aire y agua), las cuatro estaciones del año (primavera, verano, otoño e invierno), las cuatro fases de la Luna (Luna creciente, Luna llena, Luna menguante, Luna nueva), las cuatro divisiones del día (amanecer, mediodía, atardecer y noche), las cuatro edades principales del hombre (infancia, juventud, madurez y vejez), los cuatro evangelistas (Mateo, Marcos, Lucas y Juan), las cuatro cualidades (frío, caliente, seco, húmedo), los cuatro ríos del Paraíso (Fisón, Gehón, Tigris y Éufrates), los cuatro arcángeles (Rafael, Miguel, Uriel y Gabriel)... Concerniente a la alegoría de los cuatro evangelistas por las cuatro figuras citadas, hay que aclarar que la tradición cristiana los identifica de la siguiente manera: al *hombre-ángel,* con Mateo, ya que éste comienza su Evangelio con la genealogía de Jesús según su naturaleza humana; al *león,* con Marcos, cuyo Evangelio principia con la predicación del Bautista, «cuya voz resuena en el desierto como el rugido del león», haciendo resonar los misterios de la vida eterna y del Mesías; al *toro-buey,* con Lucas, ya que es el animal destinado al sacrificio y los sacrificios en el templo señalan el sacerdocio de Zacarías, con el cual inicia el Evangelista su escrito (pero no hay que olvidar que el toro, como símbolo de dios lunar, de animal sagrado de la fecundidad en otras religiones, era sacrificado en determinadas fiestas por los sacerdotes de su culto); y el *águila,* con Juan, ejemplo de fuerza juvenil, que se eleva, al comienzo de su Evangelio, para describir la generación eterna de Jesús. La tradición relaciona los cuatro animales o cuaternidad simbólica de la siguiente manera:

Animal	Evang.	Arcángel	Elemento
Toro	Lucas	Gabriel	Tierra
León	Marcos	Uriel	Fuego
Ángel	Mateo	Rafael	Agua
Águila	Juan	Miguel	Aire

Pero también hay que tener en cuenta que en el plano esotérico, el simbolismo de la *cuaternidad* o *tétrada* parece proceder de los iniciados del Antiguo Egipto. Recordemos, siguiendo a Paul Christian *(Historia y práctica de la magia),* que la Esfinge era la clave de lo oculto y de los magos y que estaba formada por cuatro partes distintas: *cabeza de mujer, cuerpo de toro, garras de león* y *alas de águila,* las cuales tenían el significado siguiente: la *cabeza de mujer* personificaba la inteligencia humana, la intuición, el sexto sentido, el profetismo y la voluntad humana que todo lo puede. El *cuerpo de toro* significaba que el hombre, armado de la paciencia, la laboriosidad, el tesón y el sacrificio de ese animal llega a donde se propone. Las *garras de león* simbolizaban la fuerza, la fiereza y el sentido de lucha que, a veces, el hombre ha de utilizar para abrirse camino o alcanzar lo ambicionado. Las *alas de águila* manifestaban que el espíritu y las miras del hombre habían de ponerse en lo alto, en el cielo, en los dioses, en la elevación de ideas y del espíritu, remontándose como la ligereza del águila, el animal que vuela más alto. || 15. Dos billetes de 2 marcos (2 + 2 = 4) pueden referirse a la edad del soñante cuando vivió un trauma que dejó huella profunda en su inconsciente, como en el caso de Otto N. *(Véase* el apartado 2 del término *cincuenta).* || 16. Otras veces, para los cristianos, el *cuatro* en los sueños expresa un conflicto de índole moral en relación con los padres, pues no podemos olvidar que el cuarto mandamiento dice: «Honrarás a tu padre y a tu madre». Al respecto, Stekel nos explica el caso de una paciente que soñó lo siguiente: «Vi un gran encerado, sobre el que estaba escrito en letras de fuego el número cuatro». El análisis puso de manifiesto que el encerado, la pizarra, la tabla..., no era nada más que el símbolo de las Tablas de la Ley de Moisés, y que el cuatro se refería al cuarto mandamiento de éstas. Incluso el que fueran letras de fuego podía referirse a la zarza ardiente en que Dios habló a Moisés. O sea, que el sueño le decía que respetara a sus padres. El psicoanálisis reveló que la mujer odiaba a su madre de una manera obsesiva, hasta el punto de que, inconscientemente, mientras estaba despierta, «se veía impulsada a garabatear el número cuatro en cualquier espacio en blanco, el de un libro, por ejemplo; se trataba de una enferma que odiaba a la madre y le deseaba la muerte... Sufría la idea obsesiva de dividir todos los objetos en cuatro partes. (La imagen sádica de "partir en cuatro", esto es, de descuartizar)».

Es por ello por lo que, a veces, en sueños y en castellano, *cuatro, cuarto, cuartillo,* etc., pueden referirse a ese odio instintivo por alguno de los progenitores.|| 17. Otro curioso sueño que nos sirve de ejemplo como representación onírica de la *cuaternidad* y la importancia de *cuatro objetos* y *cuatro colores,* es el siguiente (explicado por Jung en *Formaciones de lo inconsciente):* «Una paciente sueña que se halla en una sala: dentro hay una mesa y, cerca de ella, *tres sillas.* Un hombre desconocido, que está junto a ella, la invita a sentarse. Con tal fin la soñadora va a buscar desde lejos una *cuarta* silla. Se sienta a la mesa y hojea un libro, en el que están ilustrados cubos *azules* y *rojos,* una especie de rompecabezas. De repente se le ocurre que tendría que cuidar de una obligación. Abandona la habitación y va a una casa *amarilla.* Llueve a raudales, y busca un refugio bajo un *verde* árbol de laurel». Como se comprende a primera vista, por los elementos que intervienen, es un sueño que expresa un proceso evolutivo de la personalidad de la soñante relacionado con la cuaternidad. La *sala* representa una de sus moradas o estancias interiores de su inconsciente. Dentro hay una *mesa* (probablemente cuadrada o rectangular, a pesar de que Jung no da más datos), que por sí misma ya simboliza la cuaternidad (las cuatro funciones de la conciencia, como ya hemos dejado más que establecido). El *hombre* que aparece en el sueño es el «ánimus» de la soñante; *es desconocido* porque ella misma desconoce e ignora cosas de su propia per-

sonalidad, y *está junto a ella* porque no puede prescindir de esa parte de su personalidad, pues la acompaña siempre (además, significa que está a su favor, de su lado, que la ayuda). El «ánimus» –como partícula conocedora del problema de la soñante– le indica cómo debe proceder: sentarse a la mesa para ingerir el alimento que le falta o necesita para mantenerse bien y crecer. ¿De qué tipo ha de ser ese alimento? Los siguientes elementos oníricos lo indican claramente. Ante la mesa sólo hay *tres sillas,* lo que significa que falta un cuarto elemento para mantener un equilibrio; la *cuarta silla* que la soñante va a buscar, a fin de que se mantenga una correspondencia entre los cuatro lados de la mesa y las cuatro funciones que debe poseer o desarrollar la durmiente. Una vez sentada, *hojea un libro,* o sea, que el alimento que debe adquirir o desarrollar es el de mirar, ver, percibir... En otras palabras, la mujer necesitaba desarrollar el sentido de la percepción o percepción sensible, la función que hemos designado como «sensibilidad». Esto quiere decir que esa mujer tenía algún problema para percibir la realidad de las cosas, lo que se ponía de manifiesto en su sueño. El mismo Jung aclara que «la relación de esta paciente con la realidad de este mundo es insólitamente complicada e inefectiva». Aparte de indicar que la mujer tiene que «alimentar su mente», el libro que aparece, por sí solo, vuelve a simbolizar la cuaternidad, toda vez que es de forma rectangular. Por otro lado, esa necesidad de hallar un equilibrio funcional psíquico queda remarcado por el tipo de ilustraciones que la soñante percibe: *cubos azules y rojos*. El cubo, como poliedro regular, está compuesto por caras de cuatro lados; hemos de considerarlo como una potenciación o múltiplo de la cuaternidad. Además, el *color azul* representa aquí una de las cuatro funciones que ya sabemos, mientras que el *rojo* es otra. Pero faltan dos, que en el sueño la paciente va a buscar a otro lado (la casa *amarilla,* la tercera). Y una vez adquirida o asimilada esta tercera función (en este caso es la *casa de la intuición)* ha de soportar *una lluvia a raudales,* símbolo del conocimiento que penetra en su interior (quizá demasiado intensamente, impetuosamente o a borbotones, pero difícil de asimilar). Seguidamente se refugia *bajo un verde árbol de laurel;* el *verde* representa aquí (de acuerdo con Jung) la cuarta función que le faltaba, la de la percepción, la de la sensibilidad. Y el *árbol laurel* simboliza en este sueño el «sí mismo». Los cuatro colores de este sueño representan las siguientes cuatro funciones o cualidades: el *azul* es el pensamiento; el *rojo,* el sentimiento; el *amarillo,* la intuición; y el *verde,* la percepción, la sensibilidad.

CUBO (Figura geométrica)

Psi. Al igual que el *cuadrado* y el *cuatro (véanse* esos términos), el cubo está en relación con la *tétrada* o *tetractis: ser, conciencia, amor* y *materia.* En el espacio, el cubo corresponde al cuadrado, pero con la diferencia de que se le añade una nueva dimensión de vida, que se hace más corpóreo o con mayor relieve. El cubo indica (en la mayoría de sueños) que la personalidad está bien cimentada, que está dotada de equilibrio y estabilidad. Póngase como se ponga, el cubo siempre se queda –al igual que un dado– bien asentado por la base.

CUBO (Utensilio doméstico)

Psi. 1. Como la mayoría de recipientes, símbolo de la mujer, de los genitales femeninos. Soñar que el chorro de agua de un grifo va llenando un cubo es la expresión de acto sexual que se desea. *(Véanse* los términos *grifo* y *objetos).* || 2. Un hombre adulto, que llevaba tiempo sin realizar el acto sexual tuvo el siguiente sueño en colores: «Vi muy claramente dos cubos metálicos azulados llenos de pescado para rebozar. Había mucho hielo y el pescado estaba colocado verticalmente, cabeza abajo; sobresalían las colas. Había pescado azul y otros rojizos y dorados, que parecían salmonetes». El *pescado* es un símbolo fálico, y los cubos la mujer, por lo que es una representación del acto sexual que la naturaleza demanda; el hielo significa aquí que están congeladas las posibilidades de dicho acto, o la frialdad del durmiente en lo referente al sexo. Los dos cubos representan, además, los dos pechos de la mujer. || 3. A veces, el *cubo de la basura* que aparece en sueños suele representar el intestino grueso, lugar donde se almacenan los detritus de la comida una vez extraídas las partes útiles. Por tanto, en los sueños de tipo fisiológico, el cubo de la basura puede advertir de fermentaciones intestinales o infecciones, por lo que el soñante hará bien en corregir inmediatamente su alimentación y rechazar las comidas que perjudiquen su organismo.

CUCARACHA

Psi. 1. Suele ser la representación de pequeñas molestias, irritaciones y excitaciones (incluso de pequeñas alteraciones nerviosas). En ocasiones, simboliza a aquellas personas del sexo femenino que le causan molestias a uno, represente a familiares o no. Por supuesto, las cucarachas intervienen también en sueños de índole sexual, como representación de la excitación o de las molestias que provocan unas relaciones que no son armónicas. *(Véase el término escarabajo).* || 2. En ocasiones, las cucarachas de los sueños advierten de molestias o pequeños problemas que se van a tener a nivel familiar o profesional. Como es un insecto hogareño, también advierte de fricciones en el matrimonio de conflictos de economía familiar. || 3. En su simbolismo de excitación mental y erótica, *véase* el apartado 7 del término *cabellera*.

CUCHARILLA

Psi. Símbolo fálico. *(Véanse los términos objetos, tazón y sueño número 2 de barro).*

CUCHILLO

Psi. Al igual que el puñal, es un símbolo del falo o pene. Cuando una mujer sueña que le clavan un cuchillo es que, inconscientemente, desea el acto sexual, que su naturaleza le recuerda que debe satisfacer las exigencias del cuerpo. No significa que la vayan a matar. Veamos un ejemplo: «Tengo diecinueve años y sueño muchas veces que me persiguen para apuñalarme, para clavarme cuchillos, y paso mucho miedo. Tengo miedo a salir de noche por temor a los navajeros». Este tipo de sueños son muy corrientes en las adolescentes. Una vez se comprende su significado, si la soñadora piensa que es una representación del acto sexual y mentalmente le dice «al cuerpo», *ten paciencia, que pronto te llegará tu hora*, desaparecen esas pesadillas. Por supuesto, tales sueños son comunes a las jóvenes solteras y que no tienen trato carnal. *(Véase el sueño 11 del término muerte).*

CUELLO

Psi. Por lo general, claro símbolo fálico; es una de las zonas erógenas de la persona. Cualquier herida o mordisco en el cuello representa el acto sexual.

CUENCO

Psi. Símbolo del sexo femenino. Un cuenco lleno de frutos y dátiles es la expresión de los deseos eróticos (por lo general es un sueño de hombre).

CUENTAGOTAS

Psi. La mayoría de las veces, claro símbolo fálico.

CUERVO

Psi. Por su color negro y costumbres suele simbolizar lo oscuro, el infortunio, la desgracia, la desdicha y, en algunos casos, la muerte, aunque ésta sea sólo un morir psíquico o interior, o un querer morir a causa de una dolorosa frustración. También puede llegar a representar el lado oscuro de nuestra personalidad, lo negro de nuestros pensamientos, la tristeza demoledora interior y, muchas veces, y según los detalles del sueño, la propia *sombra*. *(Véase* ese término). || 2. Otras veces, y según los problemas personales y familiares del soñante, el cuervo negro representa la parte maligna del padre. || 3. En personas torturadas por el sexo, el pecado y la religión, el cuervo suele simbolizar el diablo, que en muchas creencias es negro y alado. En tales casos, todo lo sexual y pecaminoso que se teme o preocupa puede adoptar la figura de un siniestro cuervo negro. || 4. En otros sueños, puede expresar impulsos reprimidos y una mezcla de sabiduría y pensamientos oscuros. *(Véase* el término *aves).* || *C. oc.:* **Cuervos volando a poca altura:** Muerte o desgracia en la familia. Enemigos que causarán ruina o perjuicios económicos. || **Una gran bandada de cuervos:** Desastre colectivo, accidente que afectará a muchas personas, estafa pública. || **Oír cómo graznan los cuervos:** Niños que enfermarán. || **Mujer soñando con un cuervo:** Amores prohibidos, problemas sentimentales o conyugales, infidelidad. || **Hombre soñando con un cuervo:** Frustraciones, depresión, pesimismo, asuntos que traerán sinsabores. || **Matar cuervos o ver cuervos muertos:** Desaparecerán las dificultades, sanación, buenas noticias, superación de obstáculo. || **Ahuyentar cuervos:** Beneficios, buena cosecha, trabajo que trae beneficios. || **Cuervos volando a la izquierda del so-**ñante: Pensamientos y actuaciones negativas y peligrosas. Negros presagios. || **Cuervos volando a la derecha del soñante:** Penas o tristezas que se superarán con entereza y responsabilidad.

CUESTA ARRIBA

Psi. 1. El soñar que una corre cuesta arriba es símbolo del orgasmo. *(Véase* el término *gorra).* || 2. Si uno sueña que sube muy penosamente una rampa o pendiente expresa las dificultades que está pasando en la vida cotidiana, sea a nivel comercial o profesional. || 3. En sueños de tipo fisiológico, el soñar que se está subiendo una cuesta con muchos esfuerzos, sea a pie, o con un carruaje, acostumbra a expresar dificultades de tipo respiratorio. *(Véase* el término *caballo).*

CUEVA (Caverna, gruta, bóveda)

Psi. 1. La cueva, caverna, etc., suele simbolizar nuestro propio inconsciente, el subsuelo, las zonas más profundas, oscuras y misteriosas de la personalidad, con todo lo que tiene de oculto, recóndito, desconocido, amenazador... En esos subsuelos del inconsciente existen los peligros más sorprendentes e inesperados. En algunos sueños en que uno se ve entrar en una cueva o gruta, representa que se entra a explorar el propio inconsciente, la propia personalidad. En la cueva pueden encontrarse los objetos y monstruos más inesperados y fantásticos; no hay que olvidar que la caverna, en cierto aspecto, expresa los «bajos fondos» de nuestra personalidad, el subsuelo de nuestros instintos, las profundidades del inconsciente, en las que se guardan todas aquellas partes, instintos, impulsos y cosas que uno no quiere ver o que no le gustan. En ocasiones, incluso hay una escalera en la cueva que desciende hacia profundidades mayores y más desconocidas y enigmáticas. En este caso, el inconsciente le está diciendo al soñante: «Baja y explora tu inconsciente más profundo, pues no puedes pasar más tiempo ignorándolo. Tienes que aprender a conocerte profundamente y actuar en consecuencia». *(Véase* el termino *dragón).* Veamos un sueño típico relatado por Pierre Real: «Me encuentro en una oscura cueva repleta de sacos que no me atrevo a abrir. Atravieso una puerta y me encuentro con una pared de roca cortada a pico. Comienzo a escalarla, pero mi bastón se rompe y caigo al vacío». Este sueño indica al sujeto que está lleno de problemas y que no encuentra el camino adecuado para resolverlos y que ni siquiera se comprende a sí mismo. De ahí el *descenso a la cueva,* a las profundidades del inconsciente, para conocerse mejor. Allí halla *sacos que no se atreve a abrir,* los cuales vienen a simbolizar los problemas, angustias e inquietudes que tiene almacenados y con los que teme enfrentarse (por ello no quiere ver qué hay en los sacos). Comienza a *escalar la parte más difícil* de su personalidad, lo que indica que está tomando conciencia de que ha de mostrarse activo para solucionar sus conflictos. Su *bastón se rompe y cae,* lo que indica

que aún no posee sólidos apoyos para iniciar la subida o ascensión para salir de su propia oscuridad. Pero el primer paso ya está dado, que es lo importante; ya se ha puesto en movimiento. En ocasiones, los sueños de cuevas o cavernas toman sesgos casi mitológicos, como en el sueño siguiente, clásico en la literatura dada a conocer por C. G. Jung: «Cierto joven sueña con una gran serpiente que custodia en una bóveda subterránea una copa de oro». Imaginamos que el sujeto tenía deseos de alcanzar una meta espiritual, ansiaba que se le reconocieran unos méritos ideales, místicos o humanitarios. Pero el inconsciente le hace penetrar en el subsuelo de su propia personalidad para presentarle la imagen real de la situación, lo que él no quiere ver sobre sí mismo. En realidad es como si descendiera en busca de la *copa* o el *cáliz de la verdad,* de la espiritualidad, de la elevación de espíritu, de la realización interior, de la sabiduría suprema, el *recipiente de la esencia de sí mismo…*, pero para llegar a ella, para obtener el premio, lo que ansía, antes tiene que vencer a la *gran serpiente que custodia la copa de oro,* es decir, tiene que matar o desprenderse de su materialismo, de su sexualidad, de sus vicios, de sus egoísmos, de lo terrenal, representado por el ofidio que se arrastra por el suelo. O sea, que el sueño le advierte que aún no está preparado interiormente para alcanzar lo que desea, que necesita purificarse más, hacer mayores sacrificios, que aún no merece el premio de beber en la *copa de la sabiduría interior y* cósmica. || 2. A veces, la cueva, caverna o gruta que aparece en el sueño simboliza el claustro materno, el útero, la imagen materna. Lo suelen tener personas con sentimientos de inferioridad y que se ven incapaces de enfrentarse con los problemas de la existencia. En tales casos se ven entrando en una cueva, aunque sea a gatas, para quedarse acurrucados o adormecidos en un rincón. Es un simbolismo de querer volver al seno materno, como estaban «antes de nacer», donde no se enteraban de las angustias de la vida y que tenían que enfrentarse con sus responsabilidades. || 3. En otros sueños, la cueva simboliza a la mujer y al principio femenino. || 4. Soñar que se está prisionero en una caverna o gruta puede denunciar una fijación neurótica a la madre o el estar dominado por una madre absorbente, intolerante, opresora, exigente, etc., es decir, que uno es como si estuviera cautivo en el claustro materno. || 5. Otras veces, los sueños de entrar y explorar una cueva o gruta suelen indicar la búsqueda de lo sobrenatural, de lo misterioso, de lo milagroso, quizá para buscar la solución a los problemas difíciles que uno tiene en la vida real. || 6. En sueños de tipo físico o fisiológico, la caverna o gruta puede ser la expresión de los intestinos y estar advirtiendo de una indisposición y afección. En tales casos, es necesario no perder detalle de los monstruos o seres fantásticos que puedan encontrarse en los túneles o bóvedas de la caverna. (*Véase* el término *dragón*). || C. oc.: **Soñar con una cueva:** Cuidado con lo desconocido y las falsas amistades. || **Caverna oscura:** Tristes noticias. || **Caverna larga y oscura:** Dificultades, conflictos personales. || **Estar en una caverna oscura:** Indecisión, tristeza, depresión emocional, dudas. || **Estar en una caverna iluminada:** Preparar nuevos proyectos y decisiones de tipo personal. || **Escapar de una cueva:** Mejoramiento de los asuntos personales, profesionales y comerciales. || **Estar con alguien en una cueva:** Se recibirán ayudas para salir adelante.

CULEBRA (Culebrita)

Psi. Símbolo fálico. (*Véase serpiente* y el sueño explicado en el término *zarza*).

CULPABILIDAD (Culpa, culpable)

Psi. 1. Hay sueños en que el sujeto es detenido, perseguido o juzgado como culpable de una falta o delito, o él mismo se «siente culpable», «se sabe culpable», aunque nadie se lo diga y no sepa cuál es su delito. Por lo común, esa sensación de culpabilidad es motivada por el hecho de haber cometido acciones en la vida real (de pensamiento, obra u omisión) que se consideran malas o pecaminosas. Esos sentimientos de culpabilidad inconsciente suelen expresarse en los sueños por medio de situaciones de amenazas, condenación, guardias, jueces, tempestades, viento huracanado, fuego, terremotos y otros cataclismos. (*Véanse* los términos *manzano, juicio, juez* y *tribunal*). || 2. Algunas veces, esos sentimientos de culpabilidad pueden hasta convertirse en un *complejo de culpabilidad*.

Entonces se hace necesaria la consulta al psicólogo, ya que suele existir un fuerte conflicto con el «Súper-yo».

CULTIVAR (Cultivo)

Psi. 1. Soñar que uno está cultivando un huerto o campo es muy positivo. No significa que uno vaya a convertirse en labrador o campesino, sino que señala que lleva buen camino para que se desarrollen sus proyectos e ilusiones. Quiere decir que sus energías psíquicas están yendo por el buen camino y que sus esfuerzos traerán unos frutos. || 2. En cambio, si uno ve en sueños cómo se echa a perder un cultivo o cómo un campo queda yermo porque nadie lo cultiva, son de esperar fracasos personales, profesionales y económicos.

CUMBRE (Cima, cúspide)

Psi. 1. Las cumbres o cimas de las altas montañas suelen simbolizar las metas y ambiciones a las que uno se propone llegar en la vida a nivel social, político o económico. El alcanzar la cima escalando o subiendo por caminos estrechos o difíciles siempre es positivo e indica que el soñante coronará el fin propuesto. Y no llegar expresa los obstáculos, miedos, debilidad, falta de preparación, dudas, etc., para que se cumplimenten sus grandes ambiciones. || 2. A veces ocurre que uno llega, por coraje u otras circunstancias, a la cumbre, a la cima, a la máxima altura de una montaña, es decir, a ocupar un cargo de suma responsabilidad para el que, realmente, no está preparado. Entonces no es raro que sueñe que cae del pico de la montaña, que se precipita al abismo, que sufre de vértigo o de lo que se conoce como «mal de altura». Jung *(Los complejos y el inconsciente)* explica uno de estos casos curiosos de personas que escalan puestos para los que anímicamente no están preparados, con las siguientes palabras: «Un hombre de elevada posición social viene a consultarme. Padece angustias, incertidumbres, vértigos que le hacen llegar a vomitar, con embotamiento cerebral y molestias respiratorias; en resumen, un estado que se parece al mal de altura, casi hasta confundirse con él. El paciente ha tenido una carrera excepcionalmente brillante: hijo ambicioso de un campesino pobre, comenzó modestamente en la vida pero, gracias a sus dotes naturales, se elevó de peldaño en peldaño, merced a una incesante labor, hasta una situación dirigente, eminentemente favorable para un nuevo ascenso social. De hecho, acababa de alcanzar el trampolín desde el que podía pensar en los grandes saltos si su neurosis, de pronto, no hubiera venido a estorbar sus proyectos». Los sueños de ese sujeto reflejaban esa angustia, y las pesadillas no hacían nada más que indicar que su neurosis no le permitía ir más allá, que su personalidad no era lo suficiente fuerte.

CH

CHACAL

Psi. 1. Cuando este mamífero carnicero, parecido al lobo y que se alimenta de cadáveres, aparece en sueños, puede indicar que parte de los instintos del soñante están degenerando, alimentándose de las desgracias ajenas o de sus propias partes caducas o momificadas. Como «devorador de cadáveres», el chacal onírico habla de fuerzas primitivas oscuras y despiadadas del soñante hacia los demás y hacia sí mismo. || 2. En sueños de tipo fisiológico, no debe descartarse que el chacal (si se repiten los sueños) anuncie alguna enfermedad. || 3. A veces, el soñar con chacales advierte de una próxima herencia o problemas con ella, ya que los herederos que se alimentan de los «despojos económicos» del difunto suelen actuar como verdaderos chacales.

CHACINERÍA (Chacina)

Psi. El entrar, en sueños, en una chacinería a comprar chacina es otro símbolo del comercio sexual que se desea.

CHALECO

Psi. 1. En los sueños de mujer acostumbra a simbolizar la amorosa protección de un hombre, padre, esposo, etc. *(Véase* el término *boda).* || 2. El *chaleco salvavidas* de los sueños suele indicar que en el inconsciente del soñante hay energía y capacidad para sortear sus problemas, flotar en el mar de sus sentimientos y no ahogarse en el océano de sus emociones o ser tragado por su propio inconsciente. Es un signo de salvación y, al mismo tiempo, de situación de peligro. A veces, en algunos sueños, el chaleco salvavidas simboliza al propio psicoanalista que trata de «salvar» al soñante de su neurosis. || *C. oc.:* **Mujer comprando o poniéndose un chaleco:** Recibirá una proposición amorosa. Necesita reducir gastos en la familia y llevar un mejor control de la economía. || **Hombre comprando o poniéndose un chaleco:** Necesidad de apretarse el cinturón y reducir gastos; tendrá problemas económicos por falta de ahorro. || **Ponerse un**

chaleco viejo: Encuentro o noticias sobre un antiguo amor. || **Tirar un chaleco a la basura:** Rompimiento sentimental, divorcio.

CHALET

Psi. 1. La mayoría de las veces tiene el mismo simbolismo que *casa (véase* ese término), pero algo más sofisticado y culto. || 2. El chalet indica personalidad más independiente, individualista y solitaria en comparación a una casa de varios pisos, un edificio de apartamentos o un rascacielos.

CHAMPAÑA (Champagne, vino espumoso)

Psi. Simboliza la alegría y la relajación sexual, el rompimiento de normas, situaciones insólitas y atípicas y la desaparición de inhibiciones. Ver saltar el tapón de una botella de champaña y desparramarse el líquido espumoso representa la eyaculación. Estar en una fiesta bebiendo champaña suele reflejar los deseos de amor y contactos sociales que le hacen falta al soñante, por lo que el champán también puede expresar los deseos sexuales insatisfechos.

CHAPARRÓN

Psi. 1. El ver un chaparrón en sueños desde tras los cristales de una ventana o correr bajo esa lluvia fuerte y repentina, puede expresar la satisfacción sentimental y amorosa, siempre que el estado de ánimo del soñante sea placentero. || 2. Otras veces, el chaparrón refleja una fuerte alteración emocional, repentina y de corta duración, a causa de un disgusto personal o familiar,

CHARCA (Charco)

Psi. 1. En ocasiones, la charca que aparece en sueños hace referencia a los líquidos del cuerpo y advierte de alguna enfermedad, como en el caso que explica el doctor T. M. Davie. Un paciente suyo tuvo un largo sueño, cuyo final era: «Se drenó una charca y entre el cieno se hallaron dos animales muertos. Uno era un mastodonte diminuto. No recuerdo qué era el otro». Lo presentó a Jung y éste lo interpretó como que había una «contención de la circulación del fluido cefalorraquídeo». Posteriormente, al soñante se le diagnosticaría «epilepsia periventricular». || 2. El charco, como contenido de agua, suele representar el inconsciente.

CHARCUTERÍA

Psi. A semejanza de la *tocinería (véase* ese término) simboliza el comercio sexual, de acuerdo con lo que se entre a comprar.

CHEQUE

Psi. 1. Los cheques y talonarios de cheques de los sueños expresan la capacidad energética del sujeto, la cantidad de energía o recursos anímicos para gastar, para enfrentarse con cualquier problema o circunstancia, de acuerdo con la garantía, el volumen o acopio de fuerzas que tiene en su banco interior. *(Véase* el término *banco).* No tener fondos para librar cheques indica el agotamiento espiritual y anímico del durmiente. En cambio, soñar que se reciben cheques señala el acopio de energías y capacidad anímica, beneficios por el correcto proceder del soñante. || 2. Muchas veces, los sueños de cheques y problemas con éstos no son nada más que reminiscencias de las preocupaciones monetarias y comerciales de la vida cotidiana. En tales casos, no tienen un significado simbólico especial; han de considerarse ensueños de *residuos diurnos*, de *descarga emocional*. || *C. oc.*: **Ver o recibir un cheque sin firma:** Asuntos que se retrasarán, conflictos por excesos de confianza. || **Perder un cheque o el talonario:** Pérdida de oportunidades, riesgo de enfermedad. || **Recibir uno o varios cheques:** Pactos, asociaciones o acuerdos beneficiosos. || **Recibir cheques sin firma o devueltos por falta de fondos:** Graves problemas a causa de enemigos y opositores.

CHICA

Psi. 1. En muchos sueños, una chica desconocida suele ser, en sueños de hombre, el «ánima». *(Véase* el término *mujeres desconocidas).* || 2. En sueños de mujer, una chica desconocida, oscura, triste o a la que no se ve el rostro, acostumbra a representar a la *sombra. (Véase* el término *mujer de negro).*

CHICAS DESCONOCIDAS *(Véase mujeres desconocidas).*

CHICO

Psi. 1. Un chico desconocido, en sueños de mujer, suele representar el «ánimus». *(Véase* el término *desconocidos).* || 2. En sueños de hombre, un chico desconocido, al que apenas se le vea el rostro, que vaya de oscu-

ro, esté en la penumbra, etc., acostumbra a representar a la *sombra. (Véase* el término *sombra).*

CHICHONERA

Psi. El ver en sueños una chichonera, comprar una o encontrarla, puede expresar la actuación atolondrada e infantil del soñante en sus asuntos, probablemente profesionales. Recordemos que la chichonera es un gorro con armadura adecuada, para preservar a los niños de golpes en la cabeza en sus caídas, por lo que el sueño puede estar advirtiendo de «golpes» graves de tipo personal o monetario. Hay que hacer análisis urgente del comportamiento de uno en la vida real, ya que puede estar actuando peligrosamente, como un «niño sin chichonera», un «niño sin protección».

CHINCHES

Psi. 1. Suelen ser la expresión de pequeñas alteraciones nerviosas y cerebrales. || 2. Otras veces, pueden tener relación con la excitación genital y con el embarazo. *(Véase* el término *parásitos).*

CHINOS

Psi. En los sueños de occidentales, los chinos que aparecen persiguiendo al soñante simbolizan aquellas tendencias extrañas, exóticas y desconocidas de la personalidad del soñante que quieren expresarse. Por lo general, son impulsos de tipo sexual.

CHIRIVÍA

Psi. Esta hortaliza suele tener un simbolismo fálico.

CHISPAZO (Chispas)

Psi 1. Los chispazos eléctricos que a veces se ven en sueños expresan la excitación genital, al igual que si a uno le pasa la corriente. *(Véase* el término *corriente eléctrica).* || 2. A veces, en sueños de carácter especial (sean mandálicos o no) aparecen chispas espontáneas, sin ver la causa que las provoca ni tener nada que ver con la electricidad. En tales casos, acostumbran a simbolizar la libertad de ideas, los pensamientos singulares del soñante y las tensiones nerviosas, por lo que suelen presagiar una ruptura con el medio ambiente familiar y social y el inicio de una nueva vida, etapa, período, etc. De una forma u otra se acercan cambios en la vida del soñante.

CHOCOLATE

Psi. 1. Simboliza el deleite sexual, la delicia erótica. Uno suizo (chocolate con nata) expresa el acto sexual, al igual que el chocolate con churros. || 2. El soñar varias veces que se comen pastillas de chocolate suele advertir de un próximo embarazo. || *C. oc.:* **Tomar una taza de chocolate:** Proposición amorosa o matrimonial. || **Derramar una taza de chocolate:** Embarazo inesperado o no deseado. || **Comprar chocolate:** Pronto se superarán pesares y desengaños. || **Comprar chocolate en polvo:** Se recibirán buenas noticias o regalos. || **Comer dulces de chocolate:** Han de preocupar las tentaciones amorosas y el riesgo de infidelidad.

CHOCOLATINA

Psi. Las chocolatinas, al igual que los bombones, expresan la satisfacción sexual, el deleite erótico, el orgasmo, que se alcanza o no, según que se puedan comer las chocolatinas o no. *(Véase* el término *bombón).*

CHÓFER *(Véase conductor)*

CHOQUE

Psi. 1. El choque de vehículos en sueños, sobre todo de automóviles, suele representar traumas afectivos a nivel inconsciente. Es el enfrentamiento brutal entre dos tendencias o situaciones. Indudablemente, en el caso de choque de trenes, metros, camiones, tranvías, aviones, etc., advierte del peligro de que los asuntos, proyectos o negocios que uno lleva entre manos terminen mal, que «choquen» con obstáculos o dificultades graves. || 2. En ocasiones, los sueños de choques pueden ser premonitorios, como en el estudiado caso de la investigadora Eva Hellström, que soñó que ella y su marido estaban volando sobre Estocolmo y presenciaban un choque entre un tranvía de color azul y un tren de color verde (por entonces no existían trenes de ese color en Estocolmo). La señora Hellström hizo un esquema de lo que había visto y dejó escrito en su diario: «El accidente sucederá cuando el tren de Djursholm (un suburbio de Estocolmo) y el tranvía n.º 4 se encuentren en Valhallavägen (una calle de Estocolmo)». El 4 de marzo de 1956, casi dos años después de su visión onírica, tuvo lugar un choque o colisión en Valhallavägen entre un tranvía n.º 4 y un tren verde de Djursholm. Las posiciones de los vehículos se correspondían bastante exactamente a las señaladas en el esquema que la señora Hellström había trazado después de su sueño. Éste fue, por tanto, un sueño premonitorio y no un sueño psicológico que explicara traumas personales de la soñadora.

CHORIZO

Psi. Como la mayoría de embutidos, es un símbolo fálico.

CHORRO (De agua)

Psi. Los chorros y chorritos de agua simbolizan la eyaculación y, en cierta forma, los deseos inconscientes de embarazo.

CHOZA (Cabaña, chabola)

Psi. 1. Suele representar el principio femenino, el arquetipo de la femineidad, en su forma más natural y primitiva de casa, hogar. || 2. Asimismo, puede expresar las fuerzas naturales del soñante y su capacidad para conocerse mejor y evolucionar en la línea correcta. || 3. La choza también es una de las representaciones (en algunos sueños) del «Yo absoluto», del «sí mismo». || *C. oc.:* **Choza en un jardín:** Autoconocimiento de sí mismo, éxito en proyectos creativos y espirituales. || **En el campo:** Penuria, asuntos que se retrasarán o no darán los beneficios apetecidos. || **En una calle:** Querellas o conflictos con el prójimo, fricciones con los vecinos o el ayuntamiento. || **Vacía:** Soledad, carencia de recursos. || **Vivir en una choza:** Sólo puede confiarse en uno mismo

CHUBASCO

Psi. Los chubascos de agua y viento suelen expresar fuertes alteraciones de tipo emocional como expresión de angustias conyugales, familiares o profesionales.

CHURRO

Psi. Símbolo fálico y sexual. El chocolate con churros expresa los deleites eróticos.

D

DADOS

Psi. 1. Los dados o el jugar a los dados en sueños suele representar el azar, el destino, la fatalidad, la suerte, los hados, es decir, todo lo que no depende de la voluntad del sujeto. Quizá no crea en sí mismo y sea la expresión de que se deja llevar demasiado por las circunstancias, por el sentido fatalista de que la suerte ya está echada desde el principio y que no depende de él. || 2. A veces suele reflejar la necesidad de un golpe de suerte para mejorar la situación personal y económica. || *C. oc.:* **Jugar a los dados:** Entrada inesperada de dinero, pequeño golpe de fortuna. || **Jugar solo con dados:** Preocupaciones, falta de recursos, contrariedades. || **Hombre jugando a los dados con mujeres:** Insatisfacción sentimental, disgustos hogareños, contrariedades familiares. || **Ganar una partida de dados:** Herencia, legado, premio, golpe de suerte en juegos de azar. || **Perder a los dados:** Pérdidas monetarias por negocios mal llevados.

DANZA *(Véase baile)*

DANZARÍN *(Véase bailarín)*

DAR LA MANO (Tender la mano)
Psi. En algunas ocasiones, dar la mano a una persona o soñar que le dan la mano a una, suele simbolizar prácticas masturbatorias, por lo general en época infantil. Otras veces, tender la mano a una persona del sexo contrario puede representar los tocamientos que se desean y reprimen, como en el sueño que explicamos en el término *hermana*.

DÁTILES
Psi. 1. Como frutos exóticos y gustosos, simbolizan las delicias eróticas. ||

2. En su aspecto de alimento-medicina, es curiosa la tradición que cuenta un hecho extraordinario del que fue protagonista el famoso arquitecto británico sir Christopher Wren. Cuando Wren se hallaba en París (alrededor de 1671), cayó enfermo, con fiebre y un fuerte dolor en los riñones. El médico creyó que tenía pleuresía y le propuso que fuera sangrado. Wren aplazó la decisión hasta el día siguiente. Aquella noche «soñó que se hallaba en un lugar exótico lleno de palmeras (supuso que era Egipto) y que una mujer misteriosa que vestía una especie de túnica le ofrecía dátiles». Sorprendido por el extraño mensaje, al día siguiente mandó a comprar dátiles, se los comió y no tardó en curarse de su dolor en los riñones. Aunque el país caluroso puede atribuirse a la fiebre que padecía el enfermo, no deja de ser un sueño extraordinario de advertencia. Y no es disparatado identificar a esa mujer enigmática y exótica con el «ánima» de Wren. (*Véanse* los términos *ánima* y *mujeres desconocidas*). || *C. oc.*: **Hombre soñando que come dátiles**: Tendrá el amor de una mujer. || **Comprar dátiles**: Admiración o amor por parte de una persona del sexo opuesto. || **Recibir dátiles como regalo**: Tentaciones románticas, peligro de ser infiel al cónyuge o novio. || **Comer dátiles de la datilera:** Disgustos familiares o con los vecinos por exceso de confianza.

DECAPITACIÓN (Decapitar, ser decapitado)

Psi. 1. En ocasiones, cuando el soñante es un hombre, la decapitación está relacionada con el complejo de castración, es decir, con el temor patológico inconsciente a estar privado de la virilidad o miedo a perder la potencia sexual y, por tanto, a tener que «cortar» las relaciones con el sexo opuesto. No es extraño, en tales casos, soñar que uno es decapitado con hacha, guillotina, espada, etc. Tampoco debe sorprender si el verdugo es una mujer o la esposa de uno. || 2. Si no hay un problema sexual grave, el sueño de decapitación de una persona indica que hay que revisar la actitud de uno ante la existencia o los proyectos que tiene en marcha, que hay que cambiar radicalmente de manera de pensar y proceder, matando los pensamientos que hasta aquel momento habían dominado en el soñante. || 3. En el caso de sueños de decapitación de un animal, siempre hay un tipo de conflicto sentimental-erótico a nivel inconsciente. (*Véase* el apartado número 9 del término *perro*). || *C. oc.*: **Ser decapitado por asesinos o delincuentes:** Malas noticias económicas o profesionales. Pérdida de bienes o propiedades. || **Enemigos que son decapitados:** Se realizarán los deseos. Éxito en proyectos o negocios. || **Ver la decapitación de**

asesinos o bandidos: Se superarán los conflictos o pesares.

DEDO (De la mano)

Psi. 1. Símbolo fálico, representación del miembro viril. Una mujer que sueñe que un hombre le clava la uña de un dedo (en especial en la boca) es una representación del coito que instintivamente se desea. Un hombre que sueñe que tiene el dedo enfermo o malo puede reflejar temor a la impotencia o que no lleva una vida sexual normal o regular; incluso puede haber complejo de castración o poca comunicación con la mujer. ‖ 2. En ocasiones, los sueños de dedos pueden estar relacionados con situaciones físicas, como el caso siguiente (hombre de cincuenta años): «Sueño de que un energúmeno me rompía los dedos de la mano izquierda y que me hincaba un gancho en la mano derecha, queriéndome "colgar" de ella. Yo lo impedía e iba a ver a un "gurú" para que me diera un consejo. Me decía que fuera a un médico a que me curara los dedos de la mano izquierda. Al día siguiente incluso soñé que tenía las puntas de los dedos con ampollas y que me las había de curar». A los pocos días de estos sueños, el hombre tuvo fuertes dolores reumáticos en la mano izquierda. Tuvo que hacer régimen alimentario adecuado para combatir el proceso reumático o doloroso, además de tomar analgésicos y aplicarse linimento. Al parecer, había exagerado en su trabajo de mecanografía y el inconsciente le recordó que estaba perjudicando sus miembros y sistema nervioso.

‖ 3. Los sueños de dedos pueden, a veces, formar parte de un sueño pseudopremonitorio, como en el caso tan extraño como extraordinario que contó la revista norteamericana *FATE* (noviembre de 1976), de una mujer húngara, embarazada, llamada María Marech, que vivía en Budapest. Esa mujer, en 1974, tuvo varias veces la misma pesadilla. Se despertaba, sobresaltada, por la noche, después de haber visto cómo «una mano blanca muy pálida la señalaba a ella, lo extraño es que era una mano de seis dedos». La mujer quedaba tan sorprendida por ese sueño como su marido. No sabían encontrarle explicación. Lo extraordinario vino a los pocos meses; la mujer dio a luz a un niño que tenía seis dedos en cada mano. Hemos de considerar que esos anunciadores de la teratología eran del tipo de estímulo orgánico más que premonitorios. (Los detalles pueden consultarse en la citada revista o en el libro de Janice Baylis *Consultar con la almohada*). ‖ 4. El dedo índice aparece en muchos sueños como representación fálica y sexual. Al respecto, cuenta Freud que el doctor Staercke tuvo el siguiente sueño: «En la última falange de mi dedo índice advierto una lesión sifilítica primaria». Si aceptamos que el *dedo índice* significa aquí el miembro viril, ya se intuye que la afección es de tipo sentimental, lo que queda confirmado por el término *lesión primaria*; quedó demostrado por el propio soñante que hacía referencia a un primer amor, lógicamente no correspondido. La *úlcera sifilítica* ha de identificarse como una afección sexual, como una dolencia amorosa. Este sueño quería decir que, a pesar del tiempo trascurrido, había un trauma, una llaga, «en el corazón, mente y personalidad del soñante por un amor no correspondido». A estos sueños los denomina Freud sueños negativos de deseos. || 5. Con mayor razón y propiedad, todas las dolencias oníricas que afecten al dedo de en medio o corazón, el tercero y el más largo de los cinco, hacen referencia, en realidad, a los traumas o frustraciones sentimentales y románticas del soñante. En algunos casos, incluso puede indicar un complejo de castración o impotencia del soñante, si el dedo de en medio está roto o no se mueve o no se puede utilizar. || 6. Ver un anillo en un dedo de la mano izquierda de un hombre puede expresar los deseos y tentaciones eróticas, el acto sexual que se desea: dedo = miembro viril; anillo = vagina. || *C. oc.:* **Quemarse uno o más dedos:** Amigos o vecinos que causarán problemas o perjuicios. || **Cortarse uno o más dedos:** Pérdida de amigos, colaboradores o servidores. Rompimiento con socio o amigo. Muerte de un pariente. || **Tener más de cinco dedos en una mano:** Nacimiento en la familia. Nueva amistad, protector o aliado. Beneficios, fortuna, herencia, premio. || **Tener más de cinco dedos en la mano derecha:** Capitalista que ayudará en negocio o profesión; beneficios, herencia, premio inesperado. || **Tener más de cinco dedos en la mano izquierda:** Amante, amor secreto, amistades peligrosas. Matrimonio, o nacimiento en la familia.

|| **Tener menos de cinco dedos en una mano:** Asuntos que no marchan o marchan lentamente; embarazo malogrado, se tardará en ser madre o padre. || **Quedar amputados los dedos de la mano izquierda:** Rompimiento con amante. || **Quedar amputados los dedos de la mano derecha:** Divorcio, separación, viudez. || **Tener sortijas en los dedos:** Premios, reconocimientos, beneficios, ofertas, asociaciones, pactos, noviazgo, proposición sentimental, próxima boda. || **Tener sortijas de oro en algunos dedos:** Próxima boda. || **Quemarse los dedos de la mano derecha:** Problemas conyugales y hogareños, hay que refrenar las malas acciones. || **Quemarse los dedos de la mano izquierda:** Negocios sucios que traerán conflictos y pérdidas. || **Tener uno o más dedos heridos:** Querellas en el hogar o familia. || **Amputar un dedo a alguien:** Se perjudicará a un amigo, socio o pariente. || **Tener enfermos los dedos de la mano izquierda:** Caerá enferma una mujer de la familia o la esposa. || **Tener enfermos los dedos de la mano derecha:** Caerá enfermo un hombre de la familia; enfermedad propia que perjudicará la economía hogareña. || **Tener los dedos sucios:** No se está actuando decentemente con los asuntos del prójimo. || **Ver una mano desconocida con dedos sucios:** Riesgo de sufrir una estafa, robo o abuso de confianza. || **Tener los dedos torcidos o encorvados:** Asuntos que marcharán con lentitud o mal camino por culpa propia; dificultades económicas o comerciales. || **Tener dedos sangrantes:**

Peleas con familiares por asuntos monetarios, económicos o herencia. || **Perro mordiendo los dedos de la mano derecha:** Hay que cambiar de actuación; no se va por el buen camino. || **Tener dedos muy largos:** Despilfarro, falta de mesura en los gastos, dificultades matrimoniales por cuestión económica. || **Tener dedos muy cortos:** Avaricia, tacañería, mezquindad. || **Tener dedos con uñas cortas:** Beneficios que tardarán en llegar, asuntos que darán más trabajo que beneficios. || **Tener dedos con uñas largas:** Obsequios, premios o beneficios inesperados. || **Romperse o desarticularse los dedos de ambas manos:** Enfermedad grave, ruina familiar, pérdida de bienes y propiedades. || **Dedo índice con sortija:** Próxima boda o proposición sentimental. || **Dedo índice sin sortija:** Soledad, compromiso que no se formaliza, asociación o pacto que no se lleva a término. || **Dedo índice enfermo o amputado:** Frustración sentimental, desengaño amoroso. || **Dedo medio con sortija:** Unión sentimental, boda, suerte, encumbramiento, favores, éxitos. || **Dedo medio sin sortija:** Conflictos sentimentales o matrimoniales. || **Dedo medio enfermo o amputado:** Separación, divorcio, rompimiento sentimental. **Dedo anular con sortija:** Armonía conyugal, próxima boda. || **Dedo anular sin sortija:** Amores peligrosos o perjudiciales. || **Dedo anular amputado:** Divorcio o viudez. || **Dedo pulgar con sortija:** Alegrías y satisfacciones gracias a la ayuda de los padres. **Dedo pulgar sin sortija:** No puede contarse con

la ayuda de los padres y familiares. **Dedo pulgar amputado:** Muerte del padre o madre. || **Dedo meñique con sortija:** Nacimiento en la familia. || **Dedo meñique sin sortija:** Será difícil ser madre, dificultades para quedar embarazada. **Ver un hombre con un anillo en la mano izquierda:** Riesgo de ser seducida.

DEDO GORDO (Del pie)
Psi. 1. Símbolo fálico, representación del pene.

DEFECAR
Psi. 1. Tiene el significado, por lo común, de aliviar una dolencia o problema. Al soñar que uno está en el *water closet* o que en él hay un conocido sentado y hablar con él de la necesidad de ir de vientre, el inconsciente advierte que hay que aligerar tensiones y nervios y prescindir o «evacuar» del organismo o personalidad de uno los detritus o cosas negativas que se han ido acumulando. Por lo común, el presagio es de que se aliviará el problema o de que uno se descargará de lo que le preocupaba o afectaba. || 2. No poder defecar suele advertir de que continuarán las tensiones o problemas en la vida cotidiana. Persistirán los obstáculos, los retrasos y las decepciones. || *C. oc.:* **Defecar en la cama:** Problemas familiares. || **Defecar en la cama de matrimonio:** Separación, divorcio.

DELANTAL (Delantales)
Psi. 1. Símbolo fálico. Los delantales son sinónimo de los delanteros del hombre, es decir, los testículos. (*Véase* sueño 5 del término *iglesia*). ||

2. En otros sueños, el delantal puede representar el órgano sexual femenino, como en aquel caso que relata Ángel Garma de una mujer que sueña: «Mi hermana tiene un delantal todo blanco y, en cambio, el mío está roto y sucio». Es un sueño en que la mujer se recrimina a sí misma por no ser virgen y envidia la virginidad de su hermana, simbolizada por el delantal blanco.

DELINCUENTES *(Véase maleantes)*

DENTISTA

Psi. El dentista onírico tiene, muchas veces, la representación del psicoanalista, del psiquiatra, del médico que puede curar la neurosis sexual del soñante, pues no puede olvidarse el simbolismo sexual de la boca y dentadura. *(Véase* el término *diente).* El soñar que se va al dentista para que arregle la boca puede ser un consejo del inconsciente para que se acuda al psicoanalista para que arregle o cure un complejo o trauma sexual.

DESAGÜE

Psi. 1. En ocasiones, como conducto de salida de líquidos, simboliza la vagina y abrir el desagüe hace referencia a la desfloración. ‖ 2. Otras veces, el soñar con el desagüe de un lavadero, depósito, etc., por el que se escapa el agua sucia, representa la liberación, el desahogo, la expulsión de impulsos neuróticos, tensiones nerviosas, complejos, etc., que estaban obturando algún canal de la personalidad. Es un sueño de mejoramiento psíquico. ‖ *C. oc.:* **Obturación del desagüe del lavadero o lavadora:** Problemas fa-

miliares. ‖ **Desatascar un desagüe:** Mejorarán los asuntos personales y sentimentales.

DESCENDER *(Véase bajar)*

DESCONOCIDOS

Psi. 1. Suelen representar tendencias e inclinaciones autónomas que se mueven al margen del propio «Yo» y jalonan los distintos estadios del desarrollo psíquico. En los sueños de mujer, estas figuras psíquicas masculinas reciben el nombre de «ánimus» y representan el lado masculino inconsciente de la mujer y la idea interior que se tiene del sexo contrario. Es un complemento o una faceta de la personalidad de la soñante, una especie de guía que la ilustra sobre su ideal masculino a nivel de amor, fuerza, sabiduría, iniciativas, etc. El desconocido o «ánimus» es una figura que suele aparecer en los momentos cruciales del despertar a la sexualidad y vida social responsable, como en el caso siguiente: «Soy una chica soltera de diecinueve años y no tengo novio. He soñado varias veces que estoy en una habitación y hay mucha gente, de unos treinta a cuarenta años. De pronto, alguien se acerca a mí y hablamos durante mucho rato. En el primer sueño no sabía si era mujer u hombre. En el segundo, ya vi que era un hombre, pero no le distinguía la cara. En el tercero, tampoco le vi la cara. Las personas que hay en la habitación son conocidas. Luego el desconocido me coge de la mano y me saca de la habitación». Nuestra interpretación fue: «Estos sueños indican que viene una nueva etapa en tu existencia: la de mujer, la de independencia. Por lo tanto, no debes tener miedo de nada. La *habitación* representa aquí a la madre, el ambiente familiar y, en último extremo, a ti misma. El *hombre desconocido* de tus sueños, el "ánimus", simboliza la unión o matrimonio que ansías, la persona que en su día te sacará de la casa de tu madre para ir a otra. Todo ello quiere decir que están naciendo en ti nuevos deseos y proyectos y que ansias cambios en tu vida». *(Véanse los términos hombre de negro, viejo sabio y personas desconocidas).* || 2. En otros sueños pueden representar instintos o tendencias sexuales que se reprimen. *(Véase* el término *persecución).* || 3. El «ánimus» también puede adoptar la figura de guardia civil *(véase* ese término), en sueños de mujer de personalidad férrea. || 4. Otro sueño en que el «ánimus» adopta la figura de un desconocido es el que sigue (tenido por una joven de veintidós años): «Sueño que voy por una calle bastante ancha. Sus edificios son color de plomo y muy altos. Hay una espesa niebla y de pronto siento pasos delante de mí y veo una figura de hombre. Está todo vestido de blanco y cuando ando para conseguir verle la cara desaparece. Me quedo con la sensación de que me están observando y en ese momento me despierto». || 5. Otras veces, los desconocidos que aparecen en los sueños de hombres suelen ser la propia *sombra. (Véase* ese término). || 6. Como aspecto curioso de los desconocidos que aparecen en sueños de hombres trascribimos el que explica Valerio Máximo *(Hechos y dichos memorables)* que le aconteció a Casio. Dice así: «Deshechas en Accio las fuerzas de Marco Antonio, Casio el parmense, que había seguido el partido de él, se refugió en Atenas, donde, acostado de noche, como yaciera en el lecho, adormecida la mente con solicitudes y cuidados, estimó que venía a él un hombre de ingente magnitud, de color negro, escuálido de barba, y con el cabello suelto, y que, preguntado quién fuera, había respondido en griego que "su mal genio". Aterrado luego con tan tétrica vista y horrendo nombre, llamó a sus siervos, y preguntó "si habían visto o entrando o saliendo de la cámara a alguien de tal traza". Afirmando los cuales que "nadie se había acercado allí", se entregó de nuevo al descanso y al sueño; y la misma imagen fue observada por el ánimo de él. Y, así, huido el sueño, mandó que fuera llevada dentro luz, y vedó a los muchachos separarse de él. Entre esta noche y el suplicio de su cabeza con que le afectó César, sólo medió muy poco de tiempo (año 30)». Aunque nadie puede afirmarlo, todo parece indicar que ese *mal genio* no era nada más que la «sombra» de Casio, que le debía reprochar sus excesos y traiciones y le advertía de su próxima muerte. Se desconocen los detalles terroríficos del sueño, que Casio se guardaría mucho de divulgar, pero algo más que la figura del desconocido siniestro había en esa pesadilla. || 7. El «ánimus» también puede adoptar las figuras de capitán de barco, comandante de a bordo, almirante, vicealmirante, etc.

DESCONOCIDAS *(Véase personas desconocidas y mujeres desconocidas)*

DESCOSIDO

Psi. Si una mujer sueña que lleva el vestido descosido simboliza su falta de virginidad.

DESCUARTIZAMIENTO (Desmembración)

Psi. 1. Soñar con un descuartizamiento o desmembración suele reflejar la situación moral o psíquica del durmiente. Soñar con cuerpos descuartizados o desmembrados es típico de aquellas personas que rechazan de manera rígida determinadas tendencias o necesidades de tipo sexual, ya sea porque las consideren inconvenientes o pecaminosas o por razones de índole moral o religiosa. Las graves frustraciones sentimentales, separación o divorcio también suelen generar ensueños de descuartizamiento o desmembración. Veamos un sueño tenido por un hombre que rechazaba sus inclinaciones relacionadas con el sexo y la carne: «Paseaba por el campo solo, admirando el paisaje, cuando me encontré en un vertedero de basuras. Mirando hacia el vertedero vi un cuerpo de hombre destrozado, como si lo hubieran cortado en la carnicería: las piernas separadas del tronco, al igual que los brazos, y el tronco presentaba como un hachazo que lo partía a lo largo del esternón». || 2. Soñar que uno tiene las manos cortadas o destrozadas, por ejemplo, suele indicar que no se está actuando correctamente y que debido a las graves equivoca-

ciones cometidas el soñante no podrá hacer nada positivo en mucho tiempo. Igual puede decirse del que sueña que tiene una pierna amputada; su espíritu andará cojo una temporada por frustraciones o pesares. Cuando una persona sufre un grave trauma sentimental o conyugal, no es raro que sueñe que le han arrancado o amputado un miembro de su cuerpo: mano, brazo, pierna, etc. *(Véase amputación).* || 3. Una señora de edad avanzada, que se hacía ilusiones de contraer matrimonio con un hombre también maduro, tuvo un fuerte desengaño con él. Entonces tomó la determinación de cortar por lo sano y olvidarse de lo sentimental, es decir, se mentalizó de que lo afectivo había finalizado para ella. Entonces soñó que «entre los depósitos de agua potable que había encima del terrado, para abastecer el edificio, se hallaba el cuerpo mutilado de un hombre, cuyos genitales ensangrentados y desmembrados estaban desparramados por el suelo». En este sueño los de-

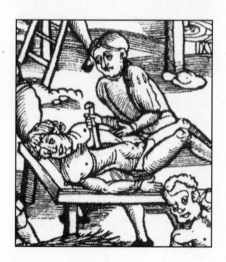

pósitos y el terrado representan la parte superior del cuerpo, es decir, la cabeza, la mente. Su cerebro ya lo había desechado. || 4. Como ejemplo de cuerpos descuartizados relacionados con un accidente de coche, *véase* el sueño explicado en el término *automóvil*. || 5. En el sueño que sigue vemos un suicidio a nivel inconsciente, motivado por un rompimiento sentimental. El novio la dejó por otra, y la mujer, que estaba muy enamorada, tuvo este sueño: «He soñado que una mujer se suicidaba tirándose a una máquina trituradora (había mucha agua y en medio dicha máquina). Luego había una especie de camino y en medio un trozo del cuerpo de aquella mujer; nadie había pasado y sin embargo había huellas como de pisadas». Este sueño refleja el dolor intenso de la chica por el abandono sufrido; era como si la hubieran muerto, sacrificado, pero el inconsciente creaba la figura de la *mujer desconocida que se suicidaba,* disimulando que era la misma soñadora la que estaba pasando el trance y la que en realidad se sentía muerta interiormente o quería morirse. Esa *desconocida triturada* o desmembrada incluso puede simbolizar a la propia sombra. Y la *máquina trituradora* simboliza la máquina pensante inconsciente (los mecanismos mentales) y su sufrimiento por el trauma sufrido.

DESFILADERO

Psi. Casi siempre el desfiladero de los sueños marca una situación de peligro, de desorientación, de estrechez o limitaciones. Cuando el soñante se ve caminando por ese paso estrecho entre montañas, puede expresar hasta su marcha en solitario o la falta de un horizonte en su vida. Mientras se halla en ese paso estrecho entre dos montañas (obstáculos) no puede ver ningún paisaje ni casa, sólo le queda el recurso de seguir adelante hasta ver dónde desemboca el desfiladero. A veces termina en una especie de callejón sin salida y el soñante se queda encallado; *está siguiendo el sendero que no le conviene.* Otras veces sale a un hermoso y espléndido valle; superará todos los obstáculos y estrecheces y comenzará una vida más fértil y dichosa.

DESHOLLINADOR

Psi. En ocasiones, en los sueños de mujeres embarazadas, representa al médico, al partero, a la partera, a la comadrona, etc. *(Véase* el término *horno).*

DESIERTO

Psi. El desierto onírico debe preocupar y asustar tanto como el de la vida real, aunque su simbolismo depende mucho del contexto general del sueño. La mayoría de las veces, representa el aislamiento y soledad del soñante; indica que a uno le falta el agua de la vida, que todo lo fertiliza, es decir, el afecto y el amor. El sueño es muy desfavorable si el soñante busca agua en el desierto y no la halla. También en el desierto onírico pueden producirse espejismos, oírse voces, sufrir alucinaciones, etc., además de aparecer serpientes, escorpiones y animales que representan otros tantos peligros y símbolos, que denuncian nuestra agresividad, complejos, neurosis, apetencias sexuales, etc. La persona que sueñe mucho con desiertos ha de examinarse a sí misma y ver en qué falla en las relaciones afectivas. Entonces es muy probable que sueñe que llega a un oasis y que encuentra un lago. Para ejemplos de sueños de desierto, *véanse* los términos *agua* (sueño del vaso de agua en el desierto) y *guerra* (sueño de guerra civil).

DESLIZARSE

Psi. Deslizarse por pendientes, rampas, toboganes, montañas de harina, etcétera, suele hacer referencia a la masturbación del soñante. *(Véase* el término *calabozo).*

DESNUDEZ (Estar desnudo, ver a personas desnudas)

Psi. 1. En general, la desnudez en los sueños, cuando se trata de uno mismo, puede tener varios significados, que pueden interpretarse de acuerdo con los otros elementos que configuran el sueño. Así, el verse desnudo en cualquier parte haciendo el amor con otra persona, tiene un claro e inequívoco cariz sexual, que habla de la excitación de la libido del sujeto y de lo estimulados que se encuentran sus instintos sexuales. *(Véase acto sexual).* || 2. El soñante que se ve desnudo, caminando entre los demás o conduciendo, debe empezar a pensar o sospechar que sufre de un cierto grado de timidez, de inseguridad en sí mismo y de inadaptación al medio ambiente social, como en el caso siguiente (sueño repetido en hombre de cuarenta y cinco años,

soltero, obsesionado por mantener una figura delgada): «Voy por la calle completamente desnudo y sin que las personas que se cruzan conmigo se extrañen siquiera. Otras veces me cubro levemente con una toalla. Otras veces voy en coche, pero como siempre, desnudo». Tales sueños repetitivos suelen denunciar la existencia de un complejo, que sólo puede curarse con el consiguiente tratamiento psicológico. Suelen reflejar el temor a que los demás vean los defectos de uno, el qué dirán. Uno se siente como «desnudo ante los demás» y sometido a su escrutinio y examen. Aunque de una forma u otra todos tenemos algún tipo de timidez, estos sueños hablan de una timidez patológica, de una inseguridad interior profunda. Incluso puede estar relacionada, esta desnudez, con un cierto sentimiento de culpabilidad por actos del pasado. || 3. En otras ocasiones, cuando la desnudez de uno es un episodio esporádico, es decir, un sueño que no se repite, puede reflejar las tensiones psicológicas acumuladas durante la vigilia. Así, por ejemplo, cuando uno se encuentra ante determinado problema y no cuenta con la ayuda de nadie para superarlo, no debe sorprender que sueñe que «va desnudo por el mundo», es decir, que nadie va a ayudarle y que tendrá que enfrentarse solo con el conflicto. También puede reflejar el temor a perder la propia posición social, es decir, «quedarse desnudo y pobre ante los demás». || 4. Si uno se ve constantemente desnudo en sueños, escondiéndose de los demás o no, se hace necesario acudir a la consulta del psicólogo, ya que tales ensueños pueden ser indicativos de que la personalidad se está desordenando. No hay que olvidar que el traje o el vestido refleja un cierto orden y equilibrio moral y social. || 5. En otras ocasiones, cuando en el sujeto hay deseos intensos de terminar con alguna situación y empezar de nuevo, no es extraño de que sueñe con su desnudez, que viene a querer decir: «Me gustaría volver a nacer». || 6. Otras veces, el hallarse desnudo entre los demás, pero sin temor, puede denunciar un estado de rebelión contra el medio ambiente social o familiar. Y en casos muy especiales, incluso puede señalar la existencia de un sentido inconsciente de exhibicionismo sexual patológico. || 7. No faltan ocasiones en que en los sueños de desnudez se mezclen otros factores, sean parapsicológicos o no, como en el caso siguiente: «Tengo treinta años. Estoy casada y hace unos meses cambié de trabajo. He soñado que por todas partes por donde iba me encontraba a un hombre al cual no conocía, siempre desnudo y sin preocuparse de que los demás lo miraran. En mi sueño también salían mis padres, a los que hace un año que no he visto. La sorpresa más grande fue que al día siguiente, por la mañana, cuando me presenté a la casa donde trabajo, me encontré al jefe del trabajo desnudo en el baño, y era el mismo hombre de mi sueño, la misma cara que había soñado. Yo con él casi nunca hablo, porque no suele estar en casa cuando yo llego. Siempre trato con la señora, que es la única que suele estar en casa durante las horas de mi trabajo». Nuestra respuesta fue: «Este sueño no presagia nada malo. Lo que sí indica es que estás preocupada por tu situación laboral y personal. Tienes miedo a perder el empleo y te falta seguridad en ti misma y no te atreves a presentarte a los demás tal cual eres en realidad; probablemente eres introvertida e insegura. Aunque en el sueño de *tu jefe desnudo* pueda haber algo de premonición o intuición, está claro que lo que indica tu inconsciente es que no debes preocuparte tanto por los detalles de las cosas ni por lo que dirán los demás. Este sueño, en su conjunto, indica que te da miedo la opinión de los demás (probablemente por tu falta de estudios y preparación), que, quizá, andas un poco cohibida de si tal cosa la haces bien o mal, etc. El *hombre desnudo* de tus sueños es una indicación clara de que debes despojarte de tus miedos y de que los demás no deben preocuparte tanto, de que tu personalidad ha de ir por el mundo sin temores; probablemente, el *hombre desnudo* representa, también, tu parte masculina (el "ánimus"; *véase* el término *desconocidos*) y más decidida y que te indica que debes reaccionar, desechar todas tus inhibiciones y lanzarte a cultivar y desarrollar tu verdadera personalidad, no las apariencias que representan los vestidos, el ropaje, etc. El que aparezcan los padres en sueños indica que estás preocupada –o pesimista o insegura–, que necesitas el apoyo y la ayuda de los padres para sentirte más fuerte y disipar tus temores, sean los que fueren». || *C. oc.:* **Correr desnudo:** Anuncio de perfidia de parientes o amistades íntimas. || **Estar desnudo en un baño con la persona que se ama:** Anuncio de salud, placeres, alegrías y dicha. || **Hombre que sueña que su amada o su esposa está desnuda:** Anuncio de un próximo engaño o infidelidad. || **Mujer que sueña que su amante o marido está desnudo:** Pronostica éxito en un proyecto, trabajo o empresa. || **Una muchacha desnuda:** Presagia pérdidas por imprudencia, peligro de accidentes o catástrofes financieras. || **Una mujer de mala vida desnuda:** Se correrán peligros o sufrirán contratiempos por culpa de una mujer. || **Un amigo o criado desnudos:** Pronostica discordias, riñas, enfrentamientos. || **Un desconocido desnudo:** Sustos, trampas o incidentes inesperados. || **Un desconocido guapo y bien formado desnudo:** Negocio ventajoso, operación comercial beneficiosa, éxito en un proyecto. || **Una mujer fea desnuda a la que no se conoce:** Galantería despreciada, infamia, penas de amor. || **Una vieja desconocida desnuda, arrugada y contrahecha:** Arrepentimiento, vergüenza, remordimiento. || **Una mujer desnuda con bello rostro:** Deseos no realizados, amor imposible. || **Una mujer desnuda gibosa:** Amistad molesta, celos perjudiciales, sinsabores con amistades. || **Hombre desnudo giboso:** Anuncio de pesares, infamias, traiciones, conflictos. || **Un hombre desnudo deforme:** Desprecio de un amigo. || **Mujer que sueña con su novio desnudo:** Perfidia, traición, infidelidad. || **Verse uno mismo desnudo y en la cama:** Se corre peligro de ser víctima de un engaño acompañado de vergüenza o de proceso judicial. Máxima prudencia, pues, en todo lo que se tiene entre manos.

DESORDEN

Psi. El soñar que se tienen las cosas muy desordenadas en casa, en el taller, el despacho, la empresa, etc., indica la falta de orden y método en la vida psíquica del sujeto. Son sueños que denuncian atolondramientos, improvisación, actuaciones sin ton ni son, con los consiguientes perjuicios para alcanzar lo que se desea. Son mensajes oníricos que indican que hay que poner orden y disciplina en las propias fuerzas psíquicas, que hay que controlar impulsos e instintos de una manera férrea, a fin de evitar caer en una anarquía psíquica total.

DESPEDIDA

Psi. Las despedidas que se ven en sueños significan, la mayoría de las veces, cambios, trasformaciones o nuevas situaciones en la vida del sujeto, sean personales o profesionales. El inconsciente advierte que ha llegado el momento de «despedirse» de cosas, relaciones o situaciones que no se volverán a ver. (*Véase* el término *estación*).

DESPELLEJAR (Despellejado)

Psi. 1. El ver animales despellejados o cómo los despellejan se refiere casi siempre a hechos traumáticos que ha pasado el soñante, lo que ha sufrido o sufre por culpa de los demás, el daño que le han hecho a uno. Estos sueños vienen a decir: «Me han tratado como un animal», «me han despellejado como a una bestia». || 2. Stekel (en *Sadismo y masoquismo*) cuenta el caso de una enferma que había sufrido mucho a causa de su marido y que tenía muchos sueños que reflejaban sus angustias, traumas y tendencias masoquistas. Uno de sus sueños referidos al acto de despellejar dice así: «Acabo de fregar la cocina. Entra un animal sin piel. Lo habían despellejado con mucha torpeza, pues se veían cortes mal hechos. De pronto el animal se trasformó en mi hija Berta. Exclamé: "¡Pobrecita; qué dolores tienes que soportar!". Se distinguían, además, los perdigones incrustados en sus carnes». El *animal sin piel* es la propia soñante y, en especial, sus genitales, su hija; el *despellejamiento* se refiere al acto sexual en que perdió su virginidad, en que rompieron la membrana vaginal, el himen. Al parecer no fueron muy satisfactorios los primeros contactos genitales, ya que ella considera que *la habían despellejado con mucha torpeza* (fue un amante; luego se casaría con otro, que la martirizaría con sus celos patológicos). Los *perdigones* simbolizan la eyaculación, las heridas, los complejos, los reflejos dolorosos que le reportaban moralmente las relaciones sexuales.

DESPERDICIOS
Psi. 1. Residuos, restos despreciables e inaprovechables de la psiquis, detritus de nuestras malas acciones, actuaciones, complejos, perversiones, etc. (*Véase* el término *granero*). || 2.

Otras veces, su significado es similar al de la *basura*. (*Véase* ese término).

DESVALIJADOR *(Véase ladrón)*

DESVÁN
Psi. Recordemos que el desván es la parte más alta de la casa, que tiene por cubierta el tejado y que suele aprovecharse como depósito de muebles, granero, despensa, etc. Incluso hay desvanes que son lugares habitables. En sueños, muchas veces, el desván hace referencia a la parte superior de la mente (*véase* el término *casa*), a la parte elevada de la personalidad. Es un lugar oscuro, recóndito, apartado, tranquilo…, pero algo siniestro y tenebroso. En él se guardan o almacenan trastos viejos, recuerdos de familia, muebles estropeados o antiguos, juguetes estropeados, etc., es decir, cosas que forman parte del pasado, de la vida vivida, pero que en cualquier momento pueden aparecer de nuevo, cuando subimos al desván a buscar un objeto o herramienta, por ejemplo. En su aspecto de almacén de recuerdos y vivencias, el desván de la mente inconsciente puede poner de manifiesto, en los sueños, cuando menos lo esperamos, recuerdos desagradables, traumas infantiles, tragedias familiares, fantasmas, miedos y terrores, angustias sexuales, neurosis y complejos no superados, que aunque los tengamos arrinconados, podemos encontrarnos con ellos cuando buscamos otra cosa en nuestro inconsciente o se produce un nuevo trauma que nos retrotrae al pasado. Cuando uno entra en el

desván del inconsciente, de los sueños, hay que estudiar los objetos que en él aparecen: todos tienen su significado, su secreto, su mensaje, incluido el vigamen de su estructura, que puede tener el símil de la estructura de nuestra mente y nuestros pensamientos. Los sueños de desván también pueden hacer referencia a dolencias y enfermedades que afecten a la mente o a neurosis graves. Por ello no debe sorprender que el doctor Aeppli nos diga: «Extraordinario es el peligro cuando estalla un fuego en el tejado, cuando se incendia el desván de la casa. Entonces es que ha estallado un incendio en la cabeza, las más de las veces percibido demasiado tarde. Estos sueños de incendio pueden anunciar trastornos psíquicos incipientes».

DETRÁS

Psi. 1. A veces simboliza la parte invisible del inconsciente. *(Véase* el término *ventanilla).* || 2. En sueños de índole sexual, es una referencia que aparece para designar la sexualidad anal. *(Véase* el término *colores).*

DIENTE (Dientes, dentadura)

Psi. 1. Como símbolo fálico, y también de fertilidad, en las mujeres, los sueños de dientes –se pierdan o se encuentren– están relacionados con fantasías inconscientes de sexualidad y de embarazo o fecundidad. || 2. En los sueños de hombre, también tienen un claro simbolismo fálico, por lo que el soñar que se pierden dientes o la dentadura suele simbolizar el miedo inconsciente a perder la potencia sexual, es decir, a la impoten-

cia, a no poder realizar el acto sexual. En ocasiones, tales sueños están conectados con un complejo de castración o miedo patológico a perder el órgano genital o tener problemas graves con él. || 3. En la mujer, muchas veces, el soñar que se pierden dientes (sobre todo delanteros) alude a la falta de compañero, a la pérdida de vida sexual amorosa, a una ruptura sentimental, a falta de vida sexual compartida (soltería o separación), como en el caso siguiente (chica de veinticinco años): «Estoy en casa y se me empiezan a mover los dientes, hasta que terminan cayendo, pero no todos, sólo es uno o dos y siempre son los de la parte delantera. Yo intento ponerlos otra vez en su sitio, ya que me preocupa mucho, porque estaría muy fea sin ellos. Pero se vuelven a caer, e incluso la última vez que lo soñé, yo misma me repetía que era un sueño, pero en el mismo sueño soñaba que me levantaba e iba al lavabo y me miraba en el espejo y me faltaba un diente, y yo decía que era real. Luego, cuando me despierto, lo primero que hago es tocarme los dientes para saber si los tengo todos. Este sueño lo tengo muy a menudo, y lo paso bastante mal». Nuestra respuesta escrita fue: «No debes asustarte por esos sueños, pues no indican que vayas a tener ninguna enfermedad grave en la boca ni que vayas a perder la dentadura. Son sueños eróticos y sexuales. Los *dientes,* la mayoría de las veces, son símbolos fálicos y de fertilidad. El *perderlos* es la expresión de los óvulos que la mujer pierde cada mes y que podrían ser fecundados, es decir, que la naturale-

za te recuerda que ya puedes ser madre. En tu caso, además, intuyo que eres soltera. Es significativo, al respecto, que los dientes que pierdas siempre sean *uno* o *dos* y de la *parte delantera*. Aquí hay un juego de números, palabras y símbolos: *uno*, el pene; *dos*, los pechos (la combinación de la pareja); y *parte delantera*, que es donde se hallan los órganos genitales en el ser humano. En los sueños en que pierdas tres o uno y dos más, es una clara alusión a los genitales masculinos (un falo y dos testículos). El que te preocupe el *estar fea sin ellos*, lo interpreto en el sentido de que los demás (tu familia y entorno social) criticarían o "estaría mal visto" el que no te casaras y no fueras madre, lo que a ti también te sabría mal; por eso sueñas de manera tan repetida con la *pérdida de dientes delanteros*. El que vayas a mirarte al *espejo en sueños* significa tu propio análisis a nivel inconsciente: y ver que *te falta un diente*, y tú misma decir que es *real*, representa que el propio inconsciente te indica que es real, que es verdad que te falta un hombre, un marido, simbolizado por el diente delantero, el pene del macho. Por eso me inclino a creer que eres soltera».
|| 4. En otros sueños, los dientes que se caen hacen una alusión más tajante a los hijos perdidos o no fecundados, es decir, la falta de fertilidad (al no estar casada, tomar medidas anticonceptivas, etc.), cuando es la mujer la que sueña con la pérdida de éstos, sobre todo cuando sale, además, sangre por la boca, lo que simboliza la menstruación. No hay que olvidar que el período catamenial –casi

siempre representado en sueños por la boca sangrante– además de indicar la no existencia de embarazo, viene a ser el aborto natural de un óvulo no fecundado. Las jóvenes que desean casarse y ser madres, suelen tener ese tipo de sueños muy a menudo. Esos dientes perdidos son las oportunidades perdidas de ser madres. Y esta pérdida de hijos puede ser voluntaria, como en el caso siguiente (mujer de veintinueve años, madre de dos hijos y que no quería tener más): «Soñé que me iba quitando los dientes y colocándolos ante mí, encima de la mesa». Aquí los *dientes* representaban los hijos a los que personalmente renunciaba y la *mesa* era su femineidad. || 5. Los dientes también tienen un simbolismo erótico como componente masculino activo. *(Véanse* los términos *Drácula* y *mordisco* y el sueño número tres de este propio término de *dientes).* || 6. En otras ocasiones, los sueños de caída de dientes anuncian al soñador que vienen cambios en su vida, que se prepara una etapa de evolución en su personalidad y psi-

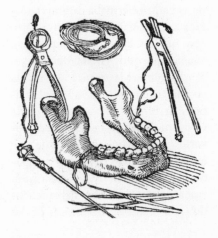

quismo, que se van a quedar atrás las fases de la infancia y de la adolescencia, como en el sueño siguiente (chica de diecinueve años): «Sueño que se me caen los dientes uno a uno hasta que al final me quedo sin ninguno, y en el sueño una amiga me dice que no me preocupe porque me volverán a salir. Pero yo estoy preocupada en el sueño, porque sé que no volverán a salir». Queda claro el sentido consciente de que nada volverá a ser como antes, de que viene una etapa de madurez. La figura de la *amiga* representa el otro «Yo», el doble interior que aconseja y guía, y le da el consejo para que no se preocupe. El sentido del término *volverán a salir* significa que seguirá viviendo, que tendrá nuevas vivencias y alegrías aunque deje atrás o queden arrinconadas las acumuladas en la infancia y primeros años de adolescencia. || 7. A veces, en su representación de familiares y amigos íntimos, los dientes pueden indicar próximas desgracias, enfermedades y muertes de personas. Por ejemplo, una mujer soñó que se le caían los dientes y que se los guardaba. A las pocas semanas, un cuñado enfermaba de gravedad y moría (caso ocurrido en 1984). Otro caso (un hombre de cincuenta años): «Sueño que estoy en una oficina con mucha gente. Me arranco una muela yo mismo, con los dedos. Voy al lavabo y la limpio con agua del grifo. Compruebo que está agujereada por varios sitios y me convenzo de que estaba mal y se lo digo a un compañero que está a mi lado». El día anterior al sueño, el hombre había recibido una llamada telefónica de su hermana, para comunicarle que estaba mal y que probablemente tendrían que operarla. Esto fue el disparador del sueño y presagio subsiguiente. La hermana fue operada y murió después de una larga y penosa enfermedad. || 8. Otro ejemplo de sueño erótico en relación con la caída de los dientes es el que sigue. «Tengo veintiún años y sueño muchas veces que estoy en el colegio cuando tenía catorce años; estoy con las mismas compañeras. Luego, al salir del colegio, yo me voy por algún sitio a dar alguna vuelta, o estoy bailando, o en algún pueblo en fiestas, etc. Estoy un rato bien y de repente estoy hablando con alguien y me empieza a salir sangre de la boca, y los dientes y las muelas empiezan a caerse, pero en bastante cantidad. Y siempre me despierto cuando se me están cayendo, y no puedo seguir ya el sueño. En la vida no tengo problemas. ¿Indican esos sueños que me va a pasar algo malo?». Nuestra respuesta no podía ser otra que: «No, esos sueños no son premonitorios, es decir, que te anuncien una desgracia. Ya sé que es tradición que la pérdida de dientes en sueños se relacione con la pérdida de familiares o amigos. Pero tu sueño es claramente psicológico y de índole sexual. El que te remontes a *la escuela de tus catorce años* es debido a que, probablemente, conservas recuerdos agradables de aquella época. Por otra parte, eras bastante libre y no tenías las responsabilidades que ahora debes de tener. No me das los suficientes datos, pero yo diría que esas responsabilidades o determinaciones están relacionadas con la vida sexual o matrimonial. La segunda parte de tus sueños no es nada más que la representación o simbolismo de la fase menstrual. ¿Cuál es el mensaje de esos sueños, en conjunto? En primer lugar, reflejan tus deseos amorosos, las ansias inconscientes de conocer los placeres del amor y, sobre todo, de ser madre, de ser fecundada. La boca sangrante, además de simbolizar la menstruación, también indica la no existencia de embarazo, los óvulos no fecundados, que en tus sueños son simbolizados claramente por los dientes o muelas que se expulsan, las oportunidades perdidas de tener hijos. No debes, pues, tener ningún temor de que vayas a sufrir un accidente. Tus sueños son muy característicos de las jóvenes que se hallan en edad de conocer el amor y ser fecundadas». || *C. oc.*: Representan a los parientes, amigos, compañeros, vecinos y relaciones sociales en general. Los delanteros –según la tradición ocultista– simbolizan a los hijos y familiares más próximos (los superiores, a los varones, y los inferiores, a las hembras). El colmillo derecho representa al padre y el izquierdo, a la madre. Las muelas simbolizan a los amigos, vecinos y parientes más lejanos, pero también pueden hacer referencia a parientes cercanos, hermanos o hermanas, pero que se hallan lejos de uno, que viven en otra región o país. || **Ver los propios dientes más hermosos, firmes y blancos:** Se progresará en todos los conceptos, se tendrá éxito en un proyecto o negocio que se tiene entre manos. || **Se caen (todos o la mayoría):** Falta de vitali-

dad; peligro de que fallen algunos apoyos familiares. Anuncio de que vienen contratiempos y disgustos. || **Alguien los arranca:** Afrenta, traición, abuso de confianza, accidente, pérdida de dinero. || **Un diente es más largo que los otros o impide comer o hablar:** Disputas familiares, pleitos o disgustos a causa de alguna herencia o legado. Enfrentamientos con socios o colegas. || **Diente muy gastado o perdido:** Probable pérdida de un pariente o amigo. || **Dientes que crecen:** Noticias sobre un próximo nacimiento; oportunidades profesionales. || **Nacer un diente:** Nuevas actividades, cambio de proyectos o de trabajo. Nuevas amistades o relaciones. || **Diente o muela cariado:** Enfermedad, operación o indisposición grave de un familiar o amistad. || **Diente blanco y hermoso:** Satisfacciones y alegrías amorosas y sentimentales. || **Arrancarse un diente o muela:** Grave disgusto o contratiempo. || **Dientes que duelen:** Anuncio de enfermedad, afecte a la boca o no. || **Dientes muy sucios:** Enfermedad, indisposición; desavenencias familiares, querellas con los vecinos. || **Verse puliéndolos y blanqueándolos:** Se habrá de entregar dinero a los parientes o ayudar monetariamente a alguien.

DIENTES DE ANIMALES

C. oc.: La tradición ocultista mantiene las siguientes creencias en relación a los sueños en que se ven dientes de animales: || **De asno:** Dificultades o problemas a causa de alguna desidia, olvido o incumplimiento de obligaciones o deberes. ||

De buey: Peligro de sufrir un timo o estafa o abuso de confianza, que puede ser en el plano económico o en el sentimental. || **De caballo:** Buenas noticias afectivas, satisfacciones sentimentales. || **De cerdo:** Peligro de equivocación por actuar con egoísmo. || **De elefante:** Buenas noticias u oportunidades en los campos profesional y amoroso. || **De jabalí:** Los enemigos acechan. Cuidado con las traiciones. || **De perro:** Buenas noticias en el plano afectivo y familiar, fidelidad. || **De gato:** Peligro de sufrir traiciones. Máxima prudencia si se han de firmar documentos o acometer una nueva empresa. No fiarse de las apariencias. || **De oso:** Sorpresas agradables, buenas noticias, pequeñas alegrías. || **De león:** Se habrá de ejercer gran actividad para que el proyecto que se tiene entre manos llegue a buen puerto. || **De tigre:** Éxito seguro en el proyecto o negocio que se tiene entre manos.

DIFICULTADES

Psi. Por lo general, las dificultades que se presentan en el curso de los sueños representan las represiones propias inconscientes que se oponen o impiden el desarrollo de determinadas tendencias de la personalidad, por lo común de orden sexual. Esas dificultades están, por tanto, en nuestro interior, no en el mundo circundante.

DILIGENCIA (Vehículo)

Psi. 1. La diligencia de los sueños tiene cierta similitud con los trasportes o vehículos colectivos como autobús, autocar o tren. Habla de la trayectoria del destino del sujeto con respecto al prójimo en un determinado momento de su existencia. Como ejemplo insertamos el sueño de Raúl, de dieciséis años, que refleja la crisis de su adolescencia y que está contenido en la obra de Charles Baudouin (*Introducción al análisis de los sueños*). Dice así: «Está en un vagón de primera clase con su compañero Luis. Después se ve entre los dos raíles, con Luis y otros corriendo detrás del tren. Luis le dice: "Es muy divertido, estamos aspirados y alcanzamos el tren". Raúl cree poder alcanzar el tren al principio, pero luego se distancia. El paisaje va mostrando bosques, una casa sería un albergue y en él vuelve a encontrar el tren trasformado en diligencia. Vuelve a subir a la diligencia. Decepción por la estrechez en lugar del confortable vagón de primera. El conductor de la diligencia es el señor Weiss (director de la escuela donde Raúl está de pensionista). Hay cuatro alumnos en esta diligencia. El señor Weiss les dice: "Presten atención a esos cuatro rollos". Los rollos eran carteles murales que estorbaban por su tamaño. El interior se parecía a un auto con el que Raúl va con sus padres al campo de su propiedad; en este auto siempre van cargados de paquetes». Vemos en ese sueño, de una manera clara, la similitud entre el simbolismo del *tren* y la *diligencia*, hasta el punto de que se funden en uno. Tanto uno como otra representan el destino. El *vagón de primera clase* expresa la categoría social y económica de Raúl, Luis y sus camaradas; son de clase acomodada, viajan en primera en el tren de la vida. En la *carrera tras el tren*, Raúl va quedando atrás, o sea, distanciado de Luis y los otros compañeros, lo que le crea un cierto sentido de inferioridad, ya que él es el primero de clase a nivel intelectual, pero Luis y los otros le aventajan física y virilmente, hasta el punto de que hasta en las carreras pedestres y gimnasia le dejan atrás, lo que se refleja en ese sueño. Se considera menos apto que los demás por su falta de fortaleza. En cuanto a la *diligencia*, aquí también significa la escuela (por ello el *conductor* es el *director* de ésta), y *las apreturas, la estrechez del vehículo*, representan las obligaciones, las limitaciones, las restricciones que ha de soportar junto con los demás, perdiendo la comodidad, libertad y buena vida de su casa. Y es durante ese período cuando Raúl sufre la crisis de la adolescencia, cuando se produce el nacimiento de su virilidad. Por ello el *director-conductor* advierte que presten atención a los *cuatro rollos,* es decir, al miembro viril, a la sexualidad de cada uno, pues se están haciendo hombres. *(Véase la explicación dada en el término rollo).* El que el *interior de la diligencia* se parezca al auto de la familia, parece significar que para Raúl el director de la escuela se estaba condensando con el padre: en la escuela sufría imposiciones tan autoritarias como las que intentaba inculcarle su padre. || 2. Si uno sueña que viaja en una diligencia por el desierto o lugares inhóspitos y que ésta es atacada por indios o bandidos (al estilo de las películas del oeste americano), el inconsciente advierte al soñante que se está internando por territorios peligrosos, por lo que debe revisar su trayectoria a nivel comercial-profesional o desconfiar de sus relaciones personales.

DINERO

Psi. 1. Suele simbolizar la fuerza, poder y energía psíquica que podemos emplear para emprender un negocio o trabajo creativo, cualquier empresa. La posesión de dinero en sueños suele indicar, por tanto, que se posee fuerza personal, recursos para iniciar una carrera, empresa o enfrentarse con cualquier problema o situación difícil. No debe sorprender, pues, que el doctor Aeppli diga que «es una medida de la energía de que disponemos o que deseamos, de la que tenemos que poner en acción para alcanzar algo. Las cosas de la vida no las obtenemos gratuitamente. La vida es "cara", hay que pagar por fuerza. Los éxitos cuestan. Este coste puede, ocasionalmente, adquirir estado de conciencia en forma de una suma de dinero. En los sueños de dinero pueden expresarse la potencia y la impotencia de todo género, ya como posesión, como ganancia o como pérdida. Particularmente favorable es el hecho de que después de una enfermedad, después de cualquier pérdida vital, encuentre una persona en su casa o en sus manos dinero, de que una vez más vuelva a ser rico en vez de pobre». Nosotros podemos añadir que el encontrar dinero de manera inesperada en un bolsillo, cartera, despacho o lugar de la casa significa que «se disponen de recursos que se ignoraban», es decir, de energía y valor. El inconsciente incluso puede estar indicando, en este caso, que el soñante siga adelante con sus planes si es que tenía dudas sobre su capacidad para realizarlos. La angustia onírica por falta de dinero puede reflejar la incapacidad, el temor o la inseguridad propias para enfrentarse a cualquier situación, es decir, expresa «la falta de valor, el miedo, la cobardía...». Más grave es el soñar que se pierde mucho dinero, ya que puede reflejar la pérdida de vitalidad, de energía y anunciar, por tanto, el peligro de caer enfermo. Entonces, hay que revisar automáticamente el proceder de uno y no «despilfarrar energías», no agotar el organismo. En muchos sueños, el término dinero está conectado con el *banco (véase* ese término), lugar en que guardamos nuestro capital, ahorros y valores. || 2. En los sueños de dinero hay que tener en cuenta, pues, los siguientes puntos para su interpretación: *a)* Su *procedencia; b)* El lugar en el que *se encuentra o pierde; c)* Las *especiales* circunstancias y detalles que rodean al sueño de dinero; *d)* El *estado físico* y *ánimo* del soñante antes del sueño. || 3. En los sueños de los hombres, el dinero también suele representar su capacidad para el amor. Carecer de dinero puede hablar de impotencia o falta de amor. En los sueños de la mujer, el dinero puede expresar situaciones de especulación erótica, «es un buen partido», «no me conviene», «es un pelanas», etc., traducido todo al patrón dinero. *(Véase* el término *monedas).* || 4. Por supues-

to, a veces, los sueños de dinero están relacionados de manera directa con las preocupaciones monetarias del soñante, y su pérdida o ganancia reflejan situaciones reales a nivel de trabajo o negocios. Sin embargo, hay que destacar que este tipo de sueños son más bien raros. || 5. Por su analogía con el oro también puede representar el principio masculino, al hombre, y figurar en sueños de contenido sexual anal, sobre todo cuando el dinero anda mezclado con excrementos. *(Véase* el término *oro).* Una mujer que sueñe que encuentra dinero quiere decir que desea encontrar un amor y dar satisfacción a su genitalidad. || 6. Otras veces, el dinero en billetes es un claro símbolo sexual. *(Véase* el término *cajón).* || *C. oc.:* **Muchos billetes:** Gastos imprevistos, desilusiones, negocios que se retrasan. || **Robar dinero:** Llegada de beneficios, cobros que ya no se esperaban. || **Encontrar billetes o monedas:** Ingresos inesperados, premios en juegos de azar. || **Recibir dinero:** Ofertas de trabajo o colaboraciones. Alegrías en el hogar. || **Comer billetes:** Pérdidas monetarias, operaciones comerciales que traerán pérdidas. || **Recibir dinero de un desconocido:** Hay que desconfiar de las proposiciones que le hagan a uno. Peligro de engaño o estafa.

DIRECCIÓN CONTRARIA (Dirección equivocada)

Psi. Muchas veces, la dirección contraria de personas o cosas denuncia la homosexualidad, como en el caso que explica Stekel *(La impotencia en el hombre)* de un homosexual que vio en sueños «un río cuyas aguas corren al revés», es decir, el caudal de sus sentimientos iban en dirección contraria a lo normal, a lo corriente.

DIRECTOR DE ORQUESTA

Psi. Simboliza el «Yo consciente». *(Véase concierto musical).* || *C. oc.:* **Director de orquesta:** Dicha en la familia. || **Director de orquesta a quien uno conoce:** Terminación de negocio, cambios profesionales o comerciales.

DIRIGIBLE

Psi. Por su configuración es un claro simbolismo fálico. Aparece en sueños de clara índole sexual.

DISCOS DE GRAMÓFONO

Psi. Suelen simbolizar los genitales femeninos.

DISFRAZ (Disfrazarse)

Psi. 1. Recordemos que el disfraz es un artificio para desfigurar una cosa con el fin de que no sea conocida y que en sentido figurado es una simulación para dar a entender una cosa distinta de la que se siente, y entonces tendremos la clave principal de lo que puede significar un disfraz en sueños. Si lo lleva uno mismo, suele simbolizar los deseos o tendencias inconscientes de cómo le gustaría a uno ser o comportarse. Por ejemplo, que una mujer sueñe que va vestida de hombre, puede ser la expresión de tendencias viriles y dominantes, mientras que que un hombre sueñe a menudo que va vestido de mujer puede ser el reflejo de tendencias inconscientes homo-

sexuales. Por supuesto, un hombre que actúe con mucha cobardía y los demás le reprochen que no es un hombre, que es una mujer, lo normal es que alguna vez se vea en sueños vestido de fémina. En otras ocasiones, el disfraz refleja al soñante tal como lo ve su propio inconsciente. Un hombre de negocios durísimo, que dirigía a los demás y a la propia familia de una manera muy férrea, mientras que él se las daba de virtuoso cristiano y mentalidad liberal, soñó repetidas veces que iba por el mundo disfrazado de general. Incluso llegó a verse en sueños disfrazado de general de las SS. O sea, que el inconsciente le decía: «Eres un dictador sin entrañas». Así, podemos asumir inconscientemente, en los sueños, cualquier disfraz, como otro hombre de negocios, que acometía empresas ilegales y se aprovechaba de todos; que llegó incluso a robar los ahorros a unos parcelistas. Se lamentaba de la mala suerte, de las trampas que le habían preparado los demás, etc., cuando justificaba en su familia sus actuaciones. Pero al inconsciente no le engañaba, y éste lo presentó en sueños tal cual era según su código moral: soñó que era un gángster de Chicago, otras veces un salteador de bancos e incluso llegó a verse disfrazado de pirata a bordo de un navío a velas. || 2. Ver a otros disfrazados suele significar la manera en que nuestro inconsciente ve a esas personas tal como son en la realidad. Todos tenemos tendencia a juzgar el comportamiento de los demás y a caricaturizarlos, y en sueños, nuestro inconsciente puede elaborar la correspondiente imagen y presentarnos al prójimo tal cual son. Entonces hay que analizar el significado de cada disfraz para comprender su simbolismo. En ocasiones, estos sueños de ver a otros disfrazados pueden ser de advertencia, en el sentido de que en caso de que tengamos que tener tratos comerciales o profesionales con ellos y se nos aparezcan en sueños, como piratas o delincuentes, es obvio que tenemos que desconfiar de sus intenciones. || 3. En muchas ocasiones, el disfraz tiene cierta semejanza con el significado de *máscara*. *(Véase* ese término). || 4. A veces, el disfraz que llevamos (o una persona desconocida disfrazada) puede simbolizar nuestra *sombra*. *(Véase* ese término).

DISPARAR (Disparo)

Psi. 1. La mayoría de las veces, soñar que se dispara con un arma de fuego (pistola, fusil, revólver, rifle, etc.) es símbolo de la eyaculación. Una joven que sueñe que un hombre le dispara varios tiros no debe temer que la vayan a matar en la calle o en un atraco (como muchas me han consultado), sino que es una representación del acto sexual que la naturaleza demanda. Incluso una mujer que tenga dificultades para llegar al orgasmo o problemas de frigidez, puede soñar (como señala Ángel Garma) que «quiere disparar y no puede», refiriéndose a la descarga vaginal. A veces, en los sueños, hasta se invierten los papeles, y una mujer puede soñar que dispara sobre un hombre, cuando quiere decir que ella desea que le dispare un hombre

con su arma, pero la censura interior invierte los papeles para desconcertar a la soñante. || 2. Otras veces suele indicar que el soñante ha tomado una resolución ante determinado problema o situación. Incluso puede señalar exceso de impulsividad o agresividad; de ahí la expresión, en la vida cotidiana, de «frena, chico, no te dispares», cuando uno se está dejando llevar por intemperancias de carácter o está muy exaltado.

DISPUTA *(Véase altercado)*

DOCTOR *(Véase médico)*

DORMITORIO *(Véase alcoba)*

DOS

Psi. 1. El número dos o la pareja suele simbolizar los pechos femeninos y, por tanto, los genitales de la mujer. Por ejemplo, dos hermanas significa los dos pechos. *(Véase* el término *hermana).* Igual puede decirse de un reloj que marque las dos horas. Un hombre soñó con una chica que le decía: «Quiero dar una conferencia y todos me piden *dos* millones». En realidad, el sueño quiere decir que al hombre le hubiera gustado que la chica le diera los dos pechos, es decir, que ansiaba el intercambio sexual. || 2. En su significado sexual y numérico, dos días pueden significar dos coitos. *(Véase* el apartado 10 del término *agua).* || 3. Un velero, un barco de *dos palos* suele hacer referencia a los dos pechos femeninos. Aquí, el barco representa a la mujer. || 4. Dos ladrones pueden simbolizar los testículos. *(Véase* el apartado 5 del término *iglesia).*

DRÁCULA

Psi. No es raro que el legendario y mítico vampiro Drácula salga en muchos sueños de jovencitas, como en el caso siguiente: «Llevo varias noches soñando con muertos. Y varias veces he soñado que estoy saliendo con un chico por el día y que por la noche se convierte en Drácula y quiere morderme, pero no lo consigue. Yo corro, pero hay algo que me impide correr y siempre me coge, pero cuando me va a morder me escapo. Llego a una tienda y él entra con otros más y me meto en el cuarto de baño con la dependienta y le digo que saque ajos y salgo corriendo. Luego entro de nuevo en la tienda y veo que se lo lleva la dependienta con unas esposas puestas en la muñeca para llevarlo a la cárcel… Tuve otro sueño parecido, pero esta vez era mi novio el que se convertía en Drácula. Tengo dieciséis años y mi novio dieciocho. ¿Me va a pasar algo malo?». Nuestra explicación fue: «Tranquila, no va a pasarte ninguna desgracia. El *Drácula* de tus sueños no es nada más que un símbolo que indica que tu naturaleza se está preparando para la vida sexual. Señala, por supuesto, que están naciendo los deseos de amor en tu interior. El *novio imaginario y el que lo es de verdad,* cuando aparecen en tus sueños, no son nada más que la representación del sexo masculino. En realidad, esos sueños no indican nada más que que inconscientemente deseas que te persigan para hacer el amor, pero tu moral y tu censura te lo impiden en el último momento. La dependienta y los ajos son tus defensas interiores contra las pasiones y tentaciones. Drácula puede considerarse una figura arquetípica del acto sexual de tipo agresivo o algo sádico, es decir, que en él hay la combinación del placer-dolor. El acto de ser mordido en sueños es representativo del acto sexual (Drácula muerde en el cuello, en las zonas erógenas de la mujer), si bien indicativo de que hay tendencias muy apasionadas en el interior de la persona. Los *dientes* se consideran el componente masculino activo, y entran en la *carne,* símbolo del componente femenino pasivo. Por lo tanto, el que tu *novio* aparezca como *Drácula* en tus sueños es indicativo de que en tu inconsciente hay deseos de que te haga el amor. Que eso te convenga o no es otra cuestión. Lo que sí puedo decirte es que eres más impulsiva de lo que te imaginas y que después de los arrebatos amorosos vienen los disgustos».

DRAGÓN

Psi. 1. Como todos los *monstruos* (*véase* ese término) que salen en los sueños, el dragón simboliza fuerzas psíquicas poderosas, intensas, energías profundas y misteriosas de la personalidad del sujeto. El dragón onírico aparece pocas veces, pero cuando lo hace causa pavor en el durmiente por lo inesperado y brutal de su entrada en escena; tiene mucha semejanza con el dragón de las leyendas y tradiciones. Es un monstruo que vive en las grutas más profundas y recónditas del inconsciente y acostumbra a representar los complejos, instintos devoradores, deseos reprimidos, tendencias peligrosas, fobias, vicios, pa-

siones, etc. Cual Perseo matando a la Medusa, san Jorge al dragón o santa Marta a la Tarasca, sea para liberar a la princesa cautiva o salvar a un pueblo, a veces, se hace necesario que el soñante tenga que luchar y matar al dragón onírico que todo lo devora y llegar hasta el tesoro que se desea (que el dragón custodia para sí). Ese tesoro tan valioso acostumbra a ser la libertad para alcanzar la perfección y evolución de la personalidad, el vencerse a sí mismo, el matar los propios instintos devoradores, el liberar el alma virgen que estaba prisionera del dragón (la parte más nefanda de sí mismo). Es por ello que el doctor Aeppli señala muy acertadamente, al hablar del dragón: «Aquel que haya contemplado ya el correr de muchos destinos sabe cuán numerosas son las gentes que acaban devoradas por sus impulsos, sus apetitos y complejos inconscientes. Sucumben a la naturaleza primitiva que en ellas existe. Sólo aquellos que se enfrentan con los poderes psíquicos salen, generalmente, victoriosos en el campo individual de la lucha contra el dragón de la vida. Entonces una parte de las fuerzas, de las energías del inconsciente, son conquistadas por el hombre, quedan a su disposición para un importante dominio sobre la vida creadora». En los mitos y tradiciones como las recordadas, la princesa liberada a la muerte del dragón simboliza el «ánima» del soñante, que así puede moverse sin trabas ni peligros para ayudar, a su vez, al crecimiento o desarrollo espiritual del sujeto. || 2. Otras veces, el dragón del sueño es la imagen materna, el símbolo de la madre, pero en su aspecto dominador, terrible, tiránico, intransigente, que impide el desarrollo psíquico normal del hijo, que tiene «cautiva» su personalidad. Es un sueño típico de adolescente. Ese dragón que quiere devorarle simboliza, pues, a la madre física. || 3. La mayoría de las veces, el dragón es tan temible como el *cocodrilo. (Véase* ese término). || 4. En sueños más raros o especiales puede simbolizar el «Súper-Yo». || 5. En sueños de advertencia o en proféticos, el dragón avisa de peligros reales, enfermedades o desgracias. La madre del emperador Nerón, cuando estaba embarazada soñó (cuenta Arnau de Vilanova) «que paría un dragón cruel y grande, el cual volviéndose al vientre le mordía y le sacaba las entrañas. Excitada por el terror, llamó a uno al que narró la visión, y él, explicándosela, le dijo que pariría un hijo inicuo que sería causante de su muerte. Y sucedió así, como atestiguan las historias de los romanos. Pues Nerón, nombrado emperador, quiso ver el lugar de su gestación y mató a su madre para verle la matriz».

DUCHARSE

Psi. En muchos sueños de mujer simboliza la eyaculación, sea como recuerdo de un acto sexual del pasado o como representación del que se desea. Si el suelo es placentero o agradable, puede incluso ser un sueño de descarga erótica o emocional, pero si en él hay algún tipo de angustia o ansiedad, puede reflejar el temor a haber quedado embarazada por falta de precauciones. (*Véase* el apartado número 9 del término *agua*).

DUEÑO

Psi. 1. En algunos sueños, el dueño de una casa, campo, empresa, etc. es un simbolismo del padre. || 2. Otras veces, el dueño, sea de un campo, casa u otros bienes, propiedades o empresas, representa la conciencia, el ojo de la moral, el vigilante onírico. (*Véase* el término *manzana*).

DURO

Psi. Cualquier objeto duro representa, por lo general, el miembro viril, por ejemplo, pan duro como piedra, llevo una pechera dura...

DULCES

Psi. 1. Como todos los productos de repostería y pastelería simbolizan los placeres sexuales, los deleites eróticos, que se recuerdan, se desea o se lamenta no haber conseguido, según se coman los dulces o no. || 2. El soñar que se rechaza una invitación a comer pastel o dulces simboliza el rechazo a satisfacer los propios instintos eróticos, probablemente por causas morales. || 3. En su representación de la heterosexualidad que se deseaba, un hombre soltero soñó: «Estaba frente a una bandeja de apetitosos y vistosos dulces, comiéndolos en compañía de mujeres a las que no conocía. Era un buen surtido de dulces, de todos los colores».

DÚO

Psi. La composición que se canta o toca entre dos suele simbolizar el acto sexual que se desea, es decir, la heterosexualidad, el amor de pareja.

DUQUE (Duquesa)

Psi. 1. Sueño poco corriente, pero cuando aparece el duque onírico hace referencia al padre, mientras que la duquesa simboliza a la madre. En cierta forma, hay un paralelismo con *rey* y *reina*. *(Véanse* esos términos). || 2. Otras veces, el duque del sueño es el jefe de uno o la persona influyente con la que uno tiene que tratar un asunto oficial importante. || *C. oc.:* **Conocer a un duque:** Se obtendrán ayudas o favores. || **Recibir una misiva de un duque o duquesa:** Contactos que traerán beneficios; obtención de un crédito bancario. || **Hombre escribiendo a un duque:** Difícilmente solucionará lo que le preocupa. || **Mujer escribiendo a un duque:** Amoríos o pretendientes peligrosos. || **Duque muerto o que cae del caballo:** Se perderán ayudas e influencias; negocio que no se realiza o proyecto que fracasa.

DUX

Psi. Soñar con la figura de ese temible príncipe o magistrado supremo de las antiguas repúblicas de Venecia y Génova suele referirse al aspecto duro, intransigente y dictatorial del padre.

E

ECLIPSE DE SOL

Psi. Es un sueño relativamente poco frecuente. Cuando este fenómeno se ve en sueños advierte del peligro de caer enfermo, de perder vitalidad, de sufrir afecciones de tipo mental o nervioso.

EDIFICAR (Edificando)

Psi. Verse edificando o levantando una casa, pared, vivienda, taller, etc., es un signo positivo, pues señala que en el inconsciente del soñador hay proyectos y energías en marcha y que se llevarán a cabo realizaciones o se alcanzarán los objetivos que tiene pensados, como en el caso de un hombre que soñó que estaba haciendo de albañil, edificando una casa, y se despertó muy intrigado, diciéndose, «pero si yo no trabajo de albañil». En realidad, todos hacemos de *albañil (véase* ese término), puesto que continuamente estamos levantando o edificando nuestra personalidad, es decir, nuestra *casa (véase* ese término) interior.

EDIFICIO

Psi. 1. Acostumbra a representar la propia personalidad, con sus diferentes pisos o estadios, escaleras, habitaciones, pasillos, rellanos, etc. Para interpretar bien el sueño en que aparece un edificio hay que analizar todos los aspectos y detalles de éste. (*Véanse* los términos *casa, escalera, ascensor, balcón, habitación, puerta, ventana,* etcétera). || 2. Soñar que se está levantando un edificio simboliza que hay planes y proyectos en marcha y con posibilidades de éxito. También señala que se va edificando de una manera correcta la personalidad del soñante. En cambio, ver un edificio en ruinas, abandonado o que se derrumba, indica lo contrario: planes fallidos, proyectos fracasados e incluso el propio hundimiento psicológico de la persona. En sueños de tipo fisiológico, el soñar con un edificio que se derrumba incluso puede señalar depresiones emocionales y agotamiento físico.

ELECTRICISTA

Psi. Es el técnico o especialista que puede ayudarnos a reparar las averías de nuestras fuentes de energía psíquica. Incluso puede simbolizar al médico, al psicoanalista, al neurólogo, al psiquiatra, etc. Cuando un enfermo sueña que el electricista está intentando reparar un cortocircuito, un motor, un aparato eléctrico, un acumulador, una pequeña central eléctrica, una caja de fusibles, etc., quiere decir que las fuerzas interiores están trabajando denodadamente para «reparar las energías del soñante», o sea, que es un sueño que presagia una pronta recuperación de la vitalidad o salud.

ELEFANTE

Psi. 1. A veces representa la imagen inconsciente de la madre viril y protectora. Por tanto, soñar con un elefante domesticado o amigo puede ser el recuerdo de la protección materna. Es un sueño que acostumbran a tener personas solas que echan de menos el amparo del hogar materno. || 2. En muchos sueños de mujer, el elefante onírico tiene una vertiente erótica; es símbolo de la fortaleza masculina y de su potencia sexual, siempre que esté la trompa levantada. Incluso puede reflejar el calor de la protección viril, la seguridad que da el marido o compañero. En cambio, el elefante con la trompa bajada puede indicar falta de potencia sexual del marido o compañero o conflictos de tipo sentimental. Las patas delgadas y muy largas (estilizadas) de un elefante, como el que pintó Salvador Dalí en el cuadro de la mujer durmiente con visiones de tigres y elefante, son una representación fálica. || 3. El conocido filósofo y esotérico norteamericano Manly P. Hall *(Simbolismo de los sueños)* nos dice sobre este paquidermo: «El elefante simboliza materias pesadas, decisiones de peso o importantes, pero también sugiere alguna clase de un factor mental completo, la idea que necesite, la toma de decisiones, puede realizarse; que los asuntos pueden ser clarificados por la mayor atención o cuidado. Si el elefante es domesticado, la situación puede ser controlada. Si, en cambio, el elefante es un destructor, entonces puede ser un símbolo de la tiranía de la mente incontrolada, el intelecto como una fuerza negativa o corruptora. Cualquier animal brillante o fuerte que se comporta destructivamente, representa usualmente tanto la intensidad de la emoción como la fuerza de la terquedad y el orgullo en su sentido más devastador». || 4. Como imagen materna interior protectora puede figurar en algunos sueños, como en el caso de una mujer mayor, sola y angustiada por la seguridad de su porvenir que se «vio rodeada de elefantes, tres o cuatro grandes y uno o dos pequeños. La miraban y no le hacían nada malo. Quedó tan impresionada por la magnificencia de éstos y por el bienestar que experimentó al despertar, que se compró una figura de elefante de la India para tenerla en casa como protección». || 5. En sueños de niños, un elefante puede representar al padre. *(Véase* el apartado 13 del término *animales).* || 6. La psicóloga Phoebe McDonald cuenta el caso de una joven, muy obesa, que soñó con un gordo y feo elefante que le fue muy repulsivo; el sueño representaba como veía ella inconscientemente su propia obesidad, a fin de que tomara medidas para no engordar más y cuidara más su alimentación y salud. En otras palabras, el sueño indicaba «Te estás comportando como un elefante a la hora de la comida». || 7. Otras veces, a causa de su volumen e importancia, el elefante suele simbolizar a una persona influyente o empresa de envergadura. Igual puede ser el director o el gerente de una industria o de un banco como un político, un gobernante, un financiero, etc., con el que uno tiene trato o del que espera algo. Así, cuando se ve al elefante pacífico o trasportando a alguien o acompañándolo, es un buen presagio, ya que augura beneficios o ayudas procedentes de una persona importante. Cuando se ve agresivo y causa perjuicios, no hay que esperar nada bueno de las personas influyentes o encumbradas de las que se esperaba ayuda o protección. Estos tipos de sueños pueden considerarse como sueños simbólicos clarividentes. Como ejemplo de este tipo de sueños damos a conocer el siguiente de nuestro archivo personal (pertenece a un hombre adulto, escritor): «Voy andando por la acera de la derecha por la calle de una ciudad, que parece la de Barcelona, aunque no recuerdo que exista una calle como aquélla. En uno de los trayectos (siempre a pie) paso por delante de una librería que está cerrada, abandonada, pintada de verde, con un libro olvidado en el escaparate, de un conocido autor parapsicólogo. Sigo andando y encuentro otra librería cerrada, que además era herbolario y dietética. Todas las tiendas de la calle (están a la derecha) están cerradas, como si sus dueños hubieran abandonado el negocio. Prosigo mi camino. Ya es de noche y ha oscurecido. Llego a otra librería que estaba en un rincón o esquina y veo que el lugar también está abandonado. Era una librería ocultista, y el nombre, en letras metálicas, cuelga aún de la entrada. Otra que ha cerrado, pienso. Ya no subo ni los escalones de la entrada. La librería se halla en una esquina y la entrada es como un pequeño jardín. Iba a marcharme, pero finalmente me decido a volver sobre mis pasos. Subo los escalones, entro y me acerco al fondo y veo que ya todo está cambiado y que no es una librería. A la izquierda, elevado, separado por un muro de ladrillos, veo un gran elefante que me mira. Y me digo que seguramente han ampliado el zoológico y que se quedaron con la librería. Cuando me retiro, enfrente de mí, encima de otro muro que nos separa, se acercan tres grandes elefantes. Sólo veo sus cabezas y trompas levantadas. Los tres tocándose por la cabeza. Y me hablan, haciendo un comentario (no recuerdo las palabras). Y quedo muy sorprendido, pues me digo algo parecido a "¿Los elefantes ya hablan?". Me marcho del lugar y al poco despierto». La interpretación resumida que dimos a este sueño fue la siguiente: la larga caminata por una ciudad en la que encontraba *librerías cerradas y abandonadas,* significaba el largo recorrido que había hecho y estaba haciendo en busca de editor para sus obras. El que todas las librerías estuvieran a la *derecha* (el futuro), que serían rechazadas, como así fue. Incluso un editor al que se había dirigido había dejado de publicar. Pero al mismo tiempo, el *caminar por la derecha* indicaba al soñante que estaba procediendo correctamente. La parte final del sueño es más positiva y significativa. También la librería está abandonada, es decir, que habría otra negativa editorial. Pero el que *vuelva sobre sus pasos* quiere decir que seguiría adelante en su empeño. Entra en el recinto y a la *izquierda* (el pasado) aparece un *elefante que le causa una gran impresión,* pues el soñante tuvo la impresión de que lo conocía, incluso de que le recordaba a su padre (simbolizaba la protección paternal y comprensiva de que estaba necesitado en aquellos momentos). Además, había tal correlación de sentimientos entre elefante y el sujeto, que llegamos a la conclusión de que ese paquidermo representaba el propio «Yo» del soñante, su «Yo» onírico, pero en su faceta radiante, resplandeciente, majestuosa e imponente. O sea, que el inconsciente le presentaba la importancia de su «Yo» y de su capacidad creativa. Casi inmediatamente, *enfrente de él* (presente y futuro más inmediato) aparecen *tres majestuosos elefantes,* que interpretamos como símbolo de que tres editores importantes le comprenderían y le ayudarían a publicar sus obras. Como así fue. Fueron apareciendo casi correlativamente, en poco tiempo (unos tres meses), y alguna de las obras editadas fue de envergadura. Es muy revelador que los elefantes *hablen* en ese sueño, ya que significa que al fin le contestan editores. Además, ese hablar de los paquidermos simbolizaba a personas importantes de los medios de comunicación, como son los editores, los que se cuidan de divulgar la palabra escrita. || 8. Como hemos visto en el sueño precedente, a veces, un elefante puede simbolizar el «Yo» radiante, resplandeciente, majestuoso e imponente del soñante. || 9. Como símbolo de fuerza, poderío y grandeza es significativo el sueño que tuvo una persona afín a la espiritualidad que propugnaba el conocido vidente Edgar Cayce. Contó que «se había visto en sueños llevado en alto por un elefante». Y la respuesta de Cayce fue (Elsie Sechrist, *Los sueños):* «El elefante representa la fuerza, el poderío, la astucia y las tendencias mentales que son el resultado de un estudio de la naturaleza psíquica del hombre. Déjese elevar por el estudio. Luego, viva en forma aceptable a Él». (Se refería a Cristo). || 10. Como sueño positivo, el elefante de los sueños tanto puede expresar un sentido maternal de protección como un sentido de la realidad concreta. En personas necesitadas de ayuda o amparo o que necesiten despertar a las realidades del mundo, es corriente que el elefante aparezca en sueños como un arquetipo imponente y decisivo. Al respecto, son muy clarificadoras las palabras del doctor Aeppli: «Con el gran símbolo animal del elefante, se acerca al lecho del soñador con pesado paso, y no obstante ligero, la terrenal realidad; y ello cuando este soñador está necesitado desde ya hace tiempo de una sólida relación con el mundo real. Para él, este animal es un gran presagio de poderío y vida. Por el hecho de haber sido, hasta entonces, demasiado poco consciente, esta "zona ajena" ha tenido que salirle al encuentro en forma del animal más poderoso, de un ser natural que no pudiera pasar inadvertido». || 11. En algunos sueños femeninos, un elefante muerto puede simbolizar el instinto masculinoide (homosexual) que la soñadora reprime o mata. *(Véase* el apartado 6 del término *fieras)*. || *C. oc.:* **Dar de comer a un elefante:** Vendrán beneficios de una persona importante. || **Elefante blanco:** Se obtendrán ayudas o favores. || **Montar un elefante:** Planes o negocios que tendrán éxito. || **Elefante escapando de un circo:** Se acercan peleas o problemas familiares. || **Dar de beber a un elefante:** Se tendrá que prestar ayuda a alguien. || **Elefante bebiendo en un río o lago:** Fortaleza y buena salud para el soñante. || **Elefante que grita:** Alerta, hay peligro a la vista. || **Elefanta con su pequeñuelo:** Maternidad, parto feliz. || **Elefantes que hablan al soñante:** Buenas noticias, se recibirá ayuda de personas influyentes o con cargos. || **Elefante enfurecido que lo destruye todo:** Problemas y conflictos a causa de la mala actuación personal. Enemigo poderoso que causará daños o perjuicios. || **Ver un elefante morir o cómo lo matan:**

Persona poderosa o influyente que dejará de prestarnos ayuda. Promesas que no se cumplen. Enfermedad grave o accidente del padre. || **Elefante elevando con la trompa al soñante:** Mejoramiento de la suerte. Elevación por los propios méritos y estudios.

ELEVARSE *(Véase ascender)*

EMBALSE *(Véase pantano)*

EMBARAZO (Preñez, encinta)
Psi. 1. Es un sueño típico de la mujer, generalmente joven, aunque también hay mujeres de edad que lo tienen, incluso muy mayores. *(Véase* el término *niño).* A veces, el sueño de estar embarazada es una expresión de los deseos de maternidad que anidan en la soñadora, mientras que en otros señala los temores de un embarazo que no se desea. Pero, con mucha frecuencia, el sueño de embarazo indica que la mujer «espera algo nuevo de la vida», «que ansía cambios en su estado y vida», «que espera y desea dar luz a un hijo espiritual, realizar un gran proyecto o ilusión»… Ese hijo puede representar la madurez biológica, mental, espiritual, etc., de la soñante. De una forma u otra, los sueños de embarazo simbolizan cambios y nuevas situaciones personales o profesionales. Aunque sea una persona mayor, si tiene ilusiones, proyectos y capacidad creativa, es normal que sueñe que está embarazada, como representación de lo que está creando o dando forma. || 2. En ocasiones, cuando una joven sueña

que está embarazada, significa que espera o ansía verse libre de sus frenos interiores o de las imposiciones familiares, con el fin de «dar luz» a una nueva vida, una nueva forma de existencia, que casi siempre representa una fase o etapa de madurez en la personalidad. Por ejemplo, en el sueño siguiente: «Estábamos en nuestro chalet de veraneo las cuatro hermanas y una amiga, sentadas en la terraza. Todas estábamos embarazadas. De repente, yo comencé a revolcarme por los suelos y a gritar que estaba harta, que no podía más. El lugar era idéntico a como es ahora, pero no había sillas ni mesas». Hay que aclarar que las cuatro hermanas eran solteras, y una con novio (la mayor tenía veintidós años). Nuestra interpretación fue: el *embarazo* es indicativo de que habían alcanzado cierta madurez biológica y mental y que deseaban cambios en su vida; cambiar su estado de soltería por el de casadas, a más de escapar de la férula paterna. La que se *revuelca por el suelo* representa, claramente, el deseo de realizar el acto sexual. Fijémonos, incluso, en el símil de la palabra utilizada por la soñadora: *revolcarme,* cuando en la vida es corriente el emplear el término «revolcón» o «revolcarse» como símil del acto sexual. Y la ausencia de la mesa y de las sillas –que representan la vida en común, la vida matrimonial y en familia– indica que hay un vacío en sus existencias: la del amor y la familia que ansían crear. En conjunto, pues, este sueño es indicativo de que desean fuertemente iniciar sus vidas de mujer con toda

plenitud. Y es muy probable que lo hubieran discutido más de una vez y que el inconsciente de la soñante hubiera elaborado dicho sueño aglutinando los deseos colectivos. || 3. Otro sueño de embarazo que expresa los deseos inconscientes de cambios y los proyectos de la soñante es el siguiente (mujer joven y soltera): «Soñé que estaba embarazada, y que siendo soltera como soy, a todo el mundo le parecía normal, incluso a mi madre y a mi novio y a todos mis familiares. Lo raro es que a mi novio también le parecía bien, aunque sabía que el hijo no era suyo. Lo peor es que yo sabía que no estaba embarazada porque no he hecho el amor nunca». Este sueño refleja los deseos inconscientes de independencia, de matrimonio y de llevar las responsabilidades de ama de casa, iniciando la etapa verdaderamente adulta de su existencia (por eso nadie se extraña en el ensueño de tales propósitos). Por supuesto, en este sueño también están camuflados los deseos eróticos, la sexualidad. Cosa, además, normal. || 4. Cuando una mujer de edad sueña constantemente que está encinta es indicativo de que está esperando su propia madurez mental, el verse libre de determinadas trabas y frenos (por lo general familiares o económicos) y poder «alumbrar una nueva vida», una «nueva etapa de su existencia». En ocasiones, estas esperanzas, ilusiones o proyectos se refieren a los que tienen esas mujeres por sus nietos. || 5. Si es un hombre quien sueña que está embarazado (aunque no es un sueño frecuente), la referencia es la misma que en el apartado anterior: desea cambios en su vida, que nazcan nuevos derroteros para su existencia, que tiene planes y proyectos para que así ocurra. || 6. Una chica de veinticinco años, con muchas dudas y titubeos e inseguridad en sí misma, soñaba de manera repetida que estaba embarazada y que no llegaba al final del embarazo, lo que representaba los proyectos y planes que empezaba con entusiasmo y que no terminaba. || 7. Veamos otro sueño típico de embarazo en una joven soltera (diecinueve años): «A mí me gustan mucho los niños y me gustaría tener alguno. Ésa era mi ilusión, pero ahora tengo pánico, pues soñé que estaba embarazada y a punto de dar a luz. Estaba ingresada en un hospital y conmigo, en la misma habitación, había otra mujer de parto y muchos médicos y enfermeras. Pero no estábamos tumbadas, sino de pie. De repente, la otra se puso a chillar y le decían que se calmara, que no era nada, pero la tuvieron que ayudar a sacarle el hijo y tardó. Yo salí corriendo y me cogieron. Yo tenía miedo, pero de repente empezó a salir el niño. Sin ayuda y sin dolor yo había dado a luz. Estaba de pie y pasé mucho miedo. Ahora tengo verdadero pánico a tener hijos, por miedo a que me pase algo malo». Es evidente que este sueño refleja las especulaciones, proyectos e ilusiones de tipo sentimental-sexual de la soñante; no es un sueño que presagie ningún mal parto. Podríamos considerarlo de «iniciación sexual», ya que refleja los temores de la soñante ante las relaciones sexuales y sus posibles con-

secuencias, morales más que físicas. La *otra mujer* hemos de considerarla su «sombra»; están en la misma *habitación* (en la misma personalidad, la de la soñante). El *hospital*, *médicos* y *enfermeras* representan aquellas partes de su personalidad que quieren ayudarla a superar sus inhibiciones y temores de índole sexual. En la imposibilidad de hablar con la interesada, no pudimos concretar si por entonces, además tenía algún proyecto en marcha, algún plan de estudios o trabajo que fuera dificultoso en sí, que podría ser muy posible, aunque el trasfondo del sueño es sexual.

EMBARCACIÓN *(Véase barco)*

EMBARCAR (Embarcarse)

Psi. 1. En muchos sueños simboliza el coito que se desea, sobre todo cuando el barco o navío se mueve mucho. Hay que tener en cuenta que en tales sueños la embarcación o barco representa a la mujer y sus genitales. Embarcarse quiere decir que uno se decide a realizar el acto sexual, sea el soñante hombre o mujer. || 2. Otras veces el embarcarse refleja los nuevos proyectos, negocios o trabajos que el soñante ha puesto o va a poner en marcha. Según como trascurra la travesía así marca el inconsciente las posibilidades de éxito o fracaso de lo que uno tiene proyectado. *(Véase* el término *barco).* De todas maneras, el soñar que uno se embarca siempre significa que algo nuevo está en marcha en la vida del durmiente. Recordemos la expresión popular «me he embarcado en un negocio que no sé cómo me irá». El embarcarse siempre tiene algo de aventura, de que los resultados son imprevisibles o inseguros, se trate de cuestiones sentimentales o bien profesionales. || *C. oc.:* **Embarcarse como pasajero:** Cambios, nuevas situaciones y realizaciones. || **Embarcarse como marino o pescador:** Llegada de beneficios por el trabajo o cargo. || **Tropas embarcándose:** Victoria sobre enemigos y competidores. || **Embarcarse como soldado o marino de guerra:** Luchas, conflictos, sinsabores. || **Marinos mercantes embarcándose:** Beneficios, buenos negocios. || **Mucha gente embarcándose para viaje de placer:** Éxito en amores. || **Embarcarse con mal tiempo:** Inquietudes, inseguridad, conflictos que pueden hacer fracasar los proyectos. Hay que estar alerta contra trampas y abusos de confianza. || **Embarcarse con tiempo radiante o soleado:** Éxito en negocios y proyectos. Estabilidad familiar y conyugal. || **Embarcar muebles y enseres domésticos:** Riesgo de ruptura conyugal o divorcio. || **Embarcar harina o granos:** Beneficios, entrada de dinero inesperada, estabilidad económica.

EMBARRANCAR (Encallar)

Psi. Embarrancar un barco o navío en un banco de arena, escollos, fondo, etc., señala que el soñador está equivocando el rumbo de sus asuntos personales o proyectos, que tal como los tiene pensados no llegarán a buen puerto, que se encallarán, que no podrán seguir adelante. Ha de reflexionar, por tanto, sobre lo que tiene en marcha y cambiar la dirección de su embarcación. Embarrancar abriéndose vías de agua, hundiéndose el buque, asegura el fracaso y ruina de lo que se tenga pensado realizar o que se acaba de poner en marcha. *(Véase* el término *barco).*

EMBUTIDOS

Psi. Símbolo fálico, representación del pene, se trate de butifarra, morcillas, chorizo, mortadela, etc. Soñar que se come o compra embutidos es la expresión del acto sexual que la naturaleza demanda. *(Véase tocinería* y *charcutería).*

EMPALIZADA *(Véase barrera)*

EMPERADOR

Psi. Por lo común, representa la autoridad paterna, al padre, al jefe…, que se admira, que se teme o se odia, según los detalles del sueño. Debe considerarse como sinónimo de *rey.* *(Véase* ese término).

EMPERATRIZ

Psi. Por lo común, representa la autoridad materna, la madre, la jefa, la encargada, la directora…, que se admira y ama, que se teme o se odia, según los detalles del sueño. Debe considerarse como sinónimo de *reina.* *(Véase* ese término).

ENCEFALOGRAMA

Psi. Por lo general, el soñar que a uno o a otra persona necesitan hacerle un encefalograma no tiene nada que ver con una enfermedad física mental o cerebral, sino que hace referencia a los pensamientos, ideas y proyectos del soñante. Esto quiere decir que hay que revisar los propios pensamientos y planes, que no están correctamente concebidos, que hay errores o cosas que no saldrán como uno las ha proyectado, sea a nivel profesional, comercial o sentimental.

ENFERMERÍA (Dispensario)

Psi. De simbolismo parecido al *hospital.* *(Véase* ese término). En la personalidad del soñante hay algo que necesita curarse o ser tratado. Por lo general, un problema sentimental.

ENJABONARSE

Psi. El enjabonarse en sueños, en especial en los hombres, acostumbra a hacer referencia a la masturbación que practican.

ENTIERRO (Sepelio)

Psi. 1. Los sueños de entierro o sepelio son muy comunes y aterradores, en los que el durmiente se despierta angustiado, pensando en lo peor. Sin embargo, casi nunca tienen que ver con la muerte propiamente dicha de nadie. La mayoría de las veces suelen ser indicativos de que algo ha muerto en el interior de uno, en su personalidad, de que ha sufrido un profundo dolor o desengaño afectivo o sentimental, *de que ha muerto una parte psíquica de sí mismo.* Viene a ser una especie de despedida interior a algo que no se ha podido alcanzar, que ha defraudado y que ya no podrá ser, como en el caso siguiente (mujer casada con un hijo): «Varias veces he soñado que voy al entierro de mi marido. En otras ocasiones me veo vestida de negro. ¿Son premonitorios estos sueños o sólo reflejan el deseo de librarme de él?». La misma durmien-

te da la respuesta en su pregunta. En efecto, tales sueños son la expresión de que el marido ya ha muerto para ella; en realidad, es una viuda, puesto que ya no siente el menor cariño por el esposo. Le gustaría librarse de él, divorciarse, que se marchara de su lado, ya que el amor que existía entre ellos está muerto y enterrado. La misma mujer confirmaría la interpretación con sus palabras aclaratorias: «Mi marido me decepcionó mucho al ver que no me quería y que era una persona de lo más hipócrita y falsa que he conocido, ya casi desde la luna de miel, se puede decir». ‖ 2. Sobre la importancia de tales ensueños, comunes y muy corrientes, el doctor Aeppli escribe: «De entierros nos hablan ciertos sueños, a menudo con descripciones que resultan impresionantes, entreveradas a veces de algo cómico. Toda desviación onírica del rito habitual tiene su especial significación. Importantes son los caballos y el furgón, interesante el cortejo de los acompañantes, de los cuales, en los más de los casos, nos son conocidos tres o cuatro. Pero aquí la cuestión más honda es saber a quién o qué se entierra. Si el soñador piensa por la mañana en esto y reflexiona sobre el hecho de que también estos sueños se refieren a uno de sus propios contenidos interiores, psíquicos, entonces se decidirá a poner en orden lo que corresponda para que los días de su vida empiecen a serle más claros». Un sueño típico de esa clase es el siguiente: «Soñé con una casa que yo habité hace años, había muchos vecinos en ella, y en una de las viviendas habitaban la madre viuda y la hija separada del marido, y en el sueño veía que la hija había muerto. Esperaba a que saliera el duelo (fue para mí algo de espanto); la llevaban en unas tablas mal liada en un trapo viejo y sucio, con los pies fuera con alpargatas blancas, y ella toda retorcida y encogida. Al ver tal cosa, lloré amargamente, asimismo todo el público que allí estaba, por la miseria y la forma en que iba. Quería dar un donativo para un entierro más digno y desperté llorando amargamente». (*Véase* el término *tabla*). Ignorando los datos personales de la chica y en la imposibilidad de hablar con ella para identificar algunos de los elementos del ensueño, dimos la respuesta siguiente: «En conjunto puedo decirte que esa *chica muerta* simboliza el fallecimiento de alguno de tus proyectos, ilusiones o afectos. Ese sueño refleja que tienes mucha sensibilidad y buenos sentimientos y que sufriste una profunda herida. ¿De qué clase? Sólo tú puedes responderte, aunque sospecho que de tipo sentimental. Es bueno que al final tengas deseos de hacer un donativo, ya que indica que posees fuerzas, cualidades y espiritualidad para superar los contratiempos y seguir adelante. Este sueño, pues, refleja cosas que ya han pasado y que tu subconsciente ha simbolizado, probablemente ocurridas en el tiempo en que habitabas en dicha casa». Aquí podemos especular algo más con ese sueño. Esa frustración probablemente fue de tipo amoroso-romántico. Es significativo, al respecto, que saquen a la muerta en unas *tablas* (representación de la cama), *mal liada* (expresión de re-

laciones inconvenientes con un sinvergüenza), en un *trapo viejo y sucio* (viene a ser un reproche moral por lo sucedido). Las *alpargatas blancas* (representan la pureza, las ilusiones y la inocencia perdidas en plena juventud), mientras que un *entierro más digno* significa que todo hubiera tenido que suceder (aunque se rompiera o muriera) de una manera más digna, humana y limpia. (Para comprender mejor los sueños de entierro deben consultarse los términos *cadáver*, *muerte*, *cementerio*, *tumba*, *ataúd* y *sepultura*).

EQUILIBRISTA (*Véase acróbata*)

EQUIPAJE

Psi. 1. Como en la vida real, el equipaje de los sueños simboliza lo que necesitamos llevar o trasportar para que el viaje que realizamos sea lo más cómodo o fructífero posible. En consecuencia, el equipaje no es el mismo en forma o cantidad para cada propósito. Pueden ser maletas, mochila, atillo, etc.; por ello es muy importante analizar con detalle la valija que sale en los sueños. Aquí el equipaje puede tener diversos significados, pero siempre con unos parámetros bastante generalizados. Suele representar nuestra energía, nuestro potencial y nuestra capacidad para enfrentarnos con determinados problemas o conflictos o, simplemente, para caminar por la vida. Por tanto, el equipaje nos indica la cantidad y calidad de nuestras facultades psíquicas y, por tanto, la posibilidad o no de que cristalicen nuestros proyectos. Representa nuestros conocimientos, nuestra capacidad de organización, la seguridad en nosotros mismos, nuestros estudios, los problemas de nuestra personalidad, nuestras experiencias y cualidades personales y profesionales, etc. Para comprender bien este término también hay que analizar los términos asociados o ligados a él, como son *viaje, tren, estación, barco, avión, automóvil,* etc. || 2. Soñar que se viaja con un equipaje enorme y pesadísimo o que apenas se puede arrastrar, suele representar el lastre neurótico o los complejos que no atinamos a sacarnos de encima y que dificultan nuestro camino por la vida. También suele representar el cúmulo de acciones negativas, errores, temores, fobias, etc., que vamos arrastrando por falta de valentía, por indecisión o por cobardía. Estos tipos de sueños suelen indicar que hay que esforzarse por adquirir firmeza de voluntad y dejar a un lado todos aquellos vicios, pasiones y dudas que entorpecen nuestra buena marcha. || 3. El equipaje sin preparar puede representar los complejos, la falta de seguridad en sí mismo, la carencia de sentido de organización y la escasa preparación para enfrentarse con la problemática de la vida, como en el caso siguiente (sueño de una mujer casada de treinta y dos años): «Regularmente tengo un sueño desde hace varios años, cuyos detalles se repiten con insistencia. Sueño que tengo que ir de viaje, que llega el momento de salir y que nunca tengo el equipaje preparado; sobre todo que siempre hay un gran desorden: ropas por todos los sitios, cada vez todo más liado. Me angustio mucho en el sueño porque no puedo organizarme y acabar con todo ese desorden». El mensaje final de esos sueños era claro: la mujer tenía que aprender a disciplinarse, a estudiar, adquirir nuevos conocimientos, fortalecer su sentido de la organización y dejar de improvisar tanto, de lo contrario no podría aprovechar las oportunidades que ansiaba o los cambios y proyectos que la obsesionaban. Deseaba grandes cambios en su existencia y los sueños le indicaban que no estaba preparada (o no se preparaba) para conseguirlos. || 4. En otros sueños, el equipaje representa –de acuerdo con Steckel– la carga de culpas que viaja con nosotros, es decir, que llevamos a cuestas, los recuerdos culpables que nos abruman (malas acciones, vicios sexuales, etc.). || 5. En cambio, en otras ocasiones, el equipaje, sobre todo el «equipaje personal», simboliza los propios genitales y los problemas y angustias que nos generan.

EQUIVOCARSE

Psi. En sueños de tipo erótico, equivocarse de calle, lugar o persona puede advertir de que uno se está equivocando con su conducta sexual. Por lo común señala la equivocación del masturbarse. *(Véase* el término *correr).*

ERMITA

Psi. 1. Representa el lugar solitario, aislado y recóndito de nuestra personalidad en el que, pese a las dificultades, soledad y abandono de lo espiritual, sigue existiendo una capilla a la que podemos acudir a orar para impetrar alguna ayuda celestial o sobrenatural. A esa ermita acudimos en sueños cuando estamos faltos de ayuda, cuando necesitamos solucionar un problema, superar un desengaño familiar o sentimental, purificarnos por una mala acción, etcétera. Recordemos que en la vida real la ermita es un santuario o capilla situado en despoblado, lugar oculto o de difícil acceso, etc., y que las ermitas nacieron a causa de las persecuciones de que eran objeto los religiosos o místicos, que se veían obligados a refugiarse en lugares desérticos para poder entregarse a la oración y prácticas místicas. Por tanto, muchos de los sueños de ermitas son indicativos de que uno tiene muy abandonada la práctica religiosa pública y abierta, por las causas que fueren, y que sólo se acuerda de su ermita, de lo espiritual y divino, cuando se halla en apuros y necesita ayuda. Asimismo, la ermita de los sueños, a semejanza de la *iglesia (véase* ese término), también aparece en ensueños femeninos de tipo sentimental-erótico. || 2. Otras veces, la ermita onírica puede estar señalando al soñante que necesita apartarse de su medio ambiente habitual y retirarse del mundo para encontrarse a sí mismo. Puede ser un aviso de que necesita meditar y reflexionar sobre otros valores de su personalidad y del mundo.

ESCALERA

Psi. l. En la vida cotidiana, la escalera es el medio que nos permite acceder a otros niveles, que nos permite subir o bajar a otras plantas de un edificio o casa, sea para ascender para tomar el sol en una terraza o para descender a la oscuridad de un sótano, para mostrarnos a la vista de todos, trabajar en una oficina o descender a lugares recónditos donde buscamos satisfacciones prohibidas, lugares de desenfreno, etc. La escalera de los sueños puede, pues, indicar una ascensión hacia lo alto, hacia donde se considera que está lo sublime, lo superior, los grandes sentimientos, las aspiraciones intelectuales, el desarrollo superior de la personalidad…, o puede señalar un descenso hacia sótanos o habitaciones subterráneas, buscando partes escondidas de la personalidad, partes que pueden estar relacionadas con vicios o perversiones. Por ello es tan importante analizar todas las partes que intervienen en un sueño. *La escalera de los sueños* está estrechamente relacionada con los símbolos de *subir, ascender, bajar, descender, caer…* || 2. Verse uno bajando escaleras, pero de una manera prudente, suele reflejar el descenso hacia los propios instintos, hacia el inconsciente, para explorarlo, conocerse mejor a sí mismo y buscar nuevas fuerzas o cualidades para enfrentarse con determinados problemas personales. || 3. Ascender por escaleras, puede ser un símbolo de la paciencia, de la rutina, de la perseverancia, de la seguridad que uno tiene en sí mismo para llegar a obtener el éxito paso a paso, peldaño a peldaño. || 4. Según las teorías de Freud, el subir y descender escaleras continuamente (sobre todo cuando se hace con cierta rapidez y alegremente) tiene un claro simbolismo sexual. El subir representa la erección del pene y el bajar, lo contrario. Si uno se despierta con cierto estado placentero, no cabe duda de que el sueño tenía un simbolismo erótico. || 5. Si uno se ve en sueños subiendo con seguridad por una escalera bien construida, sin que falte ningún peldaño, significa que su inconsciente ya ha tomado decisiones sobre los asuntos que le preocupan y que los ejecutará con decisión, sean de tipo afectivo, profesional o familiar. Es un sueño de tipo positivo. En otras ocasiones, suele significar el inicio de nuevas tareas o proyectos o la reafirmación de la personalidad o confianza en las propias fuerzas para alcanzar lo que se desea. || 6. Cuando uno se ve subiendo escaleras continuamente, puede ser símbolo de que la personalidad se está construyendo de una manera acelerada o

constante. Es un sueño común a los jóvenes, en especial cuando se trata de descubrir lo erótico y desarrollar su personalidad sexual o afectiva. || 7. Subir escaleras también puede simbolizar el romper los tabúes, miedos o titubeos de la personalidad (sean de índole sexual o no), como en el caso siguiente (sueño que tuvo una chica de veintiséis años): «Acostumbro a soñar con un desconocido en lo alto de una escalera. Me pide que vaya hacia él. Yo corro y subo de prisa, pero está mucho más arriba de lo que parece y por más que me esfuerzo no lo alcanzo hasta que tiende la mano hacia mí. Entonces parece como si volara sobre los escalones y me encuentro a su lado. Después bajamos juntos». Interpreté este sueño como si la chica tuviera una personalidad vacilante y llena de dudas y titubeos, probablemente demasiado introvertida y con miedo a rela-

cionarse abiertamente con los demás. Debía de tener una cierta dosis de reserva y cobardía interior, pudiendo dudar hasta de su propia capacidad, tanto por lo que se refiere a destacar profesionalmente como a lanzarse a la satisfacción amorosa. Estas *escaleras* estaban, en parte, relacionadas con el desarrollo de su personalidad y sexualidad. Ese *desconocido* representa (aparte del sexo contrario) la parte más viril, fuerte y decidida de su inconsciente, que le indicaba que no tuviera miedo, que hiciera el esfuerzo de lanzarse, de ascender el «ánimus», de subir, de superarse, de volar hacia lo alto…, a fin de alcanzar aquello que ansiaba. Este sueño no sólo era de objetivos materiales y de que se acercaban nuevas etapas en su existencia, sino que indicaba una ascensión hacia lo espiritual, lo sentimental, lo ideal y el pleno desarrollo de sus facultades. Y la *mano de ayuda que tiende el desconocido,* significaba que no tuviera miedo, que subiera sin temor, que poseía protección interior, cualidades y apoyo espiritual para superarse. *(Véase «ánimus»).* || 8. En ocasiones, la escalera también puede estar relacionada con la columna vertebral. En tal caso suele ser un sueño fisiológico. Los que padecen de alguna dolencia o dolor en la columna no es raro que tengan sueños de escaleras que reflejen esta afección orgánica. A veces pueden, incluso, advertir de una dolencia que se aproxima. || 9. Los sueños de escaleras son muy a menudo un índice de inseguridad propia y reflejan los temores o falta de preparación personal para alcanzar lo que se desea (o simplemente, temor a la vida y a las responsabilidades), como en el caso siguiente (sueño de una mujer casada, con cincuenta y siete años y una hija de veintiuno): «Desde que era muy niña vengo soñando que subo escaleras sin alcanzar nunca el final. Una vez vi a una niña bajándolas, pero tampoco consiguió llegar al final. En la realidad me dan mucho miedo las escaleras». Estos sueños repetitivos son indicación de falta de madurez o de personalidad débil, ya que indican titubeos, inseguridad o dudas sobre las propias cualidades y aspiraciones. El destino no la lleva a ninguna parte; sube y baja escaleras sin llegar a conocerse a fondo, ni para bien ni para mal. Probablemente también acusa una insatisfacción íntima o sexual, con represión erótica. Si le dan miedo las escaleras en la realidad es porque éstas conducen a un sitio u otro y ella siente temor por lo que hay al final de ellas, las responsabilidades que habría de tomar, unido a su falta de preparación profesional o cultural para llegar a donde le gustaría. La niña que baja las escaleras, incluso puede simbolizar los deseos de volver al claustro materno, a refugiarse en la seguridad del hogar paterno, ilusión que no puede cumplirse, ya que una vez nacidos hemos de subir, de crecer, de aumentar…, no de disminuir. || 10. Otro sueño que refleja inseguridad en sí misma (probablemente con mucha dosis de miedo al sexo) es el siguiente: «Sueño con mucha frecuencia que me veo obligada, por alguna causa, a subir o bajar escaleras, y esto lo hago con mucha dificultad y siento mucho miedo. Juntamente conmigo lo hacen otras personas que me son conocidas (amigos, familiares...), pero ellas lo hacen sin ninguna dificultad. Estas escaleras están al aire (gastadas, rotas...). Siempre llego al final de la escalera sin caer, aunque estuviese a punto de hacerlo». Este sueño o sueños reflejan inseguridad en el desarrollo de la personalidad, miedo a valerse por sí misma en el momento de enfrentarse con la problemática de la existencia. Señalan una personalidad que está en formación o que aún no ha crecido lo suficiente. Incluso pueden denunciar dificultades para relacionarse emocionalmente. Esas escaleras gastadas o rotas reflejan que en el panorama de su existencia había dificultades o problemas que temía, inconscientemente, no poder superar. Asimismo, reflejan los baches de la cultura, la educación, la falta de estudios o preparación, etc., que hacen que uno vaya con inseguridad por el mundo, pues encuentra obstáculos, baches o barreras infranqueables. No obstante, es bueno el significado final del sueño, pues señala que aunque tendrá que hacer muchos esfuerzos, llegará al final de la escalera, a su meta final. Pero hay que recalcar que estos tipos de sueños son, al mismo tiempo, indicativos de que hay que luchar por perfeccionar la personalidad con nuevos estudios, lecturas, conferencias, cursillos, etc., ya que si sabemos qué anda mal en nosotros tenemos que esforzarnos en mejorarlo. El estudio y los libros fortalecen la personalidad a través de los nuevos conocimientos que adquirimos constantemente. || 11. Cuando una mujer sueña que sube una escalera pero que empieza a descender antes de haber llegado arriba, suele indicar insatisfacción sexual, dificultades para alcanzar el orgasmo, falta de compenetración sexual con el marido o compañero, insatisfacción erótica... || 12. Subir por una escalera, junto con otras personas que le saludan a uno o con los que uno parece hallarse en armonía, significa avances en lo profesional y social, mejoramiento dentro de la sociedad, mejoras económicas y políticas... || 13. Los sueños en que uno se ve caerse por las escaleras suelen advertir (a veces por excesiva confianza o ingenuidad del soñador) del peligro de perder el estatus social, el empleo, el negocio, el proyecto, etc. Si es una mujer la soñadora, es más común que anuncien el peligro de tropezón emocional o sexual, de rompimiento sentimental, de abuso de confianza por alguien que sólo busca llevársela a la cama. || 14. Un clásico sueño erótico es el que relata el doctor Ángel Garma en su libro *Psicoanálisis de los sueños* explicado por una mujer que dice: «Del brazo de mi marido, bajando una escalera. Percibía realmente la impresión de mi marido, sintiendo su traje de franela. Era un camino maravilloso». Es éste un sueño corriente en las mujeres satisfechas sexualmente, que se encuentran a gusto con su esposo y se compenetran en la cama. || 15. Otras variantes de sueños eróticos son los siguientes (la soñadora tenía veintiséis años y era soltera): «Mi problema es que en el 99 por 100 de mis sueños siempre hay alguna escalera que he de subir o bajar y también que siempre es de noche. No recuerdo haber soñado con un día claro. Siempre es de noche o no sé qué es realmente. Hace años soñé que me casaba –no vi la cara del novio, sólo el cuerpo– y ya dentro de la iglesia tenía que subir una escalera, caminar por un pequeño rellano y volver a bajar por el otro lado de la escalera. Todo eso era para poder llegar al altar». Todos estos sueños eran de índole sexual, es decir, que reflejaban sus deseos de realizar el acto sexual enmascarado en el contraer matrimonio (para contentar la conciencia). El *subir y bajar escaleras* era el simbolismo de lo sexual y el *rellano* (aunque puede significar una espera, en el sentido de que no conseguirá pronto lo que desea) simboliza psicológicamente una inhibición o dificultad para el desarrollo maduro de la sexualidad. La *iglesia* y el *altar* también tienen un cariz erótico, pero purificado, legalizado. El *novio* de ese sueño encarnaba el sexo opuesto que deseaban sus sentidos. Y la *noche* es un arquetipo de cama, sexo, placeres, amor, situaciones prohibidas…, ya que es principio femenino. Pero en este caso –y en otros– el que sea siempre de noche puede indicar que hay mucho de temor, de angustia, de melancolía e inseguridad en sí misma. (*Véase* el término *noche*). ‖ 16. El sueño que sigue refleja una subida en la etapa de madurez interior, si bien el símbolo de la escalera tiene poco prota-

gonismo. El sueño y correspondiente explicación pertenecen a nuestro consultorio por correspondencia. Decía así: «Tengo dieciséis años y soñé que estaba en el colegio donde estuve de pequeña, donde todas las niñas jugaban. Yo no quería jugar con ellas y estaba llorando. Entonces subí por unas escaleras en la cual había dos hombres que me preguntaron: "¿A dónde vas?". Les contesté que mi padre estaba arriba. Al llegar vi un salón grandísimo, en el cual había muchas imágenes de Dios, de la Virgen, de Jesús crucificado, etc. Toda la gente reía y hablaba, entre ellos mis padres. En medio del salón había una imagen de Dios. Entonces, sin pensar en nada, eché a correr hacia Él. Le besé y le abracé, y Dios empezó a hablar y a moverse. Todo el mundo se quedó en silencio. No pude entender lo que me decía el Señor». En conjunto, este sueño muestra la lucha a nivel inconsciente entre la llamada de la carne y la vida espiritual, en que la jovencita tiene que enfrentarse con el medio ambiente social tan distinto a las creencias que le inculcaron de pequeña. Aparte de la seguridad y desconcierto en sí misma (probablemente al descubrir de manera desagradable cómo actuaban los mayores), la *vuelta al colegio*, en sus sueños, señala que a nivel inconsciente deseaba una regresión, una vuelta a la situación emocional infantil, a sus juegos de niña, en que no tenía responsabilidades… Sin embargo, esta fase del sueño tiene una doble vertiente muy curiosa: por una lado *se niega a jugar y llora,* lo que parece indicar que pese a las dificultades que tenía para adaptarse a la realidad, había en su interior deseos de superación, una fuerza que le decía que ya había superado la fase de los juegos infantiles, y lloraba porque había muerto una etapa de su vida, la niñez; la otra vertiente es puramente sexual. Aquí hemos de interpretar *todas las niñas jugaban* como un eufemismo de juegos eróticos, que puede estar relacionado con el haberse enterado de cómo actuaban íntimamente algunas de sus amigas del colegio. De ahí, también la negativa a participar en tales juegos, que incluso pueden estar relacionados con la masturbación. *Sube unas escaleras* como símbolo de madurez, de ascensión a lo espiritual, de acceder a una nueva etapa de su existencia. Es la escalera que conduce a un salón, el de la vida en sociedad, el del ambiente en que se mueven las personas mayores y sus padres. Y como no conoce ese ambiente tiene miedo de él, de ahí que busque protección y refugio en lo espiritual y místico, en las creencias religiosas recibidas. No cabe duda de que su parte espiritual e ideal estaba desconcertada y escandalizada ante el materialismo que encontraba a su alrededor, todo ello teñido con el placer erótico para el que no había sido preparada. || 17. No es raro soñar que a uno o a una le persiguen fieras y monstruos y que escapa de ellos subiendo por una escalera. Las bestias representan aquí los instintos propios de tipo sexual, incontrolados o demasiado apasionados. Escapar subiendo la escalera señala que en el sujeto hay fuerza

espiritual y que no está dispuesto a dejarse dominar por el instinto ni por los placeres de la carne. Sube a un nivel superior, buscando el perfeccionamiento personal y los ideales elevados. Rechaza el dominio del placer, que se encuentra siempre en los estratos más bajos de la personalidad y de la existencia. Como ejemplo de unión entre los estratos de la personalidad y la conexión con los demás sirve el siguiente caso relatado por los profesores M. Rojo Sierra y L. Rojo Moreno: «Un soñador estaba en sus ensueños en una casa cuyo suelo era de cristal y se veía todo lo que hacían en el piso de abajo. Otra vez soñó que cuando iba al *water* caían las heces por un extraño sistema de palancas al *water* del otro piso. En un tercer sueño, las voces y conversaciones de una y otra vivienda se mezclaban. Quiere bajar y protestar, pero no tiene, aún, hechas las escaleras el edificio: sólo unos peldaños de madera. Al bajar a la otra estancia se encuentra que están su hijo y su familia política, que lo reciben con alborozo». El mensaje esencial es que no tiene bien construida su personalidad y que no sabe comunicarse ni convivir con los demás, que su mundo interior está bloqueado o aislado del mundo familiar. Los sueños le indican que se está portando muy desagradablemente con los suyos (parte del simbolismo del *water* y *excrementos)* y que ha llegado el momento de descender, de bajar, de ponerse a la altura de los demás y de convivir con personas que le aman. Es posible, incluso, que estos sueños reflejen a una persona con mucho ego, ideales elevados y con cierto menosprecio por los inferiores. Pero el sueño del *water* le recuerda que él no es tan importante, pues sus ideas elevadas, su egocentrismo y lo que él cree inteligencia, se traduce "en excrementos para los demás". ¿De qué sirve entonces su inteligencia y egolatría?».

ESCALERA DE MANO

Psi. Una escalera de mano es un utensilio provisional, trasladable y no fijo, que se emplea para subir por él y alcanzar alguna cosa o lugar que se halla a poca altura. Es muy insegura comparada con una escalera fija de obra y bien construida, por lo que, en general, soñar con una escalera de mano para subir a algún sitio refleja inseguridad, provisionalidad, esfuerzos personales para alcanzar lo que se desea, etc. Si este sueño hace referencia a un proyecto o negocio, puede indicar que éste no está seguro ni bien planificado y que es dudoso que dé muchos beneficios debido a la mucha improvisación que hay en él.

ESCALINATA

Psi. Suele simbolizar el coito por su semejanza rítmica en el subir y bajar. (*Véase* el sueño número 5 del término *iglesia*).

ESCAPAR (Escaparse)

Psi. 1. En algunos sueños simboliza el eyacular, el correrse, como en el caso que explicamos en el término *calabozo*. || 2. En otras ocasiones, de una manera disfrazada o no, sea un animal o una persona la que se escape, representa las relaciones que uno desearía ver rotas o la persona de la que desearía verse libre, sea marido, padre, madre, hijo, etcétera.

ESCARABAJO

Psi. 1. A semejanza de la *cucaracha* (*véase* ese término), los escarabajos de los sueños suelen significar molestias, irritaciones nerviosas, disgustos o fricciones provocadas por los hijos, familiares o situaciones personales o profesionales. Por lo general, representan fricciones de tipo doméstico e incluso excitaciones nerviosas de tipo sexual. || 2. En contados casos, a semejanza del escarabajo sagrado de los antiguos egipcios, si aparece este insecto en nuestra habitación (nuestra personalidad) acompañado de situaciones extraordinarias o insólitas, es decir, que no represente una molestia o situación nerviosa, significa una «parte psíquica» del soñante que se mueve en dirección a objetivos distintos de los que busca el conjunto de la personalidad. || 3. Si los sueños de escarabajos se repiten mucho, hay que acudir al psicólogo para averiguar qué es lo que está royendo nuestro interior, ya que es posible que algún tipo de frustración, obsesión o neurosis sea la causa de la excitación nerviosa. Un escarabajo que se coma las raíces de unas plantas o flores del jardín suele denunciar la existencia de una frustración de tipo sentimental, un disgusto romántico que aún sigue trabajando negativamente en la psiquis del soñante. || *C. oc.:* **Muchos escarabajos:** Rencillas con amistades o vecinos, pérdidas económicas en la familia, negocios sucios o abusos de confianza. Hay que estar alerta y prevenido contra las proposiciones que le hagan a uno. || **Matar escarabajos:** Se arreglarán asuntos rápidamente. Se superarán los conflictos domésticos y familiares. || **Escarabajo dorado:** Disgustos sentimentales. || **Rojizo:** Falsedad en la casa o familia. || **Azul:** Fricciones conyugales o sentimentales. || **Negro:** Se obtendrán ayudas y protección. || **De colores:** Ilusiones, ganancias, buenas noticias. || **Escarabajos comiéndose las raíces de unas plantas:** Alguien se está aprovechando de los esfuerzos de uno.

ESCENARIO

Psi. Recordemos que es la parte del teatro donde se colocan las decoraciones y se representan los espectáculos, es decir, donde se actúa. Por tanto, lo que ocurre en el escenario está relacionado con nuestras actuaciones en la vida cotidiana, sean buenas o malas. El escenario del teatro de los sueños simboliza el escenario de nuestra vida y en él se representan algunos de los episodios de ésta, reflejan nuestros deseos, ilusiones, proyectos, relaciones, amores, pasiones, dramas, conflictos, frustraciones, etc. (*Véanse* los términos *teatro, concierto musical* y el apartado 3 del término *acto sexual*).

ESCOBA

Psi. 1. En ocasiones, es el instrumento o utensilio que nos sirve para *barrer (véase* ese término) de nuestra personalidad y camino todo aquello que nos molesta y ha quedado inservible. || 2. Otras veces es un claro símbolo fálico.

ESCUELA (Colegio, academia)

Psi. 1. Simboliza la asignatura de la vida, sus enseñanzas y, por supuesto, sus pruebas y exámenes. Los sueños de escuela señalan que hay que aprender a asimilar nuevas cuestiones y que la vida nos hará pasar por algún examen. Estos sueños son tan comunes en los jóvenes como en los adultos, y vienen a decir –a cada uno en su problemática– «aprende a vivir correctamente». En las personas mayores, los sueños de escuela causan mucha extrañeza. Pero por mayor y engreído que sea uno, no por ello el inconsciente deja de recordarle amargamente a través del sueño de escuela que aún no está suficientemente preparado para enfrentarse con lo que viene y que tiene que aprender nuevas cosas, adquirir nuevos conocimientos y experiencias, de lo contrario la escuela de la vida lo suspenderá en sus proyectos, trabajos e ilusiones. Incluso puede estar indicando que tiene que aprender a comportarse más correctamente en su medio ambiente social. Un sueño típico de escuela es el siguiente: «He quedado sorprendido a mi edad (tengo cincuenta años), de verme asistiendo a clases en una escuela y luego enfrentándome a un tribunal que nos examinaba. ¿Qué significado tiene este sueño para mi futuro?». Y nuestra respuesta fue: «Por supuesto, esta *escuela* del sueño no es la escuela corriente, sino que simboliza la vida. Ello quiere decir que en su existencia hay muchas dudas sobre si ha actuado correctamente o se ha equivocado. Desde el punto de vista profético, este sueño advierte que en su profesión o vida íntima van a presentarse cambios o nuevas oportunidades, y de que duda de su capacidad para enfrentarse a ellas. Es probable, incluso, que su inconsciente le esté advirtiendo de que tiene que aprender nuevas cosas (probablemente comprender mejor a los demás) y portarse de otra manera en la vida social y familiar. Tiene que aprender a vivir, de ahí el simbolismo de esa *escuela* de sus sueños. Algo falla en su existencia, y usted es el equivocado, no los demás». || 2. Como expresión de *residuos diurnos* y de las angustias escolares, es corriente que muchos estudiantes tengan sueños en que aparece el colegio, la escuela, la academia, etc. Tales sueños no tienen un significado especial, ya que en ellos se entremezclan cosas reales con otras fantásticas, que simbolizan el miedo a fracasar en sus estudios, a no pasar el examen, a tener que colgar la carrera, etc. || 3. Cuando son personas mayores las que sueñan a menudo que están en el colegio o escuela de la primera enseñanza, puede ser la expresión de una regresión a la situación infantil (al menos así lo desean inconscientemente) para rehuir los obstáculos y problemas que hay en su vida adulta, en un determinado momento o etapa de su vida. Estos sueños reflejan, por tanto, las dificultades que tienen para adaptarse a la vida real.

ESFERA

Psi. 1. Suele simbolizar la perfección anímica, el equilibrio de las fuerzas interiores. Se puede ver cómo esferas luminosas surgen del mar, del océano, es decir, de las profundidades del inconsciente, de la personalidad, o cómo uno tiene en la mano una fruta esférica, una bola brillante de cristal u otro material, etc. Incluso es posible, en las personas que están pasando por el proceso de individuación, que surjan del suelo preciosas y extraordinarias esferas. Esto no debe sorprender, porque las antiguas filosofías griegas y platónicas sostenían la creencia de que el alma humana tenía la figura *esférica*. *(Véase* el término *mandala).* || 2. Según el doctor Aeppli, «La esfera luminosa, a menudo de tipo solar, significa en los grandes sueños una representación del alma esclarecida y vigorosa». || 3. En otros sueños, el mundo Tierra también es representado por una esfera y, en consecuencia, también simboliza el espíritu femenino, la mujer. *(Véase* el término *bolas).* || 4. En sueños muy especiales una esfera luminosa puede simbolizar hasta al Sumo Hacedor, a Dios.

ESFINGE

Psi. Igual o parecida a la Esfinge de Egipto, simboliza el principio femenino, el aspecto enigmático, misterioso y terrible de la sexualidad femenina.

ESPADA

Psi. En la mayoría de sueños tiene un simbolismo sexual; representa el miembro viril. *(Véase* el término *velas).*

ESPÁRRAGOS

Psi. Símbolo fálico, se trate de verlos o comerlos.

ESPINA

Psi. 1. En los sueños femeninos de índole sexual, las espinas representan los temores o angustias ante los peligros que puedan traer las relaciones sexuales. Pincharse con espinas es la expresión del miedo a las consecuencias por relaciones extramatrimoniales. || 2. Otras veces las espinas representan las dificultades existentes para gozar de unas buenas relaciones conyugales. Una mujer que se consideraba frustrada, a causa de la impotencia sexual del marido (impotencia episódica), soñó con «un cacto enormemente alto, erizado de espinas». Como indica Ángel Garma, con este ensueño la mujer veía el pene como un *cacto*, es decir, que por su tamaño parecía muy prometedor, pero no podía gozar de él a causa de las *espinas*, las cuales pueden traducirse por penas, disgustos, frustraciones, impedimentos. || 3. En otros tipos de sueños, las espinas pueden ser la expresión de dificultades, problemas, conflictos, disgustos, etc., sean de tipo profesional o familiar, como en el caso que sigue (sueño tenido por un escritor): «Estoy en una especie de lago o estanque, junto con un desconocido. Andamos por entre el agua, que nos cubre hasta la cintura más o menos. Mi acompañante me indica que coja un pez que necesito curar. Tomo el pez con mis manos. Es de color rojo, una especie de salmón grande que se quiere escurrir. Veo que tiene una espina clavada en el ojo derecho. Después de varios intentos logro extraer la espina que sobresale con mis uñas. Y el pez se marcha contento y aleteando, desapareciendo entre los recovecos de las rocas. El agua es límpida y trasparente». Desde nuestro punto de vista, este sueño reflejaba un problema profesional que tenía pendiente de solución el soñante. Había realizado una obra en colaboración con otro escritor y el editor que tenía que publicarla ya no estaba en condiciones de hacerlo. Mientras intentaban colocar el libro, es cuando tuvo el sueño de referencia. El *pez enfermo*, con la espina clavada en un ojo, representa el proyecto, la ilusión, el libro que estaba pendiente de publicación. Al *curarlo*, el inconsciente señalaba que se solucionaría el problema. Como así fue. Al mes siguiente se llegaba a un acuerdo con otro editor y el libro aparecía a los pocos meses. || *C. oc.:* **Espinas:** Disputas, rencillas, querellas. || **Pincharse con espinas:** Peligro de dificultades económicas o de pérdida temporal de empleo. || **Andar sobre espinas:** Enfermedad o dolencia dolorosa. || **Arrancarse espinas:** Superación de dificultades, problemas o conflictos.

ESTABLO *(Véase cuadra)*

ESTACIÓN

Psi. 1. Cuando no es un sueño premonitorio o profético que anuncia un viaje que luego se cumple, es decir, que vaticina un desplazamiento en la vida real, la estación onírica suele representar parte del inconsciente, de la personalidad interior y su relación con el destino. La estación de los sueños es un punto de partida (de manera parecida a la vida cotidiana), el inicio de una trayectoria hacia pueblos y ciudades lejanas que simbolizan lugares u objetivos interiores, proyectos, ilusiones, etc.; muchas veces son movimientos interiores de la personalidad, superación de etapas, cuyo objetivo final (estación término) es el evolucionar y conocerse mejor. En conjunto, la estación significa que algo nuevo se está abriendo paso en el soñador y que hay fuerzas psíquicas decididas a emprender nuevos proyectos, a realizar «viajes». La estación tiene mayor importancia cuando al ir a ella es para subir a un tren; entonces sí que los cambios y nuevas situaciones pueden apresurarse y presentarse de manera más rápida en la vida del durmiente. (*Véase* el término *tren*). || 2. Cuando uno sueña que se está despidiendo de alguien o que ha ido a la estación a acompañar a seres queridos que parten para un viaje, sobre todo cuando lo hace con gran sentimiento y dolor, como si tuviera la impresión de que no volverá a verlas, es señal de que se van a producir cambios y nuevas situaciones en su vida o en su manera de pensar o sentir, y que algunas de las cosas que le eran queridas se irán para no volver (proyectos juveniles, ilusiones de adolescente, amistades escolares, compañeros de trabajo, etc.). Indica que se acerca una nueva etapa en la vida del soñante. (*Véase* el término *despedida*). || 3. En otras ocasiones, el soñar con una estación puede ser indicativo de que uno no está actuando correctamente para llegar a donde se propone con sus proyectos, como en el caso siguiente: «Soñé que iba a buscar el tren para hacer un viaje. Cuando llevaba mucho rato en la estación, sentado, leyendo, me levanto al ver llegar un tren y me acerco a un mostrador donde pido el billete. El funcionario me indica que de allí no sale el tren que yo necesito y que tengo que ir a buscarlo a otra estación. Mientras me retiro, oigo que el que despacha los billetes comenta con otro viajero que se halla en el vestíbulo: "¡Hay que ver lo despistados que son algunos!"». Entonces se despertó el soñador. Este sueño anunciaba claramente al interesado que estaba actuando incorrectamente en sus decisiones profesionales y que no iba a llegar a la meta que se proponía. El inconsciente, a través de ese mensaje, le hizo reaccionar y cambió su actuación, con lo que empezó a notar rápidas mejoras en sus proyectos. || 4. Otro ejemplo de sueño de estación relacionado con la actividad profesional es el siguiente: «Estaba en una estación esperando la llegada del tren, cuando éste llegó a gran velocidad, rompió los topes de freno y penetró por una puerta de la estación». Los resultados no se hicieron esperar: descarrilaron sus proyectos más inmediatos y tuvo que adaptarse a una nueva situación profesional de menos categoría, probablemente porque los proyectos en que confiaba no habían sido bien elaborados. Aquí, incluso el *accidente de la estación* puede querer indicar que se precipitó en sus proyectos o que fue demasiado rápido, con el resultado reseñado.

ESTACIONAMIENTO (*Véase garaje* y *automóvil*)

ESTERCOLERO

Psi. Por su analogía con excrementos suele ser uno de los simbolismos de la fase sexual anal. *(Véanse* los términos *excrementos* y *oro).*

ESTIÉRCOL *(Véase estercolero, excrementos y oro)*

ESTRELLAS

Psi. Los sueños en que salgan estrellas destacadas o que representan algo especial son raros. Por lo general aparecen en forma de noche estrellada, cielo tachonado de estrellas, y entonces reflejan el conjunto del universo de la personalidad del soñante y, sobre todo, su estado sentimental y romántico. Cuando destacan algunas estrellas o figuran en un fenómeno especial, para Arnau de Vilanova representan a los hermanos, conocidos o maestros, probablemente inspirado por la historia bíblica de José. Recordemos que en el Génesis se cuenta que José tuvo el siguiente sueño: «He visto cómo el Sol, la Luna y once estrellas me adoraban». Y su padre le respondió: «¿Acaso vamos a postrarnos en tierra ante ti, yo, tu madre y tus hermanos?». Sabemos que, con los años, así sería. Pero lo

curioso es que el texto bíblico ya considere que el padre es el Sol y la madre, la Luna.

ESTUCHE

Psi. Órgano sexual femenino.

ESTUFA

Psi. 1. Suele simbolizar la femineidad, los genitales femeninos. *(Véase* el término *nieve).* || 2. Otras veces puede representar el útero materno. || *C. oc.:* **Estufa apagada:** Rompimiento sentimental, enfermedad. || **Estufa encendida:** Alegría, placeres, buenas noticias, suerte. || **Comprar una estufa:** Pasiones o relaciones peligrosas. || **Vender una estufa:** Cambio de situación personal o domicilio.

EXAMEN

Psi. l. Es un acto o situación que suele formar parte del sueño de *escuela. (Véase* este término). Los sueños de examen, en una escuela o tribunal, suelen reflejar las angustias o tensiones interiores ante las dudas que uno tiene de salir bien de un proyecto, negocio, propuesta laboral, etc. Según los detalles del sueño, éste puede reflejar los complejos y temores de inferioridad o de no estar capacitado para un cargo o trabajo o, simplemente, para enfrentarse con la problemática de la vida. Estos sueños suelen indicar al soñador: «Instrúyete y prepárate para enfrentarte con lo que viene, porque la vida te va a examinar muy pronto». En cierta forma, son sueños que anuncian pruebas y tener que enfrentarse con nuevas situaciones. || 2. En ocasiones, hasta pueden formar parte de una situación paranormal o premonitoria, como en el caso del famoso arqueólogo, egiptólogo, orientalista y escritor inglés E. A. Wallis Budge (1857-1934), que cuando tenía veintiún años y estando muy preocupado por los exámenes que había de pasar, para seguir adelante con su carrera, se quedó dormido sobre su escritorio. Entonces soñó que estaba solo en un cobertizo o estancia iluminado por la sombría luz de una claraboya. Vio cómo un tutor se acercaba a él y sacándose un sobre de su bolsillo le enseñaba las preguntas de un examen. Budge tuvo este sueño tres veces seguidas. Cuando despertó, recordó las preguntas y estudió dichos temas. Al día siguiente, cuando llegó a la escuela, quedó sorprendido al ver que se le preguntaba exactamente lo que había soñado y que se le examinaba en una aula que parecía el duplicado de la estancia que había visto en sueños. Ni que decir tiene que Budge aprobó el examen, continuó sus estudios en Cambridge y llegó a convertirse en sir Ernest Alfred Wallis Budge, el famoso traductor de los papiros de *El libro de los muertos,* y que tiene en su haber obras tan curiosas como enigmáticas y esotéricas, entre las que descuellan *Diccionario jeroglífico egipcio, Los dioses de los egipcios* y *Magia egipcia.*

EXCREMENTOS (Estiércol, abono, heces)

Psi. 1. Intervienen muy a menudo en sueños correspondientes a la fase sexual anal (*véase* el término *oro*), correspondan o no a un complejo pregenital. || 2. En otros sueños, los excrementos pueden advertir al soñante que su comportamiento es antisocial, rebelde, injusto y sucio con respecto a los demás. En este aspecto, representan lo puerco, lo indecente, lo poluto, lo marrano..., e indican también una conducta egoísta, envidiosa, avariciosa, viciosa, cochina, antisocial, delincuencial, es decir, que reflejan los bajos valores de la personalidad. Incluso pueden ser la expresión del materialismo y del mercantilismo, la parte sucia del dinero y de la explotación de los demás. Analizando el comportamiento de uno se llegará fácilmente a la comprensión del sueño. || 3. En ocasiones, los excrementos de los sueños tienen cierta similitud con el *barro.* (*Véase* ese término). || *C. oc.:* Según cuenta Arnau de Vilanova (siglo XIII) en su obra *Interpretación de los sueños (Somniorum interpretatione),* los hindúes opinan que los «excrementos propios o ajenos significan riqueza con infamia, ya que, según lo oculto con el mal olor viene a manifestarse, así ocurre al infame con el dinero». || **Pisar excrementos:** Llegada repentina de dinero, suerte en juegos de azar. || **Mujer pisando excrementos:** Buenas noticias, entrada de dinero, regalos.

EXCUSADO (*Water closet*)

Psi. Simboliza tendencias pregenitales, es decir, que hace referencia a la fase sexual anal, por su analogía con los excrementos. (*Véanse* los términos *oro* y *excrementos*).

EXTRAVIARSE (*Véase perderse*)

F

FALDA

Psi. Representa al sexo femenino, a la mujer, a la niña, etc. *(Véase* el apartado 8 del término *vestido).*

FANGO *(Véase barro)*

FIESTA (Fiestas)

Psi. l. Sean fiestas populares, públicas o privadas, suelen simbolizar el intercambio sexual, los placeres y alegrías del amor y del erotismo. *(Véase* el término *mercadillo).* || 2. Ejemplo de esos mensajes oníricos: «Soñé que iba con unas amigas a una fiesta, pero antes de entrar en la casa veo en la puerta de enfrente a una vecina mía que está empapelando esa casa. La saludo, pero al no contestarme entro en la casa, donde hay muchas mujeres conocidas de la infancia. Charlo un poco con ellas sobre el piso y me despido para volver con mis amigas, a las que no encuentro. Las busco inútilmente entre las parejas que bailan y se besan. Me veo sola y perdida entre tanta gen- te, por lo que pienso en marcharme, pero entonces me coge del brazo un antiguo amigo que está casado. Me da mucha alegría verlo y le beso en la comisura de la boca, con mucha ternura. Le pregunto por su mujer y me contesta: "Anda por ahí". Llama al camarero, me da un refresco y me invita a salir a la terraza, donde contemplamos juntos un mar precioso y sereno, donde la luna refleja toda su luz. Bajo un poco la vista y veo a nuestro lado, tranquilamente sentado, un precioso perro. Tengo veintisiete años y estoy soltera». La respuesta que dimos: «En conjunto, como ya debes de haber adivinado, este sueño refleja los deseos que quisieras ver convertidos en realidad, si bien aquí el *amigo* simboliza al hombre, al sexo masculino. Por un lado, te sientes sola, y, por otro, deseas crear un hogar, casarte, todo ello mezclado con deseos de amar y ser amada. El *ir a bailar* quiere decir que tienes deseos de dar salida a tus impulsos instintivos. Pero en el *baile* no te encuentras bien, no te adaptas a la gente, que te molesta, quizá por celos de que tú no tienes pareja. Ello me indica que eres algo introvertida y que tienes cierta dificultad en comunicarte con los demás, que las relaciones sociales son un conflicto para ti. Por ello te refugias con un *amigo* y te apartas del bullicio, contemplando el *mar* a la *luz de la luna* y junto a un precioso *perro*. Éste significa, aquí, tus instintos inconscientes, en el sentido de que quedarían calmados, amaestrados y felices si encontraras al hombre de tu vida. El *mar* simboliza el inconsciente, el océano de los sentimientos y riquezas espirituales y, por supuesto, la maternidad, la cuna de la vida… Y la luna también representa la femineidad y lo hogareño. La parte final de tu sueño indica que deseas un amor plácido y tranquilo, lejos de pasiones violentas. Espero que lo encuentres».

FLORERO
Psi. 1. Símbolo de los genitales femeninos. Una mujer que sueñe que pone flores en un florero es la expresión del coito o unión sentimental que desea.

FONDA *(Véase hotel)*

FÓSFORO *(Véase cerilla)*

FOTOGRAFÍA (Foto)
Psi. 1. Simboliza o representa tendencias y características de la personalidad inconsciente. La foto o el retrato capta, fija o retiene la imagen de un momento dado, lo que ya no puede cambiarse. Aunque olvidemos el hecho o la actuación de un momento dado de nuestra existencia, éste puede ser recordado para comprender el mensaje que llega del inconsciente. Así, si al soñante le piden que presente su documentación, y en vez de su retrato actual saca de la cartera una fotografía de cuando era pequeño, quiere decir que aún persisten en él fijaciones infantiles que superar, que no ha madurado tanto como se imagina. Por tanto, las fotografías que aparecen en sueños pueden hablar de complejos de culpabilidad, de neurosis, de traumas infantiles, de conflictos sexuales, etc. || 2. Si uno sueña que ha de tomar fotografías de un paisaje, escena, personas, animales, etc., quiere decir que tiene que aprender a mirar con mayor atención y detalle en torno suyo y en sí mismo, ya que las cosas no son como él se imagina. *(Véase* el término *león).* || 3. En cierta forma, las fotos de los sueños representan la conciencia del individuo. Así, por ejemplo, una persona que tiene ideas de grandeza y se las da de importante, despreciando a los humildes o actuando con despotismo por su cargo o poder, puede tener un sueño en que un guardia le pida la documentación para que se identifique, y el sujeto saque, sorprendido, una foto de su bolsillo en que se vea a un joven desharrapado, o a un golfillo, a un pordiosero, etc., es decir, que el inconsciente le recuerda sus raíces, sus humildes orígenes, para que no se dé tanta importancia. Asimismo, un fanático religioso, un moralista intransigente, puede ser

obligado a presentar un documento de identidad y quedar horriblemente sorprendido y asustado al sacarse del bolsillo una foto pornográfica, o sea, que el inconsciente le recuerda que no sea tan severo e hipócrita y que tenga más presentes sus pecados privados, las cosas que hace en secreto y que nadie sabe, excepto su conciencia. Incluso puede enseñar al guardia o funcionario una foto de hombres desnudos, es decir, el documento que pone de manifiesto sus inclinaciones homosexuales. Igual puede decirse del caso de una mujer con tendencias lesbianas. || 4. Las fotografías también pueden encontrarse, de manera inesperada, cuando uno menos lo espera, en el cajón de una mesa, en un baúl, en un desván, en un sótano, entre libros o documentos, etc., y hacer referencia a traumas infantiles, a los orígenes o causas de su neurosis, etc. || *C. oc.:* **Fotografía velada:** Amor sin esperanza, asuntos que no se concretan. || **De un grupo de personas:** Noticias, pequeños viajes, ofertas. || **De una boda:** Desengaño sentimental, frustración conyugal si la foto es propia y antigua. || **De un niño pequeño:** Habrá que cuidar un proyecto o negocio con interés o esmero, a fin de que no fracase. || **Antigua de familia:** Conflictos con parientes, malas noticias familiares.

FRACTURA

Psi. De acuerdo con Freud, cuando una persona sueña que se fractura un brazo, pierna o pie suele indicar separación o divorcio, es decir, la fractura, la rotura del matrimonio o pareja, por lo general a causa de adulterio o por incompatibilidad de caracteres.

FRONTERA

Psi. 1. La frontera de los sueños simboliza la separación entre dos estados o situaciones distintas. Por lo común, indica la separación entre el mal y el bien, entre la enfermedad y la salud, entre lo inarmónico y lo armónico, entre el desequilibrio y el equilibrio, entre la neurosis y la normalidad, etc. Los sueños de frontera son corrientes en los sujetos que sufren de alguna neurosis y esperan curarse (suelen estar bajo tratamiento psicoanalítico). Al respecto, es bueno soñar que se cruza la frontera, que se pasa al «otro lado», ya que indica que se supera la neurosis o enfermedad. || 2. Son curiosos los tres sueños de frontera que tuvo una mujer enferma que consultó, sucesivamente, a tres analistas. Cada sueño corresponde al comienzo del tratamiento de cada uno de ellos. El primero fue: «Tengo que cruzar la frontera, pero no la encuentro por ninguna parte y nadie sabe decirme dónde está». Es un sueño que refleja la angustia de la soñante ante el hecho de que nadie sepa curarla. El tratamiento no la ayudó y buscó un nuevo médico. A raíz del segundo tratamiento tuvo otro sueño: «Tengo que cruzar la frontera. Es noche cerrada y no encuentro la aduana. Tras haber buscado largamente, descubro una lucecita a lo lejos, y pienso que allí está la frontera. Mas para llegar tengo que franquear un valle y un bosque oscuro, donde me desoriento. Descubro entonces la presencia de alguien que, de pronto, se aferra a mí como un loco, y me despierto llena de angustia». Este sueño ya refleja una cierta mejora en la sujeto, sobre todo en la primera parte; la segunda parte refleja confusión y desorientación, sobre todo debido a que se produjo una identificación inconsciente entre el analista y su paciente (el médico es ese *alguien que se aferra a mí como un loco)*. Se interrumpió el tratamiento y la mujer acudió al consultorio de Carl G. Jung, quien comenzó su terapia y la paciente tuvo el tercer sueño: «Tengo que cruzar una frontera; a decir verdad, ya la he cruzado y me encuentro en un edificio de la aduana suiza. Sólo llevo la bolsa de mano y pienso que no tengo nada que declarar. Pero el aduanero hunde la mano en mi bolsa y, con gran estupor por parte mía, saca de ella dos colchones enteros».

En este sueño ya se ve que el tratamiento de Jung dio otros resultados. La enferma encontró la frontera y la aduana. Y, lo más importante, el *aduanero* (el psicoanalista) *saca de su bolsa* (personalidad) *dos colchones enteros* (su neurosis). Aquí ya se comprende que el problema, el conflicto de la soñante es sexual. Los dos colchones representan el matrimonio, la pareja, la genitalidad compartida. Y así era, porque la paciente experimentaba una aversión patológica por el matrimonio, que era lo que «ocultaba». Como enferma difícil, también acabó por abandonar el tratamiento de Jung, pero lo importante es que se había dado cuenta de la parte principal de su problema

y se casó por aquellas semanas. Por lo tanto, el aduanero del sueño había dado con la clave principal del conflicto. (El relato completo de este caso se halla en el libro *Los complejos y el inconsciente* de Carl G. Jung). ‖ 3. Otros sueños de frontera suelen hacer referencia a las ambiciones y proyectos del sujeto, a sus deseos de encumbramiento, de pasar al lado de los poderosos y triunfadores, por lo que no debe sorprender si uno se ve entonces en una frontera alpina o de alta montaña. En tales casos, la frontera representa el pase a una situación superior, profesional o política. Suele suceder que el aduanero pida al interesado que acredite su personalidad y le solicite documentos y justificantes, además de hacer una revisión meticulosa de su equipaje (de su preparación, de sus conocimientos, de sus acciones). Según lo que acontece con el aduanero, el inconsciente indica al soñante que está preparado para pasar al otro lado, es decir, seguir su carrera ascendente o, por el contrario, le señala que no tiene la documentación o pasaporte correctos o que le falta equipaje (o sea, que aún no tiene los conocimientos y experiencia adecuados para cumplimentar sus ambiciones, que aún no está preparado para pasar al otro lado).

FRUTA (Frutas)
Psi. Las frutas, sobre todo las dulces, representan o simbolizan los placeres amorosos, los sentimientos, las delicias eróticas…, tanto por ser agradables al paladar como por sus formas y colores. Pueden tener un

simbolismo masculino o femenino. (*Véase frutería, puerta…*). Sin embargo, hay sueños en que son difíciles de clasificar como masculinos o femeninos, ya que, por encima de todo, representan los placeres sexuales, vengan de donde vengan. Entre las clásicas frutas representativas del miembro viril hay que destacar las siguientes: *plátano, ciruelas, higos, uvas, albaricoques* (que también es femenino), *peras…* Entre las frutas representativas del sexo femenino destacan aquellas redondas (como simbolismo de los pechos, en especial): *manzanas, melocotones, tomates, naranjas, peras, fresas, frambuesas, albaricoques, higos…*

FRUTERÍA

Psi. Simboliza el lugar de venta de placeres sexuales, el comercio carnal por excelencia, la compra de delicias o dicha. (*Véase frutas, puerta*).

FUEGO

Psi. 1. Muchas veces, el fuego de los sueños suele referirse a la energía psíquica, a la fuerza vital instintiva o a la fuerza espiritual del sujeto. El fuego puede presentarse en diversas formas: hogueras en un campo, llamas de diversos colores, habitaciones con hogar o un fuego misterioso, estufa de carbones, llamas que le tocan a uno sin quemar, llamas que iluminan y no queman, llamas que le persiguen a uno pero no dañan, etc., como en el caso siguiente: «Desde pequeña vengo soñando con frecuencia que me persiguen llamas de fuego y al llegar a mi casa, viendo que no me abren, me tumbo

en el escalón y me duermo. En ese momento me despierto, siempre atemorizada y sudando». Estos sueños señalan una etapa de desarrollo de la personalidad y de la propia vitalidad, probablemente relacionada con la sexualidad. El *que no se abra la puerta de la casa* quiere decir que aún le falta para llegar a comprender su personalidad y tener responsabilidades propias. Que debe calmarse y tener paciencia, pues aún depende de los demás. ‖ 2. El fuego también puede presentarse en sueños como elemento purificador. Cuando hay deseos de mejorar, de quemar o desprenderse de las impurezas morales y de las escorias que la vida cotidiana ha acumulado en uno. El verse, por ejemplo, quemando hojas secas o ramas en una hoguera quiere decir que interiormente la personalidad está eliminando o «quemando» aquellos lastres inútiles y que hay una evolución moral muy positiva en el soñante. ‖ 3. El fuego de los sueños también puede hacer referencia a la sexualidad, a las pasiones y emociones. Recordemos su simbolismo amoroso a través de frases corrientes como «pasión ardiente», «corazón ardiente», «se consume de

amor», «amor abrasador», «las llamas del amor», etc. En este aspecto erótico, el fuego o incendio en una habitación, dormitorio, cama, etc., puede advertir al soñante de que están naciendo en su personalidad deseos incontrolados, pasiones abrasadoras y deseos eróticos intensos que pueden perjudicar su personalidad e integridad y la estabilidad de la vida cotidiana que había llevado hasta entonces. *(Véase incendio y llamas).* || 4. Los fuegos y llamas repetidos en algunos sueños pueden estar advirtiendo de alguna afección de tipo circulatorio o cardiovascular. *(Véase terrores y pesadillas).* || 5. Una mujer que sueñe que hay fuego en la puerta de su habitación expresa su fuerte excitación sexual.

FUENTE (De agua)

Psi. 1. Es un símbolo que está –como en la vida real– relacionado con el *agua (véase* ese término), el líquido elemento que representa parte del inconsciente, la energía psíquica, lo purificador, lo fecundante, lo femenino, la pureza, lo vivificador, etc. Soñar con una fuente de la que brotan chorros de agua cristalina siempre es bueno o benéfico, ya que indica que sigue manando la energía del interior de la personalidad, que se poseen fuerza y claridad interior. Si es un enfermo o un convaleciente el que sueña con una fuente que mana agua clara, quiere decir que están renaciendo sus fuerzas y su vitalidad. Recordemos las expresiones literarias (y en ocasiones de la vida real) «fuente de vida», «fuente de juventud», «fuente de la salud», «fuen-

te de la sabiduría», etc. El soñar que hallamos en un paraje bucólico una hermosa fuente puede indicar el origen de una nueva fuente de energía psíquica. || 2. Como todo lo que está relacionado con el agua, la fuente puede representar impulsos instintivos, generalmente de tipo sentimental-afectivo. || 3. Soñar con una fuente seca, de la que no brota agua, no es un buen augurio. Significa que la energía psíquica se está agotando. Es conveniente, entonces, acudir al psicólogo, ya que ese sueño –generalmente son series de sueños– indica que algo no marcha en el interior de la personalidad, que la fuente del espíritu se ha secado, que algo se está muriendo en el inconsciente. Hay que buscar las causas y subsanarlas. Son sueños que pueden estar indicando una fuerte depresión emocional. || 4. Hipócrates, el llamado «padre de la medicina» (460-357 antes de nuestra Era) era de la opinión de que los sueños repetidos en que el soñante veía surtidores y fuentes indicaban que existía algún trastorno en la vejiga. En tales casos, el sueño es de tipo fisiológico, provocado por estímulos orgánicos.

G

GAFAS (Anteojos, lentes)
Psi. 1. Como adminículo que sirve para corregir la vista o bien mejorarla, cuando aparece en sueños hace referencia a la manera de ver las cosas, las personas y la vida misma. No debe sorprender si una persona muy pesimista se ve en sueños llevando gafas ahumadas, de ciego. El inconsciente le recuerda su defecto: *todo lo ve negro*, no ve la realidad de las cosas, ya que hay otros matices y colores que no sabe ver. || 2. El cambiar de gafas quiere decir que el soñante tiene que aprender a ver las cosas desde otro punto de vista. || 3. Si alguien sueña que un médico u oculista le receta unas gafas no quiere decir que tenga alguna afección en los ojos, sino que necesita *aprender a ver las cosas de la vida de otra manera*, desde otro prisma, que no se da cuenta de otros valores, que es un miope, pero de tipo espiritual. Estos sueños suelen ser la expresión de dudas, inquietudes e inseguridad interiores. En otras palabras: *hay que ser más perspicaz y saber discernir mejor.* || 4. Si uno sueña que va al oculista y éste le indica que sus gafas son correctas, quiere decir que está llevando sus asuntos por buen camino y que debe dejarse de dudas y titubeos, que lo que ha planificado está bien, está correcto. || 5. El soñar que los dos lentes de las gafas no son iguales suele expresar un conflicto entre dos puntos de vista y que no se sabe por cuál decidirse.

GALERÍAS *(Véase almacenes)*

GALOPAR
Psi. Símbolo sexual, expresión de la excitación erótica y de los deseos del *coito. (Véase caballo).*

GALLINA
Psi. 1. Simboliza la propia personalidad, pero en su expresión de pobreza de espíritu, bobería, pensamientos cortos, comportamiento social alocado o bobalicón, limitación mental y espiritual, etc. || 2. Otras veces, una

gallina clueca simboliza a la madre y la maternidad.

GARAJE (Aparcamiento)

Psi. 1. Muchas veces, símbolo de la vagina, de los genitales femeninos, lugar en que puede «entrar» y «estacionarse» el miembro viril (el automóvil como expresión fálica). *(Véase* el apartado 9 del término *automóvil).* || 2. En sueños de mujer, los incendios de garajes suelen reflejar la excitación sexual, los deseos «encendidos» o apasionados de amor. || *C. oc.:* **Garaje vacío:** Problemas sentimentales o conyugales, riesgo de separación o divorcio. || **Incendiándose:** Relaciones sentimentales peligrosas, apasionamientos sexuales, obsesiones amorosas. || **Lleno de automóviles:** Beneficios, buenos negocios, prosperidad profesional y social.

GARAÑÓN

Psi. Como caballo semental, la mayoría de las veces tiene un claro simbolismo erótico-sexual, tanto si es hombre como mujer el soñante. *(Véase* el término *caballo).*

GARRA

Psi. Acostumbra a simbolizar al león; por supuesto, al león psíquico, a la fiera de nuestros instintos.

GARRAFA

Psi. l. Representa el sexo femenino, como el sueño siguiente: «Mi abuelo murió y luego se me presentó en un sueño en que se casaba mi prima. A los asistentes los veía ridiculizados, con caras extrañas y dignas de guasa, aunque yo permanecía seria como todos. De pronto me vi en mi calle y pasó un amigo que no me saludó, cuando siempre lo hacía. Fui a llenar una garrafa de agua, aunque el agua no conseguía llenarla, pues había una raja en la base del recipiente; el agua era sucia y caía despacio. Vi luego caer de una terraza un torrente de agua clara, limpia, impresionante. El agua del grifo me mojó los pies, pero ésta, la cara y toda entera». Nuestra respuesta fue: «Este sueño no refleja nada más que tu problema personal. Por un lado, no te acoplas totalmente a la vida de sociedad, no te compenetras con los demás y los encuentras ridículos. Eres demasiado cerebral y meticulosa. El *grifo* representa el sexo masculino, la *garrafa* el femenino (incluso con abertura inferior) y la vida sexual no te "llena". El *agua sucia* representa tu estado de ánimo, bastante turbio por los días de tu sueño. El *torrente límpido* que cae de la terraza indica que hay en ti mucha fuerza psíquica positiva y que al final evolucionarás y conocerás horas plenas y felices, dentro del amor».

GASOLINA

Psi. Suele simbolizar la energía psíquica, la «gasolina psíquica» para que funcione el automóvil de nuestro destino, para que se mantenga en forma nuestra personalidad. Es un combustible, pues, de tipo más espiritual que material.

GATA

Psi. l. Suele representar el lado felino silencioso, solapado y, en ocasiones, hasta el lado irracional, caprichoso, agresivo e incomprensible de la naturaleza femenina que se oculta a los demás o se disimula; lo que vulgarmente se conoce por «malos instintos». Por supuesto, la figura de la gata y el gato tiene su vertiente erótica y sexual. Una mujer que reprima demasiado sus deseos eróticos puede tener sueños en que intervengan esos felinos y los espante o rechace o que incluso los mate. *(Véase* el término *gato).* Si se mata a una gata quiere decir que ahoga sus instintos femeninos. || 2. Cuando hay problemas con gatos o gatas en los sueños, siempre es indicio de que algo no marcha armónicamente en las relaciones afectivas o sentimentales del soñador, con toda probabilidad en el marco familiar, pues no hay que olvidar que los gatos son animales domésticos u hogareños, aunque gozan de cierta libertad para ir a donde les place o se escapan cuando desean tener sus aventuras. En algunos sueños, la gata suele simbolizar a la madre, suegra, etc. Una *gata negra* remarca aún más el lado temible de la femineidad, mientras que una *gata blanca* puede reflejar el lado positivo y maternal.

GATITO (Gatitos, gatos)
Psi. 1. Por lo común, los gatitos de los sueños suelen representar a los hijos que se tienen, se desean o se van a tener o que se rechazan. También indican que están naciendo nuevos instintos en la durmiente. Una mujer que sueñe que mata gatitos es indicio de que rechaza la maternidad o la idea de tener más hijos. || 2. En su aspecto «coloquial» y cariñoso, «mi gatito» simboliza al

hombre, a los genitales masculinos. *(Véase* el término *gato).*

GATO
Psi. 1. Símbolo del hombre, de los peligros pérfidos y solapados de su instinto sexual y, por supuesto, de su infidelidad; sueño característico de mujeres que temen el engaño sexual. Muchas mujeres que rechazan su femineidad y maternidad suelen soñar que *matan un gato,* lo que significa que rechazan aquellos instintos impuestos por la naturaleza femenina. Una mujer que sueñe que un gato la muerde o araña, señala que los deseos eróticos están reprimidos y piden su satisfacción. || 2. Que en los sueños aparezcan *gatos negros* y *gatos blancos* en armonía o camaradería, significa que hay un cierto equilibrio y comprensión entre lo espiritual y positivo (gatos blancos) y lo materialista, sexual y negativo (gatos negros). En caso de soñar con gatos negros y blancos que se pelean, la durmiente o el durmiente han de examinarse a sí mismos y ver en qué fallan, pues es un sueño que señala que en el inconsciente se ha desatado un conflicto entre ambas tendencias y hay que buscar la paz y la armonía, para no caer en fanatismos espirituales o en exageraciones eróticas. || 3. Los gatos que muerden o arañan a la soñadora también pueden advertir de problemas familiares y conyugales, por lo que hay que estudiar detenidamente los otros detalles del sueño, para dilucidarlo. En tales casos, esos gatos simbolizan a personas del entorno de uno, con las que se está en conflicto. || 4. Sobre

la pugna entre los diversos instintos, *véase* el apartado número 7 del término *perro*. (Lucha entre perra y gato). || 5. El perseguir y matar gatos, por parte de una mujer, representa claramente el rechazo del marido o amante y la muerte del amor que existía entre ambos, como en el caso que sigue (mujer de veintitrés años, casada, con una niña, que pensaba separarse del marido a causa de los problemas que éste creaba y de su poca responsabilidad): «Soñé durante mucho tiempo (al menos me lo pareció) que yo iba persiguiendo gatos y que cuando alcanzaba a uno le estiraba del cuello hasta que lo mataba, no sin que ellos intentasen por todos los medios arañarme para que los soltara; pero ninguno logra-ba salvarse. Así iban muriendo uno detrás de otro, hasta siete u ocho que conseguí matar. Yo tan pronto me encontraba en el campo como en un patio o jardín o a veces los buscaba entre montones de leña o escombros. El motivo por el cual los perseguía era porque yo a la vez tenía un gatito pequeño y ellos me lo querían matar; así es que para que no lo matasen tenía que ser yo quien los matara a ellos. Mi desesperación era enorme, pues a la vez que los buscaba a ellos también buscaba al mío para saber si aún estaba vivo. Por fin levanté un trozo de leña o escombro y allí estaba mi gatito muerto; pero lo más asombroso es que lo que tenía en mis manos no era un gato sino un ratón y en ese momento me

desperté. No creo que me despertara por el susto, pues no les tengo miedo a los ratones y, además, solamente era el físico de un ratón, porque para mí era "mi gatito"». Los *gatos* que mataba la soñante eran, por un lado, sus propios instintos sexuales que la inclinaban hacia el marido y, por el otro, la representación del macho al que odiaba por su comportamiento. El *gatito* que intentaba salvar era su propia ilusión por el marido, su cariño por él, la esperanza de un arreglo, ya que pese a todo esperaba que no muriera lo que sentía por él. Consigue matar a *siete* u *ocho* gatos (es curioso recordar que el siete es el sacramento del matrimonio y el ocho está relacionado con la justicia, los abogados, los jueces…), es decir, que los sueños marcan la trayectoria hacia el divorcio, hacia la muerte del matrimonio. El *campo*, el *patio*, el *jardín*…, son lugares que representan la femineidad. Es definitivo que encuentre a *su gatito muerto* (su amor, su hombre), pero trasformándose en ratón, en un claro símbolo fálico, lo que señala que había muerto todo lo que sentía por el macho de su marido; ya no había amor entre ellos. Al mismo tiempo, esa trasformación o metamorfosis de gato a ratón marca, probablemente, la evolución del marido: de un gatito sexual o cariñoso se había convertido en un depredador, en un bicho sexual desagradable que roía las energías y beneficios de los demás. || *C. oc.:* **Un gato:** Artemidoro dice que es indicio de adulterio cometido o por cometer, mientras que Halil-El-Masri es de la opinión de que indica traición

o robo. || **Gatos jugando:** Visita de enemigos o de personas de las que hay que desconfiar. || **Gata con sus gatitos:** Peligro de rompimiento conyugal. || **Gato atacando ratas:** Se cobrarán atrasos o deudas. || **Gato peleando con un perro:** Rencillas con vecinos o colegas. || **Gata peleando con un perro:** Riña conyugal, conflicto matrimonial. || **Gato en un tejado:** Pelea sentimental, soledad, hay que estar alerta contra imprevistos. || **Gato furioso o rabioso:** Alerta contra ladrones y enemigos. || **Gato blanco:** Alegrías, buenas noticias. || **Gato negro:** Solución a los problemas que se tenían, pero no de manera dichosa ni satisfactoria. || **Gato negro mordiendo o arañando:** Riesgo de peleas conyugales o familiares, malas noticias. || **Gata pariendo:** Herencia, beneficios, ingresos inesperados. || **Comerse gato:** Enfermedad, dolencia, pesares. || **Gato atigrado:** Riñas, inquietudes, falsas amistades. || **Gato rubio:** Acechanzas, traiciones. || **Ser mordido por un gato:** Traición femenina, calumnia, perfidia. || **Ser arañado por un gato:** Conflicto sentimental, humillación. || **Gato durmiendo:** Compromiso matrimonial. || **Gatitos durmiendo:** Armonía hogareña, paz familiar. || **Gato maullando:** Hay que estar alerta contra los que intentan perjudicar los negocios y proyectos de uno. || **Gato comiendo:** Cuidado con los usureros, financieros y banqueros. || **Gato blanco maullando:** Contratiempos en la familia. || **Gato negro maullando:** Injusticia, calumnias, malos entendidos, malas intenciones. ||

Gato agazapado en un tejado: Hay que estar alerta contra la actuación de los vecinos.

GENTE
Psi. 1. En ocasiones, la gente del sueño simboliza los pensamientos del durmiente. *(Véase* el término *guardia).*

GERMÁNICOS
Psi. En algunos casos, la «invasión de los germánicos» puede referirse a la invasión del organismo por parte de gérmenes patógenos, es decir, advierte de una infección.

GIGANTE (Gigantes)
Psi. 1. Simbolismo de la imagen paterna. Por lo común, los gigantes que aparecen en sueños representan a los padres y personas adultas de cuando uno era niño. Freud lo ha dejado más que establecido y la experiencia nos lo ha confirmado. Cuando aparece un gigante o una pareja de gigantes en sueños (aunque la persona sea adulta) hay que pensar en reminiscencias infantiles, en recuerdos de la niñez, reflejen éstos traumas o neurosis o alegrías, aunque, por lo general, son los primeros. Cuando el gigante no se porta bien con el soñador, o es un «gigante malo», hay que sospechar que había un temor infantil exagerado por la autoridad paterna (con razón o sin ella). Esta figura del gigante se debe, en parte, a la estatura de los padres y gente mayor, que para los niños son «personas muy altas», pues ellos se agarran a sus piernas y tienen que mirar hacia arriba, como si fueran una montaña alta. Y cuando los levan-tan en brazos es como si los izaran a grandes alturas. Además, hay una cuestión psicológica de «poder hacer cosas o no poder», de «ser libre o no serlo», pues el niño ve y comprende que aquellos seres altos pueden hacer lo que quieren, mandan y obligan a que los pequeños los obedezcan, y éstos quedan supeditados al poder (incluso brutal y maligno) de aquellos seres altos, de aquellos gigantes. Por eso no debe sorprender que en la mentalidad infantil se generen las imágenes de los *gigantes buenos* (los que dan satisfacciones y cosas bonitas) y los *gigantes malos* (los que pegan, reprimen, castigan...): el doctor Fritz Künkel, en su obra *Del yo al nosotros,* precisa que «los adultos son involuntariamente clasificados por los niños en «gigantes blancos» (amigos) y «gigantes negros» (enemigos). Estas vivencias infantiles quedan registradas en el inconsciente a manera de cintas de vídeo para, en un momento determinado de la existencia, «volverlas a visualizar» como reminiscencias de la niñez. || 2. Aunque los sueños de gigantes son corrientes en la niñez y adolescencia, de cuando en cuando reaparecen en la pantalla de los sueños cuando la persona es mayor y anciana y hace recuento de su existencia, como en el caso que sigue (mujer soltera de setenta años): «Soñé que llevaba un paquete, pequeño, de una pastelería, que había de entregar a un hombre, que a su vez había de hacerlo llegar a una mujer. Yo no podía ir y este hombre era el intermediario. Yo lo había de encontrar en un sitio en que se celebraba una fiesta. Yo iba

acompañada de alguien, no sé quién, y le comentaba que seguramente lo encontraríamos abajo. Fuimos hacia una puerta de madera magnífica, de calidad y bonitas proporciones, y al abrirla había una escalera, ancha, toda de piedra muy nueva. Por el ojo de la escalera se veía la planta baja y yo veía una pareja de gigantes; desde lo alto sólo divisaba los bajos de las túnicas y conforme bajábamos veía más parte del cuerpo, hasta llegar a la altura de la cabeza del gigante. A su pareja no la vi con detalle. Al llegar a la planta baja los vi en toda su altura y también había una gigantita, la hija de la pareja de gigantes. Yo buscaba a una persona determinada de la que sabía el nombre y la conocía. Entré en una iglesia y él estaba sentado en el banco de delante de todo. Había más gente. Me situé en la punta del banco de detrás y apoyándome y casi arrodillándome para hablarle, no pude hacerlo. Se levantó y se marchó. El lugar en que trascurría todo era como un palacio. La escalera era de tramos largos y ancha, con mucha luz natural. La iglesia era muy oscura, con muchas velas encendidas, pero no vi ninguna imagen». En conjunto, este sueño refleja la frustración sentimental de la soñante, que buscaba a un destinatario de su amor *(pequeño paquete que llevaba de la pastelería)*. Los *gigantes* eran sus padres y la *gigantita* su hermana, que por obligaciones y deberes familiares fueron un obstáculo para el desarrollo de su vida romántica (aparecen en la mitad del sueño, casi como obstáculos, como impedimentos gigantescos). El *hombre que se marcha* es el amor que

no conoció y la *iglesia* el lugar en que debía celebrarse la unión. Las *velas encendidas* son las llamas espirituales de la soñante, de su capilla interior. Y la ausencia de imágenes significa que no hay nadie a quien recordar románticamente. La *bajada por la escalera* simboliza la exploración del inconsciente, o sea, el recordar, el volver a vivir el pasado. *(Véase sueños recapitulativos)*.

GLOBO

Psi. 1. Acostumbra a simbolizar el vientre de la mujer y el embarazo y, por supuesto, la maternidad cuando el globo estalla y deja salir lo que lleva dentro. || 2. En casos especiales, el nacer a una nueva vida y situación personal también puede ser expresado por el inconsciente por un globo que estalla.

GOLOSINAS

Psi. 1. Muchas vivencias y deseos eróticos y sentimentales se representan en sueños como golosinas: confites, confituras, caramelos, mermeladas, miel, frutas, postres, chocolate, dulces, pasteles, etc. || 2. Las golosinas, cosas ricas y agradables, pueden reflejar las frustraciones sentimentales o los placeres que no están al alcance de uno, como en el caso siguiente (hombre de cincuenta años, casado y padre de dos hijos): «Sueño en que intento comer, beber o chupar –sin conseguirlo– cosas generalmente muy ricas». Estos tipos de sueños suelen indicar dificultades de tipo sentimental, insatisfacciones amorosas, deseos eróticos que no se pueden satisfacer, por las causas que fueren.

GOLPEAR

Psi. En gran número de sueños masculinos representa la masturbación, sobre todo si el golpear a alguien (conocido o no) va acompañado de una situación placentera.

GOLPEAR A UN NIÑO PEQUEÑO

Psi. Suele simbolizar la masturbación masculina, y puede ser un aviso –si el sueño es repetitivo– de que se está abusando de ese vicio erótico.

GORILA *(Véase mono)*

GORRA

Psi. 1. Como el sombrero, simbolismo fálico, representación de la virilidad. || 2. A veces simboliza el preservativo que cubre el pene, como en el caso de una chica que soñó que un hombre con gorra entraba por la ventana de su dormitorio, es decir, que por su vagina penetraba el miembro viril protegido por un preservativo. Era un sueño de recuerdo de un acto sexual. || 3. Otro curioso sueño erótico es el que explica Freud de una paciente. Dice así: «Un oficial, tocado con una gorra encarnada, la persigue por la calle. Ella echa a correr, por una cuesta arriba, llega sin aliento a su casa, entra y cierra la puerta con llave. El oficial queda fuera, y mirando ella por el ventanillo, lo ve sentado en un banco y llorando». Es también un sueño recordatorio de un acto sexual, mezclado con las ansias y frustraciones de la durmiente. Ella quería ser madre y el amante no lo deseaba, por lo que éste tomó sus precauciones para evitarlo, o sea, que se puso un preservativo, que en el sueño se trasforma en *gorra roja.* El hecho de que *la persiga por la calle,* refleja la penetración vaginal; ella *echa a correr,* por una cuesta arriba, es decir, se corre, alcanza el orgasmo, que la deja sin aliento. Luego se encierra en su *casa* (se repliega, se encierra en sí misma) y quizá toma la determinación de no querer ser utilizada otra vez sólo por el placer. Incluso puede haber algo de remordimiento por haberse dejado llevar por la pasión (ignoramos la religión de la soñante). Queda algo triste o frustrada maternalmente. Pero el sueño –de acuerdo con Freud– pasa a invertir los papeles: «...Desplaza también la sujeto su tristeza, atribuyéndola a su compañero, y es a él al que ve llorar en el sueño, llanto que constituye igualmente una alusión a la emisión de esperma». || 4. A veces simboliza el diafragma anticonceptivo. *(Véase el apartado 10 del término agua).* || *C. oc.:* **Ponerse una gorra:** Dificultades sentimentales o conyugales. || **Perder una gorra:** Ruptura amorosa, divorcio, separación. || **Recibir una gorra de alguien:** Proposición sentimental, compromiso matrimonial. || **Comprar una gorra:** Herencia, legado, cobro de pensión.

GORRO

Psi. Como el sombrero y la gorra, simbolismo fálico, aunque a veces puede representar el preservativo. *(Véanse los términos sombrero y gorra).*

GOTERA

Psi. El soñar que se tienen goteras en el techo o azotea suelen expresar el temor a perder el equilibrio emocional o a tener algún problema mental o cerebral. *(Véase* el término *casa).*

GRANATE
Psi. El color granate (rojo oscuro) puede simbolizar la menstruación.

GRANERO
Psi. Recordemos que el granero es un sitio en donde se recoge y custodia el grano de la cosecha, y puede utilizarse como alimentación y como semilla. Por consiguiente, el granero onírico es el lugar en el que guardamos las semillas y el grano, el producto de nuestras acciones; la cosecha puede ser buena o mala, según nuestro comportamiento y obras. En consecuencia, es bueno ver un granero limpio, lleno de grano y bien conservado, y todo lo contrario en caso opuesto, como en el sueño que explica Stekel de un sujeto paciente suyo que padecía graves problemas psíquicos y sentía atracción sexual por su hermana: «Yo estaba en un granero, en medio de una cantidad de desperdicios. Me habían encargado limpiarlo. En el centro había un recipiente que contenía trozos compactos de desperdicios. De pronto un gran montón de desperdicios se puso en movimiento, cobró forma y bailó por la habitación». Se comprende claramente que poca cosa aprovechable hay en el granero del soñante. Es positivo que empiece a limpiarlo, a sacar de él los desperdicios de sus pasadas acciones, de sus neurosis, de sus anomalías, la parte despreciable de su psiquis. El *montón,* las partes que se mueven y bailan, que intentan cobrar vida, simbolizan los restos de sus complejos, de su atracción sexual por la hermana, de los que se resiste a desprenderse; el *baile* tiene aquí, como en la mayoría de ocasiones, el recuerdo del acto sexual que desearía. || *C. oc.:* **Granero vacío y con las puertas abiertas:** Enfermedad, infortunio, quiebra de negocio, ruina, pérdida de empleo. || **Granero lleno:** Suerte, beneficios, premio en juegos de azar, éxito profesional, matrimonio provechoso. || **Estar en un granero y coger grano:** Victoria sobre los enemigos, se ganará un proceso legal. || **Mujer soltera entrando en un granero lleno de grano:** Proposición matrimonial. **Mujer casada entrando en un granero y cogiendo grano:** Próximo embarazo o maternidad. || **Estar en un granero con varias personas:** Próxima herencia o legado. || **Manejar el grano:** Beneficios, ofertas profesionales. || **Descascarar el grano:** Alegrías, satisfacciones, buenas noticias, maternidad.

GRIFO
Psi. 1. Símbolo del órgano masculino y del principio masculino fecundador, de la misma manera que el cubo y *la garrafa (véase* este término) representan el sexo femenino *(véase objetos),* como en el sueño que explica el doctor Otaola: «Mi sed es tan intensa que tengo que acudir a una fuente pública. En ella hay gran cantidad de grifos, pero debajo de cada uno está ya colocado un cubo perteneciente a mujeres que han tomado antes el puesto. Como consecuencia me quedo sin poder

beber». Está claro el significado de la frustración de la soñadora: carece de pareja y no puede beber el néctar del amor. Hay cierta envidia por las mujeres que han llegado antes que ella al amor y no le han dejado sitio. La *fuente pública* es la vida social o pública y los matrimonios o parejas están simbolizados por cada juego de *grifo y cubo*. || 2. Como símbolo masculino, el grifo puede figurar en sueños de tipo premonitorio, como en el caso de una mujer de sesenta y cinco años que sueña que alguien se ha dejado el grifo abierto en la cocina y se ha formado un gran charco en el piso. El agua era limpia. Una vez despierta, pensó que tendría una mala noticia. A las dos horas, su sobrina le comunicaba que al padre lo habían internado en el hospital con un ataque al corazón.

GRIS

Psi. El color gris de algunos sueños hace referencia a nerviosismos mentales, actividades cerebrales e intelectuales (se presenta en muchos sueños de escritores), por analogía con la materia gris del cerebro. (Para otros significados, *véase* el término *colores*).

GRUTA *(Véase cueva)*

GUALDA

Psi. El color gualda o amarillo puede representar la frialdad emocional o sexual en comparación con otros colores más calientes, como el rojo o el anaranjado. *(Véase* el término *colores*).

GUARDIA (Guardia urbano, policía de tráfico)

Psi. l. Simboliza la autoridad interior de la personalidad. Sinónimo de *policía (véase* ese término). El guardia urbano y el policía de tráfico son los encargados de la vigilancia de las calles y carreteras de nuestro inconsciente y suelen indicar el camino que hemos de seguir con nuestro automóvil, motocicleta, camión, etc. Cuando cometemos alguna infracción o equivocación en nuestro camino o trayectoria, aparece esa figura en sueños para llamarnos la atención. Entonces el soñador debe preguntarse qué está haciendo incorrectamente o en qué se está equivocando. El guardia urbano y el policía de tráfico son elementos comunes en sueños en que intervienen vehículos. || 2. Otras veces, el guardia onírico actúa como censura o censor de la conciencia. Veamos un curioso sueño ilustrativo de un médico de veintiséis años, que cuenta Stekel (en su obra *Sadismo y masoquismo*): «Estoy delante de una casa vetusta, en la que se está realizando una reunión. Se ha desencadenado una violenta lucha. De pronto, parece que estalla una bomba. Todo el mundo quiere salir corriendo, la puerta es demasiado angosta. No puede salir más que uno por vez. Un agente de policía, sin hacer caso de lo que ocurre en la casa, detiene a uno por uno y les exige los documentos de identidad. Un rasgo curioso: antes de llegar a la puerta de salida, la gente es gigantesca; delante del guardia, se reducen a enanos». Este sueño expresa el problema o conflicto mental-emocional del sujeto. Esa *reunión* tiene lugar en su cerebro, en su mente, en donde los diversos pensamientos, proyectos, ilusiones, etc., intentan llegar a un acuerdo, a un pacto. Pero termina en combate, en enfrentamiento, en lucha, pues las diversas tendencias morales son incompatibles. La *bomba que estalla* expresa la descarga afectiva, el estallido emocional. La lucha es, con toda seguridad, ideológica; los pensamientos y los deseos reprimidos pugnan por salir de la casa y salvarse (la *casa* simboliza la personalidad y, la *casa vetusta,* una personalidad de ideas anticuadas y caducas). La *puerta angosta* y el *guardia* son la censura de la conciencia; *exige los documentos de identidad* a cada persona, es decir, a cada pensamiento, para que no se escape ningún culpable o nadie que sea peligroso. Su misión es filtrar los pensamientos «inmorales», para que ninguno salga al exterior. Además, son pensamientos a los que se da mucha importancia cuando están en el interior de la mente del soñante, pero que luego, al salir, al enfrentarse con la realidad, se da cuenta de su poca importancia, de su insignificancia (de *gigantes* se convierten en *enanos).*

GUARDIA CIVIL

Psi. Suele representar la autoridad interior. Aparece en los momentos en que nos apartamos del buen camino o hay peligro de que así suceda. En este aspecto es un sinónimo del *policía (véase* ese término) que vigila nuestros actos. En ocasiones, esa autoridad interior puede confundirse o fundirse con el «ánimus», como en el caso siguiente

(mujer soltera de moral muy rígida): «Sueño con mucha frecuencia con un guardia civil desconocido que siempre está a mi lado. Este sueño se repite muy a menudo, bien en un baile o recinto desconocido. A dicho agente lo veo unas veces de uniforme y otras de paisano. No conozco a ningún miembro de este cuerpo, aunque en mi familia hay varios parientes que pertenecen a la benemérita. No tengo problemas con la justicia, ni temor, ni miedo a nadie ni a nada». La explicación que dimos fue: «Ese *guardia civil* de tus sueños representa tu conciencia, tu autoridad interior y, en tu caso, incluso la autoridad familiar y las buenas costumbres. Fíjate que aparece en un *baile,* que simboliza los placeres de la vida, como para decirte que él está vigilando tu conducta. No debe sorprenderte, pues, que en aquellas ocasiones en que rompas con determinadas cadenas aparezca ese guardia civil en tus sueños, representando a tu conciencia e indicándote que debes portarte correctamente». Aquí podemos añadir, que ese guardia civil también indica valor y responsabilidad y ha de considerarse el «ánimus» de la soñadora. *(Véase* el término *desconocidos).*

GUERRA

Psi. 1. Los sueños de guerra son muy frecuentes en la gente joven, ya que denuncian la existencia de conflictos o enfrentamientos entre dos tendencias inconscientes contradictorias. En la adolescencia, cuando la personalidad del soñante está en el momento álgido de su formación y evolución, hay diversas fuerzas primitivas interiores que pugnan por ocupar el papel principal en la personalidad y el carácter del sujeto y esa lucha se trasforma en sueños de guerra. La lucha –por ejemplo– puede ser entre el bando de lo sexual y libertino contra el bando de lo espiritual y religioso, entre el lado de lo agresivo y el de lo pacifista, entre el lado de la salud y el de la enfermedad, entre la heterosexualidad (sexualidad normal) y la homosexualidad, etc. Por tanto, la mayoría de las veces, los sueños de guerra son representaciones de los *conflictos bélicos, enfrentamientos y combates que libramos en nuestro interior, a nivel inconsciente,* podríamos decir que son un reflejo de *nuestras turbaciones morales.* Tales sueños, pues, no advierten que nos vamos a ver envueltos en una guerra civil o internacional (salvo excepciones de tipo parapsicológico o premonitorio). Estas imágenes oníricas deben analizarse profundamente, a fin de averiguar la causa del conflicto interior y «firmar la paz». Generalmente, se consigue reduciendo el fanatismo de nuestra moral o de ideas intransigentes de tipo sexual. Como en la vida real, y de acuerdo con el acervo cultural de cada uno, la guerra puede adoptar en los sueños las más variadas formas: combates navales, ataques aéreos, lucha en las trincheras, cargas de infantería, enfrentamientos entre carros de combate, batallas terrestres o submarinas, etc. «En los sueños de guerra –afirma el doctor Aeppli– puede uno mismo actuar en calidad de combatiente o sólo como especta-

dor. El primer caso se nos antoja más valioso. El "Yo" se halla entonces dentro del conflicto tanto desde el punto de vista del espectador como desde el de aquel que participa responsablemente en el conflicto. Esto le permite triunfar mucho antes de su colisión interior, que a menudo evoluciona hacia una neurosis. Si interviene conscientemente en la lucha, la curación y la alegría no se harán esperar ni aun en tiempos difíciles». || 2. Veamos un caso típico (joven de veintidós años): «Sueño con frecuencia con escenas de guerra, en las que a veces yo mismo soy herido y siento cómo voy muriendo poco a poco. ¿Me pasará algo malo?». Despejamos los temores del soñante con la siguiente respuesta: «Estos sueños de lucha, combates y guerras son normales y corrientes entre los jóvenes. Son sueños psicológicos que reflejan las luchas interiores durante el desarrollo de la personalidad, los combates entre las diversas inclinaciones nuestras. Por supuesto, en tu interior existe algún tipo de enfrentamiento entre lo que deseas y lo que los demás te permiten alcanzar. Asimismo, señalan cierta agresividad por parte tuya, por lo que debes buscar un equilibrio entre tus deseos y la conveniencia de controlar las ambiciones. Necesitas reflexionar sobre tus necesidades interiores y canalizar tu agresividad inconsciente hacia trabajos creativos. *El que mueras en los sueños* es índice de que te vas haciendo hombre y ha de fallecer tu anterior etapa de adolescente, es decir, que tus responsabilidades de adulto terminarán por matar tus infantilismos. Tienes que aprender a controlar tus nervios con reflexión y evitar los excitantes». || 3. Los sueños de guerra también asaltan a las chicas. No son un patrimonio del sexo masculino, como en el caso siguiente: «Tengo quince años y salgo con un chico al que amo. Desde entonces me llevo mal con mis amigas. Soñé que estaba en la guerra y que vestía igual que un soldado; los rifles eran diminutos y cuando disparaba al apretar el gatillo las balas salían de plástico y mis enemigos morían. Yo muero varias veces y siento mucho dolor en ello. La guerra trascurre en unos jardines donde acostumbraba a ir con mis amigas. ¿Significa que voy a pelearme con alguien?». Nuestra respuesta escrita fue: «El que te pelees con alguien en el futuro no tiene nada que ver con este sueño, el cual sólo refleja un combate que se está librando en tu interior entre tendencias inconscientes contradictorias y que representa tus turbaciones morales. Como la mayoría de sueños, éste también tiene una vertiente sentimental y erótica. El conflicto está motivado por las tendencias amorosas que se están desarrollando en ti al hacerte mujer y que te llevan hacia el novio que tienes, que en parte son contrarrestadas por el freno moral. Y por otro lado, las tendencias que te empujan a convertirte en mujer y olvidarte de tus *amigas* y del *jardín* de tu infancia.

Por un lado quieres comportarte como una persona adulta y por otro quieres aferrarte al pasado, como si no lo quisieras dejar del todo o te diera miedo avanzar demasiado deprisa hacia el futuro. Medita sobre todo esto y encontrarás el equilibrio en el justo medio». Aquí podemos añadir, como curiosidad, cómo en este sueño se repite el hecho de que la protagonista *muere en el sueño*, indicativo de la etapa de su vida que está feneciendo. Sin embargo, el inconsciente le recuerda que está (junto con su novio) jugando a personas mayores en el plano de la sexualidad, pero que todavía no lo es (rifles diminutos, es decir, no de persona adulta, sino los miembros viriles de crío, no olvidemos que es un claro símbolo fálico). ‖ 4. Otro sueño, éste referido a una guerra civil, es el que tuvo un joven de diecinueve años. Dice así: «El sueño comienza en una especie de guerra civil, la cual se desarrolla de noche en una montaña. Yo lucho en un bando, pero en uno de los ataques me quedo rezagado y, por lo visto, para salvarme, me veo obligado a luchar contra mi bando. Luego cambia la imagen y me veo saliendo de una ciudad solitaria con una gran muralla que la cierra del mundo exterior. Conmigo va una chica, a la cual, por lo visto en ese sueño amo, y un íntimo amigo mío con su correspondiente mujer. Caminamos por una especie de desierto dejando la ciudad atrás, mirándola con nostalgia, sin saber a dónde ir. Por delante de nosotros, el desierto, y detrás, una ciudad en la que dejamos todo. Cambia la imagen y nos encontramos que

estoy en una especie de bosque que parecía el paraíso y nos hallamos en las copas de los árboles; yo en uno con mi mujer y mi íntimo amigo (que en la realidad existe) en otro, con su correspondiente mujer. Luego desperté». Por supuesto, esa *guerra civil* representa la lucha interior entre las ideas morales y familiares que le han inculcado y la atracción que empieza a sentir por el sexo y por la libertad. Es sintomático que la lucha sea de *noche* (símbolo erótico) y en una *montaña* (aquí representa la virilidad, la hombría). Acaba cediendo a los deseos del amor y de la libertad *(cambio de bando)*, lo que señala que algo está cambiando en su personalidad y manera de ver las cosas. El abandono de la *ciudad* significa que debe dejar atrás su personalidad del pasado, su adolescencia, que está vacía de amor y que ya no tiene porvenir para él. A la vez, esta *ciudad* simboliza a su madre, que probablemente es un muro que le separa del mundo exterior, que le impide avanzar. La *chica* que le acompaña simboliza sus ideales sentimentales y el *desierto* es la falta de amor, la soledad en que camina (y en la que probablemente habrá de caminar) y el temor a lo desconocido, la falta de protección y seguridad que tenía en la *ciudad* (la protección y seguridad que ofrece la madre y el hogar paterno). El *bosque final* y la *pareja* es una representación de la vida adulta y sexual, la plenitud en el desarrollo de los instintos. Con toda probabilidad, el soñante tenía problemas y falta de libertad por la actitud de su madre, y había pensado más de una vez en marcharse de casa e ir por su cuenta. En conjunto, el sueño refleja esas luchas y temores. || 5. La guerra como representación de la lucha interior contra los instintos sexuales y sus perversiones aparece muchas veces en sueños de personas con graves problemas psicológicos, como en el caso que explica Stekel sobre un estudiante de medicina homosexual y sádico, uno de cuyos sueños fue el siguiente: «Un búfalo golpea a la puerta. Le hago un disparo de revólver. Soy apto para la guerra. Estoy en el frente. Un fragmento de granada me ha desgarrado el antebrazo derecho; en los orificios hay caucho o cera, lo que me provoca indecibles dolores. Quiero sacar el revólver del bolsillo izquierdo del pantalón, pero me resulta muy difícil. Después voy a parar a un bosque. Allí de pronto, se alza delante de mí, tiesa como una flecha, una serpiente revestida de piel de gato; se va arrastrando hasta desembarazarse de la piel. También hay gatos y leones». La *guerra* simboliza su lucha interna y sus tendencias sádicas. El *búfalo* es un símbolo peyorativo de su padre, al que odia, desprecia y, al mismo tiempo, ama, incluso apasionadamente, puesto que el disparo contra él, aparte la agresividad, refleja una inclinación homosexual hacia éste. La herida que sufre en el *brazo derecho* (con el que se masturba), expresa sus arrepentimientos, dolores, deseos, de cambiar, etc.; las heridas están cubiertas de *cera* (simboliza las velas, los cirios, los rezos espirituales, su religiosidad), que le hace arrepentirse de su comportamiento sexual. Sus

complejos sexuales quedan expresados por la *serpiente,* los *gatos,* los *leones…,* que se hallan campando por el bosque (su inconsciente). El *bolsillo izquierdo* significa el lado malo, pecaminoso, perverso…; intenta sacar el *revólver* y no puede, sea por inhibiciones morales o por impotencia (representación del falo).

GUITARRA

Psi. Por su forma, la abertura central, y que para tocarla el hombre la tiene entre sus brazos, como sosteniendo a la mujer en un acto de ternura, ha de considerarse que es un instrumento netamente femenino, por muy masculino que sea. Incluso la melodía que se consigue pulsando sus cuerdas puede compararse con el orgasmo femenino. Por supuesto, los sueños en que intervienen guitarras suelen ser de índole erótica. *(Véase mercadillo).*

GUSANO

Psi. 1. A veces representa los complejos neuróticos, en especial cuando el gusano o gusanos son sacados de la cabeza o los cabellos del durmiente. || 2. En otras ocasiones, el gusano es un símbolo fálico y tiene un claro sentido erótico, sobre todo cuando es una mujer la que halla un gran gusano en su cama. Una manzana agusanada también es la representación del acto sexual, pero advirtiendo –si los sueños se repiten mucho– de que la obsesión por el sexo puede estar royendo la personalidad del durmiente y su integridad moral. || 3. Cuando los gusanos invaden una vivienda, acompañados de otros insectos y parásitos, denuncian que la familia o el hogar se está desintegrando a causa de sus problemas internos y su falta de comprensión y amor. || 4. En algunas ocasiones, los gusanos de los sueños representan las cosas desagradables, propias o que nos acechan, como en el caso del marido de la doctora Faraday, que soñó que su colaborador le daba para comer verduras con gusanos, es decir, que el sueño le advertía que no podía confiar en la actuación de su socio. La doctora Faraday lo explica en los términos siguientes *(El poder de los sueños):* «Un ejemplo más serio de personas que ven el interior de otras en sueños me ocurrió hace algunos años cuando mi marido soñó que uno de sus nuevos colegas de negocios le había invitado a comer y le había servido verduras llenas de gusanos. Mi marido tenía la impresión de que éste era el modo en que el sueño le decía que su colega no merecía confianza; por eso trató de comprobar su sospecha y se encontró con que estaba en lo cierto; por ello terminó con las negociaciones en que se encontraba, que en último término hubieran podido hacerle perder mucho dinero». || 5. Muchas veces, los gusanos simbolizan las fricciones, inconvenientes, disgustos, contrarie-

dades y pensamientos enojosos que embargan la mente del soñante. || *C. oc.:* **Gusanos de tierra o comunes:** Cuidado con los enemigos, robos y estafas. || **De seda:** Amigos, ayudas, colaboraciones. || **De luz:** Proyectos que se realizan, buenas noticias. || **Saliendo de la tierra:** Problemas o enfermedades en la familia. || **En los árboles:** Hay que cuidar la salud. || **En la fruta:** Pérdidas económicas, proyectos que no se realizan. || **Servirle a uno una ensalada o plato de comida con gusanos:** Hay que desconfiar de las ofertas que nos hagan; riesgo de proposiciones engañosas. || **Muchos gusanos en la casa o vivienda:** Contrariedades conyugales o familiares. || **Muchos gusanos en la calle:** Hay que estar prevenido contra los envidiosos.

GUSANO DE SEDA

Psi. Símbolo positivo. Suele expresar la laboriosidad interior, la paciencia, la rutina y la perseverancia que da sus frutos creativos. De una u otra manera, significa que hay un proceso lento de trasformación en los proyectos o trayectoria del durmiente. Los gusanos de seda oníricos son, por consiguiente, un buen augurio y anuncian ayudas y beneficios gracias al trabajo y laboriosidad.

H

HABITACIÓN

Psi. 1. En la mayoría de las ocasiones, la habitación representa a uno mismo, la propia personalidad (o parte de ésta) y sus aptitudes psíquicas (positivas o negativas, según el caso). Soñar con habitaciones sucias puede advertir del abandono en que tenemos a la personalidad, que no estudiamos ni ampliamos nuestra cultura, etc. El cambio de habitaciones en sueños puede indicar un cambio de ideas o de actitud ante un problema o situación determinada; incluso puede señalar un cambio de pareja y, por tanto, advertir o reflejar conflictos matrimoniales o de amor. Una habitación del piso alto puede hacer referencia a la mente y sus proyectos, mientras que una serie de habitaciones pueden hacer referencia a las diversas cámaras de la mente y del espíritu. || 2. En el plano sexual, las habitaciones de los sueños también pueden representar a la mujer, los genitales femeninos. Algunas veces intervienen llaves como representación del órgano sexual masculino: *una llave entrando en la cerradura de una habitación simboliza el acto sexual que se desea a nivel inconsciente.* Soñar, un hombre, que cambia muchas veces de habitación, puede señalar que mariposea mucho y que no es fiel a ninguna mujer. || 3. Una habitación blanca suele representar la estancia inconsciente referente a la virginidad, matriz, útero, en el que nadie ha entrado, es decir, que aún se es virgen o que se ha dejado de serlo, según la índole del sueño. *(Véase* el término *rapto).* || 4. En otros sueños, la habitación puede simbolizar a la madre, porque ambas tienen capacidad para contener un ser humano en su seno. En este aspecto, una habitación tiene el significado del útero o matriz materno. || 5. Una habitación subterránea puede simbolizar los niveles más profundos de la personalidad y del inconsciente. || 6. Una chica joven que sueñe que está buscando habitación suele significar sus deseos de independizarse de los padres y encontrar marido o compañero con el que iniciar una nueva vida. Lo mismo puede aplicarse al sueño de buscar o alquilar una casa. || 7. «Cuando el sujeto sueña con dos habitaciones –precisa Sigmund Freud– que antes eran una sola, o se ve dividida en dos una habitación conocida, o inversamente, encierra su sueño una interesante relación con la investigación sexual infantil. Durante cierto período de la infancia supone, en efecto, el niño que el órgano genital femenino se halla confundido con el ano (la teoría de la cloaca), y sólo más tarde averigua que esta región del cuerpo comprende dos cavidades distintas y orificios separados». || 8. Otras veces, los sueños de habitación pueden estar reflejando el abandono de nuestras actividades o facultades, es decir, que *no cultivamos nuestras cualidades,* que tenemos abandonadas las *herramientas de nuestro espíritu,* como en el caso siguiente: «He soñado que caminaba por el pasillo de una casa y que entraba en una habitación en la que había muchas herramientas nuevas, bien colocadas y con una ligera capa de polvo». Esa *casa* simboliza la personalidad del soñador y las *herramientas* sus conocimientos, cualidades y capacidades que no utilizaba o que tenía arrinconadas. El mensaje del sueño era claro: decídete a utilizar tus conocimientos, a trabajar, a estudiar, a desarrollar las cualidades que hay en tu personalidad. Con toda probabilidad, el soñante se estaba dejando llevar demasiado por la vida cómoda y la apatía, el inconsciente se lo recordaba. || 9. Aparte su simbolismo psicológico, una habitación

cerrada también puede reflejar una particular situación física o fisiológica del durmiente, como en el caso siguiente (hombre de cincuenta años): «Sueño que estoy durmiendo en una habitación pequeña y cerrada y que hace mucho calor y que me ahogo. Me levanto en sueños para abrir una especie de persiana vertical que hay en la puerta de la habitación». El soñador se despertó de repente, y se dio cuenta de que respiraba dificultosamente por tener completamente obturado uno de los orificios de la nariz, y el otro estaba casi tapado. Se hizo una nebulización, se descongestionó la nariz y volvió a dormirse. Padecía de catarro nasal. Este sueño, por tanto, es un caso típico provocado por condiciones físicas y no tiene nada ver con sueños psicológicos ni parapsicológicos. Queda claro el significado del orificio nasal *(puerta)* y que la *persiana que levanta* son las membranas nasales que tienen que separarse, lo que se consigue con la nebulización. De todas maneras, puede considerarse como un mensaje del inconsciente para que despertara y solucionara el problema de la dificultad de respirar. || 10. Soñar que se encuentra a alguien del sexo opuesto en una habitación, puede indicar la unión sentimental que se desea o agradaría. || 11. Una habitación azul suele reflejar la parte espiritual y mágica de la personalidad. Que una mujer o un hombre sueñe que abre una puerta y entra en una habitación de azul, significa que acaba de descubrir valores religiosos de su personalidad. || 12. Que una persona sueñe varias veces que camina por un pasillo en el que hay muchas puertas y que dude cuál abrir o no pueda abrir la que desea, o que se equivoque siempre de puerta, quiere decir que no ha desarrollado su personalidad convenientemente, que está llena de dudas, que no sabe a dónde va, que no tiene proyectos ni objetivos concretos, que hay falta de confianza en sí mismo, etc. Se impone el cambiar de trayectoria, estudiar, seguir cursillos y adquirir mayor seguridad en sí mismo a base de adquirir conocimientos.

HACHA

Psi. 1. Uno de los símbolos fálicos. Clavarla en árboles, animales, personas, mesas o puertas suele simbolizar cierta agresividad sexual inconsciente. Puede revelar una fuerte excitación sexual. Cuando se tiene un sueño en el que interviene un hacha, hay que analizar detenidamente las causas de la excitación; algo o alguien ha despertado el apetito sexual de manera intensa. (*Véase* el apartado 9 del término *perro*). || 2. Puede simbolizar o advertir de la irrupción de energías violentas o destructoras, propias o extrañas, en la personalidad, así como una energía primitiva, fuerte, vigorosa y apasionada que habrá que analizar, canalizar y controlar como sea para que no cause daño. Siempre es símbolo de alguna clase de agresividad. || *C. oc.:* **Blandir un hacha o cortar leña con ella:** Ascenso profesional, éxitos comerciales, suerte en los negocios. || **Mujer soñando con un hacha:** Excitación sexual, proposición sentimental inesperada. || **Hacha sin mango o rota:** Ruptura sentimental, pérdida de empleo o posición social.

HADA

Psi. A veces aparece un hada buena en sueños de hombres con simbolismo arquetípico mágico-idealizado del «ánima». Como tal, habita en el bosque del inconsciente y con su varita mágica puede ayudar al soñante a sortear obstáculos, peligros y animales fabulosos, a fin de que consiga que la personalidad siga su camino evolutivo sin extraviarse en la selva de las tentaciones y de las pasiones.

HALCÓN

Psi. 1. Acostumbra a representar los pensamientos, ideas e instintos egoístas de la personalidad. Se ve a los demás como medios de cumplimentar las propias ambiciones. Cuando ese instinto está muy desarrollado, el inconsciente recuerda al durmiente que se está volviendo como un halcón carnicero. || 2. Otras veces, en hombres de gran evolución, el halcón es el símbolo arquetipo del «Yo absoluto». || *C. oc.:* **Tener un halcón en las manos:** Se alcanzarán los objetivos propuestos. || **Otra persona con un halcón en la mano:** Hay que estar prevenido contra trampas y traiciones. || **Ver halcones volando:** Operaciones comerciales inseguras; es mejor esperar otra ocasión para inversiones.

HAMACA

Psi. 1. Como elemento relacionado con el descanso, el dormir y mecerse, tiene un paralelismo con la cama y, por tanto, con la sexualidad. Pero así como la cama es el amor compartido o de pareja, la hamaca es el erotismo individual o solitario, la masturbación. Un soltero o soltera que sueñe mucho con una hamaca puede señalar su falta de contactos heterosexuales y su inclinación al aislamiento y al onanismo. || 2. La hamaca también está presente en sueños de haraganes y vagos, para recordarles que no están «despiertos», que están «dormidos» de espíritu y que necesitan ser más dinámicos y activos. || *C. oc.*: **Niños en una hamaca:** Proyectos que no se realizarán. || **Uno en una hamaca:** Satisfacciones y placeres que traerán quebrantos económicos. || **Rotura de hamaca:** Enfermedad en la familia. || **Enfermo soñando con una hamaca:** La convalecencia será larga.

HANGAR

Psi. El hangar de los sueños hace referencia a proyectos, ilusiones y ambiciones, de acuerdo con los aviones que se hallen en él. Ver varios aviones en un hangar significa planes que aún no se ponen en marcha, que todavía no están en condiciones de «emprender el vuelo». (*Véase* el término *avión*). || *C. oc.*: **Hangar con varios aviones:** Ofertas y proyectos que darán beneficios. || **Hangar vacío:** Cambio de empleo o de orientación profesional. || **Avión saliendo de un hangar:** Pronta llegada de beneficios, éxito en nuevos proyectos.

HECES (*Véase excrementos*)

HECHICERA (Hechicero, brujo)

Psi. Soñar con una hechicera, maga, mago, brujo, etc., suele indicar que el soñante espera una solución milagrosa o sobrenatural a una situación muy difícil, conflictiva o incierta. En el caso de verse una actuando de hechicera o maga (o de hechicero o mago) puede señalar que hay una sobrevaloración de la propia persona y de sus facultades; los otros detalles del sueño indicarán en qué dirección debe interpretarse éste.

HECHO ABSURDO (*Véase absurdo*)

HERIDAS

Psi. En ocasiones, las heridas sangrantes que se sufren en luchas, combates o situaciones trágicas, pueden tener un origen físico o biológico (no psicológico) y advertir de una dolencia o enfermedad incipientes en el soñador. (*Véase terrores y pesadillas*).

HERMANA (Hermanas)

Psi. l. En algunos sueños de mujer (en especial las que no tienen hermana en la realidad), la hermana onírica suele simbolizar la *sombra*. (*Véase* ese término). || 2. A veces, en los sueños de hombre, acostumbra a representar el «*ánima*» (*véase* el término *mujeres desconocidas*), sobre todo cuando el soñante no tiene hermana en la realidad. || 3. En su aspecto sexual, dos hermanas –como muchas veces el número dos– pueden simbolizar los pechos femeninos, como en el sueño que sigue, explicado por Sigmund Freud: «Un joven encuentra a su hermana en compañía de dos amigas, hermanas también entre sí. Tiende la mano a estas últimas y en cambio a su hermana no». Las dos hermanas simbolizan los pechos femeninos que desearía acariciar con sus manos, en cambio, la moral le prohíbe que toque los de su hermana. Ángel Garma también explica un sueño (de mujer) en que las dos hermanas simbolizan los pechos: «Estoy en la puerta de su casa con mis dos hermanas». Otro sueño de índole sexual, en que la soñante fantasea con el acto sexual que inconscientemente desea: la *puerta* es su órgano genital y las dos *hermanas* son los pechos. || 4. Otras veces, por supuesto, los sueños con hermanas reflejan los conflictos reales que se tienen con éstas en la vida cotidiana. Si uno o una hace un examen personal y familiar de las relaciones, encuentra fácilmente la explicación del sueño. Que una chica o chico sueñe, por ejemplo, que a su hermana le ocurre un accidente grave o que se muere, puede señalar una agresividad inconsciente hacia ella, sea por traumas infantiles o familiares. || *C. oc.*: **Varias hermanas:** Conflictos o pesares en la familia. || **Hermanas peleándose:** Riesgo de caer enfermo. || **Discutir con una hermana:** Desgracia o accidente en la familia.

HERRADURA

Psi. En algunos sueños de índole erótica simboliza el orificio genital femenino.

HIGO (Higos)

Psi. Símbolo sexual ambiguo; un higo suele reflejar el sexo femenino; dos higos son los testículos, el aparato genital masculino, como en el caso de una mujer que soñó que «un hombre me ofrecía higos, pero los rechacé». No satisfacía sus inclinaciones sexuales, las reprimía.

HIJOS (Hijas)

Psi. 1. La aparición de los hijos en los sueños de los padres puede tener varias vertientes, ya que unas veces pueden hacer referencia a los propios hijos o a los hijos que se desean, pero la mayoría de ocasiones representan a otra clase de hijos: *ideas, proyectos, ilusiones, negocios, obras creativas* (artísticas, literarias, etc.), *aspiraciones profesionales o espirituales*, etc. Incluso pueden simbolizar la *propia juventud* o *niñez*. Se hace preciso, por tanto, estudiar detenidamente todos los detalles y pormenores del sueño para poder descifrarlo debidamente. Es evidente que las personas solteras que sueñan con hijos lo tienen más fácil para identificarlos con sus proyectos y ambiciones. Las chicas solteras es normal que sueñen que tienen o no tienen hijos, como simbolismo de los deseos de amor y de matrimonio; en muchos de esos sueños, un solo hijo o niño representa al sexo contrario, a los genitales masculinos. *(Véase* el término *niño).* || 2. Cuando un padre o una madre sueña mucho con un hijo real, se hace necesario prestar más atención al chico y a sus problemas, pues el inconsciente puede estar advirtiendo de que algo no marcha en el muchacho y que necesita ayuda y consejo. Igual puede decirse en el caso de que se sueñe con una hija. || 3. Por supuesto, soñar continuamente con hijos pequeños (*véase* el término *niño*), también puede ser una advertencia o una llamada de atención del inconsciente de que uno tiene demasiado abandonados a los hijos de su interior, a sus proyectos, ilusiones, etc., en el sentido de que *da vida a muchos hijos y que luego los abandona a su suerte,* es decir, que no los ayuda a crecer. Este tipo de sueños acostumbran a tenerlos aquellas personas que no cesan de elaborar proyectos, estudios y negocios y al poco tiempo los dejan de lado por falta de perseverancia o capacidad para sacarlos adelante. || 4. Soñar que el propio hijo «sufre un accidente», «es atropellado», «cae por un precipicio», «se hiere», «se ahoga», etc. –siempre con gran dolor o terror del que sueña– puede expresar la angustia experimentada por el propio «Yo» frente a los impulsos agresivos inconscientes que se experimentan por el propio hijo, al achacarle a éste las dificultades por las que atraviesan los padres o el hogar. Por ejemplo, en el caso siguiente: «Soñé que mi hijo pequeño se ahogaba en la bañera. Grité aterrada como nunca había gritado. Quedé impresionadísima por esta pesadilla». La soñadora, una chica joven, seguramente sentía cierto tipo de animadversión inconsciente por el hijo, que era una carga demasiado pesada para ella y al que recriminaba (inconscientemente) el que no pudiera hacer lo que quisiera y le limitara el poder disfrutar plenamente de la existencia y de las diversiones. || 5. A veces, el hijo de los sueños es un niño intuitivo, un hijo interior que suele representar aquella parte inocente, ideal y espiritual de nuestra personalidad que aún conserva intactos sus valores. Este hijo suele aparecer en sueños para llevar de la mano a su padre o a su madre para mostrarle algo especial o extraordinario: una joya, una habitación oculta, un tesoro, un camino insospechado, una salida secreta, etc., o para advertirle de un peligro inminente, de una trampa, de una traición, etc. Entonces hay que analizar cuidadosamente lo que indica ese niño o hijo. || 6. Una madre o un padre que sueñen que están vistiendo a su hijo o hija con ropa del sexo contrario, puede señalar que, a nivel inconsciente, el progenitor está descontento con el sexo de su hijo y que está descuidando su educación, pues lo está tratando como si fuera del otro sexo. Es un sueño que advierte a los padres que no están actuando correctamente en relación con el hijo o hija. || 7. Soñar que se está hablando con un hijo o hija por teléfono y que no se entiende lo que dice o se corta la comunicación, es un clara advertencia de que hay mucha falta de entendimiento y comunicación entre unos y otros en la vida real. Hay que hacer esfuerzos para generar mayor comprensión entre unos y otros, a fin de evitar males mayores. || 8. A veces, para las mujeres, su hija representa el órgano genital. (*Véase* el término *despellejar*).

HINDÚES

Psi. En sueños de occidentales, simbolizan instintos genitales que se temen o rechazan, los cuales persiguen a la soñante en figura de hindúes; probablemente se identifican con hindúes a causa de la tradición erótica de la India y de la mucha literatura sexual hindú.

HOJAS MUERTAS

Psi. Las hojas muertas de los sueños simbolizan aquellas partes fenecidas y caducas del árbol de nuestra vida que hemos de barrer, de las que hemos de deshacernos y que, por lo general, son infantilismos, manías, complejos, rencores, etcétera. Por ello, que la persona sueñe que está rodeada de hojas secas o marchitas, es indicativo de que no se está limpiando psíquicamente y que los complejos y situaciones infantiles del pasado no han sido superados o que, incluso, puede agobiarle en el presente. Por esto, es positivo el soñar que uno está barriendo o limpiando una calle, vía de tren, camino, etc., las hojas secas, ya que quiere decir que está madurando y desprendiéndose de las cosas negativas del pasado. (*Véase barrer*)

HOMBRE DE BLANCO (*Véase desconocidos*)

HOMBRE DE NEGRO

Psi. 1. Figura arquetipo del espíritu, a semejanza del «viejo sabio». Simboliza tendencias e inclinaciones autónomas al margen del propio «Yo», el cual también aprende o adquiere experiencia de esa figura que, de acuerdo con Jung, podemos denominarla «personalidad mana». El hombre de negro y figuras parecidas (*véase* el término *viejo sabio*) suelen aparecer en momentos cruciales del crecimiento, desarrollo y consolidación de la personalidad. Veamos un caso práctico: «Soy una chica de diecisiete años y tengo costumbre de soñar con un hombre que no conozco (ves-

timenta negra, piel blanca y cabello color negro). Siempre está a mi lado. No habla y tampoco me hace daño. Cuando sueño con él, no tengo miedo. Si se lo pregunto es porque estoy muy preocupada y me gustaría saber quién es y qué pretende. Ejemplo de sueño: estoy en un lugar, y una mujer a la que no veía la cara me empezaba a hablar. Yo quería salir de ahí, pero ella no quería, pero al final cojo una estatuilla pequeña (era una pareja) de color dorado y me voy. Pero veo un hombre (que es el mismo en cada sueño, con la misma vestimenta) que me esperaba con una balsa de madera y me fui con él. En el suelo había agua». Nuestra respuesta a este sueño fue: «No debes tener miedo de esos sueños ni del *hombre de negro,* puesto que son sueños de tipo positivo. En conjunto, estos sueños reflejan el crecimiento, desarrollo y formación de tu personalidad y carácter. Tú sabes que en toda persona hay un principio femenino y un principio masculino, un sentido materno y un sentido paterno, que en tus sueños quedan representados por la mujer que aparece en el sueño (que incluso, en tu caso particular, puede ser un simbolismo disimulado de la madre y de las cortapisas que pone a tu libertad) y por el *hombre de negro.* Además, esta figura tan singular es muy positiva y has de interpretarla como un guía interior, un consejero, un preceptor, un gurú, un instructor, un maestro espiritual, el viejo sabio…, que no son más que arquetipos del espíritu, es decir, las figuras clásicas que a veces adopta el espíritu para manifestarse, toda vez que al no ser material no tiene otra manera de hacerlo, para que comprendamos su presencia en nuestro interior. Este hombre de negro viene a decir: no tengas miedo de crecer y desarrollarte, porque yo estoy aquí para acompañarte y ayudarte a que te conozcas a ti misma. Estas figuras arquetipos del espíritu (en tu caso particular el *hombre de negro)* suelen aparecer en sueños cuando la persona pasa por momentos críticos o cruciales en su vida cotidiana, por lo general de crecimiento y desarrollo de la personalidad psíquica, en las que necesita un consejo, comprensión, plan, palabras o un guía que la ilumine, puesto que por sí misma no está aún en condiciones de proporcionárselos. Por otra parte, todo esto me indica que adoleces de falta de una verdadera guía paternal o familiar o que los padres no tienen suficientes conocimientos ni cultura para aconsejarte correctamente. Esta figura de *hombre negro* es el "ánimus". Cuando se producen estas dudas y vacíos interiores, se forma y aparece el arquetipo, cuya misión es compensar ese estado de deficiencia espiritual y recordar que no estamos solos, que el espíritu guía sigue a nuestro lado y nos protege. Es curioso indicar que ese *hombre de negro* y otras figuras arquetipos parecidas, son autónomos, es decir, que se mueven al margen de nuestro propio "Yo" y de sus órdenes y que contienen energías y cualidades anímicas que incluso son captadas y asimiladas por el mismo "Yo". Es por ello que esas figuras de los sueños fueron denominadas por Jung "per-

sonalidades mana". Por supuesto, como en todo sueño importante y trascendental, también en los tuyos hay una vertiente sexual, el equilibrio femenino-masculino, la atracción por el sexo contrario (heterosexualidad), representadopor la *estatuilla dorada.* Y la *balsa* que aparece al final del sueño, representa el soporte de sustentación y navegación más primitivo y eficaz, que sirve para pasar de una orilla a otra o navegar por el río, en este caso para navegar por el río o lago de tu inconsciente y no ahogarte en los conflictos y neurosis que a veces se abaten sobre nuestro propio inconsciente (representado por el *agua).* Por tanto, olvida tus temores: tanto el *hombre de negro* como la *balsa* protegen el desarrollo de tu personalidad». En los sueños de mujeres, estos tipos de personajes psíquicos masculinos también reciben el nombre de «ánimus». *(Véanse* los términos *personas desconocidas* y *mujeres desconocidas).* || 2. En ocasiones, un *hombre negro o de negro,* puede representar la malignidad de la *sombra (véase* ese término), lo que en la antigüedad llamarían «el genio malo». *(Véase* el sueño histórico de Casio explicado por Valerio Máximo, en el término *desconocidos).*

HOMBRES DESCONOCIDOS *(Véanse desconocidos, persecución, personas desconocidas* y *hombre de negro).*

HORAS

Psi. 1. De acuerdo con Freud, a menudo las horas que aparecen en el reloj de los sueños señalan épocas de la vida infantil del sujeto, no horas de la vida presente. Así, las 6 horas indica los 6 años; las 7 horas, los 7 años; las 9:30 horas los 9 años y medio, etc. Por supuesto, esas horas-fechas hacen referencia a los acontecimientos que tuvieron lugar por dicha época, por lo general traumáticos (de ahí su persistencia en el inconsciente), como la muerte de uno de los progenitores, la separación de éstos, el fallecimiento de un hermano, sufrir un accidente o violencia, tener un gran susto o un grave desengaño, etc. || 2. Por supuesto, en sueños de tipo parapsicológico, sean telepáticos o clarividentes, la hora que aparece en sueños puede referirse a acontecimientos futuros. *(Véase* el apartado 13 del término *automóvil).* || 3. En sueños de tipo erótico, las 3 horas o las 3 de la tarde tienen un simbolismo fálico, mientras que las 2 horas o las 2 de la tarde representan la sexualidad femenina. *(Véanse* los términos *dos* y *tres).* || 4. En sueños confusos y absurdos, los relojes y las horas aparecen como *residuos diurnos* de tensiones y preocupaciones, en especial en sujetos de vida muy cronometrada, como directores, jefes, banqueros, políticos, industriales, comerciantes, etc. || *C. oc.:* **Ver la hora en un reloj:** Descubrimiento de un secreto, se acerca un acontecimiento. || **Ver la hora en un reloj de pulsera:** Acontecimiento personal. || **Ver la hora en un reloj público:** Alerta ante nuevas situaciones profesionales y sociales. || **Ver la hora en un reloj de pared:** Acontecimientos familiares. || **Reloj dando la hora con campanadas:** Buenas noticias, beneficios, encuentros agradables. ||

Un cuclillo dando la hora: Golpe de suerte, premio inesperado, herencia, buena racha comercial.

HORNO

Psi. l. Clara representación de los genitales femeninos. *(Véase casa).* Charles Baudouin (en su obra *Introducción al análisis de los sueños)* explica el siguiente sueño, perteneciente a una de sus pacientes, que estaba a punto de alumbrar y cuyas preocupaciones influyeron en el sueño: «La chimenea del horno está llena y desborda. Es domingo. No encuentran un deshollinador para destaparla. Corre a buscar uno al lugar donde vive cierta persona a quien pensaba dirigirse de no encontrar una partera». Este sueño lo tuvo la mujer el jueves por la noche y dio a luz en la noche del sábado al domingo. Aquí, el *deshollinador* simboliza al médico, al partero. Es claro, por demás, el símbolo uterino maternal del *horno.* || 2. El doctor Otaola explica cómo una joven ansiosa de ser madre tuvo el sueño siguiente: «Abro la puerta de un horno, como de panadero, para recoger algo que debe de haber dentro. Encuentro a un niño muy hermoso, recién nacido».

HORTALIZAS

Psi. 1. Las principales hortalizas que tienen un simbolismo fálico, que representan el miembro viril son: *berenjena, ajo, cebolla, puerro, calabacín, boniato, nabo, zanahoria, pimiento, rábano, remolacha, chirivía, espárrago, pepino, colinabo, habas…* || 2. Las hortalizas que simbolizan los genitales femeninos son: *alcachofa, lechuga, acelga, bróculi, coliflor,* col, escarola, patata, judías, alubias, legumbres…

HOSPITAL (Sanatorio)

Psi. 1. Si uno se ve en un hospital –sea como visitante o como paciente– quiere decir que algo no marcha bien en su interior o personalidad y que hay que ponerle remedio con el tratamiento y la hospitalización correspondientes. Por lo general, esa enfermedad o dolencia es emocional, sentimental, mental, etc. Por tanto, de una forma u otra, los sueños de hospital suelen indicar cambios y nuevas situaciones, casi siempre acompañados de sacrificios, dolores y renuncias, de ahí que uno sea llevado al hospital del inconsciente, ya que necesita ayuda y consuelo. El sueño del hospital puede considerarse bastante positivo, ya que indica que el inconsciente está trabajando para curar el trauma sufrido o que va a generarse en un futuro cercano. (*Véanse* los términos *médico, amputación, dentista, cardiólogo, encefalograma…*). || 2. En los casos de enfermedades físicas o tratamientos psicoanalíticos o psiquiátricos, etc., el hospital refleja el curso de la dolencia o está en relación con ese problema.

HOTEL (Hostería, residencia, pensión, fonda)

Psi. 1. En la vida cotidiana, el hotel está en relación con la residencia ocasional o provisional fuera del lugar habitual, lejos del hogar y de la familia, por lo que significa viajes, desplazamientos, actividades sociales, congresos, reuniones de negocios, domicilio provisional, amistades y relaciones ocasionales, etc., por lo que en muchos sueños, el hotel puede advertir que el soñante no se encuentra a gusto en su hogar, que necesita nuevos horizontes y renovar puntos de vista y contactos. En ocasiones, pues, señala que a uno le empieza a cargar su vida hogareña y sus ataduras (sea con los padres o con el cónyuge e hijos). Puede haber hasta falta de sentido de asentamiento familiar o rechazo de la vida hogareña si el sueño se repite a menudo. Según los detalles del sueño, puede significar una huida de sí mismo, un intento de escape de la propia personalidad o una falta de unidad en sí mismo (recordemos que la casa representa la personalidad); de una forma u otra, el soñante necesita un cambio de rumbo en los propios pensamientos y manera de ver las cosas. Para comprender bien el sueño en que intervienen hoteles, hay que estudiar el lugar en que están enclavados, si son de lujo o de mala nota, el nombre que llevan (a veces, su nombre es significativo para comprender el sueño), etc. Un hotelucho o pensión de barrio bajo –por ejemplo– puede expresar deseos inconfesables del soñante con referencia al sexo u otros vicios. En el plano sexual, puede indicar lo que le gustaría hacer y practicar, que en la alcoba conyugal a lo mejor no se lo permiten hacer. || 2. Algunos sueños de hotel pueden señalar la soledad del soñante, su carencia de compañía o pareja, incluso a nivel amoroso. Se acude al hotel (símbolo de actividad social) en busca de contactos, relaciones y hasta amores ocasionales. Esto no debe sorprender, puesto que el hotel, en realidad, es la reunión o conglomerado de muchos dormitorios o alcobas, por lo que ya son sospechosos de por sí los sueños de hotel. Pueden tener hasta un tinte de amor libre, de prostitución encubierta, de relaciones pasionales caprichosas... Por supuesto, en ocasiones, pueden estar conectados con vivencias del pasado, al tiempo que con deseos presentes, como en el caso que relata Carl Jung sobre una paciente suya (mujer casada): «Estaba en un hotel de una ciudad desconocida. De pronto estallaba un incendio. Su marido y su padre, quienes estaban con ella, la ayudaban en la tarea de salvamento». En el psicoanálisis, la mujer asoció el *incendio* con uno reciente que había destruido un hotel donde ella había tenido una apasionada aventura amorosa. A partir de ahí, Jung logró que la mujer recordara y admitiera haber «tenido muchas relaciones sexuales ocasionales». En realidad, el incendio del hotel no sirvió de nada más que de interruptor para encender la problemática de la soñante. El *incendio* del sueño es un reflejo de su fogosidad y del predominio de lo sexual o genital en su personalidad, por lo que no debe sorprender que sueñe que el hotel está en una *ciudad desconocida,* ya que equivale a decir que se desconoce a sí misma cuando se deja llevar por la agitación sexual. *El incendio del hotel* la advierte de los peligros en que se halla su personalidad si no actúa con mesura y cordura. El que el *marido* y su *padre* la ayuden al salvamento de la gente del hotel, quiere decir que hay en ella fuerzas para luchar –con ayuda de los suyos– por la salvación de su personalidad y salud y, probablemente, alma. No quepa duda que esa mujer (Jung no lo dice) pasados sus períodos de arrebatos e historias amorosas, empezó a cuestionarse su comportamiento moral y a tener remordimientos de conciencia y temor a ser castigada moralmente (*incendio* = llamas del infierno), por muy liberal que se considerara. || 3. En su aspecto de actividad social o mundanal, es curioso el significado de un hotel en el sueño de un enfermo. Mientras se estaba reponiendo de una especie de congestión pulmonar (lado derecho), soñó que iba a un hotel para un congreso y que mientras estaba hablando con el recepcionista pasó por su lado un personaje que le golpeó amistosamente en la espalda (en donde tenía el mal), sonriente, como queriendo decirle que no tuviera miedo, que no era nada su dolencia. La sorpresa del soñante fue enorme al reconocer al fallecido actor Rock Hudson. En conjunto, como el enfermo estaba muy preocupado por su larga dolencia, el inconsciente le dio un mensaje claro de que saldría adelante y de que pronto podría volver a sus actividades sociales. Y se lo decía en la figura de Rock Hudson, que podía hablar con suma propiedad de lo que era el sufrimiento, como queriéndole indicar: *Tranquilo, que lo tuyo no es nada, te lo digo yo.* || 4. El doctor Otaola cuenta el caso de un hombre casado que carecía de falta de intimidad en su hogar y que apenas podía estar a solas con su mujer a causa de la gente que siempre había en casa. Tuvo el sueño siguiente: «Vivo en un hotel. Intento hablar por teléfono con mi mujer, pero cada vez que iniciamos la conversación cortan la comunicación». Es una clara expresión de la falta de intimidad y comunicación que había entre la pareja. || 5. Geoffrey A. Dudley, en su obra *Sueños,* cuenta el siguiente caso de una mujer casada: «Estoy residiendo en un hotel con muchos dormitorios y nunca puedo encontrar el mío». Es un sueño que habla de las dificultades que tiene la mujer para encontrarse a sí misma a nivel sentimental. Incluso habla de insatisfacción conyugal y de búsqueda de pareja adecuada, pero no la encuentra (no halla su *dormitorio* en el hotel de la vida). || 6. Una fonda, pensión u hotel de mala nota, etc… ya se comprende que hace referencia a situaciones de prostíbulo o de relaciones sexuales comprometidas. *(Véase* el término *trompa).*

HOYO
Psi. Suele simbolizar cualquiera de las aberturas genitales, sea la vaginal o la anal. *(Véase* el apartado 3 del término *acto sexual).*

HUCHA *(Véase alcancía)*

HUELLAS (De pisadas)
Psi. 1. A veces, el soñante queda sorprendido al ver en tierra las huellas de pisadas que no atina a identificar, que parecen pertenecer a animales extraños o desconocidos. Son los primeros indicios o advertencias de que en su personalidad se están moviendo, de manera silenciosa y solapada, fuerzas extrañas y no controladas, por lo general, sexuales o agresivas. Hay que autocontrolar las intemperancias de carácter y evitar las desviaciones peligrosas con respecto al orden moral que tenga establecido o inculcado. || 2. En ocasiones, si uno sigue el rastro de las pisadas, puede toparse con una bestia o monstruo inesperado, fiel reflejo de la parte de la personalidad que permanecía oculta o muy reprimida. Entonces, más que matar a la fiera; hay que dialogar con ella e intentar comprenderla, buscando su domesticación, de lo contrario puede iniciarse un trauma inconsciente o una neurosis. || 3. No puede descartarse que, otras veces, las huellas de pisadas de fieras o bestias adviertan al soñador de que hay personas que lo acechan para perjudicarlo. En tales casos, es conveniente meditar y verificar los asuntos que uno tenga en marcha en colaboración con otras personas, *a fin de evitar traiciones.* Puede darse el caso de estar confiando en personas que parecen buenas y correctas, que tienen la apariencia de «corderos», pero que, en realidad, son «lobos», «fieras carniceras», sus huellas (las aparecidas en el sueño) los delatan. || *C. oc.:* **Pisadas que parecen ser de otro hombre:** Máxima precaución en operaciones mercantiles y financieras. || **Huellas que parecen pertenecer a fieras:** Hay que estar alerta contra traiciones y perfidias, tanto en lo profesional como en lo sentimental. || **Mujer casada viendo huellas de otra mujer:** El marido es infiel, hay una mujer intrigando para ro-

bárselo. || **Pisadas de niños:** Nuevos proyectos que irán muy lentamente o tardarán en realizarse. || **Huellas de un tigre o pantera:** Cuidado con las traiciones inesperadas.

HUERTO (Huerta)

Psi. 1. Ver, moverse o trabajar en un huerto o huerta suele hacer alusión, a semejanza del *jardín (véase* ese término), a la sexualidad y sus placeres. Hay que buscar el simbolismo de las distintas hortalizas que en éste se vean o cultiven. || 2. Laborar en un huerto también puede expresar la buena disposición de las fuerzas psíquicas del soñante para obtener frutos (beneficios) de su trabajo y proyectos. *(Véase* el término *cultivar).* || *C. oc.:* **Cultivar un huerto:** Beneficios, abundancia, recursos, proyectos que se realizan. || **Recoger frutos de un huerto:** Deseos y pensamientos que están en marcha; si la soñante es una mujer, especulaciones eróticas o románticas. || **Abundancia de frutos y hortalizas en un huerto:** Beneficios monetarios, negocio que prospera. || **Huerto sin frutos o yermo:** No se obtendrá lo que se esperaba, sea a nivel sentimental o profesional; penuria, escasez. || **Animales destruyendo las hortalizas y frutos de un huerto:** Ruina o grave quebranto económico por la actuación de empleados, colaboradores o socios infieles. || **Muchos frutos maduros en un huerto:** Pronta entrada de beneficios, buenas noticias profesionales. || **Huerto con los frutos aún verdes:** Se retrasarán beneficios, proyectos o colaboraciones. En amor, no aparece aún la persona ideal.

HUEVO (Huevos, huevería)

Psi. 1. Los huevos de gallina acostumbran a simbolizar la sexualidad masculina, los testículos, la virilidad. Una mujer que sueñe que entra a comprar en una huevería siempre hace referencia a la vida afectiva o sexual. Según lo satisfecha que quede con la mercancía obtenida expresa la satisfacción o insatisfacción de su vida erótica. En cambio, un hombre que entre a comprar huevos puede simbolizar que necesita adquirir potencia sexual, virilidad u hombría; en estado de vigilia puede ser demasiado tímido o pusilánime. || 2. Otras veces, un huevo puede representar el desarrollo y trasformación psicológica del propio soñante, en el sentido de que está evolucionando psíquica y moralmente hacia lo positivo. Puede ser el aviso de una nueva etapa en su existencia. || 3. En ocasiones, los huevos de los sueños puede referirse a los hijos y a una próxima maternidad.

HUIR (Huida)

Psi. 1. Por lo general, el huir de fieras, personas y cosas, representa la huida temerosa ante los instintos sexuales de la propia naturaleza o personalidad. *(Véanse* los términos *persecución* y *toro).* || 2. Otras veces, huir de algo o de alguien expresa los deseos inconscientes de escapar de una situación familiar o laboral, de romper las relaciones existentes e iniciar una nueva vida. *(Véase* el término *escapar).*

I

IGLESIA

Psi. 1. En ocasiones, suele ser una clara representación de la madre protectora, de la imagen materna. Recordemos frases como «la madre Iglesia», en el sentido de que acoge a todo el mundo con amorosa hospitalidad. En personas alejadas de su madre, cuando tienen algún problema o están necesitados de consejo, no es raro que sueñen con una iglesia. || 2. La iglesia de los sueños también puede ser una expresión de las vivencias religiosas, del contenido místico y espiritual que hay en el inconsciente del individuo. Puede simbolizar su iglesia interior, su iglesia onírica, el lugar sagrado o la capilla de sus ideas y tendencias místicas, morales y altruistas. El idealismo o espiritualidad del sujeto también puede ser reprimido por el materialismo y el agnosticismo, dando lugar a un conflicto inconsciente de acuerdo con la instrucción religiosa recibida. Ante determinados problemas y angustias, cuando uno se busca a

sí mismo y tiene preocupaciones espirituales, la iglesia onírica significa el lugar de paz y refugio que necesita para serenarse. Y no es raro que asista a un extraño bautismo, que simboliza el renacimiento y purificación de sí mismo. || 3. A veces, en sueños, tiene uno que superar obstáculos e impedimentos antes de llegar a su iglesia, lo que indica que la solución de los problemas no depende sólo de las creencias religiosas y espirituales, sino también de la «purgación» interior y de los esfuerzos personales; que no hay que confiar tanto en Dios ni en los santos, esperando que sean ellos quienes solucionen nuestros asuntos. || 4. Sobre todo en sueños de féminas, la mayoría de las veces la iglesia es un símbolo sexual. No olvidemos que es el lugar en que se da permiso para las relaciones sexuales, que es el lugar en que lo carnal recibe su autorización y se perdonan sus desvaríos. Cuando una mujer sueña con una iglesia, es una manera de «disimular» sus apetencias carnales, de divinizarlas un poco. Veamos un ejemplo (sueño de chica de veinticuatro años): «Hace dos años que vengo soñando muy a menudo con iglesias, y sobre todo que en esa iglesia (casi siempre la de mi pueblo; yo no vivo allí) hay una boda. La novia va de blanco y el novio de oscuro. Hay poca gente, y yo siempre estoy sola, y no veo bien las caras. Siento mucha pena, aunque el novio no sé quién es. Sólo sé que le quiero mucho y él se va a casar con otra. Siempre me despierto antes de que la boda termine. Sólo en una ocasión, a la salida, él me ha mirado y se ha reído. Le diré que en la realidad salgo con un chico y tengo miedo de que mi sueño se realice y él se case con otra». Nuestra interpretación fue: «En realidad, estos sueños no están relacionados con tu novio. Indican tus deseos amorosos, por supuesto, el que quieres casarte y hacer el amor. Añoras tu pueblo (y probablemente, madre) y te sientes sola. En realidad quisieras estar integrada en la vida social, como persona adulta, entre los demás (es lo que simboliza el *pueblo;* probablemente te sientes un poco marginada en el lugar en que vives). Además, esos sueños tienen un trasfondo claro de la formación de tu personalidad con respecto a la vida sexual. Por un lado, te duele dejar la infancia e ilusiones de adolescente atrás, y, por otro, te atrae la vida de adulto, pero con temor y reparos. Probablemente piensas demasiado en el amor. En parte, esa *novia desconocida* es tu propia *sombra* y el novio, tu "ánimus", es decir, aquellas partes de tu personalidad

que se unen para formar un ser más maduro e integral. Sin embargo, los últimos sueños (no das suficientes detalles de ellos) parecen reflejar los temores que experimentas por el novio real. Esto quiere decir que, seguramente, tu inconsciente ha captado algo que tú no quieres ver por el amor que sientes por él. Pero yo enfocaría el problema desde otro punto de vista y me haría la pregunta: ¿Es realmente ese chico el hombre de mi vida? Una cosa son los deseos de amor y de formar una familia (que los tienes muy exagerados) y otra el que el hombre con el que sales sea el amor ideal. Reflexiona sobre esto y no te dejes arrastrar por el ciego corazón. En tus relaciones con ese chico hay algo que examinar detenidamente. Es el mensaje de tus últimos sueños». ‖ 5. En ocasiones, es claro el simbolismo sexual en que sale una iglesia, como en el caso que sigue, explicado por Freud en su obra *La interpretación de los sueños* (sueño de mujer casada): «… Alguien se introdujo entonces en la casa y, llena de angustia, llamó a un agente de policía. Pero éste, de acuerdo con dos ladrones, había entrado en una iglesia, a la que daba acceso una pequeña escalinata. Detrás de la iglesia había una montaña, cubierta en su cima de espeso bosque. El agente de policía llevaba casco, gorra y capote. Su barba era poblada y negra. Los dos vagabundos que tranquilamente le acompañaban llevaban a la cintura unos delantales en forma de sacos. De la iglesia a la montaña se extendía un camino bordeado de matorrales, que se iban haciendo cada vez más espesos, hasta convertirse en un verdadero bosque al llegar a la cima». Como indicó Freud, es un sueño de índole sexual, que refleja todos los símbolos eróticos que puedan darse en un ensueño, aunque al primer golpe de vista pueda parecer lo contrario. Analicemos un poco su contenido: El *agente de policía* representa al esposo de la soñante (que precisamente era policía): los *dos ladrones* que le acompañan como cómplices son los testículos. La expresión *había entrado en una iglesia* equivale a la penetración vaginal, al coito (iglesia es igual a vagina), *a la que daba acceso una pequeña escalinata* (referencia a la excitación rítmica que acompaña al coito). *Detrás de la iglesia había una montaña*, es decir, el monte de Venus de la mujer, *cubierta en su cima de espeso bosque*, o sea, los pelos del pubis. Siguen los símbolos fálicos que representan al marido y sus genitales: *casco, capote, barba, delantales...* En conjunto, pues, el sueño obedece a ser el recordatorio de un acto sexual que no debió de ser aceptado de muy buen grado por la soñadora. || 6. En su expresión más simple, una iglesia son los genitales de la mujer, su lugar más sagrado.

INCENDIO

Psi. 1. Una de las formas que adopta el fuego en sueños (al igual que en la vida real) es el incendio, el fuego destructor incontrolado que todo lo puede quemar y consumir. Por ello, cuando una persona sueña con un incendio, es una clara advertencia de que se ha encendido en su inte-

rior un fuego peligroso y destructor. El incendio, prendido en algún rincón oscuro de la personalidad, ha sido advertido por el inconsciente y da la voz de alarma. Lo difícil es saber qué clase de fuego destructor está a punto de comenzar en el soñador (es decir, qué tipo de peligro), qué clase de combustible es el causante del desastre... Y de manera parecida a lo que ocurre en la vida real, en que los bomberos se enteran de qué tipo es el fuego antes de arrojar sobre él agua o los productos químicos adecuados para su extinción, debe llevarse a cabo un análisis de los sentimientos inconscientes, un examen minucioso y cuidadoso para detectar la clase de materiales que provocan el incendio en la personalidad. Por ejemplo: ¿se trata de una pasión amorosa «abrasadora» o inconveniente?, ¿se están disparando los instintos hacia direcciones prohibidas y destructoras?, ¿es un estado de agotamiento o estrés que está poniendo en peligro al sistema nervioso o propiciando una afección cardiovascular...? *(Véase* el término *fuego).* || 2. Una isla virgen incendiada puede representar los

deseos amorosos que están abrasando a una chica virgen. *(Véase* el término *isla).*

INCESTO

Psi. 1. No están acordes los psicólogos sobre el significado de soñar que uno se acuesta con sus progenitores, hermanos, parientes, etc. Para los psicoanalistas freudianos es la expresión de los famosos y controvertidos complejos de Edipo (apego afectivo del chico por la madre) y de Electra (apego afectivo de la chica por el padre). El doctor F. Oliver Brachfeld opina que el incesto onírico es un «sueño típico en personas mimadas», lo que podría llevar a una introversión de sentimientos y sexualidad, es decir, no abrirse al mundo exterior para los contactos sexuales y concentrarse demasiado en el calor hogareño. En algunos casos, puede darse esa circunstancia en algunos sueños de incesto, pero no es la explicación general que nos haga entender por qué tanta gente tiene sueños de ese tipo. Para Carl Jung, el incesto viene a simbolizar «el anhelo de unirse con la esencia de uno mismo», en el proceso de individuación, cosa bastante discutible, puesto que la mayoría de sueños de incesto se tienen de adolescente, cuando el proceso de individuación se considera que aún no está en marcha. No falta quien opine que es una expresión de resentimiento contra la madre, la hermana, etc., resentimiento que se halla en el inconsciente del sujeto. Para Adler, el sueño de incesto es la expresión de un afán de dominio, una especie de protesta masculina o varonil, o afirmación de lo masculino (hablando del yacer con la madre por parte del hijo). De acuerdo con nuestra experiencia, lo que queda claro es que los sueños de incesto abundan mucho más entre los niños, adolescentes y jóvenes que entre los adultos, lo que indica que tienen lugar *durante el despertar y desarrollo intenso de la sexualidad* por lo que han de interpretarse como símbolos de querer «unirse» o «acoplarse» a conceptos, imágenes, principios o símbolos que deben incorporarse a la propia personalidad. Hasta pueden considerarse, en muchos casos, como sueños de iniciación sexual o amorosa, a fin de que el soñante empiece a pensar en el sexo y experimentar seriamente con él, con personas a las que ama y no teme y a las que debe imitar. Puede ser un proceso inconsciente de maduración psicológica. La madre, el padre, el hermano, la hermana, etc. pueden simbolizar unos rasgos o valores que el soñante considera como «ideales» o dignos de imitar, valores que deberían conformar la personalidad del compañero o compañera que desea. En el caso de gente joven pueden, asimismo, ser sueños que reflejen una cierta trayectoria hacia la madurez sexual. El chico que sueña que se acuesta con su madre, ¿no está, acaso, imitando u ocupando el lugar del padre, del cabeza de familia? Puede haber en su inconsciente una tendencia a querer ser mayor y a tomar responsabilidades. En este aspecto podemos considerar que está tomando forma en su personalidad la imagen paterna de responsabilidad. Y lo mismo puede decirse de una chica que sueña que hace el amor con su padre; está ocupando el lugar de la madre, lo que quiere decir que se está integrando en ella la imagen materna y de la madurez psicológica para tales responsabilidades, admire o no al padre (puede hasta odiarlo en la vida real). En definitiva, quiere ser mayor y tomar responsabilidades. A medida que se madura, tales sueños desaparecen y se presentan otros, en que las necesidades sexuales se trasfieren a otras personas: maestros, colegas, artistas, cantantes, personajes famosos, etc., con los que se sueña, y los padres y familiares desaparecen de los sueños. Veamos como ejemplo, un sueño típico de incesto en una jovencita: «Sueño muy a menudo que estoy desnuda en una habitación y hago el amor con mi padre, con mi madre y con mi profesor de matemáticas». Lo difícil de comprender es el caso contrario, es decir, que el padre o la madre sea la que sueñe que se acuesta con su hija o hijo, respectivamente. Hay que estudiar muy bien, entonces, el conjunto del sueño para comprenderlo, ya que los hijos pueden simbolizar los ideales o los proyectos a los que gustaría unirse. (*Véase* el término *hijos*). En el caso de sueño de incesto entre hermanos, qué duda cabe de que el hermano o la hermana simboliza a la chica o chico que se desearía tener: representan simplemente el principio masculino y el principio femenino. || 2. Para algunos sueños de incesto con la madre, *véase* el término *acto sexual*.

INCUBAR

Psi. Soñar que una paloma está incubando dos huevos en un nido suele expresar los deseos amorosos que se están formando o cobrando forma en la soñadora. (*Véase* el término *paloma*).

INDIOS

Psi. Uno de los símbolos del principio masculino y, a la vez, de los instintos primitivos y salvajes que hay en el interior de toda personalidad, por lo general de tipo sexual. El miedo a los indios salvajes puede reflejar los temores a la sexualidad masculina (*véase* el término *violación*), como el caso siguiente (chica joven de diecinueve años, que ve con sorpresa cómo se instala un campamento de indios en el vestíbulo de su casa, es decir, a la puerta de su personalidad sexual. Es un sueño que representa el asalto de los deseos eróticos y contiene todos los elementos clásicos del acto sexual: luchas, cuchillos, hachas, apuñalamientos, etc.): «Soñé que yo estaba en la cocina y el campamento indio en el vestíbulo de mi casa. Ellos, los indios, estaban constantemente atacándome. Yo estaba con un tío y un hermano, aunque ellos apenas aparecían. Estaban allí pero no me ayudaban a luchar contra los indios, ni siquiera los veían. Sólo una vez salió mi hermano; él se encontraba en una habitación frente a la cocina; allí no tenía nada con qué defenderse si le atacaban. Así que yo, aprovechando un momento en que los indios habían dejado de atacarme y estaban reunidos en su "campamento", abrí la puerta de la cocina y llamando a gritos a mi hermano le dije que pasara a donde yo estaba, que allí estaríamos más seguros. En este momento los indios volvieron la cabeza y al vernos en el pasillo, cogieron sus hachas y volvieron a atacarnos. Sin embargo, me dio tiempo a cerrar la puerta y no pudieron entrar; inexplicablemente apareció un indio sobre la puerta, lo que es muy difícil, ya que del marco superior de la puerta al techo hay muy poco espacio y la mayoría está ocupado por un saliente; no obstante, el indio estaba allá agazapado, iba a tirar el hacha, pero yo cogí un cuchillo y se lo tiré, lo maté y al caer volví a quitarle el cuchillo del cuerpo, pensando que así no me quedaría sin cuchillo. Así que esperaba a que los indios se acercaran a mí para clavarles el cuchillo y volver a sacárselo, así siempre tendría los mismos cuchillos. Éstos eran los clásicos de cocina, ni pequeños ni grandes. Otra cosa de mi sueño que me llamó la atención es que en un principio utilizaba los cuchillos tirándoselos a los indios, pero con una habilidad increíble; los cogía por la punta y se los lanzaba clavándoselos siempre en el corazón. El caso es que yo maté a muchísimos indios, pero los cuerpos debían de desaparecer, porque no recuerdo que me estorbaran. Lo último que recuerdo del sueño es que estaba luchando cuerpo a cuerpo con varios indios, clavándoles cuchillos en el corazón. En ese momento desperté asustada». Incluso el *clavar un cuchillo en el corazón* es un símbolo gráfico del amor que se desea. No habría ni que decir que los deseos inconscientes de hacer el amor eran muy intensos, mucho más que lo que se imaginaba la misma soñante.

INDUMENTARIA (*Véase vestido, uniforme y disfraz*)

INMOVILIZADO (*Véase paralizado*)

INMUNDICIA (*Véase basura*)

INSULTO

Psi. Los insultos que puedan dirigirle a uno en sueños son la expresión de sentimientos inconscientes de culpabilidad, lógicamente por actuaciones cometidas en la vida real.

INUNDACIÓN

Psi. El agua de los sueños también puede volverse peligrosa. Puede dar lugar a inundaciones, invadir una casa, un dormitorio, una habitación, un huerto, un jardín, etc. Incluso se puede ver cómo revienta un dique, un pantano, una presa, etc. Es un tipo de sueño que equivale a una señal de alarma del inconsciente. La mayoría de las veces advierte de que el equilibrio emocional interior se está agrietando o rompiendo y que hay partes o zonas de la personalidad que pueden resultar dañadas o ahogadas. Por ejemplo, un hombre maduro, que llevaba días alterado por cuestiones personales y profesionales, soñó con una presa semicircular cuyas paredes se estaban agrietando, para reventar al final. Todos tenían que salir corriendo para intentar salvarse. Fue un sueño de descarga y, al mismo tiempo, indicativo de que el soñante tenía que reducir sus tensiones si no quería tener un disgusto. Siempre que existe un sentimiento demasiado fuerte, una alteración emocional profunda, se produce un desequilibrio en el inconsciente y personalidad, proceso que suele ser expresado en el símil de la inundación. Recordemos que el agua (*véase* ese término) simboliza el inconsciente y la vida interior de la persona.

INYECCIÓN (Aguja o cánula de)

Psi. l. Símbolo fálico, representación del miembro viril, de la sexualidad masculina, como en el caso siguiente: «Soñé que fui de visita al médico y me recetó unas inyecciones, las cuales llevaban acopladas sus correspondientes jeringas; la enfermera y el doctor me manifestaron que tenía que inyectármelas yo. Lo intenté con miedo por mi parte, ellos se reían, absurdo, ¿verdad?». Ignorando la edad y otros datos, nuestra respuesta escrita fue: «No, tu sueño no es tan absurdo como crees. En primer lugar tenemos que la aparición de un *médico* en sueños indica que algo no marcha bien en uno mismo, que el organismo no funciona correctamente y que está, por tanto, necesitado de un doctor, de alguien que lo cure. Sin embargo, el soñar con el médico es buena cosa, ya que esto indica que con él acuden a uno mismo las virtudes curativas del espíritu, que inconscientemente se espera luchar y superar la enfermedad, sea física o psíquica: indica, casi siempre, que va a resolverse el conflicto que hay planteado a nivel inconsciente. ¿Cuál es tu conflicto? En el defecto de no poder hablar contigo, me inclino a creer que tu sueño posee una carga sexual intensa. ¿Eres tímido o te cuesta intimar con mujeres? ¿Tienes dificultades para realizar el acto sexual con normalidad...? Las *jeringas* y las *agujas* simbolizan la acción sexual fálica, y en el sueño se te indica que *debes ponértelas tú mismo*, como diciéndote que el problema debes solucionarlo tú mismo, con tus propios esfuerzos (esto quiere decir que no es un problema tan grave como te imaginas). La *enfermera* representa, aquí, al sexo femenino, a la mujer, y las *risas* de ésta y del médico pueden simbolizar algunos sentimientos de inferioridad o excesiva timidez por tu parte, el miedo a hacer el ridículo. Como puedes ver, tu sueño no es tan absurdo. Es necesario que adquieras una nueva actitud más conveniente frente a los problemas que te afectan y todo cambiará. De momento ya sabes que tu guía interior psíquico –representado por la figura del médico– está alerta y te avisa de que debes tomar medidas para superarlos. Tienes que fortalecer tu carácter y perder la inseguridad que hay en ti, lo que se consigue a base de experiencia». || 2. Por supuesto, las inyecciones y jeringas médicas (así como otros adminículos e instrumentos médico-sanitarios) también pueden aparecer en sueños que contengan elementos reales en relación con la profesión médica, enfermedades, inyecciones, etc., al margen de su contenido psicológico. Al respecto, no podemos dejar de citar el conocido sueño «Una inyección a Irma» que Sigmund Freud tuvo en la noche del 23 al 24 de julio de 1895 y que fue el primer ensueño que el famoso psicoanalista vienés estudió en profundidad, abriendo una gran puerta a la interpretación psicoanalista de los sueños. El sueño de Irma se halla explicado en su totalidad (junto con varias páginas de interpretación) en la obra de Freud *La interpretación de los sueños*. Aquí, como recordatorio y ejemplo, nos limitamos a reproducir la parte esencial del escrito de Freud. Irma, la protagonista del sueño, es una paciente y amiga de Freud, la cual no avanzaba en su curación y, además, se encontraba cada vez peor. El doctor Otto, colaborador de Freud, le pasó el historial clínico de Irma al psicoanalista, para que lo estudiara. Otto le reprochó a Freud que el tratamiento de éste no daba resultados. Freud volvió a examinarlo todo y se fue a dormir muy nervioso y preocupado. Y fue esa noche cuando tuvo el sueño que le preocupó tanto y que sería una revelación sobre la manera de comprender la dolencia de Irma y, al mismo tiempo, expresar problemas psicológicos del propio Freud (e incluso hoy día se cree que ese sueño contenía indicios premonitorios de la enfermedad que muchos años más tarde llevaría a Freud a la tumba). El sueño de «Una inyección a Irma» dice así: «En un amplio hall. Muchos invitados, a los que recibimos. Entre ellos, Irma, a la que me acerco en seguida para contestar, sin pérdida de tiempo, a su carta y reprocharle no haber aceptado aún la "solución". Le digo: "Si todavía tienes dolores es exclusivamente por tu culpa?". Ella me responde: "¡Si supieras qué dolores siento ahora en la garganta, el vientre y el estómago...! ¡Siento una opresión...!". Asustado, la contemplo atentamente. Está pálida y abotagada. Pienso que quizá me haya pasado inadvertido algo orgánico. La conduzco junto a una ventana y me dispongo a reconocerle la garganta. Al principio se resiste un poco, como acostumbran a hacerlo en estos casos las mujeres que llevan dentadura postiza. Pienso que no la necesita. Por fin abre bien la boca, y veo a la derecha una gran mancha blanca, y en otras partes, singulares escaras grisáceas, cuya forma recuerda la de los cornetes de la nariz. Apresuradamente llamo al doctor M., que repite y confirma el reconocimiento... El doctor M. presenta un aspecto muy diferente al acostumbrado: está pálido, cojea y se ha afeitado la barba... Mi amigo Otto se halla ahora a su lado, y mi amigo Leopoldo percute a Irma por encima de la blusa y dice: "Tiene una zona de macidez abajo, a la izquierda, y una parte de la piel, infiltrada, en el hombro izquierdo" (cosa que yo siento como él, a pesar del vestido). M. dice: "No cabe duda, es una infección. Pero no hay cuidado; sobrevendrá una disentería y se eliminará el veneno...". Sabemos también inmediatamente de qué procede la infección. Nuestro amigo Otto ha puesto recientemente a Irma, una vez que se sintió mal, una inyección con un preparado a base de propil, propilena..., ácido propiónico, trimetilamina (cuya fórmula veo impresa en gruesos caracteres). No se ponen inyecciones de este género tan ligeramente… Probablemente estaría además sucia la jeringuilla». Hasta aquí el sueño tal como lo ha dejado escrito Sigmund Freud. La interpretación (larguísima, hecha por el propio Freud) la abreviamos con los datos más significativos. Para Freud, este sueño no era nada más que una solución ficticia o fantasiosa de sus propios conflictos psíquicos, en especial para defenderse de la crítica de Otto sobre sus procedimientos terapéuticos y psicoanalíticos. En este sueño, Freud se defiende de sus autorreproches y de los reproches de Otto mediante el mecanismo fácil e infantil de hacer a otro culpable, al mismo que lo acusaba a él, haciéndole responsable de una supuesta inyección a Irma, lo que exoneraba a Freud de cualquier culpa. Por todo ello, no debe sorprender que el propio Freud llegara a la siguiente conclusión: «El resultado del sueño es, en efecto, que no soy yo, sino Otto, el responsable de los dolores de Irma. Otto me ha irritado con sus observaciones sobre la incompleta curación de Irma, y el sueño me venga de él, volviendo en contra suya sus reproches. Al mismo tiempo me absuelve de toda responsabilidad por el estado de Irma, atribuyéndolo a otros factores, que expone como una serie de rzonamientos, y presenta las cosas tal y como yo desearía que fuesen en la realidad. *Su contenido es, por tanto, una realización de deseos, y su motivo, un deseo*». En otras palabras, *es una fantasía de cómo al soñante le gustaría que fuese la realidad*. Este sueño de Freud es muy complejo y difícil de interpretar, toda vez que

aparece el problema de una supuesta inyección puesta por Otto y las palabras del sueño: *No se ponen inyecciones de este género tan ligeramente*, hace referencia a los sentimientos de culpabilidad que tiene el propio Freud por haber recetado inyecciones de cocaína a un paciente que terminaría enviciándose con la droga y muriendo. Es decir, que el inconsciente, para tranquilizar a Freud, elabora en el sueño una descarga emocional y pasa la culpa a otro, a Otto. Al analizar en profundidad este sueño de la «Inyección a Irma», Didier Anzieu amplía esos sentimientos de culpabilidad de Freud al estudiar los personajes que parecen relacionarse con ese famoso sueño y los identifica así: «…Tres individuos mayores que Freud, tres reproches permanentes para él: Freud ha apresurado la muerte del primero con cocaína; el segundo es testigo de sus errores de diagnóstico y tratamiento; en cuanto a su hermanastro, sobre quien Freud es aquí discreto, la continuación del psicoanálisis nos informará que era objeto de resentimiento. El acto se cierra con la irrupción de un segundo trío femenino: la enferma mal curada con la cocaína; otra, llamada Mathilde, que otrora mató Freud con sulfonal; la hija mayor de Freud, Mathilde también, que estuvo a punto de morir de difteria. En ese momento, la inquietud de Freud desemboca en el sentimiento de su ineluctable culpabilidad» *(El autoanálisis de Freud y el descubrimiento del psicoanálisis)*. Pero desde el punto de vista simbólico, no debemos descartar la posibilidad de que, al mismo tiempo, ese sueño reflejara un trasfondo hasta premonitorio de la suerte final de Freud. Incluso la inyección citada puede ser un reproche del inconsciente por el hecho de que el propio Freud estaba tomando demasiadas inyecciones de cocaína o de morfina para sus dolencias, aparte de fumar con exageración, lo cual perjudicaba su boca y cuerdas vocales. Sobre ese aspecto de la salud del propio Freud, Anzieu nos aclara en su obra citada: «...El sueño de "La inyección a Irma" enumera todos los trastornos que Freud ha sufrido o sufre todavía: los síntomas intestinales (la disentería), la angina de 1881, que le había impedido deglutir y hablar, las supuraciones nasales, los dolores cardíacos. Freud es el enfermo que él mismo examina en el sueño: y así el sueño traduce su deseo en autoanalizarse». Por su parte, son tanto o más interesantes las conclusiones a las que llega Ángel Garma al estudiar este ensueño: «El sueño de Freud de "La inyección a Irma" puede ser considerado como un sueño premonitorio. En dicho sueño, Irma tiene una lesión en el interior de la boca, cuya evolución ulterior tiende hacia la disentería. Irma podría simbolizar al mismo Freud, quien muchos años después de este sueño tuvo, como consecuencia de fumar, una lesión cancerosa en el velo del paladar y al ser intervenido quirúrgicamente sufrió una hemorragia tan intensa que casi le causa la muerte. ¡Se puede añadir que la solución no aceptada por Irma, que menciona Freud en sus asociaciones al sueño, podría referirse a la que no aceptó este último,

al no querer renunciar a un hábito que tan dañino le resultó» *(Nuevas aportaciones al psicoanálisis de los sueños)*. Nosotros podemos añadir que no hay que descartar el aspecto *premonitorio* o *profético* de ese sueño, puesto que sabemos que todo ensueño nos habla al mismo tiempo del pasado, presente y futuro del soñante. En relación a este último aspecto hay que destacar que Irma también tiene el simbolismo del «ánima» del propio Freud y todo lo que le ocurre a ésta hay que suponerlo trasferido al cuerpo y personalidad de Freud y, en este caso concreto, precisamente a la boca. Recordemos que casi veintiocho años más tarde, en abril de 1923, a Freud se le declaró el cáncer de boca y empezó el largo calvario de operaciones, electrocoagulaciones, sesiones de radio y adaptación de prótesis que le permitieran comer, beber y hablar con la menor dificultad posible (y fumar, ya que no renunciaría jamás a ese vicio pernicioso que lo estaba matando; no aceptaba la solución de dejar de fumar, como en el sueño Irma rechaza la suya). Freud sufrió treinta y una operaciones quirúrgicas en la mandíbula y cavidad bucal desde la fecha citada hasta el momento de su fallecimiento (unos dieciséis años). Terminó por carecer de paladar y sus orificios nasales quedaban comunicados con la boca. Se le tuvo que hacer una complicada prótesis bucal que se colocaba cuando recibía visitas o tenía que comer. Y es en ese período cuando cobra triste actualidad el párrafo siguiente de su sueño sobre Irma: «...Al principio se resiste un poco, como acostumbran a hacerlo en estos casos las mujeres que llevan dentadura postiza…». ¿Qué pensaba por entonces Freud sobre ese sueño y su propio proceso canceroso en la boca?, ¿llegó a relacionarlo con el sueño sobre Irma? Sabemos que se avergonzaba de su prótesis y de lo mal que hablaba con ella, hasta el punto de permanecer recluido en casa, dejándose ver lo menos posible. Insistimos. ¿Qué pensaba en los últimos años y meses de su existencia? ¿Que se había equivocado en el análisis del sueño de «La inyección a Irma»? ¿Que había algo más en aquel sueño, algo que le hablaba premonitoriamente de su enfermedad futura si no dejaba de perjudicarse con el tabaco y las drogas? De la misma manera que fue terco con el fumar hasta el final, no hubiera reconocido jamás un lapsus en la interpretación de ese sueño, de la que tan orgulloso se sentía y en torno a la cual había levantado todo su edificio sobre el lenguaje de los sueños. Al final, cuando los dolores se le hicieron insoportables, su amigo y médico particular lo dopó inyectándole morfina suficiente para que ya no despertara. Por consiguiente, Freud moría el 23 de septiembre de 1939 debido a tales inyecciones, llevándose para siempre las dudas que pudiera tener sobre el sueño «La inyección a Irma».

IR A PIE

Psi. Soñar que se hacen largas caminatas a pie, que se tiene que ir lejos a pie, que se tiene que recorrer una larga distancia a pie, etc., acostumbra a significar que para alcanzar lo que desea, el soñante sólo puede confiar en sus propios medios, en sus méritos y esfuerzos personales, que no ha de contar con la ayuda de los demás. En consecuencia, pueden ser sueños que hablen del aislamiento o soledad social y profesional del durmiente.

IR DE EXCURSIÓN

Psi. Suele representar el acto sexual que se desea, como en el caso siguiente: «Soñé que estaba en el campo de excursión con varios grupos de personas. En nuestras caras se reflejaban alegría y bienestar mientras estábamos en aquel agradable lugar, rodeado de grandes montañas. De pronto, se empezaron a desprender grandes piedras de aquellas montañas, cubriendo todo el campo. Ante aquella horrible escena, empezamos a correr perseguidos por aquella multitud de piedras, las cuales formaban grandes olas que nos envolvían, y varias personas perecieron. Cuando creí no tener salvación alguna, por una ola que me iba a envolver…, en ese mismo momento sonó el despertador». Y nuestra explicación fue: «No me indicas tu edad ni estado, pero este sueño señala que los instintos femeninos se están desarrollando intensamente. La *excursión al campo* simboliza los deseos que hay en ti de gozar de la vida, de la naturaleza y, por tanto, de los deleites de la vida amorosa. Estos instintos, por lo demás normales, son reprimidos por la censura y moralidad que nos han inculcado. Ese miedo a estar pecando está simbolizado por el *desprendimiento de las piedras,* de la avalancha de piedras, las cuales salen de las *montañas,* de la madre tierra y que, por supuesto, representa a la madre verdadera. Esas piedras tienen un doble símbolo; por un lado los sentimientos femeninos que emanan de toda mujer por el sexo contrario y, por otro, el miedo, el temor, el lado negativo de la pasión y, por ende, el castigo correspondiente. Las piedras siempre han estado relacionadas con el castigo sexual. Recordemos que las adúlteras bíblicas eran lapidadas, y que el propio Jesús, en una ocasión, dirigiéndose a los fariseos, dijo: «El que esté libre de culpa que tire la primera piedra». Tú no debes temer ningún castigo. Si te mentalizas de que todo es natural y de que las piedras de tus sueños no constituyen ningún peligro, dejarás de soñar con ellas en su aspecto temible». Aquí podemos aclarar que, probablemente, esta chica era muy joven y que por un lado sentía ansias de hacer el amor (las *grandes montañas* simbolizan el órgano masculino, por añadidura) pero que, al mismo tiempo, temía las consecuencias de su acto (probablemente el embarazo), simbolizado por las piedras.

IR DE VIENTRE (*Véase defecar*)

IRSE

Psi. En algunos sueños, irse a un lugar enmascara la eyaculación o el orgasmo, que se recuerda o que se desea.

ISLA

Psi. 1. El sueño de islas es de los más difíciles de interpretar si no se puede hablar con la soñante o psicoanalizarla. En principio, recordemos que una isla es un pedazo de tierra firme rodeada por el mar. Por analogía, una isla puede hacer referencia al soñante, al ser humano, puesto que una isla también simboliza soledad y aislamiento, y toda persona, en sí, es una isla, una personalidad aislada que, en ocasiones, se comunica con los demás. Por eso no debe sorprender que Jung dijera que «la isla es el refugio contra el amenazador asalto del mar del inconsciente, es decir, la síntesis de conciencia y voluntad». La isla puede, por tanto, simbolizar el núcleo firme y sólido de la personalidad, en donde uno se puede refugiar en caso de tempestades o de aparición de monstruos en el mar del inconsciente. Es por ello que la isla aparece en sueños de tipo mandálico. || 2. En su aspecto erótico-sexual, la isla puede simbolizar los genitales femeninos, como en el caso que explica Garma de una joven virgen que soñó con «una isla virgen que estaba ardiendo», es decir, que no había conocido aún el acto sexual y estaba deseosa, ardiente de compañía. En este sueño, además, vemos cómo el término isla también sugiere *soledad, aislamiento, falta de compañía.* || 3. De una forma u otra, cuando los problemas de la vida cotidiana son muy agobiantes, todos pensamos o decimos: ¡Ojalá pudiera estar solo en una isla donde nadie me molestara! En este aspecto, según los problemas de cada uno, no debe sorprender si se ve solo y pensativo en una isla. Entonces puede expresar la necesidad de aislamiento, apartarse del bullicio del mundo, de relajarse. Y soñar que uno se encuentra maravillosamente en una isla puede reflejar que el alma del soñante está descansando realmente en el interior del mar del inconsciente (como en una especie de autosugestión) y eliminando las tensiones nerviosas y psíquicas acumuladas por el soñante. ‖ 4. En su aspecto de soledad y retiro, estamos de acuerdo con F. Oliver Brachfeld en que el soñar repetidamente con una isla puede ser la expresión de un aislamiento social de tipo neurótico. Puede reflejar miedo a la gente y al mundo. ‖ 5. En sueños especiales –sobre todo de tipo mandálico– la isla simboliza el retiro, la meditación, el encontrarse a sí mismo, el buscar uno de los núcleos firmes de la personalidad, el buscar respuestas a preguntas trascendentales del universo, etc. Pero terminado el período de aislamiento, hay que dejar la isla, atravesar de nuevo el mar del inconsciente y emerger en tierra firme del continente con nuevas experiencias, con una mayor conciencia de la realidad de las cosas. En tales casos, estos sueños suelen marcar una etapa de evolución superior de la personalidad del soñante.

IR A CABALLO

Psi. Expresa la excitación genital, los deseos de hacer el amor.

IR A LA IGLESIA

Psi. Sublimación del acto sexual que se desea; viene a significar, «quisiera ir a la iglesia a casarme».

IZQUIERDA

Psi. La izquierda o el lado izquierdo simboliza el pecado y lo prohibido, el lado perverso o demoníaco de la personalidad. *(Véase* el término *concierto musical).* Veamos un sueño típico, tenido por un hombre mayor, casado y padre de familia: «...De pronto, en medio del baile, se me acercan dos chicas. Una vestida de rojo, no muy guapa, se me pega al cuerpo a mi izquierda y dice que quiere que yo le haga un hijo. La otra, a mi derecha, más infantil, intenta convencer a la de rojo de que yo ya no sirvo. La de rojo se va a una especie de tenderete y toma un cuchillo con intenciones de agredir a la que se pone por medio. Yo intervengo y corto la pelea. La chica más infantil y de pelo rizado no hace más que llorar. Yo, disimuladamente, trato de consolarla. Al final, a la vestida de rojo se la llevan a otro departamento, desde el que me escribe. Yo le contesto utilizando papeles de periódicos o revistas. Despierto con la sensación de que soñé con una casa de locos». Se comprende fácilmente el sentido erótico del sueño. La *mujer de rojo,* que está al lado izquierdo, significa lo pecaminoso, la excitación sexual, las tentaciones de la carne, la infidelidad conyugal, y la *chica de la derecha,* lo correcto, la esposa, la fidelidad, la honradez con uno mismo y con los demás. El sueño refleja la lucha por mantener un equilibrio entre las tentaciones de la izquierda y las obligaciones de la derecha. Al final, la mujer de rojo es *apartada,* alejada, encerrada, es decir, arrinconada por la moral o la conciencia. Pero el sujeto no se resiste a perder esa parte excitante de la personalidad, ese lado de lo prohibido, que parece contener más promesas de jolgorio y de pasarlo bien que las que ofrece la chica de la derecha. Las *lágrimas* de ésta simbolizan el acto sexual que se desea, pero el matrimonial, el legalizado. El propio *baile (véase* este término) es sinónimo de coito, de acto sexual, que se acentúa con la mujer de rojo. *(Véase* el término *colores).*

J

JABALÍ

Psi. Simboliza la fuerza, la agresividad y los instintos ciegos, brutales y peligrosos, por lo general de tipo sexual. De manera parecida al *lobo* (*véase* ese término), todos tenemos en el bosque de nuestro inconsciente un jabalí. Cuando aparece en sueños se hace necesario examinarnos interiormente y preguntarnos «qué fuerza peligrosa» está creciendo o desatándose en nuestra personalidad. El inconsciente puede estar advirtiendo al soñante de que se descontrolan sus instintos sexuales o la agresividad.

JAPONÉS

Psi. Para los occidentales, los japoneses simbolizan deseos o sentimientos reprobables (seguramente a causa de la influencia del cine y la televisión occidentales, que siempre los han presentado como los malos en los filmes de guerra), los instintos que el durmiente (o su conciencia) rechazan de una manera rotunda. Por lo general, son de índole sexual, como en el caso siguiente: «Soñé que un japonés me iba a dar una patada en la cara, pero lo cogí de un pie y una mano y le di un golpe en la pared, y como no moría le di unas cuantas pinchadas en el pecho, y viendo que seguía con vida, le di un corte en la garganta y ya se murió». En conjunto, este sueño expresa la lucha que el sujeto (chico joven) mantiene con los instintos sexuales que están despertando fuertemente en él. Al mismo tiempo, esa lucha refleja el acto sexual que se rechaza pero que se desearía realizar.

JARDÍN

Psi. 1. Por lo común, simboliza la propia psique, la vida interior o psíquica, el jardín de nuestro inconsciente. Según se vea cuidado y ordenado o descuidado y desordenado, así se halla el inconsciente del durmiente. || 2. Entrar en un jardín también puede significar los deseos de satisfacer los instintos amorosos. El jardín es un elemento que interviene en muchísimos sueños de índole sexual. En este caso, tiene el simbolismo del «jardín de Venus», «el jardín de los placeres amorosos de la vida», como en el sueño del jardín de rosas blancas *(véase* el término *rosa),* en el sueño del jardín con *amapolas. (Véase* el término *cigarrillo).* || 3. En muchos sueños de hombres, el jardín hace una referencia clara al órgano genital femenino.

JARRA

Psi. Generalmente suele simbolizar el sexo femenino.

JAULA

Psi. Simbolismo de los genitales femeninos, sobre todo si es una jaula para pájaros. *(Véase puerta).*

JERINGA

Psi. Cualquier tipo de jeringa tiene un simbolismo fálico y suele estar

relacionada con sueños de tipo sexual. (*Véase* el término *inyección*).

JOYAS (Alhajas)

Psi. 1. En muchos sueños suelen representar la sexualidad femenina (órgano genital) y, por supuesto, las ilusiones sentimentales y los deseos de amor, como en el caso que sigue (mujer de treinta años, soltera): «Tengo un sueño muy persistente en el cual siempre sueño que me encuentro joyas de plata tiradas en la calle, como cadenas, broches y pulseras. Es un sueño que se me repite constantemente y me tiene muy intrigada su significado». Nuestra respuesta fue: «Esos sueños reflejan precisamente tu soledad o el amor que deseas. Las joyas simbolizan el amor, los sentimientos…, que es lo que tiene más valor en el alma femenina. Es decir, que desearías encontrar el amor, el compañero, el marido…, de manera parecida a como hallas esas joyas. Fíjate que éstas son el simbolismo de la unión carnal: el *brazalete* que entra en el brazo, las *cadenas* que unen o atan, el *broche* (que suelen ser dos piezas que se encajan entre sí por una especie de gancho), etc. Estas joyas hasta pueden representar los hijos que se ansían. Recuerda que hay muchas madres que cuando quieren alabar a sus hijos dicen: "Mi hijo es realmente una joya". Esos sueños de joyas no indican, por tanto, nada malo ni que vayas a encontrar joyas en la calle. Además, en la calle es donde se conoce o trata o comercia con los demás, incluso el lugar donde hay un tráfico amoroso». (*Véase* el término

calle). ‖ 2. En ocasiones simbolizan todo cuanto de estimable, apreciable y valioso hay en la personalidad de uno: su moral, su integridad, sus cualidades creativas, su humanismo, su honradez, su honor, su equilibrio sexual, etc. ‖ 3. Las joyas y las piedras preciosas también pueden representar los valores interiores que uno desconoce que posee. En tales casos, suele encontrar esas joyas en los lugares más impensados y el sueño viene a decirle que tiene valores olvidados que no sabe utilizar. ‖ 4. Si una mujer sueña que entra en una joyería con su marido a comprar algún brazalete u otras joyas, y al final se marchan porque no encuentra ninguna que le guste, significa que no está satisfecha de las relaciones sexuales que mantiene con el marido, que éste no sabe satisfacerla.

JUDÍAS (*Véase alubias*)

JUEZ

Psi. Es una de las figuras psíquicas que suelen representar al «Súper-Yo» en su función de defender la ley interior del individuo y, por tanto, en su tarea de oponerse, juzgar, prohibir o condenar determinadas actuaciones o inclinaciones perniciosas del sujeto. Es una figura que aparece cuando en el soñante hay en marcha algún conflicto interior o algún complejo de culpabilidad inconsciente y el miedo a no haber procedido correctamente y a ser castigado. Incluso puede haber un deseo inconsciente de querer purgar su culpa (o lo que él considera culpa de acuerdo con la educación recibida) y así quedar con la conciencia tranquila. El juez del sueño puede ser una persona conocida o un desconocido, el cual representa aquellas tendencias perniciosas de la propia personalidad. El juez onírico simboliza, pues, una función autocrítica del comportamiento del soñante. Cuando aparece un juez, un juicio o un tribunal en nuestros sueños, hemos de hacer examen de conciencia y preguntarnos ¿qué estamos haciendo mal?, ¿cuál es el delito que hemos cometido? *(Véanse los términos juicio y tribunal).*

JUGAR

Psi. l. Eufemismo con el que se disfraza el juego en pareja, es decir, el coito y las manipulaciones sexuales. || 2. Jugar con un niño pequeño suele simbolizar la masturbación masculina.

JUGUETES

Psi. 1. Si una persona adulta se ve en sueños entreteniéndose con juguetes, el inconsciente le está diciendo que aún no ha terminado de superar la fase de infantilismo o que está actuando como un niño ante determinado problema. Por lo común, tales sueños se presentan cuando la persona no asume sus responsabilidades de persona mayor o éstas le dan miedo. Entonces, inconscientemente, hay una tendencia regresiva a su situación infantil, es decir, a la época en que no tenía que tomar graves decisiones, tarea que correspondía a los padres. Por supuesto, uno de los factores generadores de tales sueños son la angustia y el temor ante el porvenir. || 2. Si los sueños son muy repetitivos, pueden denunciar la formación de un complejo de inferioridad, por lo que hay que acudir a la consulta del psicólogo. || 3. Otras veces son los juguetes eróticos, el juego del amor y el sexo.

JUICIO

Psi. En los sueños en que intervienen juicios siempre hay un reflejo de algún sentimiento de culpabilidad inconsciente por una mala actuación personal o por haber trasgredido alguna ley moral que le habían inculcado a uno. En este caso, viene a ser como una especie de remordimiento y el juicio onírico trata de poner al soñante en paz consigo mismo, sea declarado culpable o inocente. Se trata, pues, de juzgarse a uno mismo y lo que ha hecho, por lo que no debe sorprender que el propio soñante se vea actuando de juez, de fiscal, de reo, de delincuente, etc. *(Véanse los términos culpabilidad, juez, tribunal…).*

JUNGLA *(Véase selva)*

JURADO

Psi. Cuando aparecen los miembros de un jurado en sueños indica que hay que juzgar o examinar la actuación de uno mismo, sea en el campo profesional, de los estudios o del comportamiento social y sexual. Por lo general, las personas que forman un jurado representan los diversos componentes de la personalidad del sujeto que se reúnen para juzgar la inocencia o culpabilidad de una parte de ésta que no está actuando correctamente. Siempre se juzga al soñante, aunque el acusado sea un desconocido (parte negativa que uno no acepta de sí mismo, que no reconoce, que rechaza o reprime). Aunque el durmiente forme parte del jurado, siempre se juzga su parte negativa, rebelde o conflictiva con respecto al conjunto de la personalidad. De una forma u otra, cuando el jurado aparece en sueños indica que hay un cierto sentido de culpa o remordimiento en el inconsciente del soñador. *(Véanse* los términos *tribunal, juez, juicio* y *culpabilidad).*

L

LADO DERECHO

Psi. 1. Simboliza lo correcto, lo recto, lo normal, lo honesto, lo heterosexual. *(Véase concierto musical).* || 2. En sueños especiales y mandálicos, la derecha o el lado derecho simboliza el consciente. || 3. En un ejemplo de Stekel vemos cómo un homosexual que lucha por dejar de serlo sueña: «Voy por la calle, de izquierda a derecha», o sea, que abandona el *lado izquierdo* (homosexualidad) y va *hacia la derecha* (heterosexualidad, mujer). || 4. En otro sueño de nuestro archivo vemos cómo a un hombre soltero, con problemas para relacionarse, el inconsciente le recuerda sus necesidades sexuales normales sentándole, en sueños, en una mesa para comer, teniendo frente a él a un desconocido y a su derecha a una mujer; en el lado izquierdo no se sienta nadie, está vacío. El sueño indica una sexualidad normal, heterosexualidad, pese a la soltería. En este sueño, el desconocido parecía presentar la mujer al soñante, como queriendo decirle: ¡Tienes que buscar una cosa así! Incluso sospechamos que la *chica* era el «ánima» y el *desconocido* el psicoanalista o psicoterapeuta del inconsciente.

LADO IZQUIERDO

Psi. 1. Simboliza lo prohibido, lo incorrecto, lo pecaminoso, lo deshonesto, lo homosexual. *(Véase concierto musical).* || 2. En sueños especiales y mandálicos, la izquierda o el lado izquierdo simboliza el inconsciente.

LADRÓN (Ladrones)

Psi. 1. Las imágenes oníricas en las que aparece un ladrón (o varios) entrando en la casa, dormitorio, etc., roben o no, simbolizan (desde el punto de vista psicológico) desánimo, temor o miedo ante un problema o situación determinada y, en general, representan la inseguridad emocional del soñante. En muchos casos, el ladrón del sueño advierte de la irrupción de una pasión nueva o un vicio en la personalidad del sujeto, pasión que perturbará (si no lo está haciendo ya) la vida ordenada y tranquila que hasta el momento llevaba el soñante; es decir, es la que le *roba* o *robará* su tranquilidad. En ocasiones, en tales sueños no se distingue el rostro del ladrón, en otros lleva antifaz, máscara o capucha, en algunos es el propio semblante del soñador (quien no sale de su asombro…). En estos casos, el ladrón, enmascarado o no, es la representación de la *propia sombra*, del *otro yo*, de la *otra cara* de la personalidad que anida en el sujeto, el *otro lado del espíritu* o *de la conciencia*… No olvidemos que en cada persona está la semilla de lo bueno y de lo malo, el lado constructivo y el lado destructivo, el camino de la derecha (lado derecho) y el camino de la izquierda (lado izquierdo), lo moral y lo amoral… Como indica el doctor Ernst Aeppli, el ladrón es, en la mayoría de los casos, «alguien de nuestro propio mundo interior, que ascendiendo de la incontrolada profundidad psíquica, irrumpe en nuestro mundo consciente y amenaza su orden y propiedad. Muy frecuentemente se trata de un emboscado apetito del instinto y a veces de un pensamiento delictivo». Los *sueños de ladrones* son más frecuentes en niños, jóvenes y mujeres de personalidad poco desarrollada o de nivel cultural bajo. || 2. En el caso de que el ladrón del sueño tenga el mismo semblante del soñante, señala, de una manera particular, que en la personalidad psíquica hay un conflicto de tipo moral, que se ha producido un dilema moral a causa de una tendencia psíquica que no aprueba la conciencia, educada en la moral tradicional. Puede ser una tendencia delincuente, una pasión erótica que pugna por aflorar a la superficie, un negocio «sucio», etc. En todos los casos, el ladrón es uno mismo, el otro yo, la otra cara de la personalidad, el lado oscuro y tenebroso… Incluso puede decirse que es una nueva personalidad que se presenta o emerge de las profundidades psíquicas para desposeer al soñador de los hábitos que tenía, de la seguridad de que gozaba, de la tranquilidad de que hacía gala. Estos tipos de sueños suelen anunciar cambios importantes, innovaciones en la existencia o trayectoria del individuo, nuevas e inquietantes vivencias. Quien tenga tales sueños hará bien en examinarse a sí mismo y buscar en qué está delinquiendo, pues el inconsciente le está advirtiendo que están cobrando demasiada fuerza algunas tendencias psíquicas antisociales en su interior. La mayoría de las veces, en los sueños de hombres, el ladrón con el mismo semblante que el soñante representa la *sombra*. *(Véase* ese término). || 3. El ladrón en la alcoba de muchos sueños de chicas tiene un claro cariz erótico, como en el caso siguiente (joven de dieciocho años): «Soñé que por la ventana de la alcoba entraba un ladrón y que se llevaba algo valioso, aunque no pude ver lo que era. Tampoco distinguí el rostro del intruso. Me desperté asustada, ya que pocos días antes había tenido un sueño parecido. ¿Es una advertencia del destino de que me va a pasar algo malo?». Nuestra respuesta escrita y concreta fue: «Tranquilízate, este sueño no significa que vayas a ser asaltada. Si fuera el aviso de un futuro robo o ataque, habrían otros detalles significativos en la visión soñada. Lo que el sueño indica es que en estos momentos hay un enfrentamiento moral en tu conciencia, en tu inconsciente, probablemente a causa del temor o angustia ante un problema amoroso-afectivo, ante un dilema de tipo moral que te ha presentado un conocido o un novio. Tú debes saberlo mejor que nadie. ¿Te han propuesto algún acto que va en contra de la moral que te habían inculcado? Esta pugna la ha simbolizado tu inconsciente con el ladrón, que es quien va a quitarte algo. La *alcoba* del sueño representa la alcoba de tu alma, el hogar de tu espíritu, el departamento de tus sentimientos y secretos, tus partes íntimas… El *ladrón* quiere decir que algo ha cambiado en tu vida o que va a cambiar; es posible que aquél represente unos nuevos sentimientos que han aparecido en ti, el nacimiento de una pasión que vendría a mortificar tu moral o a perturbar la vida ordenada que llevabas hasta ahora. En este caso, además, el *ladrón* puede ser –tú no has reconocido a nadie en él– representación de tu propia *sombra* (si no has identificado el sexo), de tu otro yo, de tu otro lado del alma, señalando que eres tú misma la que vas a perjudicarte, la que va a perder algo si aceptas lo que te han propuesto. En resumen, que el *ladrón* puede ser un apetito erótico que, ascendiendo de tus profundidades psíquicas, esté erosionando tu moral. En cierta manera, pues, este sueño te advierte de que alguna nueva vivencia va a incorporarse a tu existencia, de que van a producirse cambios en tu vida y de que temes la pérdida de la tranquilidad de que hasta ahora disfrutabas, que es lo que se ha llevado el ladrón de tus sueños». Aquí podemos añadir que estaba claro el temor a perder la virginidad; podríamos decir que era el «ladrón de su honra». No olvidemos el claro simbolismo de la *ventana* (*véase* ese término) y que el *ladrón*, como ente que penetra en las casas y hogares, también tiene una clara representación fálica. Y la *alcoba* (*véase* ese término) es la matriz. || 4. Dos ladrones pueden simbolizar los testículos. (*Véase* el sueño número 5 del término *iglesia*). || 5. Los ladrones que desvalijan un piso o una casa puede ser una advertencia de que el soñante está agotando sus reservas, sus energías psíquicas, a causa de su mal comportamiento, de sus vicios, pasiones, etc., es decir, que se está «desvalijando» a sí mismo, a su personalidad, a su salud.

LAGARTIJA

Psi. 1. Este pequeño reptil que siempre va en busca de la luz del sol, que no hace daño a nadie y que se alimenta de pequeños insectos y de hierba, representa en los sueños a los jóvenes con ilusiones que rechazan el materialismo y que sólo buscan el ser felices y hacer felices a los demás y que, a causa de su debilidad y carencia de astucia y maldad, son triturados por la vida. Por tanto, el soñar que este animalito muere en el sueño es anuncio de alguna frustración, dolor o pesar. || 2. Como simbolismo de conocimiento mágico-esotérico y, al mismo tiempo, presagio de una muerte, damos el siguiente sueño (tenido por un ocultista de cincuenta años): «Soñé que estaba con la boca abierta y que me entraba una lagartija en ella; la cerraba, mordiéndola y la masticaba, triturándola. Llegaba a tener la sensación de que me ahogaba, de que no podía tragarlo todo y que escupía muchos trozos de ella. Acto seguido, desperté». Cuatro días más tarde, el soñante recibía una carta de una joven discípula de las artes mágicas en que anunciaba que al recibo de la misma se habría matado por problemas personales y por no poder resistir el desprecio y las presiones de la familia (católica fanática). La noticia afectó en gran manera, con gran dolor, al soñante. El significado del sueño quedó entonces clarísimo: La *inocente lagartija* simboliza a la joven suicida; *la boca*, la vida que termina por engullirnos a todos, pero, al mismo tiempo, la masticación de la lagartija y que se la deglute en parte, quería decir que lo que la joven representaba entraría en el soñador, que sería asimilada su tragedia y sacrificio de una manera muy personal y profunda. Las partes que se escupían no eran nada más que la representación de las lágrimas que serían vertidas por el soñante al enterarse de la tragedia. Sobre la tragedia de las inocentes lagartijas, no está de más que recordemos los juegos crueles de los niños del campo y de los arrabales con estos indefensos

reptiles. Se las quema en planchas sobre el fuego, se las atiborra con briznas de tabaco para que se «emborrachen» y «toquen la guitarra» (poniéndoles un palito entre las dos patitas), se las coloca en las vías del tren o tranvía para que sean aplastadas… Hay muchos métodos más que muestran el terrible sadismo criminal de los chiquillos. Queda claro, pues, el simbolismo de la lagartija.

LAGARTO
Psi. Suele simbolizar el aspecto temible de la sexualidad masculina. Su significado es similar al del *cocodrilo (véase* ese término), pero mucho más suave o menos temible.

LAGO
Psi. 1. *Véanse* los casos relatados en el término *agua.* || 2. El símbolo más corriente es el que representa el inconsciente del soñador. Así, pescar a la orilla de un lago puede significar el buscar la explicación a los complejos o conflictos internos que uno tiene. || 3. Asimismo es el símbolo del principio femenino y de la imagen inconsciente de la madre. || 4. Detenerse a la orilla de un lago puede revelar que el soñador tendrá que tomar decisiones urgentes de tipo personal o que encontrará obstáculos en su camino. || 5. Cruzar un lago sin incidentes señala que los obstáculos o conflictos serán superados. || 6. Soñar que uno se ahoga en un lago, puede advertir de problemas emocionales graves, enfermedad, preponderancia de los complejos, incapacidad para desprenderse de la madre agobiante… En el caso, por supuesto, de sueño

premonitorio, advierte del peligro de muerte por inmersión o accidente con agua. *(Véase* el caso del médico de Luis II de Baviera en el término *agua).* || 7. Soñar con un lago rodeado de un bosque o foresta puede señalar una etapa en la evolución psicológica del soñador, en que se está preocupando por cuestiones importantes de la existencia y busca respuestas a misterios o dudas, probablemente de tipo místico, religioso... Es un sueño que puede tener mucho de revelación o de búsqueda de la sabiduría. || 8. Accidente en un lago *(véase* el término *agua).* || 9. En el aspecto psicológico, soñar con un lago en el fondo de un valle puede indicar que la mente consciente está relegando a una posición inferior al inconsciente. Quizá, incluso, señale que el soñador se está dejando dominar demasiado por el realismo materialistas de la vida cotidiana. || 10. En su aspecto de relación entre la vida y la muerte, la vida y las frustraciones sentimentales (no olvidemos que el agua siempre tiene una connotación afectiva-emocional) es curioso el siguiente sueño, enviado por una chica de diecinueve años, soltera y del signo de Escorpión: «Soñé que iba en una barca por un lago tenebroso y en tinieblas. En la barca iba con dos personas de negro y un féretro marrón con una cruz. Y cuando íbamos navegando, una de ellas me señaló un lugar en el agua de donde salían burbujas, y me dijo que eso era una tumba, pero que estaba llena y nos fuimos a buscar otra. Había muchos lugares de donde salían burbujas. Tengo una tía y un tío que tienen cáncer, pero el sueño no sé si quiere decir que se vayan a morir». La respuesta que dimos fue la siguiente: «Es probable que la enfermedad de tus tíos te haya hecho pensar en la muerte y que ello haya disparado determinados resortes de tu inconsciente y actualizado problemas tuyos. Ese *lago tenebroso* representa tu inconsciente y las *tumbas* los lugares en que yacen sepultadas algunas de tus ilusiones. Las *personas que te acompañan* en la barca son aspectos de tu propia personalidad, que te escoltan en este viaje para indicarte cómo está de oscuro y triste tu interior, a fin de que reacciones y no te dejes apesadumbrar por los conflictos. Ese *ataúd* indica que has sufrido alguna desilusión reciente. Pero la *cruz,* que es símbolo de resurrección, te indica que renacerás a una nueva vida, a unas nuevas ilusiones. En conjunto, tu sueño me señala que eres algo pesimista y retraída, que te encierras demasiado en ti y que reaccionas lentamente a los problemas con los que te has de enfrentar». La soñadora volvió a escribirnos para anunciar la muerte de sus tíos y, al mismo tiempo, indicarnos que estaba triste por un *desengaño amoroso* y por su vida en el hogar de los padres. Al mismo tiempo, aclaraba que era muy nerviosa, introvertida, depresiva y solitaria y que le gustaba hacer poesías. Es probable que este sueño del lago tenebroso tuviera las dos vertientes o mezcla de lo personal-premonitorio, pero sin darle mucha importancia, toda vez que sabemos de sobra que una persona enferma de cáncer ha de morir, por lo general. || 11. En su representación del inconsciente y su relación con la iniciación sexual, *véase* el sueño relatado en el término *violación*.

LÁGRIMAS

Psi. 1. Puede ser un sueño de aplacamiento interno, de descarga emocional, de desconsuelo inconsciente, ante el dolor por el fracaso de un proyecto o relaciones. Las lágrimas alivian el dolor, por lo que puede ser indicio de que se «aliviará» o «mitigará» el problema, de que no será una cosa grave. || 2. En algunos sueños simbolizan la fertilidad, el semen del acto sexual que se desea o que se ha realizado, si es un sueño recordatorio. || 3. Otras veces, son el símbolo de la menstruación.

LÁMPARA

Psi. 1. Como elemento que cuelga del *techo* o *techumbre* (mente, cerebro) está relacionado con las ideas, proyectos, ilusiones, claridad mental, etc., en el caso de que la lámpara o lámparas estén encendidas, funcionando bien, iluminándolo todo de una manera clara. Si la lámpara está apagada, averiada, etc., puede estar advirtiendo de perturbaciones nerviosas, afecciones neurológicas, ideas oscuras o negativas, oscuridad mental, preocupaciones, angustia, necesidad de ayuda o consejo para encontrar el camino a seguir, etc. || 2. La lámpara puede representar la luz de la vida, la claridad mental o todo lo contrario, según la índole del sueño. Como parte negativa, anunciadora de muerte, *véase* el sueño de madre ahorcada de la lámpara en el término *terrores y pesadillas*. || 3.

La lámpara también puede figurar tal cual en sueños de índole parapsicológica, como en el caso que sigue (narrado por la señora Rhine y que había sucedido en el estado de Washington, EE. UU., en marzo de 1937): «Una joven madre despertó una noche a su esposo, ingeniero agrónomo, para relatarle una terrible pesadilla que había tenido momentos antes. En ella vio cómo una lámpara grande, muy pesada –reliquia familiar de otra época–, que colgaba precisamente sobre donde se hallaba la cuna de su hijita de pocos meses, caía encima de ésta matando a la criatura. En el sueño vio cómo el aro de bronce que soportaba los brazos de dicha lámpara cercenaba las piernecitas de su hija y uno de sus brazos aplastaba la cabeza. En el sueño, cuando ambos esposos corrían para descubrir lo que había pasado, la esposa observó claramente que las manecillas del reloj que había encima de la gran chimenea marcaban las 4:30 horas, y el reloj con su minutero se le había manifestado de forma clarísima, precisa, destacando de cuanto había en la habitación, como sobresaliendo de ella. Vio una esfera descomunal, distorsionada por momentos, imposible de pertenecer a una realidad, pero... El esposo se echó a reír y hasta bromeó al conocer el disparatado sueño, que calificó de auténtica pesadilla. La lámpara hacía más de diez años que estaba colgada en el mismo lugar y bien sujeta, por cierto. Cansino, muerto de sueño, pronto dio la conversación por terminada, dio media vuelta y continuó durmiendo tranquilamente. Pasaron varios minutos, en parte angustiosos para la esposa, ya que estaba presa de un extraño temor, que la obligaba a reaccionar en forma contraria a lo que en su fuero interno creyera que lo que iba a hacer era una tontería, y se levantó de la cama con el mayor sigilo para no despertar a su esposo. Más tranquila, una vez lo hubo efectuado, se fue decidida a la habitación contigua y regresó al lecho trayendo en sus brazos a la niña, que colocó en la cama matrimonial entre su marido y ella. Tranquila ya, hasta un poco avergonzada por sus ridículos temores, quedose prontamente dormida. Pero dos horas más tarde, el joven matrimonio se despertó bruscamente. Algo inaudito acababa de suceder. Un tremendo estruendo los despertó violentamente: horrorizados, descubrieron que la lámpara del techo, aquella que hacía diez años que estaba colgada, aquel armatoste tan pesado y del que el marido jamás había querido desprenderse porque lo consideraba un recuerdo de sus padres, había caído precisamente sobre la cuna, destrozándola en parte, al romperse unas anillas que la sujetaban al florón del techo. Y cosa curiosa: el reloj de la chimenea les dio en aquel momento la hora exacta: las cuatro y treinta minutos». Este caso, según señaló Rhine, señala que para el inconsciente o subconsciente de la joven, la caída de la lámpara era un hecho *presente*, que constituía para su «Yo» consciente, al despertarse, un hecho *futuro*. La ausencia de la niña al sacarla de la cuna, era también un hecho *presente* para el «Yo»

trascendental, porque se hallaba impuesto por cómo el «Yo consciente» de la joven madre reaccionaría al saber que estaba amenazada la seguridad de la pequeña. Se supone que a fin de estimular a la mujer, a la madre, llevándola a la acción inmediata, el estrato profundo de su psiquis formuló un dramático sueño, una efectiva alucinación con final trágico anexo, lo que podemos considerar a todas luces, un *aviso inteligente* de su espíritu para que reaccionara la materia, en este caso el cerebro (sacado de la obra *Parapsicología y su fenomenología* de J. Roca Muntañola). || *C. oc.:* **Lámpara encendida:** Alegrías, buenas noticias, beneficios, trabajo, dicha familiar. || **Lámpara apagada:** Tristeza, pesares, problemas económicos, enfermedad. Pérdidas o robos. || **Varias lámparas encendidas:** Beneficios, prosperidad profesional o comercial. || **Encender una lámpara:** Ofertas, oportunidades, colaboraciones, nuevos trabajos o negocios. || **Apagar una lámpara:** Conflictos sentimentales o conyugales. || **Lámpara que da poca luz:** Dificultades, retrasos, pequeños conflictos. || **Lámparas encendidas en el hogar o vivienda:** Golpe de suerte, alegrías familiares. || **Cambiar una bombilla fundida de una lámpara:** Conflictos pasajeros, se superarán problemas.

LANZA

Psi. Símbolo fálico, es decir, representa el pene, el miembro viril. Clavar una lanza a una persona en sueños significa que inconscientemente se desea el acto sexual.

LÁPIZ

Psi. Símbolo fálico, como en el sueño en colores que explica Ángel Garma de una de sus pacientes *(Nuevas aportaciones al psicoanálisis de los sueños):* «Trataba de vomitar tres lápices de colores. Tomaba un lápiz azul para vomitar otro violeta». El *tres* simboliza los genitales masculinos y nos señala ya la dirección para interpretar el sueño. El *lápiz* representa el falo, el pene, y dice la soñante que *tomaba* o tragaba un *lápiz azul* para vomitar (expulsar) otro *violeta*, es decir, que quería quedarse con un hombre o amante de cualidades azules (sentimientos, espiritualidad) para romper o prescindir de otro hombre de cualidades violeta (demasiado carnal, que la trataba como un objeto sexual y que incluso la forzó a actos que ella no deseaba; aquí, el color violeta nos habla de homosexualidad, e, incluso, de violación, por su semejanza con «violeta». En el tratamiento psicoanalítico quedó claro que la mujer era obligada al acto anal. En este sueño también queda claro el símil de la *boca* con la vagina.

LÁTIGO

Psi. Símbolo fálico, representación de la virilidad. *(Véase* el término *acróbata).*

LECHUGA

Psi. Hortaliza que simboliza el sexo femenino. *(Véase persecución).* No es raro que algunos jóvenes y hombres maduros sueñen que están preparando un plato lleno de lechuga como símbolo de sus apetencias sexuales. También es significativo el siguiente sueño (mujer casada y separada que tenía otro amor): «Veía cómo mi compañero se pasaba la noche picando la lechuga con su cuchillo». Vemos aquí la expresión *picando la lechuga* como símil del lenguaje popular «picarse a una mujer», además del claro símbolo fálico del cuchillo. Este sueño denunciaba el ansia de amor, ya que el compañero la tenía algo olvidada.

LENTES *(Véase gafas)*

LEÑA

Psi. La leña sirve para alimentar el fuego, por lo que en sueños puede expresar la necesidad del «calor humano», el «combustible humano» *(véase* el término *nieve),* que se carece de él o se tiene en abundancia.

LEÓN

Psi. 1. El león es otro de los animales o fieras que simboliza nuestros instintos salvajes, la fuerza bruta o incontrolada, los apetitos o deseos incontenibles o feroces, los impulsos instintivos que cobran demasiada fuerza, nuestra agresividad, la pasión incontrolable que todo lo devora o destruye a su paso, la energía indomable que termina por arrollarlo todo y perjudicar nuestros proyectos… Como indica el doctor Aeppli, el león «es grande en su serenidad, ardiente y apasionado en sus apetitos y despiadado en la destrucción. El león es un animal de las desérticas estepas cálidas, un símbolo de la poderosa energía solar, un ser de fuego. En torno a él reina la distancia de la veneración y el miedo. Como signo del calor estival está adscrito al solsticio de verano. Es frecuentemente observado también en los sueños de las personas que se hallan hacia la mitad de la vida y los que para alcanzar su madurez tienen que pasar por la llama del fuego interior intensivo. Allí se encuentran a menudo con una desbordada energía psíquica interior, con la cual tienen que enfrentarse, lo mismo que con el león los héroes de los mitos». Cuando aparece el león onírico se hace imprescindible un examen a fondo de nuestra conducta en la vida cotidiana y rectificarla, en caso necesario, para evitar mayores males. Hay que volver a llevar al león a su reserva o zoológico del inconsciente, a fin de que no cause daños, como en el sueño que sigue (relatado por Elsie Sechrist y Edgar Cayce y tenido por un ingeniero): «Marchaba río arriba en medio de la selva a fin de tomar unas fotografías de importancia. Junto conmigo, en la embarcación, iban el general MacArthur y un guía. De pronto se me acercó un león, que pegó el cuello al cañón de mi rifle que me había sido imposible utilizar. Entonces hicieron su aparición dos mujeres indígenas y nos dijeron que el león se había llevado a su niño. Yo me acerqué a la fiera y le quité de las garras al infante, que entregué a las mujeres». En este sueño, el inconsciente advierte al soñante que en su vida está actuando de una forma salvaje y poco civilizada en relación con la gente que le rodea (familiares, empleados, colaboradores…). De ahí la embarcación navegando por un río de la *selva* y la presencia del *león*. La figura del *general MacArthur* viene a ser el doble del soñante y simboliza que él se está portando demasiado despóticamente con los demás, que es muy duro, estricto y rígido, como si fuera un militar intransigente y colérico. El *tomar fotografías* señala la necesidad de mirar con más atención a su alrededor y a sí mismo, a fin de conocerse mejor, pues así se dará cuenta de que el mundo no es como él se imagina. El *león* representa a él mismo, su personalidad y reacciones temperamentales; seguramente era demasiado agresivo y prorrumpía demasiado a menudo en el trabajo y la oficina con verdaderos rugidos (gritos y broncas a sus subordinados). ¿Llegaba a creerse un pequeño rey? En tal caso, el inconsciente le recordaba la realidad: un rey de la selva *(león)*. El *no haber estado alerta* para matar al león con el arma que llevaba, significa que no estaba dispuesto a cambiar de actitud, a matar su personalidad despótica. El niño representa sus nuevos proyectos e ideales más humanos y sentimentales, pero que acaban de nacer y corren el peligro de ser devorados por él mismo, por sus propias fauces. La *protesta* de

las mujeres indígenas también puede reflejar el conflicto con sus relaciones femeninas, subordinadas y mujeres de la familia, a las que debía considerar seres inferiores, incultas y tenerles un cierto menosprecio, de ahí que sean mujeres indígenas y no salga ninguna mujer blanca. || 2. En algunos sueños, el león representa la imagen consciente del padre, del jefe o del superior que nos manda, muchas veces de una manera muy férrea y hasta con gritos (rugidos) y orgullo despótico. || 3. Otras veces, puede representar nuestro coraje y fuerza combativa ante cualquier problema o conflicto, lo que significa que estamos dispuestos a luchar y sortear los obstáculos. || 4. Por supuesto, el león también representa los instintos sexuales, sobre todo en los sueños de mujer, la cual ve al hombre sexualmente excitado como una fiera que la persigue y hace víctima a fin de satisfacer sus instintos, como en el sueño que sigue (relatado por Ángel Garma): «Un león que me perseguía y yo quería escapar. Estaba encerrada en una habitación y no conseguía encontrar una puerta de salida. Tuve una angustia espantosa». Éste era un sueño de una mujer soltera que sentía un cierto temor por el acto sexual y, al mismo tiempo, por sus propios instintos. No podía escapar de la *habitación,* es decir, de sí misma, de sus deseos sexuales inconscientes y propios de su naturaleza. La *angustia* simboliza el conflicto entre dos tendencias opuestas: los deseos sexuales y la moral recibida que se oponía a ellos. Probablemente se le había dicho más de una

vez que tuviera cuidado con los hombres, que eran unas fieras despiadadas. || 5. En otros sueños, el león marca el nacimiento de la fuerza sexual y el impulso erótico, como en el caso siguiente (chico joven): «Estaba en una barca en compañía de otra persona (creo que un varón), rodeado de agua y sin ver nada más. De pronto divisé unos nubarrones negros (el sueño era en color) que cambiaron hasta formar tierra. Empecé a remar (creo que con las manos) para acercarme hacia su costa, cuando de pronto un león se abalanzó sobre la barca mientras otro permanecía cerca de él (los dos sobre el agua). Desperté y en un acto reflejo me cubrí con las sábanas. ¿Me anuncia un peligro este sueño?». Nuestra respuesta escrita fue: «Tu sueño no anuncia ningún peligro. En conjunto, marca una evolución psicológica en tu personalidad. Es indicativo de que estás entrando en una fase emotivo-sentimental muy fuerte. El agua siempre refleja el inconsciente y su relación con el campo de los afectos. El *lago o mar* de este sueño simboliza que estás explorándote a ti mismo. Los *nubarrones negros* representan parte de tu sexualidad y la *tierra* el sexo femenino. La *barca,* en cierta forma, indica que estás marchando hacia nuevos horizontes, que vienen cambios en tu vida, probablemente de tipo evolutivo sexual. El *hombre* que te acompaña es tu *sombra.* Los leones simbolizan la fuerza, la virilidad (aquí, los dos leones pueden hasta identificarse con dos testículos), por lo que son indicativos de que están naciendo en tu personalidad impulsos demasiado intensos –seguramente eróticos–, fuerzas que deberás controlar y amaestrar. Es muy probable que desees tener compañera o hacer el amor con una mujer. El *remar con las manos* es índice de masturbación, no de pareja». || 6. En algunos sueños de mujer, en que el león representa los instintos sexuales que demandan satisfacción, ese animal puede ir seguido de otros, si la soñante reprime demasiado sus instintos, como en el caso que sigue (mujer madura en que los deseos eróticos empezaron a cobrar mucha intensidad): «En un caserón de pueblo grande en donde yo estaba con tres o cuatro de mis nietos veía yo que venía un león por la ventana y entonces yo cerraba la puerta con tablones, con mucho esfuerzo, y al fin conseguía que el león quedara fuera. Más tarde era un toro y ¡qué trabajo me costaba cerrar la puerta!, pero lo conseguía también. El tercer animal que intentó entrar fue una pantera o leopardo; no lo logró. El último fue un perro bull dog de colosales dimensiones que forzaba la puerta…, pero no llegó a entrar gracias al derroche de energía y esfuerzos míos con los cuatro animales». Quedan claro los instintos primitivos de la soñante en la forma de tales animales, así como sus esfuerzos y sacrificios para contrarrestar el empuje de éstos. En este sueño los cuatro animales no sólo representan los distintos instintos sexuales, sino que incluso simbolizan la totalidad de su personalidad o de la existencia *(véase* el término *cuatro),* es decir, toda ella entera le pedía mayores satisfac-

ciones eróticas y que cambiara de proceder, que no había finalizado su vida sexual. Hasta su duda entre tres o cuatro nietos juega entre el sexo masculino *(tres)* y su existencia *(cuatro).* || 7. En algunos sueños, cuando el durmiente tiene cultura astrológica, el león que aparece en el sueño puede referirse a una persona determinada del signo de Leo. || 8. Como símbolo de animal salvaje y de fuego (pertenece al signo de Leo desde hace miles de años), también significa las fuerzas primitivas apasionadas del inconsciente que pueden terminar por devorar al propio inconsciente (destruirse a sí mismo) si no se lo doma y controla. El león onírico puede llegar a convertirse, de acuerdo con Jung, en un demonio, en la alegoría del diablo. || 9. Como símbolo del que manda y gobierna (el león es el rey de los animales), un león onírico puede representar a cualquier persona influyente o de autoridad con el que el soñante tenga tratos. De ahí que Artemidoro diga: «Soñar con un león manso que mueve la cola y se aproxima inofensivamente puede ser una buena señal que procura beneficios a un soldado de parte del rey, a un atleta en virtud de sus buenas condiciones físicas, a un simple ciudadano de su gobernante y a un esclavo de su dueño. Pues este animal se corresponde con éstos a causa de su poderío y de su fuerza. Pero cuando inspira miedo o se muestra enfurecido con alguien, produce temor y anuncia una enfermedad –de hecho una dolencia es semejante a una bestia feroz– y vaticina intimidaciones de parte de las personas anteriormente mencionadas o bien peligros a causa del fuego». || 10. A veces, soñar que un león está descansando o retozando con una oveja puede ser la expresión de una pareja o matrimonio que se avienen pese a las diferencias de carácter (león = hombre; oveja = mujer). Pero en otros tipos de sueños puede ser el símbolo de la unión o compatibilidad de tendencias opuestas de la personalidad; los instintos carnales o primitivos, domados, marchando unidos a lo espiritual (oveja). || 11. Un león en sueños también puede hacer referencia a un hombre que se llame León. || 12. En ocasiones, en sueños femeninos, un «león de las cavernas» puede expresar el instinto sexual masculinoide (homosexual) de la soñante. *(Véase el apartado 6 del término* león*).* || 13. Los leones, como expresión de los impulsos instintivos sexuales que se rechazan o se mantienen a raya, aparecen a menudo en sueños de mujeres maduras, como un revivir de la libido o del apasionamiento sexual. Así, como ya hemos indicado, el león onírico incluso puede simbolizar al diablo, ya que nos induce a «pecar», de acuerdo con las tradiciones religiosas. Por ello no debe sorprender que figure en verdaderas pesadillas, como en el sueño siguiente (mujer de cincuenta y siete años): «Ha sido una noche horrible, pues he despertado envuelta en sudores y temblando. Entrábamos en un pueblo abandonado, muy viejo y feo, todo de piedra, con las fachadas derruidas, que según las gentes era nido de lobos y leones. Hemos entrado

en caravana, todos juntos y andando. Éramos muchos, y a nuestro paso, por las esquinas huían los lobos, los leones y muchas más fieras. Pero de cuando en cuando un león se revolvía y entre sus zarpas se nos llevaba alguna persona. Y así nos han ido despareciendo bastantes acompañantes, pero cuando hemos llegado a una casa, especie de jaula con la puerta de rejas, allí hemos encontrado el cadáver de un león muy grande con el cadáver de una chica de unos veinte años entre sus garras, sin comérsela; los dos estaban muertos. Hacía mucho tiempo que habían desaparecido, pues la chica se llamaba Ester y llevaba restos de vestido negro. Y así toda la noche, todos con estacas, huyendo de las fieras que nos salían por todos los sitios». En la imposibilidad de poder hablar con la interesada para aclarar ciertos puntos personales, hicimos la siguiente interpretación: este sueño expresaba, ante todo, los temores, miedos y pavores a dejarse arrebatar por los propios instintos apasionados, por la sexualidad, representados por los *leones*, los *lobos* y los otros *animales* del sueño. El *pueblo abandonado y derruido* era una parte antigua, vieja, abandonada, olvidada y demolida de la propia personalidad de la soñante, sin lugar a dudas la que se refería a su juventud, la de sus recuerdos de esa época de su existencia, la cual ya no volvería, pues había muerto, ya era una ruina, como es lógico. Todas las *personas* que formaban parte de la caravana eran distintas facetas de su personalidad, representaciones de sus diversas energías, valores, pensamientos, proyectos, emociones, etc. En realidad, pues, la soñante se estaba explorando a sí misma con ese sueño, visionando su interior relacionado con el pasado. Las *fieras salvajes* que le salían al paso eran, primordialmente, los instintos propios, que causaban temor a su «Yo». Los *leones* que se llevaban a algunas personas con sus *zarpas* (es decir, que arrebataban partes de su personalidad), debían referirse a frustraciones sentimentales, a traumas afectivos del pasado. No era, por consiguiente, un sueño que hablara de un futuro, sino de uno que exploraba un pasado remoto y casi olvidado (pueblo en ruinas).

LEONA

Psi. 1. A veces, la leona onírica es la expresión del principio femenino que se teme. Un hombre que tuvo problemas con una mujer demasiado insistente, a la que rehuía, soñó que iba por un camino de montaña cuando le salió al paso una enorme leona acompañada de sus cachorros (era una mujer con hijos). El sueño daba salida así a las tensiones personales que le creaba la actitud e de dicha mujer. || 2. Para Artemidoro, la leona representa a la mujer e indica «que se obtendrán ventajas cuando mueve la cola, y daños cuando tiene un aspecto amenazante e intenta morder, siempre de parte de mujeres, que no de hombres».

LEOPARDO

Psi. 1. En sueños, el leopardo tiene un significado semejante a otros félidos, como el tigre, el león, el jaguar, la pantera, etc. *(véanse* esos términos), es decir, que puede representar los instintos sexuales y agresivos, la bestialidad instintiva, la libido del propio soñante. Así, una mujer que sueñe que la persigue un leopardo puede ser la expresión de la manifestación de sus propios instintos sexuales en su forma más primitiva, de la persecución de su libido en busca de satisfacciones. Un sueño de tal naturaleza denuncia, por consiguiente, la existencia de deseos reprimidos del acto sexual que en realidad se desea. || 2. En sueños femeninos, un leopardo puede representar a un hombre determinado que se teme o que actúa con exceso de agresividad con la soñante, sea el padre, el marido, el novio, el amante, etc. || 3. En sueños de niños, por lo general, el leopardo representa a un padre o a un maestro agresivos que gritan demasiado y que castigan violentamente al niño. || *C. oc.:* **Leopardo comiendo pacíficamente:** Mejoramiento económico, entrada de dinero, beneficios empresariales. || **Leopardo acechando:** Hay que estar alerta contra engaños, trampas, estafas, abusos de confianza, infidelidades. || **Varios leopardos al acecho:** Mucho cuidado con los vecinos. || **Hombre matando a un leopardo:** Victoria sobre un enemigo, superación de un problema. Se ganará un pleito o proceso. || **Mujer matando a un leopardo:** Conflictos sentimentales, rompimiento amoroso, separación o divorcio. || **Recibir un zarpazo o mordedura de un leopardo:** Enfermedad o accidente leve, daños o perjuicios superables causados por enemigos o competidores. || **Leopardo enjaulado:** Se dominarán vicios o pasiones. Los enemigos se mantendrán a raya y no conseguirán sus propósitos. En caso de pleito, éxito para el soñante. || **Leopardos peleándose entre sí:** Conflictos con colegas, socios o vecinos. || **Leopardos huyendo:** Superación de conflictos y dificultades. **Ser perseguido por un leopardo:** Instintos sexuales que se manifiestan en su forma más primitiva. || **Ver el esqueleto de un leopardo:** Recuerdos de un antiguo amor. || **Leopardo atado con cadenas:** Se mantendrán a raya a los enemigos. Superación de bajos instintos y pasiones. Si es una mujer la soñante, compromiso matrimonial o boda. || **Llevar un tigre atado con una cadena:** Con tenacidad, coraje y fuerza de voluntad se alcanzará lo que se ambiciona.

LETRINA

Psi. Figura, a veces, en sueños de tipo fisiológico. Arnau de Vilanova nos dice: «Vi también a uno que hasta que fue purgado de una multitud de humores nocivos y putrefactos, se veía cada noche en una letrina o lugar semejante, y excitado por el hedor del lugar, se estremecía de horror».

LIBRO

Psi. 1. La mayoría de las veces, los libros que salen en los sueños simbolizan nuestra mentalidad, pensamientos, recuerdos, ideas, ilusiones, frustraciones, etc., es decir, representan el libro del destino o el libro de nuestra vida, el lugar donde quedan registradas nuestras experiencias y

vivencias. Por tanto, en ocasiones pueden representar nuestro diario íntimo, nuestra autobiografía, en donde el inconsciente deja señalados aquellos pensamientos y recuerdos que nosotros mismos hemos olvidado. Por supuesto, de acuerdo con el problema que nos embarga, el libro de los sueños puede ser de diferentes tipos: religioso, comercial, novelístico, erótico, pornográfico, etc. || 2. En su aspecto erótico, como libro que refleja nuestra vida íntima, el libro del sueño puede señalar experiencias carnales, en especial si son sueños en colores. Ángel Garma explica el sueño de un paciente suyo que tuvo experiencias homosexuales y que soñó en colores *con un libro que estaba bien encuadernado,* lo que quería decir que no tuvo problemas anales después del acto sexual con su amante, pues temía que le desgarrase el ano. Garma también explica el caso de una mujer que después del coito anal (en el que sufrió heridas y desgarros) soñó con *una guía telefónica a la que se le rompían las tapas.* || 3. Soñar que uno lee o esconde libros prohibidos expresa los temores de que los demás se enteren de que no está actuando correctamente, probablemente en materia sexual. || 4. Los libros de los sueños también pueden indicar la pérdida del mundo de la realidad y la obsesión por teorías y ficciones que dificultan el que uno pueda ver la verdad de las cosas, como en el sueño que relata el doctor Otaola: «Una enorme pila de libros de técnica, ciencia y filosofía tapa la ventana y me impide la vista de un paisaje campestre que creo es de gran belleza». Se comprende que el soñante se había aislado tanto de la naturaleza y del mundo exterior, que el inconsciente le recordaba lo peligroso y perjudicial que era el vivir de puertas para adentro, obsesionado por la letra escrita. || 5. Soñar que a uno le queman los libros de su casa o biblioteca en una hoguera, puede significar (aunque sean otros los que los quemen) que están naciendo o creciendo en la personalidad tendencias o instintos salvajes y bárbaros, actitudes antisociales y fanatismos peligrosos de tipo materialista o de odio hacia lo espiritual, hacia el estudio y la adquisición de conocimientos y todo lo que ello indica y comporta. Estos tipos de sueños pueden advertir la aparición, incluso, de inclinaciones autodestructoras o alocadas hacia todo lo que signifique normas y credos; es el aviso de que los «bárbaros», los «incivilizados» del inconsciente se preparan para atacar nuestra civilización interior, destruyéndolo todo, cual hordas de un Atila, un Gengis Kan o un Torquemada. || 6. En su aspecto masculino, el libro también tiene un carácter fálico, como en el caso que explica Garma de un judío al que habían circuncidado y soñó con «un libro con la cubierta rota en el lomo por arriba».

LIEBRE (Conejo)
Psi. 1. Símbolo de lo femenino y del órgano sexual de la mujer. En determinados sueños, como indica el doctor Otaola, puede llegar a expresar el espíritu de sacrificio de la mujer y la maternidad, como en el siguiente sueño: «Un conejo grande lleva a otro pequeño en la boca». El grande era la madre y el pequeño, su hija. Por este sueño se comprende que las dos mujeres no se lo debían pasar muy bien. Recordemos que las liebres y los conejos son animales pacíficos perseguidos por la ferocidad del hombre. || 2. Por supuesto, también hay un simbolismo puramente sexual para estos roedores, que son muy prolíficos. La figura de la conejita es clásica en espectáculos y publicaciones eróticas. || 3. En el lenguaje vulgar de los jóvenes se da el nombre de conejo a los genitales femeninos, por lo que no debe sorprender que en los sueños de muchos adolescentes salgan los conejos de una forma u otra, como reflejo de la necesidad de comercio sexual que sienten. Veamos un ejemplo (ensueño enviado por un joven): «Una vez soñé que yo entré en un salón grande y allí había mujeres y hombres trabajando. Había muchos conejos colgados que estaban desollados y las personas que allí había trabajando, unas estaban desollando conejos y otras descarnándolos, y debajo, en el suelo, había serrín para que la sangre que escurrieran y derrama-

sen no manchara el suelo. Y una señora que había allí me dijo, saliéndose conmigo hasta la puerta, si me gustaría trabajar allí en eso. Y yo le dije que sí. Y cuando ya quedamos de acuerdo y yo me iba a incorporar a trabajar allí y nos despedimos, nos dimos un beso». Es un sueño que refleja claramente el comercio sexual que se desea. En este aspecto, ese *desolladero* tiene el símil de *carnicería. (Véase* ese término). Representa el comercio carnal, lo sexual, las relaciones que se desean, entrar en el mundo de las relaciones sentimentales (por ello trabajan hombres y mujeres en ese establecimiento). Los *conejos despellejados* simbolizan la intimidad de los genitales, la carne viva, las relaciones sexuales sin disimulos.

LOBO

Psi. 1. En especial, el lobo de los sueños simboliza una de las zonas más oscuras, astutas, agresivas y primitivas del inconsciente humano, los instintos que siguen estando en estado salvaje o incivilizado, que aún no han sido domados o amaestrados (o que corren peligro de volver al estado salvaje). Cuando aparece un lobo

en sueños es necesario hacer un minucioso estudio de sí mismo y del contexto del sueño, a fin de encontrar su verdadero significado y ver si el feroz inconsciente puede traer problemas. Hay que ver si le va siguiendo a uno, si hay lucha, si le muerde a uno, si es un lobo solitario o en camada, quién sale vencedor, etc. Como en el caso del *tigre (véase* ese término), el lobo de los sueños representa el sexo y las pasiones más bajas y primitivas, las cuales pueden alcanzar cotas peligrosas si no son controladas. No hay que olvidar que todos llevamos dentro un lobo estepario, una fiera depredadora, capaz de causar daños irreparables al prójimo y a nosotros mismos si no lo domamos convenientemente con sentido común, sentimientos elevados, cultura y deseos constructivos y sociables. Recordemos que –en parte– el legendario «hombre lobo», el «licántropo» de las leyendas y tradiciones populares, que aparece en las noches de luna llena para atacar a personas y animales, es una representación de los crímenes y monstruosidades que puede cometer el hombre que se deja dominar y arrastrar por sus instintos, por su lobo interior. El hombre que se deja posesionar por su lobo interior, suele ser inducido a los más espantosos asesinatos. Los grandes descuartizadores y destripadores de la historia de la criminología, son una clara representación de tal posesión. Si uno se deja dominar por los instintos de las bajas pasiones y por la agresividad antisocial, no es extraño que sueñe que es un lobo, que sigue a los lobos en sus correrías, que capitanea una manada de lobos, etc. «Cuando un hombre se encuentra en sueños con el lobo o lobos –precisa el doctor Aeppli– es que tiene ante sí la tarea casi irrealizable de entenderse de alguna manera con el lobo que hay dentro de él, la tarea de controlar e impedir que desde las estepas del alma irrumpa en el país civilizado de ésta. Esto puede, por supuesto, engendrar una temible tensión... Uno de nuestros sueños permitirá percibir el espanto de uno de estos nocturnos encuentros con lobos. El soñador, con motivo de asistir a un sermón sobre "el problema del espíritu en el santo sacrificio de la misa", visitó su pequeño jardín zoológico, instalado en el patio del monasterio. Armado de látigo penetró en él y vio una serie de lobeznos de estrechas cabezas. Contento de haber establecido allí un orden, volvió casualmente la espalda. Tras él estaba una enorme loba grisácea que le miraba fijamente; se le cayó el látigo de la mano. ¡Estaba perdido! Con un chillido que despertó a sus camaradas de milicia huyó del más espantoso sueño de su vida». || 2. Como mínimo, cuando uno sueña con un lobo, es indicio de que en el espíritu hay en marcha una lucha o pugna con peligrosos impulsos internos que hay que estudiar y canalizar. || 3. En muchas ocasiones, el lobo de los sueños tiene el claro significado de la sexualidad prohibida o peligrosa, como en el caso de muchas jóvenes, que sueñan que las persigue el lobo (en este caso una clara alegoría del contacto sexual que desean o que el cuerpo demanda). Es curioso que la mayoría de los lobos de estos sueños aparezcan por la *noche* (*véase* ese término), un elemento primordialmente erótico. El célebre cuento *Caperucita Roja* de los hermanos Grimm no es nada más que una representación simbólica de los peligros sexuales que acechan a las jóvenes inocentes e imprudentes que se atreven a internarse solas por el peligroso bosque que es la vida. || 4. El sueño que sigue nos fue enviado a nuestro consultorio por un hombre casado, melancólico, de sesenta y tres años: «Con cierta frecuencia sueño con lobos que me atacan y lo paso muy mal. Me despierta mi mujer, sobresaltado y con angustia. Cojo otra vez el sueño y, algunas veces, vuelvo a soñar que me atacan perros. ¿Pueden tener relación estos sueños con un mal amor que tuve hace muchos años, y que frecuentaba esas mismas zonas donde me atacan los lobos? Me arrepentí, pero me costó mucho trabajo olvidarlo». Y la respuesta que dimos fue la siguiente (en la imposibilidad de una conversación para aclarar el tipo de relaciones que tuvo en el pasado y otros pormenores): «Es probable que esos sueños, esas pesadillas, tengan relación con su vida anterior, con su antiguo amor, pero en el sentido de haberse dejado llevar por los instintos. Los lobos y perros de sus sueños representan tendencias agresivas y primitivas de su carácter, de su personalidad, las cuales pugnan por apoderarse de su voluntad. Ello quiere decir que en su naturaleza, en su inconsciente, aún merodean algunos instintos en estado salvaje, que pueden convertirse en feroces. Por supuesto, esos impulsos son de naturaleza sexual. Y por las causas que sean, ahora están reviviendo con fuerza en su interior. El hecho de que los *lobos y perros* le ataquen en los lugares de su mal amor, es harto significativo; los errores de entonces pueden volver a repetirse. Es cuestión, por tanto, el domar esos instintos, el mentalizarse que uno es fuerte y puede vencer las tentaciones y las pasiones; sólo los torpes y los imbéciles se dejan dominar por ellas. Todos llevamos dentro un lobo estepario y un perro salvaje, una fiera depredadora que puede causar daños a nosotros mismos y a los demás... Los lobos y perros de sus sueños indican que en su interior hay una lucha entre la conciencia y algunos de sus impulsos internos. Es cuestión, pues, de que no se asuste, de que luche contra los lobos esteparios del inconsciente, pero en el sentido de domarlos, de amaestrarlos, de amansarlos... Destruirlos no se puede». || 5. Otro sueño de lobo es el que tuvo un joven en el que empezaban a cobrar fuerza los deseos sexuales: «Hace varias noches que vengo soñando con un ser extraño... Tiene el cuerpo de un ser humano, pero su cabeza es la de un animal (perro, lobo), su cuerpo está completamente cubierto por un bello pelo negro y sus ojos son muy grandes, redondos y muy blancos. Siempre aparece detrás de mí; nunca me habla ni me dice nada. Al contrario, da la impresión de sonreírme». || 6. En otras ocasiones, el lobo estepario de los sueños puede denunciar la excesiva soledad en que se halla el soñador, en especial si hay mucha tendencia a rehuir el trato social. En este caso, el lobo es una alegoría de la independencia a ultranza, de la renuncia a convivir con los demás, a rechazar las obligaciones sociales y familiares. Es la lucha en solitario, el rechazo contra el orden establecido, la búsqueda de la satisfacción propia, la atracción por el primitivismo, el rehuir el amor y la confraternidad..., en casos excepcionales puede encerrar una preocupación metafísica o filosófica en busca de los propios orígenes y el destino trascendental del ser humano, como el Harry Haller de la magistral obra de Hermann Hesse, *El lobo estepario,* cuando dice: «Quisiera o vencer dentro de sí al lobo y vivir enteramente como hombre, o, por el contrario, renunciar al hombre y vivir, al menos, como lobo, una vida uniforme, sin desgarramientos». || 7. Cuando una mujer sueña que el lobo que la persigue es muerto por los pastores, alguaciles, guardias, etc., indica que está reprimiendo violentamente sus apetitos sexuales o que teme el dejarse arrebatar por el sexo, el cometer una mala acción o un acto «pecaminoso». Aquí el lobo representa sus propios instintos sexuales primarios y el pastor, alguacil, guardia, etc., la represión moral impuesta por el «Súper-Yo». || 8. En ocasiones, los lobos oníricos representan los enemigos y obstáculos con los que uno tiene que enfrentarse. El propio Arnau de Vilanova nos cuenta: «Me acuerdo de haber visto en un sueño una noche a unos lobos que con la boca abierta parecían moverse burlándose de mí; yo, enfurecido, me arrojaba sobre ellos y mataba a los más grandes; al cabo de tres días, me vi en la tesitura de vencer a cuatro enemigos míos». || 9. A veces, los sueños de lobos hablan de instintos primarios sexuales. Al respecto, no hay sueño de lobos más significativo, intrigante y representativo de un trauma infantil sexual y de su correspondiente neurosis, que el ya clásico de «el hombre de los lobos» descifrado por Freud después de años de investigación. || 10. Según Artemidoro, otras veces los lobos oníricos «equivalen a enemigos violentos, rapaces, malvados y que salen al encuentro abiertamente», por lo que en nuestros días pueden hasta designar a delincuentes, ladrones de ganado, atracadores, navajeros, etc. Entonces, tales sueños son del tipo premonitorio o clarividente, aunque sean simbólicos, como en el sueño que nos explica más arriba el propio Arnau de Vilanova. || 11. No faltan ocasiones en que el lobo onírico exprese la naturaleza «conquistadora» o «depredadora erótica» del soñante. Lobo es un término que puede equipararse al de «Don Juan», al de «mujeriego», como en el sueño masculino siguiente (explicado por Mary Ann Mattoon, *El análisis junguiano de los sueños)*: «Estaba en el bosque con mi esposa. Ella tenía una escopeta en las manos. Un lobo pasó corriendo frente a nosotros. Le quité la escopeta de la mano y disparé, pero no le di al animal». Aquí, como ya hemos dicho, el lobo expresa la personalidad mujeriega del soñante, su tendencia a flirtear, a conquistar mujeres. El bosque es la vida y su propio inconsciente. Se comprende que es su mujer la que le está exigiendo que cambie de comportamiento, que mate a su lobo interior. El que *tome la escopeta de manos de su esposa* indica que acepta sus consejos, que comprende que debe cambiar su manera de ser, pero el que *falle el disparo* quiere decir que interiormente aún no está preparado o dispuesto a matar a su «lobo» interior. Falla el blanco adrede; sólo simula ante su esposa que quiere cambiar. Seguirá vivo el lobo de su personalidad, es decir, que continuará con sus aventuras femeninas. Ése es el significado de ese sueño. || 12. En delincuentes, depredadores, asesinos, gentes de mal vivir, hombres violentos y sin entrañas, el lobo que les acompaña o atormenta en sueños suele representar su propia sombra patológica o degenerada. O sea, que es la expresión de la sombra descontrolada que se está adueñando de la personalidad y que se expresa por medio de sus actos violentos, obscenos o malvados. || 13. Otras veces, un lobo onírico puede representar –tal como indica Jung– a la madre devoradora. || 14. Un sueño típico de jovencita es el del lobo que la muerde. Simboliza el despertar de los instintos sexuales y, al mismo tiempo, el acto sexual que se desea: es la llamada de la carne. En tales sueños, el lobo representa al hombre. (*Véase* lo dicho en el apartado 3 de este mismo término). Como ejemplo nos sirve el de una chica de dieciséis años, virgen, del signo de Libra: «He soñado que venía un lobo detrás de mí y de pronto se tiró encima de mí y notaba como su boca, que era muy grande, se clavaba en toda mi espalda. Desperté asustada». Este sueño es una clara alegoría del acto sexual que inconscientemente se desea. Además, son muy significativas las mismas palabras de la soñante *de pronto se tiró encima de mí.* Y para comprender por qué el lobo (los deseos) *la muerde en la espalda,* hay que tener en cuenta (dejando al margen la actuación de la autocensura) que la región costal, situada por debajo de la última costilla, es una de las zonas erógenas de la mujer. || 15. A veces, los lobos oníricos aparecen junto a los leones como expresión de impulsos sexuales que son rechazados o reprimidos por miedo éstos. *(Véase* el apartado 13 del término *león).* || 16. Como ejemplo de impulsos y deseos sexuales depredadores y amorales que se temen, pero que al mismo tiempo se desean y se están apoderando de la naturaleza de uno, nos sirve el sueño siguiente de lobos explicado por Elsie Sechrist y Edgar Cayce (sueño de un joven): «Estoy pasando un día en el campo. Allí se encuentra un perro que avisa a los concurrentes de que se acerca un peligro. Todos vemos que vienen lobos. Entregamos a estos animales una vaca para que, mientras se entretienen comiéndola, podamos escapar. Llegamos a la casa. Creyéndome a salvo, me detengo en la veranda. Pero en eso un lobo me sorprende, me derriba y me empieza a arrancar mis órganos genitales». Es éste un sueño de advertencia moral (*véase Diccionario de sueños sobre personas conocidas y desconocidas*), en que el inconsciente avisa al soñante de que está dejándose arrebatar por lo sexual-carnal, olvidando las enseñanzas morales recibidas en su hogar materno (representadas por la vaca). Los impulsos sexuales depredadores, fieros y amorales están simbolizados por los lobos que atacan a los presentes (que encarnan las diversas y variopintas partes más civilizadas de la personalidad del soñante). En éste –como en muchos otros sueños–, el campo, la excursión, la gira campestre…, suelen expresar los deseos naturales de contactos con el sexo contrario, con el amor. Pero allí hay un perro que vigila (el perro guía interior, el representante de los instintos naturales domesticados y familiares; *véase* el término *perro),* el cual advierte del peligro de que el soñante sea devorado por los lobos (sus propios instintos incontrolados). En otras palabras: su apetito sexual se está haciendo agresivo y descontrolado, desde el punto de vista moral. La vaca que entregan a los lobos, para que la devoren, es una clara representación de los deseos inconscientes de «matar», de terminar con los lazos maternos y las enseñanzas recibidas de la madre (vaca) y los educadores sobre la conveniencia de mantener controlada la sexualidad en el hogar, la familia, la procreación, el respeto, la paciencia cotidiana, las tradiciones hogareñas, etc. Es un sueño que avisa del peligro de ser devorado por las pasiones sexuales y comportarse con las mujeres como un «lobo», término que se aplica corrientemente a los conquistadores en Estados Unidos, patria del soñante. || *C. oc.:* || **Matar uno o varios lobos:** Victoria sobre enemigos; obtención de ganancias o beneficios. || **Luchar contra uno o varios lobos:** Hay que estar alerta contra la actuación de falsarios y traidores. || **Uno o varios lobos comiendo:** Pérdidas monetarias, dificultades comerciales o profesionales. || **Loba con cachorros:** enemigos en la propia familia y vecindad; mujer pérfida que puede perjudicar el hogar. || **Ser mordido por un lobo:** Grave disgusto o traición en ciernes; perfidia o estafa por exceso de confianza o ingenuidad. Pérdida de pleito o querella. Adversario que causa graves perjuicios o quebrantos económicos. || **Varios lobos caminando uno detrás de otro, en fila india:** Se acercan semanas o meses de dificultades o penuria.

LODAZAL (*Véase pantano*)

LODO (*Véase barro*)

LORO
Psi. 1. El loro onírico simboliza el atolondramiento, la charlatanería, la verborrea inútil, la excentricidad, la malevolencia, la ridiculez, la vanilocuencia, etc., por lo que se hace preciso analizar el comportamiento de uno y aprender a callar, a reflexionar y a meditar bien lo que se va a decir. El inconsciente advierte al soñante que está actuando sin sentido común, que se está comportando co-

mo un loro. || 2. En ocasiones, el loro de los sueños representa peyorativamente al padre, al marido, al jefe, al hermano, a los colegas y vecinos malévolos y calumniosos. Según los detalles del sueño, hay que estar alerta contra la actuación de esas personas, que pueden perjudicarle a uno con su palabrería y falta de sentido común. || *C. oc.:* **Loros en una jaula:** Se descubrirán secretos íntimos o familiares. || **Loros en libertad, en los árboles:** Vecinos y colegas están criticando o hablando mal del soñante. **Mujer soñando con un loro de vistosos colores:** Debe desconfiar de las apariencias y de la palabrería del novio o futuros pretendientes. || **Loro muerto en su jaula:** Rompimiento con una amistad íntima o pareja a causa de su maledicencia y falsedad. || **Loros y otras aves comiendo en paz:** Período de paz y concordia en el ámbito hogareño y familiar. || **Loros peleándose:** Graves querellas domésticas o familiares. || **Enseñar uno a hablar a un loro:** Se intenta lo imposible para que cambie una persona su manera de ser.

LOTERÍA (Sorteos, rifas)
Psi. 1. El soñar con loterías, sorteos, números de lotería, etc., suele significar esperanzas o proyectos inciertos o poco seguros, que dependen más del azar o de un golpe de suerte que de la voluntad, trabajo, cálculo o planificación del soñante. El inconsciente puede señalar que la mente de uno está inmersa en especulaciones o negocios poco seguros, en las que tiene pocas posibilidades de ganar. Denuncia, por tanto, la fantasía del

individuo y la poca preparación para obtener lo que desea con sus propios esfuerzos o conocimientos, como en el caso siguiente: «Llevo varias semanas con números de lotería, cupón prociegos, etc. Los compro y no me tocan. Veo en sueños los números enteros, como 574, 371, 774, etc. ¿Qué quiere decir todo esto?». Nuestra respuesta fue: «No siempre los sueños de números indican que va a tocar la lotería; sólo sucede cuando son de tipo premonitorio o profético. Creo que, en tu caso, son de tipo psicológico y reflejan tu estado de ánimo y problemas cotidianos. Lo más probable es que indiquen que tienes proyectos inciertos, que confías en un golpe de suerte para salir adelante. El mensaje de tus sueños es muy claro: no confíes tanto en el azar, procura tocar con los pies en el suelo y búscate la suerte con el propio esfuerzo, lo demás es un espejismo». ‖ 2. En ocasiones, los sueños de lotería son premonitorios y anuncian al individuo que es el momento de comprar un número o jugar en quinielas o sorteos.

LÚCIDOS (Sueños)

Psi. Hay un tipo especial de sueños que reciben el nombre de sueños lúcidos porque el durmiente se da cuenta de que está soñando, de que sabe que no es real lo que está viendo y que, además, puede intervenir en el sueño, manipular la acción, decidir situaciones, evitar cosas, etc., o sea, que su voluntad no está anulada y, en cambio, está dormido y soñando. Es una clase de sueños que Freud, Jung, Adler, Stekel y muchos otros «prefirieron ignorar» porque no se ajustaban a sus doctrinas de la «interpretación de los sueños» y no los entendían. Por supuesto, en tales sueños, las cosas no pueden descifrarse por el psicoanálisis ni por los símbolos que damos en esta obra: *son casos aparte.* El término de sueño lúcido no es muy moderno, ya que fue establecido por el médico holandés Frederik Van Eeden (que llevó a cabo extraordinarias experiencias entre 1896 y 1913). Aimé Michel, en *Los extra-sensoriales,* quien tiene el mérito de haber resucitado los trabajos de Van Eeden, define el sueño lúcido de la siguiente manera: «En estado de sueño lúcido, el soñador sabe que está soñando; tiene, de su universo onírico, una conciencia tan viva como la que tenemos de nosotros mismos y de las cosas en estado de vigilia y, además, se acuerda exactamente de su vida despierta (de tal manera que en el estado de vigilia nos podemos acordar de un sueño perfectamente rememorado)». De opinión igual o parecida es Nerys Dee *(Tus sueños)* y la meritoria investigadora británica Celia E. Green, del Instituto de Investigación Psicofísica de Oxford (Inglaterra) y autora del libro *Sueños lúcidos.* La definición que hace esa investigadora onírica de los sueños lúcidos no varía de lo dicho, ya que indica que difieren de los sueños normales (psicológicos) en que no poseen los mismos elementos de irracionalidad y discontinuidad respecto de la experiencia del inconsciente. El sujeto se da cuenta de que está soñando y que tiene un cierto control e influencia en el desarrollo del sueño; *incluso puede experimentar con él.* En estos sueños lúcidos –nos dice Van Eeden– la reintegración de las funciones psíquicas es tan completa que el durmiente recuerda su vida de vigilia y su condición actual (de durmiente); alcanza su estado de cabal consciencia, es capaz de dirigir su atención y de decidir actos de libre albedrío. Sin embargo, el sueño (puedo afirmarlo con toda certeza) es tranquilo, profundo y reparador (se descansa)». Estos sueños, llamados también de *esclarecimiento,* de i*nstrucción,* son utilizados en sus obras, para el desarrollo del poder psíquico, por el místico y brujo mexicano Carlos Castaneda.

LUCHA

Psi. 1. Las luchas suelen expresar conflictos o enfrentamientos entre tendencias inconscientes opuestas *(véanse* los términos *combate* y *agresión),* generalmente de tipo sexual o ideológico. Reflejan un estado de «ebullición» interior, de agresividad hacia otros, pero, en ocasiones, representan la lucha por la autoafirmación de la personalidad, su evolución, el enfrentamiento feroz de unos deseos e inclinaciones que pugnan por imponerse a otros, como en el caso siguiente (sueño de hombre): «Soñé que iba andando por una calle, vestido con el mono de trabajo. Vi a un joven que vestía la misma prenda que yo y que andábamos juntos. A nuestra izquierda había muchas mujeres y niños en estado de expectación. Delante de nosotros, viniendo hacia nosotros, vimos a muchos hombres armados con garrotes y armas de fuego, enfrentándose unos con otros; varios eran arrastrados, otros estaban desnudos, en un enfrentamiento terrible; muchos de ellos tumbados en el suelo heridos y otros muertos. Esta contienda era en la calle y también en los edificios más próximos. Uno de ellos era un castillo en el cual muchas personas combatían con saña, se mataban igual que en la calle. La arquitectura del castillo era de extraordinaria belleza, se combatía en sus torres, en sus ventanas y en la pasarela que comunicaba el edificio con el exterior. La lucha era sangrienta, con cientos de muertos y heridos. Lo más chocante de todo era que yo veía el terrible combate y me iba alejando con temor. Mi compañero había desaparecido. ¿Es todo un mal presagio?». Nuestra respuesta escrita fue: «Este sueño refleja las tensiones y problemas que rodean tu vida. El *ir por la calle* simboliza el curso de tu propia existencia y el que lleves puesto el *mono,* indica tu vida de trabajo. Ello parece aclarar que tus nerviosismos y agresividades están directamente relacionados con tu mundo laboral y cotidiano. El joven que te acompaña es, por decirlo así, tu otro yo, tu espíritu, tu *sombra...,* que aún se mantiene joven. Las *luchas* –que tienen lugar en los *edificios* de tu personalidad– no son nada más que la representación de las pugnas y luchas que mantienen las distintas tendencias psíquicas, inclinaciones opuestas, que hay en ti. Por un lado quieres hacer algo o enfrentarte decididamente con algún problema laboral –puede ser muy bien el de la convivencia humana en el trabajo– y, por otro, tienes miedo de mostrarte agresivo. El *castillo* es el centro, la plaza fuerte de tu personalidad, así como el lugar más sagrado de ésta, y hasta de la familia. El que se esté combatiendo en él no es nada bueno, ya que advierte que estás pasando una temporada emocional muy alta, que estás extremadamente nervioso y hasta agresivo, molesto y desconcertado por el mal comportamiento de los demás hacia ti. El mensaje de este sueño es que debes serenar los ánimos y tomar alguna decisión sobre tu medio ambiente laboral. Por lo que me explicas, tus compañeros de trabajo son unos cretinos y no cambiarán. Los frustrados y malvados siempre se ensañan con los débiles y los que son más buenas personas. Imagino que tampoco está muy bien el ambiente familiar, ya que las mujeres y niños del sueño simbolizan la gente que, de una manera u otra, está esperando que reacciones y no te dejes atropellar. Lo ideal sería cambiar de ambiente y lugar de trabajo». || 2. El luchar contra monstruos o animales míticos expresa el combate interior contra fuerzas inconscientes de tipo devorador. *(Véase* el término *dragón).*

LUNA

Psi. Simboliza la femineidad, el principio y el instinto femenino, la madre, el hogar, los sentimientos y las emociones románticas, la maternidad y, por tanto, el período menstrual o catamenial. Una buena luna significa fertilidad y una mala luna

esterilidad. La luna es la soberana de la noche, la luz nocturna del inconsciente, la musa de las ilusiones y ensueños amorosos, por lo que no sorprende que aparezca en muchos sueños de jovencitas, como en el caso siguiente (chica de dieciséis años): «Soñé que estaba en una ventana y de repente apareció la luna (en cuarto menguante). Luego se eclipsó y al poco rato apareció la tierra. Estaba muy cerca, casi la podía tocar y tenía huecos y bultos en la superficie como cuando salen fotografías de la luna, y a su alrededor tenía los países dibujados, su silueta y colores; estaba abajo y empezó a subir hasta que la vi lejos, muy lejos y muy pequeña. Cerca de un mes más tarde soñé otra vez que estaba en la ventana y de nuevo aparecía la luna muy cerca (luna llena); luego se eclipsó y poco después apareció la tierra con las mismas características que la otra vez y desperté muy asustada. ¿Qué significa este absurdo?». Nuestra respuesta escrita fue: «No es ningún absurdo. Estos sueños están relacionados con el desarrollo y reafirmación de tu femineidad y de tus sentimientos maternos, representados por la tierra y la luna. El astro de la noche simboliza los instintos, las emociones, la imaginación… En conjunto quiere decir que tu personalidad está madurando y preparándose para hacerse receptiva de su destino femenino-materno. Por supuesto, como telón de fondo hay una situación subconsciente de deseos amorosos, de necesidades sexuales. Tanto la *luna* como la *tierra* simbolizan la fertilidad. Y el estar en la *ventana aguardando,* representa el estado de receptividad de tu organismo en espera de su realización amorosa. Recordemos que la *ventana* es una clara representación de la vagina». Para comprender más claramente este sueño, *véanse* los términos *ventana* y *tierra*. Según las experiencias del doctor Aeppli, «los sueños de la luna son propios de la primera mitad de la vida de la mujer y de la segunda mitad de la vida del hombre». || *C. oc.:* **Luna llena:** Placer, excitación, exaltación, alegrías y satisfacciones pasajeras. || **Nueva:** Tristeza, pesares, melancolías, conflictos familiares o conyugales. Nuevas situaciones. || **Cuarto menguante:** Disminución de bene-ficios, retrasos en negocios y asuntos sentimentales. || **Cuarto creciente:** Mejoramiento en los asuntos personales, sentimentales y profesionales. Victoria sobre los enemigos y dolencias. || **Noche sin luna:** Soledad, melancolía, desesperación, pesimismo. || **Eclipse de luna:** Contratiempos familiares y conyugales. Riesgo de enfermedad inesperada. || **Ser bañado por la luz de la luna:** Éxito en amores y negocios. Buenas noticias profesionales. Honores y buenas noticias. Ayuda por parte de una mujer encumbrada. || **Ver una luna roja:** Malas noticias o enfermedades en la familia. || **Luna brillando a través de la nubes:** Amores secretos, relaciones que no pueden divulgar-

se. || **Dos lunas:** Discordia, se habrá de tomar una grave decisión. || **Ver que cae la luna:** Enfermedad grave o bancarrota en la familia.

LUPA

Psi. Cuando se ve una lupa o se encuentra una en la mesa, cajón, etc., indica que hay que aprender a ver las cosas con mayor detalle y atención, ya que se están escapando pormenores importantes que terminarán por perjudicar al soñante. Se necesita «aumentar» el sentido de la observación, probablemente en los asuntos monetarios, comerciales o profesionales.

LUTO

Psi. 1. Como en la vida cotidiana, en los sueños el luto también está relacionado con pérdidas, muerte, entierro, etc. Exceptuando aquellos sueños de tipo premonitorio (que advierten de fallecimientos reales en la familia o campo de las amistades), en la mayoría de los casos indican que en el sujeto han muerto ideas, deseos o sentimientos muy apreciados; de ahí que en sueños se vea uno vestido de luto como reflejo de su dolor interior. Cuando el soñador se encuentra en tales circunstancias ha de preguntarse: ¿Qué ha muerto en mí?, ¿qué sentimientos han muerto?, ¿qué relaciones han fenecido?, ¿qué fracaso o contratiempo ha desgarrado mis entrañas?, etc. No es raro que el cambio de trayectoria en estudios, trabajo o relaciones, dé lugar a que el soñante se vea de luto, si realmente siente amor por esas cosas, situaciones o personas. Las separaciones o abandono de cosas que uno aprecia son siempre dolorosas, aunque sean objetos. || 2. Como luto premonitorio o clarividente recordamos el extraordinario caso del obispo de Grosswardein (la actual Oradea rumana, que se halla a unos cuatrocientos kilómetros de Sarajevo), que fue estudiado en detalle por Fanny Moser (*El ocultismo*) y Hans Herlin (*El mundo de lo ultrasensorial*). El citado obispo hizo el siguiente relato de lo acontecido: «El 28 de junio de 1914, me desperté a las tres y media de la mañana. Había tenido un sueño terrible. Soñé que me dirigía en las primeras horas de la mañana a mi mesa de despacho para revisar la correspondencia llegada. Encima de todo había una carta con reborde negro (de luto), sello negro y las armas del archiduque, cuya letra reconocí al instante. Al abrir la carta, vi en la parte superior del papel, de una tonalidad azul celeste, una estampa como las de las tarjetas postales, que representaba una calle y una estrecha calleja. Sus Altezas iban en un automóvil, sentados. Frente a ellos, un general y un oficial al lado del conductor. A ambos lados de la calle se veía una enorme multitud de personas, de las que se destacaron dos muchachos que dispararon sobre Sus Altezas. El texto de la carta decía exactamente: *Ilustrísimo señor obispo. Querido doctor Lànyi: Le comunico por la presente que mi esposa y yo seremos hoy víctimas de un asesinato que será cometido en Sarajevo. Ténganos presentes en sus oraciones... Le saluda cordialísimamente su ARCHIDUQUE FRANZ Sarajevo, 28 de junio, una de la madrugada.*

Tembloroso y anegado en lágrimas, salté de la cama y miré el reloj, que señalaba las tres y media». Es historia que en ese día tendría lugar el atentado de Sarajevo que encendería la mecha de la terrible Primera Guerra Mundial que tantos millones de muertos y tragedias iba a causar. Este caso lo termina Hans Herlin con las siguientes palabras: «A la misma hora en que el obispo de Grosswardein rezaba por el archiduque Franz, del cual había sido profesor de húngaro, la pareja heredera del trono austríaco partía de Ilidje, donde había pernoctado, en dirección a Sarajevo, haciendo el viaje en un coche descubierto. El resto es historia. Los acontecimientos ocurrieron tal como los había previsto en su sueño el obispo, aunque con una diferencia: el doctor Lànyi había visto un atentado, pero en realidad fueron dos. El primero tuvo lugar cuando la caravana automovilística se aproximaba al puente que cruza el Miljacka; allí fue donde Gabrinovich arrojó la bomba, que sólo alcanzó al tercer automóvil. El segundo atentado se verificó al regreso de la gran recepción ofrecida en el Ayuntamiento, sito en la calle de Francisco José: Princip disparó los dos tiros mortales desde la acera, mezclado con la apiñada multitud. Eran exactamente las tres y media de la tarde (doce horas después de su sueño) cuando un telegrama dio al obispo de Grosswardein la noticia del asesinato del archiduque y la esposa de éste».

LUZ

Psi. 1. Suele simbolizar la fuerza psíquica del durmiente. No tener luz, apagarse las bombillas o no encenderse, etc., expresa la escasez o debilidad de la fuerza psíquica del sujeto. || 2. Por su relación con el fuego, puede simbolizar el amor, el romanticismo y hasta la maternidad (dar a luz). || 3. En su aspecto de luminosidad, puede expresar la plenitud espiritual, el misticismo, los conocimientos teológicos, el alma del soñante. || 4. La luz como fuerza psíquica especial aparece en sueños de tipo mandálico. || 5. A veces, en sueños fisiológicos, los destellos de luz o luces extrañas pueden advertir de una incipiente afección en la vista. El profesor ruso Kasatkin indica que el soñar con «casas rodeadas de una luz irradiante puede ser anticipación de una dolencia óptica». || 6. En ocasiones, una luz determinada, por su relación con el sol, puede hacer referencia al padre. || *C. oc.:* **Luz tenue:** Peligro de enfermedad. || **Brillante y resplandeciente:** Suerte, fortaleza, vitalidad, salud. || **A través de una ventana:** Enfermedad en la familia, herencia. || **Que se apaga de repente:** Conflictos hogareños y sentimentales. || **Tapar una luz:** Discusiones conyugales, infidelidad, amores secretos. || **Luces que se encienden en una casa o edificio:** Beneficios, buenas noticias. || **Luces que se apagan en una casa o edificio:** Pérdidas monetarias, negocio que no dará beneficios, malas noticias sociales o políticas.

LL

LLAMAS

Psi. 1. Las llamas de los sueños suelen denunciar que el sujeto se está dejando llevar por pasiones sexuales peligrosas o por vicios que terminarán por perjudicar su personalidad y salud. *(Véase incendio, fuego).* || 2. En ocasiones, forman parte de sueños patológicos y advierten de dolencias cardiovasculares. *(Véase sangre, terrores y pesadillas).* || *C. oc.:* **Fuertes llamas:** Conflictos personales o sentimentales. || **Llamas que no se pueden controlar:** Dificultades familiares, riesgo de rompimientos conyugales o amorosos. || **Llamas que se logran controlar:** Dificultades que se superan. || **Llamas que lo devoran todo a su paso:** Se acercan graves adversidades. Hay que estar alerta contra las conspiraciones y enemigos.

LLAVE

Psi. 1. Símbolo fálico o del pene *(véase habitación)* y de la virilidad. En estos casos representa el órgano sexual masculino, de la misma manera que el ojo de la cerradura simboliza los órganos genitales femeninos. Aquí tiene, pues, el sentido de la «llave del placer», del «arcón de los secretos sexuales»... || 2. En ocasiones está relacionada con complejos viriles femeninos, como en el caso relatado por el doctor Otaola, en que una madre quiere imponer sus tendencias e ideas viriles a su hija, atacando al hombre y a sus apetencias sexuales. La hija tuvo varios sueños referentes a esta pugna contra la naturaleza. Soñó que luchaba por impedir que abriesen desde afuera la puerta de su casa, empujando. Su madre le indicaba dónde se hallaban diversas llaves para cerrar bien la puerta, pero la chica sólo encontraba llaves rotas o que no servían. Así amaneció y al mirar por el patio vio una parra con uvas en agraz que había trepado por la pared y las dejaba a oscuras. Está claro que el *cerrar la puerta* simboliza rechazar o negar la femineidad, la sumisión al hombre y al placer, pero impuesto aquí por órdenes de la *madre* (que representa los esfuerzos que hace la soñadora para adaptarse a los consejos de la madre). Los *fallidos intentos* de encontrar una llave adecuada son aquí positivos, pues quieren decir que a pesar de la insistencia de la madre, no se desarrollan en la hija los complejos viriles. La *vid* que crece tiene claro significado de que sale triunfante la femineidad de la soñadora o de la naturaleza. La *casa* de este sueño es una representación inconsciente de la madre y de sus imposiciones. || 3. También puede simbolizar la clave de algún problema o la llave que abre la cámara secreta o la habitación misteriosa en que guardamos valores y facultades que aún no hemos cultivado, desarrollado o utilizado. *(Véase habitación y puerta).* Estas estancias secretas de nuestro inconsciente o carácter pueden estar, a manera de cuento de hadas, relacionadas con llaves de oro, de plata, de diamantes... Según diversos psicólogos (entre ellos Pierre Real), la *llave de plata* abre la cámara escondida de las joyas personales, que pueden significar los valores interiores, la purificación, los sentimientos elevados, el dominio de uno mismo... La *llave de oro* suele abrir una habitación secreta que guarda otro tipo de joyas, las cuales representan las ideas filosóficas, el conocimiento... La *llave de diamantes* permite el paso a la cámara en que se guardan las joyas y piedras más preciosas, las que representan la profunda sabiduría y el poder. || 4. Abrir una puerta desconocida con una llave puede significar que uno va a entrar en una nueva situación, que se va a conocer mejor, que está adquiriendo nuevos conocimientos, que está evolucionando en su madurez psíquica, que está explorando lugares de su personalidad o carácter que tenía algo abandonados. || 5. Soñar que uno tiene dificultad para hacer girar una llave en una cerradura o que la llave se rompe (o que la pierde) puede significar dificultades de diversa índole, según el contexto del sueño. Los obstáculos, preocupaciones o problemas pueden ser de índole sexual (falta de madurez, complejos, impotencia...) si el sueño es de temática afectivo-sentimental, o de falta de preparación profesional o miedo a no estar preparado para conseguir lo que se desea o ambiciona a nivel monetario o comercial. En los sueños de mujer, la llave puede representar al hombre, y también la clave de un trabajo, negocio o profesión. En términos generales: que la llave funcione o que se encuentre una llave, tiene el significado de la «llave de la felicidad», de las «buenas noticias». En cambio, la pérdida de la llave o que se pierda, rompa o no funcione, es presagio de frustraciones y conflictos. || *C. oc.:* **Poseer un voluminoso manojo de llaves:** Adquisición o posición de bienes, cargos o negocios proporcionales al número de llaves. || **Abrir una puerta con una llave y entrar en un local o habitación en que se encuentra una persona del sexo opuesto:** Próximo matrimonio o compromiso sentimental. || **Llaves en un llavero:** Se asistirá a una boda. **Perder una llave:** Próximo disgusto, probablemente sentimental o monetario. || **Encontrar una llave:** Se recibirá una propuesta sentimental. Arreglo de un asunto difícil, probablemente profesional o comercial.

LLEGAR (Arribar)

Psi. En sueños de índole sexual, llegar a un sitio suele representar el orgasmo.

LLORAR (Llanto)

Psi. 1. Suele ser la expresión de profundas decepciones, desengaños y pesares a nivel inconsciente, relacionados con afectos o amores. *(Véase el término lágrimas).* Significa que hay una profunda herida psíquica en el soñante. || 2. Los sueños en que uno llora amargamente y despierta con cierta sensación de tristeza y angustia suelen remarcar, en ocasiones, el sentido doloroso o trágico del mensaje onírico. *(Véase* el apartado 2 del término *luto).* || 3. Otras veces, el llorar expresa la fertilidad, el semen, el acto sexual; entonces, el sueño no es angustioso, sino que va acompañado de cierta sensación placentera. || *C. oc.:* **Ver a otros llorando:** Próximos disgustos y conflictos; se tendrá que ayudar a parientes o amigos. || **Familiares llorando:** Querellas familiares; parientes que intentan sacar dinero al soñante. || **Llorar uno en sueños:** Asuntos que se arreglarán, conflictos que se solucionarán. || **Llorar por la muerte de un conocido:** Amistad que se rompe; fallecimiento o accidente grave en la familia de dicha persona. || **Oír lloros cuando se va en un cortejo fúnebre:** Próximo fallecimiento de un

familiar o amistad íntima. || **Multitud de personas llorando:** Próxima catástrofe pública o colectiva; muerte de un personaje prominente de la nación.

LLUECA

Psi. Una gallina llueca suele simbolizar a la madre o a una mujer que actúa como una madraza.

LLUVIA

Psi. 1. Como el *agua (véase* ese término), la lluvia está relacionada, la mayoría de las veces, con los sentimientos y los afectos, por lo que muchas ocasiones representa un desconsuelo inconsciente, una tristeza interior. Entonces ha de equipararse al llorar. || 2. A veces, simboliza la eyaculación masculina, como en el caso que explica Garma de una mujer que veía llover a través de la *ventana* (vagina). || 3. También puede simbolizar, cuando es lluvia suave y agradable, la fertilidad en toda su gama de variantes, como los beneficios en un negocio o profesión o el rendimiento de una empresa o éxito de un proyecto. Incluso, en una mujer, puede señalar un próximo embarazo. || 4. Si la lluvia que cae es torrencial, violenta, sucia…, puede advertir de malas noticias y pesares, sobre todo si uno corre para guarecerse y no encuentra ningún lugar que le proteja. En conjunto, es un mal presagio y significa peligro o amenaza próximos. || 5. Como todo elemento líquido, la lluvia también puede intervenir en sueños de tipo fisiológico, en que la persona tiene la necesidad de ir al mingitorio y el

inconsciente se lo recuerda, como en el caso de un hombre que soñó que corría cuando empezaba a llover. Se despertó y tuvo que apresurarse a ir a orinar. || 6. Una mujer que sueñe que la lluvia empapa la tierra es un claro símbolo del acto sexual y maternidad que desea. || *C. oc.:* **Lluvia suave y duradera:** Beneficios, prosperidad. || **Lluvia tempestuosa y violenta:** Problemas, conflictos, contrariedades. || **Mujer mojándose bajo la lluvia:** Desengaño amoroso. || **Estar en un refugio a causa de la lluvia:** Se padecerán obstáculos, impedimentos, retrasos. || **Lluvia con sol:** Alegría, dicha, beneficios, vitalidad, mejoramiento de la salud.

M

MACETA

Psi. Suele simbolizar por lo general los genitales femeninos. *(Véase* el término *tiesto).*

MADERA

Psi. De acuerdo con la teoría de Freud, la madera, en general, simboliza a la mujer. || *C. oc.:* **Mucha madera:** Desengaños sentimentales o afectivos muy intensos. || **Madera apilada:** Aún durarán los problemas. || **De ébano:** Proyectos que se acelerarán. || **De sándalo:** Hay que meditar mejor los planes o proyectos. || **De cedro:** Cuidado con las falsas amistades. || **De pino:** No hay que esperar grandes negocios ni entrada de beneficios importantes. || **Quemar madera en una hoguera:** Mejoramiento de las relaciones conyugales y hogareñas.

MADRE

Psi. 1. El soñar con la figura de la madre directamente quiere decir, por lo general, que algo no marcha como debiera en las relaciones con ella. Entonces hay que analizar los diversos detalles del sueño para interpretar debidamente «qué es lo que no marcha». Si no se sueña con la madre (o se sueña poquísimo con ella), suele indicar que las relaciones psicológicas con ella funcionan con normalidad o que no hay graves conflictos con la madre. Por el contrario, cuando se sueña mucho con la madre, ya indica, de entrada, falta de madurez en el soñador, insuficiente desarrollo de la personalidad, miedo a la independencia e, incluso, puede reflejar temores a no saber valerse por sí mismo ante los problemas de la vida; en definitiva, refleja la inseguridad en sí mismo. Es normal, por otro lado, que las chicas que no se llevan bien con la madre, sueñen más con el padre. || 2. A veces, cuando las chicas sueñan mucho con la madre en relación a situaciones del pasado, y de manera agradable, puede haber en ellas deseos de regresión a la situación de dependencia infantil con la madre, a cuando era ella la que decidía todas las cuestiones y no tenían por qué tomar responsabilidades. Esto indica que no se ha alcanzado la suficiente madurez y que hay temores –o falta de preparación– para tomar decisiones familiares, maternas o profesionales. ‖ 3. En otros sueños sucede todo lo contrario. Lo normal es que los jóvenes, cuando alcanzan cierta madurez o se creen preparados para ser independientes, sueñen que la madre se muere de una forma u otra, como en el caso siguiente (sueño tenido por una chica de diecinueve años): «Soñé que un chico al que yo conozco estaba en la calle donde yo vivo y que mi madre estaba con él. Entonces vi cómo cogía a mi madre y la ahorcaba, y yo lo estaba viendo y no podía hacer nada, sólo llorar y llorar. Luego reaccioné y quise matar al chico, pero no pude, sólo lloraba. Entonces me desperté muy asustada, y poco después me quedé otra vez dormida, y seguía viendo a mi madre allí, en la calle, colgada. Después soñé más cosas, como que iba a casa de una vecina a llamar por teléfono a mi madre, que estaba en un sanatorio. Estoy aterrada, pues pienso que a mi madre va a ocurrirle algo malo». Nuestra respuesta fue la siguiente: «Ya sé que según algunos libros ocultistas de sueños la madre colgada es anuncio de problemas y desgracias, pero tu caso no es éste. No me indicas qué relaciones te unen con el chico del sueño, pero éste también puede ser un simbolismo, es decir, que representa al sexo masculino en general. La *madre colgada* indica, seguramente, una etapa de

cambio o tránsito en tu vida. Los deseos eróticos inconscientes y el hecho de que te estés convirtiendo en una mujer que, por supuesto, quedará supeditada al influjo de los instintos creadores y al sexo masculino, se han representado en tu sueño –que no lo tendrás una sola vez– por el hombre que cuelga a tu madre, es decir, que termina con la época de tu vida infantil y juvenil que dependía de la autoridad materna. Este *ahorcamiento* no indica ninguna desgracia, sino que anuncia una nueva etapa de madurez e independencia, representa el punto de cambio en tu personalidad y, en cierta forma, el enfrentamiento cara a cara con el inconsciente. Las lágrimas de tu sueño son el dolor por dejar una etapa de tu vida que no quisieras perder, una separación de sentimientos y actitudes que te duelen pero que es necesario que se produzcan para que continúes tu etapa evolutiva. De ahí que te quedes quieta y que no aciertes a matar al chico ni a descolgar a tu madre. Se acerca, por tanto, una etapa de responsabilidades para tu existencia. La secuencia posterior de la madre en el *sanatorio,* reafirma este sentido en tu sueño». ‖ 4. Soñar con la madre muerta suele indicar la necesidad de una madre o consejera y que la soñadora se encuentra muy sola. *(Véanse* los casos pertinentes en el término *muerte).* ‖ 5. A veces, la figura de la madre también puede convertirse en un símbolo y reflejar tendencias de la personalidad del soñador. En los sueños de una mujer puede simbolizar la imagen o modelo de la femineidad que se desea o tiene, así como compulsiones e inhibiciones ocultas, su naturaleza o sentido crítico (que puede ser cruel o piadoso, interesado o desinteresado, etc.). En los sueños de un hombre, puede simbolizar la imagen o modelo de la femineidad que desea o respeta (o que rechaza u odia), así como sus valores morales y espirituales, las relaciones o equilibrio con sus propias intuiciones y emociones... También puede representar sus compulsiones e inhibiciones ocultas o escondidas. || 6. Los conflictos a nivel interno, con la figura de la madre, suelen llenar de confusión al soñador, al no comprender por qué sufre tanto en sueños si en la vida real se lleva muy bien con la madre. Pero esta armonía sólo es aparente, puesto que el soñador o soñadora puede estar eludiendo sus propias responsabilidades sin darse cuenta, como en el caso siguiente: «Sueño con mucha frecuencia, muchísima, con mi madre y siempre, absolutamente siempre, es el mismo sueño. Sueño que me maltrata, me grita... Yo huyo, ella me persigue, me acosa. Yo me escondo muy asustada. Ella me busca con empeño, sólo para maltratarme, aunque no haya un motivo justificado, desea hacerme pedazos, y yo sufro unas pesadillas terribles, hasta el punto de que grito dormida. Tengo cuarenta años y ella sesenta y ocho, pero en los sueños ella es joven y yo una adolescente. En la realidad es muy buena, estamos muy unidas, nos llevamos muy bien y somos auténticas amigas. No sé a qué obedecen estos sueños. Me despierto muy angustia-

da. ¿Qué significa todo esto?». Nuestro consejo fue (en la imposibilidad de hablar personalmente y conocer más detalles familiares): «Hay que empezar por decir que la madre de tus sueños es un símbolo, no hace referencia directa a que tu madre te quiera mal ni que vayáis a pelearos. La *pelea* en sí y la persistencia del mismo sueño indica que tienes un conflicto a nivel inconsciente entre dos tendencias de tu propia personalidad. La *madre* de tus sueños puede representar los deseos de independencia, de maternidad y de querer formar una familia propia; es decir, que son los instintos femeninos naturales los que te persiguen para que cumplas tu misión y te enfrentes con tu destino de mujer. En conjunto, pues, estos sueños indican que estás demasiado sujeta a tu madre, que no has alcanzado la suficiente independencia y que hay en ti algo de inseguridad personal. Por supuesto, todo ello tiene un trasfondo amoroso o sexual, ya que tales tendencias indican que inconscientemente se desean los goces del amor. En cierta manera, pues, la figura de la madre de los sueños representa tus compulsiones e inhibiciones ocultas, tus instintos femeninos, a los que seguramente no das satisfacción. En cierta forma –de manera clara y sin eufemismos– puede, incluso, simbolizar la matriz, que es la parte sexual que impulsa a la mujer hacia el hombre, el órgano que permite la vida genital y las posibilidades de dar vida, hasta el punto de que puede considerarse la «madre» de los deseos y sentimientos. En conclusión, que necesitas un poco de independencia y de vida amorosa si quieres que esas pesadillas desaparezcan». Y aquí podemos añadir que, en conjunto, tales sueños indicaban que se portaba como una chiquilla, no como una mujer, y que estaba demasiado sujeta a la madre, por muy bien que se llevaran. Uno puede engañarse a sí mismo, pero no a su guardián interior, que aquí adopta la figura de la madre para castigarla por no hacer lo que debiera, «precisamente prescindir de la madre y madurar como persona». Por supuesto, también hay en la soñadora cierta agresividad inconsciente hacia la madre por considerar que es una especie de obstáculo para desarrollar su independencia y su personalidad. || 7. En ocasiones, la figura de la madre en sueños también puede simbolizar la vida en sí misma, puesto que la madre es la dadora de la vida y la que la nutre con sus pechos. En este caso suele representar la vida, el organismo del soñador o soñadora y, según los detalles del sueño, advertir al sujeto de enfermedades graves o pérdida de la vida, como en el caso de la madre ahorcada que explica C. G. Jung y que incluimos en el término *Terrores y pesadillas*. || 8. Cuando una persona adulta sueña mucho con su madre, significa que no está lo suficiente madura para ir sola por la vida, que tiene miedo a tomar decisiones por su cuenta. Incluso, en el caso de mujeres casadas, en que los sueños presenten situaciones en que la figura de la madre ocupa demasiado protagonismo o que acabe por eclip-

sar o imponerse al marido, puede señalar una *fijación afectiva neurótica a la madre*, que sólo puede solucionarse con la ayuda de un psicólogo. || 9. Para los sueños de yacimiento con la madre, *véanse* los términos *acto sexual* e *incesto*.

MADRE COLGADA (Madre ahorcada)

Psi. Suele denunciar la existencia de instintos agresivos inconscientes hacia la madre. Es una figura muy corriente en los sueños de jóvenes en el momento en que empiezan a sentir las necesidades de libertad e independencia y se acerca el rompimiento del «cordón» que une a la madre. (*Véase* el sueño explicado en el término *madre*).

MALEANTES

Psi. Los maleantes, los delincuentes que aparecen en sueños, suelen representar los vicios, pasiones, tendencias agresivas, antisociales y parasitarias de nuestra personalidad. Son las inclinaciones o aspectos negativos con los que «robamos» parte de nuestras energías psíquicas y perjudicamos el crecimiento ordenado de nuestro propio inconsciente y personalidad. Esas facetas nocivas pueden adoptar las más variadas figuras, como la de ladrón, atracador, pendenciero, borracho, vagabundo, carterista, etc., quienes son mantenidos a raya por nuestra autoridad interior, por el *policía* onírico, *el guardia, el guardia civil*... (*Véanse* esos términos).

MALETA (Maletín)

Psi. 1. Forma parte del equipaje personal del sujeto, del bagaje cultural o anímico que lleva para enfrentarse con el destino, para caminar por la vida. *(Véase* el término *equipaje).* || 2. En cierta forma, una maleta, maletín, cartera grande de mano, etc., significa algún cambio o «viaje» en la personalidad del durmiente. Soñar con una maleta cubierta de polvo puede advertir al soñante que tiene muy descuidados sus contactos o relaciones con el mundo exterior, que es el momento de limpiarla, llenarla y moverse. || *C. oc.:* **Llevar sólo una maleta:** Deudas, pocos beneficios. || **Automóvil lleno de maletas:** Entrada inesperada de dinero, beneficios financieros, negocio, proyecto favorable. || **Equivocarse de maleta:** Problemas sentimentales o conyugales. || **Subir maletas a un tren:** Nuevos proyectos u oportunidades profesionales. || **Cargar maletas en un avión:** Noticias lejanas, proyectos públicos.

MALEZA
Psi. Simboliza el vello del pubis y, por tanto, los genitales, primordialmente los femeninos.

MANCHA
Psi. 1. Acostumbra a ser un reproche moral interior por alguna acción que la conciencia considera pecaminosa o que está en contra de la moral que le han inculcado a uno. Como en la vida real, en sueños, una mancha en el vestido, traje, manos, etc., nos indica que algo que hemos hecho o pensamos hacer no está bien, que tenemos que esmerarnos y pulir nuestra actuación. Cuando uno no se porta en sociedad como es debido, el inconsciente le recuerda su proceder por medio de un sueño en que aparecen manchas. Así, el que ha realizado un negocio sucio o poco honroso, puede verse con un flamante traje manchado o con las manos tiznadas. Recordemos, por ejemplo, en el estado de vigilia, lo comprometedoras que son a veces las manchas: huellas de carmín en la camisa, manchas de vino en la corbata o pechera de la camisa, etc., que denuncian una actuación poco conveniente. Y no hay que olvidar que de niños, cuando nos dejan limpios y aseados, las madres recomiendan siempre: «Ten cuidado», «no te manches», «pórtate bien», «mira que como te manches el vestido nuevo o limpio te pegaré», etc. Y luego, la presencia de las consabidas manchas denunciadoras de que hemos trasgredido el consejo materno y nos hemos puesto a jugar o manipular objetos que no debíamos, manchándonos de tierra, de aceite, de grasa, etc. Al respecto, en los sueños existe un mundo paralelo. Cuando las manchas son de sangre, hay que estudiar minuciosamente todo el conjunto del sueño, ya que puede ser premonitorio o anunciar cosas desagradables. *(Véanse* los términos *sangre* y *orinar).* || 2. En ocasiones, hay sueños de manchas que son terriblemente premonitorios o proféticos, como en el caso siguiente, relatado por Evelyne Weilenmann (en su obra *El mundo de los sueños)* y referente a una mujer que sueña que se casa con un hombre mayor, con el que convive después de haber tenido que dejar su país y a su anterior novio: «...Comienza

la fiesta con normalidad. De pronto alguien ofrece a los novios una copa grande, al parecer de cristal, de la que tienen que beber los dos. En el preciso momento en que la muchacha toma la copa entre sus manos, se rompe y su contenido, un vino color de sangre, se derrama sobre la mitad izquierda del blanco vestido de seda. La gran mancha sanguinolenta comienza aproximadamente a la altura del ombligo y se extiende por el abdomen, especialmente por su parte izquierda. La muchacha trata de cubrirla para que la gente no se dé cuenta. La madre intenta limpiarla restregándola con un pañuelo, pero en vano. En ese momento se abren las puertas de la iglesia. Fuera reluce el sol y ya se ha olvidado la historia de la mancha sanguinolenta. De ese modo se desvanece el sueño». En conjunto, este sueño advertía que iban a sobrevenir cambios y contratiempos en la vida de la muchacha, pero que al final vería relucir el sol y dejaría atrás los dolores y resignación, y que su amante seguiría a su lado durante todo el tiempo y que ambos beberían en el cáliz del sufrimiento, como así fue. «Un absceso persistente desde años –escribe Weilenmann–, consecuencia de una operación que le fue practicada en la infancia, resultó tan peligroso en los dos meses que siguieron al sueño que hubo que recurrir a la intervención quirúrgica, a la que, luego de tres meses, siguió una segunda, más grave. A consecuencia de la operación todo el abdomen de la muchacha se cubrió de cicatrices. Las intervenciones –extirpación de ambos ovarios– significaban un acontecimiento que cambiaba su vida. El hombre de más edad permaneció al lado de la enferma como un buen amigo. Los problemas a los que la muchacha trataba de hacer frente –las excitaciones continuas producidas por el absceso en las entrañas, la incertidumbre frente a la vida, el deseo de sentirse amparada de algún modo, de sentirse segura–, junto con otros muchos factores, concurrieron para dar por resultado una mezcla interesante de *sueño de deseo y esperanza*, de *sueño de descarga* y de *sueño profundo genuino,* una *mezcla de sueño profético* y de *simple sueño reactivo* frente a una excitación constante puramente corporal, que en este caso era de carácter enfermizo». En realidad, dicho sueño, más que profético es del *tipo fisiológico* o *psicofísico.*

MANDALA (Sueños mandálicos)

Psi. Mandala es un término sánscrito que significa «círculo» y, por añadidura, «círculo mágico», toda vez que en él se representaban y representan las figuras de los dioses. En sueños, y en la realidad, el simbolismo del mandala abarca todas las figuras ordenadas de forma concéntrica, superficies circulares en torno a un centro, redondas o en cuadrado, así como todas las disposiciones radiales o esféricas, etc. El término mandala también puede ser aplicado a otras formas que aparecen en el sueño y que guardan cierto parecido con la forma circular o siguen un ordenamiento parecido. Entre las figuras mandálicas más corrientes hemos de destacar las siguientes: círculo, circunferencia, esfera, globo, moneda de oro, mesa redonda, flor circular, serpiente que forma un círculo, círculos concéntricos, espiral, un gran ojo, huevo, formas geométricas inscritas o circunscritas en un círculo, jardín cuadrado con un piscina circular dentro o viceversa, plaza circular, jardín circular, castillo, torreón, etc., que estén claramente relacionados con formas cuadradas o circulares, jardines de formas especiales o exóticas, una rosa de los vientos, un reloj cósmico, una flor circular en una maceta, una gran piedra circular, etc. Por supuesto, los sueños mandálicos no los tiene todo el mundo. Está demostrado que pertenecen a la esfera de seres muy evolucionados, espirituales y cultos. Para Jung, estos sueños forman parte de la trayectoria de la individuación (proceso psicológico por medio del cual se hacen conscientes los contenidos del inconsciente colectivo) hasta llegar al «sí mismo», en la que llega a percepción consciente el «Yo absoluto», el «Yo en sí mismo». En cambio, Edgar Cayce es de la opinión de que muchos sueños mandálicos reflejan «experiencias pasadas tenidas tanto en la tierra como en otras dimensiones de la conciencia. El inconsciente, que es la mente del alma, o el eterno Tú, es estimulado por el mandala y dirigirá al consciente con objeto de buscar una comprensión más plena». De una forma u otra, la figura mandálica de los sueños representa la estructura básica y disposición de la mente como un conjunto, la configuración organizada del «Yo» frente al caos, la desorganización, la improvisación alocada o la anarquía. Un mandala, por tanto, suele hablar de las ideas filosóficas, idealistas, místicas y religiosas en términos pictóricos. Incluso puede señalar la esencia o el meollo de actitudes particulares del sujeto hacia su propio «Yo». Tampoco está claro si el mandala ha de identificarse con el «Yo» o sólo admitir que está conectado con él por canales especiales no conocidos aún.

Al respecto, Jung nos dice: «Si todas las apariencias no engañan, los mandalas significan un centro psíquico de la personalidad, no idéntico al "Yo"». Se comprende, pues, que los sueños mandálicos significan una especie de evolución interior o nacimiento a un mundo espiritual interior, y que los tienen personas de especiales inquietudes y valores morales. Veamos un ejemplo de sueño mandálico (explicado por Jung en su obra *Psicología y alquimia*): «Una serpiente describe un círculo en torno al durmiente que permanece inmóvil en el suelo como un árbol».

Jung ha dado una explicación muy convincente de este sueño, tenido por un hombre estudioso y de amplia cultura. El individuo se ha creado una especie de recinto sagrado y mágico en su inconsciente, un lugar o plaza de protección contra los peligros del mundo exterior o que puedan amenazar el alma. La serpiente representa los conocimientos que no están al alcance de todos, sino de los elegidos. Es un sueño que indica el fortalecimiento psíquico del sujeto, el desarrollo de su individualismo, de su personalidad. Después de este sueño se sintió como aliviado, superior y casi feliz. Se había encontrado un poco más a sí mismo y había fortalecido su propio inconsciente. Es curioso señalar, en este sueño, el significado mágico del *círculo (véase* ese término), que magos y brujos marcan antes de determinados rituales o ceremonias para que sirva de protección contra los seres malignos y larvas invisibles. Incluso tiene símil en los recintos amurallados de la antigüedad, las empalizadas que rodean a los poblados indígenas, etc. (Para otras figuras mandálicas, *véanse* los términos *círculo, águila...*).

MANGUERA
Psi. Símbolo fálico. Representa el miembro viril, como en el sueño siguiente (tenido por hombre maduro, soltero): «Sueño que estoy con otras personas en una especie de taller, en el que limpiamos botellas vacías de leche con agua a presión. Una compañera de trabajo (chica que no conozco) me ayuda a introducir la manguera en una botella para lim-

piarla bien». Aquí la *botella* simboliza el sexo femenino. En este sueño también había algo de fisiológico, ya que el soñante se despertó y se dio cuenta que necesitaba ir al mingitorio.

MANOS
Psi. 1. Las manos en los sueños pueden tener diversos significados, a tenor del contexto del sueño. Tanto pueden hacer referencia a nuestras actividades profesionales y creativas como a las personales y privadas; incluso pueden referirse a nuestra espiritualidad y tendencias místicas. Asimismo, las manos pueden simbolizar a otras partes de nuestro cuerpo y a los familiares más allegados. También hay que tener en cuenta que las manos, al igual que en la vida cotidiana, están siempre presentes, intervienen en todos los sueños, aunque no tengan siempre un papel destacado o específico; como parte de nuestro cuerpo nos acompañan en todos los quehaceres, alegrías y vicisitudes y las empleamos constantemente, por lo que no siempre tienen un significado especial. La importancia de las manos sólo se pone de manifiesto cuando éstas pasan a primer plano con un acto insólito, extraño o que llama la atención. Entonces, además, es conveniente precisar de qué mano se trata: si la *izquierda* o la *derecha.* || 2. Por lo común, la *mano derecha* representa lo correcto, lo recto, lo derecho, lo moral, lo masculino, el lado positivo, el consciente, el dinamismo. Para Artemidoro, incluso puede designar al padre, al hermano, al esposo, al hijo, al amigo o a la persona que uno con-

sidera como «su mano derecha». Es por ello que la tradición apunta que soñar que uno tiene la mano derecha enferma o mutilada advierte de

la próxima muerte o dolencia de un hombre de la familia. || 3. Aunque se considere que la derecha es la mano de lo positivo y de lo correcto, al ser la mayoría de la gente «diestra», o sea, que realiza sus principales actividades con la mano derecha, ésta también puede referirse a nuestros «manejos lúbricos o ilícitos», por lo que interviene en muchos sueños eróticos, Así, cuando un perro (el perro guía del inconsciente) muerde la mano derecha del soñante, es para advertir de que el sujeto es débil ante sus instintos animales y que practica demasiado el onanismo, por lo que debe paralizar o frenar esa actividad. El mordisco de ese perro duele y deja imposibilitada la mano en el sueño, como paralizada, por un corto espacio de tiempo; el suficiente para que el durmiente se dé cuenta del hecho. || 4. La *mano izquierda* representa instintos no controlados, impulsos sexuales inconfesables, lo perverso, lo torcido, los aspectos poco desarrollados o salvajes de la personalidad, lo homosexual, lo ilegítimo, lo femenino e incluso la parte más desconocida del inconsciente, por lo que, en ocasiones, simboliza

la propia *sombra (véase* ese término) y sus tendencias. Para Artemidoro, la mano izquierda también designa a la madre, a la esposa, a la hermana, a la hija, a la esclava. || 5. A veces, dos manos pueden simbolizar los dos pechos femeninos, como en el caso que explica Garma *(Psicoanálisis de los sueños)* de una mujer que soñó que «tenía las manos blancas e hinchadas y nadie venía en mi auxilio para salvarme de la muerte». || Para mayor demostración del significado, la mujer despertó con las manos encima de los senos; el sueño expresaba que sus pechos estaban llenos, hinchados de libido insatisfecha, de deseos, y que nadie la ayudaba (nadie la quería satisfacer). || 6. Otras veces, una de las manos también puede tener un simbolismo fálico y en caso de ver una mano cortada puede expresar el miedo a la castración. || 7. Verse con las manos sucias puede señalar que uno se está excediendo en actividades y manipulaciones inmorales, sea en su vida amorosa, familiar, profesional, campo de los negocios, como en el caso que explica Jung de un deshonesto hombre de negocios que soñó angustiado que «sus manos y antebrazos estaban cubiertos de cieno negro». || 8. Soñar que uno se está lavando las *manos* (las tenga sucias o no) puede advertir no sólo de la necesidad de comportarse más honradamente en negocios y relaciones, sino que tendrá que «solucionar» o «aclarar» alguna situación embarullada, sucia o poco clara. Si el sueño hace referencia a cuestiones sexuales, expresa el intento de «borrar» las manchas de culpabilidad, el miedo a que los demás se den cuenta de sus manipulaciones (onanismo). || 9. Que un personaje conocido pose una mano amigablemente sobre el soñante significa protección, ayuda y que se superará el problema en que el durmiente se halle inmerso. *(Véase* el término *Rock Hudson).* || 10. Que el sueño de verse con las manos enfermas, heridas, sangrantes o cortadas se repita, puede ser la expresión de remordimientos o de un complejo de culpabilidad por malas acciones cometidas, por lo general, de índole sexual. Incluso pueden reflejar traumas infantiles eróticos.

MANTA

Psi. Suele expresar los deseos inconscientes de ocultar algo a la vista de los demás o el temor a que asuntos personales o profesionales se pongan al descubierto en perjuicio de uno. Recordemos la frase política y de denuncia tan en boga de «tirar de la manta» cuando se trata de poner ante los ojos de la opinión pública hechos reprobables por parte de la administración, políticos, militares, funcionarios, etc. En lo personal, como la manta es una prenda de abrigo que se usa primordialmente en la cama y alcoba, generalmente está relacionada con conflictos sentimental-sexuales. Cuando una persona sueña que encuentra algo o a alguien escondido debajo de una manta, debe reflexionar sobre qué no está funcionando correctamente en su vida emocional, qué trauma o vicio trata de ocultar a las miradas de los demás.

MANZANA

Psi. 1. Símbolo de los placeres amorosos y de la mujer desde los tiempos de Adán y Eva. *(Véase* el término *fruta).* || 2. El coger manzanas del árbol suele simbolizar los deseos amorosos que se desean catar. Si lo que se hace es robar las manzanas, es decir, cogerlas de un manzano que no pertenece al soñante, acostumbra a indicar los placeres sexuales ilegales o prohibidos, las relaciones extramatrimoniales que se desean o las tentaciones eróticas que han salido al paso de una, como en el caso siguiente (mujer viuda): «He soñado que habíamos salido al campo con mis hijos y mi madre. Había un gran manzano con muchas manzanas, riquísimas todas. Empezamos a llevarlas al coche, pero yo empecé a intranquilizarme, porque me parecía ver llegar al dueño. En ese momento me fui hacia la puerta del volante y el coche empezó a rodar hacia atrás él solo; me agarré a la puerta y me fui hasta donde el coche. Y luego, como pude, lo fui deteniendo y ayudé todo lo que pude para que subieran todos y nos marchamos de allí lo antes posible. También sueño muchas veces con casas muy grandes y viejas donde vivo y en sitios que nunca he visto». La respuesta que dimos a ese sueño fue: «Las *manzanas* de este sueño simbolizan los deseos eróticos, el placer de la vida relacionado con el hombre. En este caso, no son sólo eróticos ni sexuales, sino también las alegrías de la vida en común, de la existencia en familia, simbolizado por el *manzano* y por la *familia* que te acompaña. Por supuesto, las *man-*

zanas robadas representan los deseos –inconscientes o no– de amor fuera del matrimonio o de lo que podríamos llamar "vía legal", es decir, las relaciones extramatrimoniales. La conciencia, la moral impuesta por la sociedad en que vives, es simbolizada en este sueño por el *dueño del campo* en que está el manzano, que es quien puede recriminaros vuestra conducta. Por un lado, pues, tienes fuertes deseos eróticos y tentaciones y, por otro, sentimientos de culpabilidad por haberlos tenido. El *automóvil* es el destino propio y sin hombre en la familia va más para atrás que para adelante. Por lo que respecta a las *casas viejas* de tus sueños, representan tu propia personalidad, tu vida interior, pero partes ya caducas que simbolizan el pasado o problemas, pensamientos y tensiones psicológicas antiguas. Incluso pueden señalar apegos exagerados al pasado o a las tradiciones. En otras palabras: que se está anticuado o se piensa de manera anticuada. En conjunto, el mensaje de estos sueños es que encuentras a faltar mucho la vida de matrimonio y que la viudedad no te va. Pero, por otra parte, estás muy aferrada al recuerdo de tu difunto marido y a tu vida pasada (el *coche* –que también tiene simbolismo erótico– va hacia atrás en vez de hacia delante). Es conveniente, pues, que mires un poco más hacia el futuro, que te olvides del pasado lo máximo posible y que procures buscar las alegrías y satisfacciones que la vida aún puede darte. Entonces serán nuevas las casas de tus sueños y no tendrás miedo de robar manzanas».

MÁQUINA (Maquinaria)

Psi. 1. Máquina trituradora como expresión de un trauma sentimental *(véase* apartado 5 del término *descuartizamiento).* ‖ 2. Muchas máquinas que aparecen en sueños suelen representar los mecanismos mentales del inconsciente (o máquina pensante inconsciente) y la energía psíquica que generan o que los mueve. ‖ 3. Si uno sueña con talleres y fábricas o locales desconocidos en los que hay máquinas en funcionamiento, quiere decir que dentro de él hay algo que está trabajando o funcionando, que hay energías interiores que están fortaleciendo su yo o su personalidad. ‖ 4. A veces, la sexualidad y su energía e incluso los órganos genitales masculinos y femeninos son representados por máquinas exóticas, extrañas o sofisticadas. ‖ 5. También pueden simbolizar, en algunos sueños, a personas o partes de ellas y representar conflictos o problemas que el soñante tenga con personas de su medio ambiente. ‖ 6. En sueños de tipo fisiológico, algunas máquinas o mecanismos pueden representar una determinada parte del cuerpo o la función de un órgano.

MAR

Psi. 1. Simboliza el inconsciente, la fuerza psíquica interior, el océano interior de la personalidad, la gran madre, el mar de los sentimientos interiores, la cuna de la vida *(véase agua).* Pero el mar –como el elemento agua– es ambivalente, es decir, puede dar la vida y quitarla, matarnos. De igual manera actúan los sentimientos y emociones del ser humano; podemos hacer la felicidad de los demás y mostrarnos agradables, o acabar con ellos en momentos de ofuscación o locura (equivalente a las tempestades y borrascas de la mar). En el aspecto temible, el mar, el océano, representa lo sobrecogedor de lo infinito, de lo inmenso, de lo desconocido, de lo temible, de lo tenebroso, etc. El tema del mar es tan común a todas las razas y civilizaciones, que no debe sorprender que Carl Gustav Jung dijera: «El mar es el símbolo del inconsciente colectivo, porque bajo los irisados reflejos de su superficie, oculta insospechadas profundidades. Es el lugar predilecto para la aparición de los contenidos inconscientes. Las profundidades del mar representan la hondura de nuestro inconsciente». || 2. Es curioso el sueño siguiente, explicado por una mujer de sesenta y siete años, que después de asistir a unas conferencias espirituales en Barcelona (agosto 1985), soñó que «estaba en el fondo del mar, sentada en la arena, junto a una mujer joven, dialogando». No es difícil comprender que después de las conferencias se preocupaba más por las cuestiones trascendentales de la existencia y metafísicas, de ahí la inquietud de dialogar y adquirir nuevos conocimientos y de conocerse mejor, que era la índole del sueño. Lo sorprendente es que en el sueño también aparecía un pez enorme que llevaba un hombre encima. Luego se marchaba el pez y regresaba solo. Y aquel mismo día fallecía de repente el conferenciante que había impartido las lecciones a las que había asis-

tido la soñadora. Vemos aquí, pues, aparte algo de sentido *clarividente* o *telepático* de la mujer, el sentido tenebroso del mar, en su ambivalencia de la muerte y de la vida. || 3. Sobre la importancia del mar como símbolo del inconsciente colectivo, el doctor Aeppli nos dice: «Los soñadores de distritos alejados del mar pueden soñar también que se hallan en un *paisaje costero.* Cuando los recuerdos personales no son predominantes, se trata de nuestra participación en el mar primigenio del inconsciente colectivo. El mar, como mar auténtico y como mar onírico, tiene siempre, en calma y en borrasca, algo de fascinante. Hay en él el hechizo de la clara extensión y de la oscura profundidad, la fascinación que parte del inconsciente poderoso. Una figura antropomorfa de este insondable mar son las sirenas, que en los sueños de los varones aparecen, como contenidos del Yo lejanísimo, en las playas de la conciencia. Se sabe que no todo el mundo resiste sus cantos de sirena. Estas oceánidas y ondinas atraen a algunos hombres a su sima, esto es, al peligro del inconsciente. El que en sueños se aproxima al mar, se aproxima, en la escala subjetiva, interiormente a la orilla de su inconsciente colectivo. En esta situación, tanto en los sueños como en la vida real, ocurre casi siempre algo nuevo que para la personalidad total del soñador resulta trascendente». || 4. En ocasiones, el mar de los sueños retrotrae a situaciones o traumas emocionales de la infancia o relacionados con la madre, ya que en su concepto más amplio y profundo hay que insistir en que el mar simboliza la *cuna de la vida,* el *seno materno,* con sus riquezas espirituales y afectivas y sus frustraciones y sinsabores. *(Véase agua* como simbolismo de lo femenino).* Recordemos, como curiosidad significativa, que mar empieza con la misma inicial que madre, maternidad, maremoto (el aspecto más destructor del mar), matriz, madrina… || 5. Soñar que uno se está bañando en el mar suele ser signo de que algo nuevo está en marcha en la evolución psicológica del soñador, de que se intenta desprenderse de algo sucio, viejo o molesto. Puede considerarse un acto de purificación e incluso de terapéutica positiva, como si fuera un acto de talasoterapia espiritual. || 6. Los sueños de mar también pueden reflejar, en ocasiones, las depresiones a nivel inconsciente, como en el caso siguiente (que explica el doctor Otaola): «Era una mar quieta y límpida: excelente para bañarme si no fuera por el poco fondo, ya que no cubre lo suficiente para poder nadar, y aún va bajando la marea». Este sueño indica de una manera clara la baja forma psíquica del soñador.

MARIPOSA

Psi. 1. En lo más elevado (y sobre todo en algunos sueños mandálicos) una bella mariposa simboliza la mente, el alma, el espíritu, el intelecto idealizado. Recordemos que en la Antigua Grecia, Psiquis, el alma, era una hermosa princesa que se representaba con alas de mariposa. Y como curiosidad no está de más el tener en cuenta que el alma también se representa en forma de mariposa.

|| 2. Otras veces, una mariposa suele expresar la veleidad de propósitos e ideas, así como los pensamientos, ilusiones, proyectos e ideas bonitos pero impracticables o de vida corta o efímera. El soñar con muchas mariposas puede advertir al durmiente de la proliferación de opiniones y esfuerzos dispersos, de proyectos utópicos. || 3. En sueños eróticos, la mariposa puede expresar lo efímero de los placeres sexuales y la veleidad de éstos. También simboliza a la mujer y sus genitales, por la alternancia en el abrir y cerrar las alas. Recordemos, además, que en la vida cotidiana se llama «mariposear» el ir de persona en persona de manera parecida a como la mariposa vuela de flor en flor. Un don Juan suele recibir el apelativo de «mariposón». || 4. Otras veces, según los detalles y contexto del sueño, una mariposa puede aludir a la trasformación psíquica del soñante. No olvidemos que la mariposa es una metamorfosis de la oruga. Por el mismo motivo, una mariposa en sueños suele advertir de próximos cambios personales o profesionales. || *C. oc.:* **Mariposa volando de flor en flor:** Placeres, alegrías, buenas noticias, encuentros agradables. Veleidades sociales, pequeños viajes o desplazamientos. || **Matar o ver matar una mariposa en el campo:** Disgusto sentimental, rompimiento de compromiso, agresión por parte de enemigos. || **Matar o ver matar una mariposa en casa:** Pelea conyugal, conflicto con los padres, proyecto familiar que no se realiza, infidelidad conyugal. || **Atrapar o coger una mariposa:** Infidelidad,

aventura extramatrimonial, amor pasajero. || **Mariposa entrando en casa:** Infidelidad, inconstancia, nuevos proyectos, traición de una amiga o vecina. || **Soltero o soltera que ve cómo una mariposa vuela en torno suyo:** Próximo compromiso sentimental, boda en ciernes. || **Mariposas volando en torno de uno:** llamadas, cartas, visitas o encuentros con personas amigas. || **Ver mariposas pintadas en un álbum, cuadro o disecadas en una vitrina o marco:** Ilusiones malogradas del pasado; frustraciones que no se olvidan y que pueden originar una neurosis. || **Ver mariposas rojinegras:** Peligro de dejarse llevar por arrebatos y pensamientos intransigentes o morales. Enfermedad. || **Ver mariposas rosas:** Enamoramiento, atracción sentimental por una persona. Ver mariposas verdes: Esperanza de alcanzar lo que se desea. || **Ver mariposas amarillas y marrones:** Excitación sexual.

MARISCO

Psi. 1. En general, el concepto de marisco expresa los placeres sexuales. *(Véase* el término *restaurante).* || 2. Los *moluscos bivalvos (véase* ese término) acostumbran a representar a los genitales femeninos. || 3. Los *crustáceos (véase* ese término) suelen simbolizar los genitales masculinos.

MARISQUERÍA

Psi. Simboliza uno de los lugares en que pueden obtenerse los placeres sexuales de la vida. Soñar que se entra a comprar en una marisquería expresa el apetito sexual del dur-

miente *(véanse* los términos *marisco, crustáceos* y *moluscos bivalvos).*

MARRÓN

Psi. El color marrón y sus diferentes tonalidades son símbolo de los excrementos anales, de las heces, de la defecación y, por tanto, de la sexualidad anal. Cuando aparece este color en el sueño, aunque sea en objetos, hay que sospechar que hace referencia a los instintos excrementicios anales y nos habla del ano y del recto. *(Véase* el sueño explicado en el término *colores).*

MARTILLO

Psi. 1. Simbolismo fálico, representación del pene o miembro viril. El clavar un clavo en una pieza de madera, mesa, puerta, tabla, etc., es una expresión del acto sexual que se desea. En el lenguaje vulgar y callejero se utiliza la expresión «clavar un clavo» para designar el acto sexual de penetración en la mujer. Asimismo, el martillo es una herramienta, sobrenombre que también se aplica al órgano sexual masculino: «mi herramienta». || 2. Soñar muchas veces que uno tiene un martillo en la mano, suele advertir del exceso de masturbación. || **C. oc.:** **Tener un martillo en la mano:** Trabajo, buenas noticias económicas, negocios. || **Otros con un martillo:** Rivales, opositores, pocos beneficios económicos. || **Martillar sobre madera:** Rival en amores. || **Tener un martillo de oro:** Dinero, poder, influencias, grandes negocios. || **Tener un martillo de plata:** Vanidad, arrogancia, fatuidad. || **Oír martillar a**

otros: Hay que estar alerta contra calumnias y murmuraciones.

MÁSCARA (Careta)

Psi. 1. Sabemos que una máscara o careta es la figura de cartón, tela, plástico, etc., con que una persona puede cubrirse el rostro para no ser conocida y para fiestas determinadas. Por tanto, en sueños está conectada con la hipocresía, disimulo, simulación e incluso con la manera ridícula en que vemos a los demás o cómo el inconsciente nos ve a nosotros mismos. Puede reflejar lo que reprimimos y lo que ocultamos a los demás, a nivel de vicios y pasiones. || 2. En cierta forma, es sinónimo de *disfraz (véase ese* término). Los sueños de máscaras o caretas, si las lleva uno pueden reflejar el miedo a ser descubierto por una falta cometida, a ser reconocido «como culpable de algo», probablemente de actos sexuales no recomendados por la moral tradicional. Puede haber un complejo de culpabilidad y miedo a que se conozca la verdad, es decir, tal como es uno en realidad. ||

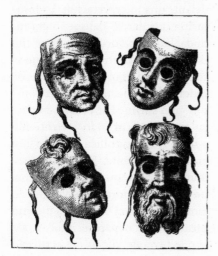

3. También puede simbolizar el temor inconsciente a las intenciones ocultas que puedan tener otras personas hacia uno, si son ellas las que llevan máscaras, sea en el campo sentimental o profesional. El ver a otros con careta es sinónimo de *disfraz. (Véase* ese término). || 4. En ocasiones, una máscara grotesca o no puede simbolizar nuestra *sombra (véase* ese término), es decir, aquello que reprimimos y no aceptamos de nuestra personalidad, casi siempre de tipo sexual.

MAZMORRA *(Véase calabozo)*

MAZORCA

Psi. La mazorca de maíz es un símbolo fálico, la representación del miembro viril.

MÉDICO (Doctor)

Psi. 1. Por lo común, simboliza al padre, al consejero, al sabio, a la autoridad que puede aconsejarnos de manera fiable. Cuando aparece un médico en sueños, el inconsciente acostumbra a indicar que es necesario buscar consejo o ayuda para solucionar el problema que está agobiando al soñante en su vida cotidiana, es decir, que se hace preciso un diagnóstico y que se aplique la terapéutica adecuada. Por supuesto, esa dolencia raras veces es de tipo físico; por lo general es de índole sentimental, familiar, profesional, económica, etc. || 2. En algunos sueños repetitivos de médicos, puede reflejarse el temor a estar enfermo, el miedo a morir, el pánico a sufrir un accidente, etc. En tales casos es importantísimo analizar todos los elementos del sueño, ya que puede estar relacionado con la formación de un complejo o neurosis. ‖ 3. En muchos sueños de personas con problemas psicológicos, incluso bajo tratamiento psicoanalítico, el médico suple la figura del psicólogo o psiquiatra, ya que hay tendencia –consciente e inconsciente– por parte del propio enfermo a negar o no admitir el origen mental o psicológico de su enfermedad. ‖ 4. La figura del médico también aparece más como psiquiatra que como doctor en sueños de conflictos sexuales, como en el que explicamos en el término *inyección*. (*Véase* ese término).

MEDUSA

Psi. 1. Por lo general, en sueños masculinos la medusa suele significar el mundo femenino que se teme. Incluso puede simbolizar a la esposa, madre o suegra absorbente y afectivamente tiranizante. ‖ 2. En ocasiones especiales, a causa de su forma circular y de que viven en el mar y, por consiguiente, en las aguas del inconsciente, la medusa puede tener un simbolismo mandálico o trascendental, de revelación, como en el sueño que explica Carl G. Jung (*Aion. Contribuciones a los simbolismos del sí mismo*) de un estudiante de veinte años que sufría una gran desorientación personal y estaba a punto de abandonar los estudios, sin prever los perjuicios que ello iba a reportarle: «Soñó que iba paseando por un bosque. Pero éste se tornaba paulatinamente más solitario y salvaje, hasta que el soñador reconoció encontrarse en una selva

virgen. Los árboles eran tan altos y el follaje tan espeso, que a nivel del suelo reinaba casi una penumbra crepuscular. Toda traza de camino había desaparecido hacía rato, pero él, movido por un indefinido sentimiento de espera y curiosidad, siguió adelante, y pronto se encontró ante un estanque circular de unos seis o siete metros de diámetro. Era una fuente de aguas subterráneas, cuya cristalina claridad aparecía casi negra bajo la oscura sombra de los árboles. En el agua, en medio del estanque, flotaba una forma débilmente luminosa, con resplandor de madreperla; una medusa, cuya umbrela tenía unos cincuenta centímetros de diámetro». y Jung nos sigue diciendo, como explicación del sueño: «Entonces despertó con una emoción violenta: inmediatamente se decidió por el estudio de las ciencias naturales, decisión que, por lo demás, fue duradera. Debo señalar que el soñador no estaba bajo ninguna clase de influjos psicológicos susceptibles de haberle puesto por delante una interpretación. La resolución que derivó del sueño era indudablemente adecuada; pero con eso no se agota en modo alguno el sentido del símbolo. Ese sueño es de índole arquetípica, lo que se llama un "gran sueño". Ese *bosque* crepuscularmente oscurecido y retrotraído a selva virgen significa la inmersión en el inconsciente. El estanque redondo, con la medusa, representa un mandala tridimensional, por lo tanto el sí mismo: la totalidad como meta…». Todo parece indicar que el que tuvo ese sueño fue el propio

Jung y, por tanto, el mensaje mandálico del inconsciente a él estaba dirigido. Ampliando la interpretación de dicho sueño queda claro, una vez más, cómo un *estanque circular* representa uno de los centros vitales del propio inconsciente. El *caminar por el bosque* que se convierte en intrincada selva expresa el adentramiento, la penetración del Yo del soñante en busca de sí mismo, del centro de su personalidad, por la enmarañada selva de sus sentimientos, emociones e instintos... Explora regiones desconocidas, primitivas, inmaduras e incivilizadas de su propio inconsciente. Allí halla el estanque circular, la bella *medusa,* y recibe el impacto emocional correspondiente, que le hace reaccionar y tomar el derrotero que había de conducirle al estudio y exploración de los más intrincados, misteriosos y enigmáticos rincones de la personalidad humana. Ese *estanque circular* –a nuestro entender– representa, además, uno de los centros aislados de vida de su inconsciente; en su búsqueda ha llegado a encontrar una de las fuentes de aguas subterráneas y vivificantes (energía y alimento psíquico) de su propia psiquis. Puede decirse que le fue dado contemplar la fuente de vida de su propia personalidad. Y es tal la belleza de ese descubrimiento, que el soñante cambia sus pensamientos más pesimistas y destructores, sublimándolos hacia objetivos constructivos. La *medusa,* como forma de vida elemental y primitiva –además de su significado mandálico–, indica la belleza y fuerza que puede emanar del ser más sencillo de la naturaleza. Ese sueño también podemos interpretarlo como un mensaje místico del inconsciente. Ante las dificultades anímicas por las que pasaba Jung, su sexto sentido le mostraba lo atractivo e importante que podía ser la investigación de la naturaleza y de las partes más recónditas de la personalidad humana, ciencia a la que dedicaría Jung el resto de su vida. Si hiciéramos una lectura psicológica al revés o a la inversa de ese sueño, nos sorprendería aún más el ver que quizá a Jung le fue dado el vislumbrar el propio origen de su vida, es decir, que el inconsciente le retrotraía a su existencia como feto, a cuando empezaba a tomar forma en el vientre materno, toda vez que el *estanque circular* y la *medusa* también simbolizan a la madre y el útero materno, siendo el agua el líquido amniótico. Es como si el inconsciente le dijera: olvida tu desesperación y negros pensamientos y mira lo hermoso que ha sido tu origen, contempla el camino que has hecho desde esa forma primitiva, y, por consiguiente, «imagínate lo mucho que aún puedes hacer». Que Jung comprendió ese mensaje lo pone de manifiesto la gran labor investigadora que realizó a lo largo y ancho de su dilatada carrera.

MEJILLONES

Psi. Representación de los genitales femeninos. Un hombre que sueñe que se está comiendo un plato de mejillones o un plato de arroz con mejillones, etc., simboliza el acto sexual que desea o pide su naturaleza.

MELOCOTÓN

Psi. Suele significar el sexo femenino, aunque es dudoso que sea por su simbolismo de los pechos, tal como indican algunos psicólogos. Para nosotros, tiene una clara representación genital. Incluso hay una cierta costumbre femenina a referirse a «mi melocotón» cuando hablan de su sexo. Como ejemplo de este tipo de sueño erótico podemos recordar el de un hombre de cincuenta y cinco años (soltero), que después de un largo y complejo sueño se vio comiendo un melocotón que sostenía con la mano izquierda mientras que con la derecha utilizaba un cuchillo para ir mondando y cortando pedazos de melocotón que iba comiendo.

Lo curioso fue que al terminar de comer una especie de gruesa capa de melocotón, se encontró que dentro había otro melocotón entero. Y se quedó tan intrigado como sorprendido. Por supuesto, el sueño le señalaba las apetencias sexuales que demandaba su naturaleza. *(Véase fruta).*

MENHIR

Psi. Por lo general, el menhir (monumento megalítico que consiste en una piedra larga colocada verticalmente) es un símbolo fálico.

MERCADILLO

Psi. 1. Los mercadillos, en especial los callejeros o ambulantes, donde se vende y compra de todo, suelen representar el bullicio de la vida y el contacto y relaciones con los demás. Aunque pueden tener un significado comercial, monetario o profesional, también representan lo erótico y el trato carnal, como en el caso siguiente: «Me gustaría que me explicara el significado de los sueños que se me repiten frecuentemente: mercadillos callejeros donde se vende de todo, fiestas populares, parques de atracciones con norias y tiovivos, tocar la guitarra y cuartos de baño (unas veces sucios y repugnantes y otras lujosos y muy limpios)». Dimos la siguiente explicación a estos sueños tenidos por una joven de veintidós años: «Todos los sueños que explicas tienen un trasfondo común: la sexualidad. Reflejan las necesidades biológicas y el erotismo pujante en ti, cosa normal en una chica joven, y más en una Escorpión (signo que rige los genitales). Estos sueños reflejan las ansias que tienes (conscientes e inconscientes) de satisfacer tus deseos sexuales. Los *mercadillos callejeros* representan el trueque o toma y daca de lo que se desea, el bullicio de la vida, el comprar y vender..., mientras que las *fiestas populares* simbolizan el coito, los placeres, las alegrías del amor. Todo lo concerniente al *parque de atracciones* (norias, tiovivos...) también representan el coito y el placer sexual. *Tocar la guitarra* incluso se relaciona con el amor en la vida cotidiana (serenatas a la mujer amada, etc.), si bien aquí el propio Freud te diría que la guitarra es el miembro viril o el representante del sexo opuesto. Y los *cuartos de baño* casi no necesitan explicación, puesto que son los lugares en que utilizamos, contemplamos, lavamos, etc., nuestras partes más íntimas y donde hacemos nuestras necesidades, donde evacuamos e, incluso, donde nos lavamos después del acto sexual. Si analizas el orden en que expones tus sueños, verás que reflejan todo el proceso sexual: búsqueda y contacto *(mercado),* coito y placer *(fiestas),* tocar el miembro viril o que te toquen *(guitarra)* y lavatorio *(cuarto de baño)*». Aquí podemos añadir o aclarar que también podemos considerar la guitarra como el símbolo del cuerpo femenino. *(Véase guitarra).*

MESA

Psi. 1. Por lo común, representación de lo femenino, de la mujer, de lo erótico, si es una mesa de comedor o vivienda. Desde tiempo inmemorial, la mesa doméstica ha sido un elemento en el que los hombres han ido a saciar su apetito y, a la vez, deleitarse con los llamados «placeres de la mesa», placeres que, en forma de comida y requisitos, prepara y dispone la mujer para satisfacer al hombre. La mujer es la que limpia y prepara la mesa para los demás, y la limpia y adorna. Es clásica la imagen del hombre que llega a casa de su trabajo y se sienta a la mesa en demanda de viandas y bebida para saciar su hambre y recuperar sus fuerzas; incluso es tradicional –entre los maleducados y los brutos– el golpear la mesa, llamando la atención para que le sirvan deprisa. Y es de destacar que gran número de los hombres que golpean la mesa, también son de los que pegan a su mujer, y algunos hasta a su madre; ahí tenemos un claro y triste simbolismo de la femineidad de la mesa. Asimismo es en la mesa donde el hombre come, bebe y se excitan sus sentidos, como preámbulo del acto sexual o de los deseos amorosos. Veamos un sueño que nos indica claramente ese simbolismo de la mesa, tenido por una jovencita: «Soñé que se había roto una botella de coñac sobre la mesa y que yo bebía con cuidado para que no se cayese el líquido…». Por supuesto, es la representación inconsciente del acto sexual que se desea. La *botella de coñac* representa al hombre, al sexo masculino; la *mesa,* a la mujer, al sexo femenino (en su sentido más amplio es la cama), y el *beber el líquido derramado* (que representa la eyaculación), los deseos de «saborear» las delicias del amor. || 2. Por todo lo expuesto, la mesa también es un símbolo claro del hogar, de la vida matrimonial y de la familia. Según el estado en que aparezca en los sueños puede advertir de penas o alegrías conyugales, familiares o sentimentales. La mesa del comedor es el corazón, el meollo del hogar. || 3. En su simbolismo de cama, es significativo el sueño que explica Ángel Garma, referido a una de sus clientes que hemos incluido en el término *casa.* || 4. Mesa de despacho, oficina, laboratorio, etc., puede indicar que algo nuevo está en marcha, que se negocia o que se tendrá que negociar. Por lo general, advierte que vienen nuevas situaciones o cambios de índole profesional o comercial. || *C. oc.:* La tradición ocultista ha elaborado una serie de simbolismos premonitorios en relación con la mesa, aunque no siempre se ajustan a la realidad, muchas veces sirven de guía. Los más conocidos son los siguientes: || **Sentarse a una mesa preparada para comer:** Anuncia felices uniones y circunstancias prósperas. || **Mesas vacías:** Pobreza, mezquindad, miseria, desacuerdos, desavenencias, discordias, tristezas de amor. || **Mesa rota:** Reveses de fortuna, cambios de suerte, contratiempos sentimentales, ruptura matrimonial, viudez. || **Mesas separadas:** Rompimiento familiar, divorcio, separación, ruptura con socios o colaboradores. || **Despejar la mesa:** Enfriamiento de sentimientos, indiferencia amorosa, resentimientos sentimentales, falta de compenetración amorosa, frigidez. || **Oír golpes en la mesa o ver un escrito en ella:** Habrá cambio de sentimientos en relación con amistades, peligro de pérdida de bienes o fortuna, pérdida de popularidad entre relaciones y amigos. || **Mesa caminando o moviéndose en forma misteriosa:** Anuncio de disgustos, descontento, insatisfacciones, por lo que se habrá de buscar cambios que satisfagan más. Cambio obligado de domicilio.

MESA DE OPERACIONES

Psi. En su representación de lugar donde le operan a uno, tiene el simbolismo de cama, el lugar donde tiene lugar la desfloración, el primer acto sexual, necesario, placentero y doloroso al mismo tiempo. De una forma u otra, la mesa de operaciones aparece en muchos sueños eróticos de jovencitas. Por lo general, el quirófano o la habitación en que se halla la mesa de operaciones es *blanca*, símbolo de la pureza o virginidad.

MESILLA DE NOCHE

Psi. Símbolo de los genitales femeninos.

MILITAR

Psi. 1. En los sueños de mujeres, puede simbolizar –según el contexto– deseos de ser dominadas, poseídas, protegidas o de encontrar un compañero de carácter y decidido. || 2. En ocasiones, el militar o militares pueden simbolizar a los superiores de nuestro inconsciente, que están encargados de disciplinarnos. (*Véanse* los términos, *policía, soldado, uniforme, servicio militar…*). || 3. Otras veces, soñar que uno es un militar de rango, un jefe, expresa los deseos inconscientes de superioridad, de querer mandar, de ambicionar el destacar, etc., lo que Freud denomina *realización de deseos.* || 4. Un jefe militar también puede simbolizar al padre, tanto en sueños de hombre como de mujer. Representa la autoridad que nos vigila y nos disciplina (o al menos lo intenta) y, a veces, el tirano que nos hace la vida imposible. || *C. oc.:* **Hombre soñando con militares:** Se contarán con apoyos para sacar proyectos adelante. || **Ser uno es militar y encabezar una formación disciplinada:** Éxito, popularidad, acontecimientos profesionales de tipo positivo. || **Mujer soñando con un militar de graduación:** Proposición sentimental. || **Atentado contra militares:** Promesas que se rompen, ayudas que no llegan, empréstitos que no se realizan.

MOCHILA

Psi. En cierta forma, la mochila tiene el mismo significado que el *equipaje (véase* ese término), pero es más personal. La mochila es el bagaje individual que lleva la persona en su caminar y en su lucha por la vida. En ella lleva lo útil y lo inútil, lo liviano y lo pesado, lo inteligente y lo absurdo, lo que puede servirle de ayuda en un momento de apuro o lo que sólo es un lastre. Los sueños de mochila son comunes a jefes, mánager y dirigentes, es decir, a todos aquellos que quieren escalar un lugar en las montañas, en los picos, en las cumbres de la sociedad, pero muchos no alcanzan sus propósitos, ya que no llevan la mochila adecuada; no han puesto en ella los utensilios y víveres necesarios para resistir tan larga y difícil travesía: estudios, conocimientos, sacrificios, sentido común, capacidad de trabajo, valores espirituales, etc.

MODISTA

Psi. En algunos sueños acostumbra a simbolizar la maternidad. *(Véase* apartado 7 del término *vestido).*

MOLUSCOS BIVALVOS

Psi. Por lo común, los moluscos bivalvos (mejillones, ostras, coquinas, almejas, vieiras, etc.) representan los genitales femeninos.

MOMIA

Psi. Suele simbolizar la parte «muerta» o «momificada» de nuestra personalidad que nos empeñamos, a nivel inconsciente, en llevar con nosotros. Son tendencias o inclinaciones que nos resistimos a que mueran y procuramos conservarlas a todo trance. Por lo general, son traumas y neurosis que forman parte de nuestras vivencias y que no queremos que mueran del todo.

MONA *(Véase mono)*

MONEDAS

Psi. 1. En los sueños de mujer, por lo general simbolizan deseos, sentimientos, ensueños amorosos, especulaciones y lucubraciones eróticas, sus valores sentimentales, etc. *(Véanse* los términos *baúl* y *dinero).* || 2. En los sueños de hombre, muchas veces es el símbolo de su capacidad para el amor y para abrirse camino en la vida. *(Véase* el término *dinero).* || 3. El siguiente sueño de una joven ha de interpretarse desde el punto de vista sentimental: «Sueño que voy andando por la calle y veo una moneda de cinco, veinticinco o cincuenta pesetas, la cual recojo. Luego veo más y más y no paro de recoger monedas, hasta despertarme». Era un sueño frecuente. Las monedas señalan las fantasías amorosas y el amor que se deseaba, aunque también hay un trasfondo mandálico de formación de la personalidad, ya que los sueños los tenía desde la infancia. || 4. Por su identificación con el oro, el dinero, representa el principio masculino y la genitalidad. Mezcladas con excrementos, las monedas pueden tener un claro contenido de sexualidad anal. *(Véase* el término *oro).*

MONEDERO *(Véase portamonedas)*

MONO (Gorila, mona, simio)
Psi. 1. Suele simbolizar la personalidad instintiva, la energía no civilizada o irracional. Recordemos que el primate o el mono forman un estadio primitivo de la evolución del ser humano. Por lo tanto, el hombre que sueñe con monos, monas, gorilas, etc., quiere decir que el inconsciente le está recordando que su proceder no es de persona civilizada, inteligente o evolucionada, sino que todavía se halla en una fase de primitivismo y que si no cambia su comportamiento no llegará a ser un hombre hecho y derecho. Esto quiere decir que está imitando al hombre, de manera parecida a lo que hacen monos y monas. En su parte negativa, como indica el doctor Aeppli, «el mono es lascivo, desaprensivo, chillón, indecoroso, vanidoso... Es para el hombre una sombra animalizada de sí mismo, una desagradable y repulsiva caricatura». Cuando el mono se vuelve furioso o aparece un gorila, el inconsciente advierte que los instintos irracionales están cobrando demasiada fuerza y pueden causar daños o problemas a la personalidad, sobre todo si es una persona adulta el soñante. En los jovencitos que juegan a ser hombres (o se creen muy machos y conquistadores) es corriente que el inconsciente les recuerde de una manera ridícula esa falta de madurez y responsabilidad, como en el caso siguiente (un adolescente): «Soñé que iba yo por un camino cuando salió un gorila con una piedra, y me atacó. Yo me defendí y salí corriendo. Me subí a un autobús y estaba todo lleno de monas pequeñas, que cuando las miraba, sonreían y afirmaban con la cabeza. También había un cuervo que volaba por el autobús». En conjunto, este sueño recordaba al sujeto que no se hiciera tanto el hombre, porque sólo era un mono imitador. Y, al mismo tiempo, le recordaba su destino de adolescente *(autobús con monas),* es decir, que aún le faltaba mucho para ser hombre. El *gorila* representa su agresividad instintiva e incontrolada, de la que él mismo se asusta, al tiempo que le dice que vaya con las monas, que le falta mucho para llegar a gorila. De una forma u otra, el mono y el gorila representan un estadio mental inferior al del ser humano. || 2. Edgar Cayce cuenta un sueño en que el sujeto veía a varios simios y a un payaso brincoteando a su alrededor. El inconsciente le decía que se estaba comportando como un payaso y un mono. Las monas y monitos aparecen en sueños parecidos de ridiculez o que marcan la inferioridad del soñante con respecto a sus actuaciones en sociedad o familia.

MONSTRUO
Psi. 1. Los monstruos de los sueños suelen simbolizar grandes contenidos psíquicos que se hallan lejos de la conciencia, sean aspectos positivos o negativos. A menudo, en esos monstruos que aparecen de improviso en nuestros sueños confluyen

desordenadas fuerzas psíquicas que viven en las zonas oscuras del inconsciente. Su aparición nos indica que algo trascendental está despertando o cobrando fuerza especial en el soñador o soñante, encarnando una forma bastante irreal, que muchas veces no pertenece a lo humano ni a lo animal, pudiendo adoptar formas mitológicas, mitad hombre mitad animal, etc. Suelen representar el lado aterrador y oscuro de la personalidad. Los monstruos más corrientes son el *dragón* y el *cocodrilo*. (*Véanse* estos términos). || 2. En ocasiones, suelen advertir al soñante del nacimiento de fuerzas de la libido y de la sexualidad, se trate de animales reales, monstruos o seres mitológicos. || 3. Asimismo, pueden ser la expresión de reminiscencias de pavores o traumas infantiles. || 4. Otras veces, los monstruos de los sueños se van convirtiendo –poco a poco, en la consulta analítica– en animales conocidos y en personas reales con las que tenemos trato. Y no faltan las ocasiones en que la identificación monstruo-persona tiene lugar dentro del mismo sueño, como en el caso siguiente (tenido por un joven muy impulsivo de diecinueve años): «Sueño muchas veces con familiares o conocidos que se trasforman en monstruos y que me persiguen». A causa de la edad del soñante, la interpretación que dimos fue: «Estos sueños son normales a tu edad, en el momento de forjarse la personalidad. Esos monstruos no son aviso de ninguna desgracia ni enemigos. Como no me das detalles de ellos, sólo puedo decirte que los *monstruos*

representan contenidos psíquicos que se hallan en el fondo de la conciencia y que suelen simbolizar las fuerzas de la libido, de la sexualidad, las cuales pugnan por subir a la superficie de la conciencia y que se les tenga en cuenta. Son, por supuesto, fuerzas primitivas que, en cierta forma, pueden recordarte monstruos mitológicos o en apariencia temible, a causa de qué lo amoroso-sexual siempre se ha considerado pecaminoso y monstruoso por la Iglesia. El hecho de que esos monstruos se identifiquen con personas conocidas es debido a que, en realidad, representan también tendencias y actuaciones relacionadas con la vida adulta (sobre todo amorosa o de vida mundana), a las que aún pareces temer debido a tu falta de madurez y a probables reminiscencias de miedos y temores infantiles. En cuanto llegues a la madurez sexual desaparecerán esos monstruos». Aquí podemos añadir que, por otro lado, el joven debía sufrir una especie de persecución por parte de sus padres y allegados, en el sentido de que estaban constantemente encima de él para que actuara con mayor sensatez y asumiera sus responsabilidades de persona mayor. || 5. Un hombre soñó con un monstruo acuático «compuesto de cabeza de ballena, cuerpo de delfín y forma general de escorpión, pero sin aguijón», al que quiso matar golpeándolo repetidamente. Identificamos a la *cabeza* con la madre, al *delfín* con el sujeto y al *escorpión* como a la exesposa, que pertenecía precisamente al signo zodiacal de Escorpión. Probablemente, el ataque al animal expresaba sus deseos inconscientes de cambios en su vida y terminar con ataduras y lazos domésticos que le ahogaban.

MONTAÑA

Psi. 1. En ocasiones, acostumbra a simbolizar el monte de Venus femenino. *(Véase* el sueño 5 del término *iglesia).* || 2. Otras veces, la montaña de los sueños representa el obstáculo o dificultad que se interpone en nuestro camino, en nuestro andar por la vida. Es como un reto, un desafío que tenemos que vencer. El problema puede ser sentimental, familiar, profesional, comercial, etc. Quiere decir que uno tendrá que vencer dificultades, superar inconvenientes, que serán tanto más difíciles cuanto más alta o empinada sea la montaña. Es un buen presagio verse escalar la montaña y superar el obstáculo; lo contrario significa fracaso o problemas insalvables. || 3. En otros sueños, la montaña puede simbolizar la virilidad, la hombría, la reafirmación de la personalidad masculina. *(Véase* el sueño de *guerra civil* en el término *guerra).* || 4. En algunos sueños de mujer, puede simbolizar el miembro viril. || *C. oc.:* **Montaña con fuego o incendio:** Se acercan graves peligros. || **Derribar una montaña:** Eliminar un problema o un enemigo. || **Volar una montaña con explosivos:** Se superarán dificultades a base de grandes luchas. || **Subir por una montaña:** Suerte y prosperidad. || **Ver cómo se desmorona una montaña:** Pérdidas, ruina, quiebra. || **Una montaña baja:** Viaje corto. || **Montaña cubierta de nieve:** Se recibirán ayudas y apoyos. || **Desprendimientos de tierra en una montaña:** Retrasos en proyectos o negocios. No llegarán los beneficios que se esperaban.

MONTAR A CABALLO (Cabalgar)

Psi. 1. En la mayoría de sueños, sean femeninos o masculinos, el montar a caballo, el cabalgar, expresa la excitación erótica del soñante, los deseos de realizar el acto sexual que reprime, racionaliza y sublima en estado de vigilia y que la naturaleza demanda. *(Véase* el término *caballo).* || 2. Otras veces, el ir a caballo, el cabalgar, el montar un corcel, expresa la unión y marcha al unísono de los instintos y energías primitivas del soñante (el «Ello» freudiano) hacia un objetivo o meta que determina o impone el jinete (el «Yo»). Es indudable que tales sueños indican que algo está en movimiento en la mente y vida del soñante, como en el caso siguiente (hombre soltero, cuarenta y siete años, escritor): «Parece una película típica del oeste. Una serie de bandidos me persiguen a caballo. A mí me acompañan un *cowboy,* que me hace de guía, y una chica a la que parezco proteger, que cabalga a mi izquierda. Todos montamos a caballo. Intercambiamos varios disparos con los perseguidores. Atravesamos un bosque. Luego subimos la chica y yo, precedidos por el *cowboy* que nos guía, por una especie de pendiente bañada por un arroyo que baja algo impetuoso. Es decir, que vamos a contracorriente. El agua es límpida y cristalina. En un momento, para que los caballos no resbalen por la pendiente pedregosa del fondo del arroyo, coloco una gran almohada y mantas en el lecho del río, que luego van río abajo. Los perseguidores se meten en el agua y nos persiguen por debajo, casi dándonos alcance, a la chica y a mí, por lo que me veo precisado a disparar contra ellos y veo cómo las balas penetran en el agua. Creo que doy a uno, no obstante lo veo sobresalir del agua y le disparo de nuevo, pero ya se han terminado las balas. Al poco rato despierto y lo hago con una sensación agradable. No tengo sensación de angustia y el sueño me deja un regusto de algo maravilloso». La interpretación que hicimos de este sueño fue la siguiente: en conjunto expresa la toma de una decisión mental del soñante y el movimiento de sus esfuerzos hacia un objetivo que consideramos profesional-creativo y hasta ideal. Los *caballos* que aparecen en el sueño simbolizan distintos tipos o clases de instintos y sus pulsiones (el «Ello» freudiano). El cowboy que sirve de guía es el propio «Yo» onírico del soñante, quien, a su vez, se representa a sí mismo en el sueño. La *chica* que le acompaña es su «ánima», su principio femenino (según el arquetipo junguiano), pero al mismo tiempo es el ideal al que protege e intenta salvar (su creatividad, su musa inspiradora). Por ello cabalgan los tres a *contracorriente* del arroyo, el cual simboliza la corriente normal de los sentimientos y de los acontecimientos generales o naturales. Los *bandidos* que los persiguen representan los propios instintos que piensan de manera diferente, que desean otra

clase de satisfacciones o logros (aquí hemos de interpretarlos como los aspectos agresivos de los impulsos instintivos masculinos del propio soñante; incluso puede representar una parte de la propia sombra y, por ende, los instintos sexuales normales del soñante que son reprimidos y rechazados de manera total, por considerarlos perniciosos o inconvenientes para los propósitos del sujeto). O sea, que el soñante se mueve en dirección contraria a los sentimientos normales de la gente. Logra vadear el río, aunque sea a costa de que el agua se lleve una gran *almohada* y *mantas,* que son una alegoría del amor, del matrimonio, de la heterosexualidad, de las ligaduras conyugales que no acepta, ya que impedirían u obstaculizarían su profesión. Pese al acosamiento de los instintos, de los bandidos, sigue cabalgando hacia su objetivo, en pos de logros profesionales y creativos, en contra de lo que hace el resto de la gente, que se mueve en la misma dirección que el arroyo de los sentimientos y deseos sexuales. Y en ese camino le acompañan, sin titubeos y al unísono, su «Yo» (el cowboy), su «ánima», sus ideales (la *chica)* y, a regañadientes, persiguiéndoles, sus propios instintos sexuales y perniciosos, su *sombra* (los bandidos), que siempre están detrás y a su izquierda). Además el cowboy significa el «Yo» fortalecido y seguro de sí, cuya fuerza de voluntad sortea todos los obstáculos y arrastra a los demás hacia el logro de sus ambiciones, de sus objetivos. De ahí que el soñante despierte con un sentido de satisfacción, con un regusto de algo maravilloso, ya que sigue el camino profesional y creativo que le place, escapando al hostigamiento de los propios instintos sexuales. El aspecto sexual de los bandidos queda confirmado por el hecho de que se sumerjan en el agua (emociones, sentimientos, fecundidad…) y de que el interesado dispare con su revólver (símbolo fálico) contra ellos y contra ésta. Interpretamos, por tanto –y el interesado nos dio la razón–, que seguía empecinado en su difícil camino profesional y creativo de escribir pese a los obstáculos surgidos y sacrificando el amor, la vida matrimonial, conyugal y familiar que llevaba la gente corriente (simbolizada por el *arroyo,* corriente de agua). El iba a contracorriente de los demás, pues de lo contrario hubiera tenido que sacrificar su carrera, que era lo que más estimaba. Pero sus instintos sexuales, la sombra, no estaban conformes con esa decisión y pugnaban por que se les dieran sus propias satisfacciones sexuales. (Para comprender el análisis que hemos hecho, véanse los términos «Yo», «ánima», *mujeres desconocidas, bandido* y *sombra.* || 3. Para otras particularidades de cabalgar o montar a caballo, *véanse* los términos *carrera de caballos, jockey,* e *hipódromo,* de nuestra obra *Diccionario de sueños sobre personas conocidas y desconocidas.*

MORADO

Psi. 1. El color morado claro suele simbolizar la sabiduría y la gentileza y el morado oscuro, pesares, penas y amarguras. (*Véase* el término *co-*

lores). || 2. El color morado y negro expresa intriga y traición.

MORDISCO

Psi. Por lo común, representa el componente masculino activo, es decir, que es un simbolismo erótico. (*Véase* el término *Drácula).*

MORTAJA

Psi. Soñar con un difunto con mortaja puede anunciar la muerte de alguien en la familia, como en el caso del sueño de Nietzsche. (*Véase* el término *tumba).*

MOSCA (Moscardón, mosquito…)

Psi. 1. La mayoría de las veces, la presencia de esos insectos domésticos denuncian excitaciones nerviosas, en muchas ocasiones de tipo sexual. Así, cuando reprimimos pequeñas cosas que no queremos ver o no aceptamos de la vida cotidiana, el inconsciente nos los recuerda por medio de moscas, moscardones, mosquitos…, para que no olvidemos su existencia y que no hemos sabido solucionar en estado de vigilia. Por ejemplo, las molestias o las irritaciones, la quisquillosidad que podemos experimentar por los hermanos más pequeños o personas que se mueven en nuestro entorno doméstico o familiar, pueden trasformarse en mosquitos molestos en el simbolismo de los sueños. En su aspecto sexual es muy significativo el sueño que explica Ángel Garma de una paciente que soñó: «El techo del corredor de mi casa no es parejo. Está lleno de telarañas, con mosquitos». La interpretación no es difícil:

el *corredor de la casa* es la vagina; las *telarañas,* la falta de actividad sexual; y los *mosquitos* la excitación genital. || 2. En ocasiones, las moscas de los sueños pueden advertir de peligros, enfermedades o muerte, como en el caso de un paciente de A. Jores (que relata en su obra *El hombre y su enfermedad).* El hombre, al que se le ocultaba que sufría un cáncer de tiroides con metástasis vertebrales, le contó una mañana a Jores que había tenido un sueño en *el que las moscas venían a visitar sus huesos.* Al poco tiempo murió. || 3. Sobre su representación de la excitación sexual que demanda la naturaleza, es muy significativo el sueño de un joven que quería matar los moscardones que le molestaban. El sueño dice así (de nuestro archivo): «Soñé que una ventana de mi casa estaba abierta, y delante de ella había un gran tumulto de moscardones que no paraban de zumbar. Me atemoricé. Rápidamente cerré la ventana. Pero un pequeño conjunto de estos moscardones había entrado. Ya dentro, con-

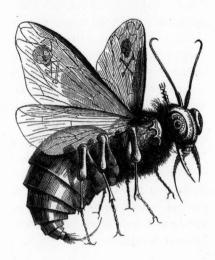

tinuaban zumbando en un tumulto a la deriva. Las demás personas de mi casa, pasaban por delante de la habitación donde yo me encontraba y parecían no oír ni darse cuenta de lo que ocurría. Con el propósito de eliminar los moscardones, cogí un espray, pero resultó no ser insecticida, pues a los moscardones no los mataba. Entonces, me acordé del lugar donde lo guardaba y lo tomé. Cuando volví a la habitación encontré a dos moscardones parados en la puerta. Pero ahora eran escarabajos negros de tamaño normal. Sin vacilar disparé el espray insecticida contra ellos (un detalle es que la botella del espray estaba medio vacía, pues no salía el líquido con facilidad). Me pareció matarlos. De todas formas quedaron igual que los encontré, aunque muertos, pegados sobre la puerta». Se comprende, al primer golpe de vista, que es un sueño de índole erótica. La *ventana* y la *puerta* representan la vagina y la sexualidad femenina que se desea. Los *moscardones,* los símbolos de excitación sexual, se convierten en *dos escarabajos negros* (eufemismo moral para no decir «dos testículos»). El *espray,* por supuesto, representa el órgano sexual masculino, y el acto final no es nada más que el simbolismo del acto amoroso que se desea inconscientemente. Atención aparte merece el párrafo *las demás personas de mi casa, pasaban por delante de la habitación donde yo me encontraba y parecían no oír ni darse cuenta de lo que ocurría,* lo que viene a indicar que el joven estaba preocupado por su naciente sexualidad y la problemática correspondiente, y que en la familia nadie le prestaba interés. El joven, inconscientemente, reprocha a sus allegados el poco interés que le prestan en aquellos momentos.

MOTOR

Psi. Por lo común, el motor o motores que aparecen en los sueños simbolizan nuestra energía psíquica, nuestra vitalidad interior. Ver motores funcionando correctamente representa que todo marcha correctamente; en caso contrario, suele expresar alteraciones en la vitalidad, es decir, dolencias o enfermedades. Un enfermo que sueñe que los motores vuelven a ponerse en marcha o que han sido reparados, es un aviso del inconsciente comunicando una pronta recuperación.

MUEBLES

Psi. 1. Los muebles que aparecen en las habitaciones, estancias y salones de nuestros sueños, simbolizan las cualidades y defectos de nuestra personalidad. Según su estado, conservación, belleza y utilidad, así se hallan las diversas facetas de nosotros mismos. Si están relucientes y limpios, indican que nos estamos cuidando de mantenernos en forma; en caso contrario, el inconsciente advierte que estamos despreciando muchas de nuestras posibilidades y virtudes y que la desgana, desidia y falta de interés por cultivar nuestra personalidad pueden acarrear conflictos y problemas a la propia persona. Es interesante, en cada caso, analizar el tipo de mueble y si lo cuidamos, destruimos, que-

mamos, vendemos, tiramos, etc. Recordemos que la mayoría tienen un significado que nos señala en qué dirección hay que interpretar el sueño. Así, por ejemplo, el *armario* simboliza a la madre, la vida genital, la maternidad; la *cómoda,* a la madre y a la suegra; la *cama,* la vida sexual y conyugal y sus alegrías y pesares; la *mesa de comedor,* la vida conyugal y familiar; la *mesa escritorio,* al padre, al marido, al tutor; el *sillón,* al padre, al suegro, al abuelo; las *sillas,* a los miembros de la familia; la *biblioteca,* la mente, los estudios; el *baúl,* los genitales femeninos; el *sofá,* la vida social y familiar; el *piano,* las relaciones armónicas o no con el marido, novio, amante… Además, cada mueble, puede recordar vivencias concretas del soñante en un momento determinado de su existencia. || 2. Verse arrastrando muebles viejos o llevándolos a cuestas o en un viaje, puede indicar que el sujeto no sabe desprenderse de los viejos prejuicios, conceptos morales y complejos que dificultan o retrasan su madurez psíquica. || 3. Verse quemando muebles viejos y deteriorados indica que el soñante está evolucionando, purificándose y desprendiéndose de prejuicios, cargas y complejos que dificultaban el avance y desarrollo de su personalidad. Con toda probabilidad, tales traumas y neurosis están relacionados con la sexualidad, los padres y la familia. || 4. Soñar que se venden los muebles de la casa simboliza los deseos de cambio, trasformación y superación personales; necesidad de comenzar una nueva vida.

MUERTE (Muertos, personas muertas o que mueren, sueños con la muerte)

Psi. 1. Muy pocas veces los sueños con la muerte o personas que se mueren anuncian la muerte física de alguien, es decir, que sean premonitorios, aunque no dejan de aterrar y preocupar al soñador. Por lo general, estos sueños con la muerte, a menudo con imágenes extrañas, fantásticas o rocambolescas –representen al soñador u otras personas–, indican que algo psíquico ha muerto o está muriendo en el soñador y que se terminan o dejan de existir determinadas dependencias o relaciones con las personas que se sueña muertas o que se mueren. En ocasiones, reflejan la muerte o extinción de los sentimientos que se experimentaban por una persona, y de lo que uno no quiere darse cuenta conscientemente o que no atina a ver la realidad de la situación (el inconsciente sí lo ve y elabora el correspondiente mensaje y consejo). Asimismo, pueden morir pensamientos, doctrinas, ideas políticas, aficiones, estudios, manera de ver la vida, etc. Y al encontrarse el soñador en un proceso de evolución o madurez psicológica, es lógico que «se muera» el pasado o lo caduco antes de renacer a una nueva vida. En estas ocasiones, el sueño indica que se liquida un capítulo, etapa, fase o período en la vida del soñador. *(Véanse* los términos *cadáver, tumba, cementerio, ataúd, entierro, sepulcro, sepultura y madre colgada).* || 2. Soñar que se muere una persona viva, padre, madre, hermano, hermana, etc., puede indicar que hay en

el soñador una agresividad inconsciente hacia dicha persona o que se desean romper los vínculos que le unen a ella, como en el caso siguiente (sueño enviado por una joven): «Este sueño lo he tenido varias veces. Yo iba del colegio donde estudié de pequeña, andando a casa. Para ir a mi casa tenía que ir por una calleja, es decir, por una calle muy estrecha, sin asfaltar. Entonces veía venir a mi padre andando, a buscarme. En esos momentos salen unos hombres que hay escondidos y matan a mi padre. ¿Qué pasará? Estoy muy asustada». La respuesta que dimos: «No debes tener miedo, ya que este sueño no indica que vayan a matar a tu padre. Tú misma dices que lo has tenido varias veces, y ya se hubiera cumplido. Ese tipo de sueño es normal en los jóvenes cuando llega la edad de la emancipación, de la independencia. El simbolismo de tus sueños es el siguiente: te estás haciendo mujer y pronto tendrás que valerte por ti misma y vivir tu vida y tus responsabilidades, dejando atrás lo que significaba la infancia (de ahí la escuela) y la férula paterna. Cada etapa psicológica de la persona representa que algo del pasado muere. Y tus deseos cara al futuro señalan que están muriendo en ti las etapas de la infancia y de la adolescencia y que tienes que empezar a tomar decisiones y a valerte por ti misma, ya que la ayuda paterna no durará siempre. La *calleja* simboliza aquí las dificultades de la existencia o la estrechez de miras con que te gobiernan los padres. En otras palabras, la falta de libertad de acción; te mueves en un marco muy estrecho, probablemente porque tu padre te sigue considerando pequeña. Y los sueños te señalan que ha llegado la hora de ser libre». || 3. Un caso parecido, pero con la madre de protagonista, es el que relatamos en el término *madre colgada*. || 4. Otras veces, en personas de edad, los sueños con la muerte y con muertos pueden reflejar los temores inconscientes a que se acerca el fin de su propia existencia y, también, la soledad en que se hallan. Ejemplos: «Tengo sesenta y seis años y sueño muchas veces con mi madre difunta y con un antiguo compañero de trabajo que también falleció. ¿Me pasará algo malo?». Otro: «Sueño con frecuencia con mi madre, que murió hace veinticinco años y con el padre de mi hijo, que falleció hace siete años. Hago limosnas a las ánimas benditas, pero sigo con los mismos sueños». || 5. Soñar que se mueren personas queridas cuando hace años que realmente ya están muertas, quiere decir que, por fin, el soñador ha madurado, ha visto la realidad de la vida y de las cosas y que rompe, mata o se mueren los vínculos neuróticos u obsesiones que aún le mantenían ligados a las personas fallecidas (por lo general, son el padre o la madre). || 6. Soñar que están vivas personas queridas ya fallecidas, suele reflejar los deseos inconscientes de volver a la situación existente entonces, probablemente por miedo de enfrentarse con el presente y las dudas sobre la propia valía para salir adelante, como en el caso que sigue (mujer de treinta y seis años): «Desde hace un año aproximadamente, todas las noches sueño con mis padres, mi abuela y algún conocido, todos ellos fallecidos hace tiempo, pero siempre los veo como cuando vivían, y claro, cuando despierto, estoy helada o con sudores, y paso mucho miedo. ¿Me va a pasar algo malo?». Nuestra respuesta fue: «En conjunto, yo diría que estás poco a gusto con tu medio ambiente actual, que no te gusta lo que te rodea y de que estás necesitada de amor y afecto, por ello tu inconsciente te retrotrae a cuando vivían tus seres queridos, las personas que, en cierta manera, te protegían de la hostilidad del mundo. En tus sueños, pues, hay cierto infantilismo y cierto miedo por la vida agresiva y deshumanizada que hoy nos toca vivir. Si quieres dejar de soñar con tus muertos sólo tienes que armarte de valor, tomar la determinación de seguir adelante y marchar cara al futuro desprendiéndote de las cargas del pasado. Nada de titubeos ni temores. En la vida actual también hay cosas dignas de recordar, aunque éstas no abunden. Camina hacia delante sin volver la vista atrás y verás qué pronto cambian tus sueños». || 7. A veces, el soñar que uno muere, expresa el remordimiento o sentido de culpabilidad por una mala acción en la vida real, la mayoría de las veces de tipo sexual o erótico. Entonces el sueño es una especie de autocastigo. || 8. No faltan sueños en que uno ve cómo una persona es asesinada, ahogada, despeñada, etc. Estos muertos simbolizan algunas de nuestras tendencias, ilusiones, proyectos, principios morales, etc., lo que quiere decir que algo ha muerto en el interior del soñador. Es cuestión de hacer un examen de la propia trayectoria y actuación antes del sueño y se podrá saber «qué se ha matado»: valores, sentimientos, proyectos…, con nuestra mala actuación o mala gestión. ‖ 9. Hay sueños con personas fallecidas que reflejan de una manera clara e inequívoca la soledad y el afecto que el soñador encuentra a faltar, como en el caso que sigue (tenido por una chica de diecinueve años): «Sueño que estoy buscando a mi madre por las ciudades. Mi madre está muerta, pero voy buscándola entre la gente y buscando me encuentro con mi padre que me pregunta qué estoy haciendo. Le contesto que estoy buscando a mamá y él me dice que está muerta. Yo le contesto que ya lo sé. Entonces despierto. Casi todas las noches sueño lo mismo. Mi madre murió hace siete años y la encuentro a faltar mucho». Nuestra respuesta fue: «En primer lugar, he de responderte que debes intentar superar la pérdida de tu madre, no sólo desde el punto de vista personal de hacerte cargo de la realidad de su muerte y de sacar "fuerzas de flaqueza" para desprenderte de esa obsesión, sino que te recomiendo que acudas al doctor y le expliques el caso. No es bueno ni recomendable soñar durante tanto tiempo con lo mismo, ya que ello puede dar lugar a un complejo u obsesión que te marque para años. Es evidente que tu sueño obedece a la necesidad que tienes de cariño, consejos y comprensión en una edad difícil, en unos momentos en que te estás con-

virtiendo en una mujer y deberás enfrentarte plenamente con la compleja problemática de la vida cotidiana, nada fácil. Es muy probable, además, que no te agrade la vida que te rodea y que tengas miedo a enfrentarte sola a determinados conflictos y situaciones. No debes de ser muy valiente ni agresiva, sino más bien calmosa y tierna. El soñar tanto con la madre indica un carácter que posee poca independencia personal y que titubea cuando ha de enfrentarse con situaciones adversas o difíciles. Todo ello, combinado con la necesidad de un cariño "protector", hace que te sientas desplazada de la vida ordinaria y que tu inconsciente, durante el sueño, te envíe a buscar a la madre perdida, te haga regresar a la situación de dependencia infantil con la madre. Insisto, acude al médico». Aquí podemos añadir que la figura del *padre* le recuerda la realidad al decirle que la madre está muerta y que ella no está sola. ‖ 10. Otros sueños con muertes están relacionados con los deseos de libertad que uno desea y que el medio ambiente familiar le agobia a uno de una manera total. Se desearía que todo cambiara y empezar una nueva existencia a partir de cero, como en el caso que sigue (hombre adulto): «El sueño que yo tengo, que ya es casi una obsesión, es con la muerte. Unas veces me veo yo en mi ataúd y toda mi familia alrededor, tristes y llorosos. Otras veces veo a mi mujer o a alguno de mis hijos y pienso lo triste que sería para mí dado el cariño que les tengo. En ocasiones, veo a mi padre. Cuando despierto, no se me van estas ideas y me imagino cómo serían esas muertes. ¿Qué me pasa?». Nuestra respuesta fue: «Estos sueños indican que no estás satisfecho con la vida que llevas –tanto profesional como familiar– y que en tu interior desearías que todo cambiara para vosotros, que se terminara la actual situación. Por ello, debes hacer un claro examen de conciencia de toda tu vida, buscar aquellas ilusiones que te gustaría ver realizadas y emprender una nueva etapa en tu existencia. Cuando se sueña tanto con la muerte es indicativo de que una etapa de tu vida ha quedado liquidada y finalizada, que te vienen cambios y nuevas perspectivas. Por supuesto, considero que ante los problemas, te dejas llevar demasiado por el pesimismo. Y es probable que, en el fondo, desearías ser libre y no verte atado por las cargas familiares. Te recomiendo que busques un equilibrio y estabilidad interiores». ‖ 11. Por supuesto, también hay sueños con la muerte que tienen un claro sentido sexual o erótico, que provocan el terror del que sueña porque no atina a comprender su verdadero significado. Éste es el caso que nos ocupa (de una chica): «Una joven que conozco, que ha llevado saliendo con un chico durante cinco años con unas cualidades inmejorables y bueno por completo, en el momento de casarse con él lo rechaza porque sueña varias veces que él le clava un cuchillo. Tiene un miedo enorme a casarse con él, porque cree que la va a matar. ¿Qué opina usted?». La respuesta no podía ser otra que ésta: «Este sueño no es indicativo de que el chico vaya

a matar a la novia y mucho menos apuñalarla. El *cuchillo* y la *pistola,* en estos tipos de sueños, suelen representar los órganos sexuales masculinos, ya que la censura interior –determinada por la moral inculcada– impide que se presenten tal cual. Esos sueños señalan que esa joven experimenta deseos sexuales por el chico –cosa normal y corriente, máxime si espera casarse con él–, que desea hacer el amor con él. El acto sexual queda representado por el cuchillo que penetra en la carne. Por lo tanto, que se olvide de sus temores, que esos sueños no indican que el novio vaya a matarla». ‖ 12. Otro sueño curioso de muerte, esta vez de la novia, nos lo cuentan los profesores Rojo Sierra y Rojo Moreno: «Un soñador que estaba muy enamorado de una joven la ve muerta en su ensueño vestida de blanco en el ataúd, cogiéndole su madre la mano como si intentara retenerla consigo; la reducción eidética es sensible: la persona amada es una niña retenida por la madre; no hay en ella, aún, el desprendimiento necesario para ser mujer: y por eso el soñante lloró al descubrir que era ilusión lo que de ella había tenido. En días posteriores el joven, percatándose de estos comportamientos infantiles y de dependencia, se los hizo saber, pero, al contárselos ella a su madre, su actitud cambió con él, se enfriaron los sentimientos y se rompió el noviazgo». ‖ 13. Como ejemplos de muerte simbólica, de fenecimiento de la etapa de adolescencia, *véanse* los sueños de guerra explicados en el término *guerra.* ‖ 14.

En otros sueños, la *muerte verdadera* del ser querido suele adoptar los más curiosos símbolos, como en el ensueño de una mujer que vio a su marido «al final de un largo pasillo, sentado en una silla, atado, amordazado y con una venda en los ojos». El esposo moriría al poco tiempo de resultas de una grave enfermedad. Es extraordinario cómo el inconsciente elaboró de una manera tan simbólica el que el hombre no se podría mover ni hablar ni ver; en otras palabras, que pronto estaría amortajado. || 15. En ocasiones, los sueños o presentimientos de muerte son de tipo parapsicológico, en que actúan más las condiciones telepáticas que las clarividentes, como el caso que reproduce F. W. H. Myers en su obra *La personalidad humana* con las siguientes palabras: «Vicary Boyle, mientras estaba en Simla (India inglesa) vio una noche en sueños a su suegro, que habitaba en Brighton (Inglaterra), pálido y tendido sobre la cama, mientras que su suegra atravesaba silenciosamente la habitación y prodigaba cuidados a su marido. La visión se disipó en seguida y Boyle continuó durmiendo, pero al despertarse tenía la firme convicción de que su suegro, de cuya enfermedad no tenía noticia y en quien no había siquiera pensado desde hacía varios días, se hallaba muerto. Esto fue confirmado por un telegrama que llegó varios días después y que confirmó que Boyle había tenido la visión de la muerte de su suegro, nueve horas después del acontecimiento». En realidad, como se comprende, el soñante (tuvo la visión dos veces en aquella noche) no adivinó la muerte de su suegro, sino que «recibió» o «captó» las impresiones o mensajes trasmitidos mentalmente por la viuda después de haberse producido el óbito.

MUJER GORDA Y FEA

Psi. A veces, las relaciones sexuales con mujeres deformes, gordas, feas y repugnantes son camuflajes de la censura para que el soñante no identifique a la verdadera mujer que le atrae que, por lo general, es la madre y forma parte del complejo de Edipo y otras neurosis adicionales. Stekel explica, en *Sadismo y masoquismo*, uno de esos sueños: «Me encuentro en la calle con una mujer gorda y fea. Vamos a pasear al aire libre. La cojo por el pecho, ella abre las piernas, la cojo por el sexo y viene la eyaculación». || El psicoanálisis puso de manifiesto que detrás de esa imagen estaba la madre del sujeto, que era esbelta y bella.

MUJER DE NEGRO

Psi. 1. En muchos sueños de mujeres de edad con problemas de soledad, sentimientos de inferioridad, inestabilidad emocional, conflictos familiares, etc., aparece una mujer vestida de negro, a veces para ayudar a la soñante y otras en actitud enigmática o cuya misión no queda aclarada. Para nosotros, esa mujer de negro es la *sombra* (*véase* ese término), como en el sueño que sigue (mujer casada, sesenta y dos años, con falta de comunicación con el marido y problemas emocionales a causa de la incomprensión de la hija): «Iba por una calle muy oscura, de noche, y tenía miedo de ir sola. Había otras personas que llevaban el mismo camino, y les pedía ir con ellos para pasar aquella calle, pero todas daban excusas y se apartaban de mí, diciendo que no llevaban el mismo camino. En un momento dado, una mujer viuda que vestía de negro, se acercó a mí y me dijo que ella me acompañaría. En eso apareció una luz deslumbrante que llenó la calle como si fuera de día, y me dije: "Qué extraño, si era de noche en el otro extremo de la calle y en éste es de día". Y desperté». Este sueño refleja la soledad y falta de ayuda de los demás en el camino o calle de la vida, además de la propia inseguridad de la soñante. La única persona que se digna acompañarla es su propia *sombra* (la mujer vestida de negro) y se hace la luz en su interior, abandonando la parte sombría y melancólica. En cierta forma, el sueño contiene un mensaje: que nunca está sola del todo y que después de un período de tristeza siempre viene uno de luz, después de la noche se presenta el día. Es curioso destacar que la *sombra*, aquí, adquiere cierta dosis de samaritana, pero no excesiva; se limita a acompañar a la soñante hacia la luz. || 2. En otro sueño curioso (mujer soltera, setenta años) la mujer de negro parece querer un mayor protagonismo: «Me hallaba en una habitación con muy poca luz. Yo estaba de pie y había una mujer que avanzaba hacia mí, vestida completamente de negro, de facciones hombrunas y nada agraciada, muy morena y de piel desagradable. Ve-

nía desde mi izquierda. A mi derecha, y lo veía de lado, un poco apartado, estaba mi difunto padre. Y al irse acercando la mujer hacia mí, él la abrazó como impidiendo que me cogiera. En seguida desperté». Este sueño parece reflejar un cierto período de tristeza de la soñante, en que estuvo a punto de sufrir una depresión emocional. La *sombra* (mujer de negro) demandaba un mayor protagonismo y quería imponerse en la personalidad, pero fue neutralizada, contrarrestada por la parte protectora del inconsciente, que tomó la figura del padre. Y, en cierta forma, podemos considerar que las tendencias negativas del inconsciente (mujer de negro que *venía de la izquierda)* fueron frenadas o dominadas por las tendencias o impulsos positivos del consciente (padre desde *la derecha)*. En un plano más simple, podemos decir que los impulsos depresivos y melancólicos de la soñante fueron refrenados por los impulsos positivos, sensatos y constructivos asimilados por la soñante a través de las enseñanzas paternas y la cultura y experiencia acumulada.

MUJERES DESCONOCIDAS

Psi. 1. La mayoría de las veces, el alma o espíritu adopta en los sueños figuras primigenias que pertenecen tanto al inconsciente individual como al colectivo. Estas figuras psíquicas o imágenes psíquicas son autónomas y reúnen los caracteres psicológicos del sexo opuesto al soñante, a fin de que éste comprenda o acepte la psicología del sexo contrario a través de su propia dualidad o doble sexo interior. En los sueños de los hombres, esas figuras son femeninas y se denominan «ánima» (es la parte femenina inconsciente del hombre), mientras que en los sueños de las mujeres son hombres *(véase hombre de negro)* y representan el lado masculino o varonil inconsciente de la mujer, que se llama «ánimus».

En los sueños masculinos, esa figura psíquica femenina o «ánima» (imagen psíquica, personaje psíquico) se presenta bajo la forma de «mujeres desconocidas» (rara vez adoptan la faz de una persona conocida o famosa, aunque puede darse esa circunstancia), como puede ser una bella rubia, una diosa, una mujer tierna y comprensiva, una mujer espléndida, una joven hermosa, una mujer seductora…; y en lo temible o conflictivo o perverso, una vieja bruja, una prostituta, una casquivana, una mujer severa, una matrona despiadada, etc. En parte, esas figuras de mujeres desconocidas o «ánima» contienen parte de aquellos ideales con que se ve al sexo contrario y, en ocasiones, tendencias antagónicas o lo que se teme del sexo contrario. El doctor Aeppli, al hablar de los sueños masculinos y de la aparición de *esa mujer desconocida,* dice que es «un ser de la "otra parte", procedente de un estrato de su psiquis muy profundo y sexualmente antagónico. Para él se trata de un encuentro con la figura psíquica femenina, el *ánima,* cuya aparición posee un influjo peculiarísimo y significativo». Esa mujer desconocida, que representa el inconsciente, puede importunar al soñador como una mujer exigente

si aquél no satisface sus indicaciones o no la tiene en cuenta. El «ánima» suele presentarse en sueños en los procesos de individuación, es decir, cuando en el hombre se pone en marcha el proceso de independencia y se rompen las primitivas ligaduras con los padres (en especial con la madre). Entonces, esa mujer desconocida viene a decir al soñador: ya eres un hombre, sígueme, ahora yo soy tu ideal femenino y sentimental. El «ánima» también aparece cuando el hombre pasa por crisis de soledad o se encuentra perdido en una encrucijada de problemas o conflictos personales o profesionales. *(Véase* el término *personas desconocidas).* || 2. En los adolescentes son corrientes los sueños con chicas desconocidas que representan el «ánima» y sus ideales femeninos, como en el caso siguiente (chico de quince años): «Varias veces sueño con chicas que yo no conozco. Salgo por la calle con ellas, pero cada sueño sólo con una a la vez y no con más. Yo no he salido con ninguna». El «ánima» puede adoptar, por supuesto, figuras femeninas diversas, aunque en su esencia siempre es la misma. || 3. Para comprender a la mujer desconocida que aparece en un sueño mandálico, *véase* el término *círculo.* || 4. Para comprender a las mujeres de negro que aparecen en sueños de féminas, *véase* el término *mujer de negro.*

MULETAS

Psi. El que sueña mucho que anda con muletas simboliza que no sabe andar solo por el mundo, que necesita apoyos y ayudas para saberse seguro. Son «muletas psíquicas», lo que quiere decir que no sabe prescindir de los demás para tomar decisiones. Es un síntoma de inseguridad. Estos sueños corresponden a personas excesivamente mimadas por los padres, que están muy atadas a la autoridad paterna, y que no saben valerse por sí mismas. Estas muletas expresan sus dudas, temores; conflictos, indecisiones, neurosis, etc., los cuales les acompañan en su andar por la vida. || *C. oc.:* **Verse con muletas:** Cambios para empeorar, nuevas dificultades o situaciones perjudiciales; no hay que contar con ayuda ajena. || **Otros con muletas:** Dificultades por culpa de amistades o familiares, generalmente económicas. || **Prescindir de las muletas y poder andar con normalidad:** Superación de problemas, mejoramiento económico, se sanará de una dolencia.

MUÑECO
Psi. 1. Símbolo fálico, representación del pene, sobre todo cuando se mueve y es blando y carnoso. *(Véase el sueño explicado en el término colores).* || 2. En algunos sueños, «algo parecido a un muñeco pequeño» simboliza el himen.

MÚSICA
Psi. La música que escuchamos o ejecutamos en los sueños simboliza

la sinfonía, la composición musical que depende de nuestra personalidad y que, por consiguiente, elaboramos con nuestro comportamiento y proceder. El tipo de música y la manera de ejecutarla señalan la dicha y armonía del soñante o la falta de éstas. La música religiosa puede expresar la espiritualidad del sujeto, la música de rock los instintos inconformistas, las melodías sentimentales, el romanticismo, etc. *(Véanse* los términos *concierto musical* y *orquesta).*

MÚSICA FÚNEBRE
Psi. El oír música fúnebre en sueños puede anunciar una próxima muerte de un familiar o amistad íntima, como en el caso del sueño de Nietzsche. *(Véase* el término *tumba).*

N

NABO

Psi. Símbolo fálico, representación del pene. Igual puede soñarlo un hombre que una mujer. Veamos un sueño curioso de un hombre soltero, maduro (no recordaba completamente el sueño, faltaban detalles): «Sueño que tengo que pasar por una calle, una pequeña travesía en que los verduleros han puesto sus cajones llenos de verdura y hortalizas en la calle y no puedo pasar. Yo llevo un nabo en la mano y otras hortalizas para el caldo, que he comprado en otro lugar. Al atravesar por encima de los cajones, un tendero me acusó de haberle robado el nabo y discutimos. Al final se lo doy, diciendo que si cree que lo he robado se lo puede quedar. Insulto a los tres tenderos y les digo que lo explicaré todo en la tele. Encuentro a un desconocido, que está cerca, y le explico el hecho, diciéndole que aquellos tenderos son unos desgraciados. Despierto en seguida». El soñante tuvo miedo de que en los días siguientes tuviera alguna discusión o pelea con alguien, pero no fue así. En realidad, como se comprende fácilmente, el sueño es de índole erótica, que refleja su problemática sexual. El *nabo* es su miembro viril, al que renuncia sin gran pena, porque en realidad no es muy sexual y no hace un drama de su falta de pareja. Aquí los *tres tenderos (véase* el número *tres)* simbolizan los genitales masculinos y los instintos eróticos del soñante, que reclaman el *nabo,* es decir, que utilice el miembro viril, que es una parte de ellos mismos. Las *verduras* y las *hortalizas* y su *venta en la calle* representan el comercio carnal que la naturaleza le demanda. Queda como incógnita el término de *cajones* que emplea el soñante (aunque alguien puede aducir que simbolizan los testículos, que él prefiere olvidar, saltarse las necesidades sexuales); nosotros somos de la opinión de que en realidad quería decir *cajas* (término más real), que representan al sexo femenino, que él pretende saltarse, pasar de largo por encima de las necesidades sexuales. Entonces es cuando intervienen los *tres tenderos* (representación de lo genital masculino), protestando por su proceder, es decir, que no les dé satisfacción, que no cumpla con sus obligaciones con la naturaleza.

NADAR (Natación)

Psi. 1. El nadar representa un movimiento anímico de tipo positivo que simboliza el saber moverse y flotar entre los propios sentimientos y emociones, el saber evitar ahogarse en las propias emociones y alteraciones de la personalidad. Según los conflictos cotidianos de cada uno, el nadar es positivo en el sentido de que se superan los obstáculos. Si la natación tiene éxito o se llega a la orilla sin otros problemas, el sueño indica que se superarán las dificultades o se alcanzará lo que uno se propone. Célestin de Mirbel ya escribió en su *Palacio del príncipe del sueño*: «Nadar y llegar a la orilla es vencer y dominar los peligros». Recordemos, también, el dicho «hay que saber nadar en la vida», como expresión que refleja las dificultades con que uno tropieza en la existencia y la diplomacia y arte que ha de desplegar para sortear obstáculos e impedimentos y no ahogarse en los peligros y contratiempos. Al mismo tiempo indica que hay que emplear la astucia y el «dejarse llevar por la corriente», es decir, no tener muchos escrúpulos a la hora de obtener algunos éxitos o ventajas, aunque sea a cambio de reprimir parte de la propia integridad y acallar la voz de la conciencia. En su sentido de sortear complicaciones, recordemos la frase de la vida cotidiana «hay que saber nadar y guardar la ropa», que indica que uno siempre ha de ir por el mar de la vida ojo avizor, prevenido y cauto, sin dejarse arrastrar por aventuras muy audaces y poco meditadas. || 2. Nadar en un lago completamente desnudo puede representar los deseos inconscientes de purificación y de alcanzar un perfeccionamiento espiritual. *(Véase* el término *agua).* || 3. En su aspecto sexual, corresponde al gozo de vivir y las satisfacciones de los sentimientos (sobre todo cuando el soñante se encuentra a gusto con este sueño). Para alegrías y para frustraciones, el nadar en una piscina es la expresión más clara de la sexualidad. El nadar con el estilo crol suele reflejar la masturbación. || *C. oc.:* **En pleno mar:** Éxito y prosperidad. || **En una piscina:** Éxito en relaciones amorosas. || **De espaldas:** Conflictos y peleas. || **En aguas cenagosas:** Se habrán de vencer muchos obstáculos y conflictos. Sinsabores sentimentales o familiares. || **Por la costa:** Trabajos arduos y laboriosos que no traerán muchos beneficios. || **Contra corriente:** Imprudencias, peligros, incomprensión, camino o proyectos inadecuados. || **Ahogarse en el mar por no saber nadar:** Fracaso en planes y proyectos.

NAIPES (Cartas)

Psi. 1. Los naipes o cartas, sean del tarot u otras barajas de juegos o adivinación, suelen expresar situaciones inciertas, preocupaciones por el desarrollo de un asunto o el desenlace de unas relaciones. Pueden anunciar un cambio o giro del destino o de la suerte, sea para bien o para mal, que se interpretará según las figuras que se vean, buscando las correspondientes equivalencias según el tipo de tarot u otros mazos que aparezcan en el sueño.

NARANJA

Psi. 1. Simbolismo erótico y sentimental. Recordemos que en la vida real suele uno referirse a la esposa como su «media naranja». Soñar que se cogen o comen naranjas hace referencia a los placeres sexuales que se desean. || 2. Soñar con «dos hermosas naranjas» es una alusión a los senos femeninos. || *O. oc.:* **Comer naranjas:** Entrada de dinero, beneficios, cobro de atrasos, alegrías sentimentales. || **Comprar naranjas:** Mejoramiento sentimental o conyugal. **Vender naranjas:** Querellas conyugales y sentimentales. || **Ver naranjas caídas o pisoteadas:** Heridas, percances, enfermedades en la familia. || **Cargar un gran cesto o camión de naranjas:** Buenas noticias profesionales o económicas.

NARIZ

Psi. 1. La mayoría de las veces tiene un simbolismo sexual: representa el miembro viril. Así, soñar con un «narigudo de ojos redondos» quiere decir un «pene y los testículos». Y una «nariz muy pronunciada» significa «un miembro viril erecto o de gran tamaño». || 2. Verse uno sin nariz o con ésta cortada o enferma puede expresar un problema de potencia sexual y hasta un complejo de castración. Y una mujer que sueñe que su marido o compañero tiene la nariz enferma quiere decir que no funciona sexualmente, que algo le pasa al miembro viril. || 3. Otras veces, según los detalles del sueño, la nariz suele referirse al «olfato psíquico», es decir, a la intuición, al sexto sentido, a la inspiración. || *C. oc.:* **No se tiene nariz o está cortada:** Problemas graves en la familia, impotencia, conflictos sentimentales. || **Verse con la nariz pequeña:** No se obtendrán los beneficios que se esperaban. || **Tener la nariz helada:** Adulterio, infidelidad, perfidia. || **Sangrar por la nariz:** Problemas graves de tipo conyugal o profesional. Cuidado con los enemigos y traidores. || **Nariz obstruida:** Enfermedad pasajera. || **Hinchada:** Embarazo, aumento de la familia. || **Larga:** Fecundidad, placeres. || **Dos narices:** Riñas, peleas, discordias. || **Verse cortar la nariz:** Calumnias y murmuraciones que perjudicarán la reputación del soñante. || **Una herida en la nariz:** Traición, abuso de confianza, desengaño que dolerá mucho. || **Otros con narices grandes:** Hay que evitar prestar dinero, peligroso hacer inversiones. || **Narices de mujeres jóvenes:** Nuevas amistades, alegría, noticias agradables. || **De mujeres mayores:** Conflictos familiares. || **De muchos niños:** Buenas noticias, ofertas de trabajo.

NAVAJA

Psi. Es un símbolo fálico, una representación del miembro viril.

NAVÍO *(Véase barco)*

NEGRO (Color)

Psi. 1. El color negro de los sueños puede tener varios significados. *(Véase* el término *colores).* En especial significa melancolía, oscuridad, pesimismo, depresión…, y aparece a menudo en ensueños de personas melancólico-depresivas y cuando nos vemos embargados por una gran pena. Asimismo representa la mentira, lo falso, lo equivocado, lo malvado, etc. || 2. En Occidente, en algunos sueños, representa el luto, la tristeza, la aflicción, la viudedad e incluso la muerte. Los *caballos negros,* por ejemplo, pueden representar la muerte. *(Véase* el término *caballo).* || 3. En su aspecto sexual, el *negro es el sexo masculino* (en contraposición al *blanco,* que es el femenino). De ahí que en muchísimos sueños (y en la realidad) la novia vista de blanco y el novio de oscuro. *(Véase* el término *iglesia).* || 4. La combinación blanco y negro significa lo femenino y lo masculino y, por tanto, el coito, además de la verdad y la mentira, el bien y el mal, lo acertado y lo equivocado. || 5. Una figura de negro y en la oscuridad representa, a menudo, la propia *sombra. (Véase* ese término). || 6. Otras veces, el negro puede simbolizar a la viuda, a la matrona o a la madre. || 7. La combinación de los colores *morado* y *negro* significa intriga y traición. || 8. A veces, un *perro negro* puede hacer de heraldo de la muerte o de una enfermedad grave. *(Véase* el apartado 4 del término *terrores y pesadillas).*

NEGROS (Raza negra)

Psi. En Occidente, los negros perseguidores que aparecen en sueños suelen representar los instintos sexuales que se rechazan o que no se quieren admitir. Incluso suelen simbolizar lo pecaminoso.

NICHO

Psi. 1. Como sinónimo de *tumba,* véase ese término. || 2. Como elemento en sueños de conflictividad emocional y sentimental. *(Véase* el apartado 4 del término *abuelos).*

NIDO

Psi. 1. Simboliza los genitales femeninos. *(Véase* el término *paloma).* || 2. Muchas veces significa los nuevos proyectos o ideas que estamos «incubando». || 3. En otros sueños, según sus detalles, el nido tiene el significado de hogar, refugio, casa. || *C. oc.:* **De palomas:** Dicha y paz familiar. || **De aves rapaces:** Hay que estar alerta contra peligros, estafas, robos, traiciones y abusos de confianza. || **De serpientes:** Han de preocupar enemigos, delincuentes y gente malvada. || **De golondrinas:** Melancolía, añoranza por situaciones del pasado. || **Lleno de pajaritos:** Embarazo, aumento de la familia, nuevos proyectos y oportunidades profesionales que saldrán adelante. || **Ver caerse un nido:** Problemas familiares, percances en el hogar. || **Ver destruir un nido:** Pérdidas económicas, quiebra de negocio o problemas en la vivienda a causa de los demás. Hay que protegerse contra robos y violencias. || **Ver un nido vacío:** Cambio en proyectos o negocios; hay que empezar de nuevo. Rompimiento sentimental, divorcio. || **Mujer viendo un nido con un pájaro solo:** Proposición sentimental, oferta de boda. || **Hallar un nido con los huevos rotos:** Pesares profesionales, penuria, dificultades en la familia, proyectos que no se llevan a cabo.

NIEBLA (Neblina)

Psi. 1. Al igual que en la vida real, la niebla onírica nos impide la visión clara de las cosas y del camino a seguir, por lo que hay que relacionarla con peligros y obstáculos que aparecen en nuestro interior y en nuestra manera de ver las cosas. Tanto si vamos a pie, en vehículo, avión o barco, la niebla puede ser la causa de un extravío o de un accidente, es decir, de un fracaso. Por ello, cuando la niebla o neblina aparezca en sueños hemos de extremar la prudencia y la cautela en nuestras actuaciones en la vida cotidiana, ya que hay el peligro de equivocaciones, tanto a nivel profesional como de relaciones personales. La niebla interior nos advierte que el camino no está tan claro y despejado como nos imaginamos. *Es un sueño de advertencia.* || 2. En casos extraordinarios, la niebla que oscurece u oculta algunas escenas de los sueños puede representar la conciencia y la censura interiores, o sea, la existencia de una fuerte represión o inhibición que no deja ver la realidad de las cosas, generalmente las propias inclinaciones o instintos sexuales. Incluso pueden oírse pasos, ver figuras desdibujadas por la niebla, adivinar animales extraños o monstruos que nos acechan, etc. ¡Todo son representaciones de nuestros propios instintos, que rechazamos por temor a enfrentarnos con ellos! ¡No se quiere ver la realidad de las cosas! || 3. Otras veces, la niebla onírica expresa un punto de vista oscuro, el que uno no se aclara en sus ideas y proyectos, que está confuso ante el camino a seguir, etc. || 4. En caso de ir en barca u otro navío, la niebla en la mar puede advertir de relaciones poco armónicas con la madre o con el propio inconsciente. Incluso puede advertir de estados de ánimo alterados o depresivos.

NIEVE (Nevar)

Psi. 1. La nieve en los sueños, esté nevando o se vea un paisaje nevado, suele simbolizar la falta de calor humano, el enfriamiento psíquico, la soledad del alma, el invierno interior, la desolación anímica, la esterilidad en el campo de los efectos e, incluso, la depresión psíquica. Si el sueño se repite a menudo quiere decir que la tristeza del soñante no es esporádica, sino crónica, por lo que necesita el consejo del psicólogo. Si uno se ve alguna vez en un paisaje nevado o aislado por la nieve y el hielo, expresa su tristeza en un momento dado a causa de un problema afectivo. Sólo debe preocuparse si el sueño se repite a lo largo de semanas o meses. || 2. Como representación de la depresión psíquica recordamos un sueño explicado por el doctor Otaola en que el soñante dice: «Voy caminando por un paisaje nevado. Cruzan diversas personas en trineos. Yo me siento bajo un árbol sobre el suelo nevado». Es un claro sueño de soledad y aislamiento interiores, de falta de calor humano. Al respecto, un sueño más significativo aún es el que narra el doctor Aeppli, en el que se muestra la visión onírica de una mujer que sufría de soledad, de incomprensión, de depresión emocional y de profundos sentimientos de frustración amorosa (de falta de verdadero calor humano): «Vio cómo en medio del frío no le quedaba ya ninguna leña para calentarse. La estufa estaba tibia. Parece a primera vista que tendría que interpretarse esta circunstancia como impotencia y frigidez en el matrimonio de esa mujer, pero precisamente lo sexual era lo único que mantenía todavía ligados entre sí a los esposos. De vez en cuando se encandilaba en la estufa una brasa que se mantenía encendida a fuerza de soplar. La mujer observó, estremecida, cómo un pequeño ventisquero invadía, una tras otra, las habitaciones. Tal era el estado de su hogar. "Tuve un profundo dolor de corazón –afirmó– cuando al asomarme a la ventana vi que fuera reinaba un tiempo primaveral"». Queda claro que la frustración es por la falta de compenetración y armonía entre la pareja. La mujer adolece de falta de realización y está muy decepcionada por la carencia de comprensión por parte del marido y, probablemente, de sí misma. La *estufa* (los genitales femeninos) aún está tibia, lo que quiere decir que sexualmente aún funciona la pareja, pero a base de esfuerzos. La incomprensión es de tipo espiritual,

de ilusiones que no se comparten, de ideas que no se aceptan… De ahí que el ventisquero vaya invadiendo las *habitaciones* (los distintos departamentos o estancias de su personalidad). Más significativo es aún que fuera de la casa sea *primavera*, es decir, que las otras personas, la gente, el mundo, sigue viviendo las alegrías de la vida. El hielo, el frío, el invierno, la nieve…, *están en su interior.* || 3. En otros sueños, la nieve puede interpretarse como frigidez en la mujer e impotencia en el hombre. || 4. Según las circunstancias del sueño, si un joven ve nevar o está jugando con la nieve en compañía de otras personas, suele expresar los deseos eróticos, las necesidades sexuales. Aquí la nieve puede simbolizar la pureza, la virginidad y, por tanto, a la mujer, a la chica. || 5. Otras veces, un campo nevado, un paisaje nevado, puede ser la expresión de las sábanas del lecho y, por tanto, del acto sexual que se desea o que se recuerda. || 6. A veces, el soñante se ve caminando por un paisaje de nieve y luego entra en una zona de verdes campiñas, de campos cultivados, de árboles frutales y un sol radiante, etc. Es un ensueño positivo, ya que indica que el sujeto superará pronto su crisis o problema, que posee energía psíquica para salir del invierno afectivo y reconstruir su vida, para esperar la llegada de «la primavera del alma». Estos sueños simbolizan la renovación, la resurrección, la superación de problemas, el dejar atrás una etapa de estancamiento, de inmovilidad, de «frío interior». || 7. En ciertos casos, cuando el soñante

está muy preocupado y obsesionado por poner en marcha un proyecto o negocio, no debe descartarse la posibilidad de que, en caso de soñar con nieve, el inconsciente le esté indicando que debe dejarlo que «inverne», es decir, «congelado», que no es el momento de realizarlo, que debe esperar una época más propicia. || 8. No faltan ocasiones en que los paisajes nevados de los sueños hacen referencia a causas físicas, es decir, que el durmiente se ha destapado mientras dormía y su cuerpo se está enfriando. Son *sueños de estímulos físicos.* || 9. En casos de enfermos graves o muy delicados la nieve y el hielo suelen advertir de la próxima muerte, como en el que relatan Rojo Sierra y Rojo Moreno: «Un juez, afecto de cáncer de mediastino, cada vez que se quedaba dormido se encontraba en un lugar de invierno crudo, *todo cubierto de nieve.* Pocos momentos antes de expirar nos contó que ya no sabía si estaba aquí o en el Polo Norte, ya que había visto también pingüinos». Cabe suponer que estos sueños obedecen a estímulos de enfriamiento del cuerpo a medida que se acerca el momento del fallecimiento. Puede considerarse el «frío de la muerte». M. Boss los denomina *sueños endoscópicos.* || **C. oc.: Jugar en la nieve con persona del sexo contrario:** Placeres, buenas noticias sentimentales. || **Quedar bloqueado por la nieve:** Asuntos que quedan frenados, bloqueados o estancados. || **Ver nevar desde la vivienda o refugio:** Se superarán trampas y obstáculos, pero debe actuarse con prudencia. || **Lavarse**

manos o cara con nieve: Superación de disgustos o penas. || **Nevada copiosa:** Negocios o asuntos que darán beneficios o éxitos. || **Ver nevar en las montañas:** Ganancias futuras. **Comer nieve:** Malas noticias, penuria, disgustos. || **Niños jugando en la nieve:** Proyectos y asuntos que seguirán adelante pese a los obstáculos o retrasos. || **Esquiar con el ser amado:** Excitación sexual, buenos momentos sentimentales. || **Amontonar nieve:** Peligro de pleitos o querellas. || **Ser cubierto por la nieve o andar con dificultad por ella:** Enfermedad, tristeza, percance. || **Nieve sucia y pisoteada:** Problemas monetarios, asuntos que no se realizan, conflictos conyugales o familiares, peleas con los vecinos.

NIÑERA
Psi. Suele simbolizar a la madre.

NIÑO
Psi. 1. Son frecuentes los sueños en que uno se ve de niño, de pequeño, en los lugares en que trascurrió su infancia, su niñez. Por lo general, estos sueños indican o simbolizan zonas psicológicas infantiles no desarrolladas en nosotros, reflejan la falta de experiencia o impericia de nuestra personalidad. Estos sueños acostumbran a producirse cuando nos enfrentamos con determinados problemas o conflictos de la vida cotidiana y tenemos el miedo inconsciente o consciente de no saber resolverlos, o incluso rehuimos enfrentarnos con ellos. Estos sueños pueden advertirnos del peligro de aferrarse a ciertos infantilismos inconscientes. De ahí que Pierre Real precise que tales sueños nos dicen: «Quieres huir de tus dificultades actuales volviendo al hogar de tus padres, donde ninguna responsabilidad recaía sobre ti». Un ejemplo de tales sueños es el siguiente: «Casi todos los días sueño con el pueblo donde viví de niña (entre los once y los diecisiete años) y siempre me veo en la misma casa, que ya no existe, pues fue derribada. En esta casa es donde yo vivía con mis padres. Llevo soñando esto desde hace años». A falta de mayores datos, dimos la siguiente interpretación a este sueño: «Es evidente que en tu interior hay una obsesión de tipo infantil por la época que viviste en dicha casa con tus padres. Ello indica –como llevas años soñando lo mismo– que no has roto los lazos con tu adolescencia y que te refugias demasiado en los recuerdos paternos del pasado. Y si los recuerdas tanto es porque tu vida presente no te satisface y quisieras volver a aquella época, para rehuir los problemas que tienes ante ti. No te encuentras preparada para enfrentarte con los conflictos de la vida actual. Por supuesto, no es bueno ni conveniente pensar ni soñar tanto en el pasado, ya que señala que hay mucho de infantilismo en el carácter, que no ha madurado bastante. Por tanto, para evitar que estos sueños se repitan (se repiten porque sigues sin solucionar el conflicto de tu interior), es necesario que cultives y desarrolles más tu personalidad por medio de la lectura, el estudio y los contactos sociales, no encerrándote en ti misma. Es importante, pues,

que adquieras valor y seguridad en ti misma y que te preocupes más del futuro. Debes olvidar y borrar de tu mente esos años vividos en dicha casa. Piensa más en el porvenir y en lo trascendental de la existencia. Así que adquieras mayor seguridad en ti misma desaparecerán estos sueños. || 2. En algunos casos (muy pocos, por cierto), pueden reflejar el deseo de los hijos o hijo que se quiere tener. || 3. Los niños pequeños de los sueños también pueden representar, en determinados sueños, los *órganos genitales masculinos*. Recordemos la costumbre de que mucha gente llame al órgano sexual masculino o falo (o pene) por el cariñoso apelativo de «mi pequeño», «mi niño pequeño», etc. Así, jugar con un niño pequeño o pegarle, etc. –según Freud es, con frecuencia, una representación onírica de la masturbación. || 4. Otras veces, los niños de los sueños indican que el soñador se halla en un conflicto y que trata de buscarle una solución. En estos casos, el niño del sueño puede tener el significado de querer *empezar de nuevo*, de volver a nacer, de poner en marcha nuevas ideas y procedimientos, de querer iniciar una nueva vida... De ahí, que el simbolismo más corriente de los niños de los sueños sea el de «nuevos proyectos e ilusiones», y el más raro el de embarazo o de que se va a tener un niño. Esto se pone claramente de manifiesto en el hecho de que muchas mujeres, a pesar de tener sesenta y hasta ochenta años, siguen soñando que tienen niños, que dan a luz a niños, que amamantan niños, etc., lo que quiere decir que, a pesar

de la edad, aún tienen proyectos e ilusiones que confían poder llevar a cabo. Un sueño típico de esta subclase es el siguiente (contado por una mujer de cuarenta y siete años): «Sueño mucho con niños pequeños, a los que quiero y cuido mucho». Al margen del trasfondo erótico que pudiera haber en tales sueños y de que la mujer pudiera llegar a pensar hasta en un embarazo, dimos la siguiente interpretación: «Esos sueños de niños no quieren decir que vayas a ser madre. Indican que aún tienes ilusiones y proyectos, que luchas por ellos y que deseas cambios en tu vida. Esos *niños* representan aquellas partes de tu personalidad que quisieras desarrollar, aquellos ideales y ansias que no quieres dejar morir y que te gustaría ver crecer. En otras palabras, son los hijos de tu espíritu y mente. Presagio: que debes alimentar y desarrollar aquellos estudios e ideas que te gustan o deseas». || 5. En otras ocasiones, y según los pormenores de los sueños, simbolizan el miedo o el temor o el mensaje del inconsciente de que va a frustrarse un proyecto o una ilusión. No es extraño, entonces, que los niños de los sueños corran peligros, enfermen o mueran, lo que aterra a los soñadores o soñadoras cuando son padres, pues temen por la vida de sus hijos, como en el caso siguiente (relatado por una madre): «Vengo soñando de manera repetida con niños. Tengo cuarenta años y no creo que vaya a tener más. Temo que a mis hijos les vaya a ocurrir algo. En uno de los sueños vi que yo estaba en una clínica y que en la cama de al lado había una chica para dar a luz y esa muchacha no tenía familia y muere en el quirófano y me deja a su hijita recién nacida para que me cuide de ella». En la imposibilidad de obtener detalles personales y familiares, llegamos a la conclusión de que esos niños representan las cosas e ilusiones que le gustaría llevar a cabo, con muchas probabilidades de «resucitar» algún proyecto de cuando era joven (representada por esa *chica desconocida)*, edad en la que debió de pasar un fuerte desengaño o frustración y todavía alimentaba esperanzas de volver a rehacer el proyecto. Un caso parecido es el siguiente (enviado por otra madre preocupada): «Soñé que mi hijo pequeño de dos años era muerto por un coche que escapaba corriendo sin atender a mis gritos de socorro. ¿Corre peligro mi hijo?». La respuesta que dimos es que su inconsciente había dramatizado algún problema conyugal o familiar, alguna ilusión que no se llevaría a cabo, probablemente de tipo económico-matrimonial. || 6. En otros casos, los niños como «fruto del amor» suelen simbolizar las relaciones sentimentales que se desean o, simplemente, el hecho de que se ansía ser amada, como en los casos siguientes: «Sueño a menudo con niños pequeños. Los tengo en brazos y me besan o van a donde yo estoy». Estos sueños los tenía una joven soltera de diecinueve años, que tenía problemas familiares y un amor imposible. Y desde el punto de vista de Freud, incluso podríamos dar a esos niños una representación fálica. Otra joven, también soltera y de veinte años, nos escribió:

«Desde hace muchos años atrás vengo soñando, de maneras diversas pero con el mismo final, que no puedo tener hijos. A mí me gustan mucho los niños. Soy soltera y eso me preocupa mucho, pues me gustaría tener un hijo». No pudimos profundizar en la interpretación al carecer de más datos, pero la impresión es de que esta chica tenía algún tipo de conflicto de personalidad o de que no era fácil para ella el relacionarse sentimentalmente. Esos niños de sus sueños son algo más que los deseos de ser madre; detrás hay un simbolismo fálico y una represión sexual a nivel inconsciente con cierta dosis de pesimismo o de inseguridad en sí misma. || 7. No faltan ocasiones en que se quieren relacionar los sueños de niños con percances o enfermedades que padecerán los hijos, como en el caso siguiente (relatado por una madre de cuarenta y cuatro años): «En casi todos mis sueños aparecen niños que no he visto en mi vida, y siempre que esto ocurre se me pone un hijo malo, con catarro o algo así. Tengo cinco hijos. No he tenido nunca suerte». Seguro que no todos los sueños en que esa señora vio niños coincidieron con posteriores enfermedades de sus hijos, pero sí que éstos son los que recuerda, por su importancia. Faltan detalles de cada sueño para poder pronunciarse de una manera veraz. Pero no cabe duda de que los niños de todos esos sueños tenían un significado psicológico y reflejaban multitud de proyectos que no se realizaron o que se fueron al agua, como ella dice al final: «No he tenido nunca suerte».

Asimismo, hay que aclarar que la mujer que sueña demasiado con niños pequeños o bebés a lo largo de la existencia, es un índice de ser muy variable y pensar en demasiadas cosas o proyectos; en tales casos, el inconsciente puede estar señalando: no divagues tanto, no quieras hacer tantas cosas, concéntrate en un proyecto o cristaliza tus energías en una dirección única si quieres recoger frutos.

NOCHE

Psi. 1. Suele simbolizar nuestro plano inconsciente, pero la zona más oscura y recóndita, la parte que contiene nuestros deseos, proyectos y tendencias que no suelen salir a la luz del día; en ese plano suelen generarse aquellos deseos, vicios y tendencias que ocultamos a los demás y, a veces, a nosotros mismos, a nuestro consciente. Por supuesto, muchas veces, los sueños de noche están en relación a lo sexual y erótico (solemos decir «la noche de bodas» cuando se habla de lo que una pareja hará en el día de su boda). En esta zona del plano inconsciente también es donde se generan o guardan parte de nuestras angustias, temores, miedos, pesimismos, depresiones, fobias, complejos y alteraciones psíquicas, físicas y fisiológicas. Quien sueñe demasiado con la noche quiere decir que tiene cierta tendencia melancólica que debe superarse. Es aconsejable, en tales circunstancias, consultar al psicólogo. Lo opuesto a la noche, es el día, el sol, la luz. || 2. En su simbolismo del principio femenino, representa los deseos de amor, la cama, el sexo... *(Véase* el caso de la joven que siempre sueña de noche en el término *escalera).* También puede estar en relación con obsesiones sexuales y eróticas, ya que no hay que olvidar que la noche, la oscuridad es la mejor aliada de los actos libidinosos y cuando se estimula más la libido humana. || 3. En otras ocasiones, la noche puede advertir de peligros a nivel inconsciente, sobre todo cuando se sueña que la noche cae cuando uno se halla en parajes selváticos o peligrosos. Puede anunciar que nuestros instintos están adquiriendo tonalidades poco claras o poco limpias. Incluso puede acompañar a sueños patológicos que anuncian enfermedades o muerte. *(Véase* el caso de la joven enferma que explica Jung, en el término *terrores y pesadillas).* || 4. Como componente de un sueño erótico, *véase* el caso de una joven de diecinueve años que relatamos en el término *puñal,* así como el que incluimos en el término *guerra* (sueño de *guerra civil).* || *C oc.:* **Noche estrellada:** Amores secretos, placeres ocultos. || **Nublada, sin luna ni estrellas:** Problemas hogareños y familiares. || **Con luna y estrellas:** Relaciones sentimentales, excitación sexual, buenos momentos conyugales. || **Perderse por la noche:** Penas, tristezas y dificultades personales. || **Niños perdidos en la noche:** Proyectos o negocios que peligran.

NODRIZA

Psi. En muchos sueños simboliza a la madre. Recordemos que la nodriza alimenta y cuida del niño.

NO SABER REGRESAR (No saber retornar, no lograr retornar, no poder volver)

Psi. 1. A veces, el salir de una casa y no poder volver a ella puede expresar los deseos inconscientes de volver al claustro materno, es decir, de morir, de regresar a la nada, a la situación de comodidad intrauterina. Como ejemplo podemos citar el caso de una mujer de setenta años que nos escribió: «Hará ya casi quince años, de forma habitual, tengo un sueño que se puede resumir en que salgo de una casa y después, al querer regresar a ella, nunca puedo lograrlo. Deambulo por caminos, subo montes, cruzo ríos, pregunto y pregunto, pero nunca logro retornar a las casa, quedando muy angustiada». Estos tipos de sueños suelen indicar que la soñante tiene tantos problemas o soledad en la vida real, le van tan mal las cosas en la realidad (esté depresiva o no), encuentra tanto la falta de apoyo de los padres, que inconscientemente desearía volver al vientre materno, a la situación intrauterina de comodidad y confort, que es como decir que quisiera estar muerta, no nacida. Pero en ese sueño repetitivo vemos cómo, al mismo tiempo, el inconsciente se esfuerza en comunicar a la soñante que lo que desea es imposible, que no puede volver al vientre de la madre y, al mismo tiempo, le indica que no se va a morir. Se comprende que el *salir de la casa* simboliza el nacimiento, el venir al mundo *(la casa,* en este caso es el claustro materno), y el *no lograr retornar a ella* quiere decir que no conseguirá nunca regresar al seno materno, que lo que desea es un imposible. Indudablemente, esos tipos de sueños indican una falta de madurez en la inseguridad del sujeto, una inseguridad en la propia valía. Al no poder hablar con la interesada, queda como incógnita el ¿qué ocurrió en su vida, quince años antes, para que sirviera de disparador de ese deseo imposible?

NUDO

Psi. 1. Los nudos suelen simbolizar pequeñas dificultades, impedimentos u obstáculos, sean de tipo económico, familiar o sentimental. Soñar que no se puede deshacer un nudo quiere decir que no se atina a resolver un problema o situación, y lo contrario si uno logra deshacerlo. En el plano sentimental, soñar que no se puede deshacer un nudo significa que no se podrán romper las relaciones o que uno no logrará sacarse el problema conyugal de encima. || 2. Soñar que uno cierra una bolsa de plástico haciendo un nudo en ella puede significar aislamiento o el rompimiento de unas relaciones sociales o sentimentales, es decir, se «cierra» el contacto, al menos por una larga temporada. || *C. oc.:* **Muchos nudos en una cuerda:** Conflictos sentimentales, obstáculos para alcanzar a la persona que se desea. || **Deshacer nudos:** Se solucionarán problemas, obstáculos que serán sorteados. || **Camisa de hombre o mujer anudada:** Dificultades conyugales, peligro de rompimiento sentimental. || **Amistad o desconocido que ayuda a deshacer un nudo:** Se recibirán ayudas y préstamos.

‖ **Otros haciendo nudos:** Enemigos y opositores que crearán problemas. ‖ **Familiares haciendo nudos:** Hay que desconfiar de las proposiciones que os hagan los parientes. ‖ **Marinos o pescadores haciendo nudos:** Abundancia de recursos, mejoramiento económico. ‖ **Hacer nudos:** No faltará el trabajo, aunque no estará muy bien remunerado. ‖ **Cónyuge haciendo nudos:** Discordias, enfrentamientos, querellas matrimoniales.

NUEVE (Noveno)

Psi. 1. Muchas veces, cuando el número nueve (9) tiene un significado simbólico en los sueños, suele estar relacionado con los conceptos de prudencia, circunspección, cautela, reflexión, meditación, restricción, fragilidad, oración, espiritualidad, hermetismo, austeridad... No olvidemos que representa la forma perfecta de la trinidad perfecta en su triple elevación, ya que es tres veces tres (3 + 3 + 3 = 9). Se considera que este triángulo del ternario es la imagen numérica más completa, puesto que todos los números elementales están comprendidos en él (del 1 al 9). ‖ 2. En sueños simbólicos de índole sexual, el número nueve simboliza el embarazo, la gestación y, por consiguiente, la maternidad, la mujer, el vientre materno (el embarazo normal dura nueve meses). Por ese motivo, en ocasiones, soñar con el número nueve puede expresar un período de gestación o preparación en los asuntos del soñante, una nueva fase o etapa, el nacimiento de nuevas maneras de ver las cosas o de nuevas creaciones profesionales. Tenemos en nuestro archivo el caso de una mujer que se hallaba embarazada y en la encrucijada de tener que decidir si abortaba o no, por circunstancias personales. En el trascurso de sus dudas y angustias ante el camino a seguir, tuvo el siguiente sueño: «Estaba en la cama de un hospital, enferma, y llamaba por teléfono a alguien y sólo marcaba los números 8 y 9 repetidas veces». La explicación que dimos fue que el inconsciente manifestaba que debía seguir con el embarazo hasta el final, que no abortase, puesto que el ocho representaba la pareja y el nueve el embarazo. Además lo que estaba intentado era comunicar a su compañero (simbolizado también por el número *ocho)* que quería ser madre (representado por el *nueve,* los meses que dura el embarazo). Por añadidura, en este caso especial, el número ocho (dos partes o personas iguales) puede ser una alegoría, al mismo tiempo, de la mujer grávida, del ser que está unido a otro ser al que da vida. ‖ 3. Asimismo, como todos los números, el nueve puede significar fechas, edades, números de calle, etc., que tienen una importancia vital en las vivencias del sujeto, como en el caso que explica Wilhelm Stekel de un hombre homosexual que tiene un sueño en que interviene ese número: «Por la noche busco mi habitación número 9 y no puedo encontrarla...». En especial, ese número nueve simboliza su miedo al embarazo, su temor (parapático, por supuesto) a dejar a una chica en estado. Además, el nueve determinaba muchos hitos de su vida: había nacido un 7 de febrero (el mes 2), y 7 + 2 son 9. En un día 9 falleció su padre; su abuela vivía en el número 9 de una calle... Pero lo determinativo es que *él busca su habitación número 9,* es decir, un lugar para su sexualidad, una compañera de habitación, de cama (pese a sus tendencias homosexuales); de ahí la importancia del nueve. Pero aún no la encuentra. Como indica muy bien Stekel, «Los sueños que representan una búsqueda, revelan al sujeto en la búsqueda de su *objetivo sexual».* || 4. En algunos sueños, el número nueve puede estar relacionado claramente con un nuevo proyecto o negocio, pues se refiere a la gestación, al embarazo, al nacimiento, a los preparativos para «dar vida» a una nueva ilusión o pensamiento. Puede simbolizar, por tanto, cambios o nuevas situaciones personales o profesionales, todo ello acompañado de incertidumbre y congoja, puesto que, cual ocurre con un parto, la cosa puede salir mal. || 5. No debe descartarse que, en muy pocos casos, el número nueve de un sueño esté relacionado con el número de la suerte del soñante y que forme parte de algún sueño premonitorio sobre un próximo premio de lotería, ciegos, etc. || 6. Según la cultura del soñante, el nueve en sueños puede simbolizar una novena o novenario mágico o religioso para superar o conjurar un peligro, conflicto o problema personal o familiar. || 7. En caso de poseer mucha cultura religiosa –o ser un religioso–, soñar con el número nueve en determinadas condiciones (por ejemplo, de co-

lor rojo o con un fondo rojo), puede advertir de un próximo sacrificio, de un cambio doloroso, de una enfermedad..., puesto que fue a la hora nona (novena) cuando Jesucristo expiró en la cruz. || 8. En el caso de que un comerciante, un financiero, un industrial, un hombre de negocios, un político, etc., que esté en graves apuros económicos o sociales y tema por su futuro o seguridad, sueñe mucho con el número nueve y multiplicaciones con éste, puede ser una indicación de que tendrá que cambiar, variar o trasformarse, pero que no quedará destruido o arruinado, toda vez que el nueve también es el emblema de la materia, ya que, al igual que ésta, no se destruye, sólo se trasforma; aunque varíe, nunca desaparece, toda vez que el 9 multiplicado por cualquier número siempre se reproduce a sí mismo, tal como mostramos en la tabla siguiente:

$$9 \times 2 = 18; 1 + 8 = 9$$
$$9 \times 3 = 27; 2 + 7 = 9$$
$$9 \times 4 = 36; 3 + 6 = 9$$
$$9 \times 5 = 45; 4 + 5 = 9$$
$$9 \times 6 = 54; 5 + 4 = 9$$
$$9 \times 7 = 63; 6 + 3 = 9$$
$$9 \times 8 = 72; 7 + 2 = 9$$
$$9 \times 9 = 81; 8 + 1 = 9$$
$$9 \times 10 = 90; 9 + 0 = 9$$
$$9 \times 11 = 99; 9 + 9 = 18; 1 + 8 = 9$$
$$9 \times 12 = 108; 1 + 0 + 8 = 9$$

y así sucesivamente.

|| 9. Como símbolo del embarazo o nacimiento traumático que marcó para siempre su existencia, es significativo, referido al número nueve, el caso que nos explica Stekel

sobre un paciente con graves problemas sexuales y de personalidad (incluidas tendencias homosexuales), llamado señor Beta, que tuvo el siguiente sueño: «Viajaba con mi hermano hacia Reichenberg; ya habíamos llegado. Buscamos la estación del ferrocarril; todo estaba en alemán. La encontramos, pero sin rieles. Para llegar a las vías férreas había que subir al primer piso de la estación. Mi hermano subió en ascensor, pero éste quedó atascado y mi hermano saltó hacia fuera. Luego subió un empleado, y nos dijo que antes el ferrocarril iba por un valle, hasta que sucedió la *gran desgracia*». Este sueño, aunque a primera vista no pareciera extraordinario, expresaba y condensaba los traumas y problemas principales de la personalidad del soñante. *La gran desgracia* de que habla el empleado ferroviario era la muerte de la madre del soñante al nacer éste. No había superado ese trauma, esa falta del cariño materno. El paciente hizo varios dibujos que contribuyeron a la comprensión de su sueño y sus problemas psicológicos. Una de las ilustraciones fue la siguiente:

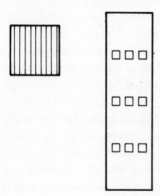

Gracias al dibujo precedente puede empezarse a comprender la importancia de los números tres y nueve de dicho sueño, pues no estaban explicados en él. El dibujo rectangular o alargado simboliza el falo, lo masculino y, por supuesto, el conjunto de su personalidad, ya que vemos en él la cuaternidad, las cuatro funciones psíquicas (*véase* lo dicho en el término *cuatro*) del ser humano. Y encerrados dentro del rectángulo (de su personalidad) hay tres hileras de cuadraditos, que suman en total nueve (3 x 3 = 9), los nueve meses que pasó en el vientre de la madre antes de nacer él y morirse ella, lo que motivó «la gran desgracia». Según las ocurrencias del paciente durante el psicoanálisis a que fue sometido por Stekel, esos cuadrados simbolizaban la gravidez, de resultas de la cual ocurrió –insistimos– «la gran desgracia». Se consideraba «el asesino de la madre». Por eso quizá quería morir, o sea, volver al vientre de la madre, a un recinto estrecho y cubierto, del que había partido el triste tren de su vida. Los cuadrados pequeños representaban bloques de piedra, entre los cuales había traviesas de madera, en forma de dientes; sobre ellos pasaban antes los rieles. Y ya hemos visto que son tres series de tres; por un lado simbolizan los nueve meses del embarazo, pero por otro a tres hombres (su padre, su hermano y él), pues ya hemos dicho que el *tres* (*véase* ese término) es un número masculino, la representación de los genitales del hombre; entonces tenemos aquí la representación de los tres hombres que forman su familia. Por otro lado, el cuadrado mayor de la izquierda simboliza lo femenino, la vagina, la madre; están separados ambos dibujos porque la vida los separó, es decir, la madre murió y los dejó a los tres. Pero al mismo tiempo, ambos dibujos muestran su carácter neurótico sexual; a ratos quisiera ser una mujer y dar libre salida a su homosexualidad latente y, por otro, ser un hombre viril. La estación y los trenes que salen y entran acostumbran a ser la expresión del onanismo, que llegó a dominarle por completo. Pero, además, de una manera torturada y traumática a causa de las amenazas hechas por su padre. (Stekel ha hecho un interesante estudio de este caso en su obra *El lenguaje de los sueños*).

NUEVO

Psi. 1. Lo nuevo y las prendas nuevas que aparecen en algunos sueños suelen simbolizar la virginidad. || 2. En otras ocasiones lo nuevo y las cosas nuevas representan los deseos de empezar una nueva vida o situación personal o profesional.

NÚMEROS

Psi. 1. Para el significado simbólico de los principales números *véanse* los términos correspondientes. || 2. Otras veces, los números de los sueños reflejan preocupaciones monetarias, comerciales y administrativas. Son sueños de *residuos diurnos*. || 3. Pero no faltan ocasiones en que el soñar con números anuncie, de una manera incomprensible, la posibilidad de obtener algún premio en los juegos de azar,

como en el caso de Ruth Connolly, de South Dade, Florida, quien soñó en una noche de marzo de 1975 que ella iba conduciendo un automóvil y alguien le preguntaba cuál era su número. Respondió ella en el sueño y la voz le dijo que iba a obtener un gran premio en la lotería. Como así fue. Otro caso fue el de Alicia, de Barcelona, que «soñó con el número 17 y a los pocos días le tocó un premio pequeño en la lotería». Pero la mayoría de las veces, los números no traen premios, como en el caso que explicamos en el término *lotería*. || 4. En muchas ocasiones, los números que se ven en sueños hacen referencia a fechas que han quedado registradas de una manera especial en el inconsciente, por hacer referencia a circunstancias peculiares en la vida del soñante. || 5. A veces, en sueños parapsicológicos de tipo premonitorio, los números oníricos pueden referirse a fechas de futuros acontecimientos, afecten directamente al soñante o no; pueden referirse a fechas de sucesos o tragedias colectivas o públicas. || 6. Asimismo, los números pueden significar las horas del reloj y corresponder a citas, hagan referencia a contactos del pasado o del futuro inmediato. Así, por ejemplo, el número 1020 puede corresponder a las 10:20 de la mañana o de la tarde; el 830, a las 8:30 de la mañana o de la tarde, etc. || 7. Los números o cifras que aparecen en sueños también pueden corresponder a *residuos diurnos* y, al mismo tiempo, a *especulaciones de ver cumplimentados los deseos* (lo que a uno le gustaría que fuese o se convirtiese en realidad), como en el sueño que nos explica Sigmund Freud: «Al señor B. Dattner debo la comunicación e interpretación del sueño numérico siguiente, caracterizado por su trasparente determinación, o más bien superdeterminación: Mi patrón, guardia de seguridad, empleado en las oficinas de la Policía, sueña que está de servicio en la calle, circunstancia que constituye una realización de deseos. En esto se le acerca un inspector que lleva en el cuello del uniforme el número 22-62 o 22-26. La cifra total constaba de todos modos de varios doses. Y la división del número 2262 en el relato del sueño permite deducir que los elementos que lo integran poseen un significado aparte. El sujeto recuerda que el día anterior estuvieron hablando en la oficina de los años de servicio que lleva cada uno. El motivo de esta conversación fue la jubilación de un inspector que tenía sesenta y dos años. El sujeto tiene ahora veintidós años de servicio y le faltan dos años y dos meses para jubilarse con el 90 por 100 de su sueldo. El sueño le finge primero el cumplimiento de un deseo que abriga hace ya mucho tiempo: el de su promoción a la categoría de inspector. El *inspector* que se le aparece llevando en el cuello el número 2262 es él mismo; está de *servicio en la calle*, otro de sus deseos; ha servido ya dos años y dos meses y puede jubilarse, como el inspector de sesenta y dos años, con el sueldo completo». Este ejemplo ilustra claramente el proceso de averiguación a seguir, en determinados casos (abundantes por cierto), para encontrar el significado personal de los números y no embarcarse en fantasiosas especulaciones de loterías y sorteos. ‖ 8. A veces, hasta los números de la ruleta pueden referirse a hechos del pasado de la vida del soñante. *(Véase* el término *ruleta).*

O

OBJETOS

Psi. 1. Ha de considerarse que los objetos que adornan y rodean nuestra vida cotidiana tienen vida propia e, incluso, sexo, aunque nosotros pensemos que son seres sin vida, inanimados. Cuando los objetos más diversos e insólitos aparecen en sueños, tienen un simbolismo especial, que no siempre es fácil de interpretar. Hay objetos femeninos y objetos masculinos, y en los sueños psicológicos acostumbran a tener un trasfondo sexual o erótico, de acuerdo con las pautas que damos a continuación. Estos objetos enmascaran en los sueños nuestros deseos a causa de la censura que nos impone la moral recibida. || 2. Los objetos masculinos y de simbolismo fálico son aquellos que se asemejan al pene o falo y a los testículos y que tienen la facultad de penetrar en un cuerpo y herir. Los objetos de los que manan agua y líquidos y los que tienen la facultad de alargarse también son objetos masculinos, entre los que destacan: llave, pistola, revólver, fusil, puñal, bastón, palo, tronco de árbol, armas puntiagudas, cuchillo, lanza, sable, grifo, lámpara de suspensión, lápiz o bolígrafo automático, martillo, surtidor, máquinas extrañas con piezas que se alargan, agujas, alfileres, cajones, cepillo de dientes y lima para uñas (por su acción de frotamiento), cucharillas, fuelle, lentes, reloj, paraguas (por el parecido que su apertura tiene con la erección del miembro viril), velas (candelas), cigarro, cigarrillo… || 3. Los objetos que la mayoría de las veces simbolizan lo femenino o los genitales de la mujer son aquellos que pueden alojar líquidos u otros objetos, como: vaso, botella, garrafa, cofre, arca, bolsillo, jarra, joyas, alhajas, maceta, mesa, estuches, caja, cajón (aunque en ocasiones es masculino), cerradura, florero, plato, baúl, bolso, jaula, polvera, recipientes en general (en especial cóncavos y redondos), cubo, tazón, cuenco, armario, estufa y horno (aunque simbolizan muchas veces el seno materno antes que los genitales en sí).

OBSCURIDAD *(Véase oscuridad)*

OCHO (Octavo)

Psi. 1. A veces, cuando interviene en sueños simbólicos, el ocho está relacionado con la justicia, el equilibrio, la equidad, la igualdad, la armonía universal y, por consiguiente, con la pareja, el matrimonio, dada su forma gráfica (8), que son dos partes iguales unidas. Según la forma en que parece o se nombra el ocho en los sueños hay que empezar a examinar el comportamiento de uno con respecto a los valores indicados: ¿actúa con justicia?, ¿se comporta equilibradamente?, ¿respeta la unidad matrimonial?, etc. ‖ 2. Debido a su forma gráfica, dos orificios unidos (8), en sueños simbólicos eróticos el ocho tanto puede simbolizar la vagina como el ano. ‖ 3. En casos especiales, en sueños masculinos de índole sexual, el ocho incluso puede representar los dos pechos femeninos y, en consecuencia, una mujer determinada por la que el soñante experimenta una atracción amorosa. ‖ 4. Otras veces, el número ocho puede referirse a la edad de ocho años o a un intervalo de ocho años en la vida del soñante que separe dos fechas significativas, así como al número ocho de una calle que guarda un recuerdo especial para el soñante, a un hecho acontecido «hace ocho años», etc. ‖ 5. En otras ocasiones, el ocho puede hacer una clara alusión al sexo, a la pareja, al amor, toda vez que puede descomponerse así: 7 (matrimonio) + 1 (yo) = 8; en otras palabras: el matrimonio y yo. Pasemos a un ejemplo de nuestro archivo (hombre adulto, cincuenta años, soltero solitario): «Sueño que voy a la escuela y que el profesor me destina a un aula. Está casi llena de gente adulta (creo que casi todos son hombres). Me dice que me siente en el lugar número siete (7). Voy bajando por el pasillo que hay a mi izquierda; creo que llevo una revista enrollada en la mano izquierda, pero me falta la hoja de papel para escribir, pero me digo que alguien ya me prestará alguna hoja. Entro en la segunda fila de butacas para pasar a la primera, de la que hago levantar a los que hay allí, los cuales no protestan. Entonces me quedo en duda si he de ocupar el asiento número ocho (8) pues me digo que siete más uno son ocho (7 + 1 = 8). Y despierto. He de aclarar que el profesor estaba a la entrada de la enorme aula, que es tan grande como un cine lleno de butacas». Interpretamos ese sueño de la siguiente manera: «El soñante necesita aprender (de ahí el *aula*, la escuela) a utilizar su sexo, a desarrollar su sexualidad, a buscar pareja, a casarse, a unirse, que es lo que marcan los números siete (7) y ocho (8), guarismos que indican pareja; el 7, como ya hemos visto, es el sacramento del matrimonio y el 7 + 1 quiere decir *el matrimonio y yo*, aparte de que el 8 también es un número relacionado con la mujer y el equilibrio, ya que está formado por dos medias partes iguales. Aquí, por tanto, puede hasta simbolizar el equilibrio sexual, la heterosexualidad. El b*ajar por el pasillo de la izquierda* significa lo anormal, la sexualidad equivocada, la parte no confesable de lo erótico, lo no oficial, lo solitario, etc. El que lleve *una revista enrollada* es un eufemismo de miembro viril, de falo. Y no *lleva papel para escribir*, es decir, no tiene mujer para hacer el amor, ya que el papel blanco expresa el cuerpo de la mujer. Y por supuesto, todo lo que se emplea para escribir: pluma, bolígrafo, lápiz, etc., acostumbra a representar el miembro viril. Además, la expresión *alguien ya me prestará alguna hoja* señala los deseos inconscientes del acto sexual pasajero, de tener relaciones sexuales y no comprometerse. Por otro lado, el *rollo de la mano izquierda* puede hacer referencia a la masturbación, a la sexualidad de la izquierda. En conjunto, pues, es un sueño en que el inconsciente recordaba al durmiente su soledad y aislamiento sexual, la necesidad de compañía, de pareja o de matrimonio, el que tenía que aprender a convivir sexualmente con el sexo contrario». || 6. En sueños mandálicos, el ocho simboliza la *doble cuaternidad* (4 + 4 = 8), por lo que puede expresar una fuerte evolución psicológica del soñante, una plenitud psíquica, una etapa del llamado proceso de individuación. (*Véase* todo lo dicho sobre la *cuaternidad* en el término *cuatro*). De ahí, en parte, que las bienaventuranzas cristianas sean ocho y que en la antigüedad se considerara que era un número de justicia, ya que el ocho es el primero en poder dividirse en dos números cuadrados iguales, o sea, en cuatro y cuatro. A causa de su solidez también se lo conocía como «plenitud». Así, un círculo o mandala dividido en ocho partes puede estar expresando una evolución de la totalidad de la personalidad, puede estar representando la doble cuaternidad, como en los sueños que siguen (pertenecientes al mismo sujeto), explicados por Jung y referidos a un sombrero. Recordemos que el sombrero, como adorno circular que corona la cabeza, la personalidad, tanto simboliza a la mente como a un mandala. (*Véase* ese término en nuestra obra *Diccionario de sueños sobre personas conocidas y desconocidas*). El primero de dichos sueños fue el siguiente: «Que sueña se halla en una reunión en la que, al despedirse, se pone el sombrero de otro en vez del suyo». Para Jung, ese sombrero «desconocido» era el «sí mismo», que el sujeto aún no estaba preparado para identificar. El segundo sueño con sombrero, después de un largo proceso de trasformación onírica, fue: «Un actor lanza o aplasta su sombrero contra la pared, donde cobra el siguiente aspecto: diagrama de una rueda con ocho rayos y un sólido centro negro». El dibujo correspondiente a este sueño es el siguiente:

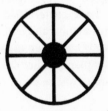

Este mandala lo interpreta Jung en el sentido de que «el sujeto había mantenido hasta ahora una cierta ficción de sí mismo», un actor que interpretaba un papel, que no era fiel a su contenido personal. Por ello termina Jung diciendo «que le impedía tomarse en serio. La ficción se ha tornado incompatible con la postura seria adoptada ahora. Tiene que desprenderse del actor, pues es éste el que rechaza a la individualidad». (Los interesados en el estudio de estos sueños mandálicos pueden consultar la singular obra *Psicología y alquimia* de C. G. Jung. En otras palabras, el hombre había logrado purificarse y desprender de su ego lo ficticio, lo superficial, lo falso, lo fingido, lo vano, lo insustancial., en favor de lo verdadero, lo real, lo auténtico y lo propio. || 7. El octavo piso al que se sube en sueños, sea a pie o en ascensor, también puede referirse a la doble cuaternidad, a las cuatro funciones psíquicas o a la cuarta función, según los detalles del sueño. El ascender con un ascensor o el subir a pie suele ser la expresión de un contenido inconsciente que se hace consciente, de algo que emerge a la mente consciente del soñante procedente de las interioridades del inconsciente. En casos especiales, el octavo piso puede referirse a un octavo de la plenitud representada por el ocho o doble cuaternidad y, por tanto, ser un menoscabo o disminución de ésta. O sea, que todavía no se alcanza el pleno desarrollo o evolución psíquica que se desea o ansía.

OESTE (Poniente)

Psi. Este punto cardinal por donde se pone el sol puede simbolizar la muerte. Marcharse una persona hacia el oeste o poner rumbo al oeste, etc., puede representar una defunción o el recuerdo del fallecimiento de un familiar o persona allegada.

OÍDO (Oreja)

Psi. 1. Para comprender el significado del oído u oreja en los sueños, se hace necesario el analizarlos detenidamente, a fin de ver si son simbolismos psicológicos o presagios (sueños premonitorios). La mayoría de las veces, el simbolismo es erótico o sexual. No olvidemos que el oído, como órgano que nos comunica placenteramente con el mundo exterior (por él penetran en nosotros las subyugantes palabras de amor, los sonidos cariñosos del novio, esposa o amante, etc.) y como orificio natural del cuerpo, puede representar, a veces, el órgano sexual femenino. Tampoco hay que olvidar que la zona de las orejas es una parte muy sensible desde el punto de vista erótico; es una zona erógena, sobre todo en el hombre. || 2. Según Graham Masterton *(1001 sueños eróticos),* si un hombre sueña que está intentando introducir su pene dentro del oído de una mujer que conoce, puede significar que a él le gustaría hacer el amor con ella pero que no tiene la valentía de aproximarse a ella directamente. Además, este tipo de sueño puede indicar que se encuentra frustrado en el campo sexual, que tiene algún complejo, pues aunque el oído es una abertura natural, en la realidad no es útil para el comercio sexual. || 3. Masterton también es de la opinión de que cuando una muchacha sueña que un hombre ha eyaculado dentro de su oído, quiere decir que ella está preparada para tener el contacto sexual con él, pero que no desea verse sentimentalmente ligada a él, es decir, que lo desea para unos momentos de placer, pero no para compartir su vida emocional y matrimonial. || 4. Que una mujer sueñe que se está poniendo unos bonitos pendientes, suele representar su vanidad y narcisismo, pero también sus deseos eróticos de saberse deseada, sobre todo si se agujerea el lóbulo para ponerse los pendientes, acto que simboliza la desfloración o el comercio sexual. || *C. oc.*: **Soñar con orejas**: Una persona astuta y malvada está intrigando para perjudicar. ¡Máxima precaución en cuanto se diga y haga! || **Verse con orejas bien formadas**: Éxitos, buenas noticias, probablemente en el campo del amor. || **Tener un corte en una oreja**: Desengaño en el campo de las amistades. || **Verse sin orejas**: Pesares o malas noticias de tipo familiar o sentimental. || **Tener sólo una oreja**: Pérdida de bienes, trabajo o un ser querido. || **Oídos zumbando**: Los enemigos están murmurando contra uno y levantando falsos testimonios. || **Tener orejas pequeñas**: Peligro inminente de que alguien a quien conocemos nos engañe. Exceso de confianza en los demás. || **Tener orejas largas**: Aviso de que se va a cometer un error. Penas y tristezas. **Orejas de asno u otro animal irracional**: Peligro de sufrir traiciones. **Orejas de ciervo**: Éxito en algún proyecto. || **Hombre viéndose las orejas perforadas**: Pérdidas hogareñas, sinsabores matrimoniales. || **Tener un hombre las orejas obstruidas**: Aviso de malas relaciones con la esposa o amante. || **Tener una mujer las orejas obstruidas**: Aviso de malas relaciones con el esposo

o amante. || **Verse con la mitad de una oreja**: Probable muerte de la esposa, amante o madre (o accidente grave). || **Perder una oreja**: Probable muerte de un hijo o hija. || **Orejas llenas de trigo**: Herencia de parientes lejanos. || **Orejas partidas**: Traición de un amigo que abusará de secretos que le fueron confiados. || **Orejas de león u otro animal feroz**: Alerta ante la traición de alguien en quien se confiaba.

OÍR RUIDOS
(Oír a alguien sin verlo)
Psi. En ocasiones, en sueños se perciben los ruidos que hace alguien que intenta entrar en la casa, sea por la puerta o por la ventana, forzándolas. Otras veces, se oyen los forcejeos de alguien que intenta forzar la puerta del dormitorio, de la cocina, etc. Esa persona misteriosa, que el soñante no ve, que sólo oye, acostumbra a representar la *sombra* (*véase* ese término), que protesta porque se la tiene muy olvidada y arrinconada, es decir, que «quiere satisfacciones», generalmente eróticas. Estos tipos de sueños se generan cuando el sujeto, por las causas que sean, tiene muy olvidada su vida instintiva y sexual. Son sueños muy comunes a religiosos y religiosas, pero que equivocadamente atribuyen tales ruidos a los manejos tentadores del demonio.

OJOS
Psi. 1. En ocasiones, puede ser la expresión del «ojo de Dios que todo lo ve», es decir, «el ojo de la conciencia». En tales sueños, puede existir inquietud, temor o remordimiento

por algún acto cometido por el soñador, cuando creía que nadie le había visto. No sólo puede haber inquietud interior, sino también una especie de miedo a que su acto sea descubierto. No olvidemos que los ojos del inconsciente lo ven todo, nada escapa a su control. || 2. En algunos sueños, ver un solo ojo puede representar el órgano sexual femenino, o sea, el intercambio sexual que se desea inconscientemente. || 3. Muchas veces, cuando es una mujer la que sueña con ojos redondos y sobresalientes, simboliza los testículos y, por tanto, es un sueño que refleja los deseos eróticos de la soñante. || 4. Recordemos que los ojos forman parte del órgano de la visión, de la luz y de la percepción y que a través de ellos tenemos conciencia del mundo que nos rodea, lo que nos permite ver la realidad de las cosas. Pero el inconsciente también tiene sus ojos, más penetrantes y sutiles, por lo que en los casos en que uno sueña que tiene alguna afección o dolencia en los ojos (salvo aquellos casos excepcionales de tipo físico o fisiológico, en que realmente advierte de una enfermedad de la vista), el inconsciente le avisa de que su visión psíquica no funciona bien o está limitada por complejos, neurosis o prejuicios que no le permiten ver la realidad de las cosas, que su capacidad de ver y comprender no funciona correctamente. Entonces es el momento de estudiar y analizar el comportamiento de uno y los acontecimientos de su entorno, y comprenderá por qué el inconsciente le está diciendo que ve menos de lo que se piensa, que no está tomando debida conciencia de lo que sucede a su alrededor. || 5. El ojo ensangrentado de un caballo simboliza la *vagina,* los genitales femeninos. *(Véase* el apartado 14 del término *caballo).*

OLAS

Psi. 1. En ocasiones, las olas de los sueños representan las fuerzas incontroladas del inconsciente, los deseos impetuosos que empiezan a cobrar fuerza en la personalidad. Simbolizan los apasionamientos, la fogosidad, las tempestades interiores (generalmente de cariz sentimental o erótico). Es un símbolo relacionado con el mundo de los afectos. *(Véanse* los términos *agua* y *mar).* Por lo común, es un sueño que se presenta más en las mujeres y jóvenes. Cuando la persona está muy nerviosa y alterada, generalmente por discusiones conyugales o dificultades con los padres, no es raro que se sueñe con tempestades en la mar y grandes olas. || 2. Como expresión de la naciente sexualidad veamos el caso de un chico de diecisiete años: «Sueño con frecuencia con olas altísimas y gigantes que se alzan sobre mí. Entonces corro y corro y cuando estoy a punto de escapar de alguna de ellas, me arrastra hacia dentro del mar y así sucesivamente. ¿Me va a pasar algo malo?». Nuestra respuesta fue: «Estos sueños no indican que vaya a pasarte nada malo con el mar. Éste representa a nuestro inconsciente, nuestra personalidad interior y todo aquello relacionado con sentimientos y deseos. Estos sueños indican que en tu interior están cobrando fuerza deseos y sentimientos, pero que están fuera de control, es decir, no dominados. El trasfondo es erótico, por supuesto. Quieres escapar de la sexualidad que está despertando en ti, pero ésta juega contigo y termina dominándote, cosa normal». Aquí podemos añadir que este tipo de sueños incluso pueden reflejar el aspecto temible de la femineidad, de la mujer. Y, en algunos casos, pueden simbolizar el acto sexual o la masturbación, si son largos y repetitivos. || 3. Un sueño parecido al anterior, pero esta vez de una mujer casada de treinta y siete años y madre, es el que sigue: «Sueño que me viene una ola muy grande y me cubre a mí y a mis hijas. Yo les digo que se estén quietas y al final nos saca a la orilla sin pasar nada. Lo sueño repetidas veces. Estoy casada y me llevo bien con mi marido. ¿Nos va a pasar algo malo con el mar?». Es otro sueño que nos habla de la femineidad e incluso sentido maternal de la soñante. Estas olas nos hablan de su naturaleza apasionada y, lógicamente, de un carácter muy temperamental. || 4. Un sueño de olas con un cariz algo distinto, que habla de la femineidad de la soñadora y de su melancolía (probablemente por no tener el amor que desea) es el siguiente: «Sueño casi siempre con agua que inunda mi casa. Otras veces en el mar hay tormenta con muchas olas y todo está muy oscuro». Nuestra interpretación fue: «El *agua* de tus sueños representa la femineidad, el amor que deseas o ansías... El *mar* simboliza tu propio inconsciente, el mar de tus sentimientos, emo-

ciones, deseos y, por supuesto, de tus pasiones. Las fuertes olas y la oscuridad indican que tu vida sentimental no está estable ni calmada, que estás muy nerviosa e, incluso, pesimista, desilusionada y con tendencia a la melancolía. Que el agua inunde tu *casa* (aquí representa el edificio de tu personalidad) no quiere decir que corras peligro de ahogarte, sino que los sentimientos y deseos amorosos están perdiendo toda mesura y pueden convertirse en peligrosos, es decir, que lo erótico puede estar cobrando en ti demasiada fuerza, que lo sexual y emocional se apoderen de tu personalidad y «ahoguen» otras cualidades y tendencias. || 5. En algunos pocos casos, las olas rompiendo con furia contra la casa o salpicando a la soñante es un mal presagio: suele advertir de enfermedad grave o muerte en la familia. || 6. Otro sueño característico de olas como expresión del despertar de la sexualidad es el siguiente: «Soy una chica muy joven y salgo con un chico. Muy a menudo sueño con el mar. Estoy en una playa o salgo de una puerta y me encuentro también en la playa. De pronto las olas se levantan a muchos metros y vienen hacia mí. Lo que me extraña es que doy un pequeño salto y no me ahogo, pues yo no sé nadar y le tengo mucho miedo al agua. ¿Qué puede significar mi pánico hacia el agua?». Por supuesto, estos sueños no indicaban peligros con el agua, sino con la propia sexualidad, el que ésta pudiera descontrolarse.

OLIVAS (*Véase aceitunas*)

OLLA

Psi. Símbolo de la madre y de la maternidad.

ONCE (Undécimo, onceno)

Psi. 1. En sueños de tipo simbólico, el once es un número que parece estar relacionado con inclinaciones homosexuales y lésbicas. En la antigüedad se le consideraba el «número de los pecados», «el penitente», la fuerza ciega y mal dirigida, la esencia de todo lo pecaminoso, poluto e imperfecto y, en consecuencia, la lucha que uno ha de sostener para mantenerse íntegro y virtuoso. Todo esto se halla reflejado en el grafismo con el que se distingue el número: *dos palos iguales, de la misma naturaleza.* || 2. Otras veces el número once (11) expresa el onanismo y el miembro viril, ya que el pene es el dedo número once si se suma a los diez de las manos. || 3. Como todo número, el once también puede referirse, en sueños de recuerdos, a un día 11, a la edad de 11 años, a un hecho acontecido hace 11 años, al número 11 de una calle, etc. (*Véase* todo lo dicho en los números anteriores). || 4. El 11, dos palos, también puede simbolizar las dos piernas y, por consiguiente, representar a una persona por la que el soñante experi-

menta un interés especial. Para Stekel, «en los sueños de personas lascivas, puede significar el deseo de poseer a dos personas a la vez o a un hombre muy vigoroso». Recordemos que el pene es el «dedo número once».

OPERACIÓN QUIRÚRGICA

Psi. 1. En muchos sueños representa el coito, la pérdida de la virginidad, la penetración sexual, etc. || 2. En sueños proféticos y para el significado de la parte operada, *véase* lo que dice Arnau de Vilanova en el término *amputación.*

OQUEDADES

Psi. En sueños de tipo fisiológico, cuando hay alguna afección en los dientes o muelas, puede soñarse con extrañas oquedades, grutas, cavernas, excavaciones en la roca, etc.

ORINAR

Psi. 1. Puede ser un sueño puramente fisiológico de descarga, es decir, tener la necesidad de despertarse e ir a orinar. Esta necesidad, en ocasiones, se mezcla en un sueño para matizar aspectos psicológicos e, incluso, premonitorios. || 2. Otras veces, es símbolo de depuración psíquica u orgánica, en que el sueño advierte de que ya estamos eliminando aquellas cosas que nos contaminan o perjudican. || 3. Que un hombre sueñe que se orina en público puede representar una agresividad sexual exhibicionista o reprimida; hasta puede ser símbolo de algún complejo de lo que le gustaría hacer y no se atreve. Por lo general, necesidad de deslumbrar a las mujeres, como el niño que quiere sorprender a las niñas mostrando su «instrumento». || **4.** La *orina roja* o con manchas de sangre, puede ser anuncio de alguna enfermedad o indisposición. Recordemos que la sangre en sueños no augura nada bueno, esté mezclada con un símbolo u otro. Al respecto, un sueño curioso es el siguiente (tenido por un hombre): «Sueña que ha de salir del despacho de la empresa para ir a orinar, y al hacerlo van cayendo grandes manchas de sangre junto con la orina. Se impresiona y a sí mismo se dice que debe de estar muy mal». Despertó muy conturbado. Al mismo día, se presentaba un cartero con un giro postal de varios miles de pesetas. Y el pago lo hizo el cartero con billetes rojos de dos mil pesetas; a medida que el cartero iba dejando caer los billetes rojos, el hombre se dijo a sí mismo, «Mira, la meada del sueño». El sueño, fue positivo. Lo sorprendente fue que el cartero, a los dos días, tenía un derrame cerebral e ingresaba en el hospital en grave estado, en donde fallecía a los dos meses. ¿Podemos considerar este sueño como premonitorio, que intentaba advertir al soñador que el hombre que le traía los billetes rojos iba a caer enfermo? Que cada uno piense lo que sus conocimientos le dicten. De todas maneras, al margen de los beneficios económicos que recibió aquel día el soñador (llegó el giro cuando estaba apurado de dinero), es verdad que al día siguiente tuvo malas noticias personales con respecto a un proyecto, aunque de tipo leve. || *C. oc.:* **Orinar:** Se aliviará una situación difícil o complicada, sea personal, monetaria o profesional. || **Hombre que se orina en una pared:** Vienen beneficios o se harán buenos negocios. || **Orinarse en la cama:** Dinero u operación comercial que se retrasa; conflictos en el hogar o matrimonio. || **Mujer orinando:** Peligro de aborto o de rompimiento de relaciones. || **Beber orines:** Curación de enfermedad; vida larga. || **Ver orinar a otros:** Vendrán beneficios o colaboraciones.

ORO
Psi. **1.** Símbolo del principio masculino. El que una mujer sueñe que encuentra oro o monedas de oro suele expresar los deseos de hallar un amor, la satisfacción de su sexualidad. Por analogía, el oro se ha relacionado e identificado con monedas de oro, y este símil se ha trasformado en tiempos modernos en monedas de cualquier tipo o metal. *(Véase el término monedas).* || **2.** El oro y las monedas de oro (o de otro metal) simbolizan el erotismo *anal*, la fase inmediata anterior a la fase *genital*, en el proceso de madurez del instinto sexual. Recordemos que el desarrollo evolutivo del instinto sexual de la persona comprende tres etapas o fases principales: la *oral*, la *anal* y la *genital*, que podemos definir así: | 1.ª La *oral* o *bucal*, que predomina en la niñez y va unida a las sensaciones del acto de mamar, masticar y comer. | 2.ª La *anal*, que comprende la época de cuando el niño y adolescente empieza a tener un control y voluntad sobre el esfínter anal, es decir, que controla la defecación y

las sensaciones que recibe de esa región del cuerpo. | 3.ª La *genital,* la fase de adulto, en que lo sexual pasa a predominar y eclipsa a las dos anteriores. Como es lógico suponer, en la personalidad quedan reminiscencias o recuerdos de las dos primeras fases. Si una persona no madura sexualmente, de cuando en cuando los sueños se lo recuerdan, como diciéndole que aún no ha superado del todo las fases de niñez y adolescencia sexuales. Así tenemos que los sueños que rememoran la fase *oral* son aquéllos relacionados con el comer, beber, mordisquear, morder..., mientras que en la *anal* son ensueños de excrementos, estiércol, defecación, *water closet* y, en especial, de oro, tesoros, joyas, monedas y objetos de valor. Aunque algunos sueños de oro y joyas no tienen nada que ver con la analidad, cuando en el mismo sueño aparecen mezclados dos de los símbolos, como excrementos y oro, no cabe duda de su contenido anal, como en el caso siguiente (sueño de mujer): «Este sueño lo he tenido por lo menos tres veces, y aunque cambian los lugares y personas, siempre es la misma trama. Primero veo excrementos de persona, seguidamente empiezo a ver oro y joyas en cantidad. Después me veo en una joyería que cada vez es distinta, donde la dueña avisa a la policía, que unas veces me coge y otras consigo escaparme. A continuación veo dinero por todas partes, billetes de todas las nacionalidades y en gran cantidad». Estos mensajes oníricos señalaban a la soñante que su personalidad se hallaba en un momento crucial de evolución o transición entre la *fase anal* y la *genital,* la primera simbolizada por los *excrementos* y la segunda, por el *oro, joyas, dinero y billetes.* La *joyería* representaba el comercio sexual que instintivamente deseaba. Por ello, nuestra respuesta escrita a la soñante fue: «De esos sueños parecen desprenderse ciertas ansias –naturales, por supuesto– por los goces de la vida sexual-amorosa, simbolizada aquí por las *joyas* y la *joyería.* Pero, al mismo tiempo, tienes temores morales por tal inclinación, al tiempo que es probable que consideres algo pecaminoso tales pensamientos y deseos, de ahí los excrementos (aparte su expresión de la fase anal). Pero fíjate que tu propio inconsciente –pese a la represión instintiva de tu censura interior– te relaciona rápidamente las *defecaciones* con el *oro* y las *joyas,* recordándote que de la propia inmundicia de la vida también surgen cosas bellas y valiosas, y el amor es una de ellas. No olvides que el excremento se convierte en estiércol o abono y que éste sirve para fertilizar la tierra, de la cual nace la vegetación, los árboles y las flores más bellas (incluso puede interpretarse como el pase de lo genital a lo maternal, a la procreación). Por supuesto –a causa de que aún no has alcanzado la plena madurez–, esos pensamientos y deseos te crean una especie de sentimiento de culpabilidad, de ahí la figura del *policía,* que aquí representa la autoridad interior, la conciencia, las prohibiciones morales y educacionales que se oponen a algunos de nuestros deseos, según la educación que hemos recibido. Si te persigue no quiere decir que vaya a pasarte algo malo, sino que quiere reprenderte por tus inclinaciones e infracciones, que a «él» no le gustan nada. Dentro de un tiempo te darás cuenta de que lo amoroso no es un delito, desaparecerá tu temor inconsciente y junto con él lo hará el policía. Entrarás en la joyería, en la vida sexual, sin que te persiga ningún representante de la autoridad. El contraste excrementos-oro-joyas-dinero simboliza los valores inferiores y superiores de la vida humana, como queriendo decirte que el mundo no es tan bello como algunos lo pintan ni tan malo ni nauseabundo como otros pregonan. En conjunto, en tu sueño hay algo de infantilismo que no tardará en desaparecer». Hay que advertir que cuando sueños de ese tipo se repiten a menudo en la edad madura, pueden expresar la existencia de un *complejo pregenital anal,* es decir, que denuncien la falta de madurez sexual. || 3. Para Freud, el encontrar o buscar cosas de valor o joyas entre los excrementos, basura, inmundicias, etc., siempre refleja el estadio de la sexualidad anal. Pero para Jung, el contraste excremento-oro-joyas lo interpreta mucha veces como la trasmutación de los valores inferior-superior de la personalidad humana, tal como hemos reflejado en el sueño precedente. Cuando el dinero, el oro y las joyas se encuentran en otros lugares de la casa, por lo general recuerdan al soñante aquellas partes valiosas de su personalidad que tiene olvidadas.

ORQUESTA

Psi. Suele simbolizar el alma, el espíritu y su comportamiento o la «sinfonía que compone de la vida». En otras palabras, indica si la situación del soñante es armónica o inarmónica (disonante) con respecto al mundo que le rodea, según la música y actuación de la orquesta. *(Véanse los términos concierto musical y música).* || *C. oc.:* **Oír una orquesta**: Éxito en los proyectos. || **Ver una orquesta tocando**: Desdicha, malas noticias. || **Oír una orquesta tocando de lejos**: Pérdida de algún pariente.

ORTIGA

Psi. 1. Claro símbolo fálico. Recordemos que es una planta erizada de pelos tiesos y punzantes que causan fuerte escozor. En cierta manera, pues, expresa la actuación del miembro viril. Así, no debe sorprender que una mujer casada que llevaba muchos años sin tener acto sexual con su marido (a causa de una dolencia de éste), una noche soñara «que tenía una ortiga seca en la mano y la tiraba porque no servía para nada». Si estaba seca es que no escocía, y si no escocía es que ella ya no recordaba la sensación de la penetración vaginal. En definitiva, el pene del marido estaba seco e inservible. || 2. Mujer soñando con ortigas verdes expresa sus deseos eróticos. || *C. oc.:* **Escozor a causa de tocar ortigas:** Disgustos, pesares, rencillas. || **Ver ortigas secas:** Pesares sentimentales o conyugales. || **Quemar ortigas secas:** Nuevos amores, solución de problemas.

OSCURIDAD (Lugares oscuros)

Psi. 1. Los lugares y estancias oscuros de los sueños suelen representar las partes más sombrías y oscuras del inconsciente y de la personalidad. Moverse en la oscuridad o lugares muy sombríos sin encontrar el camino de la luz o del exterior, puede reflejar el predominio de lo inconsciente sobre lo racional y consciente. En algunos casos, si los sueños son muy repetitivos, pueden señalar una falta de evolución de la personalidad y estar demasiado unido a la madre o dominado por ella (la oscuridad del vientre materno, antes de nacer). || 2. En general, la oscuridad puede expresar lo desconocido que se teme, la incertidumbre ante el oscuro porvenir, incluso el miedo a morir. || 3. Otras veces, caer o ser arrojado a un lugar oscuro puede expresar una fuerte depresión emocional, de desear la muerte inconscientemente.

y paz. Puede ser el anuncio de que algunas ilusiones sentimentales o relaciones personales morirán junto con el verano que queda atrás. || 2. En personas de edad, según sean sus fantasías eróticas o sus ambiciones profesionales, el inconsciente puede recordarles a través del otoño o de un paisaje otoñal que el verano de sus amores, de sus diversiones, de su vitalidad, etc., ha finalizado y que es el momento de la reflexión, de los recuerdos y de no cometer locuras.

OTOÑO

Psi. 1. Significa el apaciguamiento de los sentidos y de la vida instintiva. Ya se ha terminado el verano exaltado, la estación cálida del amor, de las diversiones y de la satisfacción de los instintos. El otoño onírico puede significar el fin de un ciclo o etapa en la vida del soñante, el cual camina ahora hacia un período de mayor reflexión, quietud, melancolía, calma

OVEJA

Psi. Símbolo de la paciencia y del sacrificio y, en cierta forma, de la explotación, por lo que suele representar la pasividad y entrega del sexo femenino. Una oveja que sea muerta por un hombre, un lobo, una fiera, un perro, etc., acostumbra a expresar el miedo de la soñante por el sexo masculino. (*Véase* el apartado número 3 del término *agresión*).

P

PADRE

Psi. 1. La figura del padre es muy normal o corriente en los sueños, tanto de adolescentes como de personas mayores que ya lo han perdido. En general, el padre simboliza la autoridad familiar, la tradición, el poder, las reglas, las normas, el protector, el consejero, el guía, el sostén de la familia, la voluntad, la conciencia activa, la virilidad, las masculinidad, el punto principal de enlace con el mundo exterior y los aconteceres y peligros mundanos… Según como aparece el padre en sueños, indica las relaciones conflictivas o armónicas con respecto al mismo en la vida cotidiana. En los sueños de mujer, la figura onírica del padre acostumbra a simbolizar su idea del modelo de masculinidad, que se desea (o admira) o que se rechaza (u odia), según los detalles del sueño. También suele reflejar el comportamiento ético o moral de la soñadora, sobre todo si la figura del padre es recriminatoria o severa (el padre representa en este caso la *conciencia*). El padre en los sueños suele, asimismo, indicar la trayectoria de los pensamientos, acciones y proyectos de la soñadora. En los sueños de hombre, como indica Janice Baylis, suele ser la imagen del modelo o prototipo de masculinidad u hombría a imitar, sobre todo cuando uno se recrea con su imagen. Si se rebela o lucha contra ella, puede reflejar el antagonismo de ideas o pensamientos o lo que se desprecia del padre. En otros sueños, el padre es el simbolismo de la conciencia y puede aparecer en sueños para recriminar las malas acciones de uno y el temor al castigo. || 2. Cuando se pasan tribulaciones o uno está angustiado por temores o problemas, es normal que la figura del padre (esté vivo o muerto en la vida real) se aparezca en sueños como simbolismo del consejero, del guía, protector o maestro que uno necesita en aquellos momentos. Estos sueños acostumbran a encerrar un mensaje positivo referente a la preocupación del soñador. Vienen a decir que uno cuenta con apoyos firmes y que superará los problemas que le agobian. Es corriente que en la época de estudios y exámenes, sean muchos los jóvenes que sueñan con el padre como representante del consejero, maestro y tutor que le ayuda a uno. Y al mismo tiempo, la figura del padre puede simbolizar el guía de nuestro inconsciente, las fuerzas interiores que nos ayudarán o con las que podemos contar, si la figura del padre es positiva o fraternal. || 3. La figura del padre también aparece en sueños cuando empiezan a cobrar fuerza los deseos de independencia, cuando los adolescentes empiezan a madurar y a buscar la cristalización de su personalidad, responsabilidad y libertades. Entonces, la figura del padre en los sueños puede aparecer como «enemigo» o «antagonista», puesto que en la vida real es quien nos controla, dirige, manda, pone cortapisas a nuestros deseos y libertades y nos impone su voluntad. En estos casos, como señala el doctor Aeppli, en los sueños de los jóvenes, la figura del padre simboliza la generación anterior a uno, por lo que el sueño puede representar el enfrentamiento generacional, el choque entre el *pasado* y el *futuro*, como en el sueño de una chica joven que veía a su padre muerto y que luego resucitaba, sueño que simbolizaba las ansias de libertad que deseaba (quería ser libre y escapar de la férula paterna), pero la resurrección del padre indicaba que aún no iba a alcanzar la independencia y la libertad que ansiaba, como así fue. Se vieron frustrados

sus proyectos de independencia, en este caso por cuestiones económicas. || 4. En otros sueños, la figura del padre suele representar la admiración o afecto que siente uno por su maestro, entrenador, guía espiritual, etc. || 5. Religioso, sacerdote. || 6. En ocasiones, el padre también puede figurar en sueños proféticos o premonitorios, como en el caso de una joven que soñó de manera muy viva y angustiosa con su padre estirado en una bañera llena de sangre. Despertó sobresaltada, y al poco tiempo el padre enfermó y murió. || 7. Otro sueño premonitorio referido al padre es el siguiente (sueño de una joven): «Una noche, mientras dormía, una voz de hombre me repetía muy insistentemente, ¿Quién quieres que se muera, tu padre o tu madre? Y yo le contestaba: Mi mamá no, mi mamá no. Y llorando desperté de este sueño. Al día siguiente mi padre moría de una angina de pecho. ¿Fui yo la causante de la muerte de mi padre? Era lo que yo más quería en el mundo». Queda claro el cariz parapsicológico de este sueño. El inconsciente de la joven captó el próximo fallecimiento del padre y la preparó para lo peor para que el trauma fuera más suave. Por supuesto, la joven no tuvo nada que ver con la muerte del padre. || 8. Otras veces, la muerte del padre en los sueños es simbólica, ya que el inconsciente señala que es el momento de despegarse del padre, de desarrollar la independencia y empezar a volar por los propios medios, como en el caso siguiente (chica de diecisiete años): «¿Qué significa soñar que mi padre se muere?, pues de un tiempo a esta parte sueño que mi padre se muere y yo no lo veo muerto sino vivo, pero todos insisten en que está muerto». Eran sueños que señalaban que la chica debía desligarse de su padre y empezar a pensar y actuar por su propia cuenta e iniciativa, probablemente porque estaba demasiado unida o atada al padre, a lo que éste decía, hacia o aconsejaba. Quizá se estaba portando demasiado como una cría. || *C. oc.*: **Soñar con el padre cuando ya está muerto**: Alegría. || **Soñar con el padre muerto cuando está vivo**: Penas o desdichas. || **Discutir con el padre**: Contratiempos y conflictos. || **El padre difunto viene a llevarse a uno**: Advertencia de que hay enemigos o fuerzas que nos quieren mal. || **Soñar con el padre con vida estando vivo**: Buenas noticias o alegrías. || **El padre de otros**: Cuidado con las falsas amistades. || **El padre alegre y feliz**: Probable pérdida monetaria o negocios que salen mal. || **Muerte del padre**: Percances y conflictos. || **Padre austero y con pocos recursos**: Se cumplirán los deseos.

PADRE AHORCADO

Psi. Agresividad inconsciente hacia la autoridad paterna, que suele sobrevenir cuando la persona lucha por su independencia y empiezan a cobrar fuerzas sus ansias de libertad. Es un sueño común en los adolescentes, cuando el inconsciente les empieza a recordar que pronto tendrán que coger responsabilidades y valerse por sí mismos, como si «el padre hubiera muerto», como en el sueño siguiente: «Soy una chica de diecisiete años, soltera. He tenido una pesadilla en la que yo iba bajando unas escaleras muy altas y redondas. Era casi infinita. Cuando llegaba abajo veía a mi padre ahorcado, colgando de una cuerda, y a dos hombres a su lado riéndose de mí. Esto lo he soñado cinco veces seguidas».

PAISAJE

Psi. Aparato genital femenino.

PÁJARO

Psi. 1. Símbolo fálico, representación del miembro viril y, en ocasiones, de las relaciones sexuales (*véase ave* y *águila*). || 2. En ocasiones, los pájaros de los sueños pueden indicar la evolución de la personalidad y, lógicamente, la libertad que uno desea o de la que no dispone, la cual suele estar en consonancia con nuestra edad y madurez. Ese proceso queda claramente reflejado en el siguiente sueño, tenido por una joven: «Los pájaros están presentes en mis sueños; pájaros de todas clases, desde los domésticos como canarios o periquitos, de ciudad como gorriones y vencejos y también las aves rapaces. Hace tiempo soñé que paseaba por las afueras del pueblo donde paso las vacaciones; está enclavado en el Pirineo y rodeado de caminos, riachuelos y pequeños campos abandonados. De repente apareció un ave rapaz que yo diría que era un águila y se posó sobre mis hombros, las patas una a cada lado de mi cuello y se apoyó sobre mi cabeza. Daba la impresión de que estuviera coronada. Yo sentía seguridad y diría que también un cierto orgullo. Lo curioso fue que a la mañana siguiente se me apareció un ave de éstas. Al principio no me di cuenta; vi su sombra en la tierra y al levantar la cabeza la vi durante unos segundos planear sobre mí hasta que desapareció. ¿Qué significados tienen estos sueños y el hecho de que viera el águila en realidad al día siguiente?». En la imposibilidad de hablar con la interesada, nuestra respuesta fue la siguiente: «Estos sueños, desde mi punto de vista, señalan un proceso de madurez de carácter y personalidad. Los pájaros y las aves están relacionados con nuestros pensamientos, ilusiones, proyectos, ambiciones y libertad o grado de independencia. Los domésticos, por supuesto, indican cierto conformismo y sumisión a las directrices de otros, generalmente los padres. Los de ciudad ya advierten de una cierta independencia y libertad y ambiciones un poco más amplias (uno ya empieza a descubrir el mundo de su entorno y a levantar el vuelo de una manera moderada). Y el águila simboliza los deseos más elevados, los altos ideales, el máximo de libertad y la fuerza y energía y el saber luchar y valerse por sí mismo. El *águila* de tus sueños

significa que llegaste a un momento de madurez en que el inconsciente te recordaba que era el momento de dejar atrás la etapa de dudas y de miedos y que te lanzaras adelante con tus proyectos, que tienes capacidad para desarrollarlos y salir adelante. El águila que viste, luego, en la realidad, ha de considerarse un buen augurio, que reafirma lo que señala el sueño. ¡Cultívate, porque puedes llegar lejos! ¡Tengo la impresión de que la vida doméstica no es para ti!». || 3. Para Freud, soñar con pájaros o que se vuela, es un deseo ardiente de considerarse apto o apta para el acto sexual (el *elevarse* simboliza aquí el orgasmo). Recordemos, al respecto, que en plan metafórico y en los chistes es corriente referirse al miembro viril como «pájaro», «se te levanta el pájaro», etc., quizá por la similitud que existe entre levantar el vuelo y elevarse el miembro masculino. Esta metáfora tiene su expresión singular en la tradición de explicar que a los «niños los trae al mundo la cigüeña». Por antonomasia, un *pájaro negro* representa a los genitales masculinos, como en el caso siguiente (mujer de veinticinco años, madre y separada): «He soñado varias veces que estaba en estado, pero nunca vi lo que tenía en el vientre. Hace unas noches soñé que iba de parto, pero sin dolores. Noté que tenía una cabeza fuera, con pelos largos, tiré y tiré y salieron dos pájaros unidos por la cabeza. Eran negros y de pelo muy largo. Se pusieron a andar hacia mí y desperté. Problemas tengo muchos: amorosos, económicos y laborales». Nuestra contestación escrita fue:

«Esos sueños de embarazo indican que estás esperando cosas nuevas de la vida, que ansías cambios, tanto en el aspecto monetario o de situación social como en amor. Esos *pájaros* que nacen en ti representan deseos sexuales, que ansías amor, felicidad. En general, esos sueños son un poco compensatorios, es decir, que reflejan tus deseos de cambio y de encontrar personas y situaciones que te hagan olvidar los malos momentos que estás pasando. Es posible, incluso, que esos *pájaros unidos por la cabeza*, que representan el órgano sexual masculino, reflejan tu problemática amorosa y hagan referencia a alguien a quien has conocido recientemente. Un *pájaro* sería el exmarido y el *otro* el hombre en el que pones tus nuevas ilusiones y necesidades». || 4. Un hombre que acababa de divorciarse soñó que se sacaba un pájaro muerto del bolsillo del abrigo, claro símbolo de las relaciones que habían fenecido. El *bolsillo* representa al sexo femenino y el *abrigo* el calor y amor que le envolvía cuando estaba casado. || 5. El matar uno o varios pájaros suele reflejar las riñas, discordias y rupturas en el matrimonio o vida sentimental. Simboliza que se mata el amor, el cariño que se sentía por tal o cual persona, las ilusiones que se habían puesto en esas relaciones. Quiere decir que el «pájaro del amor» ha muerto y que uno ya no tiene deseos de continuar las relaciones amorosas, como en el caso siguiente (hombre adulto): «Soñé que un amigo me daba ropas, pero que de entre ellas me salían pájaros que yo cogía con mis manos,

los mataba estrujándolos y se me quedaban las manos manchadas...». Esos sueños expresaban la ruptura matrimonial que el sujeto acababa de tener, con ánimos de no reanudar las relaciones bajo ningún concepto. El amigo que le alcanzaba las ropas también había roto con sus amistades femeninas. || 6. Para otros sueños y significados de pájaro, *véase* el término *ave*. || 7. Pájaros volando hacia la *izquierda* suelen representar los pensamientos malévolos, las ideas negativas o incorrectas, etc. En cambio, los pájaros volando hacia la derecha simbolizan los pensamientos e ideas correctos, positivos, morales, convenientes, etc. || *C. oc.:* **Pájaros durmiendo:** Noticias falsas, calumnias, ofertas que no deben aceptarse. || **Pájaros peleándose:** Problemas laborales, cambio de empleo, conflictos hogareños. || **Atrapar pájaros:** Beneficios, proyectos satisfactorios. || **Soltera atrapando un pájaro:** Recibirá una proposición matrimonial. || **Casada atrapando un pájaro:** Aparición de un amante. || **Poner pájaros en una jaula:** Necesidad de ahorro, austeridad, ya que no habrá muchos beneficios. || **Pájaro escapándose del soñador:** Pérdidas monetarias, proyecto que fracasa o no se realiza. || **Pájaros en un nido:** Estabilidad hogareña, dicha familiar.

PALABRAS (En los sueños)

Psi. 1. En la interpretación de los sueños hay que tener siempre presente que la «película es muda», que no oímos realmente la voz de los protagonistas; nos figuramos que oímos lo que nos dicen o que dialogamos, pero la verdad es que no oímos sus voces ni la nuestra. Pero lo curioso es que entendemos lo que nos dicen, pero es mentalmente, por medio de una especie de sexto sentido o telepatía o trasmisión de pensamiento. No obstante, es obvio que, a veces, se oyen voces y diálogos claramente en sueños, de una manera clara, y fuerte. Estas voces y sonidos no tienen nada que ver con la acción que se desarrolla en la pantalla. Viene a ser como en las películas mudas, que en la sala alguien tocaba el piano como música de fondo. Esas voces que se oyen con tanta claridad son, en realidad, *residuos diurnos,* o sea, palabras, voces diálogos que hemos oído y que recordamos debido a que el canal auditivo los superpone a la pantalla onírica, pero *no tienen un significado especial* a la hora de descifrar el sueño. ǁ 2. Sobre los sonidos o ruidos que puedan mezclarse en los sueños y conversaciones hay que tener en cuenta lo que se dice en el término *oír ruidos.* ǁ 3. Sobre el fenómeno de los diálogos y conversaciones oníricos, hay que insistir que las palabras que captamos, que «creemos oír», no son tales voces, sino la impresión que tenemos de que oímos, ya que el canal auditivo «no funciona en aquel momento», por decirlo así. Si realmente oyéramos las voces y gritos como en la realidad nos despertaríamos a cada momento. Al respecto, son muy clarificadoras las palabras de Jean Lhermitte *(Los sueños):* «Con frecuencia, y en el curso de los sueños más vulgares, creemos conversar con personas co-

nocidas o con otras que jamás hemos visto; creemos oír su conversación y respondemos a ella. Mas si se analiza bien el fenómeno se verá que no se trata de imágenes auditivas verdaderas. Captamos la idea de las personas que vemos ante nosotros, pero no oímos realmente sus voces». ǁ 4. La prueba definitiva de que las voces y palabras de los sueños no son sonidos audibles es que los sordos, que no pueden oír nada en la vida real, en cambio entienden todo lo que se les dice en sueños. Igual podemos decir de los mudos y tartamudos: hablan correctamente en sueños. Al respecto, es significativo el caso que cuenta Delboeuf: «He conocido a una persona de más de sesenta años, que a la edad de treinta había perdido el oído; después de una docena de años se quedó absolutamente sorda, no percibía ni aun los ruidos más fuertes; sólo se podían comunicar con ella por escrito. Ahora bien, en sus sueños (yo se lo he preguntado expresamente) oía siempre sin esfuerzo a las personas con quienes conversaba y nunca soñaba que se debía escribir para entenderse con ella». ǁ 5. Sobre el predominio de lo visual, de las imágenes, de las escenas oníricas sobre los diálogos o palabras, es significativo y esclarecedor lo que nos dice Freud, en su obra *Metapsicología:* «Las ideas quedan trasformadas en imágenes predominantemente visuales, o sea, reducidas las representaciones verbales a las objetivas correspondientes, como si todo el proceso se hallase dominado por la tendencia a la representabilidad» y más adelante, en la misma obra,

Freud remarca el hecho de que las palabras oníricas no son nada más que residuos diurnos, restos diurnos sin significado profético o premonitorio, como muchos opinan, equivocadamente, por cierto. Recordemos, de paso, que muchos sueños también son residuos diurnos, de ahí la poca importancia parapsicológica que el ilustre psiquiatra vienés dio al fenómeno onírico. Referente a las palabras de los sueños (y las que dan lugar a la formación de escenas que las suplen) nos precisa: «Las representaciones verbales existentes entre los restos diurnos no son tratadas como representaciones verbales y sometidas a los efectos de la condensación y el desplazamiento más que cuando constituyen residuos actuales y recientes de percepciones y no una exteriorización de pensamientos. De ahí la afirmación desarrollada en nuestra *Interpretación de los sueños* y demostrada luego hasta la evidencia de que las palabras y frases integradas en el contenido del sueño no son de nueva formación, sino que constituyen una imitación de las palabras pronunciadas el día inmediatamente anterior o correspondientes a impresiones recibidas durante el mismo en la lectura, conversación, etc.». Y nosotros podemos añadir: y también procedentes de programas radiofónicos, televisivos y cinematográficos, etc., sistemas que no estaban en auge en tiempos de Freud.

PALO

Psi. 1. Símbolo fálico, representación del miembro viril y de la virilidad. (*Véase* el término *bastón*). || 2. Los dos palos de un velero pueden simbolizar los pechos femeninos.

PALOMA

Psi. 1. Las palomas de los sueños suelen simbolizar la paz, la espiritualidad, el candor, la ternura, la dulzura, los ideales morales, la pureza, la virginidad, lo sublime…, sobre todo cuando la paloma es blanca. Como indica el doctor Otaola, el soñar que un perro rabioso o fiero lleva a una paloma sangrante entre sus fauces, suele expresar que el soñante está dejando que sus fuerzas instintivas desatadas devoren a sus ideales, espiritualidad y principios morales. || 2. En el plano sentimental, como símbolo de Eros (el Dios griego del amor) representa los deseos eróticos y la sexualidad. Una *paloma blanca* acostumbra a expresar los deseos de arrullos amorosos de una joven virgen. Una *paloma blanca incubando dos huevos* suele ser el reflejo de los deseos eróticos de otra mujer virgen, como en el caso siguiente (chica soltera de veinticinco años): «Estoy en mi casa del pueblo y veo posarse una paloma en la terraza. Me acerco a la paloma blanca y ella se me queda mirando sin moverse; está incubando dos huevos en un nido. Miro hacia el horizonte y veo un monte en el que están dos sobrinos míos. Salgo de la casa corriendo hacia ellos y en el camino me doy cuenta de que no estoy vestida de luto, cuando hacía poco tiempo que mi madre había muerto. Quisiera esconderme, pero a la vez ir hacia ellos. Entonces me despierto». Nuestra respuesta escrita fue: «Este sueño es de índole amoroso, de in-

clinación erótica. La *paloma blanca* representa tus deseos de paz, amor y arrullos sentimentales, al tiempo que señala tu virginidad. Los *huevos* que incuba en el nido simbolizan el sexo contrario y el acto sexual, además del cambio que deseas en tu vida de soltera. La *terraza* y los *sobrinos* son el enlace con el mundo exterior, con la alegría de vivir, la libertad y las esperanzas del futuro. Al mismo tiempo, los *sobrinos* son la expresión de tus ideas, pensamientos y proyectos que quisieras poner en práctica, que están reprimidos por las condiciones sociales de la familia materna. Por un lado sientes la necesidad de vivir el amor y moverte con libertad (como seguramente hacen tus sobrinos), y, por otro, temes que eso no esté bien y que sea pecaminoso (de ahí el luto, la vergüenza, el querer esconderse). Olvídate del pasado y muévete hacia el futuro sin miedo, con mayor seguridad y libertad, dejando de lado los convencionalismos familiares demasiado férreos y fanáticos». Aquí podemos añadir que el sentido erótico del sueño queda remarcado por el hecho de que la chica echa a *correr* (símbolo del acto sexual; *véase* dicho término), pero se refrena y quiere esconderse, porque instintivamente tiene miedo de pecar por dejar llevarse de sus instintos sexuales. || *C. oc.:* **Matar palomas:** Conflictos sentimentales, desavenencias matrimoniales, adulterio, celos. || **Palomar lleno de palomas:** Compromiso sentimental, pretendiente, declaración de amor, matrimonio. || **Vacío:** Soledad, falta de amor. || **En estado ruinoso:** Familia desunida, discordias conyugales, divorcio, ruina económica. || **Palomas blancas:** Buenas noticias, ayuda por parte de amistades. Amores, placeres sentimentales. Nacimiento de un hijo. || **Hombre cortando las alas a un palomo:** Dificultades a causa de un embarazo no deseado. || **Paloma mensajera:** Noticias de persona ausente. Reactivación de asuntos que estaban estancados y olvidados, pero de tipo positivo. || **Palomas negras o muy oscuras:** Tristes noticias. Enfermedad grave o defunción en la familia. Discordias, peleas familiares. || **Alimentar a palomas:** Viajes que traerán beneficios. || **Paloma muerta o herida grave:** Esperanzas que no se realizan, proyectos que no podrán llevarse a cabo.

PAN

Psi. 1. A veces, simboliza uno de los alimentos psíquicos y espirituales, el pan de la vida. || 2. En otras ocasiones es el alimento de la sexualidad y representa el miembro viril, sobre todo las barras de pan. En tales ocasiones, soñar con pan, aunque sea la masa de pan, expresa el nacimiento y desarrollo de los instintos sexuales. Es un sueño de chicas jóvenes, como en el caso siguiente: «De vez en cuando tengo un sueño muy extraño. En un espacio negro inmenso veo una masa grande blanca que a medida que se me acerca se agranda. Yo quiero morderla, creyendo que es pan, pero cuando por fin logro morderla me doy cuenta que es como una piedra y me despierto angustia-

da». Queda claro el simbolismo del coito en este sueño: *Blanco y negro,* los dos sexos; que se *agranda* y es duro como una piedra, el pene; la *boca,* símil de la vagina.

PANTALLA (De los sueños)

Psi. 1. Aunque mucha gente no se da cuenta, las imágenes de los sueños se proyectan sobre una pantalla mental de manera parecida a los filmes en las salas cinematográficas. El realismo de las imágenes cinematográficas nos hace olvidar, a menudo, que aquello es una tela. Igual ocurre con la pantalla de los sueños, la superficie sobre la que se proyectan los filmes oníricos, pero ésta existe, de lo contrario no veríamos los sueños. Ahora bien, ¿qué es la pantalla de los sueños? Los psicólogos no están de acuerdo a la hora de hallar una explicación convincente, pero todo parece indicar que B. D. Lewin tiene razón al decir que la pantalla del sueño es la representación del pecho materno, la «pantalla de la vida del bebé», que aunque los pechos no sean planos, él los percibe así al mamar pegado a ellos; los ve como un *plano.* Sobre esa pantalla se proyectan las imágenes oníricas. En uno de los casos demostrativos de la tesis de Lewin, un enfermo le iba a comunicar su sueño, pero de repente –según el paciente– el sueño se le encorvó y se fue hacia atrás como una tela o alfombra y se le escapó; esa tela era la pantalla del sueño, una reminiscencia del pecho materno, por lo que el olvido del sueño puede ser siempre interpretado como pérdida del pecho de la madre o el destete, si quiere entenderse de otra manera (Ángel Garma, *Nuevas aportaciones al psicoanálisis de los sueños*). || 2. Ángel Garma, después de una serie de experiencias e investigaciones, ha llegado a la conclusión de que la pantalla del sueño puede tener hasta un significado fetal; «su contenido brillante es simbolizador del trauma del nacimiento, en su aspecto de vivencia de deslumbramiento por la luz ambiental». *(Véase* el término *sueños de trauma de nacimiento).*

PANTANO (Embalse)

Psi. Recordemos que es un depósito de agua que se forma generalmente cerrando la boca de un valle, y sirve para alimentar las acequias de riego, generar energía eléctrica, etc. En sueños puede representar el principio femenino y la *energía psíquica potencial* (principio dinámico o energético que corresponde a lo femenino).

PANTANO (Terreno pantanoso)

Psi. 1. Símbolo del inconsciente o de sus fuerzas psíquicas, pero en su parte inestable y peligrosa. Si en sueños se ve uno adentrarse por un terreno pantanoso lleno de charcos y cenagales, significa que anda con «dificultades» por su interior, que no se conoce del todo a sí mismo y que ignora muchas de las cualidades, aptitudes, predisposiciones y tendencias de su propia personalidad. Si se hunde en el barro o en arenas movedizas, quiere decir que no sabe «liberarse» del barro interior que le amenaza y que está a punto de «hundirse», de «ahogarse» en las miasmas de sus vicios, errores y pasiones. Hay

que hacer examen de conciencia, ver las equivocaciones que le están llevando hacia los «pantanos» de su inconsciente y cambiar de rumbo, de lo contrario será asfixiado por sus problemas interiores. || 2. Por cuestiones laborales-profesionales, un hombre se enfadó y alteró mucho. Por la noche soñó con terrenos pantanosos y encharcados que habían de ser atravesados por soldados de caballería para ir a luchar y que él mismo se encontraba entre la tropa. El sueño reflejaba las tensiones interiores, dificultades y obstáculos que habían surgido en el trabajo y vida cotidiana del soñante, pero al mismo tiempo reflejaba que sus energías, coraje y fuerzas se aprestaban para enfrentarse con la nueva situación y presentar batalla, aunque no estuvieran en una posición ventajosa. || 3. Otras veces, los sueños de pantanos y lodazales suelen ser provocados por recuerdos, temores y estímulos físicos (sentido de sujeción que generan las sábanas, mantas y otras ropas en las piernas), como en los sueños que tenía e investigó detenidamente el propio Piotr D. Ouspensky, esoterista, psicólogo y matemático ruso. De sus experiencias iniciadas en 1900 llegó a las siguientes conclusiones: «El primero y más característico sueño que tenía muy a menudo, era uno en el que veía yo un lodazal o un pantano de cierto carácter peculiar que no me era posible describir nunca después. Con frecuencia este lodazal o pantano, o simplemente fango espeso, tal como el que se ve en los caminos rusos o en las mismas calles de Moscú, salía a mi paso en el suelo o en el piso de mi cuarto, sin ninguna asociación con la trama del sueño. Hacía lo posible por evitar este fango, por no pisarlo, por no tocarlo siquiera. Pero invariablemente entraba en él, y entonces empezaba a tragarme, y generalmente tiraba de mis piernas hasta llegar a las rodillas. Hacía esfuerzos inconcebibles para salirme de este fangal, y algunas veces lo lograba, pero entonces despertaba generalmente. Me sentía muy atraído para interpretar este sueño alegóricamente, como una amenaza o advertencia. Pero cuando empecé a tener este sueño en los "estados de semisueño" su explicación apareció con gran sencillez. Todo el contenido de este sueño era creado por la sensación que producían las sábanas o las cobijas que enredaban mis piernas y que me impedían moverme o voltearme. Si lograba voltearme, me libraba del pantano, pero me despertaba invariablemente porque hacía un movimiento violento. Por lo que se refiere al fango mismo y a su carácter "peculiar", se relacionaba, como me convencía también por los "estados de semisueño", con el "temor a los lodazales", más imaginario que real, que yo sentía en mi niñez. Este temor, que los niños y aun las gentes mayores sienten con frecuencia en Rusia, es provocado por los cuentos sobre pantanos, lodazales y "ventanas" ("ventana" es el nombre que se da a un pequeño lugar, algunas veces de unos cuantos metros de ancho, de fango muy espeso, en un pantano ordinario). Y en mi caso, observando este sueño en un "estado de semisueño", pude reconstruir

de dónde provenía la sensación del fango peculiar. Esta sensación y las imágenes visuales se asociaban muy claramente con los cuentos de pantanos y "ventanas", de los que se decía que tenían un carácter "peculiar", que podían encontrarse, que se diferenciaban siempre de los pantanos ordinarios, que "se tragaban" lo que caía en ellos, que estaban llenos de fango suave "especial", etc. En los "estados de semisueño" la consecuencia de asociaciones en el sueño completo era perfectamente clara. Primero aparecía la sensación de atamiento o sujeción de las piernas, luego la señal: pantano, lodo, "ventana", fango suave peculiar. Luego el temor, el deseo de librarse y generalmente el despertar. No había nada, absolutamente nada de significado místico o psicológico en estos sueños».

PANTERA NEGRA (Pantera)

Psi. 1. La pantera negra representa, en ocasiones, el aspecto temible y solapado del sexo femenino, así como los instintos relacionados con la mujer. Un hombre maduro, soltero, con cierto recelo por el sexo opuesto, soñó que una pantera negra aparecía por su piso (construido cerca de un zoológico). Parecía una pantera medio domesticada y entraba y salía de la vivienda cuando ella quería. Unos amigos del soñante (pero desconocidos en la vida real) registran las habitaciones con un fusil, para matar a la pantera, pero ésta parece haber desaparecido; se supone que ha vuelto al zoológico cercano. Aquí vemos el doble sentido de la *pantera* para el soñante: el miedo a la mujer y, al mismo tiempo, buscarla con un *fusil* para matarla, es decir, realizar el acto sexual con ella. Esos desconocidos son partes constituyentes de la personalidad del sujeto. Es significativo la mención del *zoológico*, lo que significa que el durmiente tiene domesticadas y controladas todas las facetas de su vida instintiva. *(Véase zoológico).* || 2. La pantera viene a ser para el hombre lo que el león para la mujer. *(Véase* el término *león).* || *C. oc.:* **Panteras enjauladas:** Protección contra enemigos y opositores, quienes no podrán perjudicar. || **Ser atacado por una pantera:** Peligro inmediato, situaciones profesionales adversas. || **Matar un pantera de un disparo:** Superación de pruebas y dificultades; victoria sobre enemigos. Relaciones sentimentales peligrosas que traerán disgustos. || **Panteras peleándose:** Peligro de accidente o enfermedad.

PAÑUELO

Psi. En ocasiones, en los sueños de mujer, el pañuelo femenino (como la mayoría de prendas hechas con tejido) simboliza los órganos sexuales femeninos. || *C. oc.:* **Perder un pañuelo:** Rompimiento sentimental. || **Comprar un pañuelo:** Necesidad de amor, aparición de una aventura. || **Romper un pañuelo:** Desavenencias entre enamorados, separación conyugal. || **Regalar pañuelos:** Lágrimas, disgustos, penas.

PAPEL

Psi. El papel y muchos objetos fabricados con este material suelen representar al sexo femenino, a la mujer. El psicoanalista Leon L. Altman, en su obra *El sueño en el psicoanálisis* habla de un enfermo que tuvo un sueño en el que «comía papel», que al parecer hacía referencia al cunilingus que practicaba el soñante, que era como si «quisiera comerse a la mujer». También es curioso el sueño del que habla el doctor Aeppli, en que un hombre soñó que tenía que ejecutar a alguien con un «hacha de papel». Hacía referencia a una carta que había tenido que enviar a una mujer para «cortar», «decapitar» las relaciones con ella.

PARAGUAS

Psi. De acuerdo con la teoría freudiana, es un símbolo fálico. En la mayoría de sueños representa los genitales masculinos (por su acción de extenderse e inflarse) y, por añadidura, la virilidad, por lo que también puede tener un significado de valentía o de cobardía, según los casos. En el aspecto sexual, por ejemplo, el hombre que sueñe que no se le abre el paraguas puede estar teniendo problemas en las relaciones sexuales o temor a ser impotente. Una mujer que sueñe que no encuentra el paraguas del marido o que está estropeado, quiere decir que las relaciones sexuales con la pareja son poco satisfactorias o están muy deterioradas. Es curioso el caso que explica Ángel Garma de una mujer que soñó que un tigre la perseguía a ella y a su marido y que éste los defendía a los dos abriendo y cerrando el paraguas. En su conjunto, este sueño reflejaba los temores y prohibiciones sexuales inculcadas fanáticamente por la madre de ella (que aquí está simbolizada por el *tigre),* temores que al final son vencidos o superados por la sexualidad matrimonial (el coito está representado por el *abrir y cerrar del paraguas)*. O sea, que la mujer deja atrás los temores infantiles inculcados por la madre y madura a una heterosexualidad equilibrada gracias al amor del marido.

PARÁLISIS (Estar paralizado) *(Véase paralizado)*

PARALIZADO (No poder correr ni moverse)

Psi. 1. En ocasiones suele soñarse que ante un peligro o ataque uno queda como paralizado: quiere correr, escapar, defenderse, coger un arma, luchar, etc., y no puede. Queda inmóvil, agarrotado, paralítico; su cerebro queda desconectado de sus músculos o miembros. *Queda paralizada la reacción.* Por lo general, estos tipos de sueños representan los temores reprimidos de no ser capaces de enfrentarse con determinadas dificultades o problemas de la vida real. Son sueños de ansiedad que advierten que el soñante no se está preparando de forma adecuada para enfrentarse con tal o cual situación, que debe cambiar su forma de actuar o *quedará indefenso ante los acontecimientos o a merced de ellos.* || 2. A veces, de acuerdo con Freud, el sufrir de parálisis en un sueño, el sentirse paralizado, sin poder mover ningún miembro, es una sensación que expresa un *conflicto*, un *enfrentamiento* entre la fuerza de voluntad y la censura moral interior, producido por una cuestión sexual. La intención consciente empuja hacia la realización sexual y la censura inculcada por la educación recibida (moral y religiosa) indica que se interrumpa el proceso, que no prosiga, que se detenga. Estos tipos de sueño, por supuesto, se presentan en sujetos torturados interiormente por el pecado, el ir al infierno, el miedo al sexo, etc.

PARÁSITOS

Psi. Freud dejó claramente establecido que cuando una mujer sueña que está invadida por insectos parásitos, con frecuencia representa el embarazo, probablemente como símbolo de las muchas molestias que ha de soportar la futura madre.

PÁRPADOS INFERIORES

Psi. A veces, enmascaran los labios de la vulva, como en el sueño de un hombre que cuenta Freud: «… Antes advierte que los párpados inferiores de la mujer, laxos y caídos, dejan asomar la carne roja».

PARQUE DE ATRACCIONES

Psi. 1. Es un claro simbolismo de los placeres sexuales. *(Véase mercadillo).* || 2. Otro sueño de esa índole. «Tengo quince años y soñé que estaba en un parque de atracciones. Me monté en algo, como en un coche. Iba por muchas carreteras, como en un Scalextric gigante y mi destino era México. Siempre se me aparecía el número veinte y mucha gente». Este sueño indica que tu organismo está naciendo a la vida sentimental y que desea conocer los placeres del sexo y del amor. El número veinte es el de la verdad, de la fe y de la salud y se considera que es cuando una persona empieza a ser realmente adulta. El sueño te señala que no debes precipitarte a la hora de buscar los placeres de la vida. Quizá el veinte te señale la edad más propicia».

PARTITURA

Psi. Representa el plan de vida, el ordenamiento y armonía de lo que uno quiere ejecutar o realizar, es decir, «la sinfonía que quiere tocar en su existencia». Soñar, por tanto, que se pierde una partitura o que está en blanco, es un mal presagio, ya que se indica que uno carece de planificación, que no tiene armonía y que todo lo deja al azar o a la improvisación. *(Véase* el término *concierto musical).*

PASILLO *(Véase corredor)*

PASTELERÍA

Psi. Representación del comercio sexual, del lugar donde se compran u obtienen los placeres eróticos. *(Véase* el término *postres).*

PATAS DELANTERAS (De perro u otro animal)

Psi. Acostumbra a ser un símbolo fálico. *(Véase* el sueño número 10 del término *perro).*

PECERA

Psi. Representa aquella parte del inconsciente en que se mueven nuestras ilusiones y vivencias a nivel mental-sentimental y, por tanto, también nuestras pequeñas neurosis, obsesiones y complejos. *(Véase acuario* y *peces de colores).*

PECES DE COLORES

Psi. 1. En muchos casos suelen representar ilusiones, pensamientos, deseos y tendencias, sobre todo de tipo sentimental o afectivo, en la mujer. El 80 o 90 por 100 de los sueños de peces de colores los tienen las féminas. Aunque no siempre se pueden interpretar correctamente esos sueños, lo cierto es que el trasfondo es muy erótico, aunque haya psicólogos que opinan de manera distinta. Una chica tuvo el siguiente sueño: «Estaba mirando por un ventanal de cristal cómo llovía y nevaba a la vez, pero mi sorpresa fue grande cuando observé que por el aire volaban peces grandes y chicos. Uno grande, seguido de otro chico, intentaban entrar por la ventana. Me asusté y le di unos golpes al cristal, con lo que los espanté y desaparecieron». Para nosotros está claro que la *lluvia* y la *nieve* representan, en este sueño, el aspecto fecundante de la vida, es decir, la eyaculación, mientras que los *peces* son los deseos sexuales o eróticos (símbolo fálico). La *ventana* o ventanal representa la vagina y el *cristal* el himen (es decir, que la chica era virgen). Y el *pez grande* y el *chico* los interpretamos como dos pretendientes de la chica, el grande representa a una persona mayor y el chico a un joven. Es probable, pues, que la mujer tuviera proposiciones amorosas de dos hombres, pero que las rechazó, asustada. || 2. En otros sueños, los peces de colores pueden denunciar la formación de obsesiones o complejos neuróticos, por lo que hay que estudiar los otros elementos que intervengan en el sueño. *(Véase acuario).*

PEINE (Peineta)

Psi. Símbolo fálico.

PELEA

Psi. Suele expresar el acto sexual. *(Véase* el apartado número 7 del término *campo).*

PELIGRO

Psi. 1. Los sueños de peligro son sueños de situación que suelen reflejar los temores de no estar preparado para enfrentarse a una situación determinada o no estar capacitado para asumir los cargos o responsabilidades que se ambicionan. Estos temores incluso pueden llegar a ser un mensaje claro del inconsciente, que le indica a uno «no vayas por ese camino porque te estrellarás, no estás preparado para ello», mensaje que ha sido elaborado por el gran ordenador mental después de cotejar los datos e informaciones de las actuaciones cotidianas que le vamos suministrando con nuestro proceder y reacciones. En otras ocasiones, pueden reflejar los temores a caer en malas acciones o realizar actos sexuales contra los que nos han prevenido con la moral social o religiosa. *(Véanse* los términos *tren, ascensor, acantilado, persecución, ladrón,* etc.). || 2. Los sueños de peligro pueden adoptar, por tan-to, las más variadas formas, como en el caso siguiente, protagonizado por un hombre de treinta y nueve años: «Sueño siempre que estoy en peligro, pero salgo victorioso. Subo al tren al ponerse en marcha y quedo colgado, sin que me pase nada, o subo al ascensor, se abre la puerta, tengo que agarrarme a la barra y subir hasta el ático y no me caigo al vacío». Interpretamos estos sueños repetidos como señal de inseguridad en sí mismo para alcanzar aquellos proyectos que se había propuesto: esta inseguridad suele estar relacionada con los conocimientos y preparación que uno tiene e, incluso, con su coraje o fortaleza interior. Es bueno que el soñador siempre salga bien del peligro, ya que quiere decir que tiene cualidades y ánimo interior para seguir adelante, sorteando obstáculos y conflictos. Nuestro consejo fue que debía estudiar, aprender, leer y cultivarse más, a fin de adquirir mayor confianza en sí mismo y en la propia valía y hacer que las cosas le fueran mejor, toda vez que tanto el tren como el ascensor son vehículos que están relacionados con el destino y la situación de uno en la sociedad. || 3. Otro caso de sueño de peligro es el que explica el profesor M. Rojo Sierra, colaborador del Primer Simposio Internacional del Sueño (1984), de la siguiente manera: «Un joven soñaba repetidamente que cruzaba un puente frágil sobre un río y se le caía en la corriente una llave o una medalla: en seguida aparecía un grupo de hombres que le atracaban. La reducción eidética dice de este sueño:

"Te romperán tu propiedad y orden si pierdes lo que puede darte protección", pues la *medalla* es protección contra lo diabólico y la *llave* lo es de estar seguros en casa. Obviamente, hoy en día, en la crisis actual, llena de robos, atracos y asesinatos, muchas veces no son estos sueños sino ensueños corrientes. Pero siempre han de prevenirnos, pues nos avisan de una imprudencia, de un exceso de confianza…, por la que nos pueden *hasta asesinar*, asesinar algo de nuestra propia alma». A este sueño, nosotros podemos añadir que el conflicto principal de este joven era de tipo sexual-afectivo, de antagonismo entre sus tendencias morales y las eróticas (o tentaciones inducidas por el medio ambiente). El mensaje, en resumen, venía a decir: como cruces el puente entre las dos orillas de la sexualidad y prescindas de tus valores morales (simbolizados por la *medalla* y la *llave)* serás atacado y destruido por las pasiones y las malas compañías. || *C. oc.:* **Evitar peligros:** Se pasarán dificultades. || **Persona amada en peligro:** Alerta ante un fracaso.

PELUQUERO (Peluquería)

Psi. De acuerdo con el doctor Aeppli, el peluquero de los sueños simboliza a un pequeño instructor que tenemos en nuestro inconsciente. Es un formador del hombre natural, el que lo pule, el que civiliza al «salvaje melenudo». La *cabellera (véase* ese término) representa el lado instintivo de la personalidad, sus energías primitivas, por lo que el soñar que se acude al peluquero suele significar que «uno tiene que arreglarse cara al compromiso de la vida». Es algo parecido a cuando en la vida real nos arreglamos físicamente o vamos a la peluquería porque tenemos que asistir a una reunión o tenemos que hacer una visita de compromiso. Como señala muy acertadamente el doctor Aeppli, el arreglo de los desgreñados pelos, el ponerlos en orden, quiere significar que lo agreste masculino o lo suave femenino ha de someterse al proceso de la civilización, ha de adaptarse al orden convencional de la vida en sociedad y, sobre todo, a su moral. En este plano (sentimental-erótico) el peluquero de los sueños también es un recriminador moral, ya que viene a decir que el soñante ha de cuidar más sus instintos y su imagen y no dejarse llevar por impulsos primitivos. Cuando un hombre o una mujer sueña que va al peluquero quiere decir que en el interior de la persona hay un proceso reformador o innovador en marcha, que algo está cambiando en su manera de relacionarse y de ver la vida, probablemente con un trasfondo sentimental muy fuerte. El famoso psiquiatra Alfred Adler incluso sustentaba la opinión de que en algunos casos –cuando el soñador es hombre– el peluquero apunta hacia la «línea femenina», hacia el componente sexualmente equívoco. || *C. oc.:* **Pelearse en una peluquería:** Graves desengaños con amistades. || **Entrar en una peluquería:** Asuntos que se demorarán, proyectos que deberán ser mejorados o trasformados. || **Hacerse peinar en la peluquería:** Viajes o desplazamientos profesionales.

PEPINO

Psi. Símbolo fálico, representación del miembro viril.

PERCEBE

Psi. 1. Simbolismo fálico. *(Véase* el término *crustáceos).*

PERDER (Pérdida)

Psi. 1. En ocasiones suele expresar la ansiedad, angustia y temor del soñante ante el miedo a perder una situación o relación. Es un índice de inseguridad en sí mismo, una falta de confianza en las propias fuerzas o capacidad para solucionar un conflicto. Puede tener, por tanto, un trasfondo sexual, es decir, el miedo a perder la virilidad o potencia, que puede traducirse en la pérdida de objetos fálicos, como un *bastón,* un *puñal,* una *corbata,* un *revólver,* etc. || 2. El temor a no saber abrirse camino en la vida y perder su oportunidad de ser algo o destacar, suele expresarse por el acto de perder el *tren,* el *autobús,* el *avión,* etc. Son sueños que reflejan la falta de preparación del soñante para enfrentarse con la problemática de la existencia. *(Véanse* los términos *alcanzar* y *tren).* Si estos sueños son persistentes, es decir, que se repiten a menudo, se hace necesario acudir a la consulta del psicólogo para que ayude a superar el conflicto. || 3. El que una mujer sueñe que pierde *alhajas,* un *bolso apreciado,* un *monedero, dinero,* etc., suele reflejar el remordimiento inconsciente por haber perdido la virginidad, por haber «perdido la honra». || 4. Que una mujer sueñe que pierde a su hijo, que se extravía, acostumbra a advertir el fracaso de un proyecto o

unas relaciones. El que sea un hombre el que sueñe que pierde a su hijo, puede ser otro aspecto del complejo de castración o miedo a perder la virilidad. || 5. El perder algo en sueños también suele advertir de errores cometidos en trabajos, estudios, exámenes, etc., lo que puede traducirse en «pérdidas de oportunidades o de beneficios que se esperaban». || *C. oc.:* **Perder cualquier objeto:** Se acercan pequeñas dificultades. || **A un niño o niña:** Conflictos conyugales u hogareños. || **Los zapatos:** Peleas sentimentales, pérdidas monetarias. || **Enseres del hogar:** Problemas familiares. || **Prendas de ropa:** Cuidado con las falsas amistades y los vecinos hipócritas. || **El anillo de compromiso o de boda:** Pelea conyugal, peligro de separación o divorcio. || **Un perro:** Pérdidas monetarias o profesionales por errores propios.

PERDERSE (Extraviarse)

Psi. 1. Cuando uno sueña que se pierde o extravía, sea en el campo, bosque o red de callejas de la ciudad o pueblo, quiere decir que no encuentra su camino en la vida o que se encuentra en un momento crítico de su existencia, sea a nivel sentimental, familiar o profesional (los detalles del sueño señalarán hacia dónde deben encaminarse los pasos para su interpretación). || 2. A veces, el perderse puede tener el significado de *equivocarse.* *(Véase* ese término y el de *correr).*

PERDIGONES

Psi. En algunos sueños representa el semen, la eyaculación. *(Véase* el término *despellejar).*

PERSECUCIÓN

Psi. 1. Cuando uno o una es perseguido en sueños, suele representar la existencia de impulsos instintivos interiores (generalmente de tipo sexual) que *no son aceptados* o que *son rechazados*. Dichos impulsos pueden tomar la forma de personas, vehículos, animales, objetos, personajes míticos y famosos, como Drácula, etc. Y corren tras de nosotros para recordarnos que no podremos escapar de ellos y que los hemos de tener en cuenta o darles satisfacciones. En otras ocasiones es el soñador el que persigue algo o a alguien; entonces simboliza la búsqueda o la identificación de aquello que le atormenta, si bien, a veces, puede reflejar el objetivo o lo que se desea. || 2. Un clásico sueño de persecución sexual es el siguiente (remitido por una chica de la que desconocemos la edad): «Suelo soñar que me persiguen. Una noche soñé que me escapé de casa con mi novio y que me perseguían mis padres y la policía. Ellos pensaban que me había escapado porque estaba embarazada y yo les gritaba que estaban locos. El caso es que me pasé la noche corriendo por una montaña y que nunca llegaba a su cima, pese a que estaba cerca. Otra noche me estuvieron siguiendo unos zapatos negros; el caso es que me pasé otra noche corriendo por encima de unos tejados y subiendo y bajando escaleras». La respuesta que dimos fue: «En principio, todos esos sueños de persecución que me indicas son de índole sexual. Están naciendo en ti los deseos eróticos, que rechazas inconscientemente. Esas persecuciones son la expresión de las exigencias de impulsos instintivos no aceptados, rechazados seguramente por la clase de educación que has recibido. El que te persigan –en sueños– los *padres* y la *policía,* que representan la autoridad interior, diciéndote que estás *embarazada,* quiere decir que te están comunicando que se está operando en ti una nueva etapa, que no debes huir, que tienes que aceptar el nuevo estado de la vida sexual, aunque ésta te resulte "embarazosa" y difícil. Los *zapatos* también simbolizan los instintos sexuales que te persiguen. Y el *subir* y *bajar* escaleras también tiene un claro significado sexual, pues representa el acto sexual que se desea. En resumen, cuando aceptes plenamente la responsabilidad de la vida sexual, dejaras de ser perseguida en sueños». || 3. Los personajes populares y míticos también suelen aparecer como perseguidores en muchos sueños de jovencitas. Hasta el propio Drácula *(véase* ese término) suele tener su protagonismo y simbolismo. || 4. Un sueño muy común de persecución por hombres desconocidos es el siguiente (tenido por una joven de dieciocho años): «Soñé que entraba en una tienda de comestibles y compraba una lechuga. Subía a un coche y luego me daba cuenta que me seguía otro con varios hombres. Se me estropeaba el vehículo; descendía y me iba a pie, siempre seguida por esos hombres. Me ponía en una cabina telefónica y llamaba a mi novio, pero no contestaba. Seguía mi camino y los hombres iban detrás de mí. Yo estaba aterrorizada, con un miedo enorme. Me alcanzaban y entonces sacaron pistolas con las que me amenazaron. El ruido de los disparos coincidió con el ruido de la campana del despertador». La interpretación que dimos a nuestra lectora fue la siguiente: «Este sueño es de índole sentimental o erótica, como quieras llamarlo. No significa que te vayan a matar ni corres ningún peligro. Todo son simbolismos de los deseos amorosos que están cobrando intensidad en tu naturaleza. Esos hombres son las tendencias innatas que hay en toda mujer que la llevan a desear el sexo contrario. Esas figuras hay que interpretarlas en el sentido contrario de lo que ocurre en el sueño (desfigurados por la censura de la conciencia moral que todos tenemos), es decir, que desearías que te hicieran el amor (el miembro viril está representado por la *pistola* y los *disparos* simbolizan el semen). Pero en el trasfondo del sueño hay algo más: el hecho de *telefonear al novio* y que éste no conteste quiere decir que él no es tan apasionado como desearías y que hay una falta de armonía sexual entre ambos. Aparte de ello, yo diría que días antes de ese sueño habías recibido proposiciones amorosas de otro hombre, por lo que esos hombres que te persiguen en sueños simbolizarían, además, las tentaciones que te han salido al paso y el gesto instintivo de llamar al novio para superar el trance. Por supuesto, la *tienda* en que entras a comprar representa el comercio amoroso y la *lechuga* es una figura clásica representativa del sexo femenino. Cálmate, pues, ya que no hay ningún peligro de violencia a la vista. Este sueño no es profético, sino, simplemente, un sueño psicológico que refleja tu estado amoroso y tu situación sentimental por los días en que lo tuviste». ||

5. El toro es un animal muy común que aparece en los sueños de persecución, tanto para ir tras de mujeres como de hombres. Veamos un ejemplo: «Tengo dieciocho años y soy un chico normal, sin problemas. Sin embargo, llevo soñando desde hace tiempo que me persigue un toro. Yo intento huir, pero allá donde yo vaya él me persigue. Parece tener más inteligencia que yo, pues donde quiera que me meta o esconda, él siempre me encuentra. Cuando ya me va a coger, me despierto muy asustado. ¿Me va a pasar algo malo?». La explicación literal que dimos: «Tranquilo, no va a pasarte nada. Este sueño no presagia nada malo, ninguna desgracia. Ya hemos dicho infinidad de veces que el *toro* representa la fertilidad, la virilidad, las tendencias instintivas relacionadas con el amor y el sexo. Por tanto, este sueño sólo es indicativo de que están cobrando especial intensidad en tu interior los deseos de amor, cosa muy comprensible si, además, perteneces al signo de Libra, que está regido por Venus, la diosa del amor. Estos sueños tuyos son típicos de la persona que inconscientemente rechaza lo que la naturaleza solicita –de ahí que te escondas y huyas de tus propias tendencias sexuales–. Ese toro es muy inteligente, qué duda cabe, puesto que son tus energías interiores y no podrás escapar de ellas. Es cuestión, pues, de reflexionar un poco sobre el sexo y de no rechazarlo, entonces el

toro no te perseguirá para recordarte sus necesidades».

PERSONA

Psi. Persona es un término psicológico o figura psíquica ideada por Jung para explicar algunos aspectos de la personalidad por medio de los cuales nos adaptamos al mundo exterior, el rostro que mostramos y que resulta presentable y agradable para los demás. A grandes rasgos viene a ser equivalente del «Súper-Yo» establecido por Freud. Se considera que la *persona* tiene un reverso que es todo lo contrario, la *sombra (véase* ese término). La *persona* viene a ser nuestra cara o personalidad pública u oficial.

PERSONAS

Psi. 1. A veces, las personas que intervienen en un sueño simbolizan pensamientos e inclinaciones del durmiente *(véase* el término *guardia).* Muchas veces representan las características humanas que tenemos o que deseamos o que no vemos, según las diversas circunstancias. Personas determinadas suelen representar rasgos específicos. || 2. En ocasiones, una persona del sueño puede simbolizar a la figura psíquica *persona. (Véase* ese término). || 3. Otras veces, las personas conocidas o desconocidas simbolizan partes y órganos del cuerpo humano.

PERSONAS DESCONOCIDAS

Psi. 1. Simbolizan o representan tendencias e inclinaciones autónomas al margen del propio «Yo». Acostumbraba jalonar los distintos estadios del desarrollo psíquico del soñador, es decir, que van apareciendo en diferentes etapas, a lo largo de la existencia. || 2. Otras veces representan los instintos sexuales que rechazamos y de los que huimos asustados. *(Véase* el término *persecución).* || 3. Sobre las personas desconocidas del sexo femenino, *véase* el término *mujeres desconocidas.*

PERRO

Psi. 1. El perro de los sueños suele representar la parte instintiva-animal de la propia personalidad, pero aquella parte que es moldeable, amaestrable o domesticable. Es el instinto, la intuición, la inteligencia instintiva, parte de los instintos inconscientes del soñador. De manera parecida a lo que ocurre en la vida con este animal, esa parte instintiva-animal podemos domesticarla, esos instintos podemos amaestrarlos perfectamente, para que nos sean útiles. Así, el perro de los sueños puede ser un animal de compañía, un guía (un guía hasta moral), un protector, un vigilante doméstico que nos advierta la proximidad de los peligros, etc., o por el contrario, si lo dejamos en estado salvaje, esos instintos pueden volverse contra nosotros y perjudicarnos cual perro cimarrón o rabioso. En su aspecto negativo, el perro onírico puede simbolizar la agresividad propia inconsciente o la de personas de nuestro entorno, la malignidad instintiva, algunos tipos de complejos neuróticos, etc. Por supuesto, muchas veces, esos instintos representados por el perro también son de índole erótica. Sobre el papel del perro en los sueños nos ilustra el doctor Aeppli con las siguientes palabras (en su obra *El lenguaje de los sueños):* «Entre todos los animales, el que se halla psíquicamente más próximo al hombre es el perro. Desde hace milenios, ya en la Edad de Piedra, era su compañero de cueva y de cabaña. Siempre que se ha sentido bien tratado, ha tomado el partido del hombre con una fidelidad a menudo inconcebible. Sirve a su amo de guardián, descubre en beneficio de éste las más ligeras huellas. Lo defiende contra los otros animales, es el acompañante y el amigo del hombre y, por tanto, un puente cordial entre éste y el mundo de los animales. El perro es en los mismos sueños el hermano-animal, en él se simboliza lo zoológico como amigo nuestro». Por tanto, según la actitud del perro en los sue-

ños, sabemos si dominamos los instintos o si éstos nos dominan, si nuestra intuición va bien encaminada, etc. De una forma u otra, cuando un perro aparece en sueños es necesario hacer un examen de conciencia y conducta, analizando nuestras pasiones, nuestros deseos ocultos, nuestro equilibrio o desequilibrio moral, cuál es la dirección de nuestros instintos…, a fin de averiguar qué marcha mal en nuestra intuición o instintos. || 2. Si uno sueña que está acompañado por un perro fiel, puede estar seguro de que se halla en el buen camino, de que está en paz y equilibrio con sus fuerzas inconscientes y que su inteligencia instintiva está funcionando. En tales casos, el sueño viene a decir: «Sigue así, que vas por buen

camino. No te preocupes, no te perderás». || 3. Cuando un perro nos muerde o ataca en sueños, indica que algo no marcha debidamente en nuestra parte instintiva-animal ni en nuestra vida, que hay algún vicio o pasión que hay que vencer o equilibrar. Ejemplo (hombre maduro): «Soñé que un perro que acompañaba a un amigo en sueños (desconocido en la vida real) me mordía la mano derecha y no me la soltaba. Yo me defendía cogiéndole del morro, al tiempo que pedía ayuda al amigo, el cual tardaba algo en reaccionar. Al fin se acercaba y hacía que el perro me soltara». En este sueño, el *desconocido* no sólo puede representar parte de la propia sombra, sino simbolizar también el psicoanalista inconsciente que todos tenemos y el perro guía interior, que indicaba al soñador que no seguía el camino adecuado en relación con su vida sexual normal (tenía tendencia excesiva a la masturbación). || 4. El perro aparece en muchos sueños de mujeres en relación con los instintos eróticos reprimidos. En tales casos, no es raro que aparezca un *perro suplicante* (incluso en sueños de hombres). Cuando la persona se encuentra alejada de su propia naturaleza animal, de sus instintos animales o eróticos, no es raro ver en sueños que se le acerca en sueños un perro y coloca –como lo demuestran gran número de sueños de mujeres– la suplicante y triste cabeza en su seno, como indicando que está muy solo y abandonado, que necesita amor y cariño. Es un sueño típico en las personas que reprimen excesivamente los instintos amorosos o

sexuales. En las jóvenes, cuando despierta la libido, no es raro soñar que el perro las muerde, recordándoles su presencia, los deseos de su parte instintiva-animal, como en el caso que sigue (chica de dieciocho años): «Llevo una temporada que sueño mucho con perros. No siempre es el mismo; en cada sueño aparece de distinta raza y color, unas veces negro, otras marrón y en ocasiones, blanco. Sueño que me persigue y me muerde las muñecas y brazos; me causa un poco de dolor, pero no llega a causarme un dolor fuerte. En el último sueño me muerde la espalda y esta vez sí que me causa un gran dolor; no era un perro grande ni parecía feroz y era de color blanco. ¿Me anuncia un mal presagio?». Nuestra interpretación fue: «Los *perros* de estos sueños no son de mal presagio ni te anuncian males. Representan los instintos inconscientes de tipo erótico y sexual. En principio, como el perro simboliza el amigo fiel y el guía, cuando aparece en sueños hay que empezar a analizar la propia conducta moral y sexual, ya que el perro señala que no vamos por el buen camino cuando nos ladra o muerde. El *perro blanco* que te muerde en la espalda representa los deseos eróticos que hay en ti (cosa normal a tu edad), e incluso puede simbolizar al compañero amoroso o príncipe con el que sueñas. Aquí podría interpretarse por "la mordida del placer o de los deseos" o por "la llamada de la carne". Los perros que te muerden las muñecas, los brazos, las manos…, también son sueños corrientes y normales, por lo que no debes temer desgracias. Estos perros quieren indicarnos que no hacemos lo que debíamos. Por regla general, estos perros advierten de excesos en la masturbación o en las pasiones sexuales, y vienen a ser el guía y consejero que nos muerde o da un palmetazo como castigo a nuestro comportamiento. Analiza tu comportamiento erótico y sabrás en lo que te pasas. Tan malo son los excesos en fantasías sexuales como en la represión exagerada de nuestra naturaleza erótico-animal». || 5. Si en sueños aparece una jauría de *perros salvajes* puede ser un aviso de que los diversos instintos se han desatado y que están incontrolados. Es una seria advertencia de que uno ha de cambiar rápidamente su manera de ser y actuar y empezar a autocontrolarse, sobre todo a nivel moral. || 6. El *perro negro* suele simbolizar la malignidad instintiva o los instintos no morales (el lado oscuro de la personalidad), mientras que el *perro blanco* representa los instintos puros o rectos, incluso a nivel erótico o sexual. || 7. La perra de algunos sueños suele representar la parte instintiva-animal del alma femenina, como en el caso siguiente (sueño de mujer): «Poseo un comercio en el cual tengo un gato que no se deja ver para nada, y nunca lo hemos podido tocar, pues tiene mucho miedo. También tengo una perra, la cual la traigo y llevo a casa, y sólo está en la tienda de día, o sea, en las horas de comercio. Pero llevo soñando unos días que, al abrir el local, el gato está fuera y en cuanto ve que entramos lo primero que hace es querer tirarse al perro para arañarlo. Yo lo que hago primeramente es hacer ruido para que se asuste y se vaya, y después paso a echarle para adentro, para que se esconda y no quiera morder a la perra. En los sueños que he tenido nunca hizo ademán de marcharse, y en este último tuve esquivarlo de la puerta para que no se fuera». La respuesta que dimos a este sueño fue: «No me indicas tu edad ni estado, pero no cabe duda de que tus sueños están relacionados con los instintos amorosos. Es claro que el *comercio* (tienda) de tus sueños es un enmascaramiento del comercio sexual, es decir, los deseos naturales de tener el contacto carnal. Por un lado tenemos la figura de la *perra*, que simboliza el alma femenina, los instintos inconscientes, la parte instintiva-animal de tu personalidad. Pero ojo, ésa es la parte domesticada, los instintos que están bajo control moral, de ahí que no tengas problemas con la perra de tus sueños y que te obedezca dócilmente. Otro cantar es la figura del *gato*, que en tus ensueños representa la parte correspondiente a los aspectos de la vida instintiva, aspectos pérfidos y solapados que hay en toda naturaleza, los "malos instintos", por decirlo así, que están escondidos en nosotros. El hecho de que sueñes que el gato ataca a la perra es la representación inconsciente de desear ser "atacada" por el sexo contrario, por el hombre. En otras palabras, de querer hacer el amor. Por un lado deseas la vida cómoda y tranquila representada por la perra domesticada, pero por otro te atrae lo peligroso y prohibido, el dejarse llevar por los instintos, aunque siempre terminas por hacer que el gato se esconda (que puede representar al novio o marido que mantienes a raya). El mensaje de este sueño podría ser una advertencia de que están naciendo en ti instintos solapados que en cualquier momento puedan dispararse, saltar, escaparse de su encierro y actuar sin control. Es cuestión de estar atenta a las situaciones comprometidas que puedan surgir en tu camino y que tengas en cuenta de que no siempre podrás controlar tus instintos. ¡Cuidado con las proposiciones amorosas que te hagan! ¡Pueden ser lobos disfrazados de gato!». *(Véase* el término *gato).* || 8. En algunos sueños de hombre, un perro enterrado hasta el cuello puede simbolizar el rechazo de la sexualidad, incluso ahogada por las restricciones morales maternas. *(Véase* el término *prisión).* || 9. Los perros también son frecuentes en los sueños de mujer cuando tienen conflictos consigo mismas con referencia a los impulsos sexuales que reprimen. Veamos el caso de una viuda de cincuenta y dos años: «El otro día dieron un tráiler de película en la que atropellaban a un perro y lo dejaban tumbado en el suelo sangrando. Por eso creo que el sueño que tuve guarda relación con dicho trozo de película. Soñé que estábamos mi nuera y yo discutiendo sobre tonterías de la vida cotidiana. En el sueño teníamos un perro –en la realidad tenemos dos perros–, pero no era ninguno de ellos; era parecido a uno que andaba perdido por la calle. El perro de mi sueño, en vez de defender a cualquiera de las dos, al ver que discutíamos se fue sin decir ni hacer nada a mi cuarto y se echó encima de mi cama, cara al armario. La discusión también fue a causa del

perro; yo lo defendía y ella quería que lo echase fuera. Ella se fue enfadada a su cuarto. Yo también lo estaba. Me dirigí hacia el mío, cogí un hacha y me acerqué al perro y le di un golpe certero en todo el cuello. Cuando le vi la cabeza separada del cuerpo me asusté mucho; estaba toda la cama ensangrentada. Cuando mi hijo volvió del trabajo, le dije que se lo llevara a enterrarlo, ya que no lo quería volver a ver más y que no me trajera ningún perro más a casa. Así terminó el sueño. Y me preocupa mucho, ya que en mi cuarto duerme el perro que tenemos y tengo miedo de que algún día pueda ocurrir lo que he soñado». Nuestra respuesta escrita fue: «Tu sueño es tan interesante como difícil de interpretar, ya que no me indicas cuáles son tus relaciones con la nuera, si ocupáis la misma vivienda, si os habéis peleado, etc. Sin embargo, en principio, puedo decirte que todas las figuras de tu sueño son símbolos y que, por supuesto, no indican la posibilidad de que puedas matar a tu perro en un arrebato. Mi impresión es que el tráiler sirvió de disparador de tu inconsciente para activar tus problemas íntimos y mostrarte lo abandonado y olvidado que tienes a tu perro interior; tú misma dices que se parece a un perro que anda perdido. Ese animal simboliza tus instintos domesticados de tipo amoroso o sexual, instintos que rechazas (al estar viuda y por miedo a lo que dirán los demás, probablemente tu nuera e hijo), pero que no puedes evitar que vivan en tu naturaleza. En tu sueño, el *perro* incluso tiene la representación del macho, del hombre. La *nuera* también es un símbolo, ya que representa aquí la parte joven que aún hay en tu personalidad y naturaleza y que quiere vivir su vida. Y entre la pugna inconsciente entre las tendencias sexuales de la parte joven y la represión impuesta por la viuda madura (soledad), el instinto marcha al *lecho tuyo* (no puede ser más explícito el inconsciente) y queda de cara al *armario* (que simboliza el principio femenino, el útero). Y tú lo matas de un *hachazo en el cuello* (símbolo del acto sexual; el cuello es un símbolo fálico y también una de las zonas erógenas) pero, al mismo tiempo, representa la agresividad con que rechazas el pensamiento de tener relaciones sexuales. Y es probable que, dada tu condición de viuda, alguien te haya propuesto relaciones o que algo te haya hecho recordar hechos pasados. El trozo de película sólo sirvió para recordar a tu inconsciente lo abandonados que tienes tus instintos. No hay, pues, ninguna violencia a la vista. Tú y tu perro podéis dormir tranquilos». || 10. Otro sueño interesante que nos ilustra sobre la importancia del perro en la representación de los instintos sexuales es el siguiente (mujer joven): «Estoy muy asustada, pues la otra noche tuve un sueño muy extraño. Soñé que tres perros que se caían por un tejado; uno a uno, al llegar abajo, se daban un golpe, gemían y morían. Y lo más extraño es que yo los había empujado. Pasaron dos noches y no soñé nada, pero al tercer día otra vez soñé con un perro grande que quería entrar por la ventana de mi habitación. Tenía las patas delanteras dentro pero las uñas le resbala-

ban; ladraba y yo asustada, tenía miedo de que entrara y me mordiera. Le pegaba en las patas, pero al mismo tiempo sentía terror muy grande, ya que la ventana de mi habitación es de un primer piso y sabía que de un momento a otro aquel animal moriría estrellado contra el suelo». Es otro sueño que representa la represión sexual de la soñante, que rechaza sus instintos y que se asusta de sus propios deseos. En este ensueño encontramos todos los elementos eróticos: el *perro,* la *ventana* (vagina), *patas delanteras* (símbolo fálico) y el *número tres* (tres perros, tercer día, que simbolizan los genitales masculinos). Empuja los perros, los rechaza, es decir, intenta matar sus propios instintos. Caen desde arriba, desde un *tejado* (o sea, la mente rechaza esas tentaciones y deseos eróticos). El *perro* del tercer día simboliza, por un lado, las tentaciones inconscientes del coito, pero, por otro, el miedo a las consecuencias morales. Y ya titubea más en el momento de acabar con el perro, indicio de que está madurando y de que ya no encuentra tan reprobable el acto sexual. En conjunto, un sueño típico de juventud. || 11. Asimismo, en algunos sueños de mujer puede simbolizar la parte temible y despiadada del hombre, como en el caso de soñar que un perro mata o despedaza a una oveja. (*Véase* el apartado número 3 del término *agresión*). || 12. Un perro rabioso suele simbolizar los instintos naturales desatados del hombre.

PERSONALIDADES MANA (*Véase viejo sabio*)

PESADILLAS *(Véase terrores y pesadillas)*

PESCAR

Psi. 1. Pescar en un lago, río, estanque, mar, etc., es una representación de la exploración del inconsciente, de la propia personalidad, en busca de nuevas energías y aptitudes para enfrentarse con la problemática de la vida. *(Véase* el término *agua).* Incluso en una mujer puede simbolizar su valentía o afirmación de la fuerza de decisión (no olvidemos que es un oficio o arte de hombres), como en el caso siguiente (mujer de treinta y un años, separada): «Soñé que iba al rompeolas de Barcelona a pescar y que allí había varios pescadores. Yo me ponía a pescar y los pescadores me decían que tiraba mal el anzuelo. Yo volvía a lanzar el anzuelo y sacaba del mar una especie de carpa o raya, y los demás pescadores me decían que ese pescado no valía y me recriminaban mi actuación. Pero yo replicaba que algo había conseguido». Es un sueño que refleja la nueva situación personal ante el *mar de la vida* (acababa de separarse y tenía que empezar a valerse por sí sola ante un mundo machista, simbolizado por los pescadores). En cierta forma, este sueño representa una búsqueda y adquisición de cierto espíritu viril o de fuerza de decisión para abrirse camino en la vida y competir con los hombres profesional o comercialmente. Los *pescadores* que recriminan su falta de preparación son sus temores a fracasar, sus inhibiciones y, al mismo tiempo, el mensaje del inconsciente, que le dice que tiene que aprender a utilizar mejor sus fuerzas y conocimientos y entonces obtendrá mayores beneficios. El *conformarse con lo que pesca* significa cierto espíritu conformista y que no es muy ambiciosa, que se contenta con ir sacando para vivir, para sus gastos. || 2. Como el *pez (véase* ese término) representa la sexualidad masculina, el miembro viril, el que un hombre sueñe que tiene éxito en la pesca puede expresar la afirmación de su virilidad. El que no pesque o se le estropeen los aparejos puede señalar la existencia de complejos inconscientes de tipo sexual, temor a la impotencia, dificultades para comunicarse con las mujeres, etc. || *C. oc.:* **Desde una roca o acantilado:** Beneficios, proyecto que traerá éxito. || **En un lago:** Sólo puedes confiar en ti mismo; evita las sociedades. || **Junto con familiares o parientes:** Disputas, rencillas, calumnias. || **En el mar con embarcación:** Deben preocupar los competidores y opositores profesionales

y políticos. || **Peces grandes:** Beneficios, buenas noticias monetarias. || **Peces pequeños:** Cuidado con los ahorros, porque viene una mala temporada financiera. || **Quedarse sin pescar nada:** Hay que cambiar de negocios y proyectos.

PEZ

Psi. Símbolo fálico, suele representar los órganos sexuales masculinos, la sexualidad masculina. Que una mujer, por ejemplo, sueñe que le muerde un pez, puede ser indicativo del acto sexual que su organismo le demanda.

PIANO

Psi. 1. El piano es un instrumento musical que nos conecta de manera armónica o inarmónica con los mundos interior y exterior. Tiene un simbolismo eminentemente sexual. Suele reflejar los conflictos emotivos y amorosos. En este aspecto, el piano –de acuerdo con Freud– tiene mucha semejanza o similitud con la *escalera (véase* ese término), puesto que el teclado del piano es una escala de sonidos. En uno de sus aspectos, tocar el piano en sueños puede ser indicativo de un complejo de onanismo, como en el sueño siguiente, que explica el doctor Otaola: «Me dispongo a tocar alguna cosa al piano. Cuando voy a golpear las teclas, resulta que son blandas, como si fueran de barro y los dedos se me pegan. No puedo tocar». Aquí, la imposibilidad de tocar representa la represión interior a su actividad masturbatoria, o sea, que el inconsciente le indica que éste no es el camino

ideal de la sexualidad y que está perjudicando la evolución de su personalidad. || 2. Es también curioso el sueño que explica el doctor Aeppli de una mujer que tenía dificultades con el piano, lo que reflejaba su falta de amor o compañero: «En el piano onírico de una soñadora sólo tenían movilidad las teclas negras de los medios tonos. Así, ejecutaba una triste e inarmónica canción. Pero el sentido de este casi humorístico símil se le escapó a ella misma». || 3. El mismo doctor Aeppli nos precisa que a menudo, en el piano de los sueños, falla una determinada tecla, la cual se halla como pegada. Y esa tecla, a menudo, corresponde a una nota que comienza por la misma letra que el nombre de la persona con la que se tienen conflictos interiores. || 4. Como representación de la armonía, el piano interviene en sueños que nos recuerdan si vivimos en paz y serenidad o por el contrario nos estamos dejando llevar por la agresividad y las intemperancias de carácter. *(Véase* el sueño número 2 del término *tigre).*

PIEDRA (Piedras)

Psi. 1. Muchas veces representa el órgano sexual masculino. || 2. Asimismo, puede simbolizar el órgano fecundador femenino, por cuanto las piedras salen de la madre tierra. || 3. Símbolo de punición o castigo sexual. Recordemos, por ejemplo, que las adúlteras bíblicas eran lapidadas. En algunos sueños tiene un claro simbolismo de miedo al castigo materno por malas acciones sexuales. (*Véase ir de excursión*).

PIERNAS

Psi. 1. En sueños de tipo fisiológico, según el psiquiatra ruso Kasatkin, el ver figuras o personas sin piernas puede advertir de una próxima *dolencia hepática,* por lo que hará bien el soñante en cuidar su hígado por medio de una alimentación adecuada. En caso de ver a un familiar sin piernas, será dicha persona la que habrá que vigilar su sistema hepático. || 2. En sueños de tipo sexual, las piernas o una pierna suelen simbolizar el miembro viril, como en el sueño que explica Garma de un paciente: «Caminando, se me quedaban las piernas como paralizadas y no podía seguir adelante». Este sueño expresa la impotencia sexual del durmiente trasferida a otros miembros del cuerpo; tener las *piernas paralizadas* quiere decir que no se mueve el pene, que no hay erección. Aquí, el coito está expresado por el *caminar.* || 3. Como gracias a las piernas y pies «caminamos por la vida», «andamos por el mundo», en muchos sueños están relacionadas con la «marcha de nuestros asuntos, negocios y ambiciones». En este caso, el tener paralizadas las piernas suele significar que nuestros proyectos no marchan muy bien o que no sabemos qué hacer o qué partido tomar, como en el caso siguiente (español de veintinueve años, casado y que llevaba mucho tiempo trabajando en Hamburgo): «Muchas veces sueño que me quiero escapar de una casa o caminar un rato largo para ir a otro sitio, y las piernas se me doblan y no soy capaz de andar, como si tuviera los muslos agarrotados, y me duelen. No soy capaz de caminar». Nuestra respuesta escrita fue: «Estos sueños indican que tienes dificultades de adaptación a tu medio ambiente, sea el social, el familiar o el profesional. Estás haciendo algo que no te satisface y desearías marcharte, escapar de esa situación, pero no tienes la suficiente fuerza, conocimientos o medios. Por un lado quieres dejar una situación que te ata demasiado y, por otro, no te ves con fuerza o valor para enfrentarte con lo que vendría después de tu decisión. En conclusión: estos sueños indican que tienes problemas y que titubeas mucho a la hora de elegir una solución. Son sueños de indecisión». || 4. Otras veces, el que a uno no le obedezcan las piernas suele expresar un conflicto entre los deseos sexuales y la censura moral interior (*véase* el término *paralizado*), como en el caso que sigue (mujer de veintiocho años, casada): «Estoy muy preocupada por el siguiente sueño: me veo perseguida por un toro, y aunque quiero correr, mis piernas no me responden. Y cuando consigo esconderme, el toro vuelve a aparecer por donde menos espero. Esto lo he soñado en muchas ocasiones, la mayoría de las veces perseguida por toros, pero otras por personas o animales, y cuando ya estoy agotada y sin recursos, para librarme del peligro, empiezo a agitar mis brazos, comienzo a volar y me encuentro a salvo. Cuando tenía siete u ocho años tuve un susto con una vaca. ¿Tiene algo que ver con mis sueños?». Nuestra respuesta escrita fue: «Tus sueños no tienen nada que ver con el susto de pequeña ni con peligros. Esos *toros, animales y personas* reflejan tendencias de tu vida instintiva y, por supuesto, de tus instintos amorosos (que pareces reprimir demasiado). El *toro* es el símbolo de potencia, fuerza y fertilidad, y representa, en tus sueños, los deseos amorosos y, por supuesto, al hombre, al macho. Ello quiere decir que en los días que soñabas con tales animales tu naturaleza te pedía el acto sexual y los placeres eróticos. No tienes por qué huir. Este sueño no indica ningún peligro, sino que son tus propios instintos los que te persiguen para que les des satisfacción. El que te quedes *parada*, como paralizada, expresa, al mismo tiempo, el miedo a estar "pecando", a estar haciendo algo malo, a causa de la educación religiosa recibida. Tienes miedo de dejarte llevar por tus propios instintos». || 5. Romperse una pierna suele expresar los temores a la impotencia sexual. || *C. oc.:* **Hombre viendo piernas bonitas de mujer:** Placeres eróticos, diversiones que traerán conflictos. || **Mujer viendo piernas de hombre:** Tentaciones, infidelidad.

|| **Ver una pierna de palo o madera:** Fracaso, pérdida de dinero, proyecto que quedará colgado o estancado o que andará muy mal, conflictos con amistades. || **Pierna herida:** Dificultades profesionales y financieras. || **Pierna rota y enyesada:** Hay que empezar de nuevo. || **Amputación de una pierna:** Pérdida de un amigo, socio o colaborador. || **Pierna vendada:** Proyectos que seguirán marchando pero traerán pocos beneficios. || **Mujer viendo que el marido se rompe las piernas:** Insatisfacción sexual, deseos de un nuevo amor o matrimonio. || **Piernas hinchadas:** Discordias, pesares, amarguras, penas hogareñas. || **Muchas piernas de gente caminando:** Noticias, encuentros o llamadas inesperadas.

PIOJOS

Psi. 1. Por lo común, al igual que otros parásitos, los piojos de los sueños significan excitación nerviosa, desazón interior, ideas y situaciones molestas e incluso *excitaciones genitales,* como en el caso siguiente (sueños de mujer): «He soñado varias veces con piojos. En el primer sueño había uno tremendamente grande, otros un poco más pequeños y después muchos que apenas empezaban a crecer. En otro sueño también aparecían piojos. Y en un tercero me veía acostada infectada de piojos, hasta el punto de no poder dormir por el picor que me producían. Entonces llegó a mi casa el señor Tarradellas (extrañísimo, pues no me gusta la política y no tengo nada que ver con Cataluña ni con tal señor) y dijo que dejando correr el grifo del baño se haría una especie de río por la casa, al cual se podían arrojar los piojos y ahogarse. Hicieron pasar el agua como dijeron y yo fui sacudiendo la cabeza, pero nada. Total, que al fin me levanté en busca del ZZ, al armario de mi dormitorio. Cuál sería mi sorpresa, al ir a cogerlo, el encontrarme junto al frasco de insecticida un platito con un trozo de pastel, que habíamos tenido hacía tres o cuatro días, que al parecer estaba allí guardado para el señor Tarradellas. Y sin más apareció un hermano mío (que además no vive ni aquí ni en mi casa) y se comió el pastel. Aquí me desperté, cuando ya había empapado mi cabeza en ZZ y me disponía a envolverla en una toalla, esperando lavarla más tarde». En la imposibilidad de hablar con la interesada, para aclarar algunos puntos, dimos la respuesta escrita siguiente: «Los *piojos* representan ideas molestas y poco convenientes, excitaciones de tipo anímico, mientras que el señor *Tarradellas* de tus sueños simboliza el consejero con experiencia, la autoridad paternal y, en cierta manera, la conciencia que indica lo que has de hacer para solucionar tu problema. El *río de agua* simboliza los deseos de purificación, de igual manera que en la mayoría de religiones se emplea el agua para aspersiones, bautismo y baños purificadores, etc. El que el consejo no dé resultados significa que las ideas inconvenientes –desde el punto de vista de la educación moral que te han dado– siguen viviendo en tu cabeza y, por tanto, en tu mente e interior. Opino que esas ideas no son

nada más que pensamientos y deseos de tipo sexual; en el tercer sueño incluso aparece la *cama,* el lugar de la vida privada y sexual por antonomasia. Y los placeres eróticos de la vida también están simbolizados en el *pastel* que se come tu hermano. En resumen: durante el día debes de tener pensamientos amorosos o deseos de vivir la vida sentimental que te corresponde, pero que las imposiciones paternas y sociales –sobre todo en un lugar como en el pueblo en el que vives– prohíben a una mujer joven. Y es muy probable que tengas envidia de tu hermano, que al ser hombre y vivir lejos, puede disfrutar de la vida, de los placeres, sin que nadie le prohíba nada; es el que se come realmente el *pastel* de la vida. Y el *río de agua* y el *insecticida* no representan nada más que los remordimientos de la conciencia (según la moral inculcada) y la necesidad de reprimir lo que, por supuesto, no son más que pensamientos naturales». Aquí podríamos añadir que es significativo que la soñante recordara *tres sueños de piojos* (símbolo de los genitales masculinos) y que en el *armario* (útero) de su *habitación* (su personalidad) encuentre un trozo de *pastel* (placer sexual que se desea) y, al mismo tiempo, el frasco de ZZ (símbolo de los frenos morales). Por supuesto, los *piojos en la cabeza,* cabellera, también es una clara representación de la excitación genital. || 2. Si los sueños de piojos perduran durante mucho tiempo es conveniente acudir al médico, puesto que denuncian trastornos nerviosos que hay que atajar. || *C. oc.:*

Muchos piojos: Es un buen augurio, ya que anuncia alegrías, beneficios y dinero. || **Encontrar piojos en la ropa:** Próxima entrada de dinero o beneficios inesperados. || **Tener piojos por el cuerpo:** Alegría de dinero, premios en sorteos o loterías, dichas amorosas. || **Encontrar piojos en otras personas:** Disgustos sentimentales, peleas conyugales.

PIRAGUA

Psi. Simboliza lo mismo que *canoa.* (*Véase* ese término).

PISCINA

Psi. 1. Por lo común representa la vida instintiva, la independencia emocional y sentimental con respecto a los padres, los instintos amorosos, las satisfacciones y el gozo de vivir, según los distintos detalles del sueño. Verse uno bañándose sin problemas en una piscina es símbolo de aceptación de la propia personalidad sexual y su interacción con el sexo opuesto. Por el contrario, no entrar en una piscina por miedo refleja el temor inconsciente o la poca madurez para aceptar las relaciones sexuales o independizarse de la familia. El soñar que uno se cae a una piscina también puede reflejar miedo o inseguridad para relacionarse sentimentalmente, como en el caso siguiente (chica de veinticinco años): «Sueño que me caigo a una piscina y que me peleo con la gente que está a mi alrededor». Por un lado, hay el miedo a las consecuencias de la vida sexual (término *caer*) y, por otro, los deseos inconscientes del coito (*pelea* con los demás en la piscina). Es un sueño que expresa la falta de madurez sexual. || 2. En otros sueños, la piscina puede simbolizar a la madre. Por ejemplo, el soñar que se está agarrado al borde de una piscina, sin irse al agua, indica que se tiene mucho apego a la madre y que se teme lanzarse a la vida independiente desde el punto de vista de la vida amoroso-instintiva. También puede representar temor al matrimonio y a las relaciones sexuales normales. || 3. Un hombre o una mujer que sueñe que invita a una persona del sexo opuesto a bañarse en una piscina quiere decir que inconscientemente desea hacer el amor con ella (si es una persona desconocida simboliza, simplemente, el coito que la naturaleza demanda; no hay enamoramiento). || 4. Otras veces, los sueños de piscina son la expresión de deseos de exhibicionismo, de ser admirado por los demás, junto con los impulsos eróticos correspondientes, como en el caso siguiente (sueños de jovencita): «En otros sueños me veo desnuda, duchándome en una piscina delante de mucha gente que no cesa de mirarme y sólo me preocupa el que mis padres se enfadarán conmigo. En la realidad, yo no sería capaz de hacer una cosa así». La *ducha* simboliza el acto sexual que se desea; la *piscina,* la vida instintiva; la *gente mirando,* la opinión pública. Estos sueños indican, pues, unos deseos o sentimientos de amor y, por otro, el sentimiento de culpabilidad, el qué dirán los demás. Pero predomina lo erótico, ya que la soñante confiesa que lo único que le preocupa es el que sus padres se enfaden, no sus actos en sí. || 5. La piscina y el agua, en su expresión de vitalidad, también figuran en sueños que hablan de la salud del sujeto, como en el caso que explican los profesores Rojo Sierra y Rojo Moreno, referente a un amigo suyo afectado por un cáncer de cabeza de páncreas: «Estaba en la UVI sufriendo graves hemorragias de estrés y él conocía claramente su estado. Al hacerle cierto tratamiento, mejoró ostensiblemente y fue dado de alta. Entonces soñó que veía pasivamente una enorme piscina a cuyo alrededor había muchas jóvenes esculturales llenas de vitalidad. Alguien plantó como un árbol que crecía a ojos vista con hoja verdísima. Entonces oyó una voz que le dijo: "Sí, todo esto está bien, pero no es nada"». Veinte días después recayó gravemente y al mes murió. ¿Es que endoscópicamente sabía que la mejoría era una mera superficialidad? ¿Había habido una premonición? Boss y nosotros hemos encontrado estos sueños pronósticos también en psicóticos».

PISTOLA

Psi. Representación de los genitales masculinos, del miembro viril. Es un clásico símbolo fálico. El disparo simboliza la eyaculación. *(Véase* el término *persecución).* || *C. oc.:* **Disparar un pistola:** Trabajos arduos o negocios que exigirán muchos esfuerzos y traerán pocos beneficios. || **Mujer soñando que le disparan una pistola:** Excitación sexual, necesidad del acto sexual. || **Llevar una pistola:** Riesgo de peleas o conflictos con amigos o vecinos.

PLANCHA (Planchar)

Psi. 1. Soñar con una plancha doméstica o que se está planchando con ella puede pronosticar la necesidad de allanar dificultades en la vida cotidiana, probablemente de tipo personal. || 2. Soñar que una plancha cae al suelo y se rompe siempre es de mal agüero. No sólo pronostica dificultades en el hogar y la familia, sino que hasta puede señalar la muerte de un hombre de la familia (la plancha representa al hombre, tiene un simbolismo fálico). En el caso de una mujer casada, presagia divorcio o separación. || 3. En sueños de índole erótica, como símbolo fálico, una mujer que sueñe que plancha ropas blancas o de colores con una plancha caliente expresa excitación sexual y satisfacciones amorosas. || 4. Soñar que se están planchando ropas negras suele advertir de funeral en la familia. || *C. oc.:* **Comprar una plancha:** Tentaciones amorosas. || **Quemarse la mano con una plancha:** Peleas o discusiones con el marido o novio. || **Quemar ropa al planchar:** Pérdidas económicas, disgustos monetarios.

PLANTAS

Psi. 1. Muchas veces simbolizan el crecimiento o desarrollo psíquico o de la personalidad, las tendencias instintivas que hay en nuestro interior, que están creciendo o marchitándose, según los detalles del sueño. Las plantas oníricas incluso pueden expresar cualidades espirituales. Ver plantas verdes, esbeltas y lozanas es un sueño positivo; en cambio, verlas secas y marchitas es negativo, ya que indica que se están dejando morir tendencias o cualidades que podrían haber dado su fruto si se las hubiera cultivado correctamente. || 2. En sueños de tipo sexual, una planta tanto suele simbolizar la genitalidad masculina como la femenina. Hay que estudiar el tipo de planta y el contexto del sueño. || 3. A veces, las plantas parásitas simbolizan las tendencias neuróticas que entorpecen el correcto desarrollo de la personalidad. En cambio, si se ve que se marchitan o mueren o que un jardinero las arranca, es indicio de curación. || 4. Como ejemplo de sueño de plantas referido a la situación de la salud del soñante y a los beneficios que pudiera darle su trabajo creativo, damos el que sigue de nuestro archivo particular (el sujeto era un hombre maduro, enfermo de gripe en la estación invernal y que estaba preocupado por el resultado de los esfuerzos profesionales que se están llevando a cabo): «Parece que ha habido una especie de helada, invierno muy duro o contaminación atmosférica que ha matado toda la vegetación, plantas y árboles. Todo parece estar seco y muerto: árboles, plantas y arbustos que hay en campos, calles, huertos, etc. De repente, voy andando por un lugar en el que hay otras personas, y veo cómo han empezado a brotar hojas, yemas y ramitas en algunas plantas, arbustos y árboles. En algunos huertos incluso se ve la tierra trabajada, removida al pie de las plantas, como si alguien las hubiera cuidado. Salto de alegría y explico a las personas que hay allí con entusiasmo: "¡Mirad, mirad, cómo empiezan a crecer las nuevas hojas y ramas ¡No están muertas, están

vivas, todo volverá a crecer! Ya decía yo que la naturaleza es sabia y que había de trabajar y cuidar la tierra!"». La explicación que dimos a este sueño fue de que indicaba la curación del sujeto, que era una dolencia pasajera correspondiente a la estación (de ahí que todo pareciera muerto, seco y frío) y de que, al mismo tiempo, sus trabajos y esfuerzos no tardarían en dar beneficios, que no debía desanimarse porque las cosas parecieran muertas, ya que la naturaleza estaba siguiendo su curso y pronto volvería la primavera; es decir, saldrían a la luz sus obras. La *tierra trabajada* significaba que sus fuerzas psíquicas seguían actuando y afanándose por ayudarle y que lo que él había plantado no tardaría en dar sus frutos, como así fue. || *C. oc.:* **Plantas secas o marchitas:** Malas noticias o graves obstáculos; dificultades económicas. Enfermedad, depresión. || **Plantas verdes y lozanas:** Buenas noticias, superación de problemas, nueva etapa en la vida del soñante. || **Regar plantas de un huerto:** Los esfuerzos traerán beneficios. || **Regar plantas de un jardín:** Proposiciones sentimentales, relaciones románticas, deseos amorosos. || **Hogar o vivienda llena de plantas:** Beneficios, honores, premios, distinciones. || **Ver plantas medicinales:** Hay que cuidar la salud y no cometer excesos con la comida o bebida. || **Plantas parásitas:** Conflictos y problemas que embargarán al soñante.

PLANTAS PARÁSITAS

Psi. Las plantas parásitas de los sueños simbolizan las tendencias neuróticas que ahogan la personalidad del soñante, impidiéndole crecer y desarrollarse con normalidad. Si está lozana es una advertencia de que los complejos y neurosis están vivos y activos, mientras que si están secas es indicio de que el durmiente está superando su neurosis o parapatía.

PLATA (Metal)
Psi. Suele simbolizar lo nocturno, lunar, ilusorio, sentimental y, por encima de todo, lo femenino, la mujer, el principio femenino, en contraposición al oro, que es el principio masculino *(véase* el término *oro).* Al respecto, es significativo el sueño que relata el doctor Aeppli de «una mujer que sueña que encuentra en su camino cinco relucientes monedas de plata. Su marido, que está junto a ella, no llega a ver este dinero, que ella recoge alegremente». Este sueño refleja la insatisfacción sentimental de la soñante con su marido. Las *cinco relucientes monedas de plata* son las satisfacciones eróticas que obtiene por sí misma, es decir, por la masturbación. El marido está a su lado, pero no ve que ella se consuela satisfactoriamente sin que él se entere. Las *cinco monedas* son los cinco dedos, y la *plata,* los sentimientos femeninos. El *camino* es la vagina.

PLÁTANO
Psi. Símbolo fálico, representación del miembro viril. Por ejemplo, una mujer que sueña que va a comprar plátanos, pero que no encuentra ninguno que le guste, o que son muy caros, o muy pequeños, etc., reflejan su problemática sexual: rechaza el intercambio sexual, sea porque es muy exigente, porque no encuentra a nadie de su gusto, etc. Son sueños que expresan situaciones temporales.

PLATO VOLADOR (Platillo volante, ovni, UFO)
Psi. Jung ha definido a los platos voladores que aparecen en sueños como imágenes involuntarias, arquetípicas, que reúnen la totalidad del individuo, totalidad compuesta del consciente y del inconsciente. Y al igual que los mandalas, al simbolizar la totalidad psíquica, puede figurar en el proceso de individuación. De una forma u otra, representan el «ánimus» y el «ánima», pues no olvidemos que los platillos volantes se ven en el cielo, lugar al que van las almas. Asimismo, todo lo que vuela, está relacionado con procesos mentales. Y como en la realidad ignoramos lo que son los platillos volantes, es muy probable que los platos volantes oníricos representen aspectos «no identificados» de nuestra personalidad y de nuestro intelecto, aspectos desconocidos que nos hablan de facultades extraordinarias, de otros mundos. En su aspecto de «facetas desconocidas o no identificadas» de nosotros mismos, suelen aparecer en sueños que hablan de deseos de terminar con un mundo, con una manera de ser, y empezar una nueva vida, como en el caso que sigue (hombre jubilado): «En mis sueños veía un enjambre de platillos volantes en forma de circunferencia, muy relucientes, que aterrizaban. Uno de ellos se estrellaba en el suelo, se originaba una gran explosión y se veía

una gran llamarada de fuego. La gente huía enloquecida. Yo, en mis sueños, contemplaba esa grandiosidad desde tierra; muchos platillos volantes en el espacio y el aterrizaje de varios». Nuestra respuesta fue: «Su sueño no tiene nada que ver con una posible invasión de la tierra por seres de otros mundos. Lo que debe ocurrir es que usted está preocupado por algo relacionado con su propia seguridad, con dificultades que pueden afectar su economía, su medio ambiente, su mundo... Si usted es muy mayor, es probable que incluso le preocupe la vejez, el declive de su vida... Esa preocupación suele expresarla el inconsciente, en sueños, con fantasías de catástrofe cósmica. En este caso, ha elegido como símbolo el de los platillos volantes, que están tan de moda y que preocupan a mucha gente, que se pregunta por la existencia de otros mundos habitados, por otras civilizaciones que puedan invadirnos, por una guerra cósmica, etc. Seguro que usted se preocupa por este tema, que lee sobre él, lo que ha sido aprovechado por su inconsciente para poner de manifiesto que en usted hay cierta angustia o preocupación por su inmediato porvenir y que, además, está teniendo ideas y pensamientos distintos a los del pasado. La naturaleza de dicha preocupación sólo usted está en condiciones de saberla. ¿Dinero?, ¿enfermedad?, ¿familia?, ¿proyectos fantásticos e irrealizables?...».

PLAYA

Psi. 1. La playa de los sueños representa la frontera entre lo consciente (tierra firme) y lo inconsciente (el mar), entre lo real y lo irreal, entre lo seguro y lo inseguro, entre lo conocido y lo desconocido..., por lo que las playas oníricas están muy relacionadas con la búsqueda de la liberación de conflictos o preocupaciones (la mayor parte de las veces de tipo afectivo), con el hallar respuestas a preguntas o incógnitas relacionadas con la vida y la propia personalidad. Uno se acerca a la cuna de la vida (el mar), al propio inconsciente, incluso para revitalizarse y adquirir nueva energía psíquica. Los sueños de playa y mar son comunes en la gente joven que despierta a la vida sexual y erótica, que se halla inmerso en el «mar de los sentimientos de la vida», que está caminando por la orilla o frontera del «mar de las pasiones y erotismo». Incluso puede considerarse que son «las playas de la conciencia». (Para casos generales, *véase* el término *mar*). || 2. Como ejemplo de sueños de playa relacionados con la vida sentimental, sacamos el caso siguiente de nuestro archivo (chica de dieciséis años): «Hace unos días rompí con un chico con el cual llevaba bastante tiempo saliendo. Ahora voy a comenzar a salir con otro más mayor que yo. Soñé que estaba en una playa donde había gente bañándose y tomando el sol. Mi exnovio estaba cerca de mí, vestido, y yo con bikini, rodeada con una toalla por miedo a algo. De repente le dije que me había engañado con otras, que estaban a mi lado y que conozco en la vida real. Él lo afirmó, y entonces yo le dije a una de ellas, llorando, que se podía ir con él.

Ella comenzó a gritar, me cogió de la mano y me arrastró hacia el agua, y cuando íbamos a meternos, ella se separó y seguí yo mar adentro voluntariamente, donde me uní a unas chicas que estaban riendo». Nuestra respuesta escrita fue: «El mensaje de tu sueño es muy claro: refleja tu problema sentimental, tu decisión de romper con el novio y expresa que algo nuevo está en marcha en tu vida. *La playa, el sol, el mar...*, representan la vida pública, de relación y, en particular, lo sentimental. Tus recriminaciones y acusaciones, seguramente, no tienen nada que ver con tus amigas, que en el sueño simbolizan aquellas tendencias de las otras por las que el novio se sentía atraído, menospreciando otras cualidades de tu personalidad, y que son representadas por ti misma. ¿Es él más materialista y egoísta que espiritual? La *chica que te toma de la mano* representa aquella parte interior o íntima de tu personalidad que te anima en tus deseos de cambiar y de romper sentimentalmente con el pasado. Te acompaña un trecho, señalándote el camino, para que entres en el mar, en tu inconsciente, en el océano de tus sentimientos, cuna y madre de la vida en todas sus facetas, para que te encuentres a ti misma al tiempo que aprendes a "nadar" por la vida. El acto de entrar en el agua, de bañarte, indica que hay en ti energía psíquica de superación y de seguir adelante en la vida, dejando atrás los lastres poco convenientes. Es como una especie de purificación, de querer olvidar el pasado, de desprenderse de algo viejo, sucio y molesto. Y las *chicas que están bañándose y riéndose* simbolizan las alegrías amorosas del futuro. Por tanto, sigue adelante, olvídate del pasado y prepárate para adaptarte a los cambios que vienen en tu vida». (Para otro ejemplo, *véase* el apartado número 6 del término *olas*). || 3. Como un caso extraordinario parapsicológico relacionado con playa, recordamos aquel caso investigado por Hans Bender, en que una madre alemana, J. S., en 1919, dos semanas después de haber nacido su hijo Hans, tuvo un sueño en el que se veía ella paseando por una playa desconocida, buscando a su hijo. Arañaba la arena con los dedos, desesperada, porque sabía que su retoño estaba enterrado por allí, cerca del mar. El marido la despertó y ella le contó la terrible pesadilla, pero el esposo le dijo que era un mal sueño, ya que Hans estaba en la cuna. Esta pesadilla se repitió varias veces. Años más tarde, en el trascurso de la Segunda Guerra Mundial, el joven Hans tuvo que incorporarse a filas y luchar por Alemania. Fue hecho prisionero y murió en el campo de concentración. Después de buscar durante meses el lugar en que estaba enterrado, la Cruz Roja comunicó al fin a la madre que Hans estaba enterrado en las dunas cerca del mar en Abbéville. Aquí asistimos, pues, a un sueño parapsicológico muy especial, ya que la muerte del hijo está profetizada casi desde su nacimiento, pero se comprende que el buscarlo en las arenas de las playas es un símbolo, no una realidad concreta, puesto que no fue la madre quien tuvo que ir a localizarlo. Con todo, queda demostrada la complejidad del inconsciente humano, ordenador sin igual, que apenas nacido el hijo le decía a la madre que no se hiciera muchas ilusiones con él, puesto que lo perdería de joven.

PLUMA

Psi. La pluma de ave, sobre todo la que se utilizaba para escribir, así como cualquier pluma de escribir (sobre todo la pluma estilográfica o pluma fuente) son símbolos fálicos y, por tanto, representan el miembro viril en muchos sueños. (*Véase* el término *trompa*).

POLICÍA (Policía municipal)

Psi. 1. Simbolismo de la autoridad paterna. En algunos sueños representa el «Súper-Yo». || 2. La mayoría de las veces, el policía onírico representa la «censura», las prohibiciones morales que se oponen a algunos de nuestros deseos, actos o inclinaciones, que en los sueños pueden adoptar las figuras de carteristas, estafadores, vagabundos, cacos, atracadores, borrachos, pendencieros, etc. El policía interior es el encargado de mantenerlos a raya y de protegernos de esos delincuentes (que representan inclinaciones perniciosas o peligrosas de nuestra propia personalidad). Asimismo, tiene la misión de llevarnos por «el buen camino», de reprendernos severamente si es necesario e, incluso, de castigarnos o detenernos si nos apartamos de las leyes morales que nos han inculcado o que son necesarias para el buen orden de nuestra personalidad. Soñar con un policía o policías, casi siempre significa que «algo en nuestro comportamiento» se aparta de las convenciones o de la moral o que estamos cometiendo actos perjudiciales que debemos rectificar. (*Véanse* los términos *guardia, guardia civil, prisión…*).

POLO NORTE (Frío polar)

Psi. El frío, el hielo, la tundra de los paisajes polares suele hablar de falta de calor (carencia de amor), de depresiones emocionales, etc., pero a veces figura en sueños fisiológicos que parecen anunciar el «frío de la muerte», como en el caso siguiente (que explican los profesores Rojo Sierra y Rojo Moreno en «El sueño», Primer Simposio Internacional, Murcia 1984): «Un viejo parafrénico, recluido hacía dos años en el Hospital de la Virgen de Granada, para el que había sido inútil toda terapéutica. Se sentía profeta de Dios, había de predicar a todos los pueblos y morir en China quemado en una hoguera. Su cronicidad era evidente. Pero un día nos contó un "extraño sueño": en el ensueño vivía habitualmente en una pequeña casa de madera en un paraje casi polar, de nieves permanentes. De repente, ante sus mismos ojos, iba desapareciendo la nieve y en su lugar quedó una extensísima y verde pradera. Entonces decidió volver de ese lugar a su pueblo, con su familia, ya que el frío polar se había retirado. A la semana del sueño, espontáneamente hace crítica de su sistema delirante y desea volver con los suyos. Así se hace. En los controles seguía siendo un hombre normal, laborioso, que se reía de sus años psicóticos. Cuatro meses más tarde del alta nos notificaron que había muerto de un ataque cardíaco». Aquí el *frío* puede significar la muerte y la *verde pradera* la resurrección, la otra vida, el más allá, los que los indios norteamericanos denominan «entrar en las praderas celestes».

POLVERA

Psi. Simboliza lo femenino y los genitales de la mujer, de tal manera que la chica que sueña que tiene roto el espejito de la polvera significa que no es virgen, que tiene roto el himen, que ya ha tenido comercio sexual. Este sueño, incluso, puede reflejar un cierto remordimiento por no ser virgen.

PORTAMONEDAS (Monedero)

Psi. Símbolo de los genitales femeninos, de la misma manera que las monedas representan lo masculino.

PORRÓN

Psi. Símbolo fálico. || *C. oc.:* **Porrón vacío:** Falta de amor, relaciones sentimentales insatisfactorias. || **Porrón lleno:** Amor, beneficios, alegrías. || **Beber de un porrón:** Buenas noticias, ofertas o proposiciones comerciales.

POSTRES (Pasteles)

Psi. 1. Suele expresar el apetito sexual, las delicias eróticas y amorosas. Un postre dulce puede hacer referencia a una chica dulce y cariñosa. *(Véase* el término *restaurante).* || 2. En general, los pasteles y los postres dulces expresan la dulzura del amor. *(Véase* el término *piojos).* || *C. oc.:* **Comer un pastel:** Buenas noticias personales o profesionales. || **Fami-**lia en torno a un gran pastel: Beneficios inesperados, premio en juegos de azar. || **Recibir un pastel de regalo:** Hay que estar alerta contra la actuación de enemigos y traidores.

POZO

Psi. 1. El pozo, en muchos sueños, simboliza la incipiente personalidad, la sexualidad (en especial femenina), la vida creativa que hay en uno y que pugna por salir a la superficie, de manera parecida a como se saca el agua del pozo para regar y fertilizar vegetales, animales y jardines y saciar la sed de los humanos. Así, la nueva vida o etapa en la existencia de la persona puede proceder de un pozo del que se saca agua cristalina. El pozo puede simbolizar, pues, en muchas ocasiones, el manantial del inconsciente. No olvidemos que en la vida real, el pozo es un hoyo que se hace en la tierra ahondándolo hasta encontrar el manantial de agua, y que la tierra es la madre naturaleza. En la niñez, es frecuente el sueño de caída a un pozo o la pugna por salir de él, ya que refleja que la personalidad se está formando y luchando por valerse por sí misma e independizarse de la *madre* (simbolizada por el pozo).

Veamos un ejemplo: «Siendo pequeña, durante mucho tiempo –lo menos un año–, pero todas las noches, soñaba que me caía a un pozo; me tiraban una cuerda y un pozal y yo me cogía a ambas cosas. Cuando ya estaba casi arriba me volvía a caer, volvían a sacarme y cuando ya me habían sacado fuera del todo, fuera del pozo, me daba vueltas la cabeza y "cataplaf", otra vez dentro del pozo. Este sueño significaba mala suerte, pues siempre fui una desgraciada y desde que me casé lo soy más. Cuando parece que algo se quiere arreglar, otra vez caigo al pozo». Por supuesto, este sueño no tiene nada que ver con la mala suerte de la soñante, sino que éste (o su repetición) marcaba el proceso del desarrollo de la personalidad de la soñadora y su conversión en adolescente y mujer, es decir, los esfuerzos de su naturaleza por salir de la etapa de la niñez. El *pozal* representa la sexualidad femenina y la *cuerda* lo masculino, es decir, la heterosexualidad. || 2. En su aspecto de sexualidad femenina, de vagina, el pozo puede representar las tentaciones del sexo, sobre todo si aparecen serpientes. (*Véase* el término *serpientes*). || 3. El miedo que pueda experimentar un hombre, en sueños, ante un pozo, puede estar reflejando sus temores inconscientes a la sexualidad femenina, al aspecto temible de la mujer.

PRECIPICIO

Psi. 1. Por lo general, los sueños en que interviene un precipicio suelen representar situaciones psicológicamente peligrosas, arriesgadas o punitivas, en las que el inconsciente advierte de que se está actuando de manera poco segura o que se marcha por un camino muy peligroso (o que los pensamientos o proyectos que se tienen son muy aventurados). Desde el punto de vista moral, en los jóvenes, suele reflejar el castigo por lo que se consideran «pecados» o «malas acciones», es decir, el temor inconsciente a caer al infierno (en este caso es un símil de *abismo; véase* ese término). || 2. Caer a un precipicio puede advertir un desenlace brusco o repentino para el proyecto o ideas del soñante. Se debe analizar la propia actuación, las relaciones familiares, las actividades sociales y profesionales, etc., y se encontrará el sector en el que pueden producirse cambios inesperados o rápidos. Veamos el sueño de un chico de trece años: «Soñé que estaba jugando con unos amigos o chicos que parecían mis compañeros y de pronto me caía a un precipicio muy alto. Y sentí un estremecimiento en el cuerpo que pareció que se me encogía el corazón. Y en el momento en que iba a llegar al suelo me desperté asustado, latiéndome fuertemente el corazón. ¿Me va a pasar algo malo?». La respuesta escrita que le dimos fue: «Los sueños en que aparece la caída a un precipicio o abismo siempre están relacionados con momentos o etapas trascendentales o difíciles en la personalidad o vida del durmiente. Por tanto, este sueño no indica que vayas a tener un accidente. Lo más probable es que represente o exprese un temor inconsciente que a su vez sea reflejo de pensamientos y actos propios conscientes. Puede ser –por un lado– el temor a fracasar en un proyecto, estudios, etc., y –por otro– el miedo al castigo por un acto que se considere inmoral o punitivo. El *abismo*, el *precipicio*, simboliza muchas veces el infierno, castigo por las acciones malas desde el punto de vista de las enseñanzas religiosas recibidas, como puede ser la masturbación. Haz un poco de análisis de conciencia y verás en seguida cuál es la causa de tus temores inconscientes».

PRISIÓN (Prisionero, encarcelado, cárcel)

Psi. 1. En muchos sueños, la prisión o el estar encarcelado simboliza las tendencias autopunitivas del «Súper-Yo», es decir, la necesidad de autocastigarse por tendencias sexuales o por lo que consideran malas acciones, como en el caso siguiente (chico de dieciséis años): «Soñé que estaba en una habitación muy grande, que parecía una pescadería que yo conozco. Estaba allí prisionero. Era un sitio lleno de puertas enrejadas, menos una. Me tenían allí a punta de pistola, y me dispararon cerca del pie, y yo me asusté mucho. De repente apareció una persona en la que yo confiaba y me dijo: "Recuerda que yo soy el siete y sólo tú lo sabes". Y el siete es mi número preferido. Luego me vi corriendo en un coche, y después vestido de policía, con un perro policía, y parecía que estaba camuflado porque me buscaba la policía. Todos íbamos por la montaña buscando algo, y al fin encontraba enterrado hasta el cuello a un perro. Todos se acercaron y yo temí que descubrieran que yo no era de ellos. Entonces me desperté». Este sueño tiene un claro trasfondo sexual, una pugna entre los deseos eróticos y el miedo inconsciente a ser castigado por ellos. La *habitación* es la personalidad propia, trasformada en *pescadería* (es decir, dominada ya por lo sexual o los deseos del comercio erótico). El estar *prisionero* allí significa que empieza a sentirse aprisionado o dominado por los impulsos eróticos. Las *puertas enrejadas* representan a las chicas, a las mujeres, al sexo femenino. *(Véase* el término *puerta).* La *pistola* es otro inequívoco símbolo fálico, al igual que el *pie*. El *asustarse* significa que está atemorizado de sus propios sentimientos y deseos, motivado por la educación recibida contra el sexo pecaminoso. Confía en el *número siete (véase* ese término), que en síntesis simboliza las fuerzas espirituales, la eficiencia y la actividad. La *puerta sin rejas* (comunicación sin sexo) quiere decir que hay una parte espiritual por donde salir, escapar o comunicarse. El verse vestido de *policía* simboliza que se refugia en el «Súper-Yo» *(véase* el término *policía),* que se reviste de autoridad para fortalecer su moral. Y el *perro policía* representa aquí su parte instintiva que queda domesticada y disciplinada a las órdenes del «Súper-Yo», es decir, se rechaza totalmente lo instintivo-animal e incluso lo intuitivo y queda *camuflado* de autoridad, acepta las reglas morales y las restricciones impuestas a fin de escapar de los policías que parecen buscarlo, lo que refleja un temor inconsciente a ser culpable, seguramente a causa de sus actividades sexuales (masturbación, pensamientos eróticos o primeros escarceos amorosos). Incluso hay riesgo de caer –en tales casos– en una especie de culpabilidad neurótica si la moral inculcada ha sido muy rígida o fanática religiosa. En este caso concreto, el mismo término de *camuflado* apunta hacia lo contrario: quiere decir que disimula sus intenciones, que las oculta, en espera de ocasiones más propicias para desprenderse del camuflaje y actuar abiertamente. El *perro enterrado hasta el cuello* representa esa parte instintiva animal que rechaza; al estar enterrado en la tierra puede significar que la madre ahoga sus deseos naturales con advertencias y normas morales exageradamente rígidas sobre el sexo y las mujeres. En conjunto, pues, este sueño refleja el nacimiento de los pujantes deseos sexuales instintivos, que el soñante rechaza por el miedo a estar pecando o trasgrediendo las leyes morales, creándole un conflicto a nivel inconsciente entre sus inclinaciones naturales y las tendencias moralizadoras recibidas. || 2. También puede simbolizar las obligaciones que nos impone la vida social o en colectividad y que limitan la libertad personal. Tales obligaciones pueden ser interpretadas por el inconsciente como un encarcelamiento o una privación de libertad. || 3. En otros sueños, la prisión o la cárcel puede simbolizar que uno es prisionero de los propios sentimientos, vicios o pasiones, es decir, que está muy atado por cosas o situaciones que limitan su libertad de movimiento.

PROFUNDIDADES MARINAS

Psi. A veces, simboliza a la madre en su aspecto absorbente (en la profundidad queda eclipsada la personalidad y la lucidez de la conciencia).

PÚBLICO

Psi. El público de un espectáculo, función teatral, concierto, acto oficial, etc., representa la opinión pública, lo que los demás piensan de uno, el miedo a la crítica, los temores de que le hagan fracasar a uno, etc.; en conjunto, refleja la posición del soñante con respecto a su medio ambiente social. *(Véase* el término *concierto musical).*

PUENTE (Pasarela, puente colgante, puente giratorio)

Psi. 1. En general, los sueños en que aparecen puentes son de signo favorable o positivo *(véase* el término *abismo),* ya que el puente es un artificio provisional, un medio que nos permite salvar un río peligroso o profundo, un barranco, etc., y pasar al otro lado para continuar nuestro camino, nuestra ruta, vayamos a pie o en vehículo. En algunos sueños se ve un puente que se alza sobre un abismo, un terreno pantanoso lleno de monstruos o seres míticos, un río de cocodrilos, etc., lo que quiere decir que el soñante posee energía psíquica, fuerza moral y firmeza de voluntad para superar las tentaciones de la vida y los peligros. Es por ello que el doctor Aeppli afirma que «apenas existe un símbolo tan venturoso y de tan buen presagio para los días de vida que se acercan como los sueños de puentes justamente. El puente conduce a la orilla por encima de la gran corriente que en nuestro camino se atraviesa». || 2. El puente puede expresar, asimismo, una situación transitoria en la vida del soñante, el hallarse en medio de dos posibilidades, de dos inclinaciones distintas (entre una orilla u otra), lo que puede expresar una situación comprometida en la existencia. Es positivo el pasar al otro lado, ya que significa que se toma la decisión de seguir adelante y se resuelve la situación, que puede hacer referencia a cuestiones conyugales, familiares o profesionales, según los otros elementos que intervengan en el sueño. || 3. A veces, para salvar un río, un precipicio, sólo hay una tabla, una pasarela, y el soñante sólo puede pasar al otro lado si se desprende del vehículo o parte de su equipaje, para no caer al abismo; esto quiere decir que ha llegado el momento, antes de seguir adelante con sus proyectos, de desprenderse de todo aquello inservible e inútil que lleva arrastrando desde hace tiempo (neurosis, manías, cobardías, dudas, infantilismos, etc.); pasar al otro lado significa empezar una nueva etapa, una nueva vida, por lo general, sentimental, ya que el río que pasa por debajo siempre hace referencia a lo amoroso y emocional, como en el caso siguiente: «Tengo quince años. Hace unos meses estuve saliendo con un chico, al que quería y quiero, por segunda vez, y me dejó. Soñé que iba por una pasarela a todo lo largo de un río. Todo estaba rodeado de cañas verdes. Íbamos mis dos primas, un chico y yo. Yo iba la

última, cuando de pronto la pasarela se rompió bajo mis pies y yo quedé suspendida en las cuerdas que hacen de baranda. De repente allí estaban el chico al que quiero y su hermano; le tendí la mano a él, angustiada, pero él se echó a reír y me negó su mano. Su hermano me miraba y en su mirada me decía que él no podía hacer nada. De repente, una avalancha de chicos se prestaban a ayudarme. Seguimos andando y llegamos a una cabaña, en donde terminaba la pasarela. Al lado había un pequeño jardín y en él se encontraban ellos dos, otra vez. Estaban sentados en unas hamacas. Y me desperté». Nuestra respuesta escrita fue: «Este sueño refleja el conjunto de tu problema sentimental. El *río* simboliza el obstáculo que hay en tu existencia, en el plano emocional-sentimental, pero esa *pasarela-puente* indica, al mismo tiempo, la manera de salvarlo, como queriendo decir que tienes que seguir caminando hacia la vida, hacia el jardín de las ilusiones…, pero que debes olvidarte del pasado y conocerte mejor a ti misma (*cabaña* del sueño). El que *se rompa la pasarela* quiere decir que no estás segura de tus propias fuerzas, que no estás aún lo suficiente preparada para superar esa crisis sentimental (además de significar ese rompimiento amoroso). Es definitivo el que tu *exnovio no quiera ayudarte*; tu inconsciente te da un mensaje clarísimo: olvídate de él, no te conviene, pues es un egoísta que sólo mira por él y que no tiene intenciones de ayudarte. En el largo camino de la vida no podrías confiar en él. Por supuesto, el gesto de *tenderle la mano* también quiere decir que te gustaría hacer el amor con él, pero no lo acepta. Asimismo es muy significativo el que aparezcan *muchos jóvenes* que quieran ayudarte: indica que no te faltarán pretendientes y que puedes alcanzar tus objetivos sin la ayuda del exnovio. No está de más el decirte que este sueño indica falta de madurez –cosa normal dada tu edad–, fijación fantasiosa (fuera de la realidad) al pasado y, por otra parte, existencia de fuerza psíquica para madurar y seguir adelante. Has de olvidar el pasado y mirar hacia el futuro, aunque ello represente algunas lagrimitas». || 4. A veces, el que alguien que tiene problemas –inconscientes o no– de homosexualidad o lesbianismo, sueñe que pasa un puente para encontrarse con una persona del sexo opuesto en la otra orilla, puede significar la superación del conflicto y el desarrollo de la heterosexualidad. || 5. Es un mal presagio el soñar que se hunde un puente antes de cruzarlo, ya que significa que el soñante no está suficientemente preparado a nivel psíquico para superar el problema u obstáculo que le angustia. Tiene que fortalecer su firmeza de voluntad y «construir» un nuevo puente en su interior. || *C. oc.:* **Persona soltera cruzando un puente:** Cambio de situación: matrimonio o unión sexual. || **Persona casada cruzando un puente:** Separación, divorcio, viudez, nuevo amor o nuevo matrimonio. Infidelidad, amor secreto. || **Matrimonio cruzando un puente:** Mejoramiento social, cambio de domicilio, nuevo negocio o empresa. || **Ver construir un puente:** Nuevos negocios o cargos. || **Ver hundirse un puente:** Proyecto que fracasa, quiebra de negocio, pérdida de apoyos y ayudas. || **Automóvil incendiándose en medio de un puente:** Peligro de enfermedad, fracaso profesional que pondrá en peligro la estabilidad familiar. || **Caer de un puente:** Pérdida de apoyos y padrinos; renuncia a cargo o empleo por actuación de los enemigos y opositores. || **Ver reparar un puente:** Se superarán conflictos y dificultades; hay que ser cauteloso con el dinero.

PUERTA

Psi. 1. La mayoría de las veces suele simbolizar la sexualidad femenina, los genitales femeninos, como en el sueño siguiente de un joven (explicado por Ángel Garma): «Una jaula que tenía la puerta, no lateralmente, sino abajo. El pájaro entraba y salía y yo me extrañaba que no se escapase». Queda claro el sentido erótico de este sueño, que representa el coito que se deseaba. La *jaula* es el órgano genital femenino (por ello la puerta está abajo), y el *pájaro* es el miembro viril. || 2. Como símbolo de las aberturas corporales, la *puerta delantera* de los sueños representa la vagina, el órgano sexual femenino, y la *puerta trasera*, el ano. || 3. Como en la vida real, la puerta de los sueños tiene el significado de «lugar de paso hacia...», «comunicación hacia o con...», pero que en otros momentos nos sirve para aislarnos en una habitación, cerrar el paso a los inoportunos o importunos, cerrar una estancia o sala a la curiosidad de los demás, preservar nuestras intimidades, etc. Una puerta que puede abrirse a los amigos y cerrarse a los enemigos. Una persona puede soñar que se encuentra ante una puerta cerrada que no sabe abrir, y queda intrigada y angustiada por lo que habrá detrás; estos tipos de sueños suelen anunciar algún tipo de obstáculo en el camino del soñador, algún contratiempo familiar o sentimental, alguna dificultad interior que impide continuar por el camino emprendido... En muchos casos, estas puertas cerradas representan titubeos, inseguridad en sí mismo, sentimiento de falta de preparación para enfrentarse con tal o cual situación, angustias y complejos neuróticos que uno no logra sacarse de encima, etc. Una puerta cerrada puede, incluso, representar inhibiciones sexuales o miedo al sexo, por lo que hay que examinar si en el sueño hay detalles relacionados con *cerradura, llave*... Por el contrario, cuando la puerta se abre a un hermoso jardín, significa que se encuentra el camino adecuado para el disfrute de la vida y de los placeres del amor, por ejemplo. Aquí hay que estudiar los detalles del jardín: flores, frutos, animales... || 4. En su representación de elemento que permite pasar de un lado a otro, comunicar una habitación con otra, entrar en un sótano, buhardilla, etc., la *puerta* de los sueños también está relacionada con la propia personalidad y carácter. Ocurre muchas veces, en sueños, que abrimos una puerta y entramos en una habitación o estancia de nuestra propia casa que desconocíamos. En este caso, la puerta representa aquellos conocimientos, fuerza y, en ocasiones, sabiduría o espiritualidad, que nos permite acceder a lugares de nuestra propia personalidad que desconocíamos, que nuestra ignorancia o ceguera nos impedía ver. Por ejemplo, una mujer adulta soñó que abría una puerta y entraba en una habitación toda decorada de un bello color azul, quedando agradablemente sorprendida, pero sin saber qué significaba. Nosotros le dimos la explicación: esa *habitación azul* era la parte más espiritual y mágica de su inconsciente, de su personalidad. Era la representación de la magia azul, de la teurgia, de los espíritus angélicos, de las artes adivinatorias..., de aquellas cualidades mágico-espirituales para ayudar a los demás que todos llevamos dentro. ¿Por qué había entrado en aquella habitación en aquellos momentos y no antes? Sencillamente porque era entonces cuando llevaba ya una larga temporada de aprender el tarot y rituales de magia, y se había decidido a practicarlo de lleno. El inconsciente le recordaba que ya «había abierto la puerta de sus cualidades espirituales», «la puerta de la habitación mágica que todos tenemos dentro de nosotros», pero que muy pocos saben visitar o explorar. || 5. Un sueño erótico en el que intervienen puerta y ventana es el siguiente (relatado por Ángel Garma en su obra *Psicoanálisis de los sueños):* «Con mi suegra y otra muchacha voy a comprar fruta. La frutería está frente a mi casa. Están agrandando la puerta de mi casa. Además, la ventana está como sin el marco. Sólo hay un hueco. Se ve todo desde la calle». Este sueño lo tuvo una mujer próxima a casarse y que ya había tenido relaciones sexuales con otras personas distintas a su futuro marido. *Ir a comprar fruta* significa que va a conseguir el miembro masculino a través del matrimonio, de unas relaciones serias (de ahí la presencia de la suegra). Pero está preocupada por su vida sexual (¿le remuerde la conciencia?) pasada. La *puerta agrandada* y la *ventana sin marco* simbolizan la desfloración sufrida; la falta de marco simboliza la carencia del himen. La expresión *se ve todo desde la calle* son los temores que siente por las murmuraciones o críticas que haga la gente sobre su comportamiento anterior al matrimonio, «el qué dirán los demás». Es curioso constatar que había mantenido relaciones sexuales con dos hombres: a uno lo representaba la *puerta*, y al otro, la *ventana*. || 6. El ver una puerta derribada, en especial con la cerradura rota y que no puede volver a cerrarse, es un sueño que refleja el acto de la desfloración. || 7. El ver arcos arquitectónicos suele ser el símbolo del arco púbico. || 8. Soñar que se está abriendo y cerrando una puerta, suele indicar el intercambio, contacto o relaciones (sexuales o no) entre el soñador y otra persona, o los deseos de relaciones sexuales con determinada persona, que suele ser indicada por otros detalles del sueño. O simplemente, en los jóvenes, los deseos de goce sexual. || 9. Soñar que se es demasiado débil para abrir la puerta, puede indicar falta de vitalidad para hacer el amor, falta de energía para emprender determinado proyecto e, incluso, puede ser indicativo de impotencia, sea pasajera o quizá no. || 10. En ocasiones, *las puertas enrejadas* pueden simbolizar el sexo femenino de una manera completa (la *puerta* es la vagina y las *rejas* el vello del pubis). *Véase* el sueño que explicamos en el término *prisión*. || 11. La *puerta de salida* de algunos sueños de mujer simbolizan el orgasmo. || 12. En sueños de hombre, el *encontrar la puerta abierta* puede hacer referencia a que la mujer no era virgen. || 13. Soñar que han violentado la puerta de la vivienda, o que la han robado (o se la han llevado), suele advertir de la pérdida de empleo, de la desaparición de la seguridad hogareña, de que ya no se tendrá seguridad económica, de que no se podrá contar con un sueldo fijo o seguro. || 14. Otras veces la puerta puede figurar en sueños de tipo vesical. Y se coprende porque el piso o vivienda es el cuerpo u organismo, y la puerta, la vejiga, el aparato urinario, como en el sueño siguiente (tenido por un hombre): «Veo la puerta del piso y noto como si alguien diera un fuerte empujón desde el otro lado para abrirla y entrar. Me despierto sobresaltado y me doy cuenta de que apremia ir al mingitorio». Se comprende que es un sueño vesical, es decir, originado por las sensaciones provocadas por la repleción nocturna de la vegija urinaria. || 15. En su simbolismo de seguridad económica y hogareña, de protección, es significativo el sueño que tuvo un hombre que estaba pasando un bache monetario, con un trabajo eventual y sin nada seguro y firme en perspectiva. «Sueño que estamos en guerra y que mi hermana (difunta) ha arreglado la puerta de entrada de la vivienda. Es una casita que da a la calle. No tengo puerta y ella sólo ha puesta media puerta, pero mal, equivocada (hay dos hojas, una a la izquierda y otra a la derecha, pero en el centro queda un gran hueco, falta una especie de panel. Le pego una bronca y ella la arranca. Yo me digo que luego ya lo arreglaré y haré que encajen las distintas partes». En conjunto, el sueño expresa la lucha cotidiana (guerra) y la angustia o preocupación del sujeto por su inseguridad económica; no tiene asegurada su manutención futura, representada por la puerta (la cual hasta simboliza el empleo que no tiene). La casita es su personalidad, y la hermana simboliza aquí el ánima, que está intentando ayudarlo. La bronca indica que está en conflicto consigo mismo (ya que el ánima es una parte de su personalidad); el inconsciente atribuye la situación por la que está pasando a sus propias imperfecciones, toda vez que el ánima también simboliza su parte creativa. El párrafo final «ya lo arreglaré y haré que encajen las distintas partes» expresa la confianza en salir de la situación por sus propios medios, sin ayuda de nadie, lo que queda confirmado por el hecho de que en el sueño sólo salgan el durmiente y su hermana difunta, lo que señala la soledad en que vivía el sujeto. || 16. En los sueños especiales, sobre todo en los mandálicos, las cuatro puertas de una rotonda, estancia, pasillo, planta, etc., pueden simbolizar las cuatro vertientes, canales o cualidades de la mente consciente: intelecto, emoción, sensación e intuición. || 17. En ocasiones, la llamada que se oye en la puerta de la habitación, del dormitorio, despertando al soñante, puede expresar un aviso o prohibición de algo que no se desea ver o realizar en sueños, como en el caso que explica Freud de una de sus pacientes histéricas (*Ensayos sobre la vida sexual y la teoría de la neurosis*). «El sueño consistía tan sólo en que oía llamar a la puerta del cuarto, despertándola tal llamada. No había llamado nadie, pero en las noches anteriores la paciente había sido despertada por repetidas poluciones y le interesaba despertar al iniciarse los primeros signos de excitación genital. La llamada oída en el sueño correspondía, pues, a la sensación de latido del clítoris». Aqui vemos, de nuevo, cómo la puerta representa a la mujer y, en especial, a la vagina (puerta del dormitorio interior). || 18. En sueños premonitorios simbólicos, una puerta puede simbolizar a veces el ataúd, las andadas de la muerte, como en el caso de una joven que soñó con una puerta blanca en su casa; al poco tiempo, un hermano enfermaba y fallecía. Aquí, la puerta blanca simbolizaba la mortaja, además de una larga estancia en el hospital, en que enfermeras y doctores iban de blanco. || 19. Una puerta cerrada, con cerradura pero sin agujero para la llave, puede expresar dificultades y bloqueos económicos, de los que se tardará en salir porque no se tiene la clave o no depende de uno la solución, que son los demás los que lo tienen así al no pagarle. || *C. oc.:* **Pasar por una puerta:** Nuevas amistades. || **Puerta rota o reventada:** Pérdida de beneficios o de empleo. || **Puerta que no se puede abrir:** Obstáculos, impedimentos que retrasarán o estancarán proyectos. || **Amante saliendo por la puerta trasera:** Pronto habrá matrimonio. || **Mucha gente ante la puerta de la casa:** Peligros o dificultades a causa de calumnias y traición de amistades. || **Cerrar una puerta con fuertes cerrojos:** Beneficios y éxitos gracias a los propios esfuerzos.

PULPO

Psi. 1. Como animal temible de los mares y profundidades, el pulpo es una figura onírica relacionada con sentimientos, emociones y hasta alteraciones o conflictos del inconsciente. Igual puede representar fijaciones neuróticas, complejos neuróticos que a las personas que uno teme o que quieren absorberle en demasía. En muchos sueños de hombres, el pulpo representa lo que temen del sexo femenino. || 2. En muchas ocasiones, suele simbolizar a la madre dominante y tiránica, que «abraza y ahoga» moralmente a los hijos con su amor exagerado, impidiéndoles su normal desarrollo psíquico. En tales casos, los hijos quedan sujetos a reacciones agresivas, inconscientes, hacia la madre o el sexo femenino. Recordemos que el pulpo es un animal marino y que el *mar (véase* ese término)

también suele representar a la madre. Un sueño típico que refleja ese conflicto es el siguiente: «Me vi subiendo por una escalera de caracol perfectamente construida, pero no podía llegar arriba de todo porque me impedía el paso un enorme pulpo». Esa *escalera de caracol (véase* el término *escalera)* suele simbolizar la propia personalidad, la cual no puede alcanzar (en este caso) su pleno desarrollo a causa del obstáculo o los impedimentos maternos (representados por el *pulpo),* que coartan la libertad y el crecimiento psíquico del soñador. *Arriba de todo* significa el desarrollo mental, el individualismo, la madurez intelectual y la manera de pensar propia, no la impuesta por los demás.

PUÑAL

Psi. 1. Como toda arma blanca, es un símbolo fálico. *(Véase cuchillo).* Representa, por lo común, los genitales masculinos y, por tanto, aparece en muchos sueños de mujeres cuando la naturaleza demanda el acto sexual. Sueños de apuñalamiento son corrientes en adolescentes y jóvenes, como en el caso de la chica siguiente: «Suelo soñar a menudo que intentan clavarme un puñal y yo me resisto sujetando el brazo. En uno de estos sueños estaba en el cine viendo una película en la que la protagonista intentaba matarme con un puñal. En otro, huía de una casa y por las escaleras una mujer intentaba matarme de la misma forma. En otro sueño, mi mejor amiga poseía una especie de calculadora con puñal incorporado del cual se servía para hacerse rajas en las piernas, lo que le producía placer y a la vez intentaba matarme». En conjunto, todos estos sueños indican que la naturaleza de la joven estaba despertando de manera intensa a la vida sexual, que su cuerpo empezaba a demandarle el coito de una manera imperiosa. || 2. Los sueños de puñal también pueden ser tenidos por hombres, como en el caso que sigue (hombre adulto, soltero): «Estoy solo en casa, trabajando sentado ante mi mesa, de repente me sale de detrás de la puerta una chica que se me acerca decidida, me besa en la boca y tengo la impresión de que lleva un puñal que me va a clavar por la espalda. Quedo inmovilizado y no puedo moverme. Me despierto sobresaltado. El sueño ha sido en colores y tengo la impresión de que conozco a la chica, que la han enviado para matarme». Por supuesto, el sueño no fue profético y nadie envió a ninguna chica para que matara al soñante de una puñalada. Era, sencillamente, un ensueño erótico. El sujeto, absorbido por su trabajo, tenía muy reprimido su lado sexual, pero la naturaleza se lo recordaba de una manera imperiosa. En el fondo, incluso deseaba el acto sexual, pero su censura moral había cambiado los papeles de los protagonistas, para satisfacer a la conciencia: en vez de verse apuñalando a una mujer (o persiguiéndola), era una fémina la que adoptaba el papel de hombre. || 3. Otro ejemplo de sueño de apuñalamiento es el siguiente (tenido por un joven de diecinueve años): «Soñé que era de noche y que yo bajaba solo por unas escaleras que conducían a un castillo derruido. A mi izquierda había unos árboles, cercados por una cerca de madera, y junto a ellos, unos jóvenes, no sé si borrachos o drogados. Yo salí corriendo hacia ellos. pues no podía volverme. Ellos me atraparon, me cogieron y me sujetaron junto a la cerca, mientras uno de ellos me apuñalaba. Yo he tenido sueños que se han hecho realidad. Tengo miedo de que éste me anuncie algo malo». Nuestra respuesta fue: «No creo que este sueño sea profético, puedes estar tranquilo. Refleja tu nacimiento a la vida instintiva y tu excitación erótica, normal a tu edad. El *árbol* representa, aquí, junto con la *noche*, el principio femenino, la mujer…, que está rodeada de una *cerca* que impide tu paso, *cerca* que puede representar los frenos morales, así como obstáculos que te separan de una mujer, si realmente tienes problemas por alcanzar a alguna chica. No me indicas tu situación al respecto, por lo que no puedo precisarte más. El *apuñalamiento* representa el acto sexual; y los *jóvenes*, tendencias propias tuyas hacia la vida de los sentidos, aunque advierten que te puedes decantar hacia la izquierda, hacia amores peligrosos o que no están bien vistos». || 4. Una chica soltera de veinticinco años tuvo el siguiente sueño: «Bajaba corriendo por unas escaleras de piedra, como de monumento antiguo, perseguida por un desconocido que llevaba un puñal. Al final me cogía por la cabellera y me clavaba el puñal varias veces en la cabeza». Aquí encontramos todos los elementos eróticos: *puñal, escale-*

ras, cabellera…, pero con la variante de que en vez, de apuñalarle otras partes del cuerpo le clavaban el arma en la *cabeza*, es decir, que además de las necesidades eróticas naturales, el sueño indicaba que la chica estaba pensando demasiado con el amor, que el sexo ya estaba ocupando demasiado espacio en su cabeza, en su mente. || *C. oc.:* **Mujer que sueña que le clavan un puñal:** Excitación sexual. || **Llevar un puñal:** Victoria sobre los enemigos. || **Comprar un puñal:** Hay que desconfiar de ofertas y proposiciones.

PUPITRE

Psi. Cuando uno se ve en sueños ante un pupitre o escribiendo en él, quiere decir que tiene que aprender a estudiar nuevas maneras de actuar o de comportarse; es un sueño de reciclaje personal y suele estar relacionado con *escuela* y *examen*. (*Véanse* estos términos).

PURGA (Purgar)

Psi. Los sueños en que se toma una purga o se tiene que purgar a alguien significan que hay que purificarse y eliminar miasmas perjudiciales que se han acumulado en la personalidad. Por lo común, se refieren a pasadas actuaciones poco éticas o inmorales que han dejado un residuo de culpabilidad o remordimiento en el soñante. Aquí, la purga puede tener el significado de *absolución* o *purificación*.

PURGATORIO

Psi. 1. Todos tenemos en lo más recóndito de nuestro interior una especie de purgatorio al que van a parar parte de nuestras equivocaciones, desengaños, frustraciones, pesares, malas acciones, «pecados», etc. En determinados momentos, y obedeciendo a nuevos traumas emocionales, pueden abrirse en sueños las puertas o el abismo de ese purgatorio y oírse los lamentos, gritos y lloros de los que en él están purgando sus faltas, es decir, «escucha uno mismo los quejidos de sus propios dolores, aflicciones y pesares acumulados a lo largo de su existencia». Lo que no está claro es si este tipo de sueños advierten al soñante de que ya ha cometido demasiados errores y que tiene su purgatorio lleno, por lo que debe cambiar de trayectoria y comportamiento para evitarse nuevos sufrimientos, o si ese purgatorio es un claro arrepentimiento y un autocastigo por sus malas acciones pasadas. (*Véase* el término *cementerio*). || 2. En personas dominadas por el fanatismo religioso, la imagen del purgatorio puede ser un temor obsesivo por el castigo a sus deslices sexuales. || *C. oc.:* **Padecer en el purgatorio con llamas:** Riesgo de enfermedad grave; debe preocupar lo cardiovascular. En lo profesional y familiar se habrá de tener resignación. || **Toda la familia junta en el purgatorio:** Escasez de recursos, penas, aflicciones y dolores por falta de previsión. || **Ser enviado al purgatorio:** Viaje o traslado perjudicial o que uno no desearía. || **Conocidos o parientes que son enviados al purgatorio:** Resentimiento y odio hacia los mismos; se desearía verlos castigados por su falacia o maledicencia.

PURO *(Véase cigarro)*

PÚRPURA

Psi. 1. Para las distintas tonalidades del color púrpura o morado, *véase* el término *colores.* || 2. A veces, ese tono rojo subido hace referencia al poder religioso y absoluto. No olvidemos que forma parte del traje de emperadores y cardenales. Por consiguiente, puede hacer referencia a actitudes intransigentes o dictatoriales del padre. || 3. También significa la fuerza vital creativa y superior.

R

RAMPA

Psi. 1. Simbolismo parecido a pendiente y tobogán. (*Véase* el término *deslizarse*).

RAPTO

Psi. 1. Simbolismo semejante al de violación y, por tanto, con el nacimiento de fuertes deseos eróticos en la persona. En muchos casos, puede considerarse como un arrebatamiento de los sentidos. (*Véase* el sueño relatado en el término *violación*). || 2. El sueño de rapto es muy corriente en la chicas jóvenes, muchas veces como sinónimo de que desean que «alguien se las lleve del hogar paterno», es decir, encontrar un hombre. De una forma u otra es un símil del acto sexual que se desea, pero como les han inculcado prohibiciones morales que les dicen que el acto sexual es pecado, entonces trasfieren sus sentimientos a personas y situaciones imaginarias y el *acto voluntario de querer hacer el amor* se trasforma en «rapto y violación», y la soñante se queda con la conciencia más tranquila, aunque con el miedo de si la raptarán o no, como en el caso siguiente (sueño de jovencita): «Sueño que me raptan unos cuatro o cinco chicos jóvenes y que me llevan a una casa bastante vacía. Me conducen a una habitación toda blanca y hay una especie de cama como las que hay en el quirófano de una clínica y allí me violan. Siempre sueño que me raptan y violan, aunque a veces las escenas cambian algo. Veo con claridad las caras de esos chicos y son todos morenos, aunque cuando despierto sus caras se van borrando poco a poco. ¿Me puede ocurrir algo malo?». Nuestra respuesta escrita fue: «No debes temer ningún peligro. Tu sueño es muy corriente en chicas que nacen a la vida sexual. En conjunto, significa que están cobrando en ti mucha fuerza los deseos amorosos. Los jóvenes de tus sueños representan aspectos o impulsos de tu propia personalidad; el *color moreno* simboliza aquí la energía natural y lo sexual. La *casa* a la que te llevan es tu propia personalidad, y la *habitación blanca* representa la estancia de tu inconsciente conectada con el concepto de virginidad. La *cama tipo quirófano* simboliza aquí el lecho y el acto de desfloración que deseas, que es más doloroso que placentero. En resumen, que te estás haciendo mujer y que pronto tendrás que enfrentarte con tus responsabilidades y necesidades sexuales».

RATA (Ratoncillo)

Psi. 1. Por lo común, es un símbolo que refleja las preocupaciones constantes que están «royendo» la vitalidad del soñante, que están carcomiendo sus fuerzas, devorando sus reservas anímicas. Puede representar condiciones adversas o mortificantes de tipo físico (salud), de tipo afectivo (matrimonial o no), de índole monetaria (la riqueza propia o familiar) e incluso sexual (abusos, vicios o enfermedades). El análisis cuidadoso de los demás elementos o imágenes oníricas indican hacia qué dirección debe encauzarse la interpretación. || 2. En el caso de que la rata o ratas adviertan de que hay algún tipo de enfermedad en marcha (o aparezcan en sueños de un enfermo), hay que analizar el comportamiento que el soñante tiene con su cuerpo o salud. ¿Se está desgastando demasiado? ¿Abusa de los placeres sexuales? ¿Trabaja en demasía? ¿Descansa lo suficiente? En ocasiones, las ratas de los sueños pueden hasta denunciar enfermedades parasitarias. Es curioso el caso de un hombre que padecía un fuerte cata-rro nasal y al mismo tiempo estaba muy mal de la garganta y que empezó a medicarse con antibióticos. Mientras estaba sudando en la cama soñó que notaba un bulto cerca del pecho; despertó (en sueños) y vio que era una rata de apreciable tamaño. La cogió para que no se escapara, apretándole muy fuerte la cabeza para que no mordiera. Luego se arrodilló en la cama y golpeó al animal contra el lateral de madera del lecho, varias veces, hasta que la rata reventó y lo salpicó todo con sangre y líquido. Interpretamos el sueño diciendo que superaría la dolencia (el hombre estaba muy preocupado por ella), como así fue. Es curioso constatar cómo en este sueño de índole fisiológica la rata hace referencia a las cavidades y conductos naturales del cuerpo, sobre todo a los orificios nasales. || 3. Símbolo sexual fálico, en especial debido a lo prolíficos que son estos roedores. Es normal decir: «Se multiplican como ratas», al referirse a situaciones conflictivas o racistas, siempre pensando en enemigos, delincuentes, etcétera. También la forma de su hocico y larga cola contribuyen a este concepto fálico. || 4. Símbolo de la sexualidad femenina, que se teme, rechaza o no se acepta, se trate en sueños de mujer u hombre. El sueño siguiente lo tuvo un joven de diecinueve años: «He tenido un sueño bastante angustioso. Estaba rodeado de ratas y ratones, y terminaba por encerrarme en casa para escapar de ellos. Cerraba todas las puertas, ventanas y huecos, pero las ratas se colaban por todas partes. He pasado algo de miedo y asco, pero no acierto a comprender el significado de este sueño, pese a que he consultado un manual que tengo de interpretación de sueños». En la imposibilidad de hablar personalmente con el sujeto, creemos que es un sueño claro de índole sexual o erótico. El organismo recuerda al soñador que están cobrando importancia en él impulsos sexuales y las tentaciones eróticas de la vida, la atracción por el sexo contrario o chicas, pero que él rechazó por temor, creencias morales o falta de experiencia. Sus defensas morales, creadas por la educación convencional y religiosa son las *paredes de la casa* (su personalidad). Es significativo que *cierre todas las puertas, ventanas y huecos,* es decir, todo lo que simboliza a los genitales femeninos. Siente atracción y temor, al mismo tiempo, por la sexualidad y la mujer. Pero sus defensas se van derrumbando y el «enemigo» le va cercando, pues no hay defensa posible contra los deseos interiores de la propia naturaleza. Es por ello, que, en tales ocasiones, el soñador debe hacer un análisis profundo de sí mismo y aprender a no temer la sexualidad, a fin de no crearse una neurosis. Pues hay que insistir que, desde la vertiente psicológica, estos sueños de ratas y ratones también suelen advertir de que las propias fuerzas vitales están siendo roídas, carcomidas y desgastadas. Recordemos que ratones y ratas son los malignos roedores por excelencia, destructores voraces y traicioneros que se comen los esfuerzos y graneros de los demás. Cuando se presentan en la morada

de nuestros sueños y psiquis, es una advertencia clara de que algo perjudicial se está generando en nuestro organismo, de que nuestras reservas vitales –físicas o psíquicas– están siendo «devoradas» por las preocupaciones o conflictos, del tipo que sean. || 5. Ania Teilhard advierte que los sueños de ratas y ratones suelen significar que en la vida del soñador hay algo desgastado por el tiempo y pronto a desaparecer. Que vienen cambios en la vida del sujeto. Las ratas se las asocia con la idea del tiempo y, con él, la de los *lamentos* o del *remordimiento*. || 6. Una rata puede indicar una persona que se aprovecha de uno; puede ser una hija, un padre, una tía, un hijo u otro familiar que le explota a uno, que se aprovecha de la familia o que consume sin trabajar. Una rata grande puede simbolizar hasta una madre dominante que carcome la libertad y vitalidad de uno. Un sueño significativo es el que tuvo una mujer de cincuenta y siete años que tenía un hijo y dos nietos: «Soñé que había una rata en la habitación de mi nieto, y cuando vi que le estaba atacando, me rebelé, la pisé y la maté. Luego he vuelto a soñar con más ratas. Las vi en una habitación y las cogieron, metiéndolas en un cajón, pero un niño lo abrió y algunas se salieron; eran muy grandes. Las que se quedaron en el cajón se asfixiaron. ¿Nos va a pasar algo malo?». La respuesta que dimos, a falta de otros datos, fue: «Si bien estos animales, desde el punto de vista de la tradición ocultista, pronostican engaños y dificultades, tengo la impresión de que en sus sueños hacen referencia a roces o inquietudes en las relaciones familiares. Así, esas ratas tendrían el simbolismo de los sentimientos ocultos o escondidos que le están royendo las entrañas, los temores de que algo se tuerza o de que se presenten inconvenientes, pero más en las relaciones sociales que en el aspecto material». Poco después, la interesada nos escribía aclarando: «Tengo temores de que mi marido me engañe. Tampoco me gusta que mi hijo nos pida dinero, para su negocio, que luego no devuelve». Queda claro que estos sueños reflejaban los temores por la infelicidad del marido (las *ratas* y *ratones* no son fieles) y la actuación del hijo (hay que ver la similitud del *grano que roban las ratas* con el dispendio del hijo, que va consumiendo poco a poco el patrimonio o granero familiar). ‖ 7. Según Edgar Cayce, la rata o ratas suelen simbolizar la trasmisión de «desasosiego» o «intranquilidad» –a veces de inquietud y de remordimiento– por acciones cometidas. Por lo tanto, la mujer que en su día incurriera en críticas y chismes perjudiciales y que por la noche soñó con multitud de ratas que corrían de un lado a otro por las habitaciones de la casa, quedó justamente castigada por el terror que suscitaron en ella. El inconsciente –o la conciencia– le recordaban el mal que había hecho al actuar como ratas perjudiciales con sus calumnias y mentiras. ‖ 8. En otras ocasiones, las ratas también pueden representar los «sentimientos rencorosos» que le están carcomiendo a uno en relación a parientes y los temores de que algo

pueda torcerse en la familia. ‖ 9. Las ratas también pueden simbolizar los deseos sexuales reprimidos y aquellas tendencias eróticas que rechazamos, como en el caso que sigue (sueños de una mujer que nos ocultó todo tipo de datos): «Llevo varios días (desde que vi una rata muerta) soñando con ellas. El primer día soñé que la seguía para matarla, pero en los demás he soñado que las veía muertas, que las habían matado mi padre y mi hermana. Dígame si va a pasarme algo malo». Nuestra respuesta fue: «Este sueño no tiene nada de premonitorio o profético, no señala que vaya a sucederte algo malo, sino que indica que en tu inconsciente hay algo que pugna por cobrar vida. Incluso en ocultismo se considera que matar una rata en sueños significa éxito en la empresa que tiene entre manos. No debes, pues, temer nada. Lo que ocurre es que la rata muerta que viste realmente, sirvió de factor desencadenante de lo que dormía en tu subconsciente. Las *ratas* de tu sueño no son nada más que aspectos ocultos o recónditos de tu personalidad que pugnan por salir a la superficie, aspectos que la moral tuya considera negativos, peligrosos o pecaminosos, de ahí la forma de rata que adoptan (roedores que van minando la moral y las defensas). Imagino que eres joven, por lo que las ratas representan aquí deseos sexuales reprimidos, deseos que a lo mejor son peligrosos y que necesitan precisamente ser, si no reprimidos, frenados o equilibrados. De ahí la ayuda del padre y de la hermana, que matan en sueños a tus enemigos (¿posibles novios?). Ello indica que aún no confías en tus propias fuerzas para solucionar ese problema. Sin embargo, el hecho de haber soñado que perseguías a la rata para matarla, significa que a nivel inconsciente hay valor para enfrentarse con tal situación, valor que yo personalmente considero excesivo, ya que esa rata también representa tu propia femineidad que pugna por cobrar vida intensa. Mi recomendación es que a nivel consciente no veas las ratas como enemigas y que te mentalices de que la diplomacia y el tacto, ante determinadas situaciones, son mucho mejores que una moral demasiado estricta, rigurosa y fanática. En otras palabras, debes aprender a vivir en armonía con los aspectos de tu personalidad que se esconden bajo la apariencia de ratas, de lo contrario, el rechazo de éstos a nivel consciente podría crear algún tipo de complejo o neurosis». || 10. En otros sueños, un ratoncillo puede simbolizar el sexo femenino, como en el sueño que sigue (hombre adulto): «Estoy tumbado en la cama, vestido. Al otro lado de una cama muy ancha, está tumbada una chica, a la que le gustaría que tuviéramos relaciones. También está vestida. En esto, por debajo de la cama, aparece un ratoncillo. Lo rechazo, lo golpeo con la zapatilla y al final le lanzo la zapatilla, que lo alcanza y lo envía al otro lado de la cama, debajo de donde se halla la chica. Allí el ratoncillo sigue vivo, vivaracho y jugueteando. Es un ratoncillo muy simpático». Este sueño no era nada más que el reflejo de la actitud sentimental del sujeto hacia dicha joven: la rechazaba, no admitía sus relaciones, pese a que fuera joven, simpática y alegre (expresando todo en la figura del *ratoncillo)*. El sueño, en conjunto, venía a decir: márchate, déjame tranquilo. El *estar vestidos en la cama* refleja la falta de excitación sexual y las inhibiciones morales.

RATÓN

Psi. 1. A menudo, es un sueño –como en el caso de las ratas– que nos advierte que nuestras fuerzas vitales y salud están siendo carcomidas o corroídas. Puede advertir de una enfermedad en marcha. Hay que analizar, entonces, el comportamiento que tenemos con nuestro cuerpo. Otros detalles del sueño revelarán su sentido exacto. || 2. Símbolo sexual fálico, aún más claro que en el caso de las ratas. En los sueños de mujeres está claro este significado, como en el caso siguiente: «Tengo veintidós años y estoy soltera, aunque tengo novio y me casaré pronto. Soñé que me encontraba en mi casa, estaba muy sucia y conmigo se encontraban unas amigas para ayudarme a limpiar. Yo fui a levantar un cartón que había en el suelo y me encontré con dos ratones muy negros con el rabo muy largo y estaban haciendo el amor. Más tarde me encuentro a los ratones otra vez, pero ya eran distintos; estaban todos blancos, les faltaba el rabo y andaban sobre las patas traseras». Nuestra explicación fue: «Esos *ratones* simbolizan la sexualidad masculina, que siempre causa temor en la mujer, aparte de los reparos de tipo moral y religioso. En conjunto, este sueño refleja tus ansias de amor. Si luego no te dan miedo, es porque aceptas su sexualidad una vez casada, es decir, *blanqueados* los deseos por el acta matrimonial». || 3. Muchos ratones o ratoncitos suelen representar las circunstancias irritantes de la vida y de los demás. Uno o dos ratones enormes suelen representar a personas concretas que nos hacen la vida imposible, por lo común es el padre dictatorial o que perjudica la buena marcha económica de la familia. || *C. oc.:* **Muchas ratas y ratones:** Problemas de dinero, falta de cariño en la familia, vicios que destruyen el hogar. || **Matar ratas y ratones:** Superación de problemas, rompimiento con amistades y allegados. || **Ratones invadiendo la casa:** Cuidado con los vecinos enemigos y con los ladrones.

RAYOS (Relámpagos)

Psi. 1. Suelen aparecer en los sueños de *tempestad. (Véase* ese término). Expresan la agresividad del «Súper-Yo». || 2. Los rayos y relámpagos también pueden ser un símbolo fálico, sobre todo en los sueños de mujer. *(Véase* el término *tempestad). || C. oc.:* **Rayo cayendo en la casa:** Fallecimiento de un pariente o amistad íntima. || **Ser alcanzado por un rayo:** Enfermedad grave en la familia o fallecimiento de un pariente. Daños inesperados. || **Muchos relámpagos:** Ha de preocupar el sistema nervioso; discusiones alocadas o inútiles. || **Alguien herido por un rayo:** Amigo que sufre un accidente o que muere. || **Rayo matando animales en el campo:** Pérdi-

das en negocios, operación financiera que fracasa. || **Rayo cayendo en plena noche:** Excitación sexual; declaración sentimental inesperada.

RAYOS X (Radiodiagnóstico, radiografía)

Psi. Suele expresar el psicoanálisis, la exploración del inconsciente, lo que está oculto, lo que está en el interior de la persona y, en consecuencia, buscar la terapéutica para arreglar lo que no funciona. No hace referencia, por lo general, a una dolencia física, sino psíquica.

RED ELÉCTRICA (Tendido eléctrico)

Psi. La red eléctrica o el tendido eléctrico que se ve en muchos sueños, representa el sistema nervioso del organismo, sobre todo el sistema nervioso central. Así, en un sueño que tuvo un intelectual que estaba sometido a una gran tensión, desde hacía días, porque necesitaba finalizar una obra que había de entregar a la imprenta, soñó que «estaba en un país lejano, oriental, junto a unos amigos técnicos que trabajaban en el arreglo de la instalación eléctrica de la nación. En esto, una especie de cohete, con una punta muy brillante y luminosa (una especie de falo solar), se eleva lentamente, tocando un cable eléctrico, se quemó el hilo y provocó una serie de cortocircuitos. Se sucedían las explosiones a lo largo del tendido eléctrico y se llenaba todo de grandes nubes blancuzcas y azul grisáceas. El trasfondo de todo el sueño era de ese color, como si fuera la luz de un día muy nublado. Todo se llenaba de humo. Al poco rato, todo volvía a estar despejado, con todo el tendido eléctrico funcionando correctamente. Y un técnico, que parecía inglés, le dice que los automáticos lo han arreglado todo». Como se comprende, este sueño expresaba las tensiones nerviosas acumuladas del soñante. El color *azul grisáceo* simboliza la materia gris del cerebro, el desgaste que está generando el trabajo intelectual intensivo. El *técnico inglés* refleja la disciplina de las fuerzas cerebrales y nerviosas que están alerta y luchando para responder a las necesidades de energía que está demandando la actividad del escritor.

REGAR

Psi. 1. En sueños de índole sexual, regar plantas simboliza el coito, el acto sexual que se desea o que se recuerda. || 2. Otras veces, simboliza la necesidad de comunicar vitalidad y energía a la vida instintiva. Aquí las plantas pueden tener el simbolismo de las alegrías, ilusiones, proyectos, etc., la mayoría de las veces de tipo afectivo. Mientras hay plantas, flores, agua y riego, florece la *vida psíquica.* || 3. Ver muchas plantas secas y marchitas por falta de riego, advierte que se está extinguiendo la energía y la *vida instintiva,* que hay falta de energía psíquica en el sujeto. De repetirse mucho esos sueños, puede advertir del peligro de caer en una depresión emocional.

REINA

Psi. 1. En general, simboliza la madre, la autoridad materna y la necesidad de consejo y protección. || 2. En sueños masculinos, acostumbra a representar el «ánima», pero de una manera regia y responsable. || *C. oc.:* **Rodeada de sus damas de honor:** Proyectos y deseos que se cumplirán. Alegrías familiares y hogareñas. || **Ver a la reina en la calle o hablar con ella:** Hay que seguir adelante con los proyectos profesionales y sociales. || **Ver a la reina en la corte:** Cuidado con los engaños y traiciones. || **Ver a la reina junto con el rey:** Buenas noticias, satisfacciones personales y profesionales. || **Enviar una carta a la reina:** Hay que estar alerta contra peligros o imprevistos.

REÍR (Reírse)

Psi. Por lo general suele expresar la alegría y placer del acto sexual. Es un claro simbolismo erótico y significa pasarlo bien en la cama, sobre todo en los sueños en que se *ríe en la cama. Reírse con muchas ganas* quiere decir tener muchas ganas de hacer el amor. (*Véase* el apartado número 6 del término *sombra*).

RELÁMPAGO (*Véase rayos*)

RELOJ

Psi. 1. Símbolo del trascurrir de la existencia. || 2. Otras veces simboliza la sexualidad femenina. || 3. Los relojes raros o extraños, con la corona muy salida, etc., acostumbran a representar los genitales masculinos. Por supuesto, las agujas del reloj son un símbolo fálico. Es un objeto que reúne, en sí mismo, los principios masculinos y femenino. || *C. oc.:* **Reloj que se para o estropea:** Hay que cuidar la salud. || **Reloj de pared:**

Alegría hogareña o familiar. || **Oír cómo un reloj da la hora:** Noticias, se acercan acontecimientos. || **Reloj oficial en un ayuntamiento:** Es el momento de emprender nuevos negocios o proyectos. || **Ver un reloj de bolsillo:** Excitación sexual. || **Comprar un reloj de pulsera:** Proposición sentimental.

RELLANO (De escalera)

Psi. En ocasiones, puede señalar un compás de espera en proyectos o realizaciones, una especie de descanso, pero la mayoría de las veces suele representar las inhibiciones neuróticas que dificultan las relaciones sexuales o sentimentales. En tales casos, el contexto general del ensueño indica cómo ha de interpretarse este símbolo, como en el sueño que insertamos en el término *escalera* (mujer de veintiséis años, soltera).

REMOLACHA

Psi. Símbolo fálico, representación del miembro viril.

REPOSTERÍA *(Véase restaurante y postres)*

RESIDUOS DIURNOS (Sueños de)

Psi. 1. Como indica Henri Bergson, son aquellos sueños psicológicos que reflejan hechos recientes, tensiones del estado de vigilia, residuos de las preocupaciones o actividades de la vida cotidiana. En cierta forma, pueden considerarse *sueños de descarga emocional* o *nerviosa*, e incluso de regulación psíquica, de relax de la personalidad. Así, pueden ser sueños sin pies ni cabeza, en que

se entremezclan las situaciones más absurdas con los hechos más reales y que uno comprende desde el primer momento que están relacionados con sus angustias y conflictos de la víspera o de días anteriores. Pertenecen a esta clase de sueños aquéllos a los que ya se refería el poeta Lucrecio (siglo I antes de nuestra Era) en su obra *De la naturaleza* al decir: «Y la afición a que cada uno está más devotamente entregado, las cosas en que más nos hemos detenido en el pasado y a las que el espíritu ha puesto mayor atención, son las mismas que parecen comúnmente ocuparnos en los sueños: los abogados, pleitear y redactar leyes; los generales, combatir y lanzarse al asalto; los navegantes, proseguir la lucha entablada con los vientos; yo mismo, aplicarme a mi tarea, investigar la naturaleza sin cesar y exponer mis hallazgos en lengua paterna. De este modo, las demás aficiones y artes ocupan de ordinario en sueños a los hombres con engañosas imágenes. Los que dedicaron muchos días seguidos a contemplar atentos los juegos del circo, cuando ya los sentidos han cesado de ocuparse del espectáculo, vemos, no obstante, que suelen conceder en su mente paso franco a la introducción de los mismos simulacros. Y así, durante muchos días, idénticas imágenes se ofrecen a sus ojos, y aun despiertos creen ver a los danzarines mover sus ágiles miembros, y sus oídos perciben el límpido canto de la cítara y el acento de las cuerdas, y contemplan el mismo concurso, y ven la escena resplandeciente con sus varios adornos. Tanto influyen la afición y el placer y las cosas en que uno habitualmente se ocupa». || 2. Muchas de las palabras y conversaciones que a veces aparecen en los sueños son más residuos o restos diurnos que las propias imágenes. *(Véase* el término *palabras).* || 3. Sobre los residuos o restos diurnos el propio Freud nos dice *(Metapsicología):* «La experiencia nos muestra que los estímulos del *sueño son restos diurnos, cargas mentales,* que no se han prestado a la general sustracción de las cargas y han conservado, a pesar de ella, cierta medida de interés libidinoso o de otro género cualquiera. Así pues, hallamos aquí una primera excepción del narcisismo del estado de reposo; excepción que da lugar a la elaboración onírica. Los *restos diurnos* se nos dan a conocer en el análisis como ideas oníricas latentes, y tenemos que considerarlos, por su naturaleza y su situación, como representaciones preconscientes, pertenecientes al sistema preconsciente». Y más adelante nos precisa: «El análisis nos evita aquí más amplias especulaciones, demostrándonos que estos *restos diurnos* tienen que recibir un refuerzo, emanado de las fuentes instintivas inconscientes, para poder surgir como formadores de sueños. Esta hipótesis no ofrece al principio dificultad ninguna, pues hemos de suponer que la censura, situada entre el sistema preconsciente y el inconsciente, se halla muy disminuida durante el reposo, quedando, por tanto, muy facilitada la relación entre ambos sistemas». En su madurez, Freud volvió a insistir

en el tema, clarificándolo aún más. En su obra *Nuevas aportaciones a la interpretación de los sueños* precisa: «Como perturbadores del reposo y motivadores de los sueños pueden actuar los denominados *restos diurnos,* procesos ideativos con carga afectiva, procedentes del día anterior al sueño, que han resistido en cierto grado a la atenuación general del reposo. Se pueden revelar estos restos diurnos reduciendo el sueño manifiesto a las ideas oníricas latentes; aquéllos forman parte de estas últimas, perteneciendo, pues, a las actividades –conscientes o mantenidas inconscientes– de la vigilia, que pueden continuar durante el reposo. Dada la multiplicidad de los procesos ideativos en lo consciente y en lo preconsciente, estos restos diurnos poseen las más diversas y múltiples significaciones, pudiendo consistir en deseos o temores no solucionados, así como en propósitos, reflexiones, advertencias, tentativas de adaptación a tareas inminentes, etc.». Aquí nosotros hemos de aclarar –de acuerdo con nuestra experiencia y observaciones oníricas– que esos restos o residuos diurnos no constituyen la finalidad del sueño, no son meros recuerdos fragmentados o mezclados, sino que parecen actuar como un «disparador» o «interruptor» que enciende o pone en marcha unos «circuitos» ya existentes que contienen las cargas emotivas o de deseos que se mezclan o se confunden en el sueño con los restos diurnos. En otras palabras: los residuos diurnos «arrastran» o «empujan» cargas latentes del inconsciente hacia la pantalla del cerebro, las sacan de su «escondite», «refugio» o «almacén». Así, por ejemplo, una persona que quede muy impresionada por las escenas de una película o de un hecho real puede soñar con ellas, pero en mezcolanza con deseos, ideas, proyectos, frustraciones, traumas o vivencias semejantes que permanecían olvidadas o arrinconadas en el inconsciente; la mayoría de las veces procedentes de la niñez y adolescencia. Es por ello que los sueños *de residuos diurnos* no deben menospreciarse; hay que estudiarlos detenidamente, pues contienen símbolos para descifrar algunos de los conflictos de la personalidad del soñante. De ahí que el propio Freud nos diga: «...Estos restos diurnos, por sí solos, aún no constituyen el sueño, pues les falta precisamente el elemento más esencial de éste. De por sí, no son capaces de formar un sueño: En puridad, no representan sino el material psíquico para la elaboración onírica, tal como los casuales estímulos sensoriales y orgánicos, o las condiciones experimentales provocadas, constituyen su material somático. Adjudicarles el principal papel en la formación onírica significaría repetir en nueva versión el error preanalítico de explicar los sueños por un empacho gástrico o una magulladura cutánea». Y la doctora Josefa García Sanz nos resume así ese influjo e importancia de los restos diurnos en la elaboración onírica *(El sueño y los sueños)*: «A veces, problemas no solucionados, preocupaciones martirizantes, o un excesivo caudal de impresiones, hacen que la actividad de pensamiento prosiga también mientras se duerme y mantenga procesos anímicos dentro del sistema que denominamos preconsciente. Recordamos que este sistema contiene lo que no está presente en el campo actual de la conciencia, pero que es accesible a la conciencia, por ejemplo, conocimientos y recuerdos no actualizados. Si se traza una clasificación de estas mociones de pensamiento que se continúan mientras dormimos, se pueden consignar los siguientes grupos: 1.º Lo que durante el día, a causa de una coacción, no se llevó hasta el final. 2.º Lo que por desfallecimiento de nuestra capacidad de pensar quedó sin tramitar: lo no solucionado. 3.º Lo rechazado y sofocado durante el día. 4.º Lo que por el trabajo de lo preconsciente fue alertado durante el día en nuestro inconsciente. 5.º Las impresiones de día que nos resultaron indiferentes y por eso quedaron sin tramitar».

RESTOS DIURNOS *(Véase residuos diurnos)*

RESTAURANTE
(Casa de comidas, merendero, restaurante de autoservicio)
Psi. 1. Las casas de comidas y restaurantes tienen en sueños el simbolismo de lugar de placeres sexuales, de lugar en que se puede saciar el apetito carnal. Los platos y alimentos que se sirven tienen su significado especial. Por ejemplo, una persona que sueña que le sirven un jugoso plato de carne hace referencia al acto carnal, al apetito sexual de una manera clara y contundente. *(Véase* el

término *carne).* Por el contrario, una mujer que rechaza el plato de carne que le sirven, quizá porque la carne está demasiado cruda, expresa su repulsión por lo genital. Igual puede decirse de los platos de marisco, pescado, paella, albóndigas, etc., expresan el apetito erótico que se quiere satisfacer o que se repudia, según se deleite uno con ellos o no los quiera. Asimismo, los postres y requisitos de repostería también expresan el deleite sexual, si bien los pasteles y las frutas hablan de unos sentimientos adornados, sublimados, poéticos, románticos..., en vez de lo estrictamente carnal y genital, como pueden ser los platos de carne. El comer en compañía de una persona del sexo contrario (conocida o no) es un simbolismo del apetito sexual, de las relaciones genitales que se desean o encuentran a faltar, es decir, que expresa la heterosexualidad. Es curioso el sueño de un hombre soltero que vio cómo en la casa de comidas le «ponían delante un plato de albóndigas con salsa de cebolla frita». El hombre no estaba seguro, pero creía que había siete albóndigas. Este sueño no sólo hace referencia al apetito carnal por la parte de los alimentos, sino también por el número de albóndigas. El *número siete* está relacionado con el matrimonio y la unión sexual, tanto por el séptimo sacramento como por la casa séptima del horóscopo personal o carta astral (la Casa 7 es la del matrimonio). No está de más el recordar que el *plato* y las *fuentes de comida* simbolizan al sexo femenino, a la mujer. || 2. En cambio, el comer en un restaurante de autoservicio *(self-service),* de «sírvase usted mismo», expresa la soledad y la masturbación, como en el discutido sueño que explica Medard Boss *(Los sueños,* de Raymond Battegay y Arthur Trenkel) de un estudiante de psicología, de veinticuatro años de edad, que dice: «Estoy con unos compañeros y me entero de que la novia de mi amigo, el cual se había apartado prácticamente de mí desde que se puso a cortejarla, ha muerto, hace poco, de cáncer. Me siento muy afectado por la noticia, al igual que todos los presentes, y me compadezco sinceramente por la desdicha de ese amigo. Después del entierro, me encuentro con los asistentes a éste en una especie de restaurante de autoservicio. Están todos en fila frente a la barra y se sirven. Antes de que llegue mi turno, busco con la mirada un postre de dulce, pero no veo ninguno. Avanzo entre los demás por si descubro el plato apetecido, pero todo es en vano. Vuelvo a mi sitio, pero sigo con la esperanza de hallar lo que deseo. En vista del resultado negativo, me quedo cariacontecido». En conjunto, este sueño refleja que, inconscientemente, hay un cierto resentimiento hacia la novia que se ha llevado al amigo y el durmiente ha quedado demasiado solo. Por eso en el sueño ella *muere de cáncer,* es decir, que no hay posibilidad de que el soñante acepte la amistad de esa chica, de que para él ha muerto. Aquí incluso puede haber la «muerte de un ideal», en el sentido de que la chica represente las ilusiones y proyectos que podía compartir el soñante con su amigo. Incluso es posible que el morir de *cáncer* exprese pensamientos del durmiente en estado de vigilia; no sería sorprendente que se hubiera dicho a sí mismo que la «mujer es un cáncer que todo lo mata». En realidad, pues, este sueño es un *entierro* onírico de dicha amistad. Pero la vida continúa, y todos van al *restaurante* a satisfacer su apetito (o sea, que busca en la vida la pareja para pasarlo bien y satisfacer su apetito amoroso). Él busca un *postre dulce*, es decir, que le gustaría encontrar un amor, una pareja, una comunicación sexual, una chica «dulce y cariñosa», pero *no ve ninguno* (probablemente no conoce a ninguna mujer que se adapte a su ideal, a su romanticismo, a lo que él considera que debe ser el amor). Sigue solo. Y el *restaurante de autoservicio* expresa así la masturbación, la autosatisfacción erótica, el valerse por sí mismo. ‖ 3. A veces, si uno sueña que come a gusto en un restaurante y que luego tiene dolor de vientre, que le sienta mal la comida o que sufre un corte de digestión, expresa el remordimiento o el miedo a pecar, es decir, el arrepentimiento por una actividad sexual determinada. Puede indicar que existen en el durmiente muchas inhibiciones o frenos morales. ‖ 4. Por supuesto, hay muchos sueños de comidas y restaurantes que hacen referencia a estímulos somáticos, como un caso que explica Tissié: «Sueño que estoy en un restaurante donde se me sirve un plato de cebollas fritas. Después de tres o cuatro bocados, aunque teniendo hambre, dejo el plato, porque el manjar tiene un gusto muy pronunciado de ajo y azúcar, lo que me era muy desagradable. Me despierto, tenía la boca entreabierta y la sensación bien clara de un sabor aliáceo». Es muy probable que la alteración química, a causa de las comidas ingeridas anteriormente, dieran lugar a este sueño que nada tenía que ver con un simbolismo psicológico. Otro sueño curioso motivado por estímulos somáticos, por no decir físico-patológicos es el siguiente (hombre adulto, soltero): «Todo el mundo está comiendo pollo. Amigos y amigas del trabajo. Parece que hay una especie de epidemia de hambre en la ciudad. Y tenemos mucho pollo congelado. Una chica pasa lista. Nos hartamos de comer pollo. Salen muchos conocidos comiendo pollo y dándome pollo». Hasta aquí, el sueño podría interpretarse tranquilamente como psicológico-erótico (trasfondo que puede tener a pesar de todo), pero lo extraordinario es que el durmiente volvía a despertarse más tarde, de nuevo, con una fuerte inflamación en la boca, sacando sangre por las encías. Aquella misma mañana se le diagnosticaba una infección y comenzaba el tratamiento con antibióticos. Posteriormente se le mataría un nervio y la visita al dentista se prolongaría varios meses. Es decir, que el sueño indicaba algo con referencia a la boca, denunciaba que estaba en marcha un problema, pero que en el ensueño aparecía en sentido contrario (había exceso de pollo, si bien se habla de epidemia de hambre). Quizá, psicológicamente, habría de interpretarse en el sentido siguiente (si admitimos un trasfondo psicológico): ya no podrás comer lo que quieras, pues la boca te dará muchas molestias. Tendrás una *epidemia de hambre* en tu cuerpo *(ciudad)*, pero hay mucho *pollo congelado* (puede interpretarse como reservas en el organismo u otras comidas que se podrán tomar).

REVÉS (Al revés) *(Véase dirección contraria)*

REVISOR

Psi. La figura del revisor suele aparecer en los sueños en que viajamos en *tren, autobús, tranvía...* *(Véanse esos términos y también el de billete).* Representa nuestra conciencia, nuestra moral y una de las autoridades de nuestro inconsciente. Cuando aparece en sueños es para «revisar» nuestro billete, es decir, nuestro comportamiento en sociedad y para situarnos exactamente en el lugar que merecemos, sea más alto o más bajo, en el vagón de primera o en el de segunda, es decir, nos coloca en el lugar que nos corresponde por lo que sabemos. Y no se le puede sobornar. El revisor de los sueños es inflexible. Gracias a sus indicaciones, el soñante puede comprender que no está actuando correctamente, que debe cambiar su conducta personal, profesional o comercial. Veamos claramente la función del revisor en un sueño magistralmente estudiado por el psicólogo francés Pierre Real. «Me encuentro en un tren. Tengo un billete de tercera clase; incomprensiblemente, viajo en un departamento de primera. Todo el mundo está bien vestido y de pronto me doy cuenta de lo mal arreglado que yo voy. Mi traje está agujereado, mis zapatos rotos... Entonces llega el revisor; me arrojo por la ventanilla y caigo llorando en un vacío inmenso. Esta caída angustiosa me despierta». He aquí el análisis detallado de este sueño hecho por el citado psicólogo: «Ha tomado *un billete de tercera, pero viaja en primera.* (La *tercera clase* demuestra el modo como se ve, tímido e inferior a los demás; la *primera clase* demuestra que viaja fraudulentamente, lo que le hace sentirse desgraciado). *Los viajeros están bien vestidos, él muy mal* (se siente moralmente miserable). *Entra el revisor* (este revisor va a desenmascararle y a decir a los demás viajeros: "¿Pensaban ustedes que era una persona de primera clase? ¡Pues solamente lleva billete de tercera! ¿Ustedes le creían seguro de sí mismo y en su puesto? ¡En realidad no es nadie!"). *Salta por la ventana y cae en el vacío* (su miedo a ser desenmascarado le empuja a la huida y cae en el vacío, que siente dentro de sí mismo)». Nosotros hemos de aclarar que este tipo de sueños son usuales en aquellas personas que no se han preparado personal y profesionalmente para subir en la vida y que esperan destacar o prosperar a base de audacia, de un golpe de suerte o, simplemente, «haciendo trampas a la vida». Pero el revisor les recuerda cuál es su verdadero departamento en el tren de la vida, cuál es su verdadera categoría. Y es que nosotros podemos engañar y aparentar lo que queramos, *pero no estafar al inconsciente.*

REY (Monarca)

Psi. 1. Es una alegoría universal o figura arquetípica de la autoridad, el mando, la grandeza, el poder, el padre, el jefe espiritual y material, la nación, el pueblo. En muchos sueños simboliza al padre y al jefe espiritual que uno admira o respeta, pero en otros sueños, el rey puede convertirse en un tirano (reflejo de las dificultades del soñante con su padre, padrastro, tutor...). Soñar con monarcas que lo encarcelan a uno o lo hacen perseguir o que no lo quieren recibir, casi siempre refleja la falta de buenas relaciones afectivas con el padre. || 2. En sueños femeninos, el rey es una idealización del «ánimus». || 3. De una forma u otra, cuando aparecen reyes en los sueños, el inconsciente señala que el soñante debe prepararse para nuevas responsabilidades y protagonismos. *C. oc.:* **Rey a caballo:** Buenas noticias, éxitos profesionales. || **Por la calle o hablar con él:** Nuevas y prósperas realizaciones profesionales. || **Hablando desde un balcón:** Hay que estar prevenido contra los enemigos y opositores. || **Enviar una carta al rey:** Peligros, sinsabores, conflictos, necesidad de ayuda y protección. || **Rey rodeado de su corte o séquito:** Las falsas amistades crearán problemas. || **Solicitar una entrevista al rey:** Problemas familiares. || **Rey y reina juntos:** Buenas noticias, beneficios, golpe de suerte.

RIEGO POR ASPERSIÓN

Psi. El aspersor del sistema de riego por aspersión es un símbolo fálico. El verde campo o el césped es la mujer.

RIENDAS

Psi. Las riendas unidas al bocado de la caballería simbolizan en sueños los principios morales que gobiernan nuestra vida instintiva, los frenos espirituales y culturales que moderan nuestros instintos e impiden que nos desboquemos hacia situaciones peligrosas. Malo es cuando en sueños vemos que se rompen las riendas con las que controlamos a los caballos, ya que advierte de que los instintos se están «disparando», que empiezan a cabalgar por su cuenta, sin control, arrastrándonos hacia donde éstos quieran llevarnos. Es un sueño de advertencia de peligro inmediato. || *C. oc.:* **Poner las riendas a la caballería:** Asuntos que mejorarán. || **Tirar de las riendas para detener un caballo:** Se necesita ser más prudente en lo monetario y financiero. || **Romperse las riendas:** Peligro de perder el control de un negocio o proyecto profesional. || **Cabalgar o conducir un carruaje con las riendas:** Beneficios y satisfacciones gracias al control y sabia actuación.

RIFA

Psi. 1. Suele expresar la falta de planes concretos y de método en la actuación del durmiente; hace las cosas improvisándolo todo, no confía en sus propias facultades, espera solucionar sus conflictos o dificultades con un golpe de suerte. *(Véase el término lotería).* || 2. No obtener premio o no gustarle a uno el número que le dan, acostumbra a expresar su disconformidad inconsciente con la suerte o el destino. Son sueños típicos de personas con complejo de inferioridad, que no confían en sí mismos para salir adelante.

RINOCERONTE

Psi. El aspecto temible de la sexualidad masculina. Como símbolo peyorativo representa al marido o amante que se teme o que asusta por su brutalidad y falta de sensibilidad. *C. oc.:* **Rinocerontes peleándose:** Conflictos a causa de dos pretendientes. || **Matar un rinoceronte:** Divorcio, separación, rompimiento sentimental. || **Rinocerontes en un zoológico:** Mejorará el plano sentimental y conyugal.

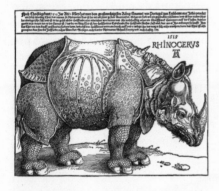

RIÑA

Psi. 1. Muchas riñas entre hombres y mujeres (incluso entre personas del mismo sexo; inclinaciones homosexuales) representan el coito o relaciones sexuales que se desean. Las armas que intervienen en la riña (puñal, espada, daga, navaja, pistola, revólver, etc.) suelen simbolizar el miembro viril. *(Véase* el término *pelea).* || 2. Otras veces, una riña expresa la agresividad inconsciente del sujeto hacia las personas que intervienen en ella.

RÍO

Psi. 1. Uno de los grandes símbolos de la energía psíquica de la vida instintiva. Es un depósito de energía psíquica, una representación de nuestras facultades psíquicas. A través de los ríos naturales puede uno navegar y llegar a puntos tan lejanos como exóticos y llenos de vida o, por el contrario, llegar a zonas pobres o contaminadas. De manera parecida se ha de interpretar el río de los sueños. «Cuando una corriente semejante –dice el doctor Aeppli– fluye a través del paisaje psíquico, es que hay allí una corriente de energía poderosa que, por supuesto, la conciencia desaprovecha bastante a menudo». || 2. El río de los sueños representa la mayoría de las veces el *río de la vida,* el *curso de la existencia,* el *fluir del destino,* y la variedad de sus paisajes oníricos y lo que en él y en sus orillas acontece corresponde a las peripecias de nuestro destino o a la idea que de él tenemos formada en el inconsciente. Al respecto, Raymond de Becker nos dice: «Los antiguos papiros egipcios decían que sumergirse en un río era recibir la absolución de todos los males, sin duda porque el que se sumerge en la gran corriente de la vida deja tras de sí los escrúpulos o sentimientos de culpabilidad que puedan trabarlo o atormentarlo. Con respecto a *las Claves de los sueños* árabes, el río suele representar a un hombre, grande o pequeño, proporcional a su tamaño. La importancia mayor o menor del río soñado puede representar la mayor o menor importancia del destino del soñador». || 3. El río de los sueños, en otras ocasiones, también representa lo *masculino* y lo *paterno,* probablemente a causa del trazado imperioso y profundo que atraviesa a la tierra (símbolo de la madre, de ahí el nombre de *madre tierra),* al poder y a la majestuosidad que se desprende de él y a su fuerza e ímpetu (no olvidemos la furia de los desbordamientos y avenidas). El río es semejante al *surco del arado,* pues no es nada más que un enorme surco lleno de agua en movimiento. || 4. Si el río de los sueños desborda o se sale de su cauce –lo que en la vida real es una gran calamidad por el sinnúmero de desgracias y daños que provoca– indica que el destino y las fuerzas psíquicas del sujeto no siguen su curso natural, que hay algo en la existencia del soñador que se está saliendo de sus vías naturales y pacíficas, con el consiguiente perjuicio para la vida anímica o espiritual del soñador. Cuando uno sueña que se desborda un río tiene que indagar qué está ocurriendo en su interior y entorno social y familiar, y procurar llevar de nuevo las aguas a su cauce natural. || 5. Sumergirse en un río, a semejanza del ritual religioso que aún realizan los creyentes de la India bañándose en el poderoso río Ganges, es un símbolo de purificación interior. *(Véase* el término *agua,* como elemento purificador). En este caso, el soñador puede estar pasando por una etapa de renovación espiritual o psíquica. || 6. Por el contrario, soñar que uno se encuentra o camina por

el cauce seco de un río, advierte al soñante que se está quedando sin recursos psíquicos, que se está secando su energía instintiva, que en su interior empieza a predominar la pobreza espiritual. || 7. Soñar que uno navega a contracorriente puede ser un aviso de que se vive fuera de la realidad y de que se va en contra de lo conveniente. || 8. A veces, el soñar con un río cuyas aguas corren al revés expresa la homosexualidad del soñante. *(Véase* el término *dirección contraria).* || *C. oc.*: **Río de agua limpia y cristalina:** Beneficios, negocio fructífero, estabilidad familiar. || **Río de agua sucia y contaminada:** Pérdidas monetarias, conflictos hogareños y familiares. || **Cruzar un río:** Se superarán problemas y conflictos, cambios para mejorar. || **Niños cayendo a un río:** Proyectos que fracasan, negocios que se van al agua. || **Nadar en un río:** Peligros y obstáculos que se acercan. || **Río que lo inunda todo:** Graves problemas conyugales o familiares.

ROCA

Psi. 1. Puede simbolizar la solidez, la grandeza, la firmeza, la dureza, la resistencia (sea del soñador, de un familiar o de otros personajes que intervienen en el sueño o que juegan un papel en la vida cotidiana del soñante). || 2. En otras ocasiones, la roca o rocas de nuestros sueños simbolizan nuestras preocupaciones interiores y los obstáculos que se interponen en nuestros proyectos o camino. El verse uno escalando enormes rocas suele indicar la capacidad anímica para superar o vencer los problemas o conflictos. || 3. En sueños de mujer, acostumbra a tener un sentido fálico, es decir, representa el miembro masculino. En tal aspecto es un sinónimo de *piedra. (Véase* ese término y los de *acuario* e *ir de excursión).* || 4. A veces, simboliza el padre. Así, no es extraño que un sujeto que consideraba inconscientemente que su padre tenía la culpa de todo lo que le pasaba, tuvo un sueño «en que una gran roca lo aplastaba».

ROCK HUDSON *(Véase hotel)*

ROCIADOR

Psi. Un rociador de ducha simboliza la eyaculación, es una expresión fálica. *(Véase* el apartado 10 del término *agua).*

ROJINEGRO

Psi. El color rojinegro (compuesto de rojo y negro) simboliza el odio furioso, la pasión intransigente y violenta, la amoralidad, la insociabilidad.

ROJO (Color)

Psi. 1. Para significados generales, *véase* el término *colores.* || 2. El color rojo domina en muchos sueños sexuales y de apasionamientos eróticos y puede presentarse como el color de un cubrecama *(véase* el término *cama)* o el de una toalla, como en el sueño de una chica que veía a un hombre desnudo que tapaba sus genitales con una toalla roja. || 3. En sueños de tipo fisiológico y en caso de fuertes alteraciones nerviosas y angustias, el color rojo puede expresar «heridas psíquicas», como en el caso de una señora que nos escribió: «Hace una semana que sueño cosas de color rojo o ensangrentadas. La verdad es que las cosas no me van muy bien».

ROLLO

Psi. 1. Símbolo fálico, representación de los genitales masculinos. Cualquier rollo de revistas, mapas, carteles, etc., representa el miembro viril, tanto por su forma cilíndrica (de canuto) como por el hueco interior que queda, cual conducto urinario, como en el sueño de Raúl (que explica Charles Baudouin), en que en un momento de su largo viaje onírico (*Véase* el término *diligencia*), «...el señor Weiss les dice: "Presten atención a esos cuatro rollos". Los rollos eran carteles murales que estorbaban por su tamaño». Esos cuatro rollos eran el órgano sexual de Raúl y de sus tres compañeros, como representación de sus crisis de adolescentes y formación de hombres. «Los rollos –explica muy inteligentemente Baudouin– parecen expresar en sus distintos aspectos esta virilidad naciente que aparece en la vida (orgánica y mental) del adolescente como una especie de cuerpo extraño, y que al principio molesta. Molestia interna, por la aparición de nuevas fuerzas; molestia externa, por una autoridad que comprime todavía sus fuerzas; desorden repentino en la adaptación a la vida, que de pronto sobrepasa el ser, y debe volver a alcanzarlo corriendo...». || 2. En otro sueño de nuestra colección tiene un cariz fisiológico. El soñante fue un hombre de cincuenta y cinco años, y su ensueño el siguiente: «Paseo por una especie de mercado de libros y publicaciones, y llevo un rollo de mapas o algo parecido. Me llama un librero y me entrega unas cuantas láminas que me guardaba. Las ponemos todas juntas y las enrollamos encima de la mesa de la parada. Muchas de las láminas eran de un color amarronado y otras eran blancas. Y le digo al librero: "Ya te puedes imaginar el material que tengo en casa"». El soñante despertó en seguida, tenía el miembro viril erecto y deseos de orinar, por lo que tuvo que ir rápidamente al mingitorio. Es un sueño que sirve de ejemplo del simbolismo del *rollo* como miembro viril. El *color de las láminas* significan aquí la orina.

ROMPER (Rompimiento)

Psi. 1. Soñar que se rompe o que se ha roto un objeto significa muchas veces la desfloración o pérdida de la virginidad: delantal roto, polvera rota, puerta rota, ventana rota... || 2. El soñar un hombre que se rompe una pierna puede reflejar su problema de virilidad o impotencia o el miedo de perder su potencia sexual. Es un símbolo del complejo de castración. || 3. Otras veces, los sueños de romper o rompimiento hacen referencia a la separación matrimonial, al divorcio o al rompimiento sentimental, como en el caso de alguna *fractura.* (*Véase* ese término).

ROPAS

Psi. 1. Como en el caso de los vestidos, las ropas que llevamos o encontramos en sueños nos indican nuestra verdadera situación social. (*Véase vestido*). Hay prendas que simbolizan lo masculino y tienen cierta representación sexual, como el abrigo, la capa, el sombrero, la gorra, la corbata de nudo... En cambio, el vestido, el pañuelo..., simbolizan a la mujer. En ocasiones, las ropas pueden indicar nuestros complejos y neurosis e incluso señalar aquellas tendencias o partes de nuestra personalidad de las que tenemos que desprendernos, sobre todo cuando se trata de sueños de *ropas viejas,* como en el caso siguiente (mujer de sesenta y cuatro años): «Sueño mucho con ropas viejas, mucha basura y polvo. Me encuentro limpiando casas y no sé de quién son. En ellas hay mucho polvo, basura, trapos viejos... También sueño mucho con personas que hace tiempo que están muertas y hablo con ellas todos los días. También he soñado que estaba lavando en un arroyo y el agua era clara; encontré unos pendientes de plata y un crucifijo y me puse muy contenta. Por favor, dígame si me acecha alguna desgracia». Nuestra explicación escrita a estos sueños fue la siguiente: «A usted lo que le ocurre es que, inconscientemente, experimenta cierto temor por lo que la espera en un próximo futuro, sea aquí en la tierra o en la otra vida. No me dice usted si tiene creencias religiosas o no, pero esa *limpieza* que hace usted en casas desconocidas no es nada más que un repaso de su vida, de su conciencia, puesto que esas casas y habitaciones son construcciones que forman parte de su personalidad. En cierta manera, esos sueños sirven para poner ante sus ojos los "trapos sucios de familia", que todos tenemos. Pero usted sigue buscando y limpiando, buscando algunos valores espirituales, cosas que no sean mundanas ni materiales, por ello se alegra tanto al encontrarse en un *arroyo de agua clara y cristalina* y hallar allí unos *pendientes de plata* y un *crucifijo de oro,* puesto que todo ello significa que en su alma sigue conservando valores espirituales, que posee fuerzas psíquicas capaces de elevarse por encima de los materialismos de la vida, que en los momentos trascendentales han de considerarse como lastres inútiles. En conjunto, parece como si usted no hubiera cultivado mucho –por las causas que fueren, particulares o sociales– los valores por pulir y desarrollar que todos llevamos dentro. Y el que hable con los *muertos* que usted conoció en vida, quiere decir que experimenta cierta preocupación por la otra vida; habla con ellos para interrogarlos sobre la gran incógnita de la existencia humana, sobre el más allá. Por lo demás, todo ello es bastante típico en las personas de edad, ya que la experiencia les indica que ir detrás del materialismo no conduce a nada positivo y que en la existencia han de buscarse otros valores humanos». Aquí podemos ampliar la respuesta diciendo que tras este tipo de sueños siempre hay una fuerte dosis de soledad y de incomprensión y que la persona se aferra a los recuerdos y personas del pasado. Por supuesto, cuando persisten mucho los sueños de *ropas viejas* el inconsciente está avisando que hay que desprenderse de lo que no sirve, que hay que tirar lo viejo y caduco, de lo contrario (aunque sean vivencias, afectos y recuerdos familiares) se corre peligro de que se conviertan en fijaciones neuróticas del pasado y dificulten la normal evolución o desarrollo de la personalidad. || 2. Otras veces, las ropas viejas, sucias o manchadas pueden denunciar malas acciones o actos impuros del soñante. Incluso las ropas que no le caen bien a uno pueden ser una recriminación de la conciencia, como el caso que explica Edgar Cayce de un escritor que había plagiado prácticamente un artículo y soñó que llevaba un traje demasiado holgado, que se le caían los pantalones, tenía que ajustarse la chaqueta continuamente y que al final se veía desdoblando un traje que parecía haber robado a alguien. Queda claro que la conciencia le recriminaba el haberse vestido con el ropaje, el trabajo de otro, y que no le iba, que intelectualmente no estaba a la altura de lo que había copiado, plagiado, robado. || 3. En el caso de sueños de marcado cariz sexual, las ropas simbolizan la excitación que se apodera de la persona, que la «cubre», que cambia su estado o personalidad.

ROSA (Rosado) *(Véase colores)*

ROSA

Psi. 1. Esta flor que en la vida real ya es símbolo de amor, en sueños representa la espiritualidad, la belleza, la pureza, la amistad, la exaltación espiritual, la riqueza anímica, los ideales superiores, la perfección espiritual…, pero, por encima de todo, la rosa simboliza lo femenino por excelencia, a la mujer. Respecto a su significado sexual en los sueños,

veamos un sueño narrado por Pierre Real, correspondiente a un joven de dieciocho años: «Me paseo por un jardín en el que hay numerosas rosas blancas. Ante mí, en el suelo, hay un nudoso bastón; lo recojo. Con él corto dos o tres rosas que se deshojan. Después clavo rabiosamente mi bastón en el suelo, y me despierto experimentando un placer sexual». Como explica muy bien Pierre Real, el *jardín* cubierto de rosas blancas simboliza el jardín de Venus, el jar-

dín de los placeres amorosos de la vida. Las *rosas blancas* representan a las jóvenes bellas e inmaculadas y el *bastón*, el órgano viril. El que *corte las rosas con el bastón* indica los deseos de querer poseer a alguna joven y romper su pureza, su virginidad con el acto sexual. Después clava con pasión su bastón en la tierra, la cual ya sabemos que es el principal símbolo representativo de la mujer. Por supuesto, el *agujero* en la tierra representa el órgano sexual femenino y, en este caso, el coito. El mismo soñante reconoce que despertó con el miembro viril erecto y experimentando placer sexual. || 2. En su aspecto espiritual, la plenitud de la corola de la rosa y de sus pétalos representan la riqueza del alma, la búsqueda de la perfección interior. «Por eso encierra en sí –aclara el doctor Aeppli– algo divino, sacrosanto, aun cuando no pueda prescindirse de sus conocidas espinas y, con ellas, su proximidad a la cruz. Los sueños de rosas anuncian casi siempre algo espléndido». || 3. Las rosas blancas y los capullos de rosa suelen simbolizar a la mujer virgen. || 4. En su aspecto de color rojo, las rosas rojas de algunos sueños hacen referencia a la menstruación, como en el sueño de una mujer que después de un parto, al volver a la menstruación, soñó que «regalaba a su marido un ramo de rosas rojas muy hermosas y que olían muy bien». Aquí puede haber una alegría inconsciente de la soñadora por haber superado la etapa del posparto y volver a reemprender la actividad sexual placentera. Por tanto, en este sueño, se entremezclan los simbolismos de amor, menstruación y órgano genital. En muchas conversaciones íntimas o informales, hay mujeres que al referirse a su órgano genital lo llaman «mi rosa». || *C. oc.:* **Rosa con espinas:** Dificultades sentimentales, problemas con amistades íntimas. || **Rosa sin espinas:** Alegrías amorosas, placeres. || **Coger rosas:** Próximo noviazgo o declaración amorosa. || **Oler rosas:** Gratas noticias. || **Recoger rosas:** Proposición matrimonial. || **Recibir rosas como obsequio:** Gratos recuerdos de viejas amistades, triunfo en sociedad, éxito profesional. || **Rosas marchitas:** Disgustos, frustraciones, desengaños, relaciones que se mueren. || **Mujer casada soñando con rosas:** Pronto será madre. || **Mujer casada soñando que recoge rosas no abiertas:** Peligro de aborto, dificultades para quedar embarazada. || **Coger rosas amarillas:** Noticias tristes. || **Ver rosas blancas sin luz solar o con rocío:** Peligro de enfermedad grave, propia o en la familia. || **Mujer joven soñando con rosales, cortando rosas y colocándolas en floreros:** Buen presagio. Proposición sentimental o matrimonial por parte de un conocido o una persona a la que estima.

ROSTRO (Cara, semblante)

Psi. 1. Los rostros que aparecen en sueños y pesadillas siempre, o casi siempre, expresan tensiones y conflictos. Así, el psiquiatra ruso Kasatkin ha precisado: «Si al que sueña se le aparece su propio rostro o los rostros de los que aparecen en sueños, como desgarrados o rotos, hay que sospechar de una próxima enfermedad». || 2. El doctor Künkel explica, al referirse a un paciente traumatizado por la incomunicación con su padre y con los demás, cómo en los sueños «veía disformes y espantosos rostros avanzar hacia él, surgiendo de un rincón de la habitación. Se acercaban cada vez más, sarcásticos y crueles, como si quisieran aniquilarlo; y despertaba al cabo, presa de la angustia».

ROTURA

Psi. 1. En muchos sueños tiene el significado de fractura de algún miembro, lo que significa rompimiento sentimental o separación conyugal. (*Véase* el término *fractura*). || 2. La rotura de un espejo suele expresar la pérdida del himen o la desfloración, al igual que un delantal roto por la parte delantera.

RUIDOS *(Véase oír ruidos)*

RUINAS

Psi. 1. Ver edificios, casas o construcciones derrumbadas o en ruinas suele expresar desmoralizaciones, traumas, depresiones emocionales, pesimismos intensos, enfermedades...; son las ruinas de la psiquis. Se necesita el consejo del psicólogo para volver a construir una nueva vivienda, para «reconstruir» la personalidad. || 2. Soñar que uno va de visita a unas ruinas antiguas acostumbra a ser una exploración a los lugares del propio inconsciente en los que se hallan los restos de pasados traumas, complejos, desilusiones, fracasos, desengaños, etc. Son sueños que hablan de pasadas luchas y sinsabores y que han dejado su huella en el espíritu.

RULETA

Psi. 1. Símbolo del rodar del destino, de la rueda de la vida y de la suerte. Indica que hay falta de planificación en la existencia del soñante, que no confía en sus propias facultades y que depende demasiado de los avatares del destino; se espera un golpe de suerte, una buena racha; parecido a *rifa* y *lotería*. *(Véanse* esos términos)*. Los colores y los números que salen en la ruleta onírica suelen recordar fechas clave, traumas o situaciones conflictivas en la vida del sujeto. Para su significado, *véanse* los términos *colores* y los *números* principales en sus correspondientes voces. A veces, el número que marca la ruleta indica la edad en que se produjo el trauma o el hecho de que no puede olvidarse o que dejó su marca en el inconsciente. || *C. oc.:* **Jugar a la ruleta:** Se espera demasiado de la suerte; asuntos o proyectos inseguros. || **Ganar jugando a la ruleta:** Entrada de dinero inesperada, pero que se gastará rápidamente. || **Jugar al rojo:** Amistades peligrosas, adulterio. || **Jugar al negro:** Amor secreto. || **Perder a la ruleta:** Pérdidas monetarias por traición de amistades. Otros jugando a la ruleta: Cobros que se retrasarán.

S

SABIO

Psi. A menudo aparece un sabio en sueños con la figura de «un anciano», esté en un templo, cueva o paraje del bosque. Actúa como maestro e instructor psíquico del soñante. Este sabio reside en el bosque del inconsciente. *(Véase* el término *viejo sabio).*

SABLE

Psi. Símbolo fálico. Significado igual que *puñal, espada, cuchillo...* *(Véanse* esos términos). || *C. oc.:* **Mujer empuñando un sable:** Excitación sexual, relaciones o matrimonio con un militar. || **Hombre empuñando un sable:** Victoria sobre enemigos, conspiraciones que serán vencidas.

SALÓN

Psi. 1. En ocasiones, simboliza los genitales femeninos, por lo que hay que prestar especial atención a la forma y detalles del salón y de los elementos que acompañan al sueño. Al respecto, Ángel Garma nos cuenta un sueño tenido por una mujer, que refleja la angustia de unas relaciones sexuales frustrantes con el marido enfermizo y que describe la acción como sucedida en «un salón ovalado y angosto. Un primer piso y una baranda de la misma forma del salón. Barrotes finos y pintados de negro...». *El salón ovalado y angosto* simboliza el sexo femenino y los *barrotes finos y negros* son los cabellos del pubis. || 2. En otros sueños, el salón nos indica situaciones positivas o negativas de nuestras relaciones con los demás, sean familiares, colaboradores o simplemente de actividades sociales. Incluso pueden señalar las tendencias megalomaníacas del soñador.

SALVAJES (Indígenas)

Psi. 1. Por lo común, los salvajes que salen en los sueños simbolizan aspectos instintivos primitivos de la personalidad. Si los indígenas son furiosos o agresivos pueden advertir que están cobrando fuerza en la personalidad tendencias destructoras, generalmente vicios y pasiones. || 2. En sueños de mujer, los salvajes agresivos pueden expresar las inclinaciones o necesidades sexuales que se rechazan y, al mismo tiempo, el miedo a la agresividad fálica masculina.

SANATORIO
Psi. 1. Al igual que el hospital, lugar en el que atienden nuestras dolencias psíquicas y morales. *(Véase* el término *hospital).* || 2. Un sanatorio de montaña o de altura puede expresar que el sujeto ha de «sanear» sus pensamientos y proyectos, que su mente no está actuando correctamente.

SANGRE
Psi. 1. Al igual que en la vida real, los sueños de pérdida de sangre indican que la vida se escapa de uno, que el fluido vital está manando porque se han recibido heridas psíquicas profundas (corrientemente frustraciones, desengaños, fracasos personales...) El soñador debe entonces preguntarse: ¿Qué marcha mal en mí?, ¿por qué está sangrando mi espíritu?, ¿dónde se encuentra mi herida psíquica?... Y, en consecuencia, ¿cómo debo taponarla y curarme? Es importante analizar los detalles de los sueños y ver quién sangra, ya que no siempre es el soñador. De una forma u otra, es un simbolismo de mal augurio. *(Véanse* los términos *boca, dientes, orinar...).* Incluso en ocultismo, soñar sangre significa próxima disputa, noticias tristes, injurias, desilusiones... Es un mal presagio. A continuación damos un sueño de tipo parapsicológico, en que la sangre juega un papel simbólico principal: «Soñé que mi padre estaba dentro de una bañera llena de sangre». Al poco tiempo, el padre de la joven enfermó y falleció. Se trató, pues, de un sueño premonitorio. En él vemos, además, cómo la bañera –a manera de barca esotérica– sustituye al ataúd en el lenguaje onírico: incluso puede simbolizar la barca sagrada que nos trasporta al otro mundo, como creían los antiguos egipcios. || 2. En ocasiones, los sueños en que interviene la sangre advierten que en el organismo del sujeto hay algo que marcha mal y que pronto aparecerá alguna lesión física, que su salud sufrirá una grave alteración. Estos tipos de sueños patológicos suelen estar relacionados con enfermedades circulatorias y del corazón. Veamos un sueño relatado por el doctor Tissié, en que el trasfondo de la pesadilla es un sentimiento de miedo y en que la afección cardíaca se reveló por el sueño mucho antes que por la auscultación. La sujeto era una mujer de cuarenta y tres años: «Hace tres años, esta mujer, que soñaba como todo el mundo, ha comenzado a ver su sueño perturbado por visiones terroríficas, cuyo fondo era invariable. Llamaba constantemente a su madre para que la socorriera, se veía rodeada de sangre y de llamas y se despertaba sobresaltada, presa del más vivo terror. Por lo demás, aparte de este cambio, su salud no se alteró en nada. Continuaba su obra sin fatiga, subiendo escaleras, llevando cargas y encerando pisos. Nunca durante este período ha experimentado la menor sofocación, la menor palpitación. Sin embargo, los sueños

se multiplican y no la dejan ya una sola noche en calma. La enferma, por consejo de su marido, inquieto por esta persistencia en la reproducción de los mismos sueños, se decide a consultar un médico. Éste, después de examinarla cuidadosamente, descubre la existencia de una lesión cardíaca en su comienzo, que no se había manifestado todavía por ninguna alteración en la salud general, sino por las pesadillas que la perseguían desde hacía seis meses. Sólo un año después de la aparición de los primeros sueños, habiendo corrido un día durante mucho tiempo para evitar una tormenta, la enferma tuvo que pararse de repente, presa de una acceso de extraordinaria opresión. Desde aquel día data la aparición de los síntomas de una afección cardíaca bien definida: insuficiencia mitral, ascitis, edema de los miembros inferiores, congestión pulmonar, disnea, cianosis, perturbaciones visuales, pulso filiforme. Los sueños no han cesado nunca y continúan todavía desde hace tres años; son siempre los mismos. Las enfermas vecinas dicen que durante la noche se agita sin despertarse y llama con angustia: "¡Mamá, mamá!…"; lo cual confirma la relación hecha por la misma enferma». || 3. Sobre un sueño premonitorio de mancha de vino parecido a sangre, *véase* el término *mancha*. || 4. Veamos otro sueño de tipo fisiológico tenido por un joven: «Soñé que a la salida del trabajo me salía sangre de todas partes del cuerpo. Vaya pesadilla, pensé al despertarme, y mi sorpresa fue enorme al ver que la sábana estaba manchada de sangre. Más tarde comprobaría que había sangrado por la nariz y me tranquilicé. ¿Qué significado tiene todo esto?». Nuestra explicación fue: «Tu sueño es de origen fisiológico, es decir, que al producirse el escape de sangre por la nariz, los correspondientes mecanismos alertaron al inconsciente, que inmediatamente elaboró un aviso, en forma de sueño, porque estabas durmiendo. Este sueño, pues, era de alerta de que algo no funcionaba bien en tu organismo, de que te despertaras para ver lo que estaba ocurriendo y tomaras las medidas correspondientes. Este sueño, por tanto, no tiene ningún valor premonitorio ni anuncia nada con respecto al futuro. Ha de quedar centralizado, única y exclusivamente, en el incidente del momento en que se produjo el sueño». || *C. oc.:* **Estar manchado de sangre:** Amor desgraciado, infortunio en amores, penas de amor. || **Tener sangre en las manos:** Presagio de mala suerte. || **Sangre manando de una herida:** Próxima enfermedad o accidente, penas. || **Manar la propia sangre:** Anuncio de herencia o beneficios (también puede significar dolores de cabeza o fatiga). || **Perder sangre:** Anuncio de penas o conflictos. || **Ver correr la sangre de otro:** Contestación a un proyecto. || **Sangre manchando a otras personas:** Grave desilusión. || **Que sale de la nariz:** Accidente, catástrofe, destrucción, muerte por accidente. || **Que sale de la cabeza:** Penas, disgustos; fortuna, honores y éxitos sociales. || **Que sale de la boca:** Castidad, virtud, boda tardía. || **Que sale**

de las manos: Unión con feliz porvenir. || **Desangrarse:** Presagio de desgracia, muerte próxima. || **Dejar un rastro de sangre:** Tristeza y desventura. || **Ensuciarse con sangre:** Anuncio de un largo y penoso viaje, momentos difíciles. || **Perder sangre y sentir dolor:** Anuncio de atentado, pelea, incidente. || **Sangre en el suelo:** Desgracia o enfermedad de la que se saldrá. || **Ver mucha sangre:** Constancia y amor. || **Amigo perdiendo sangre:** Desgracia, amores escabrosos. || **Enemigo perdiendo sangre:** Avaricia, celos y sinsabores. || **Hombre perdiendo sangre:** Amor y gloria. || **Persona en una bañera llena de sangre:** Próxima muerte de una persona a la que se estima.

SAPO

Psi. 1. Este batracio que causa repelencia a mucha gente, suele simbolizar en muchos sueños todo aquello que uno considera molesto, repelente, feo, malvado, etc., haga referencia a otras personas o a uno mismo. En ocasiones, el sapo que aparece en el sueño simboliza a la persona a la que inconscientemente se le atribuyen los males que aquejan a uno, a la familia, al negocio, etc. Es por ello que muchos ocultistas señalan que los sapos de los sueños indican conflictos, contrariedades, malos negocios, etcétera. || 2. En muchos sueños, el sapo representa a la madre, a la matrona, a lo maternal-femenino. || 3. En algunos sueños de mujer, suele simbolizar la parte reprobable o repugnante de la sexualidad o de lo genital. || 4. En otros sueños, simboliza su poder de trasformación o metamorfosis, pues no hay que olvidar que el sapo es antes renacuajo, por lo que puede estar indicando al soñador que es el momento de cambiar o trasformarse a sí mismo. Recordemos, al respecto, que es una especie de animal mágico que en muchos cuentos y leyendas suele trasformarse en personas y viceversa. En su parte negativa, representa la vanidad. || *C. oc.:* **Varios sapos:** Querellas con amigos o compañeros de trabajo. || **Sapo en el camino o en casa:** Contratiempo, negocio que se estropea, promesa que se rompe. || **Matar un sapo:** Se superarán dificultades con mucho sacrificio.

SARTÉN

Psi. Símbolo del sexo femenino. || *C. oc.:* **Quemarse la comida en la sartén:** Conflictos conyugales, separación, divorcio. || **Comprar una sartén nueva:** Proposición sentimental, nuevas relaciones románticas. || **Comprar una sartén vieja:** Encuentro con un antiguo amor. || **Cocinar arroz a la paella:** Excitación sexual, buenas relaciones conyugales. || **Freír huevos:** Entrada inesperada de dinero, invitación para una fiesta o reunión.

SED

Psi. Por lo común, la sed enmascara las apetencias sexuales y eróticas, la «sed de amor». (*Véase* el término *agua*).

SEIS (Sexto)

Psi. 1. En su aspecto simbólico en los sueños, el número seis o sexto está relacionado con el amor, la atracción sentimental, el magnetismo erótico, la sexualidad, las tentaciones, los conflictos de los enamorados, la unión sexual o el matrimonio, ya que está formado por el primer número par y el primer impar (2 x 3 = 6). Y también el sexto mandamiento de los cristianos es: no cometerás acciones impuras. Al respecto, recordamos los sueños de una chica que se veía siempre haciendo el amor en una habitación hexagonal, es decir, que su personalidad se hallaba obsesionada por el sexo. || 2. En algunos sueños, el término «sexto» enmascara, en realidad, el «sexo», la genitalidad.

SELVA (Jungla)

Psi. 1. Suele representar la parte no civilizada o inexplorada de nuestro inconsciente, de nuestra propia personalidad e instintos. La selva onírica puede querer indicar que uno se está comportando de una manera selvática o por civilizar. La selva o jungla acostumbra a presentarse en los sueños cuando uno no es lo suficiente sociable o civilizado. *(Véase* el término *león).* || 2. En su aspecto erótico, la selva virgen simboliza los genitales femeninos. Un hombre que sueñe que está planificando entrar en una selva para conquistarla o explorarla, en realidad está pensando en conquistar a una mujer y hacer el amor con ella.

SEPELIO *(Véase entierro)*

SEPULTURA

Psi. No debe interpretarse literalmente, es decir, pensar que se acerca una muerte familiar. La sepultura de los sueños acostumbra a denunciar que existen en el soñador conflictos vitales y que aún no se ve la salida. Estos sueños aparecen en etapas de inseguridad, de dudas, de cambios, trasformaciones… Por lo común, indican que el soñador debe liquidar algo de su existencia y empezar una nueva vida. Aquí, la sepultura debe considerarse como sinónimo de *tumba* y *ataúd. (Véanse* estos términos).

SERPIENTE

Psi. 1. Las serpientes que aparecen en los sueños no son siempre fáciles de interpretar, ya que pueden tener el significado de la doble vertiente de lo bueno y de lo malo y pueden estar relacionadas tanto con la sexualidad y los afectos como la agresividad y maldad propia y ajena, e, incluso, con los estudios y conocimiento de lo oculto, misterioso y prohibido. Recordemos que ya la Biblia habla de cómo la serpiente enseñó a Adán y Eva los secretos del árbol de la ciencia del bien y del mal. De manera parecida a cómo el veneno de la serpiente puede matar o curar (sabemos que se extrae veneno de las serpientes para medicamentos y antídotos), las serpientes de los sueños pueden anunciar peligros, conflictos o temores sexuales o conocimientos de lo oculto o parapsicológico. Por lo común, los sueños de serpientes se generan cuando los niveles instintivos oscuros o primitivos de la naturaleza son rechazados y repudiados (por miedo) por la mente consciente. Pero el resultado es que después ésta es más amenazada que nunca por esos instintos (generalmente sexuales), es decir, que cuanto mayor es el rechazo más intensos renacen los deseos. Solamente aceptando y asimilando ese lado oscuro y primitivo de nuestra naturaleza podemos madurar y equilibrarnos. || 2. Generalmente, la serpiente de los sueños tiene un simbolismo sexual fálico. La mayoría de las veces –sobre todo cuando son las mujeres las soñadoras– representan al miembro viril. En tales sueños suelen estar en relación con la *habitación*, la *cama*, el *campo...*, como en el caso siguiente: «Soy una señora de cuarenta y cuatro años y es muy frecuente que sueñe con serpientes pequeñas y grandes. En un sueño invadían mi casa por todas partes. En otro, una salía de mi almohada, negra y no muy larga, y se tiró a mi brazo. Ya se puede imaginar lo mal que lo paso porque yo les tengo mucho asco a todos los reptiles». Lo curioso es que la mujer temía que le pasara algo malo, cuando en realidad eran sueños que le recordaban sus necesidades sexuales y eróticas que no eran satisfechas. || 3. En contadas ocasiones –en los sueños de personas cultas y estudiosas–, la serpiente es símbolo de conocimiento, de sabiduría, de perfeccionamiento en ocultismo o ciencias prohibidas o no oficiales. En tales casos, soñar que se mata una serpiente puede indicar que se rechaza o se lucha por impedir que un conocimiento que se teme sea aceptado por el inconsciente. Por el contrario, si uno sueña que va por un camino precedido de una pequeña serpiente que le sirve de guía, es símbolo de la sabiduría, conocimientos profundos

o ciencias ocultas que está adquiriendo o asimilando. || 4. A veces, en el caso de los sueños de enfermos, suele ser un presagio o aviso de salvación y recuperación de la salud. Al respecto, hay que recordar que el símbolo de la medicina es el de Esculapio, dios de la medicina, que iba acompañado de una serpiente enrollada en su bastón. || 5. En otras ocasiones, la serpiente de los sueños es un símbolo de la agresividad personal del soñador contra determinadas personas, generalmente madre, hermanos, marido o familiares demasiado dominantes y que uno quisiera ver desaparecer de su existencia. || 6. Que una mujer sueñe que mata o quiere matar una serpiente, significa que rechaza las inclinaciones sexuales o eróticas que demanda su naturaleza, como en el caso siguiente: «He soñado que en mi casa se deslizaba una gran serpiente. Yo intentaba por todos los medios matarla, y ella constantemente escapaba y hasta parecía que se reía de mí. Incluso le clavaba un cuchillo, pero ella seguía viviendo. Me desperté muy angustiada, sin haber conseguido matarla». Y ésta es la respuesta que dimos: «La *casa* del sueño es la morada de tu espíritu. Y la *serpiente* representa aquí deseos sexuales que están naciendo en ti y que intentas reprimir por todos los medios, de acuerdo con la moral estricta que te han inculcado. No la podrás matar, ya que son los sentimientos amorosos que anidan en tu inconsciente. La serpiente se *ríe* de tus intentos, porque quiere decirte: "No podrás matarme porque soy tú misma". Para que este tipo de sueños desaparezca es necesario ser más condescendiente con los deseos e, incluso, con las pasiones de una misma; de sujetarse a una férrea disciplina que vea en lo sexual al mundo del pecado o del infierno, puede dar lugar a un conflicto en el inconsciente». || 7. Un muchacho soñando que mata una serpiente representa que se rechaza o reprime su virilidad o necesidades sexuales. Puede haber un miedo latente a la sexualidad femenina, de manera parecida al sueño de las mujeres que matan una serpiente, que en el fondo siempre hay miedo o temor al sexo del hombre. || 8. Soñar con una serpiente que se muerde la cola, es una representación del coito y de la libido del soñador o soñadora. Indica una naturaleza muy erótica o una preponderancia de lo sexual en el tiempo del sueño. || 9. Soñar que una serpiente se enrolla en torno al cuerpo o a un miembro del mismo, advierte que las pasiones amorosas están cobrando fuerte intensidad. Es lo que podríamos denominar «la llamada de la carne». || 10. En los hombres que se creen fuertes para superar lo sexual, no es raro que sueñen con una serpiente que les muerde en el talón. Señala que el hombre ha sido «mordido» por lo erótico en su punto más débil, que pese a su aparente fortaleza moral tiene un punto en que puede ser herido «por las flechas del deseo», cual talón de Aquiles, puesto que su proceder va contra natura. || 11. Más raro es el sueño de ver varias serpientes peleándose entre sí. Aquí las serpientes suelen simbolizar las

fuerzas primitivas y psíquicas de la persona. El soñar que uno se encuentra entre un grupo de serpientes que se atacan unas a otras, indica que en el sujeto existen fuerzas psíquicas dispersas, descontroladas y por domesticar. Es un sueño que viene a decir que el soñador debe aprender a unificar, domar o canalizar sus fuerzas psíquicas o interiores hacia un objetivo común. Debe aprender a adquirir mayor firmeza de voluntad. || 12. Soñar con una serpiente que saca un cadáver por la boca, simboliza el coito y la potencia procreadora. || 13. Muy curioso es el sueño que tuvo un varón (suponemos joven) sobre una serpiente de tres cabezas. Lo describe así: «Soñé que estaba en un lugar desolado y vacío. De repente fijé mi vista en el suelo y vi una serpiente enorme de tres cabezas, la cual por su brillo y apariencia parecía tener gran poder. Una voz armoniosa, como si no fuese humana, gritó y me dijo: "Adora a la serpiente", mas yo no pude contemplar su rostro. Apenas sin reflexionar, manaron de mi interior valor y fuerzas y sin más armas que mis manos me arrojé sobre la serpiente e intenté destruirla, pero antes de herirla mortalmente, clavó sus dientes de veneno mortal en mi cuerpo. Su veneno era tan fuerte que a los pocos instantes sentíame morir asfixiado y con dolores terribles. En el último momento de mi desfallecimiento, fluyeron de mi corazón, cual ríos, fuerzas intensas llenas de vida y de inmortalidad. Sentía con total conciencia que esa fuerza sabia me decía: "No temas nada. La muerte y los sufrimientos ya no tienen poder sobre ti". Y entonces, cuando me sentía muy feliz, me desperté». Y ésta fue la explicación que dimos: «Aunque la serpiente es un símbolo eminentemente sexual, que también aquí podríamos interpretar como la "llamada de la carne", como el nacimiento de la "vida sexual", que en parte te asusta y rechazas por los temores inculcados por la represión moral, tu serpiente de tres cabezas creo que va más allá de lo puramente sexual... Es significativo que tu serpiente tenga *tres cabezas,* número mágico, que pueden simbolizar las fuerzas rectoras del destino (las tres Parcas de los antiguos) y que en nuestra civilización podemos representar por los términos de pasado, presente y futuro. El tres es un número activo, sagrado y al mismo tiempo tenebroso o misterioso. Y en tu sueño, incluso, el *veneno* que te inocula la serpiente no te mata, pues has de recordar que de la serpiente también se extraen contravenenos y remedios, de ahí que sea una representación de la salud y salvación. Asimismo, una cabeza de la serpien-

te puede representar lo espiritual, otra lo material y la tercera la vida activa que se nutre de las otras dos. En resumen, pues, que tu inconsciente te está advirtiendo que se acerca una etapa más adulta de tu existencia, en la que junto a la vida sexual vas a conocer nuevos valores y secretos de la naturaleza». Podemos ampliar esta respuesta añadiendo que, en conjunto, esa serpiente de tres cabezas representa al sujeto en sus tres facetas más importantes: cuerpo, alma y espíritu, y que ninguna de ellas puede vivir por separado, sino solamente compartiendo con las dos restantes el destino y personalidad de la persona. Somos, en realidad, como una serpiente de tres cabezas. *(Véase tres).* || 14. En otras veces y circunstancias no es raro soñar que una gran serpiente se lo traga a uno, con el consiguiente susto para el soñador, que cree que le va a pasar alguna desgracia, como en el caso siguiente (sueño de un adulto): «Estuve diez años soñando con serpientes con mucha continuidad. Cuando empezaron los sueños eran negras, de varios metros de largo y muy gruesas, incluso llegaron a "tragarme", pero yo me escapaba por agujeros que tenían por los lados. Con el correr de los años perdieron color y tamaño y quedó una serpiente de tamaño normal (al principio eran tres serpientes). Entonces era yo quien me las comía, pero nunca llegaba a hacerlo del todo, pues se escapaban». La respuesta que dimos fue la siguiente: «Estos sueños son de una tendencia claramente sexual y señalan que lo erótico está muy arraigado en tu personalidad... Queda claro que las serpientes de tus sueños marcan una lucha por dominar o no dejarte arrastrar por el apasionamiento sexual, es decir, no dejarte esclavizar por el sexo. Por un lado tenías necesidad de ello y por otro te daba miedo y rechazabas su atracción (de ahí que te escaparas después de haber sido tragado). Las serpientes, de una forma u otra, están relacionadas con lo sexual, las pasiones prohibidas, etc.». Ahora podríamos añadir que el tamaño está en relación con la intensidad del deseo, que se atempera con los años, de ahí que el soñador termine por decir que con el paso del tiempo *quedó una serpiente de tamaño normal* (las necesidades sexuales ya no eran tan imperiosas ni exageradas, sino corrientes o normales). Y es curioso ver que al principio eran *tres serpientes,* lo que guarda cierta similitud con el número tres y con la serpiente de tres cabezas. (*Véase* el sueño anterior). ‖ 15. Como símbolo fálico, no es raro soñar con serpiente y huevos (no puede ser más clara la alusión al sexo masculino), como en el caso siguiente (mujer soltera de treinta y cuatro años): «Soñé que iba con mi madre como por un campo lleno de estiércol, entre el que encontrábamos muchos huevos morenos. Luego, cerca de casa, apareció una serpiente muy grande y yo la maté con un hierro». El significado general es clarísimo: la mujer está soltera y rechaza el sexo, probablemente por miedo (de ahí que va, a su edad, aún acompañada de la *madre*). El *campo* (principio femenino) y el

estiércol (abono para que germinen las semillas y la tierra) le recuerdan su sexualidad y fertilidad reprimidas. Los *huevos morenos* son los testículos, necesarios para la fecundación (el inconsciente puede, incluso, estar recordando los hijos que podría tener). La *serpiente* que mataba era el rechazo total a la sexualidad masculina. ‖ 16. Es normal, en las chicas adolescentes, soñar que las persigue una serpiente o una culebra. Significa el despertar a la vida sexual y el coito que desean inconsciente o conscientemente. ‖ 17. En otros sueños, reflejan las tentaciones sexuales de la vida, se esté soltera o casada (en este caso, puede haber insatisfacción erótica con el marido), como en el caso siguiente: «Soy una mujer casada y algunas veces he soñado que voy por un camino o sendero en cuyo suelo hay abiertos pozos, y en el fondo de cada uno se mueve una gran serpiente, como si me estuviera esperando. Yo voy caminando, sorteando todos esos obstáculos, con miedo a caerme dentro de uno de los pozos. ¿Me amenaza algún peligro?». El único peligro que acechaba era el de caer en las tentaciones sexuales o infidelidades. El *sendero* representa el camino de la vida cotidiana y los *pozos* con *serpientes* los aduladores o pretendientes. Era bueno el que fuera sorteándolos y que no cayera en ninguno, pues indicaba que tenía una mentalidad clara y regida por una moral bastante férrea, que le permitía eludir esas tentaciones o proposiciones inmorales y continuar su camino sin hacer caso de esos «cantos de sirena», que aquí podríamos llamar «cantos o silbidos de serpiente». || 18. La serpiente también figura en sueños de tipo mandálico, sobre todo si se mueve en círculo o forma un círculo en torno al soñante. *(Véase* el término *mandala).* || *C. oc.:* **Una serpiente:** Perfidia, traición, abuso de confianza, peligro. || **Varias serpientes:** Peligro de seducción o engaño, sentimental o monetario. || **Matar una serpiente:** Victoria o éxito para el que la mata. Se saldrá bien de un peligro o accidente. || **Serpiente enroscándose:** Anuncio de enfermedad o encierro. El odio de una persona puede crear dificultades. || **Serpiente desenroscándose:** Enfermedad leve o pasajera. Se mejorará de salud. || **Ser mordido por una serpiente:** Anuncio de enemigos que están conspirando o calumniando a uno. || **Serpiente con varias cabezas:** Peligro de seducción o de dejarse embarcar en negocios ruinosos. **Matar una serpiente de varias cabezas:** Victoria sobre enemigos. || **Ver serpientes por la manaña:** Anuncio de peligros o dificultades. || **Ver serpientes por la noche:** Augurio de buena suerte. || **Serpiente haciendo de guía, enseñando el camino:** Buena suerte, éxito en proyectos.

SERVICIO MILITAR

Psi. 1. Simboliza la disciplina, el orden, la obediencia, el cumplimiento del deber, las obligaciones impuestas por el servicio a la sociedad, la colaboración y compenetración con los demás, el supeditarse a las órdenes superiores, el entrenamiento, la preparación para la lucha y el combate, el valor, el coraje, el heroísmo, etc. En ocasiones, soñar que uno es soldado y está haciendo el servicio militar, puede ser un indicio de que hay que armarse de valor y coraje para enfrentarse con los conflictos, problemas y adversidades. En tales casos, son sueños que pueden estar advirtiendo al soñante de que se acercan pesares, tribulaciones y enfrentamientos. En otras ocasiones, estos sueños de tipo psicológico advierten al interesado de que no está actuando correctamente y de que ha de «volver a cumplir el servicio militar», es decir, que ha de volver a disciplinar sus fuerzas interiores, sus energías, sus facultades creativas…, a fin de que no se dispersen sus proyectos y esfuerzos de una manera alocada, malgastando sus afanes dando «palos de ciego» en su lucha por la vida, como en el caso siguiente (joven soltero, veintisiete años): «Hace años tuve un sueño que se me repitió muchas veces. Ahora ya no lo tengo, supongo que debido a que soñé tanto con ello. El sueño era así: un día recibo una carta de la Comandancia de Marina diciendo que me tengo que presentar. Y yo quedo intrigadísimo, preguntándome qué querrán de mí, pues yo ya he hecho el servicio militar y precisamente en Marina. Al día siguiente (en el sueño) me presentaba con la "blanca" y le decía al suboficial de guardia que tenía que haber un malentendido porque yo ya había hecho la "mili" y estaba licenciado. El suboficial me contestó que él no sabía nada. Seguidamente, me veo en el mismo navío donde había hecho la "mili" y con el mismo comandante y suboficiales. Hablo con el comandante y le explico que tiene que haber un error. Y él me contesta que ya me notificarán sobre este malentendido. Pasan los meses y yo sin saber nada. Vuelvo a hablar con mi comandante y me dice que lo había notificado a sus superiores y que esperara la respuesta. Y yo le decía que sí, pero que volvía a hacer la "mili" sin ningún motivo. Y así pasaba el tiempo». La respuesta que le dimos al soñante fue la siguiente: «En primer lugar hay que aclarar que si este sueño ya no lo tienes es porque han desaparecido las causas que lo motivaban, no porque el inconsciente se cansara de repetirlo. Estos sueños son psicológicos y hay que interpretar sus símbolos para comprenderlos. El *servicio militar* simboliza la disciplina, el orden, el cumplimiento del deber, la valentía, el valor, el entrenamiento para la lucha y el combate, etc., y, por supuesto, la obediencia ciega al mando. Ignoro qué problemas tenías por la época en que se repetía ese sueño, pero éste encerraba un mensaje claro: el inconsciente te recordaba que no estabas utilizando tus cualidades creativas y facultades personales de una manera correcta, que te faltaba espíritu de sacrificio y que no disciplinabas tus energías. Probablemente te faltaba ambición y actuabas algo a lo loco, sin orden ni concierto. Y venía a decirte que tenías que estudiar, entrenarte y prepararte como en tiempos de la "mili" para salir adelante y superar los problemas que pudieras tener por aquella época. Y el inconsciente te lo representaba en el mismo ambiente en que habías hecho el servicio militar, como diciéndote: "No olvides lo que te enseñaron tus superiores, entrénate para luchar en la vida". Y los términos que utilizas en tus sueños de un *mal entendido, tiene que haber un error,* hay que invertirlos y aplicarlos a tu propia actuación en la vida real, o sea, que el inconsciente te indicaba que estabas enfrentándote con el destino de una manera equivocada, que no entendías todavía las reglas de la vida y que era un error ir por el mundo con tan poca preparación». || 2. Un caso parecido es el que sigue (hombre de treinta años): «Hace cuatro años que me licencié del servicio militar, y desde entonces, y últimamente más a menudo, una o dos veces por semana, sueño que tengo que volver a la "mili" porque me habían quedado pendientes unos meses». Sirve la respuesta anterior, ya que es otro ensueño que indica que el soñante necesita disciplinar más sus fuerzas interiores y aprender a actuar con responsabilidad.

SETAS (Hongos)
Psi. Símbolo fálico, en especial la seta *Phallus impudicus.* Una mujer que busque setas, las compre o coma expresa sus deseos eróticos.

SIETE
Psi. 1. Los pitagóricos consideraban ya que el número siete contiene todas las vicisitudes de la vida, y a partir de ese guarismo establecieron los médicos el «año climatérico». El siete es símbolo de plenitud o totalidad. Se le tenía por sagrado, ya que en la antigüedad representaba el univer-

so conocido (los siete planetas hasta entonces descubiertos y de los que derivarían los días de la semana). En algunos sueños, pues, puede hacer referencia a una semana, a un período de siete días. También puede representar a la providencia, al carro del destino y, en cierta forma, a las fuerzas espirituales, a la eficiencia, a la actividad y, en cierta forma, a cambios y viajes. || 2. El siete, como totalidad, figura en muchos sueños de índole sexual, ya que significa matrimonio (el séptimo sacramento es el del matrimonio), la unión de lo masculino y de lo femenino. (*Véanse* los casos explicados en los términos *cuarto de baño, prisión, restaurante* y *gato*).

SILLA

Psi. 1. Puede simbolizar, en algunos sueños, el inodoro, los excrementos, el acto de defecar, etc., y, en consecuencia, el erotismo anal. || 2. A veces, puede representar al hombre, a las personas masculinas y a los componentes de la familia. (*Véase* el término *embarazada*). || 3. No faltan ocasiones en que la silla parece convertirse en el asiento final, en la silla de la muerte, en una especie de ataúd. (*Véase* el aparato 14 del término *muerte*). || 4. Otras veces, esté la silla vacía o el soñante sentado en ella, significa estar esperando algo, que uno espera que se produzca algún cambio o acontecimiento que alegre su vida. || *C. oc.:* **Caerse de una silla:** Pérdida de cargo o empleo. || **Ver una silla vacía:** Enfermedad de pariente o familiar. || **Sentarse en una silla nueva y confortable:** Se recibirá oferta de un nuevo empleo,

cargo u ocupación. || **Ver una silla de montar:** Cambios, viajes, nuevas oportunidades profesionales.

SILLONES

Psi. En ocasiones, cuando son dos los sillones, simbolizan los senos femeninos.

SIMIO (*Véase mono*)

SITUACIÓN ABSURDA (*Véase absurdo*)

SOBRINA

Psi. En sueños de mujer, la sobrina suele simbolizar los propios genitales. Soñar que una va acompañada de su sobrina quiere decir que marcha junto con su genitalidad.

SOL

Psi. 1. Representación arquetípica de la masculinidad, del principio masculino. Suele decirse que es el astro que nos da la vida; sin el sol no habría vida en la tierra (símbolo, por demás, femenino). El sol es activo, radiante, fecundante, vitalizante, penetrante, fuerte, intenso, caluroso…, por lo que no sorprende que represente al padre, al marido, al novio, al hombre…, en muchos sueños. El psicólogo francés Pierre Daco (*Tu personalidad*) lo expresa de una manera clara en los siguientes términos: «Mi padre es un sol para mí», lo que significa: «Lo mismo que el sol, mi padre es fuerte y radiante; igual que el sol, mi padre me guía, me ilumina y me infunde seguridad». Para comprender el aspecto romántico del sol, *véase* el término *cielo*. || 2. Como expresión de la energía, del calor purificador, la luz vivificadora, la riqueza espiritual, simboliza nuestra fuerza activa, la esperanza, la alegría, el optimismo, la perfección, la belleza y la conciencia de sí mismo. Como representación de la energía psíquica, es bueno soñar con días radiantes y paisajes bañados por la luz solar, ya que indican que poseemos vitalidad, energía y capacidad para luchar y seguir adelante. En cambio, soñar con un eclipse solar o con días nublados expresa la disminución de la vitalidad, tristeza y un cierto tipo de depresión emocional. Siempre que el sol se oculte o apague simboliza que la atmósfera interior del soñante está disminuyendo o declinando. Hay que reaccionar, por tanto, para hacer salir de nuevo el sol de nuestro

interior. || 3. En su expresión de la conciencia y de la lucidez interior, cuando el sol de los sueños se oculta de una manera triste y sombría en la mar, puede representar que la conciencia se está apagando y corre peligro de hundirse o desaparecer en los abismos marinos (lo inconsciente). Hay veces que estos tipos de sueños advierten del peligro de enfermedades, depresiones emocionales, introversión exagerada, miedo a la vida, etc. Si se repiten, aunque sea con variantes, queda aconsejado la visita al psicólogo, para que ayude a que vuelva a salir nuestro sol, ya que sin él se acaba nuestra alegría y deseos de vivir. || 4. El sol también suele simbolizar a los reyes, jefes de gobierno, estadistas, políticos, etc., pero, por encima de todo, represen-

ta a la realeza; por algo tiene el sobrenombre de *astro rey*. En tales casos, un sol blanco y brillante augura suerte y fortuna, pero un sol rojo, un sol de sangre, accidente, enfermedad grave o muerte. *(Véase* el sueño de María Antonieta en el término *columna).*

SOLDADO

Psi. 1. Suele significar que el soñante necesita disciplinarse, poner control a su vida instintiva, de manera parecida a como un soldado de la vida real es instruido para la obediencia y para acatar toda clase de órdenes con espíritu de servicio. k los términos *servicio militar* y *uniforme).* || 2. En algunos sueños, el soldado o soldados expresan diversas inclinaciones o tendencias en pugna con el «Yo». || 3. Otras veces, los soldados armados representan tendencias eróticas agresivas del soñante. || **C. oc.: Soldados en maniobras:** Proyectos o esperanzas que se realizarán. || **En formación, desfilando:** La disciplina traerá beneficios, ofertas laborales o profesionales. || **Combatiendo:** Problemas con la familia. || **Desertando:** Traición de colegas y miembros del mismo partido político. || **Heridos:** Se impone un cambio de proyectos.

SOMBRA (La sombra, figura sin rostro)

Psi. 1. Figura psíquica o arquetipo que configura o contiene la esencia de los aspectos negativos inconscientes del «Yo». Es el lado oscuro de la personalidad, del otro lado o reverso de la figura psíquica conocida por

persona. *(Véase* ese término). Se considera que la sombra de los sueños y de la personalidad representa la fuerza o potencia no desarrollada y aquello que el sujeto prefiere ocultar o reprimir (aquello que no quiere ver) que, por lo general, son las tendencias malsanas, vicios, egoísmo, envidia, perversiones, falta de sociabilidad, agresividad antisocial, cobardía y todas aquellas inclinaciones mórbidas que uno tiene en sí mismo pero de las que no quiere darse cuenta. Por tanto, la sombra contiene todo aquello que queda reprimido, relegado, oculto o arrinconado en el desván del inconsciente (cosas, vicios, defectos propios que no queremos reconocer). Es por ello que Jung y otros psicólogos utilizan, incluso, el término de sombra reprimida. La sombra contiene tanto aspectos individuales como colectivos (o sea, lo que desagrada a uno de sí mismo o de los demás). Estos aspectos sombríos, oscuros y desagradables de la personalidad aparecen en sueños como otra persona del mismo sexo (por lo común), pero como una persona de tipo inferior o de aspecto desagradable (y hasta maligno). Las actitudes y apariencia de la sombra que aparece en sueños puede adoptar cualquier figura desagradable, como una persona viciosa, un tramposo, una prostituta, un ladrón, un delincuente, un lisiado, un pordiosero, una bruja maligna, un extranjero, un ser malvado o maligno, un diablo, una diablesa, etc. En ocasiones, la sombra adopta la figura de una persona sin rostro (del mismo sexo que el soñante) y, a veces, es sólo una impresión de que tenemos a alguien detrás de nosotros, de que algo o alguien invisible sigue nuestros pasos en los sueños, pero por más que nos giramos y miramos no vemos a nadie. Se ha llegado a determinar que el propio «Yo» ve a la sombra como un ente inferior y negativo, si bien Jung dice que no es del todo mala, que contiene un 80 por 100 de oro, es decir, de cosa o porción que puede convertirse en fuerzas valiosas o positivas. Hoy en día se admite que la sombra incluye aquella parte de la psique denominada «Ello» por Freud. La sombra, al igual que el «ánima» y el «ánimus», forma parte del inconsciente colectivo. Para Jung, la sombra aparece y juega un papel importante en el momento de la individuación (proceso de desarrollo psicológico mediante el cual el sujeto se convierte en una personalidad indivisible, única, total o integrada). || 2. Entre los sueños típicos que hablan del hallazgo o vislumbre de la propia sombra, el doctor Otaola nos recuerda el siguiente: «Voy a mirarme la cara a un espejo. Al aparecer en ella veo que mi cara, sin dejar de ser la mía, es la del diablo». || 3. Es curioso el sueño de una chica de dieciocho años, soltera, en que aparece la sombra tal cual: «Sueño que me encuentro acostada; de pronto noto un cosquilleo por todo el cuerpo y mis extremidades se paralizan; veo cómo de mi cuerpo inerte sale mi sombra y va a un lugar oscuro que me es desconocido. Deseo con las manos coger esa sombra para que vuelva a mí, pero estoy paralizada y apenas puedo levantar los brazos. Entonces quiero llamar a mi madre y aunque mis labios se mueven no sale sonido alguno de ellos. De pronto me doy cuenta de que por algún motivo se me han roto los dientes; el cosquilleo comienza a desaparecer y termino por despertarme». Es un sueño en que la sombra y rotura de dientes pronostican una nueva etapa o fase en la evolución psicológica y fisiológica de la soñante. Incluso hay un trasfondo sexual, puesto que sueña que está en la cama. La salida de la sombra hacia lo desconocido representa la curiosidad y atracción por lo que hay al otro lado, incluso por lo que le aguarda a la soñadora en el mundo, pero acompañado de temor, de miedo; de ahí la llamada inconsciente a la madre. Es un sueño, en su conjunto, que habla de la evolución de la personalidad. || 4. Veamos otro sueño de sombra en un hombre de cincuenta y cinco años: «Sueño que estoy en una casa que parece en la que viví la niñez. Estoy solo y de noche. Tengo la impresión de que hay alguien más o que ha entrado alguien. Cierro la puerta que comunica con la galería. La puerta es de doble hoja y queda la derecha cerrada por la contraventana, mientras que la izquierda queda con la contraventana abierta, y en el cristal, a oscuras, se perfila la sombra de un hombre. No se vislumbra la cara ni el traje, pero comprendo que es un hombre. Tengo miedo y me encierro en la habitación que hay a la derecha, cerrando la puerta (toda de madera) con llave. Y como sé que en ella hay teléfono, me digo que si el desconocido rompe el cristal y entra, entonces llamaré a la policía. Seguidamente me despierto». En este sueño, la *sombra* la identificamos con los deseos sexuales reprimidos del sujeto. Es curioso ver cómo la sombra aparece en el lado *izquierdo (véase ese término)*, que representa lo temible y pecaminoso, y el durmiente se refugia en la habitación del lado *derecho (véase ese término)*, lo honesto, lo honrado y lo justo. || 5. En el sueño que sigue, la sombra adopta la figura de bruja maligna. Ignoramos la edad de la soñante, pero el sueño es de tipo erótico. Dice así: «Voy a explicarle mi sueño, pues lo he tenido varias veces. Luego desaparece y al cabo del tiempo vuelvo a soñar lo mismo y quisiera saber su significado. Sueño que estoy en el campo, en una habitación que tiene las ventanas cerradas con tablones y uno cruzado, todo fijado con clavos. Luego yo estoy acostada en la cama y viene un vagabundo muy bajito y mal vestido y se mete en la cama conmigo. Yo estoy de espaldas a él y me cuenta todas las calamidades que ha pasado en su camino y al cabo de estar un ratito en la cama oye pasos y se mete debajo de la cama asustado, pues sabe que viene la bruja; entra ésta en la habitación y se mete en la cama conmigo. Yo también estoy de espaldas a ella, pero empieza a tocarme los pechos y los pezones y a decirme cosas. A mí esto me repugna y siento en mi carne que el vagabundo que está debajo de la cama está temblando de frío. La bruja sigue tocándome los pezones. Y entonces me despierto con los pezones tiesos y un malestar grande». Para nosotros, este sueño refleja un enfrentamiento entre el «ánimus» y la sombra, es decir, las dos partes primordiales de la personalidad y, por lo que parece, el «ánimus» sale perdiendo. El *vagabundo bajito y mal vestido* simboliza el «ánimus», el espíritu guía, que en este sueño nos habla de la pobre personalidad de la soñante a nivel de cultura y de desarrollo de sus cualidades creativas. El que tenga que esconderse *debajo de la cama*, cuando entra la bruja, señala que los instintos femeninos reprimidos de la soñante dominan en la personalidad. Aquí la *bruja* representa los instintos sexuales y sus perversiones. Además, el *vagabundo bajito* simboliza el sexo masculino y la *bruja* el femenino, por lo que queda claro el dominio del lado de la mujer en la soñadora, que puede tener un cierto prejuicio sobre los hombres y caer en prácticas masturbadoras exageradas. La *habitación* (que la representa a ella) con las *ventanas cerradas* (no tiene vida marital) confirma una tendencia a la soledad, al aislamiento, pero con predominio de los instintos sexuales primitivos, que tienen en la personalidad de la durmiente mayor preponderancia que lo espiritual, estudios, ambiciones profesionales o creativas, que representa el vagabundo, que le explica a ella lo mucho que le hace sufrir, las penurias que pasa, lo poco que le tiene en cuenta. En conjunto, es un sueño que denuncia la doble personalidad de la soñadora que, por un lado, se deja dominar por el primitivismo de los instintos carnales (*bruja*, sombra) y, por otro, menosprecia la cultura, el estudio y el desarrollar su espiritualidad (*vagabundo*, «ánimus»). Si tales sueños encierran un mensaje, queda claro que la soñante debe cambiar de conducta, debe desarrollar más su personalidad a base de lectura, estudios, cursillos, conferencias y dar menos importancia a los instintos sexuales. || 6. Veamos un caso curioso de sombra en un hombre de veintiséis años y que estaba a punto de casarse: «En mi sueño era consciente de que dormía. De pronto miré a la puerta y vi cómo una especie de sombra de persona recorría la habitación. Recuerdo que me sentía bien, sin ningún miedo. Esta persona se acercaba a mí, y en un momento noté que con la almohada me quería asfixiar; mientras apretaba se reía con muchas ganas. Casi me quedé sin respiración. Y vi que la sombra ya era una persona (no distinguí bien su cara). Me desperté sobresaltado y con bastante miedo. Esto de ver personas o tener la sensación de que están en mi habitación, me ha pasado algunas veces». Nuestra interpretación es que la sombra refleja aquí los deseos sexuales reprimidos del soñante, que ante la proximidad de la boda cobran mayor fuerza. Mira hacia la *puerta* (sexo femenino) y distingue a la *sombra,* a sí mismo en su aspecto de lo inhibido o de lo sexual que no alimenta. Y la sombra, para que se dé cuenta de su próximo cambio de vida, lo *aprieta con la almohada* (símbolo erótico que aquí representa a la compañera de cama que pronto tendrá). Y dice el propio soñante que la *sombra se reía con muchas ganas,* lo que viene a decir que tenía muchas ganas de hacer el amor. La sombra hace acto de presencia pa-

ra que el soñante recuerde que tiene muy abandonada su vida sexual, que está solo con su sombra, pero que pronto se desquitarán con la boda. *(Véanse* los términos *almohada* y *reír). ||* 7. A veces, en sueños de mujer, la sombra adopta la figura de una mujer vestida de negro. *(Véase* el término *mujer de negro). ||* 8. La sombra, en sueños de mujer y cuando está muy reprimida, puede adoptar la figura de una gitana agresiva, como en el sueño que explica la doctora Faraday: «Uno de mis sujetos experimentales, una joven ultrarresponsable y recta, me contó un sueño recurrente en el que una gitana salvaje seguía de cerca sus pasos, haciéndole algunas veces caer en precipicios o ríos». La *gitana* es aquí el aspecto salvaje e incivilizado de la vida instintiva propia, la sombra que solicita satisfacciones eróticas por encima de otra consideración. Y esa parte de su naturaleza la *empujaba para hacerla caer a un precipicio,* o sea, la instaba al acto sexual, a cometer un desliz, a buscar un desahogo erótico. Para comprender mejor este sueño, *véanse* los términos *caer* y *precipicio.*

SOMBRERO

Psi. 1. De acuerdo con la teoría freudiana de los sueños, el sombrero masculino representa los genitales masculinos, es decir, es un símbolo fálico. Una mujer que sueñe con un hombre con sombrero, es indicativo de que está excitada sexualmente y el sombrero tiene aquí el significado del atributo viril, o sea, el pene. En ocasiones, los adornos u objetos que se lleven en el sombrero son indicativos de los deseos y problemas de la soñante. || 2. Otras veces, los sombreros pueden reflejar los complejos de superioridad o la escala social del soñante, de acuerdo con el estado o categoría del sombrero. || *C. oc.:* **Perder un sombrero:** Cuidado con las falsas amistades. || **Comprar un sombrero nuevo:** Nuevas relaciones sentimentales, mejoramiento de empleo o sueldo. || **Ponerse un sombrero:** Ganancias, beneficios, buenas noticias comerciales o sociales. || **Ver sombreritos de niño:** Nacimiento. || **Mujer haciendo sombreros:** No faltarán pretendientes, pero difícilmente se casará. || **Ponerse un sombrero viejo:** No llegan los beneficios que se esperaban, asuntos que se estancan.

SOMBRILLA

Psi. 1. En sueños de índole sexual acostumbra a tener el mismo significado del paraguas (símbolo fálico, virilidad). || 2. Otras veces, sobre todo en sueños de mujer, puede expresar timidez, inhibiciones, disimulo, necesidad de cubrirse (la sombrilla es un parasol) para que los demás no vislumbren vicios o tendencias que uno oculta o reprime, etcétera. || 3. En ocasiones, la sombrilla exótica representa ideas de grandeza o altas ambiciones, si uno se ve bajo una sombrilla llevada por otros al estilo oriental o africano: significa poder, influencia, cargo relevante, sirvientes, dinero, etcétera. || *C. oc.:* **Mujer comprando una sombrilla:** Necesidad de amor, excitación sexual, cambios personales. || **Llevar una sombrilla abierta:** Buenas noticias, nuevas amistades. || **Llevar una sombrilla cerrada:** Necesidad de ayuda. || **Pedir prestada una sombrilla:** Querellas conyugales, desengaño sentimental. || **Prestar una sombrilla:** Abuso de confianza por parte de una amistad. || **Abrir una sombrilla en casa:** Falta de armonía conyugal, conflictos familiares. || **Sombrilla que se lleva el viento:** Rompimiento sentimental, separación, divorcio.

SOÑAR QUE SE SUEÑA

Psi. De acuerdo con las teorías de Freud, cuando uno «sueña dentro del sueño» significa que existe un grado muy fuerte o doble de represión del contenido latente del sueño, es decir, que el inconsciente del sujeto reprime hacia capas más profundas de la psiquis aquello que la censura del sujeto «no quiere ver ni enterarse». El «soñar que se sueña» expresa, pues, una «superrepresión inconsciente», que puede ser episódica o temporal, o sea, en un momento dado el querer borrar algo de la mente, o persistente. En este último caso puede haber una disociación entre el «Yo» y la vida instintiva, por lo que puede hacerse necesario el consejo del psicólogo.

SOPERA

Psi. Suele simbolizar el sexo femenino y a la madre.

SÓTANO

Psi. 1. Suele simbolizar el subconsciente, el inconsciente, las partes más misteriosas y profundas de la personalidad. *(Véase* el término *casa).* En el sótano se hallan tanto las reservas psíquicas y espirituales y las riquezas de la personalidad como sus angustias, defectos, temores, neurosis, aspectos peligrosos, etc. Por ello, cuando uno sueña que desciende al sótano de su casa quiere decir que baja a las profundidades de su ser para conocerse mejor; según lo que encuentre, sabe si dispone de «provisiones» espirituales o no, de energía de repuesto o no, etc. Como indica el doctor Aeppli, «El sótano guarda las provisiones de la psiquis, las posibilidades del inconsciente, todo lo que no ha sido todavía sacado a la luz y no se halla por tanto a nuestra disposición». || 2. En los sueños y pesadillas en que uno es asaltado en el sótano por bandidos, ladrones, delincuentes, extranjeros, monstruos, fieras, etc., el inconsciente está advirtiendo de la existencia de tendencias agresivas, antisociales y sexuales refugiadas en las capas profundas de la personalidad. Estas inclinaciones, en cualquier momento, pueden subir a la casa, emerger a la luz, y crear tensiones psíquicas en el durmiente. Ante tales sueños se impone, pues, un análisis de uno mismo y de su comportamiento para tratar de averiguar qué está reprimiendo y «ocultando» uno con demasiada fuerza y evitar ideas fanáticas y actuaciones tercas o desmesuradas. La mayoría de las veces, tras esos sueños hay inclinaciones sexuales o pasiones inconfesables. || 3. El sótano figura en muchos sueños de personas que tienen complejos o pasiones inconfesables. Un hombre de cierta fealdad, que sufría de un complejo contra las mujeres y de tendencias homosexuales y sádicas,

después de pasar por la psicoterapia del doctor Wilhelm Stekel, tuvo el siguiente sueño (contado por Stekel en su obra *La impotencia en el hombre)*: «Estaba en un sótano donde había cadáveres femeninos despedazados. Reuní algunas partes para reanimarlas. Sentí que tenía poderes mágicos y que obtendría éxito. Me horrorizaban las numerosas heridas. Mis manos estaban ensangrentadas. Por la ventana alta del sótano penetró de golpe un resplandor muy vivo. La obra tuvo éxito. Las partes se integraron en un todo. Vi ante mí a una mujer maravillosamente hermosa, desnuda, con una cabellera rubia que le llegaba hasta las rodillas. Caí ante ella y le besé los pies. Desperté con una polución». Este sueño refleja todo el proceso sufrido por el soñante en su rechazo de la mujer. El *sótano* simboliza la parte más recóndita de su personalidad y de su espíritu, allí donde tiene guardadas sus grandes frustraciones y traumas, es decir, los «cadáveres» de sus sufrimientos. Después de oscuras experiencias homosexuales y sádicas, la labor del psicoterapeuta se deja sentir. El sujeto reacciona, percibe que tiene «poder mágico», que puede volver a reunir lo que con su odio había «despedazado». *Por la ventana del sótano penetró de golpe un resplandor muy vivo,* quiere decir que al fin la luz se hizo en su alma, que la energía psíquica le iluminó y fortaleció, que desaparecieron las tinieblas del sótano de su personalidad; pero logró –cual doctor Frankenstein– reunir las distintas partes y crear una mujer, recuperar su heterosexualidad. Y, en lo más elevado, resucitar su «ánima» *(véase* ese término), ya que la mujer a la que logra insuflar la vida es algo más que el amor y la atracción por el sexo contrario: es su propia esencia, su lado femenino que había despedazado mil y una veces. Pero al final se humilla ante ella. «Su sadismo –explica Stekel– era la expresión de su hipertrofiada voluntad de poder sobre la mujer. No quería servir a ninguna mujer. Tal vez conservó su sadismo para evitarse una humillación. Sólo la superación del sadismo podía tornar inofensivas esas actitudes infantiles. Entonces podía desaparecer el miedo a la mujer; podía volver a amar y ser de nuevo un hombre, sin temor a convertirse en un criminal. Ya no era feo. Estaba muy dotado y podía hacer suya cualquier mujer hermosa, porque había superado en sí la fealdad». Hay que recalcar que la luz del conocimiento le entra por la *ventana* (símbolo de la vagina, de la femineidad, de la genitalidad), es decir, que de súbito comprende la importancia de la sexualidad femenina. *(Véase* el término *ventana).* ‖ 4. En su aspecto de contenedor de instintos reprimidos, es muy ilustrativo el sueño de sótano que explica la doctora Ann Faraday *(El poder de los sueños):* «Me vi en la casa de mi infancia. Un león, dormido o drogado, estaba tumbado en el sótano. Algo había turbado el sueño de la fiera, que se despertó y comenzó a caminar silenciosamente por toda la casa. Telefoneé al zoo –en el sueño, su número era Z 7000–, pero en vez de pedir que vinieran a recogerlo, me encontré preguntando el nombre del animal». Es evidente que ese *león dormido* era la expresión de peligrosos impulsos sexuales que estaban arrinconados o reprimidos y, probablemente, desde la infancia. Pero algo lo había despertado, o sea, que al madurar o hacerse más imperiosas las necesidades sexuales el inconsciente recordaba a la soñadora que su vida sexual la tenía bastante adormecida desde hacía tiempo. Y el hecho de *llamar en busca de ayuda* y de identificación del número 7 con el zoo (pueden suprimirse los ceros), el número cabalístico y mágico por excelencia, quiere decir que se deseaba dominar a la fiera por medios sobrenaturales. El *león*, por supuesto, en sexualidad representa el dominio, la fogosidad, el apasionamiento, etc., pero en este sueño, además, parece enmascarar o hacer referencia al hermano de la soñante, como así lo indica la propia interesada. «Mediante el proceso de asociación recordé –indica la doctora Faraday– que el signo astrológico de mi hermano era Leo, e interpreté el sueño en términos de un hermano dormido, introyectado en mi ser, que salía a la luz. Esta interpretación mía se vio corroborada sin lugar a dudas durante las semanas próximas, al aparecer mi hermano, en mis sueños, en contextos específicamente sexuales, lo cual fue para mí una considerable sorpresa, a pesar de mi conocimiento teórico de Freud. En los sueños, los animales representan a menudo impulsos sexuales. Y el tipo de animal elegido indica nuestro modo de convertir tales impulsos.

Mi elección del león representaba, pues, una condensación muy clara. Mostraba que desde mi relación infantil con mi hermano yo había sentido que mis impulsos sexuales eran peligrosamente poderosos... y por esta razón "había echado a dormir, dentro de mí, la peligrosa fiera", sin permitir, por tanto, a mis sentimientos un desahogo total, a pesar de una vida sexual que superficialmente me había parecido bastante satisfactoria». || *C. oc.:* **Sacar carbón de un sótano:** Serán superados los problemas o dificultades. || **Sótano vacío y sucio:** No se conseguirá lo que se ambiciona por falta de estudios o preparación. Dificultades profesionales y económicas. || **Sótano lleno de vino y viandas:** Prosperidad, buenas noticias, beneficios. Si es una mujer la soñante, proposición sentimental o matrimonial de persona de buena situación social. || **Sótano lleno de ratas y ratones:** Enfermedad, desequilibrio nervioso. || **Sótano lleno de agua:** Problemas sentimentales o conyugales. || **Sótano en llamas:** Peligro de caer enfermo por una larga temporada.

SPRAY

Psi. Simbolismo fálico. Representa el órgano sexual masculino y su eyaculación, se trate de un spray de insecticida, perfume, desodorante, etc. (*Véase* el apartado 3 del término *mosca*).

SUBTERRÁNEO

Psi. Suele simbolizar los genitales femeninos, el seno materno, el útero materno.

SUCIEDAD

Psi. 1. En muchos sueños de personas maduras y de edad, la suciedad está presente de manera persistente. Ven habitaciones sucias y llenas de polvo, muebles abandonados y sin cuidar, montones de basura, ropas sucias y desordenadas, etc. Estas imágenes oníricas indican que tales personas tienen muy «abandonada» y «sucia» su personalidad, es decir, que no la están cultivando ni desarrollando, lo que significa que no leen libros, que no asisten a conferencias, que no tienen inquietudes intelectuales o creativas, etc. Por lo general, son sueños típicos de personas con poca cultura. Y el inconsciente no hace nada más que recordarles de una manera constante que sus cualidades creativas están tan abandonadas y sucias como los enseres, ropas y muebles de esos sueños. || 2. En ocasiones, la suciedad o las prendas manchadas pueden simbolizar reproches o culpas por haber realizado acciones que se consideran pecaminosas desde el punto de vista de la moral que han inculcado al soñante. (*Véase* el término *mancha*).

SUEÑOS DE ANGUSTIA
(Angustia onírica)

Psi. 1. Los sueños de angustia son uno de los tipos principales de sueños establecidos por la psicología y por el propio Freud. La angustia puede manifestarse de mil maneras distintas en los sueños, a cual más variopinta, sobre todo en el caso de *los terrores y pesadillas.* (*Véase* ese término). Freud precisó, de una manera clara, que «los sueños de angustia poseen un contenido sexual, cuya libido correspondiente ha experimentado una trasformación en angustia». Esa angustia onírica, el doctor J. R. de Otaola la ha expuesto con las siguientes palabras: «La angustia psíquica puede expresarse en los sueños por medio de fantasías en las que el peligro se representa de modo dramático con catástrofes, incendios, atropello, caída al abismo, ataques de fieras, etc. La angustia puede estar originada por todo cuanto constituye una amenaza interior cuales son los impulsos de origen sexual no aceptados por el "Yo" y experimentados por él como fuerzas que amenazan su equilibrio e integridad». Ese sentido de angustia quiere relacionarse con los peligros que pasa el ser humano durante el trance del nacimiento y su expulsión del seno materno. Al respecto, Otto Rank *(El trauma del nacimiento)* indica que expresan «el retorno a la situación primitiva y por la penosa interrupción de esta situación ocasionada por el trauma del nacimiento. El despertar, sobre todo después de un sueño angustioso, reproduce generalmente el proceso del nacimiento, de la venida al mundo». Sigmund Freud expone esos orígenes de la angustia onírica de la siguiente manera *(Introducción al psicoanálisis):* «Creemos saber qué temprana impresión es la que reproduce el estado afectivo caracterizado por la angustia y nos decimos que el acto de nacer es el único en el que se da aquel conjunto de efectos de displacer, tendencias de descarga y sensaciones físicas que constitu-

ye el prototipo de la acción que un grave peligro ejerce sobre nosotros repitiéndose en nuestra vida como un estado de angustia. La causa de la angustia que acompañó al nacimiento fue el enorme incremento de la excitación, incremento consecutivo a la interrupción de la renovación de la sangre (de la respiración interna). Resulta, pues, que la primera angustia fue de naturaleza tóxica. La palabra angustia (del latín *angustia,* estrechez; en alemán, *Angst)* hace resaltar precisamente la opresión o dificultad para respirar que en el nacimiento existió como consecuencia de la situación real y se reproduce luego casi regularmente en estado afectivo homólogo. Es también muy significativo el hecho de que este primer estado de angustia corresponda al momento en que el nuevo ser es separado del cuerpo de su madre. Naturalmente, poseemos el convencimiento de que la predisposición a la repetición de este primer estado de angustia ha quedado incorporada a través de un número incalculable de generaciones al organismo humano». ‖ 2. La mayoría de las veces, esa angustia onírica (congoja, opresión de corazón, encogimiento de ánimo, tribulación del ánimo…) la pone de manifiesto el propio soñante al describir sus sueños con expresiones como «desperté muy angustiada», «pasé una gran angustia», «estaba terriblemente angustiada», etc. Casi siempre, esos sueños tienen un significado erótico, un simbolismo sexual y hablan de la represión o no aceptación de deseos prohibidos. *(Véase* lo dicho en *terrores y pe-*

sadillas). Garma explica los sueños de angustia de una paciente, uno de los cuales es: «Me caigo, lo que me produce angustia». O sea, la durmiente se cae, «no llega a alcanzar el placer». Era el sueño de una mujer frígida que no obtenía el orgasmo o una buena satisfacción genital y que experimentaba gran angustia ante el coito. || 3. Garma también ve el origen de la angustia humana (que se reproduce en muchos sueños) en el llamado «trauma del nacimiento». Así –en su obra *Nuevas aportaciones al psicoanálisis de los sueños*–, nos dice: «El sueño se origina por conflictos traumáticos inconscientes. Un conflicto actual reactiva otros anteriores. El primer gran conflicto traumático del ser humano es su nacimiento, cuyas huellas persistentes parecen originar el fenómeno de la angustia. El nacimiento es vivenciado como ser oprimido dentro del conducto uterovaginal ("angustia" proviene de "angosto"), como sufrir cambios respiratorios y circulatorios debidos al paso fisiológico de la respiración placentaria a la pulmonar, y como ser deslumbrado por la luz ambiental extrauterina (de ahí la expresión "dar a luz") que contrasta con la oscuridad del claustro materno. En los síntomas neuróticos que provocan angustia hay una regresión de los conflictos traumáticos actuales al trauma del nacimiento, lo que se manifiesta por la opresión torácica y los cambios de ritmo circulatorio y respiratorio». Por nuestra parte, sólo nos queda recordar que «angustia» deriva del latín *angustus* (angosto, estrecho, reducido, apre-

tado). || 4. También hay que tener presente que algunos sueños angustiosos de examen hacen referencia al trauma del nacimiento.

SUEÑOS CLARIVIDENTES
(Sueños precognitivos)

Psi. l. Los sueños clarividentes, sueños de clarividencia o sueños precognitivos son aquellos que escapan a las normas actuales de la psicología y dan a conocer acontecimientos futuros, por lo general de tipo personal o familiar. Cuando hacen referencia a desastres colectivos o a situaciones históricas se confunden con los sueños proféticos o premonitorios propiamente dichos. Asimismo, los *sueños retrocognitivos* pueden considerarse como *sueños clarividentes retrocognitivos,* pero nosotros preferimos denominarlos como *sueños retrocognitivos* a secas, cuando se captan hechos del pasado cercano o no muy lejano, || 2. Como sueño clarividente podemos tomar el ejemplo que nos da la parapsicóloga norteamericana Louise E. Rhine *(Las vías secretas de la mente)* de un aficionado a la geología y mineralogía que en determinada noche soñó con «una grande y magnífica geoda cristalina, incrustada de ágata que se encontraba sobre un bajo fondo, muy cerca de la orilla del río W., a alrededor de veinticinco kilómetros al sudeste de la ciudad». Su búsqueda, llevándole al paisaje correspondiente al de su sueño, le hizo encontrar, en el lugar indicado por el sueño, una geoda exactamente igual a la de su visión, por la que seguidamente rehusó trescientos dólares al contado. Se comprende, por consiguiente, que los *sueños clarividentes* propiamente dichos son los que presentan las imágenes o escenas tal como luego ocurren en la realidad. En cambio, aquellos sueños que visualizan los acontecimientos futuros en símbolos o desfiguran los hechos han de considerarse sueños *simbólicos clarividentes*. (*Véase* ese término). || 3. Otro caso de sueño clarividente, premonitorio o precognitivo es el del accidente de ferrocarril vislumbrado por la señorita Storie de Edimburgo. En la madrugada del 18 de julio de 1874 tuvo un sueño en que vio cómo su hermano gemelo William era aplastado por un tren. Incluso pudo distinguir que en uno de los vagones iban el reverendo Johnstone y su esposa (luego se comprobaría que así era). Lo curioso fue que se trató de un sueño poco común, pues la soñante se daba cuenta de que estaba acostada en su cama (los detalles y documentos de este sueño pueden consultarse en la obra *Phantasms of de Living*, de Sidgwick, Gurney, Myers y Podmore). La desgracia se produjo el mismo día del sueño, por lo que se ha especulado con la posibilidad de que sea más un sueño telepático que no uno clarividente. || 4. No es menos curioso el sueño clarividente (aunque también se puede calificar de premonitorio) del choque de un tren y un tranvía en Estocolmo. (*Véase* el término *choque*). || 5. Otro sueño clarividente es el que tuvo el obispo de Grosswardein sobre el atentado de Sarajevo en 1914. (*Véase* el término *luto*).

SUEÑOS CREATIVOS (Sueños inspiradores)

Psi. 1. Son aquellos sueños que muestran materia de creación o inspiración artística, literaria, científica o profesional, de gran valor o revelación para el soñante. Vienen a representar una solución (o como mínimo una respuesta) al problema o asunto que preocupa al durmiente en su estado de vigilia. Tanto pueden ser sueños psicológicos espontáneos como sueños lúcidos incubados o inducidos, como prefiera llamárselos. Pero por regla general son sueños que responden a inquietudes y preocupaciones persistentes en el sujeto mientras está despierto. Para comprender estos sueños hay que tener en cuenta que la capacidad y el poder creador del hombre no desaparecen con el sueño, sino todo lo contrario. Nuestra mente es un ordenador de posibilidades y combinaciones infinitas, que va registrando durante el estado de vigilia nuestros pensamientos, angustias, deseos y preocupaciones. Y si es posible, indica la solución o las consecuencias lógicas de lo que preocupa al sujeto; esa solución la mayoría de las veces la da en estado de vigilia, pero otras veces –la minoría, por supuesto– la da en el trascurso del sueño. Así puede aparecer en sueños la simple solución de un problema mecánico, creativo, matemático, químico, etc., o que aparezca en la pantalla nocturna una cosa olvidada que se intentaba recordar durante el día, que se vislumbre el paradero de un objeto extraviado o que uno no sabía dónde lo había dejado, etc. En su parte más amplia y positiva, esa capacidad onírica da lugar a lo que se ha dado en llamar sueños creativos, sueños de creatividad formativa o sueños inspiradores de artistas y literatos. Pero, de una forma u otra, tales sueños –sean espontáneos o sueños lúcidos incubados– no desmienten «la realización de deseos» que preconizó Freud, ya que siempre ofrecen soluciones que «el durmiente esperaba hallar», que «ansiaba encontrar». Asimismo, esos sueños tampoco contradicen las palabras de Alfred Adler *(Conocimiento del hombre)* de que «el sueño de una persona indica en qué problema vital se ocupa y cuál es la actitud que con respecto a éste adopta». Sobre ejemplos de sueños creativos hemos de recordar que el novelista escocés Robert Louis Stevenson describe, en su obra *A través de las praderas,* algunas de sus experiencias sobre los sueños. Cuando estaba apurado de ideas o soluciones para algunos pasajes de sus novelas, antes de dormirse se autosugestionaba, pidiéndose a sí mismo argumentos y respuestas en sus sueños. Así fue capaz de producir durante el sueño imágenes y situaciones intensas y vívidas, que luego «aprovechaba para desarrollar las tramas de sus novelas». Por supuesto, al lado de la cama, al alcance de su mano, disponía de un cuaderno para ir anotando sus sueños. Se dice que fue sentado en el lecho donde escribió sus mejores pasajes. Fue en sueños donde tuvo la idea de su famosa novela *El doctor Jekyll y Mr. Hyde.* El mismo Stevenson lo explicó así: «Había estado largo tiempo intentando encontrar una razón, un camino que permitiera comprender la doble personalidad humana, que debe a veces entrar y arrollar la mente de toda criatura pensante... Luego vino una de esas fluctuaciones financieras... Durante dos días estuve devanándome los sesos por cierto argumento; a la noche siguiente se me presentó la escena, en una de cuyas secuencias aparecía Hyde, perseguido por un crimen; en aquel momento quedó disfrazado de otra persona en presencia de sus perseguidores. El resto me fue fácil completarlo cuando desperté». En realidad, aunque Stevenson no lo supo, en la citada obra había escenificado la dualidad del ser humano, la lucha entre el «Yo» y la *sombra (véase* ese término), antes de que Jung estableciera esa figura arquetípica. En *El doctor Jekyll y Mr. Hyde* explica de una manera gráfica y vívida las luchas entre el ángel y el demonio que hay en cada personalidad y cómo termina el sujeto que se deja dominar por su lado maligno, por su sombra. También es sabido que el novelista Charles Dickens sacó argumentos, personajes y ambientes de sus sueños, al igual que Charlotte Bronte. Al parecer, esta novelista inglesa también se autosugestionaba antes de dormirse, pidiendo a su inconsciente soluciones a sus novelas o que viviera en sueños tal o cual situación, que luego escribía con todo detalle. Por supuesto, a veces pasaban varias noches y semanas antes de que el sueño cumplimentara sus deseos. Muchos de tales sueños creativos hay que considerarlos, por consiguiente, como sueños lúcidos inducidos o incubados. Pero quizá sea la novelista inglesa Ann Radcliffe (1764-1823) la que explotó más sus sueños para obtener escenas y detalles para sus novelas góticas y fantasmagóricas. Llegó al punto de hacer cenas copiosas, ingiriendo grandes cantidades de ricos e indigestos manjares para así estimular sueños terribles y pesadillas angustiosas que luego utilizaba en sus novelas. Así obtuvo algunas de las escenas de *Los misterios de Udolfo*. También en el campo de la ciencia se han dado casos de sueños reveladores. Quizá el más conocido –y también el más polémico– sea el del químico alemán Friedrich August Kekulé, que en 1865 descubrió la fórmula del benceno. La obtuvo por medio de un sueño en un momento que estaba desesperadamente estancado en la investigación. Él mismo lo explicó así a sus colegas: «Volví la silla hacia la chimenea y caí en un profundo sueño. Los átomos revoloteaban ante mis ojos…, retorciéndose y enroscándose como serpientes. Y mirad, ¿qué era aquello? Una de las serpientes se mordía su propia cola y la imagen retorcida se presentaba insolentemente ante mis ojos. Como un relámpago, me desperté y pasé el resto de la noche sacando las consecuencias de la hipótesis. La imagen circular de la serpiente me sugirió la estructura de la molécula del benceno: un hexágono con un átomo de carbono y otro de hidrógeno en cada vértice». Al parecer, Kekulé explicó –o lo hicieron otros por él– de maneras distintas ese sueño de su descubrimiento de la estructura del anillo del benceno. El sueño precedente lo tuvo –según Isaac Asimov– al quedar adormilado en un autobús, cosa que personalmente ponemos en muy seria duda. Otra versión indica que en vez de las serpientes Kekulé soñó con seis monos que, como si realizasen acrobacias en el aire, se agarraban por sus manos formando una cadena cerrada hexagonal. También parece cierto que Elias Howe (1819-1867), el industrial norteamericano que inventó la máquina de coser, encontró la clave de ésta en un sueño. Había ya resuelto todos los problemas mecánicos, pero le faltaba encontrar la forma de dirigir el hilo superior. Preocupado por el problema, una noche tuvo el sueño siguiente (explicado por él mismo en su tiempo y que trascribimos de *El análisis de los sueños* del doctor Otaola): «Una horda de caníbales me habían hecho prisionero. El caudillo de éstos se mostró dispuesto a perdonarme la vida bajo la única condición de terminar la máquina de coser antes de la salida del sol. En sueños, intentaba hallar la solución, trabajaba febrilmente, pero no podía salvar la dificultad del hilo superior. Era la aguja, no cabía duda; a la aguja le faltaba algo. Entretanto trascurrió el plazo que los salvajes habían concedido y vinieron con sus lanzas en alto. En este momento vi que ¡la punta de cada lanza tenía un agujero! La idea vino súbita como un relámpago: Así debía ser la aguja precisamente, ¡como una lanza agujereada en su extremo!». En este sueño las fuerzas primitivas de la personalidad son representadas por los caníbales; acorralan al «Yo» para que halle la solución a su problema y para que desaparezcan las tensiones y angustias en que está viviendo el soñante. Y el ataque de los salvajes viene a decir «ataca el problema de manera parecida a como estos seres primitivos atacan a sus enemigos con las puntas de sus lanzas». Esos sueños inspiradores también se han dado en el campo de la música. Así tenemos que Strawinsky se inspiró en un sueño para componer su *Consagración de la primavera* y otras piezas, y Giuseppe Tartini debe su *Sonata del diablo* a otro sueño. Tartini soñó una noche que él cedía su violín al diablo para ver qué clase de músico era. El maligno tocó un solo tan bello y melodioso que sorprendió agradablemente al músico. Al despertar intentó componer la música que había oído en sueños y creó su conocida *Sonata del diablo*. Por otro lado, Girolamo Cardan, matemático, médico y astrólogo italiano del siglo XVI, investigó los sueños y fue autor de un tratado sobre éstos llamado *De somni (De sueños)*. En su autobiografía, Cardan explica que tenía un demonio familiar al que colocaba entre los seres humanos y la naturaleza divina; se comunicaba con él por medio de sueños. Asegura que debía parte de su talento, conocimientos y descubrimientos a los consejos que le daba ese demonio o espíritu familiar en sueños. Hemos de suponer que esos hipotéticos diablos interiores no son nada más que la parte creativa de la propia sombra, lo que demuestra que no es tan nefasto ese lado oscuro de nuestra personalidad. También en el campo pictórico se han dado –y se dan– sueños inspiradores que aprovechan dibujantes,

pintores, grafistas, decoradores, etc., para sus trabajos. El más famoso de todos es el caso del pintor catalán Salvador Dalí. Las ideas de muchos de sus cuadros se debían a sueños y visiones. Ya hemos visto cómo él mismo nos explica el origen de los «huevos fritos» que le obsesionaban (*véase* el término *sueños de trauma de nacimiento*) y que figuran en varias de sus pinturas. Otros cuadros suyos que se debieron a los sueños o partieron de ellos fueron *El sueño, El hombre invisible…* Otro pintor que traspasó a los lienzos, con notable éxito, lo que veía en sueños, es el impresionista belga Paul Delvaux. Más extraordinarios son los sueños de algunos científicos, como los de Niels Böhr (1885-1962) y de F. G. Banting (1891-1941). El primero, físico danés, que en 1922 recibió el Premio Nobel de Física, fue el primero en descubrir la estructura interna de los átomos, demostrando que cada átomo forma una especie de pequeño sistema solar con un núcleo (formado por protones y neutrones, a manera de un sol atómico), alrededor del cual giraban los electrones a modo de planetas. El propio Böhr explicó que él vio por primera vez en sueños esta estructura interna de los átomos; como si estuviera dotado de una ultravista, penetró su visión en el interior de los átomos y vio cómo los electrones giraban velozmente alrededor del núcleo atómico. Más tarde, en otros sueños, llegó a vislumbrar el gran hongo en que podía trasformarse una explosión atómica, mucho antes de que las primeras experiencias en Los Álamos confirmaran la realidad de su visión. Por lo que se refiere a Frederick G. Banting, médico y fisiólogo canadiense, fue el descubridor de la causa de la diabetes y de la insulina que la combatía. En 1921, mientras se hallaba inmerso en las investigaciones junto con su ayudante Best, en los laboratorios de la Universidad de Toronto, buscando la causa de la citada enfermedad, se acostó una noche completamente agotado. Entonces, en sueños, tuvo la idea de cómo encaminar la investigación que tanto le preocupaba. Se despertó de inmediato y en su bloc de notas escribió las tres fases principales del trabajo a ejecutar: «Cerrar el orificio de salida del páncreas de un perro. Aguardar unos días hasta que la glándula se atrofie. Luego, seccionar, lavar y filtrar el precipitado». Volvió a dormirse. Al día siguiente, Banting planificó el trabajo de la idea que había tenido durante el sueño. El resultado de semanas de experimentos desembocaron en el descubrimiento de lo que se comercializaría con el nombre de «insulina». Con este medicamento logró que millones de diabéticos pudieran alargar sus vidas y llevar una existencia razonablemente normal. En 1923, Banting compartía el Premio Nobel de Medicina y Fisiología con Macleod, quien había puesto su laboratorio a disposición de Banting. || 2. Sobre las posibles causas y orígenes de tales sueños, la doctora Jayne Gackenback y Jane Bosveld nos indican en su obra *Controle sus sueños*: «…Ninguno de estos ejemplos de la creatividad en sueños debería sorprendernos. La mayoría de teorías que existen sobre la función del sueño REM sugieren que éste sirve para integrar la nueva información con la vieja. Es un creador inédito que está siempre tejiendo nuevas historias sin preocuparse si el argumento es realista o los personajes creíbles. Nuestros sueños son nuevos mundos para ser hilados por la musa que reside en cada uno de nosotros. Mientras estamos despiertos podemos estar tan ocupados en vivir la vida, preocupándonos de nuestros sentimientos y atendiendo a nuestros hijos que olvidamos nuestra parte creativa. El creador de mitos, el narrador de historias, aparece solamente en nuestros sueños». Y de creencias parecidas es el psiquiatra Gordon Globus, que en su obra *Vida dormida, vida despierta* nos dice: «…Nuestros sueños son creaciones de primera mano antes que todo el conjunto sean residuos de la vida despierta. Nosotros tenemos la capacidad para la creatividad infinita; al menos mientras dormimos, participamos del Espíritu inmanente, de la infinita deidad que creó el cosmos». Así, no debe sorprender que en 1981, en el marco del Congreso de la Unión Psiquiátrica norteamericana, dos tercios de los psiquiatras presentes votaran admitiendo que las rígidas teorías freudianas para explicar los sueños del mismo modo no eran sostenibles por más tiempo. Y es que Freud no quiso aceptar la existencia de sueños creativos, y el tiempo está demostrando que parte de sus teorías estaban equivocadas y no pueden aplicarse como un axioma para todos los tipos de sueños.

SUEÑOS ENDOSCÓPICOS

Psi. Término acuñado por M. Boss para denominar aquellos sueños del *enfriamiento final,* en que el enfermo tiene muchas visiones de nieve, frío intenso, paisajes polares, etc., hasta que fallece. *(Véase* el término *nieve).*

SUEÑOS ESQUIZOFRÉNICOS

Psi. 1. Recordemos que la esquizofrenia es un estado patológico que se caracteriza por la ruptura de contacto con el medio ambiente, el apartamiento de la realidad y el tener una mentalidad autística, es decir, que el individuo está replegado excesivamente sobre sí mismo, como un caracol encerrado en su concha. Sobre el origen o la causa de la esquizofrenia, M. Balint (1942) ya manifestó las dos posibilidades siguientes: 1.ª La esquizofrenia es un proceso casi físico (anatómico), que con frecuencia afecta los sistemas centrales de percepción, dando así origen a alucinaciones. 2.ª La esquizofrenia es principalmente un proceso psicoló-

gico que ataca las funciones integradoras del «Yo». Y más tarde, Roheim definiría la esquizofrenia como «una escisión de la mente, una dualidad de finalidades, una falta de integración». Por supuesto, desde el punto de vista psicológico, esa lucha o enfrentamiento entre el «Yo» y el «Súper-Yo» también se manifiesta en los sueños y pesadillas de los pacientes, adoptando los más extraños y sorprendentes símbolos e historias. Al respecto, Geza Roheim nos dice *(Magia y esquizofrenia):* «Algunos datos muy interesantes sobre angustias, agresiones y frustraciones orales aparecen en un estudio sobre sueños esquizofrénicos efectuado por Boss (1939). Una de sus pacientes, una mujer en un avanzado estado de esquizofrenia, soñó que se comía a la madre... Otra enferma, dos meses antes de un ataque de catatonia, soñó que estaba encerrada en una enorme torre llena de agua. En esta torre pasó hambre, adelgazó muchísimo y finalmente murió... Poco antes de otro ataque de catatonia la misma paciente soñó que se hundía en el mar y que era rodeada por cocodrilos. Los reptiles la deshicieron a dentelladas dejando sólo su cabeza, que finalmente desapareció con una gran llamarada...». Es curioso comprobar cómo, en su esencia, los mismos simbolismos de otras pesadillas de personas normales juegan su papel en esta última paciente, por muy enferma que estuviera. En el primer sueño, la *torre* es el centro neurálgico de su personalidad y el *agua* que la llena representa una parte de su inconsciente, de su principio femenino; el *estar prisionera* significa encerrada en sí misma, no dar salida a sus deseos y sentimientos (el agua) y pasar *hambre* quiere decir no obtener lo que desea, que se muere porque no puede tenerlo. En otras palabras, sus emociones y su fuerza interior no manan equilibrada y armónicamente fuera de su interior, como si fuera una fuente agradable y fertilizante; quedan encerradas en su núcleo, dificultando el desarrollo de la personalidad. Incluso si hacemos una lectura sexual del sueño nos encontramos con una explicación muy parecida. La *torre,* como elemento masculino y el *agua,* como elemento femenino, simbolizan la unión sexual, la pareja, el coito, el amor…, de lo que no podía gozar la soñante, lo que le faltaba…, de ahí que se muriera de *hambre,* es decir, de deseos de amor, de cariño, de comprensión mutua… y que la soledad, el aislamiento, fuera como una prisión para ella y sus sentimientos *(torre llena de agua).* Es muy probable, por consiguiente, que en el trasfondo de su esquizofrenia hubiera algún trauma sexual. En el segundo sueño se repite el mismo problema pero con símbolos diferentes. Se hunde en el *mar* (se encierra o repliega más en sí misma, en su inconsciente, su personalidad se hunde hacia su propio origen, al principio, a la muerte) y los *cocodrilos la deshacen a dentelladas,* es decir, la consumen y destruyen las propias fuerzas incontroladas de su inconsciente. En su aspecto sexual, los *cocodrilos* representan la parte temible de la agresividad sexual masculina; o sea, en el mar de su interior,

los deseos se destruyen a sí mismos y la devoran a ella. Ambos sueños también pueden estar orientando hacia las fuentes de la enfermedad: angustias y frustraciones orales, ya que de una forma u otra ambos sueños indican esa misma tendencia hacia la fase sexual oral. En el sueño de la torre se muere de hambre, no puede comer, y en el segundo, es despedazada o comida por los cocodrilos, lo que señala una falta de madurez sexual en la soñante, que probablemente se quedó en la fase oral o bucal. || 2. Para otros sueños esquizofrénicos, *véase* lo que indica el doctor Didac Parellada en el apartado 5 del término *terrores y pesadillas.* || 3. El mismo Geza Roheim, en la obra ya mencionada, trascribe otro curioso caso de sueño esquizofrénico: «Una de las pacientes hebefrénicas de Boss, luego de tres años de enfermedad, soñó que una vaca iba a ser sacrificada. Corrió en auxilio del animal; pero el barro le impedía llegar al establo y su niñera se rió de ella. (Antes de su enfermedad, la misma paciente había soñado que cuidaba a su hermanito que estaba en la cuna, pues la madre acababa de despedir a la niñera). En el noveno año de su enfermedad tuvo un sueño en el que atravesaba un pantano acompañada por su madre. Poseída de pronto por un rapto de ira empuja a la madre dentro del pantano, le corta las piernas y le arranca la piel. Estos sueños revelan que la vaca es la madre y que su agresión contra el cuerpo materno está vinculada con una rivalidad con el hermano (el pequeño en la cuna)». Hemos de aclarar unos puntos de tales sueños. El de la *vaca* expresa la agresividad inconsciente de la durmiente hacia su madre (por las causas que sean), pero, al mismo tiempo, *al correr para salvar la vaca* indica que en la paciente existen sentimientos de remordimiento por su manera de pensar o proceder. Pero el *barro* le impide alcanzar su objetivo. Aquí el barro representa los obstáculos e impedimentos que existen en su interior, en su propia personalidad, que «está enfangada»; sus sentimientos son un caos y poco limpios y reflejan el estado anormal de su inconsciente. Además, esa *vaca* simboliza su propia femineidad, su matriz, su sentido de lo maternal, su principio vital, que no quiere que muera, es decir, que corre para intentar salvar a su madre y salvarse a sí misma. Pero las circunstancias (para ella la enfermedad y los recuerdos) se lo impiden. La *niñera que se ríe de sus esfuerzos,* es un símbolo también de la madre (al margen de que la niñera existiera y jugara su papel en la elaboración del trauma infantil) y nos hace pensar en un trauma de la niñez. Por otro lado, no cabe duda de que, tal como señala Freud, el barro que aparece en tales sueños también expresa una fijación a la fase sexual anal, o sea, una regresión hacia lo infantil, lo que parece remarcar la existencia de un trauma generado en esa época. Pero vemos que con los años se agrava la enfermedad de la durmiente, se reducen los frenos interiores, se oscurece la conciencia y las fuerzas psíquicas desembocan en un pantano, en un caos de emo-

ciones y sentimientos, caminando el inconsciente hacia su propia destrucción, su autodestrucción. El desmembramiento de la madre (aparte del odio hacia ella) significa, simultáneamente, la muerte de sí misma, de la propia vitalidad, de la matriz, del principio generador de la vida misma. Suponemos que la paciente no curó y acabó muy mal.

SUEÑOS LÚCIDOS (*Véase Lúcidos, sueños*)

SUEÑOS PRODRÓMICOS
Psi. 1. Son los sueños de aviso o advertencia que preceden a una enfermedad. Obedecen a estímulos orgánicos y reflejan el principio de una dolencia de la que el soñante aún no se ha dado cuenta. Como se comprende, estas visiones oníricas son una particularidad de los sueños fisiopatológicos. (*Véase* lo dicho en la primera parte de este libro). No hay que considerarlos sueños premonitorios, toda vez que tienen una explicación físico-psicológica, pues obedecen a estímulos de percepción subliminal de un período de incubación de una infección (por ejemplo) y cuyos efectos físicos o dolorosos todavía no se han manifestado. Los sueños prodrómicos pueden ser directos, es decir, advertir claramente de una enfermedad concreta, con nombres y detalles, o simbólicos, que son la mayoría. Veamos un ejemplo de sueño prodrómico simbólico (hombre adulto, cincuenta y siete años), en que muchas serpientes o culebritas advertían de una inminente dolencia: «Estoy en una

inmensa sala en la que hay varias camas cubiertas con sábanas blancas. Parece como si fuera una mansión o un castillo. Yo estoy de pie, en una cama, como muy elevado por encima de ella. De repente empiezan a caerme encima pequeñas serpientes o culebras o lagartos y otros bichos alargados. Al parecer caen del techo y de la pared que tengo detrás. Lo hacen en gran cantidad y yo voy sacudiéndome esos bichos de encima con las manos, expulsándolos con rapidez. Caen en tal cantidad y tan seguidos, que no tengo tiempo de cubrirme con nada. Siento los picores y cómo se deslizan por todo el cuerpo. Me despierto estremecido».

Ese sueño lo interpretamos así: las *serpientes, culebras y demás bichos* simbolizaban una próxima dolencia o enfermedad (podemos aceptarlos como los gérmenes patógenos que estaban invadiendo el organismo del soñante, probablemente procedentes de una infección en la parte superior del cuerpo –por ello caían de arriba–). Las *camas con blancas sábanas* eran una alegoría de la hospitalización y, por consiguiente, de enfermedad, de clínica, de medicación, etc., pero como él permanecía de pie durante todo el proceso del sueño, significaba que iba a superar la dolencia sin necesidad de encamarse, es decir, mientras llevaba a cabo sus tareas cotidianas. En otras palabras, que aguantaría de pie la enfermedad. Y se curaría, por supuesto, ya que iba sacudiéndose él mismo de encima las culebras. Se cumplió totalmente nuestro pronóstico, ya que al día siguiente el sujeto se vio obli-

gado a empezar a tomar antibiótico por una pequeña infección en la faringe y con síntomas bronquiales. Pasó la infección sin guardar cama y se curó en algo más de una semana, tal como había anunciado el sueño.. || 2. También puede considerarse un sueño de este tipo el que sigue, explicado por Artemidoro de Daldis: «Un hombre soñó que alguien le decía: "No tengas miedo de morir, mas no puedes vivir". Se quedó ciego, de forma que semejante presagio se cumplió con exactitud y de acuerdo con la lógica: pues no estaba muerto, en cuanto que vivía, y no vivía plenamente, en la medida en que no veía la luz».

SUEÑOS RECAPITULATIVOS

Psi. Son aquellos sueños que se repiten y suelen *compendiar, condensar* o *sintetizar* recuerdos, pasajes y hechos de la vida de la persona. Son frecuentes en personas mayores y ancianas. Hacen exposición de hechos de la trayectoria del soñante, sean de la infancia, de la adolescencia o de la juventud. Así pueden hacer referencia a familiares, amistades, colegas, situaciones difíciles o conflictivas, traumas, alegrías, desengaños sentimentales o profesionales. etc. La cinta registradora del inconsciente nunca olvida nada. De cuando en cuando vuelve a pasar una escena, unas imágenes…, quizá para que meditemos y seamos conscientes de lo que hicimos bien o mal en el pasado y la dicha o el dolor que los demás nos causaron. En un examen de conciencia a la luz de la madurez y de la experiencia.

SUEÑOS DE REENCARNACIÓN
(Sueños de otras vidas, anamnesia)

Psi. 1. De acuerdo con la teoría espiritual de la reencarnación (que postula la doctrina de que nuestro espíritu vuelve de nuevo a nacer en la tierra en otro cuerpo, para purgar vidas pasadas y perfeccionarse), podemos tener sueños –sobre todo en la niñez y adolescencia– que nos hablen, aunque sea de manera fraccionada, de experiencias tenidas en una anterior encarnación, sean traumáticas o angustiosas o placenteras. Por supuesto, los sueños de reencarnación son poco corrientes y el soñante parece vivir experiencias históricas o hechos de tiempos pasados, pero de los que no sabe nada en estado de vigilia, es decir, que revive acontecimientos de los que no sabía nada, no los había leído ni estudiado ni nadie se los había explicado. Al respecto, hay que tener en cuenta que normalmente se tienen sueños que trascurren en lugares históricos, antiguos, medievales, etc., pero que no son nada más que sueños psicológicos que expresan la problemática del soñante en relación a sus deseos y conflictos en el mundo actual. No hay que caer en la equivocación de creer que todos los sueños que trascurren en escenarios históricos son recuerdos de vidas pasadas, puesto que una ciudad amurallada, un castillo, un palacio, un emperador romano, una emperatriz, unas luchas medievales, un guerrero de las Cruzadas, etc., expresan antes deseos, frustraciones o situaciones actuales del durmiente que no sueños de reencarnación. El parapsicólogo Hans Holzer (*Interpretación práctica de los sueños*) nos da una serie de normas para identificar un sueño de reencarnación: *a*) El sujeto toma parte en ciertas acciones o frecuenta lugares históricos que desconoce en estado consciente. *b*) Los sueños de reencarnación se presentan en series que son la exacta repetición del mismo sueño. No es frecuente que tal repetición se presente en forma parcial. *c*) Por lo general, tales sueños dejan en el soñante una sensación de inquietud y suscitan en él una imperiosa necesidad de hacer algo con respecto al sueño. *d*) El soñante presenta un aspecto distinto del que tiene normalmente cuando está despierto. Sin embargo, sabe con certeza que el protagonista del sueño es él mismo. *e*) Son sueños que siempre se refieren al pasado, y por este motivo el soñante jamás tiene el mismo aspecto personal que en la vida real. Nosotros añadimos que podemos sospechar que un sueño histórico nos habla de nuestra vida anterior si no queda satisfactoriamente explicado por los procedimientos psicoanalíticos y simbólicos habituales o no puede interpretarse de otra manera. Y, por supuesto, hemos de pensar en la reencarnación si la información que el sueño da a conocer queda confirmada por los datos que proporciona una regresión hipnótica. Además, hay que suponer que es más fácil recordar episodios de vidas pasadas para quienes tuvieron un fin trágico –o asistieron a catástrofes, guerras o situaciones dramáticas– que no para los que fallecieron de muerte natural después de una larga enfermedad. El mismo Holzer, en su obra citada, nos da varios ejemplos, como el que sigue (sueño perteneciente a Karen G.): «Cuando tenía veintiún años soñó con una mujer que llevaba un vestido largo y oscuro y un delantal blanco. Se trataba de una mujer hermosa, de cabello negro y ojos verdes. Estaba rodeada de gente vociferante que trataba de atarla a un árbol. Amontonaban leña bajo sus pies y gritaban: "¡Quemadla, quemad a la bruja!". La mujer gritaba que ella no era una bruja y que si lo fuera nunca habrían tenido ocasión de quemarla. "En el momento en que la mujer decía estas palabras, me di cuenta de que yo era esa mujer. Estaba presenciando la escena con todos sus detalles, y de un modo u otro sabía que yo era esa mujer", explica la señora G.. La mujer del sueño de Karen trataba de explicar a la gente que sólo "conocía ciertas cosas", pero que ella no era una bruja. Al no prestar atención la gente a lo que ella les gritaba, les echó en cara su estupidez y en ese momento la turba, enloquecida, encendió la hoguera. Karen, horrorizada, presenciaba la escena. Sabía positivamente que la mujer era inocente y que estaba tratando de convencer a la gente. "Sentía el calor de las llamas y supe cuál era su angustia. Estaba segura de que la gente se equivocaba y de que un día lo sabrían"». Karen G. –y todo lo hace suponer así– está firmemente convencida de que soñó su muerte y sacrificio en una encarnación anterior. Un caso tan curioso como éste, y parecido por su trágico final, es el que trascribimos a continuación de las obras *¿Reencarnación?* de Ian Wilson y *Los cátaros y reencarnación*

(1970) del doctor Arthur Guirdham. El doctor Guirdham, psiquiatra inglés, explica que en los años treinta tuvo que asistir a la señora Smith a causa de las constantes pesadillas que sufría. La interesada describió al doctor Guirdham cómo las pesadillas tomaban la forma de un hombre entrando en una habitación en la que ella estaba tendida en el suelo. El que el hombre se aproximara a ella la llenaba de tal terror que se despertaba chillando desaforadamente, tan alto que su marido estaba convencido que gritaba desde la calle. Estas pesadillas las tenía dos o tres veces a la semana. Los estudios e investigaciones del doctor Guirdham, que duraron varios años, descartaron un problema psicológico o neurótico de la durmiente y pusieron de manifiesto que la señora Smith recordaba en sus sueños cuestiones históricas relacionadas con los cátaros. Ella, cuando tenía dieciocho o diecinueve años empezó a tener sueños con que Roger (cátaro francés del siglo XIII) tenía un papel preponderante. Ella estaba convencida de que había tenido amores con dicho personaje. La señora Smith tuvo un sueño –el mismo o parecido en más de una ocasión– en que recordaba la muerte de Roger en prisión y cómo ella misma era condenada a morir en la hoguera por un tribunal de la Iglesia católica de Roma. Este sueño de reencarnación –en que recordaba su propia ejecución– es como sigue: «El dolor era enloquecedor... Yo pensaba en Roger y lo profundamente que le amaba. El dolor de aquellas feroces llamas no eran ni la mitad de malas que el dolor que yo sentí cuando supe que él estaba muerto. Me sentí repentinamente dichosa de estar tendida. Yo no sabía cuando a alguien lo quemaban, qué sucedía con su sangre. Yo pensaba que la sangre debería desecarse completamente por el terrible calor. Pero estaba muy equivocada. La sangre fue goteando y chirriando en las llamas. Yo deseé haber tenido bastante sangre para apagar las llamas. La parte peor fueron mis ojos… Traté de cerrarlos pero no pude. Ellos debían haber sido quemados…». || 2. La psicóloga Phoebe McDonald, en su obra *Sueños, el lenguaje nocturno del alma* nos da a conocer otro sueño trágico que parece ser de reencarnación, una vez exploradas todas las posibilidades de que fuese otro tipo de sueño. Lo tuvo una mujer joven, esposa de un clérigo norteamericano. En el psicoanálisis y estímulo de la memoria de la joven no se encontró nada que pudiera relacionarse con la vida presente. El sueño fue el siguiente: «Yo me encuentro en medio de un patio empedrado o de adoquines. Creo que es en algún lugar de Europa. Estoy rodeada por un círculo de personas que están burlándose de mí y arrojándome piedras. No puedo moverme porque estoy atada a un poste; permanezco allí porque no puedo evitarlo. Siento que las piedras me hieren, una a una. Yo realmente las siento y me lastiman terriblemente. A continuación ya no recuerdo nada más. Yo supongo que muero». || 3. Jeffrey Iverson, en su obra *Más de una vida,* nos cuenta los sueños de reencarnación de Arnall Bloxham, el célebre hipnoterapeuta

británico, quien creyó haber localizado un lugar que se aparecía en sueños y que, al parecer, había sido su hogar en otra existencia. Bloxham lo explica así: «Acompañaba a mi tía y a mi madrastra en un paseo por el campo; estábamos en los Cotswolds, cuando repentinamente pensé: "Éste es el mismo camino con el que solía soñar". Bajábamos una escarpada colina bordeada de árboles y el camino era amarillento y lleno de polvo. En mis sueños, siempre me sentía muy mal porque viajaba en un carruaje colgado de correas, correas de cuero que hacían cimbrar el coche, y me mareaba. Supe que si seguíamos descendiendo la colina y girábamos a la derecha, a menos de un kilómetro más adelante encontraríamos dos torres y portales de hierro. Así lo hicimos; llegamos al castillo de Sudeley y comprendí que había vivido allí…, detrás de esos portales de hierro». || 4. Frédéric Lenz *(Curso de la vida a través de la reencarnación),* profesor de meditación oriental, en las encuestas que llevó a cabo sobre posibles revelaciones de pasadas vidas, encontró que de 127 casos de personas que afirmaban tener recuerdos de otra vida anterior (anamnesia), 19 explicaron que habían recibido en sueños (sueños anamnésicos o de reencarnación) esa revelación, los cuales se les repitieron mucho. Sobre estos sueños repetitivos o recurrentes, Héléne Renard *(Más allá de la muerte)* nos dice: «Es preciso advertir que estos sueños no se desvanecen al despertar como la mayoría de los demás sueños. Son tan intensos que el soñador está seguro de haber vivido una experiencia única cuyos detalles puede describir incluso varios años después. Y con frecuencia el soñador modifica su modo de aprehender la cuestión de la muerte. Ya no tiene miedo». Esa misma autora nos cuenta un curioso caso de sueño anamnésico: «El soñador tenía la costumbre de interpretar sus sueños según el método de las asociaciones libres. Estaba interesado en la reencarnación y había intentado también la experiencia de la autosugestión para llegar a sus pasadas encarnaciones. Una de ellas le fue revelada en sueños: "Un claro en el bosque donde hay tres cabañas redondas de piedra, sin ventanas, con un techo de bálago de forma cónica. Hay también otra cabaña, pero rectangular y más espaciosa que las otras. En un segundo claro contiguo, separada por una hilera de árboles, hay una cabaña rectangular de piedra. En el interior de esta cabaña hay una mesa de madera, una cama y algunos instrumentos. De este claro sale un sendero que desciende hacia el llano. Los claros están situados en un pequeño altiplano rocoso. En la llanura hay un río y bosques. Los habitantes del poblado llevan túnicas de cuero o de piel con el pelo rapado, cortas y sin mangas. Están reunidos cerca del sendero y parecen conversar; son cinco o seis. Algunos legionarios romanos caminan por el sendero, precedidos por tambores. Los habitantes tienen miedo y huyen hacia la llanura, por las altas hierbas que los ocultan"». La historia proseguía en el mismo escenario, en un segundo sueño: «Un hombre vestido con una corta túnica de cuero, anciano y con una pierna amputada, tiene los cabellos blancos y bastante largos, camina con su muleta por el bosque y se dirige hacia una fosa cubierta de piedras, probablemente una tumba». Hubo un tercer sueño, con el mismo poblado como fondo: «Un joven, sin duda el anciano del sueño precedente cuando era todavía muchacho, habla con una joven de largos cabellos de un rubio que no parece natural. Están sentados cerca de una hoguera, al pie de la altiplanicie rocosa donde está situado el poblado. El joven tiene los cabellos negros y sujeta un arco muy tenso, cuya forma es casi un semicírculo». Un cuarto sueño proporcionó nuevos datos y detalles: «En el claro de las tres chozas, una escena de matanza. Un romano que parece tener unos cincuenta años, grande y fuerte, con rostro brutal, blande una espada y hiere a un habitante que yace en el suelo. Le hiere en una pierna y es, sin duda, el mismo anciano cojo del sueño precedente. Los romanos llevan túnicas de distintos colores, marrón, verde y rojo oscuro. Llevan corazas de bronce o de cuero reforzado con hierro. Sus vestiduras se parecen pero no son realmente uniformes. Van bastante descuidados y mal afeitados». El soñante, que estaba totalmente convencido de haber tenido unos sueños de reencarnación, se preocupó de investigar los detalles históricos para ver si concordaban con éstos. Consultó *La Guerra de las Galias* de Julio César y distintas obras que hablaban de la Galia y de los celtas. Llegó a la conclusión de que tales sueños habían sido recuerdos de su

pasada encarnación en la Galia pre-
rromana, en la época de la conquista
de Julio César. Concretó que el lugar
era la provincia de Aquitania, ya que
los galos de tales lares eran los únicos
que construían cabañas del tipo que
había visto en sueños.

SUEÑOS SIMBÓLICOS CLARIVIDENTES

Psi. 1. Son aquellos sueños que a través de símbolos y alegorías advierten
sobre acontecimientos futuros que
se cumplen. Varios de los sueños y
la mayoría de los términos ocultis-
tas contenidos en este libro son de
este tipo. Como ejemplo de sueño
simbólico clarividente trascribimos
el siguiente de Artemidoro: «Una
mujer soñó que tenía entre sus manos el miembro viril de su marido,
el cual había sido separado de su
cuerpo, y que ella lo cuidaba y vigi-
laba con mucha atención para que
no le sobreviniese ningún mal. De su
esposo tuvo un hijo, al que ella crió.
En realidad, el miembro del hombre
era el símbolo del hijo, puesto que
había sido engendrado por él. Mas,
como aparecía desligado del resto del
cuerpo, una vez que sacó adelante a
su retoño, se separó de su cónyuge».
|| 2. A veces en sueños simbólicos
clarividentes, el vehículo onírico en
que se emprende el viaje puede señalar la muerte o el viaje póstumo
de alguien, como en el caso que sigue (explicado por Naomi A. Hint-
ze y J. Gaither Pratt en *El reino de
lo psíquico),* en que la protagonista
soñó que su esposo partía en barco,
pero, en la realidad, lo haría en ferrocarril, y esa marcha se convertiría

en despedida póstuma. Los autores
citados nos dicen, al respecto: «La
señora C. M. Luman, de Alexandria
(Virginia) nos contó un sueño que
tuvo su madre. Ésta se despertó una
mañana muy angustiada después de
soñar que su esposo salía a navegar
en un barco mientras toda la familia,
desde la orilla, se despedía de él, agi-
tando las manos, hasta que se perdía
de vista. Unos pocos días después,
todos fueron a la estación de tren a
verle marchar en un viaje de pocos
días a Nueva York. La señora Luman
manifiesta: "Cuando estábamos allí,
moviendo las manos y viendo partir
el tren, mi madre se quedó transida
de tristeza. Nos dijo a nosotros, entonces niños: 'Esto es exactamente
lo que vi en mi sueño la otra noche;
todos estábamos de pie, diciendo
adiós'. Ninguno de nosotros volvió
a ver vivo a nuestro padre. Murió de
una repentina enfermedad en Nueva
York pocos días después"». Vemos
aquí cómo la *despedida* y el *partir en
un barco* representan la muerte, el último viaje, el de sin billete de retorno.

SUEÑOS TELEPÁTICOS (Simultaneidad)

Psi. 1. Son aquellos sueños paranormales o parapsicológicos en que el
soñante capta hechos, situaciones o
pensamientos que acaban de gene-
rarse lejos de él o que se están desarrollando en aquel instante. Por lo
general, son acontecimientos personales y familiares, por lo que se reciben pensamientos, sentimientos,
imágenes o deseos que están en la
mente del protagonista o protagonistas del hecho, quienes piensan en la

persona soñante, que se convierte en receptora de los hechos (sea en su totalidad o en parte). Esto quiere decir que las personas emisoras de las imágenes mentales son casi siempre personas conocidas o familiares del soñante, que se convierten en emisores. Hereward Carrington (*Parapsicología y mediumnismo*) define así el sueño telepático: «El sueño telepático, en el que la telepatía ocurre en el sueño, entre una mente viva y lejana y la mente dormida del sujeto. La información es impartida, en este caso, sin que el sujeto haya podido tener conocimiento previo de ella. Por ejemplo, el hermano de un individuo dormido se le apareció y le dio noticia del reciente accidente que había sufrido, lo cual resultó ser cierto. En otro caso, el dormido soñó que un amigo le decía algo que también era verdad. Tales son los sueños telepáticos». Nuestra experiencia, y lo que se desprende del estudio de algunos sueños telepáticos y pseudotelepáticos, pone de manifiesto que hay dos clases principales de sueños telepáticos espontáneos: 1.º Los sueños en que se capta la escena o el hecho completo tal como sucede o ha sucedido. 2.º Se capta lo sucedido o parte del hecho, pero en símbolos y sólo en parte y, muchas veces, alterados, sintetizados o tergiversados los hechos. Por supuesto, existe una telepatía de laboratorio, en la que se pueden inducir sueños al durmiente y luego comprobar si éste los ha captado. En estos sueños telepáticos inducidos el durmiente siempre es el receptor, el percibiente. La metapsíquica y médium irlandesa Eileen J. Garrett (1893-1970), en su obra *Telepatía* nos dice sobre los sueños telepáticos: «En mis experimentos en estado de sueño se presentan abundantes casos de telepatía y preconocimiento. Frecuentemente recibo en sueño evidencias materiales de cosas que deben ocurrir, de manera que la telepatía en estas condiciones parece estar inevitablemente enlazada con el preconocimiento… La telepatía en el sueño se convierte en una experiencia vívida y emocional, lo que se debe, sin duda, a que la receptividad emocional aumenta cuando los procesos mentales se suspenden. Puedo dar un ejemplo de esa viveza emocional narrando un caso que me aconteció hace algunos años. Viviendo en Londres, me acosté una noche con la impresión de que algo le pasaba a mi hija, que estaba en el colegio. Era una tarde de domingo y rechacé la idea, pensando que a aquellas horas probablemente la muchacha me estaba escribiendo su carta de cada semana. Pero a las dos de la madrugada desperté con la sensación de que mi hija estaba en la casa y me había hablado en sueños, diciendo: "No te he escrito aún, mamá, porque me duele el pecho. Tengo fiebre y tos. Cuando la directora supo que no te había escrito, se irritó y me llamó descastada e ingrata, pero después ha estado en mi cuarto y reconocido que no me encuentro bien". Aunque dudaba de la validez de esta comunicación, resolví anotar lo que creía haber oído. A la mañana siguiente volví a conturbarme, porque no me llegó carta de mi hija. Telegrafié a la directora y ésta contestó diciendo que mi hija estaba en cama con un fuerte catarro al pecho y echaba a la enfermedad la culpa de que la niña no hubiera podido escribirme. Una carta posterior de mi hija decía que por la tarde "se había sentido herida e incomprendida". Ésos eran los sentimientos que yo había captado en estado de vigilia, mientras el sueño subsiguiente había revelado su enfermedad y la causa de su desasosiego emotivo, revelación que se produjo mientras ella y yo dormíamos. Más tarde la interrogué minuciosamente y hallé que la niña no recordaba haber soñado, pero sí tenido una fuerte impresión de que necesitaría mi comprensión durante la noche, cuando se sintiera "herida e incomprendida" por su directora. Las comunicaciones telepáticas recibidas en sueños presentan una continuidad e intensidad que hacen que el sueño dure en la memoria mucho más que los sueños que brotan del subconsciente y se disipan pronto. Dicha intensidad es la que hace que muchas personas, incapaces de recibir mensajes telepáticos mientras se hallan en estado de vigilia, vean en sueños cosas verdaderas. Me parece importante insistir en las percepciones obtenidas en sueños, ya que es considerable el número de quienes creen que todos los sueños dimanan del subconsciente y han de ser freudianamente interpretados. Por mi propia experiencia y la de mis colaboradores, he hallado que el sueño contiene muy a menudo ejemplos de comunicación telepática, preconocimiento y hasta creación perceptiva». ‖ 2. El sueño telepático más antiguo –al menos del que existe constancia– es el que cuenta Artemidoro (siglo II): «Un hombre que se encontraba en el extranjero por causa de una embajada soñó que regresaba a su casa y que su mujer le decía al presentarse ante él: "La pequeña Musa ha muerto". Recibió una carta de parte de la esposa en la que le comunicaba que el más pequeño de sus hijos había fallecido. En efecto, este niño era delicioso y amable como las Musas». ‖ 3. El parapsicólogo alemán Hans Bender *(La parapsicología y sus problemas)* nos cuenta sobre sueños telepáticos: «La mayoría se presentan en forma realista, es decir, trasmiten la información telepática de modo manifiesto, no encubiertamente. En la Navidad de 1945, soñó una madre con su hijo, del que no sabía nada desde el mes de marzo de aquel año. Vio en sueños una vieja tartana que iba por una escabrosa calle de pueblo. Pidió al que guiaba la tartana que le dejase ir un trecho con él; el hombre le dijo si podía darle algún alimento para él y para el herido que trasportaba y que debía llevar a un hospital cercano. Ella le dio un trozo de pan y varias patatas que llevaba en el bolsillo. Apartó la mujer un poco el toldo de la tartana y vio a su hijo, que estaba en vida, pero enfermo. Después, en 1948, al regresar el joven de un campo de prisioneros ruso, explicó que en la Navidad de 1945 le trasladaron en una vieja tartana, como en el sueño, al hospital de un pueblo cercano, en el que permaneció varias semanas afecto de reumatismo articular». «Se observa bien en este caso –prosigue Bender– el área afectiva en que se desarrollan los fenómenos paranormales. La madre esperaba día tras día que le llegaran noticias del hijo, perdido para ella desde hacía meses y el hijo, en el estado de gran necesidad en que se hallaba, anhelaba los cuidados maternos. El carácter bipersonal de estos procesos de relación telepática es causa de que sea difícil determinar la procedencia de los elementos del sueño. Es posible que el tema del alimento fuese expresión del deseo de la madre de dar ayuda al hijo, pero también podría ser que interviniera la trasferencia del deseo del hijo de recibir ayuda, deseo actualizado en el sueño en forma de suministro de comida». || 4. Stekel –al contrario que Freud– creía en los sueños telepáticos y ha dejado una colección de ellos. Al respecto, nos dice: «Mi madre tuvo un sueño telepático sencillo. Una mañana al despertarse dijo: "¡Es curioso! Soñé con tío J. Hace como diez años que no pienso en él y de pronto sueño que murió". Cuál no sería nuestro asombro cuando al día siguiente nos llega una carta que confirmaba en la realidad lo que había soñado mi madre. Esa noche, tío J. había muerto. Me referiré a un episodio de familia que cuenta con numerosos testigos. Una mañana, el ama de mi hija entró llorando a mi consultorio. Había tenido un mal sueño. Soñó que su hija estaba gravemente enferma, moribunda. Tenía que regresar a su casa. Fue imposible retenerla, de modo que hubo que destetar de pronto a mi hija de ocho meses. Cuando el ama llegó al pueblo donde había dejado –al cuidado de

unos parientes– a su hija, se encontró con un cortejo fúnebre. Había muerto su hija. La escritora Ella Hruschka me contó que había soñado que su amiga y colega Kapf-Essenther se había tirado de un cuarto piso y que había muerto. Comunicó este sueño a la señora M. E. y al señor A. L. Más o menos en la época del referido sueño –y a la misma hora en que fue soñado–, la señora Kapf-Essenther se quitó la vida en Venecia por el mismo procedimiento». Stekel sigue diciendo (*El lenguaje de los sueños*): «Sante de Sanctis ha podido coleccionar dieciocho sueños telepáticos. Es muy curioso el siguiente: una vez la señorita C. R. se levantó por la mañana muy triste y le dijo a su hermana que había visto en sueños al padre –que estaba de viaje– muerto sobre la mesa de una habitación de hotel con un pañuelo de seda alrededor del cuello. Además vio otros objetos sobre la mesa. Poco después, la familia recibió un telegrama de la ciudad en que a la sazón debía estar el padre, con la noticia de que éste había muerto. El hermano de la soñante se trasladó inmediatamente a esa ciudad y encontró el cadáver en el mismo estado en que lo había visto su hermana en el sueño. El desdichado había sido puesto sobre la mesa a los efectos de practicarle la autopsia, pues había muerto repentinamente». || 5. El doctor Nils O. Jacobson, psiquiatra sueco, en su obra *¿Vida sin muerte?* nos cuenta el siguiente sueño telepático de un joven: «Esa noche estaba en la cama en la escuela. Soñé que mi madre descendía por las escaleras de la bodega y su linterna eléctrica de bolsillo se apagaba. Ella tropezó con una vara de hierro, cayó al suelo y quedó inmóvil. Yo permanecía mirando, gritando hacia arriba. Escuché voces procedentes de la habitación superior, pero mis gritos no eran oídos. Traté de levantar a mi madre, pero no era capaz; ella estaba inconsciente y tenía una fea herida en su pierna. Después yo oía pasos en las escaleras de la bodega y gente invisible venía y se apresuraba en torno a mi madre. Yo sentí que allí había gente pero no podía verla. Comprendí que no eran personas vivas, sino que eran otras fuerzas. Después viajé con vertiginosa velocidad desde la bodega hasta la escuela donde con un chillido me incorporé en mi cama. Mi compañero de cuarto logró calmarme: sólo un mal sueño. Cuando volví a casa un par de semanas más tarde, pensé hablar del sueño, pero mi madre se me anticipó y vi el vendaje que rodeaba su pierna. Ella había descendido después de servir los licores, se apagó su lámpara de bolsillo y se dio un golpe ella misma, tan terrible que se hizo sangre y permaneció inconsciente un rato. No se serenó hasta que se encontró en la cocina de nuevo, sangrando abundantemente. Disimulando su sufrimiento, continuó sirviendo a sus invitados como si nada hubiera ocurrido. Yo realmente la había dejado en dificultades».

SUEÑOS DE TRAUMA DE NACIMIENTO (Sueños uterinos, sueños de comodidad)

Psi. 1. La experiencia en la investigación y práctica oníricas demuestran que una fuente principal generadora de sueños es el llamado trauma de nacimiento, es decir, que la venida al mundo significa la pérdida del estado placentero, beatífico y feliz en que se hallaba el feto en el útero materno. Esa vida intrauterina cómoda y dichosa se pierde al nacer (a veces con riesgo de la propia vida); esta angustia por la felicidad perdida, por la «expulsión» de un lugar en que el futuro ser se hallaba cómodamente, y por la «entrada», «caída» o «lanzamiento» al nuevo mundo conflictivo, en que empieza a sufrir y experimentar dolores y situaciones desconocidas, etc., da lugar a traumas, sueños, pesadillas, angustias, etc., que se conocen como sueños de trauma de nacimiento, sueños de comodidad, sueños uterinos, sueños de nacimiento, etc. Para Freud, incluso muchos sueños de realización de deseos y sueños de angustia se explican –como indica Otto Rank– «por el retorno a la situación primitiva y por la penosa interrupción de esta situación ocasionada por el trauma del nacimiento; el despertar, sobre todo después de un sueño angustioso, reproduce generalmente el proceso del nacimiento, de la venida al mundo». Y sobre la importancia que tiene el trauma del nacimiento en nuestra psiquis y personalidad, el propio Otto Rank (que fue destacado discípulo y ayudante de Freud) nos precisa en su obra *El trauma del nacimiento*: «El estado de dormir que se produce automáticamente cada noche nos autoriza ya a suponer que el mismo hombre normal, para hablar con rigor, no ha superado jamás de una manera completa el trauma del nacimiento, puesto que pasa una mitad de su vida en un estado que casi se puede identificar con el estado intrauterino. Nos sumimos en este estado automáticamente, desde que sobreviene la oscuridad (así es como igualmente se produce la angustia infantil en una pieza oscura), es decir, cuando las circunstancias exteriores son tales que el inconsciente puede identificarlas con el estado primitivo». Sandor Ferenczi *(Sexo y psicoanálisis)* nos amplía esta situación traumática, que aparece reflejada en muchos sueños (sobre todo en la infancia y la niñez): «El niño recién nacido no se acomoda uniformemente respecto de todas sus necesidades a la nueva situación que le es visiblemente desagradable. Inmediatamente luego del parto comienza a respirar, para renovar la provisión de oxígeno que ha sido interrumpida por la ligadura de los vasos umbilicales; la posesión de un mecanismo respiratorio ya formado en la vida intrauterina le permite de inmediato remediar activamente la privación de oxígeno. Sin embargo, si uno observa la conducta remanente del recién nacido, se obtiene la impresión de que está muy lejos de estar satisfecho con la ruda perturbación de la tranquilidad sin deseos de que gozaba en el útero, y más aún que anhela recuperar esta situación. Las enfermeras reconocen instintivamente este deseo del niño, y tan pronto como ha expresado su incomodidad llorando y esforzándose, deliberadamente lo ponen en una situación que se parece tanto como es posible a la

que acaba de abandonar. Lo acuestan junto al tibio cuerpo de la madre o lo envuelven en coberturas suaves y tibias, evidentemente para darle la ilusión de la tibia protección materna. Protegen sus ojos de los estímulos luminosos, y sus oídos de los ruidos y le brindan aún más posibilidades de gozar de la ausencia de irritaciones intrauterinas; o bien acunándolo y cantándole monótonas y rítmicas canciones de cuna, reproducen el ligero y monótono estímulo del que el niño no se libra ni aun en el útero (los balanceantes movimientos de la madre al caminar, los latidos cardíacos de la madre, los sordos ruidos que penetran en el interior del cuerpo)». El escritor e historiador de las religiones, Mircea Eliade, también nos habla de la importancia del trauma del nacimiento en sus obras *Mito y realidad* y *Mitos, sueños y misterios,* en los siguientes términos: «El psicoanálisis ha elaborado técnicas susceptibles de revelarnos los "comienzos" de nuestra historia personal y, sobre todo, de identificar el acontecimiento preciso que puso fin a la beatitud de la infancia y decidió la orientación futura de nuestra existencia. Traduciéndolo a términos del pensamiento arcaico, podría decirse que ha habido un "paraíso" (para el psicoanálisis, el estadio prenatal o el período que se extiende hasta el destete) y una "ruptura" o "catástrofe" (el traumatismo infantil) y, cualquiera que sea la actitud del adulto en relación con estos acontecimientos primordiales, no son menos constitutivos de su ser». Y el experto y prestigioso psicoanalista Ángel Garma se refiere a este hecho de la manera siguiente (*Nuevas aportaciones al psicoanálisis de los sueños*): «En mi opinión una regresión similar al trauma del nacimiento ocurre en el sueño. En este caso, dicho trauma está representado no por la sensación angustiosa de opresión torácica (aunque durante el sueño hay también variaciones significativas del ritmo circulatorio y respiratorio), sino por la visión de los contenidos luminosos del sueño en medio de la oscuridad del dormir. Con esto le sucede al durmiente algo similar a lo que le ocurre al feto, cuando "es dado a luz". El que duerme está en una situación parecida a la fetal. Las cobijas entre las que se halla son como un cálido vientre materno. De dicho estado fetal es sacado por el soñar que constituye un despertar parcial (lo demuestra también el electroencefalograma), que le hace ver imágenes visuales, o sea, luminosas, que en el fondo siempre le son penosas, en forma similar a lo que le ocurre al feto, para quien, al nacer, es penosa la visión de la luz extrauterina. Siguiendo estas consideraciones se puede pensar que el sueño básico de todo individuo reflejaría su trauma de nacimiento y que tendría como contenido la visión de una luz deslumbradora, la que, modificada mediante una solución ficticia, tomaría el aspecto manifiesto de una luz placentera. Sobre esta mancha de luz, como sobre una pantalla luminosa (que ha sido descrita en los sueños por B. D. Lewin), se irían proyectando las dramatizaciones de los conflictos traumáticos ulteriores al nacimiento. Dicha luminosidad especial del sueño, que es una consecuencia del trauma del nacimiento, en determinados sueños resalta algunos de sus detalles que, al ser investigados, parecen simbolizar el nacimiento. Estos detalles suelen tener aspectos manifiestos de algo brillante placentero, pero encubren otros contenidos más penosos, relacionados con el fenómeno del deslumbramiento». Y el genial pintor del inconsciente y de sus manifestaciones, Salvador Dalí, explicó así sus visiones y sueños referidos al vientre materno y al trauma del nacimiento (*Vida secreta de Salvador Dalí*): «...Si me preguntan cómo era "allí dentro", contestaré inmediatamente, "era divino, era el paraíso". Pero ¿cómo era este paraíso? No teman, los detalles no faltarán. Pero me permitirán empezar con una breve descripción general: el paraíso intrauterino tenía el color del infierno, es decir, rojo, anaranjado, amarillo y azulado, el color de las llamas, del fuego; sobre todo era blando, inmóvil, caliente, simétrico, doble, pegajoso. Ya en aquel tiempo todo placer, todo encanto, estaba, para mí, en mis ojos, y la visión más espléndida, más impresionante, era la de un par de huevos fritos en una sartén, sin la sartén; a ello se debe probablemente la turbación y la emoción que experimenté desde entonces, durante el resto de mi vida, en presencia de esta imagen siempre alucinante. Los huevos, fritos en la sartén, sin la sartén que veía antes de nacer, eran grandiosos, fosforescentes y muy detallados en todos los pliegues de sus claras levemente azuladas. Estos dos huevos se acercaban (a mí), retrocedían, se movían hacia la izquierda, la derecha, arriba, abajo; alcanzaban la irisación y la intensidad de fuegos de madreperla, sólo para menguar gradualmente y desaparecer por fin. El hecho de que hoy pueda todavía reproducir a voluntad una imagen parecida, aunque mucho más débil, y despojada de toda la grandeza y magia de aquel tiempo, sometiendo mis pupilas a una fuerte presión de mis dedos, me hace interpretar esta imagen fulgurante de los huevos como un fosfeno causado por presiones semejantes: las de mis puños cerrados sobre mis órbitas, que es característica de la postura fetal. Es un juego usual entre chiquillos apretarse los ojos para ver círculos de colores "que a veces se llaman ángeles". El niño estaría entonces intentando reproducir recuerdos visuales de su período embrionario, oprimiendo sus ya añorados ojos hasta hacerse daño, con el fin de sacar de ellos las anheladas luces y colores, con el fin de ver de nuevo aproximarse la divina aureola de los ángeles espectrales percibidos en su paraíso perdido». Todo ello quiere decir que, de acuerdo con las dificultades físicas propias en el momento de nacer y el trauma psicológico del nacimiento, pueden tenerse sueños que expresan de una manera simbólica esas contrariedades y angustias. Incluso en edad adulta, cuando el sujeto se halla ante problemas graves en su camino, en su vida, sean económicos, sentimentales, familiares o de salud, el inconsciente retrotrae, como ejemplo de impedimentos y dificultades, las sufridas en el momento de venir al mundo, como diciendo al soñante: «Estás en un momento parecido a cuando naciste». Esto quiere decir que la mayoría de sueños nos hablan casi siempre del pasado y del presente al mismo tiempo. En otras palabras: los sueños originados por la conflictividad del presente contienen, al mismo tiempo, recuerdos, angustias, sensaciones, traumas y símbolos del pasado, en especial relacionados con el trauma del nacimiento. Así tenemos que, a veces, el recuerdo del trauma del nacimiento adopta la forma de estar encerrado en una sepultura o fosa (véase el término *fosa),* la de arrastrarse por una grieta (véase el término *grieta),* la de pasar por un gran tubo, la de moverse por un oscuro túnel, la de lanzarse a una piscina o estar en el fondo de una piscina, la de estar paralizado en la cama (véase el término *paralizado),* la de hallarse en un paisaje paradisíaco, la de moverse en la oscuridad (véase el término *oscuridad),* la de viajar en un submarino, la de ser expulsado de un recinto, templo, país, etc. (véase el término *expulsión),* la de viajar en un vehículo o la de perderlo, la de caer al vacío, la de pasar por una ventanita muy estrecha, la de ser salvado de las aguas, la de bajar o caer en paracaídas.

SUEÑOS UTERINOS (*Véase sueños de trauma de nacimiento*)

SUEÑOS VESICALES (Sueños de estímulo vesical)

Psi. 1. Reciben este nombre aquellos sueños que son originados por los estímulos nerviosos o sensaciones provocadas por la repleción nocturna de la vejiga urinaria. Entre los símbolos más corrientes que lo expresan hay que destacar los siguientes: puerta que alguien está empujando desde el otro lado, presenciar un aguacero, estar columpiándose, ver surtidores y fuentes de agua, llover o correr bajo la lluvia, emplear una manguera, verse orinando, estar enrollando láminas de colores, ver una botella con grifo llena de líquido que se mueve... Scherner –entre otros autores– afirmó que tales estímulos incluso podían dar lugar a excitaciones sexuales y sus correspondientes símbolos oníricos: «El intenso estímulo vesical queda siempre trasformado en excitación de la esfera sexual y en formaciones simbólicas correspondientes... El sueño de estímulo urinario es también, con frecuencia, el representante del sueño sexual». Como símbolos corrientes de necesidades vesicales Otto Rank dejó establecidos los siguientes: *agua* = orina; *navegar* = orinar; *mojarse* = enuresis; *nadar* = plenitud de orina; y *lluvia* = orinar. || 2. Los modernos aviones también pueden figurar, como representaciones fálicas, en sueños de tipo vesical. Así, un hombre quedó sorprendido al ver cómo el avión Concorde aterrizaba en un campo de aviación y llegaba a ponerse de pie, casi vertical, con la clásica figura del morro como pico de ave en lo alto. Se despertó con el miembro viril en erección y necesidades imperiosas de ir al mingitorio.

SUICIDIO

Psi. 1. El ver el suicidio de un desconocido o desconocida en sueños suele reflejar el trauma psíquico o emocional de un rompimiento sentimental o de una tragedia familiar o comercial. (*Véase* el apartado 5 del término *descuartizamiento*). || 2. Cuando es una persona amiga, familiar o conocida la que se suicida, puede indicar que en el soñante hay impulsos agresivos contra dicha persona a nivel inconsciente.

SURTIDOR

Psi. 1. A semejanza de la *fuente* (*véase* ese término), el surtidor o surtidores nos hablan de nuestra energía psíquica y espiritual, de nuestros sentimientos. El ver surtidores en jardines y parques es positivo; suelen hablar de un equilibrio ecológico en nuestro inconsciente. En cambio, si los surtidores están secos o sale por ellos agua sucia, entonces hay que preocuparse y empezar a pensar qué es lo que marcha mal en nuestro inconsciente, en las relaciones de uno con el mundo que le rodea. || 2. En los sueños mandálicos, el surtidor puede tener el simbolismo de la fuente del «agua del espíritu», del «agua de la vida». || 3. En los sueños de tipo sexual, el surtidor es la representación del miembro viril, de la eyaculación. || 4. En sueños de tipo fisiológico, y según las tradiciones heredadas de Hipócrates, el soñar mucho con surtidores puede estar advirtiendo de una afección en la vejiga. Se impone entonces una visita al médico.

T

TABLA (De madera)

Psi. l. Como toda gran porción de madera, una tabla representa la carne, el cuerpo femenino, la cual puede adoptar diversas formas en los sueños. Así, por ejemplo, un hombre que se había quedado viudo dos veces y se encontraba solo, soledad que le pesaba mucho, soñó «que iba a que le cortaran una tabla de madera por dos sitios bien marcados, pero que la tabla se rompía por el medio y malamente», tal como muestra el dibujo siguiente:

En conjunto venía a significar que le habían partido la vida sentimental o conyugal por dos veces y no por el sitio adecuado, o sea, que consideraba que sus mujeres habían muerto prematura o imprevistamente. Las *tres divisiones de la tabla* le represen-

taban a él y a sus dos esposas. Recordemos que, de acuerdo con Freud, la madera, en general, simboliza a la mujer, la carne, el cuerpo femenino, sea en forma de mesa, cama, puerta, tabla, etc. Otras veces, la madera significa la maternidad, el ser madre, como en el caso que explica Garma de una mujer que soñó: «Estoy en el cuarto de baño y me extraño mucho de que tenga suelo de madera». Aquí, el *cuarto* de baño simboliza los genitales de la soñante, y la *madera*, la matriz, la maternidad.

TAROT *(Véase naipes)*

TAXISTA

Psi. 1. En ocasiones, el taxista onírico cumple la función del psicólogo interno, la misión del consejero o persona que quiere «conducir» al soñante por el camino más adecuado a sus intereses (incluso puede representar al psicoanalista o psiquiatra de la vida real, si el durmiente se halla en tratamiento). En algunos sueños masculinos puede hasta simbolizar el «Yo» onírico y en femeninos, el «ánimus». || 2. Como ejemplo de representación del propio «Yo», o de una parte sustancial de éste, es curioso el sueño que damos a continuación (que tuvo un hombre adulto, padre de familia, separado, que se encontraba ante el dilema de tener que cambiar de profesión y escoger un nuevo camino en su vida, pero que las dudas propias y las circunstancias lo iban demorando): «Estoy viajando en un taxi. En el asiento delantero de la derecha se encuentra el taxista; al lado de él, a la izquierda, va una persona que yo no conozco de nada, pero el taxista y esa persona son muy amigos. A medida que vamos circulando, llegamos a una calle, donde se encuentran unos jóvenes equipados con ropa de fútbol y jugando un partido, obstaculizando nuestro paso. El taxista aminora la marcha del vehículo, con la finalidad de no atropellar a ningún jugador, ya que éstos no se apartan. De repente, la persona que va sentada junto al taxista abre la puerta izquierda y, al llegar a la altura de los jugadores y con el taxi en marcha, agrede y arremete contra un jugador, ocasionándole una caída y lesiones leves. En ese momento aparece la policía, y el amigo del taxista y el mismo taxista me acusan del hecho en cuestión, diciéndole a la policía que había sido yo quien había agredido al jugador. Cuando la policía viene a detenerme, el resto, de los jugadores advierten a ésta de que yo no he sido, culpando al amigo del taxista. El policía viene a mi lado y me dice que no tema nada, que él ya sabe quién ha sido. Acto seguido detienen al agresor y llama a otro policía para que me proteja y me acompañe a un lugar seguro. Este policía me deja en un paseo parecido a las ramblas de Barcelona, o sea, un paseo central y aceras en los laterales. Entonces se dirige a mí diciéndome que desde allí ya puedo ir tranquilamente a casa. Me dice que no debo temer nada, máxime cuando voy acompañado de mi perra (yo tengo en la vida real un pastor alemán). Yo le manifiesto mi temor y el policía me dice que si tengo miedo, en lugar de coger el paseo central, vaya por la acera lateral de la derecha. Me dirijo hacia casa no sin cierto temor y pensando que todavía estaba muy lejos». En conjunto, este sueño expresa las luchas interiores, dudas, titubeos y temores del durmiente ante la decisión crucial de tener que abandonar un trabajo, una profesión, e iniciar otra, introducir un cambio de rumbo en su vida (para lo que ya se estaba preparando y estudiando). Sin embargo, el conflicto seguía en su inconsciente, con las dudas de si no sería mejor, más cómodo, continuar como hasta el momento. El sueño le indicaba que acabaría solucionando el dilema, que llegaría a casa (el lugar que deseaba), aunque con temor, *pensando que todavía estaba muy lejos,* es decir, que aún le faltaba mucho para estar preparado para emprender el nuevo camino, que tardaría en alcanzar lo que se proponía, que no era una cosa inmediata y rápida. El *taxi* representa aquí el vehículo de los acontecimientos, incluso la parte del inconsciente en que trascurre la acción (la mente como motor de ideas y proyectos). El *ir en taxi* señala que algo está en marcha, que un proyecto o toma de decisión se ha puesto en movimiento. Los tres personajes que están en el vehículo son tres representaciones del propio soñante, tres facetas primordiales de su propia personalidad; el *taxista* (que está a la *derecha,* en el lado consciente, de lo sensato, de lo correcto, de lo real) puede considerarse el «Yo» consciente (la parte más civilizada, juiciosa, prudente y conformista del «Yo»), mientras que el «Yo» instintivo es el *amigo del taxista* (cómo no, si forman parte del «Yo» integral). Ese amigo está al lado *izquierdo,* el de la rebeldía, de lo inconveniente, de lo arriesgado, de lo imprudente (hasta puede estar «teñido» o influenciado por intemperancias de la sombra). Esas dos representaciones del «Yo» onírico *conducen* el vehículo, es decir, la mente del soñante, que se deja llevar por ellos y por las circunstancias de la vida, ya que permanece pasivo y cómodo en el asiento trasero. Su parte instintiva domina y arrastra a su consciente. Los *jugadores* que están en medio de la calle y entorpecen la marcha del taxi, simbolizan aquellas partes o aspectos dispersadores, disgregadores, diletantes, desordenados de la propia personalidad, los cuales buscan disfrutar de la existencia, distraerse o ir tras los momentos placenteros. Esos jugadores, por tanto, simbolizan otras tantas partes o tendencias de la personalidad del soñante que no marchan al unísono con los deseos primordiales del «Yo» de empezar un nuevo camino de responsabilidades, sino que son aquellas tendencias o inclinaciones que quiere seguir «jugando», «pasándolo bien», sin responsabilidades ni preocupaciones (consideramos que incluso representaban las partes no maduras o infantiles de la propia personalidad). Por supuesto, esos jugadores también representaban, en parte, las obligaciones cotidianas que «distraían» al soñante de sus verdaderos objetivos y que impedían el avance de su nuevo proyecto (de ahí que *pare el taxi).* El «Yo» instintivo, ambicioso, impaciente, violento, agrede a un jugador porque está *entorpeciendo* la marcha; o sea, que una parte del propio soñante no acepta ese retraso, ese entorpecimiento y quiere imponerse por la violencia a otras tendencias de la personalidad que «no quieren integrarse a los intereses comunes», simbolizados por el *taxi* y sus *ocupantes.* Pero ante la aparición de la *policía,* de la autoridad interior, del «Súper-Yo», el «Yo» onírico e instintivo echa la culpa al pasajero, al soñante, cosa que corrobora el taxista, la otra parte del «Yo» onírico. Y no mienten, tienen razón, puesto que los tres son tres facetas integradoras de una misma persona. Pero ahí surge una situación curiosa: el *agredido defiende al pasajero,* diciendo que el culpable es el amigo del taxista. Esto quiere decir que las partes diletantes e infantiles de la personalidad están del lado del soñante, de la situación pasiva y cómoda, de quererlo pasar bien antes de nada, antes de seguir un nuevo camino difícil cara al futuro, de sacrificios, trabajo esforzado, estudios, aislamiento, etc. (o lo que es lo mismo si invertimos los términos: el soñante se identifica más con esas partes infantiles de sí mismo que no con el «Yo» instintivo). El conflicto o antagonismo entre esas dos partes divergentes u opuestas de la personalidad se soluciona con la aparición del «Súper-Yo» *(el policía)*, el representante del orden moral interior, quien indica el camino correcto para llegar al lugar que el soñante se propone; el *paseo central* es el camino rápido y peligroso (podemos considerarlo el atajo), por donde se puede ir deprisa. El camino de la *izquierda* es el de la improvisación, el peligroso, el agresivo, el desconocido…; y el de la *derecha* es el lento, el seguro, el conveniente; el sacrificado… La *perra pastor* que va con el soñante es el «guía instintivo interior», que le acompaña para que no se pierda. En resumen: el «Súper-Yo» aconseja al soñante que no se impaciente, que no se vuelva agresivo, que tiene todavía mucho camino para andar y que debe superar algunas partes infantiles de su personalidad. También hay que tener en cuenta que la primera parte del sueño marca una velocidad, una dinámica, un movimiento acelerado *(taxi)*, mientras que en la segunda parte, vemos que el soñante ha de *seguir a pie*, o sea, que ha de marchar más poco a poco en su proyecto y decisión de introducir los cambios que desea en su vida y que no debe impacientarse, que va bien orientado. Tampoco hay que olvidar que el hecho final de que vaya *a pie* significa, asimismo, que para alcanzar lo que desea sólo puede confiar en sus propios conoci-

mientos y esfuerzos, que no debe esperar mucha ayuda de los demás. *(Véase* el término *ir a pie)*.

TAZÓN

Psi. La mayoría de las veces simboliza el sexo femenino *(véase* el término *objetos)*, como en el caso de un hombre soltero de cincuenta años que soñó que a medianoche se despertaba en una casa en que estaba solo. Se preparaba un tazón de leche con cacao y removía la mezcla dando vueltas con una cucharilla. Mientras iba bebiendo exploraba las habitaciones y descendía por unas escaleras a la planta baja. Este sueño le recordaba la soledad afectiva en que vivía y la existencia de los placeres sexuales que el organismo demandaba (simbolizados por el *tazón, la mezcla de leche y cacao y el movimiento de la cucharilla)*.

TEATRO

Psi. 1. El teatro que aparece en los sueños simboliza el «teatro de la vida», en que cada uno es espectador, actor o empleado, según los momentos y circunstancias. En algunas épocas podemos hallarnos entre el público, por miedo a jugar el papel de actor; en otras, estar en el escenario, actuando, representando nuestro rol, etc. En este teatro trascurren, pues, los episodios de nuestra vida, reflejan alegrías, ilusiones, proyectos, frustraciones, vicios, etc. Como dijo Calderón de la Barca en su obra *El gran teatro del mundo,* todos tenemos nuestro papel en esta vida y lo representamos lo mejor que podemos o que las circunstancias nos permiten. El teatro de los sueños representa, pues, la imagen inconsciente de las relaciones de uno mismo con el mundo que le rodea. Estudiando los detalles y circunstancias del sueño puede adivinarse la trama de la obra y el mensaje onírico que encierra. «Así, un hombre va al teatro –precisa el doctor Aeppli– a fin de, como él dice, "ser espectador de una comedia interesante". Alguien le arrebata su abrigo y lo arrastra personalmente al escenario. "Allí un actor me pone la mano en el hombro, como si quisiera darme la consigna para mi entrada en escena. Yo protesté un poco excitado: '¡Pero si yo no tengo aquí ningún papel!'". Aquí residía el quid: el soñador, un naturalista introvertido, negaba su aportación a importantes cuestiones vitales, no actuaba en el escenario de su propia vida». Se comprende que estos tipos de sueños señalan al durmiente que es muy comodón y cobarde y que tiene que ser más activo, tomar parte directa en la representación de su vida y que tiene que incorporarse al escenario, a la compañía, a la sociedad, etc. Por lo general, reflejan una introversión exagerada y miedo a la actividad pública. Hay algún tipo de complejo en el soñante. || 2. El doctor Otaola refiere un interesante sueño sobre esta temática. Dice así: «En un teatro se representa una obra en la que los espectadores actúan al propio tiempo como actores y se encuentran por lo tanto, participando en la acción de la obra. Ésta se desarrolla en un barco y para dar la sensación de movimiento verdadero, o sea, de que el barco que representa la decoración se desplaza, esta decoración ha sido montada sobre un escenario giratorio que da vueltas sin cesar. Converso con el resto de los personajes espectadores, no sé sobre qué tema. Una especie de polca burlesca suena a lo lejos repitiendo con agobiadora insistencia un mismo sonsonete». Este sueño simboliza la insuficiente adaptación psíquica del soñador en el medio ambiente de su vida cotidiana, vida que él cree es una ficción, una representación sin sentido y ridícula o burlesca (de ahí la *polca burlesca*). El *barco* del escenario es el navío de su destino, que es ficticio, que no se mueve en realidad: el hombre estaba estancado en sus proyectos e ilusiones, dominado por el gran tedio de la vida cotidiana, de repetir siempre lo mismo *(escenario giratorio y repetición del sonsonete)*. || 3. Para un episodio sexual que trascurre en el escenario de un teatro, *véase* el apartado 3 del término *acto sexual*. || 4. Como claro ejemplo de las variantes que pueden tener lugar en un teatro y sus significados, *véanse* los sueños explicados en el término *concierto musical*.

TECHO

Psi. 1. El techo de muchos sueños suele simbolizar la parte superior o elevada del ser humano, es decir, la cabeza, el cerebro, la mente. *(Véanse los términos casa, castillo)*. || 2. En otros sueños, de acuerdo con Ángel Garma, puede representar el fondo del saco vaginal, cuando la soñante es una mujer.

TELÉFONO

Psi. 1. Este moderno aparato que tanta importancia tiene en todos los campos de la vida moderna para comunicarse con los demás, a todos los niveles, tiene en sueños la misma representación: es, por antonomasia, el vehículo ideal para toda clase de comunicaciones y contactos, sean comerciales, políticos, familiares, de amistad, de diversión, amorosos-sexuales, etc. Su interpretación depende del contexto general del ensueño, pues tanto puede reflejar conflictos de relaciones afectivas como deseos amorosos insatisfechos, falta de cariño, soledad, introversión neurótica. etc. Así, por ejemplo, soñar que no se tiene teléfono puede indicar que algo no funciona en las relaciones con los demás, que hay una falta de comunicación y que, por tanto, hay que cambiar la manera de actuar. En muchas ocasiones, refleja introversión exagerada o timidez excesiva. En algunos sueños, cuando no hay comunicación o el teléfono onírico no funciona, puede reflejar el estado de angustia y temor del soñante por su aislamiento o algún sentimiento de inferioridad. Cuando es un comerciante u hombre de empresa el que tiene dificultades con el teléfono onírico, puede estar advirtiéndole de conflictos monetarios o profesionales o la pérdida de contactos importantes. Por supuesto, si el soñador tiene dificultades para oír por teléfono lo que le dice determinada persona en sueños, es indicativo de falta de compenetración o afecto con dicha persona en la vida real. || 2. Si la persona sueña que no puede comunicar por teléfono con sus padres, se encuentra que la línea no funciona, que está haciendo la señal de comunicar, etc., evidencia la falta de armonía y entendimiento con ellos. Igual puede decirse si el hecho se refiere a hermanos, familiares, etc. || 3. Si una persona sueña mucho que telefonea es un índice de incomunicación en la vida real. *Es lo que le falta en estado de vigilia;* es lo que Freud llamaría un sueño de realización de deseos. A veces, el durmiente habla por teléfono sin saber a dónde llama y sin que tenga interlocutor; sólo habla él, ignora quién hay al otro extremo de la línea, hasta el día que tiene la gran revelación: *ve que marca en sueños su propio teléfono.* Esto quiere decir que se llamaba a sí mismo y que, probablemente, se estaba diciendo *lo que encontraba a faltar,* lo que le gustaría que le dijeran los demás, como en el caso de la actriz insatisfecha con el marido que explica Peter Kolosimo (*Guía al mundo de los sueños),* que por el teléfono onírico se decía a sí misma todas aquellas frases de amor y cariño que le hubiera gustado oír de labios de su esposo. || 4. El teléfono de los sueños tiene un simbolismo sexual y sentimental muy marcados, por lo que interviene en muchos ensueños de la mujer. Por ello no sorprende que Peter Kolosimo le dé tanta importancia, afirmando: «Para todos aquellos que se han servido o se sirven de él a fin de comunicarse con la compañera (o el compañero) representa, por el contrario, la misma relación amorosa. Una línea eternamente ocupada, la ausencia de la señal acústica, el hilo cortado, la imposibilidad de marcar un número, los procesos de sustitución o de deformación (otro objeto toma el puesto del aparato, o bien éste se trasforma o se torna francamente fluido, escurriéndose de las manos, como en el interesante sueño de una muchacha de gran sensibilidad para la cual el teléfono representaba el único medio que le permitía llegar a su novio) revelan siempre el temor de que las relaciones con la persona amada se resquebrajen y queden destrozadas». || *C. oc.:* **Llamar por teléfono:** Hay que activar asuntos y negocios, hay que tomar la iniciativa. || **Recibir una llamada de gente conocida:** Asuntos o proyectos que necesitarán nuevas reuniones y discusiones. || **Recibir una llamada de personas desconocidas:** Cambio en asuntos y proyectos. || **Hablar por teléfono con persona del sexo contrario:** Necesidad de consejo y ayuda. || **Hablar por teléfono con el extranjero:** Cambios, nuevas situaciones profesionales, oportunidad para un nuevo domicilio. || **No poder telefonear por estar el aparato estropeado:** Dificultades conyugales o sentimentales.

TELÉFONO MÓVIL

Psi. Al igual que teléfono y cabina telefónica *(véanse* esos términos) tiene que ver con la comunicación social, comercial y sentimental del soñante.

TEMPESTAD (Tormenta)

Psi. 1. Suele expresar las dificultades, luchas y peligros de la vida cotidiana. Muchas veces, por tanto, son sueños de «descarga emocional», en que «estallan las tensiones acumuladas en la psiquis». Las tempestades de los sueños acostumbran a reflejar las tensiones esporádicas en determinados momentos de crisis personales. En los casos de rayos, relámpagos, truenos, granizo, pedrisco, etc., refleja la agresividad del «Súper-Yo». Además, en tales sueños siempre hay un trasfondo sexual o sentimental, como en el sueño siguiente de una mujer de treinta y ocho años: «He soñado que estaba mirando por una ventana y que había una tempestad de rayos que caían al suelo, cerca de la ventana, y al quedarme a oscuras no recuerdo nada más. Creo que es un mal agüero. La verdad es que estoy pasando un mal momento sentimental y profesional». Por supuesto que este sueño estaba relacionado con el estado de ánimo de la soñante. Indicaba que estaba muy nerviosa, agresiva, alterada y que en su interior había una verdadera tempestad psíquica. Pero, además, había el clásico trasfondo agresivo de índole sexual: *ventana* (genitales femeninos) y *rayos* (símbolo fálico). || 2. Veamos una variante de estos tipos de sueños. Un hombre, de cincuenta y cinco años, que acababa de tener una fuerte frustración profesional y que, en cierta forma, tuvo que reprimir su enfado o agresividad, para no complicar más las cosas, por la noche soñó con una tormenta de granizo, pedrisco y que caían como pellas de nieve. Fue otro sueño de descarga emocional pero, al mismo tiempo, dio salida a lo que seguramente le hubiera gustado hacer en el estado de vigilia de haber sido posible: apedrear a las personas que le habían colocado en aquel trance. || 3. Perturbación psíquica amplia y extensa, arrolladora, que puede adoptar –según la cultura y lugar de residencia del soñante– las figuras de tornado, borrasca, huracán tropical, tifón, etc. La tempestad onírica suele advertir de la existencia de impulsos agresivos, coléricos y destructores tan intensos como amplios. La integridad de la propia personalidad está en peligro. De soñarse mucho con esas tempestades se hace necesario buscar el consejo del psicólogo.

TENDIDO ELÉCTRICO (Véase red eléctrica)

TENEDOR

Psi. 1. Como utensilio para pinchar la comida es un claro símbolo fálico; representa al miembro viril en muchos sueños, de la misma manera que la cuchara simboliza a la mujer. || 2. Soñar mucho con tenedores, ver sólo tenedores en una mesa, encontrar un cajón lleno de tenedores, etc., puede estar advirtiendo de que se están disgregando, separando o desuniendo algunos aspectos de la personalidad (el tenedor tiene varias puntas unidas a una pieza central). Incluso en el aspecto sexual puede señalar el peligro de ideas difusas y contradictorias, la dispersión de proyectos y la carencia de sentido práctico, con predominio de lo fantasioso y de lo imprevisible. || *C. oc.:* **Comer con tenedor, cuchillo y cuchara:** Estabilidad conyugal y hogareña. || **Encontrar sólo tenedores para comer:** Rencillas familiares y sentimentales.

|| **Tenedor de oro:** Éxito social, mejoramiento profesional. || **Tenedor de plata:** Dicha familiar o conyugal. || **Tenedor de madera:** Ha de preocupar lo monetario; retraso en cobros. || **Otros comiendo con tenedor:** No habrá reconciliación con opositores o colaboradores.

TEÑIR (Teñirse)

Psi. El teñir algo en sueños, alguna prenda de ropa, un vestido, un traje, el propio cabello, etc., expresa la necesidad inconsciente de disimular o camuflar algo, generalmente instintos y tendencias sexuales que no queremos ver o que vean los demás. El color que queremos cambiar o tapar y el nuevo que adoptamos puede dar una idea de lo que queremos ocultar. (*Véase* el significado de las diferentes tonalidades en el término *colores).* || *C. oc.:* **Teñirse el cabello de rubio:** Las nuevas ideas traerán más sinsabores que alegrías. || **De rojo:** Amistades peligrosas, ofertas de las que hay que desconfiar. Adulterio, infidelidad. || **De blanco:** Aumento de beneficios y de los recursos. || **De negro:** Asuntos que se solucionarán, secretos que se desvelarán. || **De castaño:** Éxito o beneficios que se retrasarán. || **Teñir un vestido de negro:** Sepelio en la familia. || **De blanco:** Boda en la familia. || **De rojo:** Excitación sexual.

TERRORES INFANTILES (Terrores nocturnos)

Psi. La mayoría de médicos e investigadores oníricos están de acuerdo en que las pesadillas pueden presentarse en todas las edades, pero que los *terrores nocturnos* son típicos de la edad infantil. Son varios los factores que intervienen en la elaboración de las visiones oníricas infantiles: *emocionales, físicos* y *paranormales,* lo que quiere decir que intervienen los sentimientos y las reacciones psicológicas del soñante junto con la formación y evolución del cuerpo (organismo, cabeza, metabolismo, sexo...) e, incluso, mezclados con factores parapsicológicos (captación de acontecimientos futuros o desgracias) y recuerdos de pasadas existencias o traumas de otras vidas (sueños de reencarnación). De una forma u otra, cuando los terrores nocturnos son muy persistentes y duraderos, queda obligada la visita al pediatra, que en todo momento aconsejará la alimentación adecuada a la personalidad del niño o niña. Hay que tener en cuenta que comer o beber antes de irse a dormir no es aconsejable y da lugar a terrores y pesadillas motivados por la mala digestión. Asimismo, hay que recordar que en los niños el propio cráneo aún no se ha solidificado y que el crecimiento del cerebro y la cabeza influyen en la elaboración de terrores y pesadillas que no siempre saben interpretarse (unido casi siempre a factores psicológicos que en forma de monstruos persiguen al soñante, monstruos que no son nada más que los instintos y partes oscuras de la personalidad que empiezan a cobrar pujanza). El doctor Diego Parellada ha hecho la descripción siguiente de los terrores nocturnos infantiles: «En ellos, el niño se levanta aterrado, pero evidentemente inconsciente. El te-

mor se deduce de la expresión que toma el niño, en su mirada, en la agitación, en los gritos que puede dar para pedir ayuda y en la forma de agarrarse a quienes están allí, como náufrago que busca la salvación. Así se ha comparado tal estado a un estado crepuscular. Las palabras que procuran tranquilizarle resbalan sin calmarle, y prosigue aterrorizado. Si se le pregunta, no puede contestar más que con palabras escuetas, o no contestar nada. Generalmente vuelve a quedar dormido, desaparecido ya el indescriptible paso del terror. Y, como hemos dicho, suele sufrir una amnesia completa de lo que ha soñado y de lo que ha ocurrido al verse rodeado de familiares alarmados. Cuando recuerda algo, lo refiere como un malestar elemental, como un estado de pánico primitivo, rudimentario, sin poder explicar más. El hecho de que en muchos casos se encuentren hallazgos electroencefalográficos (y de que puedan prevenirse mediante tratamiento antiepiléptico, ansiolítico, antidepresivo y hasta simplemente tonificante) hace pensar en que sean en buena parte producidos o parcialmente derivados de algunas posibles disfunciones cerebrales. Este punto de vista quedaría todavía reforzado por el hecho de que los terrores nocturnos se encuentran en buen número de alteraciones encefalíticas que afectan a la corteza cerebral y a los ganglios basales, junto a un amplio cortejo de síntomas psíquicos. Por otra parte, la influencia psicodinámica parece asimismo indiscutible. Y quedaría confirmado por los casos en que un simple cambio de habitación o el pasar una temporada con otros familiares, puede beneficiar a tales chicos. Señalemos todavía que en opinión de Henderson y Gillespie puede existir una alteración fisiopatológica básica –probablemente de naturaleza metabólica– junto al desequilibrio emocional». (En aquellos terrores en que intervienen *monstruos* y *fieras terribles, véanse* los términos correspondientes).

TERRORES Y PESADILLAS

Psi. 1. Muchas veces, los terrores y pesadillas terribles, con su acompañamiento de miedo, angustia, ansiedad, alucinaciones, imágenes terroríficas y miedo a la muerte, son el preanuncio de una enfermedad que se está incubando en el soñador –si es que aún no la tiene declarada–. En tales casos, son sueños provocados por causas físicas o biológicas. Al respecto, el doctor Tissié dice: «Las enfermedades comienzan generalmente por un trabajo patológico lento, algunas veces inconsciente en el estado de vigilia, pero que puede hacerse muy sensible en el sueño, y provocar ensueños que tienen relaciones más o menos simpáticas con el órgano lesionado». Recordemos el ejemplo clásico de Conrad Gesner, que soñó que una serpiente le picaba; a los pocos días se le formaba un ántrax en el punto mismo que sintió el dolor durante el sueño. Galeno cita el caso de un hombre que soñó que tenía una pierna de piedra y al poco tiempo fue atacado de una parálisis del mismo lado. Moreau de la Sarthe cita el caso de un cardíaco que estaba

constantemente atormentado por la noche de sueños terroríficos y dice que «las mujeres muy nerviosas y muy sanguíneas, en que la menstruación es casi un estado de enfermedad, tienen ordinariamente sueños penosos: ven objetos inflamados o coloreados de rojo, escenas de asesinato o de carnicería más o menos trágicas». Hay muchos ejemplos de este tipo de sueños, como el caso de un médico de mediana edad con problemas vasculares que le provocaban hemorragias y tenía sueños dolorosos que casi siempre hacían referencia a acciones violentas; soñaba que iba a combatir y a recibir heridas, que andaba sobre un volcán o se precipitaba en un abismo de fuego. Estos terrores, pesadillas o sueños de tipo patológico tienen especiales características de acuerdo con el órgano afectado. Así, el doctor Tissié dejó establecida la siguiente relación (que puede servir de guía a la hora de averiguar si un sueño es de tipo físico-biológico, psicológico, premonitorio, telepático, etc.): «Los de origen *circulatorio* provocan un sentimiento de opresión, alucinaciones visuales, ansiedad, sensaciones de caída, la vista de la sangre y de llamas, el despertar sobresaltado. Estos sueños son angustiosos o terroríficos. Los de origen *respiratorio* provocan el cansancio, la sofocación, la opresión, una idea de persecución, de una pared que se estrecha y que aplasta a poco, etc. En cuanto al *aparato digestivo*, son imágenes gustativas, fantasmas, sueños repugnantes, una impresión de pesadez, de angustia. Los desarreglos intestinales tienen una gran repercusión en el sistema nervioso de los niños y provocan terrores nocturnos. Los sueños debidos a la *inervación* (influencia nerviosa en las funciones de los demás órganos) son diferentes según la afección. Pueden revestir una idea de magnitud en la parálisis general. En el *histerismo* los sueños son generalmente fatigosos y terroríficos; pueden tener una gran resonancia en el estado de vigilia». ‖ 2. Un caso curioso fue el de un hombre de treinta y seis años que sintiéndose débil y sin fuerzas se quedó en cama, porque no podía ni tenerse en pie. El médico lo encontró muy bajo de presión y recetó el correspondiente medicamento para que le subiera. Aquella noche, cuando el hombre creía que pronto se pondría bien, tuvo una serie de sueños terribles y de alucinaciones en semivela, puesto que sólo dormía a ratos y mal. La habitación parecía como el escenario de un aquelarre fantástico: monstruos, seres mitológicos, ángeles y demonios se sucedían como en un filme teñido de rojo. El paciente comprendió que algo no marchaba bien y al día siguiente se llamó de nuevo al médico. Éste hizo un examen más detallado que en la primera vez y comprendió que el enfermo se estaba desangrando por una úlcera que tenía en el estómago y por eso tenía la presión baja. Se llamó a una ambulancia y se hospitalizó al individuo, a quien de inmediato se le hizo una trasfusión de sangre. Sanaría completamente después de una temporada de medicación y descanso. Es extraordinario ver cómo el cuerpo advirtió del peligro que se

hallaba de ir al infierno o al cielo *(demonios y ángeles),* es decir, de morirse. ‖ 3. Un sueño patológico muy significativo es el que explica Carl G. Jung en su obra *Los complejos y el inconsciente.* Fue llamado a consulta para atender a una joven de diecisiete años enferma de atrofia muscular progresiva en sus comienzos y que también presentaba síntomas histéricos. Jung interrogó de inmediato a la joven sobre los sueños que tenía. Y la chica le confesó que tenía pesadillas terribles y que acababa de tener el sueño siguiente: «Regreso de noche a mi casa; reina un silencio de muerte; la puerta del salón está entreabierta, y por ella veo a mi madre ahorcada de la lámpara, balanceándose con el viento frío que penetra por la ventana. Luego sueño que un ruido espantoso resuena en la casa en plena noche; voy a ver qué pasa y descubro que un caballo enloquecido galopa por el piso. Por fin encuentra la puerta del pasillo y se precipita por la ventana de la galería desde el cuarto piso hacia la calzada; con terror, lo veo aplastado contra el suelo». El carácter negativo o trágico de este sueño sobrecoge el ánimo, ya que no se necesita ser muy listo para comprender que era un mal presagio para la salud de la enferma, que acabó muriendo de su enfermedad, que la pesadilla indicaba que era incurable. Jung hizo un extraordinario análisis de este ensueño, que nosotros resumimos de la siguiente manera: La madre tiene aquí el simbolismo de la vida propia, de la vida misma, de la matriz, y se mata a sí misma, se muere sin que nadie intervenga, es decir, de enfermedad. El otro elemento de vida que representa la vitalidad de la soñadora es el caballo, que también muere por sí mismo, en una especie de autosacrificio. Por lo tanto, no podía ser peor el presagio sobre la evolución de la enfermedad de la joven. En conjunto, de manera literal, nosotros traduciríamos este sueño simbólico de la siguiente manera: «Me duermo y entro a explorar mi ser, mi inconsciente (*mi casa*), para ver qué me pasa o pasará; noto el silencio, la quietud de la muerte (literal); por la entreabierta puerta de mis partes íntimas (*salón*), entreveo o vislumbro que la luz de la lámpara de mi vida se extingue (*madre ahorcada* = matriz, vida, vida inconsciente, vientre materno, procreación, dadora de vida...); aún me muevo, no estoy del todo muerta, pero el hálito de la muerte ya se deja notar en mi vientre, en mis partes íntimas (*ventana*) y pronto me enfriaré (*viento frío*)». Literalmente también podría decirse: «Entreveo que se extingue la luz de mi vida, que voy a morir sin dejar descendencia, mi vida se acaba sin haber sido madre, no dejo tras de mí más que esterilidad, frialdad, silencio y muerte en mis partes íntimas (*ventana* = vagina, la entrada de la vida, de la luz procreadora). Un grito espantoso de protesta resuena por todo mi ser. ¿Por qué esa tragedia? Mis fuerzas vitales, mis instintos animales, enloquecidos ante lo que se avecina, quieren escapar de su encierro, quieren vivir, se rebelan ante la proximidad de la muerte y buscan como locos una salida por donde escapar. Pero se precipitan al vacío, a la calzada, al suelo (*suelo* = a tierra, sepultura)». Para Jung, el significado de los dos elementos del sueño es claro y contundente: *madre ahorcada* = vida inconsciente que se destruye a sí misma; *el caballo que muere aplastado* = la vida animal se destruye a sí misma. || 4. Arnau de Vilanova refiere otro caso de pesadilla patológica. «Una vez –cuenta– vi a un médico que dijo que en sueños se le aparecía frecuentemente un perro negro que le mordía el pie derecho; pronto le salió en el pie derecho una pústula negra, a partir de lo cual vivió poco». Una vez más encontramos un animal negro que hace de heraldo de la muerte. || 5. El doctor Didac Parellada (en su estudio *Los sueños en la esquizofrenia*) explica cómo en este tipo de enfermos, además de sus alucinaciones en estado de vigilia, tienen pesadillas terroríficas y monstruosas que les mantienen el alma en vilo. Una paciente soñaba que mataban a su padre, bombardeaban su casa, morían los niños; otra, soñaba que fusilaban a sus hermanos, que la asesinaban, que la perseguían animales-serpientes y gatos; una tercera, veía que se caía de un balcón y que la perseguían serpientes y fieras; y una cuarta, tenía sueños de un carácter muy real y trágico, que la hacían padecer muchísimo. Sobre el contenido de sus pesadillas, el doctor Parellada nos dice: «Andaba por el campo y se encontraba sola, y la perseguían desconocidos para pegarla y hacerla padecer y martirizar –sin propósito sexual evidenciable para la enferma–; la explicación que ésta da a sus sueños es por el terror a los "maquis" que campeaban por su comarca. Afirma estar convencida de que los sueños tenían una estrecha relación con las vivencias vigiles de su período psicótico; pero no sabe explicar con precisión en qué consistía dicha relación». || 6. Ampliando lo dicho anteriormente sobre este tema, hemos de hacer mayor hincapié en el aspecto psicotraumático de algunas pesadillas (o de la mayoría), hasta el punto de que Ernest Jones, uno de los ayudantes de Freud, escribiera *(La pesadilla)* que «la pesadilla es una forma de ataque de angustia, que se debe a un intenso conflicto psíquico que se centra en un componente reprimido del instinto psicosexual, esencialmente en relación con el incesto, y que puede ser provocado por todo estímulo periférico apto para despertar este conjunto de sensaciones reprimidas». Y acaba precisando: «Freud fue el primero en demostrar la relación implícita entre miedo intrapsíquico e impulsos sexuales reprimidos, y ahora podemos entender la pesadilla como un fenómeno en que esos impulsos han sido sobrepujados y encubiertos por un miedo extremo. La intensidad del temor es proporcional a la culpa de los deseos incestuosos reprimidos que están pujando por una imaginaria gratificación, cuya contraparte física es un orgasmo, a menudo provocado por una involuntaria masturbación. Si el deseo no se hallara reprimido no habría miedo y el resultado sería un simple sueño erótico. La verdadera causa de la pesadilla tiene así dos atributos esenciales: 1.º Surge de adentro; 2.º Es de origen mental (un deseo sexual en estado de represión)». Así se comprenden la aparición de monstruos, persecuciones, situaciones de peligro, etc., que tan claramente describieran autores del pasado, como R. Macnish, que en su obra *Filosofía del dormir* (1834) nos dice: «Las trasformaciones de que es susceptible una pesadilla son infinitas, pero hay un sentimiento que difícilmente falta en cualquier caso: el de un intenso e incomprensible terror. Unas veces la víctima está enterrada bajo inmovibles rocas que la torturan por todos los costados, pero dejándole siempre el resquicio de la conciencia de su situación. Otras veces se ve presa entre las viscosas extremidades de un monstruo, cuyos ojos tienen la mirada fosforescente del sepulcro y cuyo aliento es venenoso como los pantanos de Lerna. Todo lo que hay de horrible, repugnante o temible, tanto en lo físico como en lo espiritual, desfila ante ella en espantoso tropel. Es amenazada por el silbido de las serpientes, torturada por los demonios, aturdida por las voces vacuas y frías de las apariciones. Una pesada piedra es colocada sobre su pecho, aplastándola en una agonía sin remedio: toros salvajes y tigres persiguen sus ineficaces pasos; los infernales chillidos y el balbuceo de las malignas brujas flotan a su alrededor. En cualquier situación en que intente colocarse, es soberanamente desdichada; es Ixión empujando sin descanso su rueda; es Sísifo haciendo rodar eternamente su rueda; es colocada sobre el lecho de hierro de Procusto; es postrada en tierra ante las ruedas inminentemente próximas de Juggernaut. En un determinado momento puede tener la sensación de que un demonio se halla a su lado: para evitar la visión de figura tan aterradora, cerrará sus ojos; pero la maligna presencia sigue evidente ante ella; siente su helado aliento difundiéndose sobre su propio rostro y sabe que se halla cara a cara con un fantasma. Si mira hacia arriba, se encuentra con horribles ojos que la miran fijamente y un rostro demoníaco que sonríe, mostrando sus dientes, con más que infernal malicia. Puede tener también la idea de una monstruosa bruja agazapada sobre su pecho –muda, inmóvil y perversa–, una encarnación del espíritu del mal cuyo peso le corta el aliento y cuya mirada, fija, mortal e incesante, la petrifica, la horroriza y le hace insufrible la existencia». Como continuación de tan interesante descripción, podemos dejar las palabras de otro estudioso del tema (Motel, 1867), que nos dejó escrito: «Todo lo que el espíritu puede inventar en materia de peligros, todo lo que hay de más espantoso, se produce en una pesadilla. La sensación más habitual es la de un cuerpo pesado que oprime el epigastrio. Dicho cuerpo puede tomar los aspectos más diversos; habitualmente es un enano deforme que viene a sentarse sobre el pecho y nos mira con ojos amenazantes. Para algunas personas esta penosa situación, por decirlo así, prevista. La pesadilla comienza con una verdadera alucinación. El ser que va a saltar sobre el pecho es percibido en la habitación, se le ve venir, uno quisiera huir de él, pero la inmo-

vilidad ya es absoluta; salta sobre la cama, con el rostro contorsionado por las muecas, se le ve avanzar y cuando ha ocupado su lugar de costumbre, la pesadilla llega a su máxima intensidad; a veces se escapan algunos gritos, gemidos y, por último, el brusco despertar, acompañado la mayor parte de las veces de un movimiento violento, pone fin a esta escena de terror». El problema de los terrores y pesadillas oníricos puede sintetizarse con la siguiente sentencia de Edoardo Weiss (*Los fundamentos de la psicodinámica):* «Los sueños de angustia y las pesadillas son causados por fuertes conflictos que derivan del fracaso de la represión de deseos prohibidos. Estos deseos se convierten en fuente de terror, ya sea en sí mismo o por sus diversas implicaciones. Igualmente, muchos síntomas neuróticos son el resultado de tal fracaso de la represión». || 7. Theodore Lidz (1946) sugirió que las pesadillas traumáticas que él había estudiado podían entenderse como un deseo de castigo, pero también como un «ambivalente deseo de morir»: el deseo de morir y el deseo de escapar a la muerte. (Citado por Ernest Hartmann). Por su parte, el propio Hartmann, en su erudita obra *La pesadilla* (1984) resume sus experiencias e investigaciones clínico-biológicas en los siguientes términos (recordemos que es profesor de psiquiatría y director del Laboratorio de Investigación del Sueño de Boston): «Primero, la pesadilla es un largo e intenso sueño y su biología es probablemente una forma intensa de la biología del soñar, sin embargo, con factores adicionales que producen las peculiaridades de las pesadillas. Por ello, las pesadillas, de manera parecida a otros sueños, tienen una biología implícita que incluye en parte la activación del cerebro anterior por determinados centros del tronco cerebral, y específicamente conlleva un incremento de la actividad de la acetilcolina en el cerebro anterior con una disminución de la actividad de la norepinefrina y serotonina. La adición de la actividad dopaminérgica puede ser un factor específico adicional que explique la diferencia entre pesadillas y otros sueños: las pesadillas pueden incluir los mismos factores (sin embargo en el grado mayor) que los que contienen los sueños, pero con la adición de una actividad dopaminérgica en el cerebro anterior. Personas que tienen frecuentes pesadillas deben de ser gente que tiene una tendencia a la mayor o más rápida activación de estos sistemas de dopamina o que es más sensible a dicha activación. Es posible que esta misma característica, si está presente desde el nacimiento, pueda hacer que estas personas sean más vulnerables a la psicosis. En otras palabras, la biología que genera una pesadilla puede envolver o incluir un equilibrio alterado de los cuatro neurotrasmisores debatidos como a tales y que la tendencia hacia las pesadillas sea producida por el relativo aumento de la acetilcolina y dopamina o la relativa disminución de la norepinefrina y serotonina desprendida por una actividad en el cerebro anterior. Esto implica que el equilibrio entre estos trasmisores o moduladores es la causa antes que la acción de una sola sustancia». Como vemos, Hartmann da una explicación biológica antes que psicológica a la génesis de las pesadillas. || 8. Para otros terrores y pesadillas motivados por la esquizofrenia, *véase* el término *sueños esquizofrénicos*. || 9. Es corriente, como ya dejamos establecido, que muchos enfermos tengan sueños horribles o pesadillas en que son perseguidos por monstruos y animales, los cuales representan las afecciones o alteraciones orgánicas que están royendo y destruyendo su vitalidad, su salud, su equilibrio, su personalidad…, como en el caso de la señora Emmy, una paciente histérica de Freud *(Estudios sobre la histeria)*: «Las patas y los respaldos de las sillas se convertían en serpientes; un monstruo con pico de buitre se arrojaba sobre ella y la devoraba; otras fieras la perseguían, etc.».

TERRORISTAS

Psi. En ocasiones, los instintos –sobre todo los sexuales– adoptan la figura de terroristas a causa de la férrea moral del soñador, que rechaza tales inclinaciones de manera agresiva y fanática, y los persigue para destruirlos, sin comprender que nunca logrará terminar con ellos, aunque aparentemente lo logre en cada sueño. Ejemplo de tales sueños (tenido por un hombre joven): «Resulta que sueño que estoy persiguiendo a algunos terroristas o maleantes y después de un intenso tiroteo mueren todos, que suelen ser menos de cinco» Nuestra explicación fue: «Tu sueño es un ejemplo de conflicto psicológico inconsciente. Este tipo de conflicto se debe al choque de fuerzas psicológicas contradictorias –la función de realidad, con los impulsos instintivos, y las autoexigencias morales– en cuanto se efectúan al margen de tu conocimiento consciente. Los *terroristas* o *maleantes* representan aspectos inconscientes de tu propia personalidad, con los cuales estás en relación conflictiva. Ello quiere decir que hay deseos que pugnan para que sean satisfechos y que la rígida moral o férreo criterio tuyo impiden que puedan desarrollarse. De ahí el simbolismo de los maleantes que matas después de muchos esfuerzos. Sería interesante que acudieras al psicólogo para intentar averiguar la clase de conflicto que hay en tu inconsciente. Por mi parte sólo puedo recomendarte que la agresividad de que haces gala en sueños –y probablemente en la vida de vigilia– no soluciona el problema. Como los maleantes son símbolos oníricos de tu propia personalidad, aunque los mates, volverán a aparecer otros seres en tus sueños –terroristas o no– con los que habrás de luchar en un combate eterno. La solución es reducir la agresividad y dejar que tus deseos inconscientes afloren a la superficie. Entonces desaparecerá el conflicto inconsciente. En vez de la rigidez de ideas has de adoptar la condescendencia y la flexibilidad». Aquí podemos añadir que, lo más probable, es que el conflicto o antagonismo fuera de tipo impulsivo-sexual, como lo demuestra el que aparezcan armas de fuego en el sueño.

TESORO

Psi. 1. En muchos sueños, los tesoros que se encuentran, sea en forma de oro, joyas, monedas, etc., suelen ser la expresión de contenidos de erotismo anal *(véase* el término *oro)* y, por tanto, de la evolución sexual de la persona. || 2. Otras veces, el tesoro representa cualidades de la propia personalidad, que se descubren de improviso o que se desean alcanzar o que aún no están al alcance del soñante. *(Véanse* los términos *cueva* y *dragón).* || 3. En otras ocasiones, en sueños de tipo mandálico o muy especiales, el tesoro puede simbolizar el «Yo absoluto», el «Yo en sí mismo», sobre todo si el tesoro está oculto en la cámara secreta o subterránea de un castillo o fortaleza.

TIBURÓN

Psi. 1. El tiburón aparece a veces en sueños para aterrar al durmiente. Cuando este escualo voracísimo y carnívoro surge del mar del inconsciente no es para anunciar algo bueno; siempre expresa un peligro inmediato, sea psíquico o real. Si el soñante ve cómo le muerde un pie, por ejemplo, le ha de preocupar la salud de ese miembro. Es corriente que personas con mala circulación sanguínea en las piernas y los que sufren de procesos reumáticos y artrósicos en esos miembros (incluido el mal de gota) sueñen que un tiburón o monstruo marino les muerde el pie. Es un ensueño de advertencia para que presten mayor cuidado y atención a su salud y circulación. Más de uno que desoyó este aviso sufrió una flebitis, un peligroso ataque de gota o una trombosis que le dejó paralizada la pierna o el lado que «había mordido el tiburón». || 2. El tiburón también aparece en sueños premonitorios, como en el caso de María Cristina Rosario, de la República Dominicana, que soñó (en junio de 1985) que su hijo Domingo era devorado por un tiburón. Le rogó a su hijo que no se bañara durante una temporada, pero éste desoyó su consejo, alegando que el lugar en donde iba a bañarse no había tiburones. El joven tuvo un síncope y murió ahogado en el Caribe. Aquí, pues, el tiburón simbolizaba los peligros de las profundidades y del océano, la muerte. || 3. Otras veces, el tiburón representa hasta los peligros de accidentes de circulación, de tren, de avión, etc., ya que simboliza a la muerte. || *C. oc.:* **Ser mordido por un tiburón:** Pérdidas monetarias, dificultades graves en la profesión o negocio, riesgo de accidente. || **Atrapar o acabar con un tiburón:** Se superarán graves problemas. || **Escapar de un tiburón:** Enfermedad que se supera; se escapará de una trampa o encerrona. || **Otras personas atacadas por un tiburón:** Victoria sobre enemigos.

TIENDA

Psi. 1. En ocasiones, la tienda o comercio de los sueños representa el lugar en el que podemos adquirir aquellas cualidades psicológicas que necesitamos para fortalecer o desarrollar nuestra personalidad: valor, femineidad, virilidad, sentido común, honradez, heterosexualidad, etc. Según el objeto o prenda que compramos o adquirimos, da idea de lo que necesitamos o deseamos adquirir. Asimismo, en muchos sueños señala el grado de sociabilidad del sujeto y su habilidad para desenvolverse en la problemática de la vida pública. Por ejemplo, comprar un automóvil puede señalar una mayor responsabilidad personal o profesional; adquirir libros, la necesidad de aumentar los conocimientos o reciclaje de ideas; solicitar un uniforme de militar puede señalar que uno necesita autodisciplinarse más; una mujer que se interese por ropa interior erótica puede advertirle que necesita desarrollar más su femineidad, etc. || 2. En su aspecto más generalizado, las tiendas representan el «comercio sexual» que se desea, en especial las que venden pescado, carne, embutidos, etc. *(Véanse los términos pescadería, carnicería, charcutería y marisquería).* || *C. oc.:* **Entrar en una tienda polvorienta, sucia y desordenada:** La desidia, el desorden y la falta de interés profesional traerán conflictos familiares y monetarios. || **Entrar en una tienda pequeña:** Inseguridad sentimental, miedo a la vida sexual plena. || **Entrar en una tienda enorme y de lujo:** Satisfacciones, pasiones, lujuria. **Mujer entrando en una tienda de ropa de niños:** Próximo embarazo o maternidad; en lo profesional, nuevos proyectos u oportunidades. || **Entrar en una tienda de ropa interior femenina:** Excitación sexual, necesidad de nuevos amores. || **Tienda incendiándose:** Insatisfacciones sexuales y conyugales; pérdidas monetarias.

TIERRA

Psi. 1. En la mayoría de sueños, la tierra es un símbolo femenino, la representación de lo materno, es la madre nutricia, la madre por excelencia. Recordemos que en el lenguaje corriente se habla de la «madre tierra», de «las entrañas de la tierra», de que «lo cría la tierra», etc. Si la tierra simboliza a la mujer, las herramientas destinadas a cultivarla, a «fecundarla», son representaciones de la sexualidad masculina. Así, la *reja del arado, la azada…*, representan el órgano sexual masculino. El estar cavando un surco en sueños o laborando la tierra con algún objeto, es indudable que se trata de un sueño de tipo erótico, representativo del coito y, en último extremo, de la fecundidad. Ejemplo de sueño, contado por Pierre Real, que había tenido una joven en la víspera de su boda: «Me encontraba en la casa que había de ser mi hogar, en el centro de la ciudad. Sin embargo, al ir a salir de ella, me encontré en medio de una fértil campiña en la que se veían gran cantidad de árboles llenos de flores y de frutos de todos los colores…». El lenguaje de este sueño es clarísimo: la *tierra fértil* representa a la misma joven, pero convertida en mujer casada, fecundada, plenamente realizada (cargada de *flores*) y madre (llena de *frutos,* es decir, de hijos). || 2. El verse comer tierra también tiene su especial significado. El doctor Aeppli señala que el verse «comer tierra» en sueños significa ingerir lo terreno, lo material, hacer su sacrificio a la vulgaridad de la vida para alcanzar lo que en ésta existe de valioso y trascendental. || 3. La tierra aparece en muchos sueños ligada a los sueños o frustraciones del alma femenina, como en el caso siguiente: «Sueño que delante de mí se abre la tierra y que sale una muchacha que se supone ha muerto. Mirándome me grita: "Sálvame, sólo tú puedes salvarme…". Y lo repite varias veces. Detrás de mí están los padres de ella, que me gritan: "¡Échala de aquí, échala!". Todos son desconocidos para mí. Tengo cincuenta y cuatro años, estoy casada, con tres hijos y nunca fui feliz». Nuestra explicación escrita fue: «Esa *muchacha* representa tus ilusiones, tu personalidad optimista, tus buenos deseos para con los demás, tus ideales…, tu verdadera parte joven (e incluso tu *sombra),* que protesta porque hayas enterrado tus ilusiones y tu alegría de vivir (que la hayas dejado morir), que grita porque te has dejado vencer por las frustraciones y la has enterrado en tu espíritu *(sale del interior de la tierra,* es decir, de tus entrañas, de lo más hondo de tu ser). Los *padres* (aunque sean desconocidos representan a los tuyos) simbolizan aquellas tendencias maduras, calculadoras y prácticas de tu existencia, de tu experiencia (y lo que te han inculcado tus progenitores, con razón o sin ella), que abogan para que no resucites tus ilusiones de joven, tus ideales… Es el eterno simbolismo de la lucha interna entre la jovialidad y optimismo de la juventud y el pesimismo y egoísmo de la gente mayor. Por supuesto, este sueño indica que te encuentras en un momento personal muy delicado y que en tu interior hay una pugna entre la parte que quiere luchar por la alegrías de la vida y la parte que quiere resignarse con los pesares que ya tiene. Si la joven grita que *sólo tú puedes salvarla* es debido a es parte de tu propia esencia, es tu *sombra,* donde se hallan reprimidas todas tus ilusiones y bellos proyectos, muertos por las circunstancias de la vida. Por supuesto, también es un sueño de soledad, porque si tus propias entrañas gritan que *sólo tú puedes salvarlas,* quiere decir que no puedes confiar en los demás, que ni padres, ni hijos ni marido contribuirán a que realices alguno de tus ideales. Todavía eres joven –lo demuestra ese sueño–, por lo que te recomiendo que amplíes tu cultura por medio de libros. No todo se reduce a la vida sentimental y a la familia. Probablemente tu parte creativa la has tenido muy abandonada. Adoleces de falta de estudios». || *C. oc.:* **Tierra árida:** Aflicciones, pesares, problemas, escasez de dinero. || **Tierra fértil:** Dichas, satisfacciones, matrimonio próximo, maternidad próxima. || **Tierra negra:** Desgracias, percances o muertes en la familia o amistades íntimas. || **Besar la tierra o comerla:** Depresión, humillaciones, sacrificios. || **Tierra sembrada de trigo:** Beneficios, dinero, negocios.

|| **Mudarse de una tierra:** Cambio de trabajo u ocupación, traslado de domicilio. || **Alejarse de una tierra:** Desengaño, frustración.

TIESTO (Maceta)

Psi. Símbolo de la femineidad, de la mujer. Un hombre soltero soñó: «Se ha roto el tiesto de una planta altísima, un arbusto o especie de arbolito, el cual está caído cuan largo es en una especie de terraza. Le digo al que se cuida de las plantas que ha sido el viento y que le compraré un tiesto para volver a plantarlo». El *tiesto o maceta* es la mujer; el *arbolito* es el miembro viril; está en el suelo, es decir, no tiene vida, no está unido a la tierra, no crece en ningún amor, no hay donde «plantarlo». *Comprar un tiesto para volver a plantarlo* refleja el propósito de cambiar su estado y buscar pareja. El *viento* expresa así las dificultades psicológicas para relacionarse sentimentalmente y encontrar pareja estable.

TIGRE

Psi. 1. El tigre de los sueños, al igual que el que convive en la selva de la vida real, representa la agresividad, la soledad y la fuerza primitiva destructora e incivilizada. El tigre real es despiadado y carnicero, es la bestialidad instintiva. Por ello cuando un tigre aparece en sueños, hay que analizarlo detenidamente, porque el inconsciente puede estar advirtiendo de que el soñador se está dejando llevar demasiado por sus instintos, por su agresividad, por el aislamiento, por la falta de mesura, por la impulsividad, por la incivilización… Es el momento de hacer análisis de la vida privada y luchar por controlar las pasiones, vicios e instintos. En este aspecto, el tigre de los sueños es aún más peligroso que el lobo *(véase* ese término). Un sueño que refleja el amaestramiento del tigre de los sueños es el siguiente: «Soñé que aparecía un tigre que nos asustaba a todos. En el sueño se demostraba que se podía amaestrar. Lo hacíamos pasar por un corredor, en cuyas paredes nos poníamos. El tigre pasaba por el corredor, rozándonos, pero sin atacarnos». Este sueño señalaba los deseos y fuerza espiritual del soñador por controlar sus deseos sexuales y no dejarse llevar por la bestialidad erótica de su medio ambiente. || 2. Edgar Cayce explica el siguiente sueño de una madre de familia: «Un tigre me buscaba en mi hogar. Yo me escondía detrás del piano. De pronto daba conmigo y ambos nos miramos por un rato a los ojos hasta que se marchó». Este sueño señala que la mujer era demasiado agresiva, exigente y severa con sus hijos y que el malhumor y el mal ambiente se estaba enseñoreando de su hogar, que podía ser destruido por el tigre que llevaba dentro. Era el momento de autoanalizar la propia conducta, de mirarse al espejo y verse a sí misma (los ojos del tigre). Asimismo, debía buscar la paz, la serenidad, la placidez y la armonía (se esconde detrás del piano). El mismo sueño le daba la solución, como si dijera: «La música amansa a las fieras».

TIJERA (Tijeras)

Psi. 1. La tijera, como arma blanca y agresiva tiene un claro símbolo fálico. || 2. Como instrumento para cortar también puede expresar los deseos de «cortar» lo que le molesta a uno, lo que ya no quiere, de lo que le gustaría desprenderse, por lo que suele referirse a romper unas relaciones o situaciones, sean personales o profesionales. En muchos casos de conflictos sentimentales, la tijera tiene el significado de separación, de ruptura. || *C. oc.:* **Cortar tela con tijeras:** Se está murmurando contra el soñador. || **Cortar flores con tijeras:** Excitación sexual, complicaciones sentimentales. || **Cortar papel con tijeras:** Noticias inesperadas, visitas o encuentros imprevistos. || **Matrimonio usando tijeras:** Discusiones, querellas; peligra la unión. || **Otros usando tijeras:** Empleo inseguro, beneficios que no llegarán, penuria. || **Comprar tijeras:** Cambios, nuevas situaciones personales. || **Cortar los cabellos con tijeras:** Disgustos por traición de una amistad. || **Cortarse las uñas con tijeras:** Proposiciones sentimentales poco limpias.

TIOVIVO

Psi. Esta diversión de los parques de atracciones suele simbolizar la excitación genital y el coito que se desea. *(Véase* el término *mercadillo).*

TOALLA

Psi. Principio femenino. Una toalla blanca simboliza la virginidad y una toalla roja el apasionamiento sexual, la genitalidad.

TOBOGÁN

Psi. Soñar que uno se desliza por un tobogán es un símbolo de excitación genital y masturbación. Igual puede decirse de cualquier pendiente formada por cualquier material suave, como harina, siempre que el sueño resulte agradable o placentero. *(Véase* el término *calabozo).*

TOCINERÍA

Psi. A semejanza de la carnicería, representa el comercio sexual. El comprar embutidos simboliza el acto sexual que se desea; el rechazarlos, implica que hay algún tipo de represión en el sujeto respecto a lo sexual.

TONEL *(Véase barril)*

TORMENTA *(Véase tempestad)*

TORO

Psi. 1. El toro o toros que aparecen en los sueños representan la vitalidad y la fuerza de los instintos en sus variadas formas, sobre todo los deseos sexuales y de procreación, tanto si se trata de sueños de mujer o de hombre. Según como se presente el toro en el sueño revela el estado de las energías del soñador y de su potencia sexual. El soñar con un toro suelto y salvaje, suele indicar que la vida instintiva del soñador se está haciendo acuciante o corre el peligro de quedar desenfrenada. Simboliza la excitación de los sentidos eróticos y la fuerza sexual imperiosa y primitiva, que hay que saber calmar y torear, para que los instintos no se desborden y le «corneen» a uno. El domar el toro es símbolo de que la educación y la moral están canalizando los instintos de manera controlada y civilizada. Pero tampoco

hay que caer en exageraciones a la hora de domar los instintos sexuales, ya que entonces puede producirse un choque o conflicto a nivel inconsciente y el soñador puede verse asaltado o perseguido por toros salvajes furiosos. Como indica Pierre Real, «cuando en sueños nos peleamos con un toro, podemos estar ciertos de que estamos en lucha con nuestro propio inconsciente». Y cuando el toro nos persigue en sueños, «es indicativo –como señala el doctor Aeppli– de que en la persona han estallado las más vitales fuerzas naturales con la pretensión de rendirlo, de hacerlo su víctima». || 2. En el hombre suele representar el impulso sexual masculino, los instintos refrenados o contenidos que desean soltarse y cobrar protagonismo, como en el caso siguiente (relatado por un joven de veintisiete años): «Sueño frecuentemente con un toro. Lo veo correr por las calles y yo trato de ponerme a salvo. Trato de avisar a la gente de que se ha escapado un toro: si veo a alguien que está en peligro trato de llamar la atención al toro para que la persona se ponga a salvo. Después despierto todo nervioso». Sueño al que dimos la siguiente respuesta: «Estos sueños repetitivos que tienes con el toro no amenazan peligros, al menos los peligros que la gente pueda imaginarse. Estos sueños son de índole sexual, cosa normal a tu edad. Este *toro* simboliza las fuerzas de tu instinto, tu vitalidad sexual y procreadora. Son un índice de potencia, pero al mismo tiempo indican –al ser tan repetitivos– que tus instintos sexuales están refrenados o acumulados y que corres peligro de que se desenfrenen o suelten, es decir, que cometas alguna locura amorosa, de que te dejes llevar por el sexo y tengas posteriores complicaciones. Los *deseos de salvar a la gente indican* que deseas hacer el amor pero al mismo tiempo no herir o causar daños a los demás. El peligro está, pues, en que los deseos te dominen y te dejes arrastrar por ellos. Por un lado, es conveniente domesticar al toro (tus instintos) y, por otro, dar satisfacción al organismo, para que el toro interior se calme, sea por el acto normal sexual con la pareja o por la masturbación. Los deseos eróticos reprimidos no suelen ser buenos consejeros». || 3. Una jovencita nos escribió el siguiente sueño a nuestro consultorio: «Soñaba que salí del baile y que en la puerta había un toro. Un chico se puso en medio para salvarme y dijo que entrara al baile, pero el toro entró detrás de mí. Había muchas personas, pero a nadie hacía nada: únicamente me perseguía a mí. Miré hacia atrás y vi que ya no estaba el toro y quien me perseguía era un niño de doce años vecino mío. He tenido este sueño más de una vez». Dimos una respuesta parecida a la anterior, puesto que en este sueño el *toro* representa al macho que se desea, los instintos procreadores que están tomando mucha fuerza en la joven. Pero aquí vemos claramente mezclados con la figura del toro otros símbolos eróticos: el *baile* (símbolo del placer sexual y del coito) y el *niño* que suple al toro, un claro símbolo fálico y masculino. En conjunto, los deseos reprimidos

de la joven querían cristalizarse, empujados por el inconsciente, en el acto sexual. || 4. Parecido al anterior es otro sueño femenino tenido por una mujer de cuarenta y cuatro años, mezclados esta vez los toros con sueños de serpientes (otro símbolo sexual y fálico) y que nos escribió: «Es muy frecuente que sueñe con serpientes pequeñas y grandes. También en mis sueños aparecen toros bravos que me persiguen, y hasta suben escaleras detrás de mí. ¿Qué significa todo esto? Tengo mucho miedo». Y la respuesta que dimos fue: «No debe tener miedo de estos sueños, pues no va a pasarle nada malo. Estos animales no son más que símbolos de los deseos que hay en usted, en su naturaleza. Ya hemos dichos varias veces que las serpientes y los toros representan los deseos sexuales, los instintos pasionales. Cuando una persona se reprime demasiado en la satisfacción de los deseos carnales que solicita su naturaleza, es normal que tenga sueños de esa naturaleza, sobre todo en primavera». Podemos ampliar esa contestación analizando el término *toro bravo*, que lo más probable es que refleje las ansias de tener un galán fogoso y bien dotado, es decir, que la soñadora deseaba un hombre muy viril y bravo. Y referente a las *escaleras,* hay que indicar que lo sexual, con toda probabilidad, se estaba apoderando de los pensamientos íntimos de la mujer, que lo erótico estaba dominando su intelecto y que su personalidad empezaba, quizá, a estar algo contaminada por los deseos sexuales. De ahí que el *toro la persiguiera escaleras arriba,* hacia la mente, la cabeza. || 5. Soñar con un toro tumbado, enfermo, herido, etc., puede advertir de problemas de vitalidad y sexuales, sobre todo si el soñador es un hombre. || 6. Luchar con un toro simboliza los esfuerzos que hace la persona para controlar sus instintos sexuales e impedir que se desborden y dominen su vida. *(Véase corrida de toros).* || 7. El toro también puede representar, en algunos sueños, la agresividad o espíritu dominante del padre, de la madre, del marido, de la esposa, de las hermanas o de otros familiares con los que uno conviva. En este caso, el soñar que uno trata de evitar el acoso de uno o varios toros suele significar la falta de armonía, las imposiciones y la agresividad que uno ha de sortear o soportar de los demás. Este toro representa, pues, a las personas principales de mal carácter que le rodean a uno. Para comprender su pleno significado hay que analizar todos los detalles del sueño. || *C. oc.:* **Toro hermoso o bravo:** Se recibirán declaraciones amorosas. Matrimonio temprano. Beneficios inmediatos o golpe de suerte en juegos de azar. || **Manada de toros:** Buenas noticias, profesionales o económicas. || **Ser perseguido por un toro:** Galán a la vista y posibilidades de recibir algún regalo o buena noticia (cuando no se trata de un sueño psicológico). || **Toro furioso o salvaje:** Peligro de conflictos con superiores o jefes. Malas noticias. || **Que habla:** Enfermedad o malas noticias. || **Corneando al soñador:** Peligro de accidente, robo, agresión o enfermedad. || **Pacífico y hermoso:** Se conseguirá lo que se desea. || **Muerto:** Enfermedad grave, muerte en la familia, graves noticias económicas. || **Blanco:** Anuncio de beneficios, honores, alegrías y bienes materiales y sólidos. || **Asistir a una corrida:** Peligro de embarcarse en negocios inconvenientes, seguramente propuestos por amistades.

TORRE (Torreón)

Psi. 1. En algunos sueños tiene el mismo significado que el castillo *(véase* ese término) y está relacionada con la fortaleza y desarrollo de la personalidad. Es bueno ver una torre sólida y alta, ya que hace referencia al subir «más arriba» en la trayectoria que conduce a la sabiduría, a la espiritualidad y a los altos conocimientos (recordemos la torre de Babel de la Biblia). Pero al igual que ese ejemplo bíblico, puede surgir la confusión de lenguas (del entendimiento, de lo mental) y producirse el derrumbe, el desplome de la personalidad, de la propia situación vi-

tal. Esto quiere decir que el hombre no debe agotar su organismo, que debe cuidar su salud, su fortaleza, de lo contrario se hundirá físicamente antes de alcanzar lo que se proponía. || 2. En otros sueños, la torre es un claro símbolo fálico, expresa la masculinidad. Una torre que se inclina peligrosamente o que se derrumba puede expresar la impotencia sexual. *C. oc.:* **Torre muy alta:** Longevidad, larga vida, aún se vivirá muchos años. || **Subir por una alta torre:** Realización de deseos, proyectos personales que traerán satisfacciones, fuertes ambiciones. || **Torre que se derrumba:** Quiebra de negocio, fracaso profesional. || **Bajar por las escaleras de una torre:** Deseos que no se realizan, ayudas que no llegan, proyectos que hay que reformar.

TORRENTE

Psi. Fluir tumultuoso de sentimientos y emociones. *(Véase* el término *agua).*

TORTUGA

Psi. Como animal lento, silencioso, pasivo, longevo y que se repliega sobre sí mismo, suele simbolizar neurosis persistentes o problemas psicológicos duraderos. Pero encontrar una tortuga muerta puede señalar la curación o liquidación del complejo.

TRACTOR

Psi. Simboliza la potencia viril, la masculinidad (recordemos que trabaja el campo, la mujer). Un tractor que no funciona o que se estropea puede expresar falta de virilidad, impotencia o miedo a quedar impo-

tente. || *C. oc.:* **Tractor trabajando en un campo:** Nuevo empleo, beneficios u oportunidades comerciales. **Averiado:** Dificultades profesionales o comerciales. Ayudas que se pararán. || **Que vuelve a funcionar:** Pronto se superarán problemas y conflictos.

TRAJE DE ETIQUETA

Psi. Como traje de noche, enmascara el estar desnudo o excitado genitalmente.

TRANVÍA

Psi. 1. Suele simbolizar (al igual que el *autobús, trolebús, tren, autocar...)* la situación personal o propia dentro de la colectividad, de la sociedad, de la comunidad; puede considerarse un índice del grado de la sociabilidad y armonía del sujeto con respecto a su medio ambiente. Su comportamiento dentro del tranvía suele reflejar su conducta en la comunidad. Los restantes viajeros del tranvía, por lo común, representan otras tantas partes constitutivas de la personalidad del soñante, que le acompañan en su trayecto cotidiano. A veces, los viajes en tranvía son desplazamientos por el interior de la personalidad (la ciudad interior) y expresan unas limitadas evoluciones en la manera de pensar del soñante. || 2. Soñar que se escapa un tranvía simboliza la pérdida de una oportunidad profesional o comercial, un conflicto social. Si el tranvía descarrila advierte del fracaso de un proyecto, que no se está actuando por las «vías adecuadas». Si uno es atropellado por el tranvía significa que es «la vida quien le atropella» (representa los graves problemas y dificultades que está sufriendo en su medio ambiente social y familiar). No poder subir al tranvía por ir demasiado lleno suele indicar que uno no acaba de encontrar su lugar en la sociedad, el puesto que le agradaría o llenaría espiritual o idealmente. || *C. oc.:* **Tranvía en movimiento:** Buena marcha de los asuntos cotidianos. || **Que se sale de las vías:** Fracaso en negocio o proyecto. || **Que corre y arranca chispas de las ruedas:** Proposiciones sentimentales, asuntos que traerán beneficios inesperados. || **Parado o que no arranca:** Demora en asuntos personales o profesionales. || **Sin conductor:** Ayudas o promesas que no se cumplen, traición por parte de amistad o cargo público.

TRECE
Psi. En muchos sueños, este número simboliza la muerte o conclusión de un ciclo o período, los cambios dramáticos, la mala suerte, los accidentes, los imprevistos, las enfermedades, las operaciones quirúrgicas, el más allá, la muerte física, el fracaso de proyectos personales o profesionales.

TREN (Ferrocarril)
Psi. 1. El tren, en sueños, tiene tanta importancia como en la vida cotidiana. Simboliza la energía, la potencia, la vitalidad y la capacidad psíquica del soñador, y, al mismo tiempo, el trayecto o rumbo de su vida en relación con sus proyectos, sus realizaciones, la sociedad y el medio ambiente. El tren de los sueños sigue los trayectos más insospechados y exóticos y se presenta de mil formas y aspectos, que denuncian las tensiones, conflictos y problemas que embargan el espíritu del soñador y repercuten en sus actuaciones y personalidad. Se ha comparado infinidad de veces, en obras literarias, la vida con un tren con vagones de distinta categoría, y es en los sueños donde esta imagen queda fielmente reflejada. El tren de los sueños nos informa –a través de sus simbolismos, alegorías y del estudio de otros elementos ligados a él, como estación, billete, revisor, equipaje, vía férrea, locomotora, pasajeros…– de nuestros objetivos más íntimos, de nuestros proyectos, ansias de protagonismo, ambiciones y, al mismo tiempo, sobre nuestros temores, complejos, dudas, titubeos, problemas y conflictos a nivel inconsciente. El doctor J. R. de Otaola, en su meritoria obra *El análisis de los sueños,* da a conocer varios sueños curiosos en relación con esa representación del tren como trayectoria del propio destino en relación con la colectividad y los conflictos inconscientes que provoca ese contacto o conexión, de los que entresacamos los dos siguientes: «Me encuentro en la vía muerta de una estación ferroviaria, donde hay varios vagones del convoy que debiera de salir a aquella hora. Pero para la marcha falta la locomotora. Es una estación rural rodeada de campos y huertas, en un día de verano. Calma y quietud en el ambiente. Nada induce a suponer que la locomotora vaya a venir. Tampoco me importa mucho. Me encuentro bien aquí». No es difícil interpretar este sueño. Al soñador le

falta coraje, fuerza, incentivo o ilusión para la vida activa o para luchar por sus proyectos. Prefería la vida sin complicaciones y el estar inactivo, antes que estudiar o sacrificarse. Pasaba por una fase de depresión abúlica que iba a durar (no se vislumbraba la llegada de la *locomotora,* la fuerza interior). El otro sueño era el siguiente: «Persigo el tren corriendo por las vías. No logro alcanzarlo». Este sueño –que es muy corriente y normal– refleja el temor ansioso de no poder realizar un proyecto o lo que uno ambiciona. No obstante, hay espíritu de superación en el soñador, puesto que corre detrás del tren, hace esfuerzos para alcanzarlo. Esto quiere decir que estudia y se esfuerza en la vida cotidiana para mejorar. Es corriente, en estos tipos de sueños, que cuando la persona se cultiva, adquiere nuevos conocimientos, lee, asiste a cursillos y desarrolla su fuerza de voluntad…, entonces deje de perder los trenes de sus sueños. Si a lo largo de la vida se repite el sueño de no alcanzar el tren, es indicio de que el soñador sigue sin prepararse para abrirse camino en la vida y que continuarán sus conflictos y problemas en la vida cotidiana. ‖ 2. Como en el caso que sigue, suele indicar que el soñador sabe –sobre todo a nivel inconsciente– que no está preparado para subirse al tren de su destino: «No llegué a tiempo de coger el tren debido a la larga cola de gente que había ante la ventanilla de los billetes», que quiere decir que la *ventanilla* interior del soñador está llena u ocupada por complejos, temores, titubeos e inhibiciones que han de ser solucionados o superados antes de estar en condiciones de seguir su camino por la vida con optimismo y seguridad. ‖ 3. Soñar con varios trenes puede significar, aparte de los cambios y nuevas situaciones, el tener que elegir entre un camino u otro, como en el caso de un hombre que soñó con una especie de encrucijada de vías férreas, con trenes que iban de un lado para otro. Él se hallaba en una especie de subterráneo, con la cabeza más o menos a la altura de las vías, viendo pasar a los trenes. Al día siguiente mismo *recibió una nueva oferta de trabajo y tuvo que tomar decisiones*; el nuevo trabajo significó un cambio radical en la actividad que llevaba hasta aquel momento. ‖ 4. Otro sueño relacionado con proyectos profesionales, es el siguiente (tenido por un hombre de letras): «Sueño que voy en un tren aerodinámico que se interna peligrosamente por un tupido bosque a gran velocidad. Cada vez va descendiendo más, hacia el fondo de un valle. Tengo miedo de descarrilar, pues las ramas de los árboles y arbustos casi impiden el camino. Al final, el tren llega a un lugar en que hay topes atravesados en la vía y no puede continuar. Más allá, sólo hay un tupidísimo bosque. Entonces, el tren tiene que retroceder a menos velocidad. Y entonces podemos contemplar lugares vistosos y majestuosos, como campanarios, iglesias exóticas, construcciones como de cuento de hadas, palacios…, que antes no habíamos visto. Entonces desperté». Este sueño es clásico en el mundo de los proyectos fallidos. El soñador tenía en marcha un proyecto literario y de publicaciones junto con otras personas. El proyecto empezó con mucho empuje y premura. Pero el sueño advertía de que quedaría frenado y que se tendría que volver atrás en la decisión o colaboración. Como así fue. Pero, al mismo tiempo, el sueño indicaba que saldrían otras oportunidades y proyectos que no se habían tenido en cuenta con la obsesión del proyecto principal (de ahí los *edificios y lugares artísticos y bonitos* que veía el soñador durante el retroceso del tren). El *bosque* de este sueño simboliza la vida enigmática del inconsciente del soñador. Pero, al mismo tiempo, representa la vida desconocida y vital que nos rodea, pero que no está exenta de peligros y de situaciones inesperadas. || 5. *Un tren viejo y destartalado* suele ser la expresión de un complejo de inferioridad. E. Kretschmer ha dejado estudios muy interesantes sobre esta clase de sueños, como el que trascribimos. Una señora descontenta con su vida sueña: «Quería ir de viaje, y de golpe me encontraba en el andén. Entró un tren. Sus vagones eran irregulares y feos, traqueteaban, estaban rotos y se parecían a viejas casitas de conejos. Yo quería ordenar mi equipaje o incluso levantarlo, y de aquí que el tren ya volvía a marchar. Salté sobre la plataforma, no quería perder el tren y me agarré al barrote. Así, asiendo convulsivamente el barrote, iba en el tren, mirando continuamente si algún árbol o tapia podrían representar un obstáculo, y entonces me desperté». Los *esfuerzos convulsivos, el constante temor de no*

poder viajar en el tren, su lamentable aspecto, reflejarían aquí la desconsolable fealdad de la situación real en la vida de la soñadora. Nosotros podemos añadir que este sueño refleja, además, la falta de preparación de la soñadora para enfrentarse con los avatares del destino. En realidad, su complejo iba unido a su ignorancia y a la carencia de una profesión vocacional. || 6. *Equivocarse de tren* suele reflejar el temor inconsciente a no estar preparado ante el examen que se ha de sufrir en otra población, como en el caso siguiente relatado por un joven estudiante: «Faltaban unos días para el examen y me encontraba en la estación de Valencia, esperando el tren para marchar a Madrid. De pronto, subo a un tren, nos ponemos en marcha y cuando se encontraba cerca de su destino, me doy cuenta de que me había equivocado de tren y me encontraba cerca de la frontera francesa. En ese momento me pongo muy nervioso y pido ayuda a los demás viajeros. Estaba tan nervioso que no sabía dónde estaban mi equipaje y demás objetos personales. Al cabo de un rato, sorprendentemente, me encuentro en Madrid con todos los objetos de mi pertenencia». Este sueño refleja la ansiedad, nerviosismo y las dudas que reinan en el interior del sujeto a raíz del examen trascendental que ha de sufrir. El que se equivoque de tren refleja los temores a equivocarse en el examen y que le suspendan, lo que significaría un cambio desagradable en el rumbo de su vida. Los viajeros representan la sociedad, desde los propios familiares, a los amigos, condiscípulos y a todos aquellos que podrían ayudarle a superar el examen, incluso en aspectos desconocidos de su propia personalidad, a energías propias aún no utilizadas. La pérdida del equipaje indica que no está seguro del bagaje cultural o de conocimientos que lleva consigo a ese examen, titubea sobre sus conocimientos y experimenta el temor de no haberse preparado bien para esa etapa de su vida. || 7. *El no llegar a tiempo para coger el tren* suele presentar muchas variantes e indica que el soñador sabe inconscientemente que no está dispuesto o preparado para subirse al tren de su destino. Estos sueños del tren perdido, que suelen expresar una falta de preparación en el soñador y de dudas sobre su capacidad personal o profesional (a veces, incluso denuncian un complejo de inferioridad), sirven de guía a los psicólogos para ayudar al soñador a combatir sus dudas y complejos, hasta el punto de que el tratamiento puede hacer que desaparezca la inseguridad del sujeto y éste pueda ya subirse al tren de su destino, como en el caso que narra E. Kretschmer: «Una joven, al comenzar un tratamiento psicológico, sueña todas las noches que va a la estación para tomar el tren, mas por mucho que se apresure llega tarde, y el tren o se ha ido o se le escapa en el último momento. Algo más tarde, y sin duda como consecuencia de la beneficiosa intervención del psicólogo, presenta el sueño con una ligera –pero esencial– variación: llega a la estación, el tren ya está en marcha, mas ella se lanza tras él y logra alcan-

zarlo: un señor amable de la última plataforma la ayuda a izarse sobre ésta». El *individuo de la plataforma* simboliza al psicólogo y su labor beneficiosa para que la soñadora adquiera confianza sobre sus propias fuerzas. || 8. Otras veces, el tren puede significar movimiento y que algún proceso se ha puesto en marcha en el inconsciente del sujeto. *(Véase sueño explicado por Jung en el término ventanilla).* || 9. Los *accidentes de tren* también pueden aparecer en sueños premonitorios o precognitivos, como en el caso histórico de la señora Storie de Edimburgo. En la madrugada del 18 de julio de 1874 tuvo un sueño en que vio cómo su hermano gemelo William era aplastado por un tren. Incluso pudo distinguir que en uno de los vagones iban el reverendo Johnstone y su esposa (luego se comprobaría que así era). Lo curioso fue que se trató de un sueño poco común, pues la soñante se daba cuenta de que estaba acostada en su cama (los detalles y documentos de este sueño pueden consultarse en la obra *Phantasms of the Living* de Sidgwick, Gurney, Myers y Podmore). La desgracia se produjo el mismo día del sueño. *(Véase sueños clarividentes).* || C. oc.: **Partir en tren:** Proyectos que empiezan a moverse, éxito profesional, desplazamientos provechosos. || **Viajar en tren con la familia:** Buenas noticias, suerte, beneficios, trabajo. || **Tren descarrilando:** Proyecto que fracasa, quiebra de negocio, pérdida de empleo, problemas económicos en la familia. || **Viajar solo en un tren:** Se ganará un juicio o pleito. || **Viajar en un tren de carga:** Se mantendrá el empleo, trabajo que traerá beneficios. || **Viajar en un tren cargado de soldados:** Dificultades financieras, luchas comerciales, dinero que se retrasará. || **Viajar en un tren con amigos y conocidos:** Se mantendrán las oportunidades sociales. || **Ver un tren correr:** Noticias, ofertas, proposiciones comerciales. || **Ver un tren con marcha atrás:** Asuntos y proyectos que se retrasarán. || **Locomotora descarrilando:** Problemas de salud, conflictos sexuales o sentimentales. || **Vagón de tren ardiendo:** Pérdidas monetarias, malas noticias laborales.

TRES

Psi. 1. En muchos sueños, el número tres tiene un claro significado sexual: representa la potencia fálica, los *genitales masculinos* (dos testículos y el miembro viril). Puede presentarse de diversas formas y enmascaramientos: tres perros, tercer día, tres caminos, serpiente de tres cabezas, tres tenderos... *(Véanse* los sueños número 10 del término *perro,* número 13 del término *serpiente* y el número 1 del término *nabo).* || 2. En otros sueños, el número tres puede representar a las fuerzas del destino (las tres Parcas de los antiguos). En este aspecto, el tres es un número *activo, sagrado* y, al mismo tiempo, *tenebroso y misterioso.* || 3. Tres barras también suelen simbolizar el miembro viril. *(Véase* el término *barra).*

TRIBUNAL

Psi. La mayoría de las veces, el tribunal que nos juzga en los sueños no se refiere a pleitos y delitos de la vida real, sino que es un tribunal psíquico, un representante de nuestra conciencia, que enjuicia las faltas morales que hemos cometido. En ocasiones, llega a ser la expresión de sentimientos de culpabilidad del sujeto por hechos acaecidos en el estado de vigilia y de los que se arrepiente. *(Véanse* los términos *culpabilidad, juicio* y *juez).*

TROLEBÚS

Psi. Igual significado que tranvía y autobús. *(Véanse* esos términos).

TROMPA (Instrumento musical)

Psi. 1. Suele simbolizar el falo y también la borrachera, popularmente llamada «trompa». || 2. G. Tarde (citado por Delboeuf en su obra *El dormir y el soñar)* dejó escritos a finales del siglo XIX numerosos sueños personales que luego intentaba interpretar de acuerdo con las ideas racionalistas de la época. No creían ni uno ni otro en el psicoanálisis y todavía no se habían producido los postulados de Freud, Adler, Jung, Stekel, etc. Y, por supuesto, lo sexual no era interpretado adecuadamente a causa de los prejuicios religiosos de la época. De todas maneras, G. Tarde ha dejado detalles curiosos de sus sueños, que podemos interpretar de otra manera a como él y Delboeuf hicieron. Veamos un ejemplo en el que interviene el instrumento trompa: «Estaba con algunos amigos en una mala fonda, y a los postres me entraron ganas de versificar; sobre una mesa escribí a vuela pluma una composición, de la que sólo recuerdo el dístico final:

La trompa, el clarinete, el revólver, la espada, son entretenimientos de una persona honrada». Este sueño fue considerado intrascendente y algo estúpido. Nosotros vamos a interpretarlo de otra manera. Fueran recuerdos o deseos reprimidos, lo cierto es que en su totalidad es de un simbolismo sexual apabullante. *Mala fonda* significa casa de mala nota, lugar en que existen mujerzuelas y comercio sexual; *postres,* placeres sexuales; *versificar,* cantar los vicios o alabanzas de…; *sobre una mesa,* una cama, una mujer…; *a vuela pluma,* con el falo levantado…; *escribí una composición,* llevó a cabo un acto en compañía; *sólo recuerdo,* que debe expresar una francachela del pasado, algo ya sucedido hace tiempo…; *la trompa, el clarinete, el revólver y la espada* son cuatro símbolos fálicos, si bien la primera también significa el entromparse, el ir bebido…; *son entretenimientos de una persona honrada,* frase elaborada para contentarse a sí mismo y a la conciencia. En conjunto, que este sueño es un recuerdo de una francachela con mujeres, pasada por el soñante y sus amigos. Y, para contentar a su conciencia, elabora los versos, que quieren decir, en realidad: «El pasarlo bien, el beber y acostarse con mujeres no son cosas reprobables, son cosas de persona honrada, es decir, que lo hace todo el mundo».

TROPEZAR (Tropezón)

Psi. En muchas ocasiones tiene un significado semejante a caer. *(Véase ese término).* En sueños de índole sexual, el tropezar, el tropezón, suele expresar que la mujer ha «caído» en un acto amoroso extramatrimonial, que se ha «entregado» a un hombre en un momento de pasión, o expresa el miedo a «caer» en esa equivocación, lo que quiere decir que ya ha recibido proposiciones sentimentales al respecto. *(Véase* el término *acuario).*

TUBERÍA

Psi. 1. En ocasiones, el soñar con grandes tuberías puede hacer referencia a los intestinos. Entonces suelen ser sueños de tipo fisiológico o patológico, como en el caso siguiente (explicado por un hombre de cincuenta años): «Soñé que en una especie de galería cerrada entraba una gran tubería por lo que empezaban a salir unos monstruitos, pequeños y negros, que se iban agrandando por momentos y que iban tras de mí. Logré encerrarme y aislarme en una habitación, cerrando una especie de compuerta. Me desperté sobresaltado. Y a las pocas horas me encontraba enfermo, vomitaba y quedaba indispuesto del aparato digestivo por un par de días». El sueño se explica por sí mismo. Algo de lo que comió el sujeto le sentó mal (probablemente la comida no estaba en muy buenas condiciones) y el inconsciente, supersensible, dio la alarma en sueños, antes de que empezara a sentir los primeros síntomas. La *tubería* representa a los intestinos y los *bichejos* a los enemigos invasores, a los microbios; el *aislarse* de ellos indicaba que el soñador poseía defensas suficientes y que los trastornos iban a ser pasajeros, como así fue.

La indisposición pasó únicamente con un régimen alimentario.

TUBO

Psi. A veces, el soñar que uno ha de pasar por un gran tubo, por un oscuro túnel o un pasadizo estrecho y oscuro suele expresar un trauma-recuerdo del momento de nacer.

TUBO DE PASTA DENTÍFRICA

Psi. Es otro símbolo fálico. Soñar que se exprime un tubo de pasta dentífrica es la expresión de la eyaculación.

TUMBA

Psi. 1. En muchos sueños, la tumba está ligada al simbolismo de la muerte de ideas, proyectos, negocios, relaciones y circunstancias. *(Véanse* los términos *muerte, cementerio, ataúd, sepultura…).* Son sueños que angustian mucho, pues el soñador cree que va a morir alguien de su familia. Poquísimas veces los sueños de tumbas son premonitorios, si no hay otros detalles que indiquen la proximidad de la muerte. Por lo común son sueños psicológicos que indican que el soñador tiene planteados problemas trascendentales, conflictos vitales que debe resolver; suelen señalar que hay que introducir cambios importantes en la existencia, «matar» unas situaciones o relaciones e iniciar una nueva vida. No debe olvidarse que la tumba, aunque representa la muerte, también significa la resurrección a una nueva vida, tal como preconizan todas las religiones. Los sueños en que intervienen tumbas deben estudiarse detenidamente, ya que pueden indicar que «algo debe morir» en el sujeto, para volver a nacer a una vida más espiritual y purificada, a un renacimiento a los valores morales o ideales que el soñador tenía, quizá, excesivamente abandonados. || 2. Como ejemplo de un sueño psicológico de tumbas sacamos el siguiente de nuestro archivo: «Sueño muchas veces que estoy en una casa circular. Abro una habitación y aparece una tumba muy blanca. Abro otra habitación y aparece otra tumba. Así pasa en todas las habitaciones. En esa casa sólo hay tumbas. Parece que esa casa es mía (sólo en el sueño). Soy una mujer de veintisiete años y tengo un novio con el que no acabo de entenderme». La respuesta que dimos a ese sueño fue: «Esta *casa* representa tu personalidad y las *habitaciones* sus distintas parcelas, con sus recuerdos, desengaños, alegrías, placeres, etc. El que aparezcan tantas *tumbas* es indicativo de que has sufrido muchos desengaños y sinsabores en tu vida y lo peor, que los recuerdas, que piensas excesivamente en el pasado. La tumba blanca es representativa de la pérdida de tu inocencia –física o no– y las restantes, de otras frustraciones; los *detalles* que aparezcan en ellas representan lo que murió en ti en los diferentes momentos y etapas de tu existencia. Consejo: olvídate del pasado, no te obsesiones con él y mira el futuro con mayor optimismo, aunque no creo que el novio actual te vaya mucho si tienes estos sueños mientras mantienes relaciones con él». || 3. En ocasiones, los sueños en que intervienen tumbas pueden ser del tipo profético o premonitorio, como en el caso sucedido al famoso filósofo alemán Friedrich Nietzsche cuando tenía seis años. Lo dejó escrito así: «En aquel entonces soñé que oía en la iglesia unos sonidos de órgano, como en un entierro. Al mirar cuál podía ser la causa, surgió de pronto una tumba y mi padre salió de ella, envuelto en una mortaja. Corre a la iglesia y al poco rato vuelve a salir de ella con un niño pequeño en brazos. La tumba se abre, él desciende a ella y la tumba vuelve a cerrarse. En seguida cesa también de sonar el órgano y yo despierto. A la mañana siguiente, le cuento el sueño a mi madre. Poco después, José cae enfermo y fallece a las pocas horas. El cadáver del niño pudo ser colocado aún en los brazos del padre, fallecido poco tiempo antes. Esto sucedió a fines del mes de enero de 1850». Por el contexto general de este sueño ya se adivina que hay algo extraño y terrible en él y que no se parece a los muchos sueños de tipo psicológico o simbólico que llevamos relatados. La muerte del padre y hermanito de Nietzsche en tan singulares circunstancias influyeron mucho en el ánimo y pensamiento del que años más tarde iba a crear una obra tan extraordinaria como *Así habló Zaratustra*.

TÚNEL

Psi. 1. A veces simboliza el propio vientre. *(Véase* el término *vientre).* || 2. En otras ocasiones representa el útero materno. || 3. Como sinónimo de *cueva (véase* ese término) simboliza el inconsciente, por lo que entrar en un largo túnel también puede expresar la exploración de las profundidades del inconsciente. || 4. En sueños de tipo fisiológico puede hacer referencia a los intestinos, a los conductos que hay en el vientre (recordemos que un túnel es un paso subterráneo en el vientre de una montaña). Según lo que ocurre en el túnel es el aviso de lo que puede suceder. Por ejemplo, una invasión de extraños animales o monstruos puede advertir de una infección; ver bultos en las paredes, de tumores o pólipos, etc. || 5. Algunas veces, en casos especiales de nacimientos laboriosos, difíciles o traumáticos, en que se han utilizado fórceps, etc., pueden reproducirse esos momentos de angustia –en la edad adulta– en forma de sueños en que el sujeto se ve en un túnel estrechísimo y a oscuras, buscando una salida desesperadamente. El inglés Geoffrey A. Dudley *(Cómo interpretar sus sueños)* da varios de esos ejemplos. En uno de ellos, el interesado le escribió: «No sé cómo usted ha llegado a la explicación de mi sueño de escape a través de un lugar pequeño. El hecho es que mi nacimiento fue dificultoso y todavía tengo las marcas de los instrumentos del doctor en mi frente». Dudley también explica el siguiente caso (ama de casa de treinta y un años): «Tuve un sueño en que trataba de salir de un túnel lleno de agua. Fui nadando a través de él, y así que llegué al final, desperté llena de pánico». Se comprende que ese sueño hace referencia al nacimiento. Tanto Dudley como el doctor Ernest Jones y otros psicólogos están de acuerdo en que el agua que aparece en tales sueños simboliza el fluido uterino. Recordemos que cuando una mujer está a punto de dar a luz hay un momento en que se rompe la *bolsa de aguas,* o sea la parte del líquido amniótico contenida en las membranas situadas por delante de la cabeza del feto que avanza. || 6. Soñar que se viaja en un tren que entra en un túnel oscuro y que no hay luz en los vagones, para emerger en plena luz al otro extremo del túnel, suele expresar un cambio de proyecto o de empresa, una nueva situación profesional o familiar. Se marcha hacia la liquidación de una etapa y se emprende otra; ha de considerarse como un nuevo nacimiento personal o social. || *C. oc.:* **Atravesar un túnel en tren:** Cuidado con las falsas amistades. || **Ver la construcción de un túnel:** Se superarán problemas y obstáculos. || **Atravesar un túnel a pie:** Asuntos que se retrasarán, pero que tendrán un buen fin. || **Atravesar un túnel en automóvil:** Oportunidades, nuevos negocios. || **Salir de un túnel:** Cambios y trasformaciones de tipo positivo.

U

UNDÉCIMO *(Véase Once)*

UNIFORME

Psi. El uniforme que aparece en los sueños suele simbolizar el espíritu de servicio, la disciplina, la obediencia..., en este caso, a nuestro «Yo», a nuestro superior o jefe del inconsciente, a los principios morales. El uniforme onírico representa, en muchos casos, los deberes y obligaciones morales que tenemos hacia nosotros mismos y hacia nuestros semejantes. *(Véanse* los términos *policía, guardia, guardia civil, servicio militar...).* En ocasiones, los sueños en que aparecen uniformes, gente uniformada o nosotros mismos estamos de uniforme, indican que tenemos que amoldarnos a ciertas normas para vivir en sociedad, que tenemos que obedecer o respetar ciertos principios y ser, por tanto, disciplinados si queremos alcanzar los objetivos que nos hemos propuesto. Por supuesto, estos tipos de mensajes oníricos señalan que el soñante no es lo bastante obediente y que aún es muy indisciplinado. Cuando uno no acepta las obligaciones y sacrificios de la vida cotidiana, puede verse vestido con un uniforme que le cae mal o está mal puesto, o del revés, etc. Incluso puede mostrarse agresivo en exceso con personas de uniforme –policías, militares, municipales, guardias jurados, etc.–, como en el caso siguiente (joven que aspiraba a ser militar): «Soñé que iba por mi barrio hacia casa, en coche del Ejército de Tierra, y antes de llegara mi casa me encontré con unos superiores, con los cuales mantuve un tiroteo. Luego cayó uno mortalmente herido, manchando el camino de sangre, la cual manaba de su cuerpo como una fuente de agua». Nuestra respuesta fue: «En conjunto este sueño quiere decir que eres bastante indisciplinado y rebelde. El sueño te advierte que aún no estás preparado para la vida de disciplina. Los *superiores* con los que luchas son aspectos de tu propia personalidad que representan la obediencia, la disciplina, el saber acatar órdenes, etc. La pelea no sólo indica que estás en conflicto interno con tus superiores del inconsciente, la parte de tu conciencia que te pide responsabilidad y mayor autodisciplina, sino que podría señalar una falta de adaptación a las reglas sociales, al mundo que te circunda. Este enfrentamiento es grave, puesto que en el sueño hay sangre, sangre que denuncia la existencia de una herida psíquica, por lo que debes preguntarte: ¿Qué es lo que está sangrando en mi espíritu? No me dices cómo te llevas con tus padres o con las personas mayores con las que has de tratar. Analiza a fondo tu manera de ser y actuar, y encontrarás la manera de autodisciplinarte para conseguir todo aquello que te propones. Si no equilibras tu energía y agresividad cosecharás muchos fracasos».*C. oc.:* **Ponerse un uniforme:** Éxitos, premios y distinciones. || **Ponerse un uniforme sucio o viejo:** Vanas ilusiones, fantasías que no se realizan. Calumnias, promesas que no se cumplen. || **Uniforme roto:** Fracaso, miseria, ruina, encarcelamiento. || **Remendar un uniforme:** Se superarán los problemas, se llegará a un arreglo.

UNIVERSIDAD *(Véase escuela)*

UNO

Psi. 1. Es el primero de los números masculinos (todos los impares). Simboliza la unidad, el primero, el comienzo de cualquier negocio o asunto, el principio de una nueva situación. Representa la personalidad independiente, unitaria e indivisible, así como el espíritu, la habilidad, la iniciativa, la destreza, el orden y la causa primera. || 2. En el plano erótico simboliza el miembro viril.

UÑAS

Psi. 1. La mayoría de las veces, las uñas tienen un simbolismo femenino y erótico, si bien también pueden expresar la capacidad de fuerza y lucha. Tanto en uno como en otro aspecto, *unas uñas sólidas y hermosas* son un buen augurio, y su rotura o deterioro, advierte de conflictos, querellas y problemas (sean sexuales o no). || 2. En el plano sexual, cuando se sueña con una sola uña hace referencia al miembro masculino. || 3. En sueños de hombre, las uñas de la mujer expresan sus especulaciones eróticas y, al mismo tiempo; el aspecto temible y taimado de la femineidad (uñas largas, como de bruja, gata o fiera). || 4. Un hombre que sueñe que se le rompen una o varias uñas puede ser la expresión de impotencia sexual o los temores a padecerla. Una mujer que sueñe que se le rompen las uñas o se le caen, refleja un rompimiento sentimental o conyugal. || *C. oc.:* **Manos femeninas con uñas blancas:** Virginidad, falta de amor. || **Manos femeninas con largas uñas negras:** Enfermedades, pesares o aflicciones familiares u hogareñas; hay que estar prevenido contra la actuación de mujeres malvadas y malignas. || **Persona cortándose las uñas:** Próximas discusiones, fricciones o peleas. || **Mujer con uñas largas y rojas:** Apasionamiento, genitalidad, infidelidad. ||

Uñas femeninas partidas o rotas: Divorcio, separación dolorosa. || **Uñas masculinas partidas o rotas:** Fracaso en negocios, pérdida de empleo o cargo, quiebra de asociación o comercio. || **Uñas femeninas de color rosa:** Se acercan relaciones sentimentales o románticas. || **Manos femeninas con uñas de diversos colores:** Frivolidades, mariposeo, infidelidades; hay que estar prevenido contra falsedades, estafas y abusos de confianza. || **Personas comiéndose las uñas:** Resignación, las cosas no saldrán como estaban planeadas. || **Hombre con uñas largas sin pintar:** Falta de sentimientos y de escrúpulos, ambición desmedida, insensibilidad; trepador insaciable. || **Manos con uñas de gata:** Querellas domésticas pasajeras. || **Manos con uñas de fiera** (tigre, león, oso, lobo, pantera, etc.)**:** Se acercan peligros y graves enfrentamientos.

URBANO (Guardia)

Psi. Una de las autoridades psicológicas de la personalidad, la cual cuida y vigila que circulemos por las calles y direcciones adecuadas. Cuando el guardia urbano nos reprende o multa en sueños es una advertencia del inconsciente de que no estamos yendo en la dirección adecuada en nuestros proyectos y propósitos. *(Véanse los términos guardia y policía).*

URUBÚ

Psi. Como cualquier otro buitre, suele simbolizar las tendencias neuróticas y destructoras, sean propias o de las personas con las que convivimos.

URRACA

Psi. 1. Como ave vocinglera y ladrona, suele simbolizar la parte temible y odiosa de la mujer, se trate de sexualidad o de problemas familiares. También puede representar ideas y tendencias negativas del soñante. En el caso que sigue (chico joven) todo parece indicar el rechazo de las relaciones con una mujer: «Soñé que entraba por la ventana un pájaro grande negro, una especie de urraca que revoloteó por toda la casa, hasta que lo cogí y lo estrellé contra el suelo y murió. Poco después me miré las manos y las tenía todas llenas de sangre». || 2. A veces, símbolo peyorativo de la madre absorbente. || *C. oc.:* **Varias urracas:** Hay que estar alerta contra engaños, mentiras y abusos de confianza. || **Urraca muerta:** Rompimiento con una amistad femenina maledicente o falsa. || **Urraca volando:** Pérdida monetaria, robo de joyas, dinero que no se recobra.

UVA

Psi. La mayoría de las veces suele tener una clara tendencia erótica, sobre todo cuando las uvas están en la parra, por su clara relación con los testículos. Una parra con racimos de uvas que cuelgan de ésta es un clara alegoría del hombre. En el sueño que nos ocupa, fue una mujer la protagonista. Lo relató así (casada y adulta): «Sueño que subo por una escalera a lo alto y abro una puerta. Detrás de la puerta hay un inmenso campo con vides y las uvas se hacen grandes. Hay muchas parras y también un gran pez (una especie de mero) que va chupando las uvas, que se trasforman en leche. El mero se hace grande, se levanta, se pone tieso y lanza una especie de surtidor de leche». Aquí casi sobran las explicaciones, de tan claras que son las alegorías. La mujer pasaba por un período de fuertes necesidades eróticas. Es muy posible que estuviera pensando demasiado en lo sexual (de ahí que la puerta y el campo estén en lo *alto)*. Las *uvas* representan los testículos, el *mero* (al igual que la sardina y otros peces) simboliza el pene y el *mero levantándose y lanzando un surtidor de leche* es una alegoría de la erección del miembro viril y de la eyaculación que la soñadora deseaba. Es un sueño que refleja necesidades biológicas. || *C. oc.:* **Comer uvas maduras y dulces:** Deleites sensuales y eróticos, buenas noticias, alegrías, satisfacciones. || **Uvas verdes:** Contrariedades, retrasos, aplazamientos. || **Pisar uvas:** Victoria sobre los enemigos, trampas que se salvan. || **Uvas secas o echadas a perder:** Pérdidas, penuria, inquietudes, amarguras. || **Uvas en la parra:** Invitación a una boda. || **Prensar uva para hacer vino:** Abundancia de recursos, beneficios. || **Uvas moradas:** Cuidado con la administración, hay que vigilar las cuentas y los gastos. || **Vender uva:** Preocupaciones que se desvanecen, conflictos que se superan.

V

VAGABUNDO

Psi. A veces, en sueños de mujer, suele simbolizar el «ánimus» menospreciado o el lado masculino inferior. *(Véase* el sueño de vagabundo y bruja en el término *sombra).*

VALLA *(Véase barrera)*

VAMPIRO

Psi. En muchos sueños, la figura del vampiro divulgada por el cine y la literatura es la expresión de los deseos del acto amoroso que inconscientemente se desea. El morder en el cuello es una clara representación erótica. Veamos el caso de una jovencita: «Sueño siempre con vampiros; estoy en casa del vampiro y es muy preciosa. Yo la estoy viendo embobada y de repente aparece él y me habla y me persigue hasta que me coge y quiere morderme. Al ver que no puede morderme en el cuello me muerde en la pierna. Otras veces sueño lo mismo pero no me puede morder en ningún lado». Como se comprende de manera inequívoca, son sueños que reflejan el despertar de la sexualidad y los deseos de intercambio sexual. *(Véanse* los términos *Drácula, mordisco y persecución).*

VAPOR *(Véase aire)*

VASO

Psi. Como recipiente que puede contener líquidos *(véase objetos),* el vaso simboliza a la mujer y el amor. *(Véase* el sueño del joven sediento en el término *agua).* Recordemos que en el Antiguo Testamento ya se dice que la mujer es «un vaso débil». || *C. oc.:* **Romper un vaso vacío:** Accidente, enfermedad o muerte de una mujer conocida. || **Romper un vaso lleno de agua:** Hijo que caerá enfermo o sufrirá una lesión. || **Romper un vaso de vino:** Ha de preocupar la salud propia. || **Beber agua de un vaso:** Proposición sentimental.

VEGETALES

Psi. 1. Entre los vegetales que representan el sexo femenino destacan los siguientes: árboles frutales, bosque, zarza, manzano, manzana, jardín, lechuga, flores, selva, floresta, paisaje, judías, legumbres, alcachofas, alubias, acelgas, escarolas, patatas… ‖ 2. Entre los vegetales que representan el sexo masculino sobresalen los que siguen: nabos, zanahorias, espárragos, mazorcas de maíz, pepinos, setas, árboles (álamo, nogal…), rábanos, berenjenas, pimientos, cebollas, remolachas, colinabos, habas, boniatos, puerros…

VEHÍCULOS

Psi. Están estrechamente relacionados con los viajes. (*Véase* este término). El estado, presencia, funcionamiento y trayectoria de los vehículos de nuestros sueños suelen reflejar nuestras realizaciones, el destino, trayectoria, evolución de la personalidad, proyectos, ilusiones, frustraciones, complejos, conflictividad de la vida sexual, etc. (*Véanse* los *términos tren, barco, avión, diligencia, automóvil, autobús, carruaje, camión,* etc.). Tienen un papel importante en nuestras crisis emocionales, profesionales y de personalidad, sobre todo cuando somos adolescentes.

VEINTE

Psi. En los sueños, cuando es un número simbólico, puede representar al ser humano, a la personalidad, al ente como un conjunto, ya que es el guarismo resultante de sumar los dedos de las manos y de los pies. Es el número de la verdad, de los cambios, de la resurrección, de las trasformaciones y del nacer a una nueva vida o situación. (*Véase* el término *parque de atracciones*).

VELAS (Candelas)

Psi. 1. Como en la vida corriente, las candelas o velas de los sueños pueden tener diversos significados, de acuerdo con el conjunto del ensueño o serie de éstos. Así, pueden tener un simbolismo espiritual (recordemos que en las iglesias, ceremonias religiosas, rituales mágicos, etc., se utilizan velas), o uno sexual (en la ceremonia religiosa de la boda arden velas), o uno mundano (en los pasteles de cumpleaños)… Incluso pueden relacionarse con enfermedades y muertes (la candela representa la llama de la vida), pues no en vano hay frases hechas y dichos que lo recuerdan, como *acabarse la candela* (en el sentido de estar uno próximo a morir) o *estar con la candela en la mano* (que quiere decir, estar agonizando). Luces de velas y candelas acompañan al individuo en la ceremonia final de la vida: el *funeral*. ‖ 2. En su simbolismo de la llama del amor, una vela representa el falo o genitales masculinos, sobre todo si la soñadora se ve introduciendo una vela en un candelero o candelabro y encendiéndola. En una mujer que se vea queriendo encender velas y que éstas se apaguen, pueden reflejar su soledad o que carece de amor, es decir, del compañero que desearía. En otras palabras, que el sueño indica que no logra inflamar –o no lo logrará– y atraer a un hombre. El sueño que sigue tiene un claro trasfondo sexual. Lo tuvo una chica de dieciocho años. «Soñé que estaba en una habitación oscura y muy amplia. A mi alrededor todo estaba lleno de ataúdes y velas encendidas, con la luz muy triste y otras apagadas, y vi que se dirigía una sola hacia mí y era la de un hombre. Él tenía una espada en la mano y yo otra. Nos besamos y cruzamos las espadas fuertemente y yo tenía mucho miedo. Casi iba a llorar y entonces pensé, al besarnos, en un chico que me pretende». Nuestra respuesta fue: «Los *ataúdes* reflejan desilusiones y frustraciones que has tenido en tu existencia, lo que indica que pese a tu juventud no te lo has pasado bien. En medio de tanta tristeza aparece una nueva ilusión amorosa, representada por el *hombre de la espada,* que simboliza la potencia sexual y la vida amorosa que deseas. El sueño indica que estás necesitada de amor y cariño, pero cuidado con dejarse llevar por la fantasía. No te fíes de todo lo que te digan y procura tocar más con los pies en el suelo, de lo contrario corres peligro de sufrir un nuevo desengaño». Aquí podemos añadir que por un lado había la atracción por lo sexual *(velas y espadas)* y, por el otro, el temor moral a estar actuando incorrectamente *(ataúdes,* en el simbolismo clásico de que el pecado mata la vida espiritual). El *enfrentamiento con espadas* representa la unión de los sexos, la lucha entre los sexos. || 3. En ocasiones, los sueños de velas no son fáciles de interpretar a menos que se pueda hablar y dialogar con el sujeto, ya que igual pueden reflejar una situación espiritual que una sentimental-sexual, como en el caso siguiente (en el que optamos por la interpretación espiritual): «Soñé que una vecina intentaba encender velas en la iglesia y que todas se le apagaban. Al ver que ella no lo conseguía lo intenté yo y tampoco logré encender ninguna. Tengo veintitrés años y mi vecina cincuenta y cinco». La respuesta que dimos fue: «En magia y esoterismo, el que se apaguen las velas es mala señal, ya que advierten de próximos problemas y dificultades. Sin embargo, es muy probable que tu sueño tenga un significado mucho más profundo y que la *iglesia* del mismo simbolice tu iglesia o capilla interior, en donde radican los sentimientos y vivencias religiosas, místicas y altruistas. El que se te *apaguen* las velas significaría entonces que en tu inconsciente hay un conflicto, que algo está reprimiendo o "apagando" los sentimientos religiosos que antes poseías y que ahora están feneciendo *(velas apagadas),* y lo único que puede apagar el espiritualismo es el materialismo. ¿Estás pasando una crisis religiosa? ¿Cómo piensa al respecto tu vecina? ¿Te estás decantando demasiado por lo material? Entonces el sueño vendría a ser un aviso de que estás descuidando demasiado tus sentimientos místicos. Es bueno recordar que lo místico-moral y lo material han de estar en dosis equilibradas en todo ser humano». Pero hemos de aclarar que el trasfondo general del sueño también podía ser sexual si la vecina y soñadora carecían de amor o eran solteras, ya que entonces significaría que no lograban encontrar un hombre. || *C. oc.:* **Quemar velas o candelas con una llama clara y fija:** Constancia en asuntos y proyectos que traerán buenas noticias o fortuna. || **Una doncella soñando que está moldeando velas:** Recibirá una oferta inesperada de matrimonio. Visita agradable a parientes lejanos. **Mujer encendiendo una vela:** Encontrará un amante que tendrá que mantener clandestino por objeciones familiares. || **Vela quemándose en una corriente de aire:** Los enemigos están haciendo círculos, calumnias e informes negativos sobre el soñador. || **Despabilar una vela:** Noticias tristes, situaciones penosas, amigos que mueren o sufren un percance. || **Velas a punto de apagarse:** Se asistirá a un sepelio. || **Encender muchas velas:** Encuentro con amistades, se asistirá a una fiesta, buenas noticias. || **Apagar velas:** Rencilla con amistades, rompimientos. || **Ser quemado por una vela:** Riesgo de accidente grave, peligro con el fuego. || **Fabricando velas:** Alegrías y satisfacciones. || **Llevar velas encendidas:** Fallecimiento de una amistad o vecino. || **Velas encendidas:** Invitación a una fiesta. || **Tener velas de colores:** Riesgo de viudez. || **Persona enferma soñando con muchas velas encendidas:** Se curará pronto. **Soltero o soltera soñando con velas encendidas:** Se casará pronto. || **Gente de negocios soñando con velas:** Prosperidad, beneficios, dividendos…, si están encendidas. Si están apagadas, se retrasan o no llegan los beneficios que esperaban. || **Soplar una vela hasta apagarla:** Fracasa un proyecto, rompimiento

comercial o con socio. || **Sostener una vela encendida en la mano:** Nos harán propuestas que no interesa aceptar o que nos perjudicarán.

VENTANA

Psi. 1. Simboliza los genitales femeninos. *(Véanse* los términos *puerta* y *peces de colores).* || 2. De acuerdo con Edgar Cayce, la ventana simboliza – muchas veces– la luz y percepción que penetra en el inconsciente, los canales visuales o los ojos que conectan el mundo exterior con el interior, el consciente con el inconsciente. La ventana de algunos sueños (hay que estudiarlos en conjunto) suele ser indicativa de que el soñante ha de mirar más al exterior de sí mismo, al mundo que le rodea, estudiar y tener en cuenta lo que ocurre en su entorno y no encerrarse egoístamente en su mundo interior. Al respecto, tiene un paralelismo simbólico con ventanilla. || 3. En algunos sueños tiene un claro sentido maternal-sexual y está conectada con términos tan femeninos como noche, luna y tierra. *(Véanse* esos términos). || 4. Arrojarse por una ventana suele simbolizar el querer escapar de una mujer, salirse del compromiso o matrimonio, arrojarse lejos de su influencia sexual. Stekel *(La impotencia en el hombre)* explica el caso curioso de un hombre, casado por segunda vez y con problemas de impotencia, al que se le repetía constantemente el siguiente sueño: «Ve a alguien arrojarse por la ventana. A veces a través de un vidrio grueso, a veces desde una altura. Esta noche soñó que su criada se arrojó a la calle desde el cuarto piso». La *criada* es él; se considera que es la criada de su mujer, quien le dice todo lo que tiene que hacer y no le deja emprender ningún negocio por su cuenta ni dar salida a sus ambiciones. Quiere «arrojarse» del matrimonio, escapar de esa «vagina». El *vidrio* marca la fragilidad de las relaciones y, probablemente, una cierta frigidez sexual por parte de la esposa.

VENTANILLA (de tren)

Psi. Como muchas veces la ventana, simboliza una parte de la luz y percepción que entra en el inconsciente procedente del mundo exterior. Al respecto, es muy significativo el sueño que sigue, explicado por C. G. Jung en su obra *Psicología y alquimia:* «Viaja en el tren, se coloca en plena ventanilla e impide la visión a quienes viajan con él. Tiene que dejar libre la ventanilla a los demás viajeros». Suponemos que este sueño pertenece a un paciente de Jung. Aunque ignoramos cuál era su problema psicológico, es evidente –como indica el famoso psiquiatra suizo– que un proceso se ha puesto en movimiento o en acción en el durmiente *(viaje en tren)* y comprende o se da cuenta de que no actúa correctamente al *quitar la luz o visión* de los que están detrás de él (simbolismo que indica el componente inconsciente de su personalidad, ya que por detrás no hay visión, no hay ojos, no hay percepción, es la parte invisible del inconsciente). El *dejar libre la ventanilla a los demás viajeros* señala que se está desbloqueando parte de su sentido de la percep-

ción y permite una conexión entre el consciente y el inconsciente, hace posible que el consciente tenga conciencia del contenido inconsciente.

VESTÍBULO

Psi. En algunos sueños, entrada de los genitales femeninos, excitación sexual que empieza a actuar. *(Véase* el apartado 2 del término *indios).*

VESTIDO

Psi. 1. Son muy frecuentes y comunes los sueños en que aparecemos portando los más variados trajes o vestidos, en ocasiones exóticos, extraños o que no nos pertenecen (incluso trajes o vestidos que no hemos llevado ni llevaremos nunca en la vida real). Esos vestidos de los sueños son como una segunda piel nuestra y nos indican cómo somos en realidad, cómo estamos interiormente (cómo nos ve nuestro inconsciente), a qué escala social o humana pertenecemos realmente. No es extraño que algunos soñadores que quieren engañarse a sí mismos y a los demás, con sus «sueños de grandeza», con sus fantásticos proyectos o aparentando lo que no son (haciendo gala de un lujoso automóvil cuando están al descubierto en el banco, etc.), se vean en sueños con el traje roto, el vestido arrugado o manchado, cubiertos con ropas viejas, trajes o vestidos demasiado anchos o muy estrechos, con pantalones zurcidos (incluso rotos de arriba abajo), etc. Es decir, que el inconsciente, que todo lo ve y todo lo sabe, les muestra tal cual son, o somos, en realidad. || 2. En muchos sueños, los vestidos que llevamos simbolizan nuestra excitación interior, o sea, nuestros deseos (en particular en los ensueños de tipo erótico y sexual), los sentimientos que recubren nuestra personalidad en un determinado momento. En tales casos tiene tanta importancia la forma del vestido como su color o colores. Así, el vestido blanco expresa la pureza, la virginidad, la boda, el acto sexual legalizado *(véase* el apartado 14 de *caballo* y los términos *colores* y *blanco);* el negro, la soledad, la melancolía, la viudedad, la muerte, la separación, el pecado…; el rojo, la pasión, la fogosidad, la sexualidad exaltada… || 3. Otras veces, los vestidos femeninos representan los genitales femeninos. Y la excitación genital suele ser simbolizada por vestidos de noche, vestidos de gala, vestidos de *cabaret,* vestidos de *music-hall,* vestidos de espectáculos teatrales, etc. || 4. La falta de un vestido o traje adecuado en sueños (para asistir a una reunión, fiesta, conferencia, etc.) suele expresar que el durmiente no se adapta suficientemente a la realidad de su entorno social, es decir, que puede ser un inadaptado. Al respecto, el doctor Aeppli precisa con gran acierto: «La persona que va bien vestida, o el hombre que viste el traje de su profesión –tal como el mecánico, la vendedora, el sacerdote y el médico– se hallan desde el punto de vista social en su lugar. Pero cuando la adaptación, vista desde la psiquis resulta insuficiente, cuando nos hemos mostrado al desnudo, entonces estamos mal o insuficientemente vestidos, y en sueños nos esforzamos a menudo angustiadísimos por cubrir nuestras faltas. Cuando estamos excesivamente adaptados hacia fuera, es decir, nos creemos demasiado importantes, cuando hemos llegado a identificarnos demasiado con nuestro papel en la vida, podemos tener sueños análogos a éstos. Entonces, con su clara mirada, la psiquis nos muestra cuán mísero resulta en el fondo el vestido de nuestra vida». || 5. A veces, la soñante aparece con vestidos diversos a lo largo de su vida, y cada uno de ellos refleja un estado de ánimo para una época o período determinado. En su aspecto erótico, como vestidos que representan los deseos que recubren y adornan la personalidad de la soñante, puede consultarse el apartado 3 del término *boda.* || 6. En muchos sueños (como en la vida real), cuando se asiste a una boda suele verse a la novia vestida de blanco (sexualidad femenina) y al novio vestido de oscuro (sexualidad masculina). || 7. En la mujer, a veces, el soñar con determinado vestido o ropa simboliza el embarazo, la próxima maternidad, como en los sueños siguientes, publicados por el psicólogo argentino Ángel Garma: «Abría mi armario y me encontraba con un vestido que yo había enviado antes a la modista. Estaba allí, aunque yo no había mandado por él. La sirvienta me decía que la modista lo había traído». El *vestido* del sueño era el que la mujer había llevado en su embarazo anterior, por lo que el significado no ofrece dudas. Al tenerlo de nuevo, el inconsciente indicaba un nuevo embarazo, que volvería a llevar un vestido igual o parecido. Y el *armario* simboliza aquí el vientre, el útero materno, dentro del cual se encuentra el embarazo, el hijo que no se desea, ya que también está clara esa negativa en el hecho de que la mujer *no había mandado por él*, es decir, no lo había pedido. La modista de este sueño representa la maternidad. ‖ 8. El otro sueño de Garma se refiere a una mujer austríaca y dice así: «Me veo vestida con una falda de color verde y con una blusa azul celeste». Luego, en una sesión de psicoanálisis, se interpreta claramente el significado del sueño. La *falda de color verde* queda asociada a la esperanza, «estado de buena esperanza», eufemismo con que se designa muchas veces el estar encinta. El color *azul celeste* le hace pensar en el vestido de un hijo varón, y la combinación desagradable de colores se interpretó como si se dijera a sí misma que le sería molesto pasar por este nuevo embarazo para tener otro hijo varón y no una niña, como es su esperanza: de ahí la *falda* (representa el sexo femenino) verde. ‖ 9. Los vestidos de niños suelen aparecer en sueños de adultos, pero relacionados con aspectos infantiles de la personalidad, con inmadurez de carácter, con traumas de la época infantil, etc. Dos ejemplos muy interesantes son los que sacamos del *Tratado* del doctor Otaola. El primero dice así: «Sueño que había fallecido a los cinco años de edad, pero que había heredado yo mismo todo mi vestuario de niño». Este ensueño indica que a pesar de que la infancia ya quedó atrás, ya murió o se acabó, la personalidad del sujeto conserva rasgos de acusado infantilismo, es decir, que conserva aspectos caracterológicos –de ahí el eufemismo de la *herencia*– que debían de haber muerto, quedado enterrados o liquidados en su niñez, a los cinco años de edad. Ha evolucionado biológicamente, pero no psíquicamente lo suficiente, y el inconsciente se lo recuerda por medio de dichos simbolismos, seguramente reflejando el comportamiento poco adulto del sujeto ante la problemática de la vida real. Es decir: el inconsciente aún le considera un crío. El segundo sueño es un caso contrario: «Llevaba en la mano el vestido de marinero con el que hice mi primera comunión. Mi hermano me preguntó qué quería hacer de él y yo le respondí que iba a regalarlo, pues ya no me servía». Queda claro que, aquí, el soñador se desprende de ciertas actitudes infantiles o infantilismos, que evoluciona favorablemente hacia la hombría, lo adulto y que prescinde o liquida cierta etapa de su niñez (que tenía que haber quedado atrás muchos años antes). ‖ 10. Un vestido descosido suele expresar la pérdida de la virginidad, la desfloración. ‖ 11. A veces se lleva en sueños el vestido o traje que uno llevaba en otra época anterior de su vida, el cual nos recuerda determinada situación pasada: escuela, primera comunión, viajes, vacaciones, estancia en casa de la abuela o tías, en el pueblo del padre o de la madre, en una fiesta, etc. En general, este tipo de sueños nos indica que lo que nos ocurrió en tal momento y lugar ha vuelto a revivir dentro de nosotros o que puede volver a repetirse o que definitivamente ha muerto. Entonces hay que estudiar los otros detalles del sueño para descifrarlo por completo, ya que algo ha actuado de interruptor o disparador de una moviola invisible. Por lo común, cuando recordamos con cariño alguna situación del pasado, quiere decir que por entonces se era más dichoso que en el presente, como en el caso siguiente (mujer de cincuenta y dos años, separada desde hacía treinta años y muy frustrada): «He soñado que estaba haciendo la primera comunión vestida de blanco con una cofia con un volante por la cabeza y una corona de perlitas en la cabeza, blancas. Y a mí me daba vergüenza de verme tan mayor al lado de las niñas de siete años. Y yo parecía una novia; daba la impresión de tener cuarenta años». Este sueño refleja el estado de ánimo a nivel afectivo-sentimental. Como la soñante no es feliz ni se lo ha pasado muy bien a lo largo de los años, recuerda unos momentos de felicidad del pasado: el instante de la primera comunión (ella misma nos confiesa que «entonces era feliz»). Seguramente ha pensado demasiadas veces en esa comunión, por lo que al tener el sueño, ella misma dice *me daba vergüenza de verme tan mayor al lado de las niñas de siete años,* para que no piense tanto en ello, para que no se refugie en el pasado. En ese recuerdo de primera comunión también hay, inconscientemente, un deseo de «volver a empezar». Está marcada por el fracaso del matrimonio, pero a pesar de ello, aún «confía» (hay una sospechosa similitud de esa palabra con la de *cofia)* en encontrar pareja. De ahí que

ella diga que parecía *una novia* y que *daba la impresión de tener cuarenta años,* es decir, que se siente joven y capacitada para llevar un hogar o un matrimonio. Considera que aún no le ha pasado la edad. Por otro lado, aunque el traje de primera comunión la retrotrae a un momento feliz, tiene también el simbolismo de la boda que desearía; hay mucha similitud entre ambos vestidos y, además, las niñas tienen *siete* años, y el séptimo sacramento es el del matrimonio. La *cofia,* el *volante* y la *corona en la cabeza* representan la unión sentimental que en su inconsciente –y probablemente en su consciente– quisiera ver convertida en realidad. || *C. oc.:* **Ponerse un vestido nuevo:** Satisfacciones, alegrías, buenas noticias. || **Comprar un vestido nuevo:** Prosperidad profesional, mejoramiento familiar y económico. || **Comprar un vestido viejo:** Reaparición de viejas rencillas o conflictos que parecían solucionados. Problemas que habrán de ser solucionados. || **Soltera soñando que se pone un vestido blanco o de novia:** Proposición sentimental o matrimonial, deseos de formar un hogar. Cambio de domicilio o de lugar de residencia. || **Casada o persona mayor poniéndose un vestido blanco:** Tendrá que cuidar a un enfermo en la familia. || **Enfermo o enferma soñando que se viste de blanco:** Peligro de agravamiento o muerte. || **Enfermera poniéndose un vestido blanco:** Enfermedad grave o muerte de allegados o amistades íntimas. || **Monja poniéndose un vestido blanco:** Nuevas responsabilidades o un nuevo destino o cargo.

|| **Mujer vieja soñando que la visten de blanco:** Muerte. || **Hombre soñando que se pone un vestido de mujer:** Graves problemas familiares. || **Mujer casada poniéndose un vestido de luto:** Separación, divorcio, graves desavenencias conyugales. Accidente o enfermedad grave del marido. || **Soltera poniéndose un vestido negro de luto:** Rompimiento sentimental. Marcha del hogar de los padres. || **Ponerse un vestido azul claro:** Ascenso profesional, buenas noticias en el plano creativo y de las amistades. || **Ponerse un vestido azul oscuro o comprarlo:** Se evitarán disgustos o infortunios; hay que estar alerta contra la actuación de enemigos y envidiosos. || **Quitarse o tirar un vestido azul:** Imprudencias o temeridad que traerán graves consecuencias. || **Llevar un vestido negro en un sepelio:** Herencia, llegada de beneficios o cosas que se deseaban. || **Llevar o comprar un vestido de seda (del color que sea):** Alegrías, buenas noticias, grandes satisfacciones, fortuna, suerte. || **Cortar y confeccionar un vestido:** Se conseguirá lo que se desea por méritos propios. || **Ver, comprar o ponerse un vestido dorado:** Distinción o mejoramiento social por amor o matrimonio. Fortuna, riqueza. || **Llevar un vestido con ribetes dorados o de oro:** Distinciones, honores, premios, alegrías. || **Comprar o ponerse un vestido rojo:** Riesgo de caer en apasionamientos amorosos, adulterio, infidelidad, problemas a causa del sexo. || **Quitarse un vestido rojo:** Rompimiento con un amante. || **Vestido blanco o claro con manchas rojas:** Enfermedad grave o quizá accidente. || **Comprar o ponerse un vestido rosa:** Enamoramiento, éxito con los hombres. || **Quitarse un vestido rosa:** Rompimiento sentimental, búsqueda de nuevos amores. || **Comprar, ver o llevar un vestido amarillo:** Obtención de fortuna, honores o fama, pero acompañadas de calumnias, críticas, envidias y desprecios. || **Quitarse o tirar un vestido amarillo:** Querellas, pleitos, celos y conflictos personales. || **Llevar un vestido castaño o color canela:** Buena suerte comercial o financiera, éxitos profesionales. || **Quitarse o tirar un vestido castaño o color canela:** Pérdidas monetarias, disgustos o contratiempos profesionales. || **Llevar un vestido color malva:** Malas noticias. || **Quitarse un vestido color malva:** Conflictos que se superan. || **Comprar o llevar un vestido verde:** Esperanzas o proyectos que se realizan. || **Quitarse un vestido verde:** Proyecto que no se realiza, esperanzas vanas. || **Ver o llevar vestidos de matices oscuros:** Beneficios, ganancias financieras. || **Vestido roto o rasgado:** Penas sentimentales, conflictos familiares, problemas monetarios, enemigos que causan daño. || **Vestido sucio o andrajoso:** Ruina, quiebra de negocio, pérdida de empleo. || **Ponerse un hábito de fraile:** Engaño o estafa en la familia. || **Ponerse un hábito de monja:** Sacrificios, querellas familiares, desdicha impuesta por las circunstancias. **Ponerse un hábito de cura:** Desilusiones sentimentales. || **Vestirse de árabe, chino o japonés** (para un occidental): Cambios inesperados,

trasformaciones, nuevos negocios, inicio de una nueva vida. || **Cambiar vestidos:** Problemas a causa de los propios errores. No se está actuando cuerdamente. || **Llevar un vestido de noche muy escotado:** Las cosas no saldrán como una se cree. Debe preocupar la salud. || **Llevar un vestido demasiado ajustado:** Penuria, enfermedad. || **Llevar un vestido amplio y suelto:** Despilfarro, gastos inútiles. || **Llevar un vestido de lana:** Fidelidad, amor persistente. || **Comprar o llevar un vestido de embarazada:** Nuevos proyectos u oportunidades profesionales o comerciales. || **Llevar un vestido del revés:** Adulterio, infidelidad, amores secretos, veleidades, frivolidades. || **Ver un vestido mojado:** Retraso en proyectos o negocios. || **Robar un vestido para cubrirse:** Ruina, desgracia, situación adversa inesperada o súbita. || **Ponerse un vestido estampado:** Indecisión, dudas, incertidumbre, tanto a nivel personal como profesional o de estudios. || **Vestido con bordados:** Éxitos, alegrías, buenas noticias. || **Una rompiendo o rasgando vestidos:** Divorcio, separación, rompimiento familiar, querellas con parientes. || **Otros rasgando vestidos:** Hay que estar alerta contra engaños, estafas, traiciones y abusos de confianza.

VESTIMENTA (*Véase vestido, uniforme* y *disfraz*)

VIAJE (Viajar, viaje astral)
Psi. 1. Los viajes que uno hace en sueños suelen simbolizar que la persona se dirige hacia nuevos horizontes o derroteros, hacia nuevas realizaciones exteriores o interiores, lo que puede traducirse en trasformaciones espirituales o psicológicas, consecución o puesta a punto de ideas o proyectos innovadores, cambios o evolución en la manera de ver o valorar las cosas, etc. Para descifrar el mensaje del sueño es conveniente, por supuesto, analizar la totalidad de sus elementos. (*Véanse los términos automóvil, tren, avión, barco, autobús, bicicleta, metro, estación, billete* y *equipaje*). Este tipo de viajes oníricos representan el propio destino o camino individual y los cambios que se presentan en la vida, que son captados muchas veces por el inconsciente antes de que éstos se materialicen o se lleven a cabo. Para comprender bien el sueño hay que analizar el tipo de vehículo que interviene en él, sea individual (auto, bicicleta, motocicleta, a pie…) o colectivo (autobús, tren, avión…), así como el papel que juega el soñante: si es el conductor, el maquinista, el aviador, el capitán de barco, etcétera, o si, por el contrario, es un pasajero o invitado. En su aspecto de esperanzas, ilusiones, proyectos, ideas, negocios, etc., hay que estudiar el desarrollo del viaje: si se interrumpe o no, si se producen averías en los vehículos, si se sufre un accidente, un naufragio, si hay que capear un temporal, si aparecen obstáculos en la carretera, etc. Llegar al fin del trayecto sin contratiempos es el mejor augurio para alcanzar el objetivo que uno se ha propuesto. De una forma u otra, estos sueños indican un cambio o evolución en el soñante, sea a

nivel real o psicológico. Al respecto, hemos de aclarar que entendemos por viaje el desplazamiento que uno hace hacia un lugar utilizando un vehículo o marchando a pie; no es el soñar que uno está en otro país o se ve en otro lugar, por ejemplo, sin saber cómo ha llegado allí. || 2. En sueños de índole erótica, el ir en un vehículo junto con otra persona o personas suele expresar el coito o la unión que se desea o que se recuerda, se viaje un automóvil o en tren, avión, autobús o metro. || 3. Por descontado que también hay sueños parapsicológicos que hablan de viajes. Hay casos en que la soñante se ha visto hacer un desplazamiento para visitar al padre enfermo, y luego ha sucedido así, en cuestión de días. Por tanto, los sueños de viajes pueden, a veces, ser premonitorios. En otras ocasiones, cuando uno está a punto de hacer un viaje, puede surgir de repente el aviso parapsicológico de peligro, de tragedia, para que no lo realice, como en el caso del inglés O'Connor que había de viajar en el *Titanic*. (*Véase* el término *accidente*). En casos muy especiales, partir para un largo viaje puede simbolizar la muerte, el viaje sin retorno, como en la tragedia de Norberto que relata Hans Bender en su obra *Nuestro sexto sentido*. El joven se ahogó el 11 de julio de 1947 cuando cogía nenúfares en una laguna cenagosa, cerca de Bad Tölz. «Pocos días antes del accidente de Norberto –cuenta el profesor Bender–, una tía de él, que vivía en Pretsch, a orillas del Elba, soñaba con su sobrino cuando era niño: se encontraban en el andén de una estación en su tierra de Bohemia. Llegaba un tren y el abuelo de Norberto –muerto ya por aquel entonces– aupaba al niño al vagón y ambos se alejaban luego, saludando desde la ventanilla a la tía. Una carta en que ella explica este sueño a su hermano se encuentra en el archivo de nuestro Instituto en Friburgo». Aquí, ese *tren* es el de la muerte, el tren sin retorno. || 4. Otro tipo de sueños relacionados con viajes y desplazamientos son los de proyección astral, viaje astral o viaje extracorporal, en los que se considera que parte del durmiente (cuerpo astral u otra parte no identificada del espíritu) parece viajar, proyectarse a grandes distancias, observando por sí mismo, *in situ*, una serie de situaciones o acontecimientos que se producen al momento de su desplazamiento y que luego recuerda con todo detalle. Estos sueños son diferentes, por tanto, de los sueños premonitorios o proféticos, en que el durmiente capta desde su lecho hechos que luego han de suceder o que están ocurriendo en aquellos momentos, aunque en este último caso es más correcto llamarlos sueños telepáticos o clarividentes. El sueño de proyección astral quiere decir, por tanto, que el «cuerpo astral» viaja hasta los lugares de los hechos para obtener información de éstos y que luego retorna a su cuerpo durmiente. Por su puesto que estos sueños no son muy corrientes y sólo se dan en personas de especial sensibilidad. Por regla general, este desplazamiento se hace sin aparatos, «flotando» o «volando por sí mismo». El cuerpo astral parece trasladarse a gran velocidad y atraviesa todo tipo de obstáculos, paredes, etc. Los dos factores principales que ayudan a identificar un viaje extra-corporal en sueños son: *a*) Que al llegar al lugar de destino el soñante capta escenas y personas con toda nitidez, como si fuera un ente invisible paseando entre ellas, pero con las que, por lo general, no puede establecer contacto directo, ni siquiera hablarlas, aunque esas personas, en ocasiones, puedan verle a él y hablarle. *b*) El durmiente conserva «despiertas» sus facultades mentales y de razonamiento y puede notar los detalles y pormenores de todo lo que observa, como si estuviera viendo y estudiando la escena de un filme. Hans Holzer, en su obra *Interpretación práctica de los sueños*, explica el caso curioso de la norteamericana Jane Duke, que tuvo algunos viajes extracorporales mientras dormía. Uno de los más curiosos es el que damos a continuación, trascribiendo las palabras del citado investigador parapsicológico: «En otra ocasión en que la señora Duke planeaba viajar al Este para visitar a sus padres, soñó que estaba en casa de ellos. Veía a sus padres en el patio de la casa, colgando la ropa. Trató de hablar con ellos, pero no la oían y continuaban con la tarea que estaban desempeñando, como si ella no estuviera presente. Jane pensó que era sumamente raro que sus padres se encontraran en el patio colgando ropa, pues sabía que tenían una máquina lavadora y otra para secar la ropa, y que por tanto no era necesario que obraran así. A la semana siguiente, la señora Duke se trasladó a Pensilvania para visitar a sus padres. Poco después de su llegada, su madre le comentó que hacía ya tres semanas que la máquina de secar la ropa estaba estropeada y que tenían que esperar a que les trajeran un recambio para poder repararla. Luego agregó que durante todo ese tiempo habían estado colgando la ropa en el patio».

|| 5. A veces, los sueños de viaje son del tipo mandálico (*véase* el término *mandala*) y hacen referencia a la evolución interior del soñante en su proceso de individuación. || *C. oc.:* **Hacer un largo viaje:** Cambio en la situación personal o profesional, probablemente para mejorar. Nuevos proyectos o negocios. || **Viajar solo:** Sólo se puede confiar en uno mismo. Incomprensión por parte de los demás. || **En compañía de amigos:** Cuidado con los engaños y abusos de confianza. || **En compañía de familiares:** Malas noticias, dificultades monetarias, enfermedad o accidente en la familia. || **Con desconocidos:** Hay que aprender a conocerse mejor. Necesidad de nuevos ambientes. || **Mujer que viaja con un desconocido:** Favorecida al emprender nuevos estudios, necesidad de tener más en cuenta las intuiciones y corazonadas. || **Con la persona que se ama:** Se retrasan asuntos personales y familiares. || **Con un socio:** Hay que desconfiar de pactos y colaboraciones. || **En tren:** Hay que tener más en cuenta a los demás y no encerrarse en sí mismo. || **En automóvil:** Nuevos proyectos personales y profesionales.

Noticias sentimentales. || **Marchar a pie:** Necesidad de encontrarse a sí mismo. No se puede confiar en la ayuda de los demás. || **Viajar a caballo:** Fuerza y capacidad para superar obstáculos. || **En diligencia:** Asuntos que marcharán lentamente pero que traerán alegrías o beneficios. || **En avión:** Proyectos audaces, ambiciones de envergadura, pero de difícil realización. || **En metro:** Falta de adaptación social, dificultades para integrarse en la sociedad. || **En un vehículo militar y armado:** Obstáculos, dificultades, trampas, enemigos, conspiradores.

VÍBORA

Psi. 1. En la mayoría de sueños suele simbolizar el miembro viril y la excitación sexual de la mujer. Tiene el mismo significado que serpiente. *(Véase* ese término). || 2. En algunos sueños, la víbora refleja al familiar que nos crea problemas con su maldad, sea el sexo masculino o femenino. Por lo general, representa al marido infame, alcohólico, brutal, pendenciero, jugador o drogadicto. || *C. oc.:* **Víbora en casa:** Peleas y disputas conyugales, desengaños matrimoniales. || **Matar una víbora:** Victoria sobre enemigos y conspiradores, tentaciones sexuales que son vencidas. || **Víbora aguardando en el camino:** Hay que desconfiar de aquellas proposiciones sentimentales que salgan al encuentro. || **Víbora enjaulada:** Hay que estar alerta contra traiciones de socios y amistades. || **Víbora mordiendo en las piernas o manos:** Enfermedad, dolencias inesperadas.

VIEJO SABIO (Anciano venerable, gran sabio, gran mago, viejo mágico)

Psi. La figura del viejo sabio, del anciano venerable, del viejo mágico…, es el símbolo del espíritu del soñante, el arquetipo de su espíritu y aparece en sueños cuando el durmiente está pasando alguna crisis y durante el proceso de individuación. Sea como viejo mago, «ánimus» o profeta del bosque, etc., esas figuras contienen energías anímicas que se revelan como potencias de gran eficacia, y a cuya concienciación son captados y asimilados por el «Yo». A estas figuras psíquicas las denomina Jung «personalidades mana, quien nos dice *(Simbología del espíritu):* «La figura del viejo sabio aparece en una forma tan plástica, no sólo en los sueños, sino también en las visiones de las meditaciones (o de la llamada "imaginación activa") que llega a tomar el papel de gurú como parece suceder algunas veces en la India. El "viejo sabio" aparece en los sueños como mago, médico, sacerdote, maestro, profesor, abuelo o cualquier otra persona que posea autoridad. El arquetipo del espíritu en forma de hombre, gnomo o animal, aparece en situaciones en las que se necesitaría una opinión, una comprensión, un buen consejo, una decisión, un plan, etc., que los medios propios no podrían proporcionar. El arquetipo compensa este estado de deficiencia espiritual, por medio de contenidos que llenan los huecos».

VIENTO (Vendaval)

Psi. 1. Todos los problemas que crea el viento en los sueños representa las dificultades psicológicas que afectan al soñante, generalmente para relacionarse con los demás o mantener la personalidad estable. || 2. Otras veces, el viento que sopla en los sueños simboliza la energía psíquica y la fuerza de los impulsos sexuales. Recordemos que, en la realidad, el viento lleva las semillas de las plantas a grandes distancias, facilitando la fertilidad de valles, campos y montañas. Es el «gran sembrador» de la naturaleza. Pero cuando sopla con fuerza puede crear dificultades de tipo sexual o amoroso. (*Véase* el término *tiesto*). || 3. En sueños de tipo fisiológico o de estímulos físicos, puede estar relacionado con el enfriamiento o baja de temperatura del cuerpo humano, como en el caso de un sujeto que dejó un poco abiertas las ventanas y soñó «que se producía un fuerte vendaval y que se levantaba a cerrar la ventana». Se despertó y se dio cuenta de que estaba muy frío, de que se hallaba encima de la cama sin ropa. Se tapó con la sábana y volvió a dormirse tranquilamente. El inconsciente le había advertido de que se estaba enfriando demasiado. || 4. El vendaval, los vientos huracanados, suelen expresar los sentimientos de cólera, agresividad, furor, impetuosidad ciega, confusión psíquica y alteración nerviosa del soñante. Señalan que uno ha de relajarse a fin de evitar caer en una verdadera tempestad psíquica que pueda traducirse en situaciones graves o irreparables en la vida real. (*Véase* el término *tempestad*).

VIENTRE

Psi. 1. Soñar con el propio vientre, sea en sueños de comida o no, suele hacer referencia al vientre, alimentación y digestión psíquicas, es decir, a los valores, ideas, sentimientos, cultura, moral, etc., que ingerimos y asimilamos, o sea, a los alimentos de nuestro inconsciente. Si se ve un vientre con problemas, monstruos, fieras, etc., quiere decir que uno no está alimentándose correctamente a nivel anímico y que, por tanto, tiene que cambiar su manera de comer, buscar «otros alimentos», de lo contrario echará a perder su vientre y, en consecuencia, la salud de su personalidad. Por supuesto, estamos hablando de viandas espirituales, morales y culturales. || 2. En ocasiones, el soñar uno demasiado con el propio vientre suele estar relacionado con la sexualidad oral y puede estar advirtiendo de un complejo oral, de infantilismo. || 3. Otras veces, el soñar que uno se encuentra en el vientre de una ballena u otro gran animal, o que es tragado por una gran bestia, suele expresar los deseos inconscientes de volver al seno materno, es decir, al estado de inconsciencia, lugar en el que no tenía ninguna responsabilidad ni sufría. Son ensueños que acostumbran a tener personas muy ligadas a la madre y que tienen miedo a la hora de tomar decisiones importantes o que están pasando demasiadas tribulaciones. Si esos sueños se repiten pueden hacer referencia al complejo de Jonás. || 4. No faltan ocasiones en que los sueños de vientre sean del tipo fisiológico, es decir, que obedezcan a causas físicas, a una enfermedad o disfunciones orgánicas relacionadas con el aparato digestivo, como en el sueño que explica F. Oliver Brachfeld en su obra *Los complejos*. Dice así: «Mi propia vivencia "jonástica" ocurrió en mi infancia, más o menos hacia los ocho o nueve años, estando enfermo con mucha temperatura. Tuve un sueño terrible, de pesadilla, que acabó con un sobresalto, despertándome. A mis gritos de angustia, mis padres se levantaron y se precipitaron en el dormitorio contiguo, hacia mi cama. Sólo recuerdo el motivo fundamental de mi sueño: caminaba en una especie de antro muy ancho, que tenía todas las características de un túnel. Me sentía muy pequeño bajo la amplia bóveda negra y sombría; pero al mismo tiempo, aquel antro o túnel era mi propio vientre. Mi vientre me dolía mucho (tenía intensos síntomas gástricos), porque rodaban a través del túnel o antro, unos como barriles pesadísimos, armando un ruido sordo que el eco de la bóveda apagaba lentamente. A intervalos regulares, partía otro barril, rodando hacia el fondo invisible del interminable túnel, y su ruido se perdía poco a poco en la lejanía; entre tanto, se ponía en movimiento otro barril, y otro, y otro, bajo un ritmo determinado. Cada "partida de barril" coincidía con una pulsación de dolor en mi cuerpo; en realidad, bien podría haber sido una traducción en imágenes de alguna sensación visceral». Por supuesto, estos tipos de sueños se identifican en seguida porque el soñante acostumbra a estar enfermo o enferma poco después. || *C. oc.:* **Vientre abultado:** Fortuna, beneficios. || **Vientre abierto:** Divulgación de secretos que se creían bien guardados. || **Ver un vientre de hombre:** Éxito comercial, ingresos. || **Ver un vientre de mujer:** Gastos, despilfarro. || **Mujer que sueña con su vientre abultado:** Suerte, dicha, dinero. || **Muchacha que se ve con un buen vientre:** Se acerca un compromiso sentimental o una boda.

VILLANO (Rufián)

Psi. 1. Cualquier villano u hombre de aspecto ruin o facineroso, puede tener el mismo significado que bandido, ladrón, maleante, etc., es decir, que expresa los vicios, pasiones, tendencias ruines y antisociales, neurosis…, de nuestra propia personalidad. En sueños masculinos, un villano puede simbolizar la sombra (*véase* ese término), mientras que en sueños femeninos es la expresión del temor a la sexualidad masculina. || 2. En otros casos, en sueños femeninos, una figura masculina con aspecto de villano o atemorizador puede expresar los oscuros deseos del incesto con el padre. || 3. A veces, el villano, el tramposo, granuja o rufián que aparece en el sueño y es un sujeto desconocido del durmiente, representa el *trickster* (tramposo) del soñante, que es una imagen arquetípica paralela a la sombra individual. El *trickster* es una especie de sombra colectiva que suma o integra todas las partes negativas o los rasgos inferiores de la personalidad. Pero hay que aclarar que, a diferencia de la *sombra,* que es del mismo sexo que el soñante, el *trickster* es la mayoría de las veces del género masculino, tanto para sueños de hombres como de mujeres, si bien también puede aparecer en forma de mujer o de hombre para los dos sexos, según las circunstancias.

VINO

Psi. 1. En muchos sueños expresa la sexualidad masculina, el licor seminal. || 2. El vino tinto puede simbolizar la sangre, los accidentes, las enfermedades, las operaciones quirúrgicas, etc. *(Véase* el término *mancha).* || 3. Asimismo, en sueños de mujer, puede referirse a la menstruación. || 4. En general, y según las vivencias de cada uno, puede expresar el peligro y los perjuicios de dejarse llevar por las pasiones y el instinto animal. || 5. Soñar que se bebe vino representa los deseos sexuales que se desean. || *C. oc.:* **Beber vino blanco:** Alegrías sentimentales. || **Beber vino tinto:** Tentaciones sexuales, caprichos sentimentales, pasiones arrebatadas, acciones alocadas. || **Beber vino turbio:** Querellas, mentiras, engaños, discusiones. || **Beber vino moscatel o dulce:** Felicidad, dicha, éxito social. || **Derramar vino tinto en la mesa:** Mujer de la familia que caerá enferma. || **Vender vino:** Cuidado con las falsas amistades y traiciones. || **Comprar vino:** Nuevas situaciones personales.

VIOLACIÓN

Psi. La violación de los sueños, al igual que la persecución, el rapto, el apuñalamiento, etc., son símbolos que representan el coito o las relaciones sexuales que inconscientemente se desean. Son sueños normales en jóvenes que despiertan a la vida sexual y en personas adultas que llevan tiempo sin relaciones sexuales o que tienen muy abandonadas o descuidadas las relaciones con la pareja. No son sueños premonitorios, es decir, que presagien que la soñadora va a ser violada en la realidad. Cuando un sueño de violación advierte de tal peligro, suele anunciarlo con otros detalles y lugares concretos. Por lo general, podemos considerar que de un millón de sueños de violación sólo uno o dos son premonitorios; casi todos son de tipo psicológico y, además, son repetitivos y van acompañados de otros detalles y elementos que aclaran su significado erótico, como en el caso siguiente: «Tengo dieciséis años. Sueño muchas veces que me violan. El otro día tuve el siguiente sueño: yo estaba con mis padres y amigas, y de pronto aparecieron unos hombres que me parecieron que iban vestidos como los indios. Me cogieron a mí sola y me llevaron a un gran lago, en el centro del cual había una pequeña balsa y un poste. El lago estaba rodeado de gente. Me ataron al poste y me quitaron toda la ropa; luego me pintaron de colores y me cubrieron con una toalla blanca. Seguidamente me mataron no sé con qué y me enterraron en el fondo del lago. Todo esto lo presenciaba yo misma, mi otro yo, pues era igual a mí y lloraba al ver lo que me hacían. Por favor, acláreme este sueño y dígame sin rodeos si me va a pasar algo malo. Tengo mucho miedo». Nuestra respuesta fue: «Ante todo debes dejar de temer cualquier percance, ya que este tipo de sueños no son premonitorios o proféticos, sino que reflejan la situación inconsciente de la propia personalidad. Los sueños de violación son indicativos de que en una hay deseos sexuales naturales que no son satisfechos, de que la naturaleza pide sus satisfacciones o las recuerda; para el caso es lo mismo. Los *indios salvajes* que te raptan representan los instintos primitivos que hay en toda naturaleza humana y, por supuesto, el principio masculino. En este sueño simbolizan los impulsos sexuales que están irrumpiendo en tu interior, es decir, que están indicando que ya eres una mujer y que debes aceptar la feminidad, la vida sexual y sus esclavitudes, por supuesto. El *poste* al que te atan es un claro símbolo fálico y el *lago,* el de la femineidad (además de representar tu propio inconsciente). El que te *maten* significa que está feneciendo tu anterior vida de chiquilla, que ha de dejar paso a la naturaleza de mujer; es una muerte, pues, trasformadora y renacedora, que te conduce a una nueva existencia, a una nueva manera de ver las cosas y la vida y, por supuesto, el campo de relaciones sentimentales (fíjate que *mueres* sumergiéndote en ti misma, en tu interior, en tu propio "Yo", representado por el *lago).* Te pintan con *diversos colores,* como en un acto ritual de iniciación, para indicarte que ya estás preparada para el sacrificio del amor. Y te cubren luego con una *toalla blanca,* símbolo de la virginidad. En conjunto, como puedes ver, este sueño es enteramente positivo, ya que indica una fase de aviso y aceptación para la nueva etapa de tu vida que ya tienes delante. Vienen cambios en tu existencia, de eso no cabe duda. La *gente que rodea el lago* simboliza a las personas que hay en tu entorno, en la vida pública y social, que asisten a tu iniciación y preparación para pasar a formar parte de la comunidad de adultos. Es decir, asisten a tu crecimiento y trasformación en mujer. Tú misma reflejas la clave del sueño cuando dices que la ceremonia la presenciaba tu otro "Yo", lo que es cierto. Ánimo, pues, ya que estos sueños no advierten de ningún peligro inmediato».

VIOLETA *(Véase colores)*

VOLAR (Vuelo libre sin aparatos, flotar o gravitar en el aire)
Psi. 1. En muchas ocasiones, los sueños en que uno se ve volando por sí solo en el aire o el espacio, como si fuera un ave o cohete o como si nadara, están relacionado con los deseos personales de superación y encumbramiento, con las ansias personales de sobresalir, de superar a los demás o de ser admirado por la gente. No obstante, por encima de todo, siempre hay una necesidad de reafirmar la personalidad. Artemidoro ya indicaba que los sueños de vuelo indicaban los intentos personales de sobresalir o destacar, de remontarse por encima de los demás mortales. Y el propio filósofo alemán Friedrich Nietzsche expresaba ese sentido cuando dijo: «Si yo he soñado mil veces que volaba, ¿no creeréis que también despierto tendré un sentimiento

y una necesidad sobre la mayoría de los hombres?». De igual parecer es Alfred Adler, quien dice que reflejan las ansias de poder, de querer subir, de querer elevarse en la sociedad; en definitiva, un afán de superioridad. De una forma u otra los sueños de vuelo forman parte de la llamada psicología ascensional. Sin embargo, no está de más señalar que, a veces, esa ansia de la búsqueda de la superioridad puede ser de índole neurótica, la expresión de un complejo de inferioridad, por lo que el sueño también podría ser del tipo compensatorio. || 2. Otras veces, los sueños de vuelo pueden reflejar los deseos imperiosos de escapar de las obligaciones, pesares o conflictos de la vida cotidiana, sea por la falta de capacidad o preparación para enfrentarse con dichos obstáculos o problemas o por la imposibilidad de escapar de ellos. Asimismo, suelen reflejar los deseos de sentirse libres y la necesidad de nuevos horizontes. || 3. En contadas ocasiones, cuando los sueños son muy repetitivos, pueden estar expresando un deseo neurótico, un complejo de volar, de querer moverse fuera de la realidad, de creerse capaz de superar la pesantez del cuerpo y de poder levitar. || 4. Algunos sueños de vuelo son «viajes astrales» o «proyecciones astrales». (*Véase* el término *viaje*). || 5. Otros sueños de vuelo (por ello es tan importante analizar todos los detalles que intervienen en ellos y la problemática del soñante, y no sólo el vuelo en sí), pueden indicar exceso de fantasía, falta de contacto con la realidad e, incluso, la necesidad de huir de complejos de inferioridad u

otros conflictos neuróticos, etc. La experiencia hasta nos ha enseñado que muchos de estos sueños de vuelo son de reafirmación de la personalidad, de aprender a volar por sí solo, o sea, de «aprender a ir solo por la vida», de «saber valerse por sí mismo». La prueba es que son sueños típicos de la juventud, como en el caso que sigue (chica joven; edad ignorada): «Soñé que me encontraba con una amiga que siempre tenía la cara como si fuera una sombra y empezábamos a volar. Era como si nadáramos. Subíamos por encima de los edificios y yo me sentía segura. De repente, miraba y ya no estaba ella junto a mí. Todo el mundo miraba extrañado al verme volar. Entonces yo descendía rápidamente y pasaba entonces mucho miedo. Luego volvíamos a elevarnos las dos. Este sueño se me repetía mucho. Terminó cuando dejé de estudiar y me puse a trabajar». Nuestra respuesta fue: «Este sueño suele ser bastante frecuente en personas que pertenecen a los signos de aire, como el tuyo (la consultante es Acuario). Aunque tales sueños señalan una tendencia a tener mucha fantasía y una cierta inadaptación a la realidad cotidiana, en tu caso todo parece indicar que éstos se produjeron en un momento del desarrollo y asentamiento de tu personalidad. Es significativo que terminaran cuando empezaste a trabajar, es decir, cuando asumiste las responsabilidades de una persona adulta. Es probable, incluso, que ya experimentaras –durante tu fase escolar– deseos de tener una cierta independencia y responsabilidad, de que los demás empezaran a considerarte mayor. Ello aceleraría esa clase de sueños. En conjunto indicaban que te estabas haciendo mujer y que nacían en ti ansias de independencia y de querer valerte por ti misma, es decir, que ya querías emprender el "vuelo" hacia tu destino. Ello significaba que poseías cierto grado de optimismo, de valor y confianza en ti misma, y que deseabas, en parte, poder elevarte en tu medio ambiente. La *chica* que te acompañaba en el vuelo era un doble tuyo, tu *sombra (véase* ese *término)* precisamente, parte de tu espíritu; si no quería seguirte a determinada altura era para recordarte que no debías ser demasiado optimista ni audaz y que un poco de precaución no estaba de más. Por otro lado, esa sombra quería decirte que pronto tendrías que "volar" por ti misma, que tenías que tener mayor confianza en tu capacidad. El que todo el mundo te mirara extrañado quiere decir que en tu interior anidaban –seguramente aún– deseos de ser admirada y de ser tenida en cuenta por los demás, de que sentías ansias de destacar, de mejorar tu posición social y de que, por encima de todo, deseabas vivir la vida con toda plenitud». ‖ 6. También puede darse el caso de que una persona agobiada por conflictos o problemas graves, y dudando de si saldrá adelante o no, entonces sueñe que vuela por encima de la gente o de la ciudad o de las montañas. En este caso el inconsciente suele indicar que no se angustie porque superará las dificultades, que tiene habilidad para sortear o pasar por encima de esos obstáculos. Esto no quiere decir

que en sí, el sueño sea del tipo compensatorio. ‖ 7. Muchísimas veces, el soñar que se vuela (en especial como si se nadase en el aire) y que se experimenta placer en ello, es un símbolo de las necesidades sexuales, de la erección genital en el hombre y del orgasmo o éxtasis sexual en la mujer. Asimismo, puede ser la expresión de la masturbación. En tales casos –insistimos–, muchos de estos sueños se adivinan por el estado placentero y agradable que producen. Además, se suele «volar» de noche *(véase* ese término), símbolo erótico por excelencia, y la cama o habitación aparece en alguna parte del ensueño, como en el caso siguiente (chica de veintidós años): «Sueño que me dispongo a dormir y cuando estoy en la cama empiezo a elevarme y a volar descontroladamente por toda la habitación. No llego a chocar con ningún objeto, pero estoy muy asustada. El sueño es largo y todo el tiempo subiendo y bajando, a una velocidad exagerada y con muchísimas curvas y altibajos». Y ésta es la respuesta que dimos: «Estos sueños de volar dentro del propio *dormitorio* están siempre relacionados con deseos y excitaciones sexuales que pasan al inconsciente. Es probable, además, que esté naciendo en ti una fuerza sexual que demanda cierta satisfacción y que se encuentra encerrada en ti misma (representada por la habitación), o sea, que aún no has encontrado el amor que deseas y que estás sola, encerrada con tus deseos amorosos que no pueden expresarse libre y satisfactoriamente. También es un índice probablemente de que tu personalidad sexual aún no está muy asentada y que desea "escapar" de la soledad en que se halla, en pos de fantasías y aventuras románticas. Indudablemente no son sueños de peligro, como algunos pueden indicarte. El único peligro hace referencia a la *cama* y a que te dejes llevar por apasionamientos sentimentales». || 8. Como curiosidad, hay que tener presente que las personas que pertenecen a los signos de aire (Géminis, Libra y Acuario) acostumbran más a soñar que vuelan que las de otros signos. || *C. oc.:* **A gran altitud:** Éxito, encumbramiento, buenas operaciones financieras. || **A poca altitud:** Hay que estar alerta contra obstáculos, impedimentos y falta de dinero.

VOMITAR

Psi. La mayoría de las veces, al ser la boca un símil de los genitales femeninos, significa la eyaculación. *(Véase lápiz).*

WATER CLOSED
(W. C., inodoro, retrete)

Psi. 1. Acostumbra simbolizar tendencias pregenitales, aunque a veces figura en sueños de tipo fisiológico referidos a los intestinos. *(Véanse los términos excusado, letrina, excrementos y el apartado del término casa).* || 2. A veces, un excusado rebosante advierte de problemas intestinales y que hay que cambiar de dieta alimentaria, que el soñante se está destrozando los intestinos al no saber alimentarse. || 3. En otros sueños, el *water closed* representa el útero materno y está relacionado con el trauma del nacimiento, con la expulsión del feto del vientre materno, como en el sueño que sigue (de la colección de Stekel): «Me encuentro en un retrete tan estrecho que apenas puedo moverme. Me veo forzado a abrirme paso a través del agujero húmedo y del canal angosto y sucio. Me despierto con mucho miedo». Este tipo de sueños no son nada más que reminiscencias traumáticas del nacimiento, de las dificultades sufridas para nacer, para llegar al mundo. (Para este tipo de sueños, *véase* todo lo dicho en sueños de *trauma de nacimiento).* || 4. En ocasiones, los sueños más o menos repetidos de *water closed,* de retrete, pueden hacer referencia a una regresión a la fase sexual anal, a expresar contenidos anales. *(Véase* el término *oro).* || 5. Como ya sabemos *(véase* lo dicho en el término *defecar),* un sueño de *water closed* también puede ser positivo, pues pronostica que se solucionará algún problema, asunto o proyecto que estaba parado, atascado, que no se movía, etc., como en el sueño propio siguiente: «Es un sueño en colores de *water closed* o inodoro obstruido. Estoy en una casa antigua, con mi hermano, madre y padre. Voy hacer de vientre y el retrete está obstruido. Yo he defecado en unos papeles de periódico. Lo envuelvo todo y cuando voy a tirarlo al inodoro veo que está taponado, obstruido con papeles y porquería, como si estuviera atascado. La cadena está como rota o desenganchada de la cisterna. Y lo curioso es que el *water* lo puedo mover, girarlo, para que apunte a otro sitio. Lo muevo, lo giro y pongo en su sitio. Doy tirones a la cadena y por fin sale agua y se desatasca. Entonces tiro dentro los papeles con porquería que llevo y vuelve a funcionar. Parece que habían llamado para desatascarlo, pero lo he arreglado yo». La experiencia indicó que este sueño, en su conjunto, pronosticaba que pronto solucionaría algo que estaba parado, detenido, obstruido, atascado... como así fue. Al día siguiente del sueño recibía una buena oferta, un contrato ventajoso, por una obra mía que estaba parada desde hacía tiempo, que estaba encallada..., y entonces todo volvía a marchar fluidamente, pero en otra dirección de la que yo había imaginado al principio. De ahí que el *water closed* pudiera ser girado, apuntando en otra dirección. También es muy significativo que yo hubiera *defecado* en unos papeles impresos (referencia clara a un trabajo editorial). Y no está de más el recordar que «obrar» es, asimismo, un eufemismo de «defecar», por lo que el sueño pronosticaba claramente que una obra que obstruía el inodoro se pondría en marcha y yo «evacuaría» el problema que desde hacía tiempo me preocupaba. Además, había una clara alusión a dos hechos distintos: a la *porquería que obstruía* y que yo tenía para echar dentro, lo que se traduce en dos obras. Y en efecto, fueron dos libros los que se desatascaron y pusieron en marcha. En estos tipos de sueños, los *padres* tienen el significado de paternidad, de dar vida a algo (los *libros* son los hijos del escritor); o sea, que son partículas de su propia personalidad, las que generan algo. Y la figura del *hermano* se corresponde con el yo onírico del soñante, «hermano» del yo despierto. *Tirar de la cadena y trabajar para desatascar el inodoro* expresaban que los esfuerzos personales acabarían por dar su fruto, por solucionar el problema que me preocupaba.

WHISKY (Güisqui)

Psi. 1. Simboliza el sexo masculino, las pasiones, los vicios sexuales, la incontinencia y la parte animal de la naturaleza. || 2. Verter whisky en un vaso (mujer) representa el acto sexual que se desea o recuerda. || *C. oc.:* **Beber whisky en compañía:** Buenas noticias sobre proyectos comerciales. **Romperse una botella de whisky:** Problemas con amistades o compañeros de trabajo. **Recibir una caja de botellas de whisky:** Conflictos con socios o colaboradores por exceso de egoísmo personal. || **Romperse una caja de botellas de whisky:** Ruina, quiebra, ruptura con socios. || **Ofrecer whisky a los amigos:** Se acercan dificultades laborales o monetarias. || **Ofrecer whisky a una persona del sexo contrario:** Problemas conyugales. || **Volcarse una botella de whisky en la mesa:** Excitación sexual.

Y

YAGUAR (Jaguar)

Psi. 1. Este félido de las tierras americanas simboliza, como la mayoría de fieras salvajes, los peligros de la vida instintiva que, en cualquier momento, pueden irrumpir de manera violenta en la personalidad del sujeto. Su simbolismo es parecido al del tigre. *(Véase* ese término).2. En sueños de mujer, el yaguar puede expresar los temores a la violencia y perfidia del sexo masculino. || *C. oc.:* **Matar a un yaguar:** Superación de problemas, se saldrá bien de trampas de los enemigos. || **Yaguar al acecho:** Situaciones peligrosas en lo profesional y finanzas. || **Ver un yaguar atado con cadenas:** Conspiración de los enemigos que fracasarán; se recibirán ayudas financieras para solucionar situaciones peligrosas. || **Yaguar enjaulado:** Hay que evitar enfrentamientos; la diplomacia y negociaciones evitarán muchos problemas. || **Ver a varios yaguares comiendo:** Pérdidas económicas, amistades que traicionarán.

YATAGÁN

Psi. Como toda arma blanca, esta especie de sable-puñal oriental es un símbolo fálico, la representación del miembro viril. *(Véase* el término *puñal).*

YEGUA

Psi. 1. Suele simbolizar el sexo femenino, a la mujer. Montar una yegua es la representación del acto sexual. || 2. En sueños de mujer, sus dificultades matrimoniales o familiares se expresan a veces por medio de yeguas maltratadas, heridas o que las desuellan. || *C. oc.:* **Yegua joven, esbelta y de buena estampa:** Amores o matrimonio con joven rica y hermosa. || **Yegua que cocea:** Se sufrirá una traición amorosa o perfidia femenina. || **Yegua rebelde y de mala catadura:** Calumnias o traición femenina que traerá graves perjuicios. **Ver galopar a una yegua hermosa:** Éxito o fortuna pasajeros.

YELMO

Psi. Cuando en sueños aparecen combatientes que llevan yelmos medievales (parte de la armadura que resguardaba la cabeza y el rostro), suelen representar las fuerzas psíquicas del sujeto que está luchando de manera anticuada y fuera de tiempo, es decir, que parte de las energías y tendencias de su personalidad no se adaptan a las exigencias de la vida moderna y están aferradas a las intransigencias y fanatismos del pasado. Son sueños que advierten al soñante de su falta de diplomacia, flexibilidad y de inadaptación a las circunstancias del medio ambiente, siempre en continua trasformación y evolución. || *C. oc.:* **De soldados de infantería:** Noticias inesperadas. **De granaderos:** Buenas noticias, mejoramiento profesional. || **De coraceros:** Consuelo y ayudas para superar obstáculos.

YERMO

Psi. 1. Soñar con lugares yermos, es decir, despoblados, inhabitados, casi siempre por lo estéril y lo inhóspito del sitio, es un aviso de que parcelas del inconsciente del sujeto están muriendo por falta de «regadío», o sea, por carencia de ilusiones, proyectos, sentimientos... Hay que renovar la energía psíquica y volver a colonizar esas parcelas de la personalidad por medio de estudios, reciclaje de ideas y conocimientos y emprender nuevos negocios y planes. || 2. Cuando los sueños de parajes yermos se repiten a menudo suelen expresar la soledad, falta de amor y comprensión y melancolía del sujeto, lo que puede desembocar en una depresión emocional. Se necesita el consejo del psicoterapeuta. || *C. oc.:* **Paisaje yermo y nublado:** Malas noticias; peligro de enfermedad. || **Paisaje yermo, con la tierra agrietada:** Proyectos y negocios que no rinden beneficios; esfuerzos estériles.

YERRO

Psi. En muchos sueños, los yerros o equivocaciones hacen referencia al comportamiento sexual del sujeto. Yerra el que camina hacia la izquierda (homosexualidad), el que corre solo (masturbación), etc. *(Véase* el término *equivocarse).*

YODO (iodo)

Psi. 1. Cuando aparece en sueños la tintura de yodo es para anunciar que el sujeto necesita algún agente terapéutico psíquico, que precisa aplicarse un antiséptico moral para eliminar pequeñas ideas molestas o disgustos, desinfectar alguna minúscula herida o minitrauma, generalmente de tipo sentimental. Asimismo, la tintura de yodo puede advertir que el sujeto necesita desinfectar algunas de sus ideas y proyectos, que no son del todo limpios o sanos. || 2. En algunos sueños, aparece relacionado con la operación quirúrgica onírica que se ha de realizar, es decir, cuando se necesita eliminar la parte enferma de la personalidad. No es raro, entonces, soñar que a uno le aplican la tintura de yodo (o se la mencionan) para esterilizar la parte que ha de ser intervenida. Esto quiere decir que el durmiente ha de prepararse a conciencia antes de cortar o mutilar aquel miembro de su personalidad que ya es irrecuperable. || *C. oc.:*

Aplicar tintura de yodo a un animal para curarlo: Éxito profesional, superación de conflictos comerciales. || Aplicar tintura de yodo a una herida o partes doloridas de una persona: Mejorará el ambiente familiar y sentimental. || Beber una medicina a base de yodo: Penas, amarguras, habrán de aguantarse malos momentos personales. || Derramar un frasco de yodo: Hay que estar alerta contra imprevistos, han de preocupar los enemigos. || Aplicarse uno mismo la tintura de yodo: Dolencia o enfermedad de corta duración. || Percibir un fuerte olor a yodo sin verlo: Enfermedad o accidente en la familia.

YOGI (Yogui)

Psi. 1. Recordemos que un yogi es un asceta hindú que practicando algún sistema de yoga, llega a dominar las fuerzas físicas y psíquicas y alcanza la sabiduría, pureza y contemplación perfectas. Hay cuatro grados de yogis. Cuando uno o varios yogis aparecen en los sueños de alguien es para anunciar que hay que preocuparse más de lo espiritual y trascendental, cultivar más el espíritu y no dejarse llevar tanto por lo material y pasional. Incluso puede advertir que el soñante debe practicar el yoga para conocerse mejor y poder enfrentarse con los problemas que le agobian. || 2. Según la cultura y conocimientos del sujeto, en muchos sueños tiene el mismo significado que el viejo sabio. (*Véase* ese término). || 3. En algunos sueños de mujeres espiritualistas, el yogi simboliza el «ánimus». (*Véase* el término *desconocidos*).

YUGO

Psi. 1. Este instrumento de madera que se emplea para formar yunta, uniendo a los bueyes por la cabeza o a las mulas por el pescuezo, suele simbolizar en los sueños las obligaciones matrimoniales cuando el hogar se vuelve una carga insoportable y tiránica. Muchas personas que llevan una vida de pareja insoportable y horrible acostumbran a soñar con un yugo, con una yunta de animales, etc. || 2. En sueños especiales, el yugo puede hacer referencia a las pasiones y vicios que coartan la libertad del sujeto, que impiden que sus facultades creativas y morales puedan expresarse libremente. || C. oc.: Ver un yugo: Malas noticias, contrariedades, penas, dificultades. || Poner un yugo a los bueyes: Beneficios por el trabajo o empleo; no deben esperarse grandes golpes de suerte. || Romperse un yugo: Separación, divorcio.

YUNQUE

Psi. 1. Ver batir o batir uno mismo una barra de hierro rojo en un yunque es símbolo de la fortaleza de espíritu, es la expresión de que el durmiente está trasformándose y forjándose a sí mismo en el yunque de la vida, o sea, a tenor de los acontecimientos. Es un sueño positivo de fuerza y valentía, de dominio del fuego y del hierro, de la pasión y dureza del espíritu. Este sueño es común a sujetos que no vacilan en cumplir con su deber y obligaciones morales pese a las adversidades y obstáculos. || 2. A veces, ese yunque se halla en una extraña fragua, en donde el herrero onírico, a semejanza de un dios Vulcano, bate el hierro entre chispas y extraños destellos. Esto quiere decir, como indica el doctor Aeppli, «que nuestro ser se halla sometido al fuego de la pasión, y que el destino –un poder interior que sabe lo que nos conviene– martillea duramente en él. Nuestra personalidad interior es forjada». || *C. oc.:* **Golpear un hierro rojo en el yunque:** Hay que perseverar en los nuevos planes y proyectos. || **Yunque que se parte al golpear el hierro:** Quiebra de negocio, pérdida de cargo, fracaso en unas elecciones. || **Barra de hierro que se parte en el yunque:** Proyecto que no se realiza; asociación que se rompe, pacto que se quiebra (sea político o económico). || **Comprar un yunque:** Hay que prepararse para nuevos proyectos y realizaciones. || **Fuertes chispas que se elevan del yunque:** Ambiciones que se cumplirán por esfuerzos personales.

YUNTA

Psi. 1. Ver un par de bueyes, mulas u otros animales sirviendo en la labor del campo, expresa las obligaciones y agobio del trabajo cotidiano. Una yunta de bueyes, por ejemplo, suele indicar que las energías psíquicas del soñante están muy domesticadas para cumplir con sus deberes cotidianos y que no gozan de gran capacidad de libertad para otros quehaceres. || 2. Otras veces, una yunta de animales representa al matrimonio. *(Véase* el término *yugo).* || *C. oc.:* **Yunta de bueyes laborando en el campo:** Buenas noticias profesionales, mejoramiento laboral. || **Yunta de bueyes cayendo por un barranco:** Peligro de accidente; negocio que va a la ruina, pérdida del empleo o cargo. || **Yunta de bueyes u otros animales muertos por un rayo:** Pérdidas económicas graves; cosecha que se pierde; muerte de ganado por enfermedad o accidente. Si el soñante está casado, riesgo de grave accidente para el matrimonio.

Z

ZANAHORIA

Psi. Es un símbolo fálico, una representación del miembro viril. Una mujer que se vea en sueños llevando o comprando zanahorias es símbolo del acto sexual que desea, lo que puede indicar que lleva mucho tiempo reprimiéndose.

ZAPATILLAS DE HOMBRE

Psi. En muchas ocasiones, suelen simbolizar los testículos.

ZAPATOS

Psi. 1. Gran número de sueños de zapatos son de índole sexual. El acto de introducir el pie en un zapato simboliza, por ejemplo, el coito. Los zapatos femeninos sintetizan los genitales de mujer; y los zapatos masculinos, los del hombre. Como ejemplo ilustrativo nos sirve el siguiente sueño explicado por Ángel Garma: «Una de las muchachas, creo que mi hermana, se ha comprado zapatos como los míos. Me fastidia esto y digo que yo ya tengo estos zapatos desde hace tiempo. En el sueño pienso que los debo de tener ya viejos y que hay que cambiarlos. Veo que me enseñan zapatos envueltos en papel, como suelen venir». Es un sueño sexual de una claridad meridiana. Los *zapatos* son los genitales femeninos y a la mujer que no le agrada que su *hermana* compre unos como los que tenía ella, le disgusta que su hermana se porte sexualmente como ella en el pasado, es decir, ligera o casquivana. Y ella misma siente una especie de remordimiento por haber perdido la virginidad cuando no debiera. Por ello le enseñan unos *zapatos envueltos en papel,* que simbolizan los genitales femeninos con el himen intacto, sin desflorar. || 2. Un hombre que sueñe que se le caen los zapatos, puede reflejar un acto o una situación de impotencia sexual, de falta de masculinidad. Significado parecido tiene el que una mujer sueñe que al marido o novio se le caigan los zapatos. || 3. El ver o llevar zapatos desemparejados, puede evidenciar desavenencias sentimentales, inestabilidad psicológica, falta de coordinación emocional, confusión de sentimientos, etc. || 4. Ir descalzo o descalza suele advertir del riesgo de no aceptar restricciones morales o sociales para la satisfacción de los instintos, de dejarse arrastrar por ellos. || 5. Los zapatitos de niños pueden representar fijaciones infantiles del pasado. Por ejemplo, una muchacha o una mujer que aparezca en sueños llevando zapatitos de niña, refleja los deseos inconscientes de no crecer, de no aceptar las responsabilidades de persona mayor, de que desea continuar siendo una niña en el ambiente familiar y que sean los otros quienes se enfrenten con las responsabilidades. || 6. No llevar zapatos adecuados puede ser una manifestación acerca de la personalidad del soñador: la visión onírica le advierte de que aún no está preparado para enfrentarse con los problemas de la vida o con los proyectos de su imaginación.

Así, el sueño que explica el doctor Aeppli, es significativo al respecto: «Una señora tenía que subir una difícil pendiente en una montaña; la cuesta de sus dificultades. Para mayor desgracia, llevaba unos zapatos de baile totalmente impropios. No se había puesto aún los zapatos de verdad; los de la hora de la verdad». En otras palabras: el sueño le indicaba que no iba a solucionar sus problemas con las medidas que había tomado, que lo que pensaba realizar era como si intentara subir una empinada cuesta con zapatos de baile. || 7. No encontrar zapatos a la medida de uno o una, puede advertir de la resistencia a amoldar o adaptar la vida instintiva a las exigencias de los demás o a las normas morales y sociales. || 8. Según Wilhelm Stekel, a veces, verse cerrando zapatos con cordones es símbolo de muerte (el inconsciente viene a decir al soñador que ya no volverá a andar, que ya no necesitará más los zapatos). Sin embargo, en otros ensueños, puede representar los deseos de terminar con la vida sexual; de no emplear más los genitales en ese acto. En estos casos, lógicamente, hay que analizar con atención y meticulosidad todos los elementos que intervienen en el sueño ya que, de lo contrario, la interpretación nunca será la correcta y acertada. || 9. Es curioso el sueño que relata el doctor Otaola sobre un individuo que se veía en sueños yendo por la calle llevando sus botas en la mano mientras los demás se reían de él. Era un sueño que reflejaba sus tendencias feminoides, su homosexualidad inconsciente.

No aceptaba la virilidad que representaban las botas, no le iba. || *C. oc.:* **Llevar zapatos desaparejados:** Infidelidad, adulterio. || **Zapatos blancos:** Inocencia, seguridad laboral, nacimiento. || **Zapatos negros:** Malas noticias, enfermedad, duelo. || **Zapatos amarillos:** Incertidumbre, dudas sobre el camino a tomar. || **Zapatos rojos:** Excitación sexual, apasionamientos. || **Mujer calzándose zapatos de hombre:** Problemas conyugales y familiares. || **Perder los zapatos o no encontrarlos:** Problemas con la pareja, riesgo de separación o divorcio. || **Comprar zapatos nuevos:** Cambio de trabajo o domicilio, mejoramiento social. || **Zapatos estrechos:** Penuria, falta de dinero. || **Zapatos de niños:** Nacimiento, cambio de domicilio.

ZARZA (Zarzamora)

Psi. Recordemos que la zarza es un arbusto rosáceo, de flores blancas o róseas y cuyo fruto es la zarzamora, que es semejante a la mora, pero más pequeño y redondo y menos ácido. Cuando una chica sueña con este arbusto o su fruto, muchas veces indica que hay en ella un fruto maduro que espera que alguien lo disfrute con ella. Por lo tanto, la zarza y la zarzamora representan la sexualidad femenina. Ejemplo de sueño (enviado por una chica): «He soñado que iba a visitar un sitio donde había vivido alguien que debía de estar muerto y que conocía, pero no recuerdo quién ni qué parentesco me unía. Estaba con alguien, tampoco recuerdo con quién, y le enseñaba la casa. No tenía paredes, sólo suelo de cemento; era una habitación pequeña y estaba rodeada de arbustos y zarzas bajitas, de donde solía aparecer una culebrita delgada de color negro (las culebras me dan mucho miedo, pero ésta me resultaba graciosa). Me miraba y yo la espantaba un poco asustada, pero volvía a aparecer por otro lado». Nuestra interpretación fue: «Me lo pones muy difícil... No me indicas tu edad ni estado civil ni te acuerdas de muchas cosas... Pero veamos lo que podemos hacer. En conjunto, este sueño parece indicar que te estás haciendo mujer y que se acerca una nueva etapa en el desarrollo de tu vida. De ahí que te parezca que *alguien haya muerto,* una parte infantil de tu personalidad. Enseñas una *casa,* tu personalidad, a otra parte o faceta de ti misma. La *nueva habitación* –que no está terminada– representa la nueva etapa de tu vida en construcción, vida amorosa y afectiva, por supuesto, que siempre está relacionada con el crecimiento y desarrollo biológico. La *culebra* de este sueño es un simbolismo evidentemente sexual (es una representación fálica), con su doble vertiente de temor y atracción a la vez. Y las *zarzas,* por entre las que se mueve la culebrita, simbolizan la sexualidad femenina e indican que hay en ti un fruto maduro, el del amor, que espera que alguien lo recoja. En resumen, que estás sintiendo la llamada del amor. Esa *culebrita entre las zarzas* es un símbolo claro del coito que los instintos demandan».

ZODÍACO (Signos del Zodíaco)

Psi. 1. Según la cultura y conocimientos que se tienen sobre los doce signos del Zodíaco, éstos pueden aparecer en sueños para disfrazar o camuflar sentimientos, situaciones y personas. Así, los animales que salgan en sueños, solos o junto con signos astrológicos, pueden representar personas con las que el soñante piensa o se relaciona. Por ejemplo, si el padre, el novio, el amigo, el jefe, etc., es del signo de Leo, puede aparecer en sueños en forma de león o en una postal o póster que lleve el grafismo del signo. Igual puede decirse de Tauro (toro), Capricornio (cabra), etc. || 2. Cuando los signos del Zodíaco aparecen mucho en sueños es indicativo de que el soñante está muy preocupado por su futuro, por su destino, y que necesita un «golpe de suerte», una buena racha que enderece su estrella. Esto quiere decir que está pasando por un bache de suerte y que tiene muchos problemas en su vida cotidiana. || 3. A veces, el signo zodiacal que se ve en sueños camufla una serie de virtudes o vicios, de acuerdo con la siguiente lista representativa: || **Aries** (el Carnero): Agresividad, audacia, independencia, liderazgo, coraje, iniciativa, imprevisión, fanfarronería. || **Tauro** (el Toro): Amor, sexo, dinero, sentido práctico, placer, estética, gula, lentitud, tacañería. || **Géminis** (los Gemelos): Hermanos, primos, relaciones o amores con dos personas, correspondencia, sociabilidad, comunicación social, charlatanería. || **Cáncer** (el Cangrejo): Hogar, familia, maternidad, amor, poesía, sentimentalismo alocado, enfermedad, caminar hacia atrás. || **Leo** (el León): Mando, dominio, paternalismo, vanidad, orgullo, despotismo, arrogancia. || **Virgo** (la Virgen): Puede hacer referencia a la virginidad, que se conserva o que se ha perdido; la mujer virgen que desea un hombre; trabajo, estudio, pulcritud, criticismo. || **Libra** (las Balanzas): Sexo, matrimonio, pareja, neurosis, búsqueda de equilibrio (falta de equilibrio), sociabilidad, comodidad, gustos caprichosos. || **Escorpión** (el Escorpión): Soledad, aislamiento, disciplina de sí mismo, celos, sexualidad anal, venganza. || **Sagitario** (el Arquero): Salvajismo, idealismo, fanatismo, religiosidad, idiomas, contactos con el extranjero. || **Capricornio** (la Cabra): Terquedad, tenacidad, falta de diplomacia, perseverancia, inflexibilidad. || **Acuario** (el Aguador): Inconformismo, inventiva, vanguardismo, innovación, anarquía, amor libre. || **Piscis** (los Peces): Dudas entre dos caminos, o dos oportunidades (o dos tendencias), indecisión, ideas dispares, inspiración, intuición, abnegación, depresión, inestabilidad. || 4. Según el signo zodiacal al que pertenece el durmiente, hay una mayor predisposición a soñar con determinados elementos y situaciones, de acuerdo con la siguiente lista (ha de considerarse una guía empírica): || **Signos de fuego** (Aries, Leo y Sagitario) Suelen soñar más con incendios, fuego, llamas, guerras, luchas, combates, golpes, heridas, sangre, violencia, agresividad desmedida, operaciones quirúrgicas, armas de fuego. || **Signos de tierra** (Tauro, Virgo y Capricornio) Suelen soñar más con temas repetidos, apariciones de padres, familiares o amigos difuntos, de estudio o examen, de dinero, propiedades, tierras, campos, árboles, plantas, trabajo. || **Signos de aire** (Géminis, Libra y Acuario) Suelen soñar más con temas de vuelo, levitación, flotabilidad o caída, lecturas, libros, animales que hablan o dan mensajes, sonidos y música, conflictos en las relaciones con los demás, viajes, conducción, vehículos, aviación, cohetes, electricidad. || **Signos de agua** (Cáncer, Escorpión y Piscis) Suelen soñar más con temas de agua, ríos, mares, lluvia, nieve, lagos, accidentes marítimos, barcos, submarinos, animales acuáticos, hechos que se cumplen (sueños premonitorios, clarividentes, etc.), situaciones familiares y sentimentales, conflictos emocionales, sue-ños de angustia. || *C. oc.:* **Estudiar los signos del Zodíaco:** Relaciones u oportunidades en relación con nuevas amistades y, probablemente, con el extranjero o con extranjeros. Cambios y viajes positivos. || **Dibujar signos del Zodíaco:** Buenas noticias, beneficios, entrada inesperada de dinero. || **Escuchar explicaciones sobre los signos del zodíaco:** Hay que asimilar nuevos conocimientos y conceptos, portarse de otra manera (de acuerdo con el signo o figura que se vea en el sueño). Si uno es demasiado cobarde o prudente puede que sueñe con Aries o Leo (es decir, ha de ser más valiente y decidido); si es muy impetuoso e imprudente es muy posible que vea la figura de Libra (lo que indica que ha de aprender a ser más diplomático y equilibrado). etc.

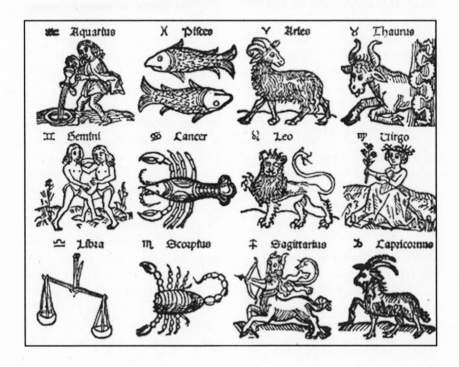

ZOOLÓGICO (Parque de fieras)

Psi. 1. Todos tenemos en nuestro inconsciente, a manera de parque zoológico, un lugar en el que permanecen enjaulados o retenidos nuestros diversos instintos, del más travieso y alocado al más fiero, destripador y carnicero, representado cada uno de ellos por el correspondiente animal: mono, águila, tigre, lobo, león, pantera, caimán, etc. Cuando uno sueña que se ha escapado una fiera del zoológico cercano ha de estar alerta y saber interpretar «qué instinto se ha escapado de su jaula», a fin de controlarlo, domarlo y llevarlo de nuevo a su encierro. Es peligroso tener un instinto fiero suelto, ya que, en cualquier momento, en la vida cotidiana, en estado de vigilia, uno puede tener reacciones tan inesperadas como perjudiciales. Muchas personas se encuentran embarcadas en dramas y delitos por no haber sabido controlar los instintos fieros que habían escapado de sus jaulas. Para comprender las distintas clases de instintos, *véanse* los diversos animales y, en particular, *pantera negra*. || 2. Si uno sueña que visita un parque de fieras sin problemas y que cada animal está en su jaula, es un sueño positivo, ya que el inconsciente le está mostrando los diversos compartimientos estancos de sus instintos, como diciéndole que todo está en orden y bajo control.

ZOPILOTE (Buitre americano)

Psi. 1. Esta ave rapaz diurna, que vive en bandadas, despide olor fétido y se alimenta de cadáveres de animales, suele simbolizar los propios instintos incontrolados, carniceros e incivilizados, en especial a nivel sexual. Puede expresar hasta instintos sádicos. *(Véase* el término *buitre).* || 2. En algunos casos representa la imagen materna en su aspecto agresivo y varonil. || 3. En ocasiones, en sueños de mujer, simboliza el aspecto agresivo, temible y rapaz del sexo masculino. || *C. oc.:* **Bandada de zopilotes:** Peligro de robo, asalto o percance financiero. Hay que desconfiar de socios y colaboradores. || **Matar a uno o varios zopilotes:** Victoria sobre los enemigos; éxito profesional. || **Zopilotes devorando el cuerpo de un animal:** Riesgo de accidente o enfermedad grave; hay que evitar viajes y estar alerta contra proposiciones profesionales y financieras.

ZORRA

Psi. 1. En algunos sueños la zorra representa el aspecto astuto, taimado y temible de la sexualidad femenina. Suele ser un símbolo peyorativo de la madre, de la esposa, de la suegra o de cualquier fémina de la familia con la que el soñante esté en conflicto. || 2. En sueños de hombre, la zorra es el aspecto despectivo y reprobable con el que se designa instintivamente a la mujer con la que no se está en armonía. || 3. Soñar que una zorra entra en un gallinero y va devorando a los pollitos puede expresar la destrucción de elementos dispersos de la propia personalidad por instintos sádicos y agresivos que pueden llegar a crear graves tensiones psicológicas en el sujeto. || *C. oc.:* **Matar una zorra:** Superación de problemas familiares y profesionales. || **Atrapar una zorra:** Conflictos o peleas con amistades femeninas falaces. || **Ver una o varias torras corriendo:** Los demás seguirán abusando de la buena disposición de uno. || **Tener una zorra amaestrada:** Persistirán los conflictos o problemas familiares. || **Ver muchas zorras:** Deben preocupar las falsas amigas; hay que vigilar a las empleadas. || **Sorprender a una zorra en casa o en el jardín:** Peligro de robo.

ZORRO

Psi. 1. El zorro es al hombre lo que la zorra a la mujer. *(Véase* el término *zorra).* El zorro de los sueños simboliza al hombre de familia que actúa de manera solapada, astuta y taimada, que vive de los esfuerzos de los demás y que entra en los gallineros ajenos (los hogares del prójimo), para aprovecharse de la ingenuidad de las mujeres. Muchos donjuanes y mujeriegos aparecen como zorros en los sueños de sus esposas. || 2. En algunos sueños de mujeres, el zorro expresa el aspecto temible y astuto de la sexualidad masculina. || 3. En sueños de hombre, el zorro expresa a veces los aspectos astutos, solapados y malintencionados del soñante para con respecto al prójimo. No es raro, entonces, soñar que se ha de matar o se mata un zorro, es decir, que el inconsciente señala que hay que acabar con esa parte negativa de la vida instintiva y no actuar tan depredadoramente con los demás, no aprovecharse tanto del prójimo. || *C. oc.:* **Varios zorros corriendo:** Peligro de engaños y abusos de confianza; han de preocupar los empleados y sirvientes infieles. || **Zorro devorando un conejo o pollito:** Pérdida monetaria, mala noticia profesional; estafa por parte de familiar o amistad íntima. || **Matar un zorro:** Enemigo que será vencido; problema que se superará. || **Mujer casada matando un zorro:** Separación, divorcio, rompimiento familiar. || **Tener un zorro amaestrado o estar alimentando uno:** Perjuicio o pérdida de dinero por actuación infiel de un abogado, procurador, administrador, representante, etc. || **Dar una batida para matar un zorro:** Pleito o querella contra socio o familiar que compartía un negocio y se ha portado mal. || **Mujer jugando con un zorro:** Matrimonio desdichado. || **Luchar con un zorro:** Querellas familiares.

ZOZOBRAR

Psi. 1. Cuando una embarcación zozobra o se va a pique, significa que el proyecto que se tiene pensado o en marcha se irá al agua, naufragará o fracasará, por lo que hay que cambiar el plan. *(Véase* el término *barco).* || 2. En ocasiones, la embarcación que zozobra o naufraga simboliza el matrimonio; refleja la inestabilidad conyugal y lo tempestuoso de las relaciones matrimoniales y hogareñas. En este caso, si la embarcación se hunde advierte del peligro de separación o divorcio.

ZUMBIDO

Psi. Los zumbidos o sonidos parecidos que se oyen a veces en sueños (y que incluso llegan a despertar a la persona) suelen significar «toques de atención», «avisos de alerta», aunque pocas veces se comprende ese mensaje ya que, en ocasiones, son expresiones de tensiones del sistema nervioso. Otras veces pertenecen a residuos diurnos o a sonidos que capta el durmiente en aquel momento. No obstante, hará bien quien sea despertado por zumbidos, timbres o sonidos extraños en extremar las precauciones en el trabajo, operaciones comerciales y desplazamientos. || *C. oc.:* **Oír el aviso de un zumbador o timbre:** Hay que estar alerta contra imprevistos profesionales; máxima precaución al conducir. || **De una avispa, abejorro u otro insecto sin verlo:** Pequeñas molestias, murmuraciones o calumnias en contra de uno. || **De un tren:** Noticias, llamadas lejanas. || **De un avión:** Buenas noticias si es un zumbido de vuelo normal; fracaso de un proyecto si es el zumbido de caída de un aparato. **De máquinas:** Alguien está conspirando en contra de uno. || **De una tempestad lejana:** Dificultades o querellas en el ámbito familiar o laboral.

ZURCIR (Remendar)

Psi. 1. El zurcir o remendar alguna prenda suele expresar los deseos de arreglar o apedazar unas relaciones sentimentales o conyugales muy deterioradas. Asimismo, puede simbolizar los deseos de arreglar situaciones familiares conflictivas. || 2. A veces, según los problemas profesionales y económicos del soñante, el zurcir ropas puede referirse a la necesidad de componendas comerciales o personales para alcanzar lo que se desea. || 3. En sueños personales, las ropas o prendas que se zurcen pueden indicar los distintos aspectos de la personalidad que se desean unir. Así, por ejemplo, zurcir una falda junto con una chaqueta militar puede señalar los deseos –o la tendencia– de buscar un equilibrio entre lo femenino y lo varonil. Asimismo, una mujer que se vea zurciendo prendas de su niñez puede ser el anuncio de que aún no se ha desprendido de muchos de sus infantilismos, que pretende seguir utilizando. Se impone un análisis de comportamiento y el cambiar algo la manera de actuar, adquiriendo mayor seguridad en sí misma y dejando por inservibles las prendas de su infancia. || 4. Una mujer que se vea zurciendo un vestido antiguo suele expresar los deseos inconscientes de volver a situaciones del pasado relacionadas con el tiempo en que llevaba dicha prenda. Por lo general son vivencias agradables o sentimentales, lo que señala que el presente no es muy agradable para ella, de lo contrario no recordaría el pasado con nostalgia. || 5. Una mujer que se vea remendando un delantal o un salto de cama puede expresar los deseos inconscientes de hallarse igual que antes de perder la virginidad (lamenta no ser virgen, por las causas que sean). || 6. Una persona enferma que sueñe que está remendando ropas o que vea a otros remendándolas es un buen augurio; significa que curará, que le remendarán la salud.

ZURDO (Mano izquierda)

Psi. 1. El soñar a menudo que uno es zurdo (sin serlo en la realidad) puede expresar inclinaciones excesivas hacia la izquierda, o sea, hacia el lado de los placeres prohibidos, de las pasiones y vicios (sin descartar la homosexualidad y el lesbianismo).

‖ 2. Otras veces puede indicar que uno está actuando de manera contraria a lo natural y normal, que se va en contra de la opinión general, por lo que si uno se lamenta de su poco éxito en proyectos y realizaciones puede ser debido a su manera opuesta de ver las cosas y de actuar. Por consiguiente, se impone un cambio de ideas, estudios y planes. ‖ *C. oc.:* **Escribir con la mano izquierda:** Cuidado con los amores peligrosos y secretos. ‖ **Realizar algo con la mano izquierda:** Be-

neficios o ꞏ nera poco hꞏ **automóvil u** **mano izquierdꞏ** tos que pasarán necesitaran muchꞏ salir adelante. ‖ **Pꞏ** **la mano izquierda:** biar de manera de actꞏ lo pasional y materialisꞏ en parte. ‖ **Romperse l** **quierda en una caída:** Fꞏ sentimental, rompimiento a dificultades sexuales o impot

xitos obtenidos de ma-
nrada. || **Conducir un**
otro vehículo con la
a: Planes o proyec-
por altibajos y que
a diplomacia para
rro mordiendo
Hay que cam-
uar y rechazar
ta, al menos
a mano iz-
ustración
moroso:
encia.